U0451545

语言学及应用语言学名著译丛

叶斯柏森论语音

OTTO JESPERSEN ON PHONETICS

〔丹〕奥托·叶斯柏森 著

曲长亮 选编 译注

语言学及应用语言学名著译丛
专家委员会

顾　问　胡壮麟

委　员　（以姓氏笔画为序）

　　　　　马秋武　　田海龙　　李瑞林

　　　　　张　辉　　陈新仁　　封宗信

　　　　　韩宝成　　程　工　　潘海华

总　　序

商务印书馆出版的"汉译世界学术名著"丛书在国内外久享盛名，其中语言学著作已有10种。考虑到语言学名著翻译有很大提升空间，商务印书馆英语编辑室在社领导支持下，于2017年2月14日召开"语言学名著译丛"研讨会，引介国外语言学名著的想法当即受到与会专家和老师的热烈支持。经过一年多的积极筹备和周密组织，在各校专家和教师的大力配合下，第一批已立项选题三十余种，且部分译稿已完成。现正式定名为"语言学及应用语言学名著译丛"，明年起将陆续出书。在此，谨向商务印书馆和各位编译专家及教师表示衷心祝贺。

从这套丛书的命名"语言学及应用语言学名著译丛"，不难看出，这是一项工程浩大的项目。这不是由出版社引进国外语言学名著、在国内进行原样翻印，而是需要译者和编辑做大量的工作。作为译丛，它要求将每部名著逐字逐句精心翻译。书中除正文外，尚有前言、鸣谢、目录、注释、图表、索引等都需要翻译。译者不仅仅承担翻译工作，而且要完成撰写译者前言、编写译者脚注，有条件者还要联系国外原作者为中文版写序。此外，为了确保同一专门译名全书译法一致，译者应另行准备一个译名对照表，并记下其在书中出现时的页码，等等。

本译丛对国内读者，特别是语言学专业的学生、教师和研究者，以及与语言学相融合的其他学科的师生，具有极高的学术价值。第一批遴选的三十余部专著已包括理论与方法、语音与音系、词法与句法、语义与语用、教育与学习、认知与大脑、话语与社会七大板块。这些都是国内外语

总　　序

言学科当前研究的基本内容，它涉及理论语言学、应用语言学、语音学、音系学、词汇学、句法学、语义学、语用学、教育语言学、认知语言学、心理语言学、社会语言学、话语语言学等。

尽管我本人所知有限，对丛书中的不少作者，我的第一反应还是如雷贯耳，如 Noam Chomsky、Philip Lieberman、Diane Larsen-Freeman、Otto Jespersen、Geoffrey Leech、John Lyons、Jack C. Richards、Norman Fairclough、Teun A. van Dijk、Paul Grice、Jan Blommaert、Joan Bybee 等著名语言学家。我深信，当他们的著作翻译成汉语后，将大大推进国内语言学科的研究和教学，特别是帮助国内非英语的外语专业和汉语专业的研究者、教师和学生理解和掌握国外的先进理论和研究动向，启发和促进国内语言学研究，推动和加强中外语言学界的学术交流。

第一批名著的编译者大都是国内有关学科的专家或权威。就我所知，有的已在生成语言学、布拉格学派、语义学、语音学、语用学、社会语言学、教育语言学、语言史、语言与文化等领域取得重大成就。显然，也只有他们才能挑起这一重担，胜任如此繁重任务。我谨向他们致以出自内心的敬意。

这些名著的原版出版者，在国际上素享盛誉，如 Mouton de Gruyter、Springer、Routledge、John Benjamins 等。更有不少是著名大学的出版社，如剑桥大学出版社、哈佛大学出版社、牛津大学出版社、MIT 出版社等。商务印书馆能昂首挺胸，与这些出版社策划洽谈出版此套丛书，令人钦佩。

万事开头难。我相信商务印书馆会不忘初心，坚持把"语言学及应用语言学名著译丛"的出版事业进行下去。除上述内容外，会将选题逐步扩大至比较语言学、计算语言学、机器翻译、生态语言学、语言政策和语言战略、翻译理论，以至法律语言学、商务语言学、外交语言学，等等。我也相信,该"名著译丛"的内涵,将从"英译汉"扩展至"外译汉"。我更期待,译丛将进一步包括"汉译英""汉译外",真正实现语言学的中外交流,相互观察和学习。商务印书馆将永远走在出版界的前列!

胡壮麟

北京大学蓝旗营寓所

2018 年 9 月

目 录
Table of Contents

序一　叶斯柏森：伟大的语言学家及其研究原则与卓越成就
　　（任绍曾）·· 1

序二　奥托·叶斯柏森：丹麦语境下的伟大语音学家与语言学家
　　（汉斯·巴斯贝尔）·· 40

叶斯柏森的语音学著作（编者前言）······························· 65
Introduction and Acknowledgements······························ 104

第一编　论语音演化
Part One: On Phonetic Evolution

语言的起源：语音··· 109
Origin of Language: Sound（1894）

论语音定律问题··· 116
Zur Lautgesetzfrage（1886）

再论语音定律问题··· 157
Zur Lautgesetzfrage: Nachtrag（1904）

目 录

三论语音定律问题 ·· 169
Zur Lautgesetzfrage: Letzte Worte（1933）

第二编　论普通语音学
Part Two: On General Phonetics

论音标——特别是伦代尔的《方言字母》和贝尔的《可视言语》········ 197
Om Lydskrift, Særlig Lundells "Landsmålsalfabet" og Bells "Visible Speech"
（1884）

用非字母符号表示的语音发音（节选）······························· 201
The Articulations of Speech Sounds Represented by Means of Analphabetic
　Symbols (Excerpts)（1889）

语音学的对象与意义 ·· 233
Fonetik: Videnskabens Genstand og Betydning（1899）

最好的发音 ·· 245
Die Beste Aussprache（1904）

语音的系统化 ·· 257
Systematisierung der Sprachlaute（1904）

音长 ·· 272
Lautdauer（1920）

重音 ·· 288
Druck（1920）

具体语言的语音系统 ··· 308
Nationale Systematik（1904）

语音学的用途是什么？ ·· 314
What Is the Use of Phonetics?（1910）

识字方法 ·· 325
Læsemetoder（1901）

威廉·汤姆生对鄂尔浑碑铭的破译 ······································ 331
Vilhelm Thomsen's Interpretation of the Orkhon Inscriptions（1894/1933）

元音 i 的象征价值 ··· 338
Symbolic Value of the Vowel i（1933）

语音象征 ·· 373
Sound Symbolism（1922）

第三编　论英语语音学
Part Three: On English Phonetics

Nightingale 等词里的鼻音 ··· 403
The Nasal in *Nightingale*, etc.（1902）

语音与拼写·绪论 ·· 409
Sounds and Spellings: Introduction（1909）

元音大转移 ··· 428
The Great Vowel Shift（1909）

英语的单音节词 ·· 448
Monosyllabism in English（1933）

第四编　论语音学史
Part Four: On the History of Phonetics

论语音学的历史（上）·································· 483
Zur Geschichte der Phonetik (I)（1905）

论语音学的历史（中）·································· 496
Zur Geschichte der Phonetik (II)（1905）

论语音学的历史（下）·································· 510
Zur Geschichte der Phonetik (III)（1906）

主题索引 ·· 524
人物索引 ·· 528

附录

Otto Jespersen: A Great Phonetician and Linguist in His Danish Context
　　(Hans Basbøll) ······································· 531
编后、译后记 ··· 566

序一

叶斯柏森：伟大的语言学家及其研究原则与卓越成就

任绍曾
（浙江大学教授）

　　曲长亮教授即将出版他选编、译注的《叶斯柏森论语音》一书，邀我为之作序，我欣然应诺。我读过长亮出版的专著《从百年纪念版选集看叶斯柏森语言学思想》以及他为叶氏七卷巨著语音卷和叶氏百年纪念版选集所写的导读，长亮语言学功底深厚，著作颇丰，且懂数种语言，相信他一定可以填补国内叶氏语音学译著的空白，因而觉得支持长亮义不容辞。与此同时，又感到要读懂叶氏语音学的著作，若对叶氏的语言学理论缺乏一定了解，恐有困难，于是萌发了介绍叶氏理论及其成就的念头。而叶氏学识渊博，著作极丰，非一篇文章可以完成。思之再三，决定介绍他的基本理论及其语言研究的出发点、原则和方法，因为这些在叶氏语音学著作中都有体现，也许会对读者有所帮助。此外，也试图说明叶氏理论对当今的语言研究仍有价值，叶氏著作今天仍是宝库。因此，这篇序分两大部分：第一部分概述叶氏语言研究的理论和成就，包括观点、原则和方法；第二部分考察叶氏在语音研究中如何应用了这些观点、原则和方法。

一、叶氏语言学研究概述

奥托·叶斯柏森（Jens Otto Harry Jespersen，1860-1943）是国内外学术界公认的杰出语言学家、英语语法权威。叶氏在 19 世纪最后 20 年和 20 世纪前 40 年活跃于语言学的整个领域，包括语言理论和描写，普通语言学和个别语言（如英语、法语、丹麦语）的语言学，共时和历时，因而涉及语言演进、语言变异和语言共性。具体的研究领域包括语言学、语言进化、语言史、语言起源、方言与共同语、语音学、语法哲学、英语语法学、语法形式化、语言习得、外语教学乃至人工语言。他留给了我们大量的论著，如《论语言》《从英语看语言的发展》《语法哲学》《现代英语语法》《英语的发展和结构》《语法精义》《分析句法》等。根据 1995 年出版的叶氏传记《一个语言学家的生平》英文版的统计，叶氏从 1879 年至 1943 年共发表论著 823 项（包括再版），真可谓著作等身。就其研究范围之广、成果之丰而言，中外语言学界恐无人能及。难能可贵的是这些论著至今对现代语言学仍具有很高的学术价值。麦考利指出，叶氏研究成果最动人心魄之处并非是他令人震惊的论著数量，而是他发表论著的学术领域广阔而不同，而且这些著作具有惊人的独创性，即使在 20 世纪接近尾声时，也仍然是学识和信息的主要源泉。叶斯柏森在句法、社会语言学、语言习得研究、语言教学、语音学和语言演变理论方面超前他所处时代好几十年，他对历史语言学，特别是英语史的贡献具有里程碑的意义。（McCawley 1992）

叶斯柏森的语言理论在上世纪 30 年代就已传入我国，得到了广泛的重视。吕叔湘率先翻译了 *Essentials of English Grammar*，中文书名为《英语语法精义》。王力采用了叶氏语法理论中的"三品说"研究汉语语法，吕叔湘采用了叶氏从内（语义）到外（形式）和从外（形式）到内（语义）的双向语法研究框架研究汉语，皆取得了令人瞩目的成就，成为中国语言学界的一代宗师。王力的《中国现代语法》、吕叔湘的《中国文法要略》已成为汉语语法的经典。此外，何容也采用叶氏语法研究的双向理论框架研究汉语语法，出版了《中国文法论》。林语堂1933年根据叶氏的语法理论撰写了一本英语语法，由开明书店出版，名为《开明英文文法》，1982年外语教学与研究出版社根据1947年该书第10版排印出版。上世纪50年代，在高校任教的学者对于叶斯柏森的学术成就都非常推崇、钦佩，例如复旦大学的葛传椝教授、北京外国语学院的许国璋教授，即使从事文学教学与研究的学者也是如此，如北京大学的李赋宁教授、复旦大学的杨岂深教授、杭州大学的鲍屡平教授、蒋炳贤教授。他们都引导和鼓励师生研读叶氏著作。由于这老一辈学者的重视和关注，上世纪60年代国内出了一批供研究使用的影印版叶氏著作，这使得叶氏研究得以持续。在国外，60年代随着乔姆斯基理论的兴起，叶斯柏森的理论再度引起重视，这对国内语言学界有一定影响。1980年叶氏的 *Essentials of English Grammar* 由熊寅谷再译，书名仍为《英语语法精义》。1988年叶氏的 *The Philosophy of Grammar* 由何勇翻译出版，后又由傅一勤再译，于1994年出版，这样，一本集叶氏语法理论之大成的著作《语法哲学》就介绍给了中国读者。2006年笔者应姚小平教授之邀编译了《叶斯柏森语言学选集》，向读者介绍了叶氏有关语言、语言演变和语法哲学等方面的论述。值得一提的是，在担任出版统筹的北京大学钱军教授的策划、组织与推动之下，世界图书出版公司北京分公司从2008年到2017年先后出版了叶氏的八部代表性著作，包括他耗时四十年的七卷巨著 *A Modern English Grammar on Historical Principles*，另有 *The Philosophy of Grammar*、*Mankind, Nation and Individual from a Linguistic Point of View*、*Selected Writings of Otto Jespersen*、*How to Teach a Foreign Language*。为了帮助读者理解，这些著作的每一本、每一卷都由叶氏研究者撰写了导读，这对叶氏理论的学习和研究起了有力的推动作用。令人可喜的是，近几年出现了不少热心于研究叶斯柏森理论并有论著发表的学者，如张高远、郭威、于洋，当然包括本

3

书的编译者曲长亮和那些叶氏著作导读的作者，如俞敏、施向东、刘小侠、张丽娇、张美兰。看来，一支研究叶氏理论的队伍正在形成。

1.1 语言观、研究原则及卓越成就

要真正了解叶斯柏森的卓越成就，理解他的理论，首先就必须了解他的语言观。叶氏认为语言就是说话。在《语法哲学》中他一开始就开宗明义给语言下了定义：语言的实质是人类的活动（activity），是一个人让另一个人了解自己的活动，是这另一个人了解前一个人的想法的活动（Jespersen 1924：17）。这个定义说明语言是交际工具。既然语言是交际的工具，研究语言就必须重视交际的双方，重视人际关系。他说，要了解语言的实质就绝不可忽视这两个人，即语言的发出者和语言的接受者，或简便地称他们为说话人和听话人，也不可忽视他们之间的关系（同上）。他还指出语言首先是口语，也就是说，主要的是会话（对话），书面语仅仅是口语的某种替代物（Jespersen 1933）。叶氏重视口语，所以他重视语音、语音体系、语音变化以至语言的演进。

叶斯柏森在讨论语言演进时说，以最简单的手段表达最大量意义的语言就是最佳语言。这个评估应该是彻底而真诚地以人为中心（anthropocentric）。请注意，他接着说，在其他科学中这可能是个缺点，因为在这些科学领域里，研究者避免人的因素是个优点；相反，在语言学里，鉴于研究对象的性质，研究者必须考虑人的利益，而且从这个观点，而不从任何其他观点出发判断一切。否则，我们在各方面都会有走上歧途的危险（Jespersen 1922：324）。

叶斯柏森的语言观和研究语言的根本出发点决定了他研究语言的原则和方法。叶氏是一位精于辩证法的语言学家，他对人与语言、社会与语言、语言活动中的语言和言语、语言演变中的历时和共时、语言的形式和意义、口语与书面语、语言和语境、交际中的说话人和听话人都作为对立的统一体，在理论阐述和实际描写中都兼顾双方。在实际研究中尤为突出

的是他始终坚守的两条根本原则：1. 兼顾语言体系和语言实例，既统揽全局，又辨析精微。叶氏说，"我认为对个别语言现象就事论事地处理是错误的，我们更要看到语言的整体"（1924）。他主张像其他科学探索一样，语言研究也应"以小见大，小中寓大"（1960），也就是对具体语言现象的研究必须结合整个语言体系。从根本上讲，叶氏是从语篇（言语）出发研究语言，从而将语言和言语紧密结合。2. 兼顾语言的形式（语音）和语义。他说"语言的生命在于语音形式和意义的相互作用"（1924）。"在语言里每样东西都和其他东西联系在一起，不可能研究语音而不理会这些音所表示的意义"（1909-1949 PART I: v）。叶氏强调指出"语法学家必须始终牢记形式和意义，因为在语言的生命中语音和语义、形式和功能是不能分隔的。讨论一方面而忽视另一方面，从而完全忽略了语音和语义经常的相互作用，这对语言科学已造成了损害"（1924）。我们可以先看一看叶氏在语法研究中是如何贯彻这两条原则的。

叶氏指出，每一个语言的语法构成其自身的系统（1933）。语言作为交际工具是一个完整的系统，而这个系统由三个次系统构成，也就是语义次系统和语音（形式）次系统以及中介二者之间的语法次系统。语法学家的任务就是用自己的理论揭示这一语言系统，但他们的观点不一，理论框架也不同：乔姆斯基重视形式（结构，如深层结构、表层结构），韩礼德重视语义（功能，如语言的三大元功能），所以描写语言的出发点也各异。叶氏与他们不同，从音义结合出发，首先建立了由内（意义）到外（语音形式）和由外（语音形式）到内（意义）的双向体系，从外到内的研究他称为词法（morphology），从内到外的研究他称为句法（syntax），在这二分体系的基础上他又进一步增加了"功能"，实际上是语法，包括语法结构和语法范畴，并把功能作为语言中心（linguistic center），一面与语音联系，另一面与意念联系，为音义结合奠定了基础。研究音义结合可以双向互动：可以从语音开始，经过功能寻求其所表达的意义，从而和意念结合；或者从意念出发，经过功能找到表达语义的语音形式，从而与语音结合。这就是叶氏的三分体系。此外，叶氏的研究还基于实际使用的语言，也就是语篇，即索绪尔所称的言语，创性地提出了品（rank）的理论，以及在此基础上建立的联系式（nexus）和组合式（junction）两种语言使用中的基本结构，使得句法分析中，结构分析和语义分析紧密结合。这在《分析句法》中得到充分体现。叶氏的七卷巨著就是在这套理论框架内完成的，并全面而深入地揭示了英语语法的系统。因为该书篇幅巨大，读者容易见树不见林，所以叶氏 1933 年出版了《英语语法精义》，简明扼要地体现英语语法体系。随后他又出版了《语法系统》(The System of Grammar)，直截了当地介绍英语语法体系。可见叶氏对体系之重视。这也非常清楚地说明他在研究中如何同时贯彻音义结合这另一原则。至于叶氏如何研究语言细节，在他的语法著作里俯拾皆是。麦考利在给《分析句法》所写的前言中说，这本书帮助他第一次见到三个重要的语言现象：介词短语做主语或宾语，如 "From nine till eleven is three long hours." "You have till ten tonight."；复合词中介词和连词的省略，如 Franco-Prussian war、her warm mother's heart（不同于 his poor mother's heart = the heart of his poor mother）、a house-to-house call、a first-rate second-hand bookshop；名词词组具有句子隐含，如 "Too many cooks spoil the broth.（Too many 的意义是 The fact that there are too many cooks.）" "No news is good news."（McCawley 1984）。像麦考利这样一位著名的美国语言学家居然在这位丹麦语言学家的著作中第一次发现他的母语的若干语言现象，这还不足以说明叶氏观察之敏锐，研究之精微吗？这儿举一个具体例子。葛传槼先生编写的《英语习惯用法词典》中在谈到 road 前用不用定冠词 the 时指出：road 前面为人名，不用 the，如 Zhongshan Road；road 前面是地名，而这路与地名没有关系，前面用 the 不用 the 都可以，如 (the) Nanking Road。原来这一用法出自叶氏七卷巨著。叶氏在讨论冠词时曾指出，英国的 the Dover Road 是通向 Dover 的，用 the；Finchley Road 是通向 Finchley 的，前面却不用 the。葛先生在这一词条里也记录了叶氏的这一说明。这虽是一个语言细节，但足以说明叶氏是将 the 放在英语冠词的系统里阐明其语法意义和句法功能的。在研究语言细节中，叶氏还注意某一现象的变化，并结合社会文明对语言现象作出令人信服的解释，如宾语的省略。叶氏指出，动词宾语的省略产生了及物动词的不及物用法，以至产生新的不及物动词。首先这是由于人们在交际中，许多情况下宾语可以从语境或上下文推测出来，如 "Miss A plays well." 根据语境，play 的宾语可能是 the piano，也可能是 football。听到 "Miss B paints well and draws well."，我们就能马上理解。叶氏说这种大量的不及物动词是文明的标记。当人们交往更为紧密，文明成功地普及共同信息，这种不及物动词会大量增加，如 change 可以相当于 change one's clothes 或者 change train，recover 相当于 recover oneself 或者 recover health。如今的英美人说 "I wash, dress, and shave."，他们的祖先却要在每个词后面加上 me 或 myself。再如 "He had hung up (the telephone)." "She will pick up when she gets to England (pick up health)."（1909–1949 PART III: 321）。所以叶氏的语法著作，特别是他的七卷巨著，既博大精深又细致入微。几十年来举世闻名的语言学家都对叶斯柏森有极高的评价。莱昂斯从语言学史的角度出发，指出叶斯柏森是老派语法学家的杰出代表，站在语法分析的传统和现代方略之间（Lyons 1968：134）。格利森则着眼于叶氏的贡献，说叶斯柏森是重视语法研究总体框架并作出创新的唯一一位伟大语法学家（Gleason 1965：77）。利奇对七卷巨著作出了这样的高度评价：这部参考语法例证之丰富、分类之精细、讨论之深入至今尚无人超过（Leech 1971）。

1.2 理论价值

有的语言学家认为在语言理论上，叶氏一方面继承了洪堡特的学术思想，而另一方面又预示了乔姆斯基的生成语法。然而，在语言功能方面他和韩礼德又有许多相同或相通之处。人们很难简单地把他的语法说成是形式语法或功能语法。事实上，叶氏始终坚持音义结合，兼顾结构与功能，并以其渊博的学识、敏锐的观察力、非凡的独创能力、卓越的语言才能及其追求真理的学术勇气和一丝不苟的治学精神可以说是独辟蹊径、自成一家。格利森把叶氏语法称为重视结构功能的功能语法（Gleason 1965）。至今人们仍然认为叶氏的著作是一座宝库，那么这个宝库留了些什么给我们呢？自上世纪 50 年代以来，语言学界影响最大的流派当是以乔姆斯基为代表的转换生成语法和以韩礼德为代表的系统功能语法。就让我们看看叶氏在结构与功能两方面留给我们怎样的理论财富。

1.2.1 结构方面

麦考利指出，早在转换语法兴起的 20 年之前叶氏就已经在研究 60 年代中期转换语法中最为时兴、最为热门的理念，对很多句法现象作了深入的研究，值得转换语法学家们重视，但还没有得到他们的重视（McCawley 1984）。他还指出，早在乔姆斯基和其他生成语法学家之前 30 年叶斯柏森就在《语法哲学》和《分析句法》里对普遍语法作过极为广泛而富有独到见解的阐述。《语法哲学》提供了充分的证据说明叶氏的句法思想远远超出他所处的时代。实际上，熟悉 60 年代学术文献的句法学家会发现他们这一代以及他们老师这一代的很多发现都已经在《语法哲学》里得到令人钦佩的精辟论述（McCawley 1992）。乔姆斯基认为人们生来就有语法知识，这是语言习得的基础。语言是人类的一种天赋，一种本能，所以不同语言的习得是相同的。在此基础上他和其他一些语言学家提出了普遍语法理论。他们认为普遍语法是人类所特有的语言知识体系，存在于正常人的脑中。普遍语法包括一套普遍原则，利用这些原则，可以不断合成短语；普遍语法还有一系列参数，这些参数可以帮助和指导普遍原则更好地运作。叶斯柏森也研究普遍语法，但他的出发点不同，方法也不同。叶氏否定了所谓的"哲学语法"，他借用别人的话指出，就像无法想象普遍宪法和普遍宗教一样，也很难想象基于拉丁语的普遍语法或从先验出发基于逻辑的普遍语法。他从语言实践出发，研究意念范畴，如外部世界的时间（time）和语言中时态（tense）这一语法范畴之间的关系。没有语法表现的意念范畴就不具有相应的句法范畴，如英语没有与性别对应的性（gender）的范畴，也没有与将来时间对应的将来时（future tense）范畴。叶氏致力于系统地研究那些有语法表现的主要的意念范畴，研究各种语言中意念范畴和句法范畴的关系。我们常常发现语法范畴最多仅仅是意念范畴的症候、先兆而已，语法现象后面的"意念"简直像康德的不可知的自在之物那样不可捉摸，总体而言，我们无法达到老语法家们的"普遍语法"（Jespersen 1924）。但叶氏从意念范畴出发，揭示了许多语法学家未曾注意到的语法现象。比如"The book sells well.""The door opened."和 respectable 这样的形容词叶氏称为"意念被动", prefer A to B、my senior by two years 为"意念比较", catch me doing something 为"意念否定"。"And bring out my hat, somebody, will you?"则作为称呼语和祈使语为第二人称的依据。叶氏还从意念范畴出发研究多种语言的相应的句法范畴，例如 1917 年发表的 Negation in English and Other Languages。这部专论就是从否定的意念范畴出发研究了丹麦、英、法、西等语言的否定结构和词汇，也就是研究出了这些语言在表达否定意念中的若干共同点。他指出许多语言都存在以 m- 或 n- 开头的否定词，如印欧语系的许多语言中都有否定词 ne。本书的编译者曲长亮教授在评介这本专论时指出，古汉语、客家话、藏语、泰语和日语中也有同样的语言现象存在，在非印欧语的匈牙利语中也有 nem 表示"不"的否定词（曲长亮 2019：71）。这就使得叶氏这一发现更具普遍性，而且也说明叶氏的研究路子是可行的。《分析句法》集叶氏句法理论之大成，是叶氏语法形式化的杰作，也是叶氏对普遍语法研究的一个总结。基于他的语法理论，叶氏设计了一套以字母表示句法关系，以数字表示词的品级，加上若干符号用以标注各种语言结构和语法意义的形式化系统。比如"I consider this a lie."标注为 S V O（S_2P），意思是这个语句是由主语、动词和宾语构成，宾语 this a lie 是一个有主谓意念的联系式，进一步分析为由第二主语和表语构成，共同作为动词的宾语,所以放在括号里。在这本著作里叶氏说,"在分析英语句子的时候我特别注意这样一个问题:哪些是特别能体现英语特征的,哪些具有普遍意义,可适用于所有人类语言,至少适用于若干种语言"(Jespersen 1937:90)。叶氏在这本书里对12种语言进行了标注,即丹麦语、荷兰语、芬兰语、德语、希腊语、意大利语、拉丁语、葡萄牙语、俄语、西班牙语、瑞典语,以及未作标记的英语。可以用同一个标记系统对这么多语言进行标记就意味着可以用叶氏的语法理论对这些语言做出相同的解释,也就意味着这些语言具有很多共性。叶氏认为语言具有人的性质(Language is human),而语言的这些共性反映了人的共性。也就是说语言的共性源于人的共性。叶氏在研究中采用由个别到一般的归纳法,在他建立了意念范畴和句法范畴的对应之后,研究了很多语言的语法,耗时十年的《分析句法》是他勾勒普遍语法轮廓的初步总结。他说,某些情况下可能有全人类共同的东西隐蔽地在起作用,即使在不同地方会有不同的结果。在语法方面,不同的语言有自己的程序,似乎无望在这里找到任何人类共同的东西。然而即使在这儿,如果我们深入下去,也会发现一些对于人类共同的东西。德拉克洛瓦[①](Delacroix)也许说得有点过头。他写道,"从某种意义上讲任何地方都只有一种语言,人类只有一种语言:诸多语言中的差异只是这一幅共同油画上的无关紧要的点缀。"但有一点是肯定的:在不同语言的历史进程中我们到处看到一种一致的努力,要去掉那种相同的多余区别,要把语法手段变得最为简单,成为内在句法、逻辑或理性范畴都能明确无误地得到表达的重要体系(Jespersen 1924)。

在句法分析中,乔姆斯基提出了表层结构和深层结构,前者与语音联系,后者与语义联系(Chomsky 1965)。这可以解释语句中形式与意义不一致的矛盾。常用的例句如有歧义的"Flying planes can be dangerous.""I love him better than John."。其实,这些问题叶氏早已在《分析句法》中

---

① 德拉克洛瓦(Ferdinand Victor Delacroix,1798—1863),法国浪漫主义画家。

解决。根据叶氏的理论，应用叶氏的标记完全可以解决这类歧义。叶氏甚至指出"John told Robert's son that he must help him."可以有六种解释。下面选几句标注比较简单的句子："He promised her to go." S V OO (S^0I)；"He allowed her to go." S V OO (S_2^0I)；"She made him a good husband." S V O (S_2P)；"She made him a good wife." S V OO (21)。转换生成语法在 60 年代讨论的这些问题，叶氏在 30 年代就已经观察到，并作出了令人信服的解释。在具体的论述上，比如对助动词的分析，麦考利指出叶氏的分析与罗斯（Ross）的分析非常接近，赋予助动词与动词一样的句法和词法特征，而他的简略的标记使得他的公式看上去与乔姆斯基（Chomsky 1957）的分析相像，都把助动词处理为自成一类（McCawley 1984）。难怪麦考利说，转换语法学家应该重视叶氏著作，但还没有重视。大家都知道，这位麦考利教授是美国著名的生成语义学家，早年攻读数学，后转攻语言学，师从乔姆斯基，著作等身，以 *Generative Semantics, Everything that Linguists Have Always Wanted to Know About Logic (But Were Ashamed to Ask)*（此书由王维贤等译成汉语）等著作闻名于世，长期在芝加哥大学任教。他独具慧眼，发现了叶氏著作这一宝库，唯恐其被历史淹没，极力推崇，大声疾呼，要求语言学界予以重视，以从中受益。上世纪 80 年代，他把绝版的叶氏著作列了清单，要求芝加哥大学出版社一一出版，并为每本书潜心撰写了引言，揭示叶氏理论价值之所在。他的呼吁和行动不仅推动了叶氏理论的研习与运用，而且让读者从他精辟的阐释中看到叶氏理论对转换生成语法的价值和生命力。

1.2.2 功能方面

我们再看看叶氏有些什么论述与系统功能语法相通。以韩礼德为代表的系统功能语法的两大特征是在语言描写中以语义和语篇作为取向（Martin 1986）。马西森和韩礼德指出，系统功能语言学的研究对象是语境中的语言（Matthiessen & Halliday 2009）。语境中的语言就是实际使用的语言，也就是语篇。叶氏认为，要了解语言的本质必须把研究首先建立在直接观察到的活的言语之上（Jespersen 1924）。同时，他告诫语言学家在研究中一刻也不能忘记说话人和听话人（同上）。可见叶氏的研究对象也是实际使用的语言，而且重视以说话人为中心的语境。上面提到叶氏的语言定义基于语言的交际功能，而交际是指人与人之间通过语言传达信息、交流意见或情感。信息、意见或情感都是通过语言表达的意义。交际涉及听说双方，而这二者必定处于某时某地，处于一定的环境之中，谈论特定的话题，所以交际也是特定语境中的语言使用，是听说双方共同创造的语篇。所以叶氏的这一定义既重视语义，也重视语篇，因而也重视语境，是基于语言功能的语言定义。1993 年荷兰语言学家扬·伦克马出版了 *Discourse Studies: An Introductory Textbook* 这本著作，其中就一字不差地引用了叶氏这一定义（Renkema 1993∶8），把语篇研究建立在叶氏这一语言定义的基础之上。事实上，叶氏反对语法研究中使用孤立的在很大程度上毫无意义的杜撰的例句（Jespersen 1960），他所有著作都建立在他个人收集的浩如烟海的语料的基础之上。他说过，"在完成七卷语法的前四卷时，他抽屉里还有大量卡片，估计有 30 到 40 万张，这绝不会是虚夸。在撰写那些著作时，他所用的卡片也有这么多"（Juul *et al.* 1995∶249）。叶氏重视第一手语料令人难忘，直到 2014 年韩礼德和马西森在《功能语法导论》第四版中谈到语言研究中语料的重要性时，还特别提到著名语法学家叶斯柏森利用大量书面语篇作为研究语料的历史事实（Halliday 2014∶51）。

上述已经提及叶氏在语言研究中如何重视语义，实际上他在研究句法时就说过，意义就是一切（"Meaning is everything."，Jespersen 1909-1949 PART V）。那么，人们是如何理解语篇的意义的呢？叶氏的答复是依靠语境。1923 年马林诺夫斯基在为奥格登和瑞恰慈（Ogden & Richards）的《意义的意义》一书所写的附录《原始语言的意义问题》中提出语言本质上植根于一个民族的文化现实、部落生活和习性。如果不经常提及言语交际的这些更广阔的语境，就没有办法解释语言（Malinowski 1923：305）。1925 年，叶氏就在他的 *Mankind, Nation and Individual from a Linguistic Point of View* 一书中明确地支持马林诺夫斯基的语境思想。他说根据马氏的论述，语言可以以人的活动为背景加以考察和研究（Jespersen 1925）。叶氏在讨论运用语言报告事件时指出，我们要做的不仅是传达思想，而是报告人用话语体现社会关系。即使在有口头交流的情况下，单凭话语不能传达全部事件——上下文、环境、整体情景以及交谈人之间的关系都有助于了解情况（同上）。对于词句的理解，叶氏认为必须依靠语境。他说如果你问我某个词的意义，唯一诚实的答复是"给我语境，我就可以告诉你意义"（Jespersen 1924）。1930 年弗斯（Firth）接受了马林诺夫斯基的语境思想，主张在语音研究中考虑语境，这也成了伦敦学派的一大特征。韩礼德继承了弗斯的理论，包括他源于马林诺夫斯基的语境思想，1968 年在一篇论文中提到马林诺夫斯基对语言功能的分类，后逐渐创建立了系统功能语言学的语境理论。叶氏的语境思想比系统功能语法的语境理论早了好几十年。

　　叶氏认为语言就是说话，话总得一句一句说，所以信息要由语句传递。那么，语句是怎么表达信息的呢？这是所有功能语法都必须解答的问题。叶氏在区分连接式和组合式时指出，连接式构成一则完整的信息（a complete piece of communication），它由两个独立的意念组成，后一项给已提及的内容增加新的信息（Jespersen 1924：116）。也就是说，前者为已知信息，后者为新信息。他举例说明，在 the blue dress is the oldest 和 the oldest dress is blue 中，前者 oldest 为新信息，后者 blue 为新信息。另一个例子是"A dancing woman charms."和"A charming woman dances."。叶氏还进一步引进语义分析，指出新信息不一定在谓语部分，但一定内在于两个成分的关系之中（同上：145），在 who said that 的答句 Peter said that 中，Peter 为新信息（同上：116），这就为后来称之为有标记的新信息作出了解释。早在 1957 年，雅各布森（Jakobson）在他著名的关于变义词

（shifters）的论文中就把首先提出新信息这一概念和术语的功劳归于叶氏，而不归于布拉格学派（McCawley 1992）。1985年韩礼德提出的关于信息单位的分析与叶氏有异曲同工之处。韩礼德说，在"A halfpenny is the smallest English coin."和"The smallest English coin is a halfpenny."之间有意义区别（Halliday 1985：38），在正常情况下，新信息处于信息单位末尾，因而成为述位，而已知信息在它之前（因而包括主位）（同上：59）。可见，叶氏在《语法哲学》中提出的信息结构理论实际是功能语言观的先驱。

上面参照当代两个主要语言学派的部分理论，审视了叶氏语言理论的前瞻性和实际价值，但是，叶氏理论的价值绝不限于此。如果我们以语言事实为基础，参考当代的语言理论，但又不囿于这些理论，牢记叶氏语言研究的原则，在叶氏理论的基础上推进语言研究，也许我们会有新的发现。这里举一个例子。美国著名语言学家、汉语语言学家桑德拉·汤普森（Sandra Thompson）发表了题为 The English Detached Participial Clause 的论文（Klein-Andreu 1983）。作者从叶氏有关论述中得到启发，论文首先陈述了这种分离分词小句在语篇中的分布，而讨论是从叶氏的结论开始的。叶氏在讨论简单连接式用作三品时指出，这种结构属于文学语体，而不属口头言谈（Jespersen 1933：313）。汤普森明确说在这篇论文中她就是要证实叶氏的结论。汤普森就这样在叶氏论述的基础上从语篇的角度探讨了这一句法现象，从而加深了对它的研究。

二、叶氏语音学研究

现在，在概略地介绍叶氏理论之后，我们可以把注意力集中到叶氏的语音学研究上。与其他学科领域一样，叶氏在语音研究中坚持以人为本，音义结合的原则和兼顾系统和实例的原则。叶氏指出语言的生命在于形式和意义的相互作用（Jespersen 1922）。他还认为语言首先是口语，也就是说，主要的是会话（对话），书面语仅仅是口语的某种替代物（Jespersen 1933：17）。所以，对叶氏而言，语言的形式就是语音形式。传统的学校语法规定规则名词构成复数有两种方式，即加 -s 或 -es，而叶氏语法中规则名词是通过加 /s/、/z/、/iz/ 三种方式构成复数。前者基于书写，而叶氏则基于语音，基于口语。由于叶氏重视口语，所以他重视语音体系、语音变化以至语言的演进。音义结合是他语音研究中的一条根本原则，因此与新语法学派针锋相对，在研究语言演进时时刻注意语音表达语义的功能。例如，叶氏指出古英语格的词尾的消失不是由于什么语音定律，而是由于同一个音表示不同的语法意义，如 -u 可能表示主格、单数、阳性或者阴性，或者是受格或与格，或者是主格、受格、复数、中性。而同一语法意义又有不同的表达形式，如主格复数可以有不同的词尾形式：-as、-an、-a、-e、-u，或用元音变化，或无变化的词干来表示。所以整个系统是一堆前后矛盾的语音，说话人往往会迟疑，所以就发含糊的轻读中元音，但并不影响听话人理解，这就显示了这些音的无值性，以至最后连这个含糊的音也消失了。所以叶氏说，古英语格系统的消失是由于多方面的功能不一致造成的（Jespersen 1922：269）。可见，这些音的消失不是受制于新语法学派所鼓吹的语音定律，而都是因为词尾的语音和功能之间出现了多重矛盾，最后导致表达语法意义的功能丧失。这个例子说明叶氏在研究个别语音是否发生变化，发生多大的变化时，考虑的是这个音的变化是否影响语义的理解；同时，叶氏不是只研究个别语音，而是着眼于某个音与其他音的联系，着眼于语音体系，这里，着眼于表示格的语音体系。他处理语音变化也总是要说明语音如何形成有条理的系统而且强调音变对整个语音体系的影响（Juul *et al.* 1995：142）。他要研究的是作为整体的语音体系中的变化（Jespersen 1909–1949 PART I: 18）。这些论述清楚地说明了叶氏研究语音的原则。另一个突出的例子是叶氏对元音大转移（The Great Vowel Shift）的研究，本书第三编将有叶氏对此的论述。

叶氏的学术研究是以语音学开始的。在他极为崇敬的老师汤姆生

（Thomsen）的鼓励之下，他早在1884年就在《斯堪的纳维亚语文杂志》上发表了对英语语音学著作的评论，后又翻译了菲利克斯·弗兰克（Felix Frank）的语音学著作，并由此在丹麦发动了影响全国的重视语音和利用音标的教学改革。此后他一直致力于语音学的研究，直至《从英语看语言的发展》（1894）出版之后叶氏仍说"我最关注的是语音学"。他的普通语音学巨著《语音学》分卷于1897至1899年相继出版，长期被学术界视为最有科学性的普通语音学论著。麦考利在写完《分析句法》的导论之后，特别加了页注，说明叶氏句法研究的深度和广度绝对不会使他对几乎所有其他语言学领域的贡献有所失色，最为著称的当是语音学、语言变化、语言习得和语言规划（1984）。这里首先提到的是叶氏对语音学的贡献。在另一篇对尤尔和尼尔森（Juul & Nielsen 1989）撰写的叶氏传记的评论中，麦考利进一步指出，"虽然叶氏主要因为在英语句法和英语史方面取得里程碑式的研究成果而闻名于世，但叶斯柏森对语音学也作出重大贡献，直到他近八十高龄仍对语音学具有浓厚的兴趣，曾和乌达尔（H. J. Uldall）计划合著书名为《语音学和音系学精义》（*Essentials of Phonetics and Phonology*）的著作"（McCawley 1991）。可惜此书未能问世，否则必将与《英语语法精义》《分析句法》一样是集大成之精品。即使从书名中我们也可以看出叶氏最后仍坚持语音学和音系学必须结合，也就是他不仅从物理、生理、心理的角度论述语音的发生和感知，而且还进一步论述具有区别意义特征的语音系统。

叶斯柏森在语音学领域同样是硕果累累，如《语音学》《语音学的基本问题》《语音学教程》，但令人遗憾的是至今尚未有叶氏语音论著译介到国内，对叶氏的语音理论的研究也几乎是空白。令人高兴的是长亮挑起了这一历史重担。他为叶氏七卷巨著的语音卷、叶氏百年纪念版选集写了导读，撰写了《从百年纪念版选集看叶斯柏森语言学思想》，其中包括叶氏的语音学思想，而且利用他在美国访学期间的条件，选编、译注了这本《叶斯柏森论语音》。这本译著由四个部分组成：第一编"论语音演化"、第二编"论普通语音学"、第三编"论英语语音学"、第四编"论语音学史"。内容丰富，涵盖全面，既有历时研究也有共时研究，既有英语语音学也有普通语音学，既有语音研究成果的展现，也有对语音研究的历史追溯。值得重视的是所选篇目体现了叶氏在语音研究中的出发点、语言观、原则和方法，这是我们研习叶氏著作时需要认真加以领会的。

2.1 语言演进，音义结合

第一编讲语言的演进中语音的变化。叶氏始终坚信语言的演进性，也就是相信语言在演化过程中总显示出一种进步的趋势。他郑重指出：语言一开始就显示了进步的倾向，缓慢而断断续续的进步，但仍然是趋于更为清晰、规则、简易和更为适宜的进步（Jespersen 1922：441-442）。第一篇选文中叶氏说明难发的语音组合被摒弃，只有发音简单的语音组合才会得到保留。因此，大多数语言只使用通过呼气发出的音，而通过吸气发出的"吸气音"（click），即用吮吸动作发出的塞音，在连贯话语中是找不到的，这就显示了语言的进步。有些语言中词的乐重音（musical accent）（或称音高 [pitch]）逐渐消失；丹麦语的乐重音就消失了。句子的韵律调节（modulation）受强烈情绪的影响非常明显，由此引发更强、更快的声音起伏。叶氏相信人类文明程度的提高会促进语言的进步。由于文明程度的提高，人们会注意仪态、礼貌，对喜怒哀乐不会恣意宣泄，会有所收敛，这种激烈情绪对说话的影响有所缓和。这也是一种进步。最后，叶氏指出语言演化似乎会不时表现出让词缩短的倾向，例如用 cab 代替 cabriolet，用 bus 代替 omnibus，simply 取代了 simplely，还有 library、February、probably、literary、mama 这些词虽然拼写没有变化，但民间发音或土话发音是 [laibri]、[febri]、[probli]、[litri]、[maˑ]，都省掉一个音节，因此，使用起来就更为方便。这也体现了语言的进步。叶氏始终坚信这种语言进步的趋势，这在这本著作的其他论述中也有体现，比如，在论证象征词的时候，他说，"我相信存在一种缓慢的进步趋势，通向更全面、更简便、更充分的表达（包括情绪方面的更充分表达）——在这样的演变中，我觉得符合语音象征的形式不断增多是不容小觑的元素"（本书第342页）。他还说，"语言随着时间的推移，象征性词汇会越来越丰富。我们跟其他领域一样，相信一种慢速前行式发展之概念"（本书第399页）。在英语单音节词一文中，论及英语获得越来越多类似汉语结构特征的渐进演变过程时，叶氏说"如今，我们更倾向于把这样的发展视为朝向更完美结构的进步趋势"（本书第448页）。

随后三篇是叶氏对语音定律问题的论述。19世纪后期以德国莱比锡大学为中心的一批语言学家形成了新语法学派。语音定律，人称新语法学派假说（Neogrammarian Hypothesis），就是他们提出的。这个假说强调语音变化的规则性、无例外性。他们主张研究个人语言而不是研究语言体系，研究语音的历史，而不研究语言现状。叶氏的语言观是在与不同学派的辩论中形成的，特别是与新语法学派的辩论中，他的论述就更具有针对性，因而就更能体现他研究语言的原则，比如以人为本，音义结合的原则。叶氏与新语法学派在语音演变的研究中至少存在两个重要分歧。第一是如何看待语音演变。新语法学派认为屈折变化丰富的语言，如梵语、希腊语、拉丁语都是理想的语言，随后这语言完好的结构衰败、退化以致遭到破坏（Jespersen 1960：383）。叶氏针锋相对地说，"我反对，我从人的能量关系的角度证明这历史趋向绝非倒退，而是进步"（同上：381）。什么是"进步"？叶氏说"我对进步的理解是通常意义上讲的有用程度的提高，也就是利用最经济的语法手段取得更高程度的效用"（同上：381）。第二是针对语音定律。新语法学派用"语音定律"解释语言变化，如古英语非重读元音 -a、-e、-i 都变化成了中古英语的模糊的 -e。叶氏指出"语音定律""盲目"地起作用成了年轻语言学家这一学派的主要格言。所谓"盲目"就是完全不考虑意义（Jespersen 1922：93）。他们还认为"语音定律"没有例外。叶氏指出"语音定律"不是解释，而是需要加以解释的东西；它只是对事实的陈述，是与此相关的公式，对于变化的原因根本未作解释（同上：267）。叶氏说，语言是人类的一种功能。语言使人区别于其他生灵，是人的一个本质特征，人为了在社会上生存就不能没有语言；另一方面，语言的存在也离不开人，语言服务于说话人并通过说话人而存在。说话的人总是在影响语言，语言之所以是如今的语言，是人们使用的结果，所以叶氏不止一次说语言有人的特点（Jespersen 1909-1949 PART IV; 1933 Preface）。与叶氏相反，新语法学派把语言看成是独立于人的自然物体，独立于人的生物体，所以在他们的语言研究中不考虑人，不联系人对语言的使用，不会考虑整个语言生命，因而在语言研究中摈弃语义。叶氏坚持音义结合的原则，在第一部分用大量多种语言的实例说明是语义在语音变化中起作用。例如，就语音本身而言，重音在大多数情况下就是语义规定的，如法语的 moi（我，重读代词）和 me（我，非重读代词）都源于拉丁语 me。就语言使用而言，新语法学派认为有些词因为频繁使用而经历了更大的变化。叶氏的答复是：促使部分词和短语发生例外语音演化的，不是词频，而是与词频相关联的用于理解说话人意思的易懂程度和无价值程度。（本书第 136 页）"说话人意思"当然是指语义，所以起作用的还是语义。叶氏还指出，形成双形词差异的最核心原因，是一条极为重要但却在此类研究中几乎一直被忽视的可理解度原则（本书第 132 页），这可以解释 gi 和 give、ha 和 have、far 和 fader 等双形词，也可解释前面提到的词的缩短，如用 bus 代替 omnibus。在此基础上叶氏在第三论中提出了至关重要的价值原则。看似相同的词和音，说的时候清晰程度却未必相同，究其原因，对于说话者来说，让听话者准确领会某一细节有时重要，有时却一点也不重要。无关紧要的东西就会被忽略掉。这就解释了词内部以及句子内部的价值重音，如英语指示代词 that [ðæt] 和连接代词兼关系代词 that [ðət] 之区别（本书第 184 页），也可以解释美国英语经常把 you'd better 及 you had better 说成不带 d 的 you better。语言就是说话，语音的演变发生在人们说话的语流之中，而影响语音变化的是人们交际中的表达与理解。表达的价值和理解的难易则就受制于这些原则。而这些原则都源于叶氏的语言简易论（Ease Theory），即语言或语言表达式的好坏取决于效用，取决于效率（Jespersen 1960：461），即用最简单的手段（mechanism）表达最大量的意义（Jespersen 1922：324）。在这篇论文中叶氏明确指出不应该把语音定律跟自然定律（如重力定律、下落速度定律等）混同起来。因此，对语言学来说，最可取的或许是别再使用"语音定律"这个词（本书第 154 页）。

叶氏在论述语音定律问题的第二篇论文一开始便正面提出语言研究必须遵循音义结合的原则。他先从反面论述，"如果对一方投入精密研究，却不考虑另一方，是个极大的误区。语言的语音研究中有许多东西，如果不引入语义研究，就无法理解、无法解释"（本书第 157 页）。然后又从正面提出音义结合的效果，他说，"语言史中有许多现象，若将外部和内部结合起来，若将目光投向这两个领域之间可能存在的相互联系，就会得到新的启示"（本书第 157 页）。在研究语言演变中，特别是研究语音演变中，语言成分的精确性是一个重要问题。叶氏指出，语言的每个成分都存在一定的精确性，都拥有一定疆域，在这个疆域之内可将其辨认出来。说话者越是接近疆域中心，听话者就越能简单、完好地理解其信息（本书第 158 页）。其实，我们在生活中也发现人们说话时，有的成分发音清晰，有的含糊不清，但听话人毫不介意，因为整句话已经理解了，交际已经达成。这就是说，在语言许可的范围里，某个成分即使含糊，也可以被人理解。但是，叶氏指出，"每种情况下，语音波动的幅度和边界的牢固度均取决于语言的语义，我认为这一点至关重要"（本书第 160 页）。这就是说，语言成分虽然含糊，但不能影响交际。"然而，这样的轻微变化若是沿着相同方向发生了无数次，就足以解释那些随着时间流逝而出现的最重大的变化"（本书第 166 页）。所以叶氏要求研究者走出书斋，密切注意观察日常交谈和随意闲聊（本书第 166 页）。本篇叶氏最后一句话是语言生命比科学学说复杂得多，尤其比"语音定律无例外"这句带给我们的猜想复杂得多（本书第 168 页）。语言的生命是指语言的语音形式和语义的相互作用（Jespersen 1924：40），叶氏实际上是在强调语义在语音研究中的重要性，与开篇呼应，同时批评新语法学派摒弃语义的错误做法。

在叶氏发表了第一和第二篇论语音定律问题的论文之后，他的观点已经为学术界认可。索绪尔身后为其编印《普通语言学教程》（*Course in General Linguistics*）的嫡系弟子巴依就用索氏的术语说，"能指不能独立于所指之外而演化……"（本书第170页）叶氏不仅反对语音研究中仅考虑书面形式及拼写而不研究真正说话的人，反对"纸上语音学"，主张"人的语音学"，而且还反对将语音学和音系学割裂开来。叶氏对于音位的概念1904年就有论述，他说，哪些音必须设定为独立语音？这要取决于每种语言在多大程度上利用语音差别来区别语义（本书第257页）。他曾为此增补说明，从当今所谓的音系学视角来看，这一强调很超前（本书第257页注②）。叶氏反对将语音领域的两门学问加以割裂，他解释说，没有语音学（语音生理学），就没有音系学！我们必须区别语音学和音系学，但不应把二者分割开："语音学家必须成为音系学家，音系学家也必须充当语音学家"（本书第179页）。道理很简单，从语义角度的语音研究不能离开从生理、物理和心理角度对语音的研究。他指出索绪尔所说的"构成语言符号一部分"的语音差别，构筑起了音系差别，并被认定为音位。但是如今，却不能使用音位一词，这就出现了术语上的尴尬（本书第180页）。叶氏指的是语音特征，诸如浊音性在有些语言中，对于所有的辅音来说都是语言化的；……鼻音性对所有位置上的塞音来说都是语言化的（本书第180-181页）。所以从语言整体出发，叶氏提出了语言化这一重要概念和术语。他解释说语言化表示某一语言（音系）系统内部具有语言学意义的东西，也就是某一具体语言用来或可以用来区别语义的那些东西（本书第180页）。简单地说，就是在整个语言系统中可以区别语义的特征或成分。叶氏指出，超出音位的范围时，语言化这个概念才是最有用的（本书第181页）。超音位的特征可以区别意义，如重音，英语利用重音区别名词的subject和动词的subject；声调可以区别意义，这在汉语中尤为明显。更为重要的是叶氏指出由重音、声调、音长构成的韵律可以使话语的某一部分突出，因而也具有语言性。而且叶氏指出语言性也可用于句法研究，如词序。叶氏有关音位的论述非常具有前瞻性，不仅他的音位观预示了布拉格学派的音位理论，而且他的语言性的观点预示了系统功能语言学关于语音和语义关系的理论。韩礼德和马西森说，"我们把音系学分为发音（articulation）和韵律（prosody）。作为一般原则，发音是任意的（约定俗成的），意思是音和意义之间没有系统的联系。另一方面，韵律却是'自然'的，它与意义有系统性的联系，作为语法中对比的一个资源"（Halliday & Matthiessen 2004：16）。关于语调，他们说，在构建语义方面，语调组发挥很大作用，它把连续的话语组织成一系列信息单位，这具有语篇意义。对不同语调组的选择具有人际意义（Halliday & Matthiessen 1999：15）。陈述句如果用升调就成了疑问句，特殊疑问句若用升调意思就是不一样，如"Who is absent?"意思是"Do you mean to ask who is absent?"这都体现语调区别意义的语言性。叶氏在第三论的结尾对新语法学派提出了两点批评，说他们割断了语音学跟语言生命其他方面的联系，将其搞成了独立王国。而只有跟语义相结合，才能全面理解语音学。这之中还有一个错误，就是只论述语言，而忽略了说语言的人（本书第191页）。这一批评切中要害，发人深思。这更加彰显了叶氏以人为本，音义结合的研究原则。

2.2 观察与研究

本书第二编是普通语音学。普通语音学建立在语音学的共性基础之上。语言是人类的语言，语言的共性是人性在语言中的体现。这在语音学方面体现更为充分。发音器官、发音机制、发音方法、音的类别、音的特征、音的区别意义的功能等等都具有共性。这一部分内容非常丰富，不仅反映了叶氏的语音学思想，讨论了为掌握话语形式而设计的拼音体系，介绍他精心设计的拼音方案，而且还体现了叶氏的研究方法。按索绪尔的分类,文字有两种:表意体系和"表音"体系(索绪尔1985:50)。表音文字的拼法和发音常发生不一致的情况。究其原因,索绪尔说,首先语言是不断发展的,而文字却有停滞不前的倾向(同上:52),这也就是叶氏所说的受到传统的影响(本书第410页)。欧洲诸多语言为表音语言,书写和发音的不一致是普遍现象,叶氏指出"拼写与发音不一致的大量例子,不仅见于英语,而且也见于法语、德语、丹麦语、瑞典语、俄语,而意大利语和西班牙语中问题没有那么突出,却也存在"(本书第319页)。而叶氏是一位处处为语言使用者着想的语言学家,深切关心拼写的改革,而且身体力行,不畏习俗,把through拼写为thru,把thorough拼写为thoro(本书第321页注①),并且通过深入研究,精心制定了他的拼写方案,即《用非字母符号表示的语音发音》,当属这类研究成果中的极品,有助于语音的研究和描写。在这一编中,有两篇是关于语言象征性的论文,即《元音i的象征价值》和《语音象征》,值得我们重视。索绪尔认为"任意性"是语言符号的本质特征之一,他说,"能指和所指的联系是任意的……我们可以更简单地说:语言符号是任意的"(索绪尔1985:102),因此人们在理解和接受语音的象征性的时候就会迟疑;同时,语音的象征性是自然的,并不是严格意义上的语言符号的所指,往往只能意会,难以言传,这就给象征性的论证带来难度,对其普遍性的论证难度就更大,因此就更能显示出叶氏研究和论证的方法。叶氏说,我对语音史问题的看法,来源于对若干活语言的常年观察,也来源于对英语等语言近几个世纪以来发生的语言演化局部所做的深入研究(本书第193-194页)。研究语言史如此,研究语言现象也是如此。

某些语音和语义之间存在天然联系,词通过某种语音象征而获得其内容与价值,这就是叶氏所指的语言象征性。《语音象征》一文是叶氏对象征性的概论,他从多方面展示语言的象征性,如直觉感觉roll [英]、rouler [法]、rulle [丹]、rollen [德]这几个词宜于表示滚动,对声音的直接模仿,如表示金属撞击声的ting、tinkle,表示人发出的声音的snort、 sneeze、whisper，用活动产生的声响表示活动，如表示水声的 splash、bubble，表示敲击声的如 clash、crack、bang，象征动作的词以 fl- 开头的，如 flow、flutter，以 sl- 开头的，如 slide、slip，被塞音截断的短元音，可以表达出由快速击打而产生的声响如 pat、tap，表示快速抓获的如 snatch、catch。[i] 表示明亮，如 gleam、glitter，[u] 表示昏暗，如 gloom，这两个音也可以分别表示愉悦和抑郁。最后叶氏谈到象征语音表示大小和距离，论述到 [i] 这个元音。《元音 i 的象征价值》就是叶氏对此的专论。他一开始就明确指出 [i] 这个非圆唇前高元音，常用来表示小、轻、次、弱的意思，其窄元音尤其如此。这是叶氏试图在这篇论文中论证的语言事实。在给了一些实例之后，他便撇清可能产生的误解，实际上是给他的论证进一步划定范围。他说，"我既不想说元音 [i] 永远暗示'小'，也不想说'小'永远由 [i] 来体现；没有任何一种语言在这个问题上是始终一致的……但是我坚信，表示'小'或较小事物的词里含有 [i] 音这一事实，许多时候（或者说多数时候）影响力很大"（本书第 341-342 页）。随后他从多方面展现他多年深入观察的结果。他从表示"小"的词开始，如英语的 little，哥特语 leitils，古北欧语 litil，丹麦语 lille，苏格兰语 wee，荷兰语及低地德语 slim，德语 schlimm，拉丁语 micidus，意大利语 piccino，法语 petit，西班牙语 chico，加泰罗尼亚语 chic，希腊语 oligos，芬兰语 pikku，爱沙尼亚语 pisikene，匈牙利语 kis，格陵兰岛爱斯基摩语 mikirsoq，日语 tiisai，汉语'tit'tit。接着，叶氏展示 [i] 的象征语义范围如何逐渐扩大，首先是指儿童和幼崽，如英语中有 kid、chick、chicken、kitten、piggy，德语 kind，挪威语 kind，丹麦语 fims、kid，挪威语 pis、pise，西班牙语 nino、chico，意大利语 bimbo，匈牙利语 fi。然后由人而至物，[i] 象征小的事物，如英语的 bit、whit、slip、twig、chip、smithereens、drizzle，丹麦语 kvist、prik、fip、rille，拉丁语 titvillicium、titibilicum、quisquilia、mica，西班牙语 triza，西班牙语、意大利语 picco，德语、丹麦语 stift，苏格兰语 peak、peek，丹麦语、挪威语、低地德语 kim，等等。

随后由表示事物扩展到表示短暂、急速的动作或概念，如英语中名词有 jiffy、jiff、fit、trip，形容词有 quick、glib、vivid、diligent、nippy，其他语言中表示"快"的词有：丹麦语 kvik、livlig，瑞典语 pigg，法语 vite、vif、rapide，意大利语 vispo、visto，日语 kirikiri。英语还有许多含 [i] 的动词表示急速动作，slit、split、splinter、rip、chip、slip、whip、whittle 等。叶氏指出，研究象征性这样的任务必须以大量的例子为基础（本书第 376 页）。上面的实例已经告诉我们叶氏是如何在大量例证的基础上论证象征性这一语言现象。仅为证明 [i] 有"小"的含义叶氏就列举了多达 20 种语言的实例。实际上，在他这两篇论文中应用了 40 几种语言的实例，包括属于印欧语系的多种语言，其中如印度语族的印地语，日耳曼语族的英语、德语、荷兰语，罗曼语族的法语、意大利语、罗马里亚语，斯拉夫语族的俄语；亚非语系的希伯来语、巴塔语；乌拉尔语系的芬兰语、匈牙利语、爱沙尼亚语；汉藏语系的汉语，等等。语言是根据语音、词汇和语法的相近特征加以归类的。分属不同语类的语言特征不一，同一语类的不同语族的语言也各有差异，叶氏从众多语言中提供的例证令人信服地说明象征性这一语言现象在不同特征的几十种语言中都普遍存在。他不仅观察通用语，而且观察方言，且在 8 种方言中获取了例证，说明表示"小"的词含有 [i]，他列举的方言有萨默塞特方言、日德兰方言、奥克尼群岛及设得兰群岛方言、挪威方言、法罗群岛方言、博恩霍尔姆岛方言、奥克尼群岛方言、汉语的粤语。不仅如此，叶氏的观察范围扩展到不同的语体，包括昵称、蔑称、儿语、黑话、校园俚语，如 tibble，甚至观察到伊顿公学的校园俚语 scug。叶氏对活语言观察之广，洞察之深令人赞叹！然而，这只是他工作的一部分，他同时还需要研究，要对比，他需要追索历史，了解语言的历史上是否存在语音象征性。为此目的，在他提供的实例中有一部分取自古语言。他提到的古语言有古英语、中古英语、中古荷兰语、古法语、古高地德语、中古高地德语、中古低地德语、古爱尔兰语、古萨克森语、古北欧语等，从而说明某些音的象征意义自古就有。

这样叶氏就在观察和研究的基础上证实了语言象征性这一语言事实。叶氏对个别语言细节的研究总是与语言体系紧密结合，要研究这一细节在语言中如何运作，对于具有象征性意义的词的研究，自然要考虑语言体系中的词类和构词。叶氏在展示例证的时候，就告诉我们含有象征意义音的词有名词、形容词和动词，既然有这样的形容词，那就可以有相应的副词，含 [i] 的形容词 quick、glib、vivid、diligent 通过加 -ly 即可构成副词。这样看来，具有象征意义的词都可以成为实词（notional words），那么，在句法中就能承担不同功能，发挥重要的表达意义的作用。至于构词，叶氏专门讨论了表示"小"的后缀，列举了如加在名词后的后缀 -y、-ie，如 baby；-ling，如 gosling；-let，如 islet；加在形容词后面的后缀 -ish，如 thinnish。其他诸多语言中都有类似的后缀。需要指出的是，这些表示"小"的后缀都具有产出性（productive），在语言中都能起构词的积极作用。与此同时，叶氏还进一步考察了语音的象征性在语言演进中的表现。象征性元音在时代变迁中依照该语言的常规语音趋势而被修改，长音 i 在 mite 等词里已经双元音化。tiny 一词如今变成了 [taini] 亦是如此。不过，我们也保留了象征性元音的 [ti·ni]，与之共存。但也有抵制了一般演变趋势，从而取得象征性语音的实例，英语 quick 一词里含有最适应其意义的元音 [i]，抵制住了古英语主格 cwucu、cucu 里的元音。cuckoo（布谷鸟）抵制住了如 cut 一词中的那种由 [u] 到 [ʌ] 的变化，因为人们乐于用这样的声音来称呼这种鸟。有些词通过语义变化，也变得比先前更具象征性的表现力。miniature 一词的最新变化就属于这一情况；这个词起初表示"用铅丹和朱砂绘制的画"，但是由于 i 的关系，今已渐指"小尺幅的画"。还有 pittance 一词，旧时指任何虔诚的捐助，无关乎数额大小，而今指"极微薄的津贴"（本书第 394 页），因而，也具有了象征性。所以叶氏说，语言随着时间的推移，象征性词汇会越来越丰富（本书第 399 页）。这就让我们看到语音象征性的生命力，也是他乐于见到的语言缓慢进步的一个方面。所以，我们不能不同意叶氏的结论：他基于观察和研究的论证都是心理学角度更真实、语言学角度更有效的看法（本书第398页）。

2.3 语言细节与语言体系

第三编是英语语音学。第一篇介绍叶氏基于语言事实归纳出的英语历史上的一条语音规则：首音节重读的三音节词，鼻音经常插在力度较弱的中间音节里的 [g] 或 [dʒ] 之前。这个插入过程发生于中古英语时期。如位于 g 之前的闯入性 [ŋ] nihtegale > nightingale，位于 [dʒ] 前的闯入性 [n] 更为常见：messager > messenger, passager > passenger。这就破除了原先对 nightingale 一词的种种臆想。英语拼写和语音之间的不一致是人所共知的事实。如何对此进行研究？叶氏说，研究历史时期的语音，我们必须始终以对今日之语音的了解为指导，以今日之语音在我们眼前、耳边出现的变化为指导。必须始终让语音学，即关于语音的科学，来协助我们；我们还要不时跟其他语言的发展变化做比较，无论这些语言是亲属语言还是非亲属语言，这样的比较都能够为英语的变化提供参考（本书第 411 页）。最具价值的，是旧时的语音学家、语法学家、拼写改革倡导者的著作中直接给出的信息（本书第 413 页）。为此他列举了他参考的旧时有关著作，多达 60 本，另有他同时代的 13 位语言学家的著作。这足以说明他对这一问题研究的广度和深度。叶氏也告诉了我们研究语言历史的方法和途径。第三篇与英语的元音大迁移有关，这是一个一看就令人肃然起敬的标题，因为这是叶氏首先研究并发现的英语历史上元音的大迁移，the Great Vowel Shift 这一术语也是叶氏首先提出，后为学界普遍接受。元音大迁移发生在 1400 年到 1700 年的英国，涉及 7 个英语的长元音。由于这些元音迁移，英语发音和拼写的不一致更为严重，因此在理论上和实践上都具有重大意义。请想一想，英国和欧洲历史上有那么多语音学家，为什么这一重要现象首先是由丹麦的语音学家叶斯柏森研究和确定的？这不能不归功于他的语言整体观以及对整个语言体系的重视。他指出，不能孤立考虑单个元音的变化,每个元音显然都是同一大规模语言变迁中的组成部分(本书第429页)。音变不仅影响某一个音,而且同时影响整个语音类别。总结这种并非仅仅孤立地影响某一个音,而是同时影响整个一类音的音变(本书第178页)。他还说,"我尝试论述了音变对语言的整个语音与词法系统的影响"(本书第178页),"把语音系统所发生的变化作为一个整体来进行安排"(本书第425页)。正如他在英语格的研究中取得突破性的成就一样,他的语言整体观使他在研究语音大迁移中也作出历史性贡献。

随后是叶氏论《英语的单音节词》,涉及叶氏与新语法学派辩论的另一个焦点,有关相互联系的两个问题:一是如何看待汉语;二是英语趋于单音节化,从而取得某些汉语的特征,是进步还是倒退。论文一开始叶氏便说,从19世纪初以来,大家就习惯了将一大类语言称为单音节语言,亦称作孤立语,使之与黏着语和屈折语相对立,并把汉语视为这类单音节语言的典型例子;此外还经常听到有人提出,英语经过各个历史时期的发展,在许多方面已经逐渐接近这一类型。以前,英语获得越来越多类似汉语的结构特征的渐进演变过程,被视为从发达类型变为原始类型的衰败过程,而汉语则被视为最原始类型的标本,也就是语言演化的童年时代之标本;如今,我们更倾向于把这样的发展视为朝向更完美结构的进步趋势;汉语原始论已被认定是完全错误的(本书第448页),是生物进化论被移用到语言学领域所产生的副作用(姚小平2003)。叶氏认为汉语是独特的语言,具有表意的书写系统,英语单音节词不断增加,逐渐获得汉语某些结构特征的趋势是进步,而不是倒退。理由很简单,更便于人们灵活使用。叶氏比较了英语和汉语单节音词的相同点和不同点,简要讨论了英语单音节词产生的原因。他指出,英语的单音节词不是产生于一个缘由,而是产生于多个缘由。非重读元音由于对理解无关紧要而发音含糊,最后脱落,这是所有语言的共同趋势,而英语与其他语言相比这一趋势更为强劲,尤其是经历了14世纪的弱e音的大规模脱落,许多词被简化成了单音节词。这是英语单音节化的首要原因(本书第451页)。其他原因还有首音节的脱落、长词截断,等等。单音节词增长的趋势离不开说话人的态度,因为英语的自然语音发展已让说英语的人习惯于把单音节词视为正常的语言材料,还因为人们觉得这些词与英语词汇的基本结构一致,并且经常因为这些词的音和义之间似乎存在某种自然关联,于是这些词就流行起来了(本书第453页)。叶氏对比了英汉两种语言的单音节词的数量与结构。他根据元音数、可出现在词首和可出现词尾的单辅音和复合辅音的数目计算出英语可能出现的单音节词的数目为158,000,而汉语用同样的方法计算,但汉语声母不能单独构成音节,理论上似乎可以存在1,191个不同的音节。即使我们把这个数字乘以4,因为北京的官话方言使用4种词声调来把其他成分完全相同的词区分开,也仅能得到4,764个不同的音节。即使是如此少量的音节,在真正的汉语中也没有全部用上。汉语中仅有420个音节——即使把这个数字乘以4,也只是1,680而已,比英语中实际使用的音节数量少得多。叶氏没有从历史演变的角度考察汉语单音节词的形成,但他指出:汉语的演变方向与法语相同,词末的p、t、k消失了,词首音群很大程度上变得比法语还要简单,其结果就是高本汉所说的,"外国人听北京人讲话,印象就是他在不断重复着仅有的几十个词汇"(本书第463页)。古汉语确实有大量单音节词,但是因为汉字表意,所以书面汉语中的同音词不会引起误解。实际上,赵元任以 shi、ji 和 yi 三个音的同音词创作了三篇同音词的短文:93个词的《施氏食狮史》、78个词的《季姬击鸡记》和82个词的《漪姨》,1960年已被不列颠百科全书收集在中国语言项内。这足以说明古汉语的特点。此外,汉语有四声,可以区别词和词义,因此口语中也不致因为同音词而造成误解。但是,正如叶氏指出的,现代汉语中双音节词呈现不断增加的趋势,对此,他指出了三条确有根据的途径。汉语双音节词的增加也许是因为双音节更具表现力。叶氏说英语中让有歧义的两个同音词构成复合词的情况极为罕见,我能想到的只有 courtyard(本书第466页)。这两个词分别各有歧义,但这两个词在一个意义上却是同义。汉语中两个意义相同的词构成双音节词却累见不鲜，如明亮、躲避、思想、挖掘、惩罚等。此外，操汉语的人喜欢对仗也促进了这类双音节词的增加。这是叶氏提出的第一条途径。从语法学的角度看，现代汉语中单音节构成的是字，字是词素（程雨民 2003），单个词素不一定能成为词，通常需要与另一个词素结合，构成双音节词。叶氏提出的另两条途径与这一语法事实相符。

　　英语中单音节同音词大约是多音节同音词的 4 倍，那么，单音节词在交际中是否可行？是否会引起歧义？叶氏说，把单音节词放到英语世界日常口语句子的自然环境里审视，就能发现这样的风险实在是微乎其微的（本书第 468 页）。叶氏认为，单个的词毕竟不是个独立的生物体，而只是为人的活动服务的公式，其目的是把思想传递给另一个人（本书第 121 页），所以论文开始他就交代最终要审视单音节化这一趋势的后果及其对语言整体结构的意义（本书第 448-449 页），也就是要将单音节化放在语言体系和语言使用中加以审视，考察在语言交际中单音节词如何运作。为此他提出一系列问题：语言理解究竟是如何进行的？完整理解口笔语的词和句，需要什么样的心智条件或基础？怎样才算理解？怎样才算易于理解？又怎样才算未理解？（本书第 473 页）叶氏就如何理解单音节词谈了看法。归纳起来，他主张要依靠语境，要依靠语言语境，即上下文和情景语境，他说，较长的词很可能自身就是完整的，也常常确实是完整的，或可视为自主的词；这不同于较短的词，较短的词依赖于环境，要依靠它们和其他词之间的联系（本书第 474 页）。大多数情况下，由较短的语法虚词构筑的语境足以让语义清晰（本书第 479 页）。现代英语中有些结构显然有助于对单音节词的理解，如介词短语 in want of、in search of，再如 take/have a walk、take/have a swim。这一机制是将单音节动词的语法同音词名词与虚词介词或意义空泛的动词搭配，通过轻重相间的节奏，突出单音节词，以便于听话人理解。叶氏指出，语境在有些例子中甚至比形式本身还要重要，这样的例子里，说话时的整个场景都应视为语境的一部分（本书第 468 页）。叶氏在这儿明确他所指的语境包括情景语境。他还指出，口语中的词，歧义性往往低于书面形式（本书第472页）。这也是因为口语听说双方有现场的实际语境，有提示说话人态度的口气、表情、手势以及其他肢体语言帮助理解。叶氏还主张要通过语篇进行理解，他主张通过连贯的句子进行思考，而不是通过孤立的词进行思考（本书第470页）。其实，上面提到的理解词义要依靠与其他词的联系已经是指依靠语篇了。显然，叶氏的想法是，理解词句要依靠语篇，要依靠语境。这里叶氏再次强调语言研究要重视语义，理解是理解语义，而理解语义就要依靠语篇和语境。这不正是当今韩礼德以功能语言学为基础的话语分析理论的要旨所在吗？而叶氏早在1933年就提出来了，可见叶氏理论的前瞻性。

2.4 评价依据

第四编是语音学史。叶氏开宗明义他只是想尝试刻画几位杰出的语音学家，从而审视他们关注的是这门科学的哪个方面，他们的研究方法又是什么（本书第483页）。据初步统计，叶氏对16世纪到19世纪的26位语音学家作了评论。这些语音学家中有专攻语音学的学者，也有医生、律师、医学教授、生理学家。目的也不一致，有的是为了教聋哑人说话，有的是为了纠正乡音，有的是为了改进语言教学，但都对语音学有兴趣，而且作出了贡献。叶氏认为古典时期虽有学者对语音作了细致分析，但乏善可陈，古阿拉伯也有语音学家，但他只字未提。我们无意综述叶氏的评论，但是在叶氏的大量评论中可以看出他所关注的是什么。叶氏指出，语音学为理解语音史所研究的现象提供了基础，且是绝对必要的基础（本书第238页）。所以我们可以从他对语音学家的评论中看到叶氏心目中研究语音学的原则和方法。

2.4.1 体系创建

在语言学其他领域里他的研究原则是重视体系，重视细节，联系体系研究细节。在语音学的研究中我们已经看到他在元音大迁移中重视语音体系中语音与语音的联系,在语音象征性和单音节词的研究中,他结合语言体系审视这些具体的语言事实。在本书的第二编中,叶氏专门论述了语音的系统化和具体语言的语音体系。在评价其他语音学家的时候,他仍然把如何建立语音体系作为首要原则。在叶氏评论的语音学家中,他对大多数都考察了在建立体系方面的作为。体系有时指著作的体系,语音描写的体系,但归根结底是指语音的体系,语音学的体系。叶氏在对16世纪早期的语音学家的评论中,指出两位是系统主义者,一位是奥尔胡斯,另一位是威尔金斯,认为前者有意创建普遍性发音系统,虽没有达到目的,然而作为系统主义者,他已超过他的同代人(本书第484-485页);对于后者,叶氏认为他是这一时期最具才华的系统主义者之一,富有哲学头脑,强调系统化,强调精确掌握事物的本质,因而构建起了全面且大致正确的系统,远远超过了雅各布·马德森等人所建立的系统(本书第488-489页)。叶氏称赫尔瓦格是元音系统之父,他的元音系统直到前些年还一直在语言学实践中居于主导地位(本书第495页)。贝尔想构建一个覆盖面广泛的大体系,能够把所有这些音都囊括进来。他的体系具有普遍性,也就是说,这一体系涵盖了所有可能发出的音和音组(本书第513页)。在他肯定某些语音学家在创建语音系统方面的成就的同时,也批评了另一些语音学家。布吕克认为字母绝对应理解为表示具体运动条件的符号,也就是表示口腔器官和声门在呼吸肌竭力排出气流时所处具体位置的符号。很重要的一点就是以此为基础,为语音构建起系统,但他并没有以任何一种外语的发音为基础。他的系统还会让人担忧,他的材料不够全面具体,所构建的系统很难具有普遍性(本书第504-505页)。叶氏对埃利斯评价极高,认为他的主要著作是《论早期英语的发音》,对一般意义上的语音学家来说,也成为几乎取之不尽的宝库,埃利斯无疑是他那个时代最博学的语音研究者。但叶氏批评说,这部著作的主要缺点,他觉得首要一点就是缺乏体系,读者置身其中很难不迷失方向,涉及真实的语音观察材料时尤其如此(本书第517页)。对于与斯威特齐名的斯托姆,叶氏批评说他从没写过论述普通语音学的系统著作,他的精力完全没有投向系统性问题(本书第520页)。对斯威特,叶氏评价很高,称赞他或许也是目前在世的语音学家中最伟大的一位,在语言学其他领域也是最杰出者之一。但没有提到他有关创建系统的成就,只是提及他对9种语言的语音系统做过简短而鲜明的概括。对于语音系统的演进,叶氏指出19世纪德国语音学家拉普作出了贡献,他出版了四卷本巨著《语言生理学研究——附论以生理学为基础的西方语言历史演化》。整部著作的构想,是探究希腊语、拉丁语、哥特语如何进一步演变出中世纪的语音系统(拜占庭希腊语、古普罗旺斯语、古法语、古北欧语、古萨克森语、古高地德语),继而又演变为今日之现状(现代希腊语、意大利语、西班牙语、葡萄牙语、法语、英语、丹麦语等、瑞典语、荷兰语、低地德语、高地德语及各方言)。为了完成这一构想,拉普运用了其关于语言史的渊博知识以及对活语言之间语音关系的深入研究。如他本人所述,他从小就拥有一双灵敏得简直病态的耳朵,能够听出一切听觉上的反常之处(本书第501页)。拉普的研究表明,他的成就源于他掌握多种语言,具有丰富的语言史的知识,还源于他有敏感的听的能力、对比和辨别语音细微差别的能力,或者说,他的语言实践能力确保了他研究的成功。

2.4.2 理论联系实际

对于理论联系实际这一原则,叶氏是这样说的,"语音学跟人类智慧的其他领域一样,理论和实践也应并驾齐驱;为此,我在本书中将始终保持对二者不偏不废"(本书第243页)。实践首先指研究者对某种语言的掌握,要精通,要能辨别极其细微的语义差别,要能辨别严肃的话语和戏谑的言辞,辨别细微的语音差别以及这些差别产生的原因。外语要掌握到像母语者那样可用"心之耳"(mind's ear)去聆听(本书第318页),没有这种能力就谈不上语言研究。研究某种语言就要熟练掌握某种语言,能说能写某种语言。叶氏在德国留学期间曾选修英语,但是他的英语地道,被人误以为英语是他的母语，认为他根本无须选修英语。可见他英语掌握到何种程度。夸克说叶斯柏森是人世间最杰出的英语学者（He is indeed the most distinguished scholar of the English language who has ever lived.）。如果他不如此精通英语，他对英语的研究就不可能取得如此卓越的成就；如果他不精通多种语言，他就无法在研究语言史、语言演进和语言共性中取得突破性的成就。叶氏所指的实践还指语言教学、母语教学和外语教学，因而涉及叶氏投入极大热情和精力的拼音改革和正字法。在评价语音学家时，叶氏当然也不会偏废理论联系实际这另一原则。他非常重视语音学家掌握多门外语并具有辩音的能力。他指出，除了英语之外，哈特还懂许多其他语言，他的耳朵对语音关系异常敏锐，明确了浊音和清音之间的区别（本书第484页）。沃里斯的普通语言学观非常合理，对语音发音方式的观察也极具匠心。他描述了常规语言声音和耳语之间的区别，虽然不完全正确，但却非常正确地指出，p、t、k不受耳语影响，在耳语中和出声言语中保持相同（本书第486-487页）。这几个音是绝对的哑音（本书第488页）。霍德尔发现辅音和元音之间的根本区别在于，所有的元音发音时，口腔通道都是开放的、自由的，不存在一个言语器官与另一个言语器官的撞击（本书第490页）。温特勒和济弗斯二人都是全身心地投入研究的观察家，都对具体的语言生命和语言中出现的各种微妙之处极为敏感；他们都不满足于"普通人的耳朵无须经过特别训练就能区分开的音"，而是希望尽可能地把常规观察中遗漏掉的一切细节都考虑进来（本书第510页）。埃利斯不仅熟知自己的母语，而且悉心研究了其他若干种语言，通过亲自聆听，对这些语言非常了解（本书第511页）。贝尔把舌和唇的不同位置确定得更加精准，从而对共同构成元音特征的不同成分做了严格区分（本书第514页）。叶氏说，作为语音学家，斯威特并不属于听觉灵敏而细致的那种，不过，他却通过著作的确切性与缜密性弥补了这一点（本书第519页）。斯托姆是位敏锐的观察者，熟知应如何运用他那音乐家般的耳朵，极其清晰地捕捉瞬间的外语发音，并用牢靠的记忆力将其记下（本书第 520 页）。

在这些语音学家中有些是因为教学等实际需要而进入语音学的研究，如 16 世纪西班牙人庞瑟开始用语音学教聋哑人说话，是第一位为聋哑人授课的教师（本书第 485 页）。荷兰人安曼似乎在未受上述西班牙人影响的情况下独立得出了教聋哑人说话的想法，他所著的《聋人说话》得到了很高评价（本书第 485 页）。巴彻勒于 1809 年出版了《英语的正音分析》一书，作者很可能是位教师，他是为了纠正农村口音才进入语音领域的，而这也恰恰是他撰写此书的目的（本书第 498 页）。苏格兰人贝尔从 40 年代初开始居住于伦敦，以传授正确而艺术的说话方式，即演说术为生。他的授课，有针对外国人的，有针对口吃者和口齿不清者的，有针对外乡人的，等等（本书第 512 页），所以也是从实际应用开始进入语音学研究的。其他大多数语音学家则专攻语音学，然后将语音学的研究成果应用于拼写改革和语言教学。拉斯克的巨著《正字法》中，他对语言本质的理解比前人更加深入，他对正字法改革问题的论述即是以此为基础。他所构建的最高原则是把真正的发音表现出来，这必然要依靠对丹麦语语音的系统探讨，并将其与其他语言的语音做大量对比（本书第 496-497 页）。布莱斯多夫出版了《试论依照发音而修正的正字法》，他已全面认识到，这样的语音转写对于向方言区的人和外国人传授正确发音以及对后人研究语音具有重大意义（本书第 497 页）。希尔最了不起的天才之处，却是在语音符号领域，他设计了一套非常简单明了的系统，用数学上的分数来表示发音值（本书第 499 页）。拉普自幼就敏锐地观察传统书写方式中的不完善之处和误导之处，这在学术路线上必然会与格林等人的以正字法形式为基础的字母学说相冲突。贝尔发表了《可视言语》，那他旨在将整套"可视言语"做何用途呢？这至少是一场教学方式的全面改革（本书第 513 页）。埃利斯对正字法问题以及真实语音与传统正字法之间的关系特别感兴趣，他多次尝试设计一份实用的字母表，但这一体系却未能推广开，主要原因当然是人们大多不愿意接受如此激进的改革，而这一体系本身也存在缺陷，体系中的新字母太多（本书第511页）。叶氏还批评埃利斯引述旧时语音学家时采用的转写方式，这是绝对不该原谅的（本书第422—423页）。斯威特利用各种语音注音系统进行实验，详细研究了什么是最可行的音标这一问题。例如，在《手册》的最后一部分中，以及在最详细、最完善的《语音的记录》一文中，他除了讨论对拉丁字母进行增补的最佳方式之外，还对贝尔的"可视言语"做了一系列有价值的修改（本书第519页）。至此，我们可以看出，叶氏在评价这些语音学家时，始终审视学者们是否统揽整个语音体系，以及他们是否理论联系实践。叶氏之所以如此要求这些语音学家，因为无论在以人为本的出发点，功能与结构结合的语言观，言语细节与语言体系结合的研究原则，或"显微镜式的研究"和"望远镜式的观察"方法（本书第156页）上，叶氏都身体力行，堪称典范。值得注意的是，叶氏的理论超前于他所处的时代，对于其他语音学家前卫的做法他也都加以肯定。他指出，哈特"甚至还迈向了句子语音学，他的整个视野十分前卫，因此，我毫不犹豫地称他为第一位现代语音学家"（本书第484页）。斯威特进一步探究流畅而自然的语言中出现的一种或多种语音变体形式，因此，他所列出的连贯话语之例远超过先前的语音学家（本书第519页）。前者是试图将音素和词的语音研究推向句子的语音研究，后者则是将句子的语音研究推向语篇的语音研究。叶氏还指出贝尔绘制了一幅把口腔区域分出经纬度的地图，尝试在地图上标注出自己能发出或能区分出的每一个音，无论这个音在自己的语言中是否使用（本书第512页）。这实际上是为描写元音发音时口腔位置的前后与高低确立坐标轴，后为琼斯总结为基准元音（Cardinal Vowels）（Jones 1956），为准确标示元音口腔位置作出了贡献。此外，仔细的读者也许会发现，叶氏在本书的论述过程中还给我们出了研究课题，如：详细而系统地研究哪些概念常依赖象征性表达，不同语言中又选用了哪些音来做这样的表达？（本书第376页）语言理解究竟是如何进行的？完整理解口笔语的词和句，需要什么样的心智条件或基础？怎样才算理解？怎样才算易于理解？（本书第 473 页）至此，叶氏论语音学的部分结束。我们可以用叶氏的话结束语音部分的讨论：语言就是说话，说话就需要语音；如果没有语音，就无法想象我们对语言的知晓与使用。故而，如果没有语音学，就无法理解语言的运作及其在当今的使用（本书第 237 页）。

我怀着对叶氏崇敬的心情写完了这篇序。开始就说明，我写这篇序是为了支持长亮，也是为了介绍叶氏的理论成就以及他的语言观、语言研究的出发点、原则和方法。可是叶氏的学问如此博大精深，我是否实现了这一愿望，或在何种程度实现了这一愿望，实在不敢妄断，这有赖于方家和读者们判定。宝库一定是宝库，寻宝人最好亲临宝库。读者们最好去阅读叶氏的著作，直接领会叶氏理论的精髓，从而推进我们的语言研究。由于阅读叶氏丹麦语、德语等原著有困难，我们就可以阅读译著。我们要感谢长亮潜心选编、译注了《叶斯柏森论语音》这本著作。他对叶氏的语音理论很有研究，造诣颇深，且成果丰硕。他治学严谨，刻苦勤勉，通晓英、德、丹麦等多种外语。必须指出，选编、译注叶氏这一语音著作绝非易事，除了必须具备良好的语音学理论修养外，还必须懂得多种语言，而实际上叶氏的论述涉及四十多种语言的实例，包括几种中古语言和古语言，这给翻译增加了很多困难。而且，语音著作又必然会出现各种音标和符号，如果不了解这些音标体系，也难以理解原文和翻译。此外，应该指出译者注是本书一大特色。长亮为读者着想，精心做了大量有针对性的注释，很有助于深入理解。在国内出版的外译汉的诸多语言学著作中，没有见到过有哪一本在译者注释的数量、所涵盖的方面以及详细程度上能与本书相比。我们衷心感谢长亮为国内叶氏译著填补了语音学这一领域的空白，为读者研读叶氏语音学著作打开了一扇可贵的窗户。

任绍曾
浙江大学 2020 年夏

参考书目

Chomsky, N. 1957. *Syntactic Structures*. The Hague: Walter de Gruyter.

——. 1965. *Aspects of the Theory of Syntax*. Cambridge, MA: MIT Press.

Firth, J. R. 1930. *Speech*. London: Ernest Ben Limited.

Gleason, H. A. Jr. 1965. *Linguistics and English Grammar*. New York: Holt, Rinehart & Winston, Inc.

Halliday, M. A. K. 1968. Notes on Transitivity and Theme in English. Part 3. *Journal of Linguistics*. 4/2

——. 1985. *An Introduction to Functional Grammar*. London: Edward Arnold.

——. 1994. *An Introduction to Functional Grammar* (2nd ed.). London: Edward Arnold.

——. 2004. *An Introduction to Functional Grammar* (3rd ed.). London: Edward Arnold.

——. 2014. *An Introduction to Functional Grammar* (4th ed.). Revised by Christian M. I. M. Matthissen. London and New York: Routledge.

Jespersen, O. 1909–1949. *A Modern English Grammar on Historical Principles*. Heidelberg: Winter.

——. 1922. *Language, Its Nature, Development and Origin*. London: George Allen & Unwin.

——. 1924. *The Philosophy of Grammar*. London: George Allen & Unwin.

——. 1925. *Mankind, Nation and Individual from a Linguistic Point of View*. Oslo: Aschehoug.

——. 1933. *Essentials of English Grammar*. New York: Holt.

——. 1937. *Analytic Syntax*. London: Allen & Unwin.

——. 1960. *Selected Writings of Otto Jespersen*. London: Allen & Unwin.

Jones. D. 1956. *An Outline of English Phonetics*. Cambridge: H. Heifer & Son Ltd.

Juul, A. & H. F. Nielsen (eds.). 1989. *Otto Jespersen: Facets of His Life and Work*. Amsterdam/ Philadelphia: John Benjamins Publishing Company.

Juul, A., H. F. Nielsen & J. E. Nielsen (eds.). 1995. *A Linguist's Life (An English Translation of Otto Jespersen's Autobiography)* Odense: Odense University Press.

Klein-Andreu, F. (ed.) 1983. *Discourse Perspective on Syntax*. New York: Academic Press.

Leech, G. 1971. *Meaning and the English Verb*. London: Longman.

Lyons, J. 1968. *Introduction to Theoretical Linguistics*. Cambridge: Cambridge University Press.

Malinowski, B. 1923. *The Problem of Meaning in Primitive Languages*. Supplement I to C. K. Ogden & I. A. Richards (eds.). *The Meaning of Meaning* (pp. 296–336). New York: Harcourt Brace & World.

McCawley, J. D. 1970. Review of *Analytic Syntax*. *Language*. Vol. 46 Number 2.

——. 1984. Introduction to *Analytical Syntax*. University of Chicago Press.
——. 1991. Review of *Otto Jespersen: Facets of Life and Work. Language*. Vol. 67. Number 1.
——. 1992. Review of *The Philosophy of Grammar*. University of Chicago Press.
Martin, J. R. 1986. Grammaticalising Ecology: The Politics of Seals and Kangaroos. In Terry Threadgold, E. A. Grosz, Gunther Kress and M. A. K. Halliday (eds.). *Language, Semiotics, Ideology*. Sydney: Sydney Association for Society and Culture.
Matthissen, C. M. I. M. & M. A. K. Halliday. 2009. *Systemic Functional Grammar: A First Step into the Theory*, with Preface by Huang Guowen and Wang Hongyang. Beijing: Higher Education Press.
Quirk, R. 1982. Foreword to *Growth and Structure of the English Language*. University of Chicago press.
Renkema, J. 1993. *Discourse Studies: An Introductory Textbook*. Amsterdam: John Benjamins Publishing Company.

程雨民. 2003.《汉语字基语法——语素层造句的理论和实践》,上海:复旦大学出版社.
索绪尔. 1985.《普通语言学教程》高明凯(译),北京:商务印书馆.
曲长亮. 2019.《从百年纪念版选集看叶斯柏森的语言学思想》,北京:清华大学出版社。
任绍曾. 1985. 叶斯柏森语法理论体系,《杭州大学学报》.
——. 1994. "Culture, Discourse and Choice of Structure", In James E. Alatis (ed.) *Georgetown University Roundtable on Languages and Linguistics* 1994, Washington D. C.: Georgetown University Press, 150-172.
——. 1997. "Jespersen's Functional Approach to Grammar" 载胡壮麟、方琰(主编)《功能语言学在中国的进展》,北京:北京大学出版社.
——. 2000. 叶斯柏森语法理论体系研析,《外语教学与研究》,2000/6.
——. 2001. 叶斯柏森语法哲学观研析,《外语教学与研究》,2001/1.
——. 2002. 叶斯柏森语用观研析,《现代外语》,2002/3.
——. 2003. 叶斯柏森和韩礼德,载钱军主编《语言学:中国与世界同步》.
——. 2004. 叶斯柏森语言观研析,《外语教学与研究》,2004/4.
——. 2006.《叶斯柏森语言学选集》,(选编、译注)长沙:湖南教育出版社.
——. 2010. 导读《人类、民族和个人》(*Mankind, Nation and Individual from a Linguistic Point of View*),北京:中国图书出版公司.
——. 2011. Jespersen 如何把语言研究建立在语篇的基础之上,北京大学外国语学院外国语言学及应用语言学研究所编《语言学研究》,2011 年第 10 辑.
姚小平. 2003. 16—19 世纪西方人眼中的汉语汉字,《语言科学》2003/1.

序二

奥托·叶斯柏森：丹麦语境下的伟大语音学家与语言学家①

汉斯·巴斯贝尔

Hans Basbøll

（丹麦皇家科学院院士，南丹麦大学教授）

1. 导言：叶斯柏森在诸多领域的重要性

面前这部我国伟大同胞奥托·叶斯柏森的语言学选集，聚焦于他的语音学与音系学著作，能够为这样一部重要的选集作序，我非常高兴。叶斯柏森的理论著述视野无比开阔（他的应用型著述更是如此），他的影响力巨大，因此霍夫德豪根等（Hovdhaugen et al. 2000）撰写的北欧语言学权威史书指出："本时期 [1900—1965 年] 北欧各国最具影响力、著作最丰硕的普通语言学家，是奥托·叶斯柏森，……20 世纪前半叶，叶斯柏森是人们研读得最广泛、引用得最频繁的普通语言学家之一。"（第 344 页）而他关于英语的著述同样颇具影响。此外，他对国际交流用的人工辅助语言②、中

---

① 此篇序言的英文原文见本书附件。
② 叶斯柏森是诺维亚语的创造者，并参与了伊多语和国际语（Interlingua）的创制，见 Larsen 1989。[译者按：关于创制国际人工辅助语运动以及叶斯柏森在这一运动中的作用，参见曲长亮《从百年纪念版选集看叶斯柏森的语言学思想》第 5 章（清华大学出版社，2019）]

小学语音语法教学等实践工作、语言习得、语音史和比较语言学等，均有显著贡献。

这篇序言中，我将聚焦于他对语音学和音系学的贡献，将其置于丹麦语言学的语境中加以审视。① 我将思考奥托·叶斯柏森对其五位丹麦先驱者的评价，尤其是延斯·海斯加（参见 Basbøll 2018a，2018b），并且与我们今天的理解相比较，指出叶斯柏森的一些重大贡献，同时也提及其他语言学家视为其局限性的那些方面。我希望包括中国读者在内的国际读者能够从我的序言中发现些既有意义又不太熟悉的东西。

2. 海斯加和叶斯柏森的其他四位伟大的丹麦先驱

延斯·海斯加（1698—1773）是启蒙运动时期丹麦伟大的语言学家。他是 1737 年至 1759 年间哥本哈根大学的三位管理员中的最后一位，后来成为大学三一教堂的司事与敲钟人。人们对他的生平知之甚少，也没有他的画像留存下来，但是即便如此，当今他仍被视为拉斯慕斯·拉斯克之前丹麦最伟大的语言学家。他论丹麦语的著作是匿名出版的，但他论数学的两本书是署了实名的，一部关于代数求面积法，一部关于积分。

1743 年（《跬步集》），他对丹麦语的元音系统做了重要而独到的分析（见本文第 5 节），同时呈现了他对丹麦语语言学的最重要贡献：即对丹麦语斯特德的最早的语言学分析（见本文第 6 节）。1747 年和 1769 年的著作中，他把这一分析深入下去，从而形成了对整个丹麦语韵律的连贯而全然独到的分析（见本文第 7 节）。这后两部著作，再加上他那部 500 页的句法论（1752），构成了对丹麦语的全面而完备的分析（近 800 页），共计 2,022 个连续编号的段落，远超过这之前的任何此类著作。

---

① 我主要参照尤尔和尼尔森（Juul & Nielsen 1989）编辑的文集，尤其是该书中利舍尔（Rischel 1989）论叶斯柏森对普通语音学和丹麦语语音学的贡献的文章。

叶斯柏森（1938：32 [1995：39]）说过，学生时代，他找到了海斯加的若干著作，并准备以海斯加的论述为基础，写一本关于丹麦语18世纪以来的发音演化的书。叶斯柏森（《语音学》第24页）强调了海斯加发现丹麦语斯特德、并将其描述为像微弱的呃逆是何等重要（见本文第6节），但是也补充到，海斯加没有对斯特德进行生理描写，也没有对元音或辅音进行生理描写。我们将在本文第5、6、7三节中回到叶斯柏森对海斯加所做的论述上。①

拉斯慕斯·拉斯克（1787—1832） 被公认为丹麦有史以来最伟大的语言学家。他因其比较语言学著作而受到尊崇，而他也撰写过重要的语法著作，其中有些语言此前从未得到过描写。他创立了北欧语言研究，也是描写其他诸多语言系统的先驱人物之一（见 Basbøll & Jensen 2015）。

从在菲英岛奥登塞上中小学的时候起，他就已深入研习多种语言，例如他自学了冰岛语，并且教给了他的同学们。② 在奥登塞时，拉斯克就已知晓并研读过海斯加的几部著作，深受海斯加的语法体系和韵律分析的影响。因此，他早年对家乡菲英岛的方言的描写中，采用的是海斯加式的韵律标写以及较为激进的正字法语音转写形式。

1814年，拉斯克对印欧语系主要语言间的关系做了开路先锋式的分析（该书出版于1818年），该分析基于语音对应关系系统，如拉丁语pater（父亲）中的p对应日耳曼语（如丹麦语）fader中的f。1822年，雅各布·格林（1785—1863）读过拉斯克的著作后，对所有这类对应关系做了更详细的描写，论公平，这条定律满可以叫作"拉斯克-格林定律"的。叶斯柏森对这套复杂的音变做过重要贡献。

拉斯克在他那部已出版著作中篇幅最长的论丹麦语正字法的书中

---

① 关于海斯加的论述，详见 Basbøll (2018a), Bertelsen (1926)。
② 顺便提一句，叶斯柏森也是小学时就自学了冰岛语，用的就是拉斯克的冰岛语语法书（1938：16 [1995：18]）。

（1826），高度赞扬了海斯加，并且在很多重要方面也遵循了海斯加的体系[①]——不过，拉斯克和海斯加一样，也引发了争议：丹麦皇家科学院表示，如果他坚持按照自己的正字法来编写词源词典，就会拒绝他编写该词典的申请，可他偏偏真就坚持了！

叶斯柏森十分了解拉斯克的著述，也从中获益匪浅，甚至为公众撰写了一本拉斯克传（1918），他这本拉斯克传是"公众领路人丛书"中的一种，颇受读者欢迎。叶斯柏森的《丹麦的母语研究》一文里，海斯加和拉斯克都得到了分析，这篇文章已在《语言学文集》（1933）里重印。

拉斯慕斯·拉斯克享有国际声誉，而他那位同样出身菲英岛的朋友**雅各布·霍尔曼·布莱斯多夫（1790—1841）**则只是小有名气，这跟布莱斯多夫的贡献很不相称。布莱斯多夫和拉斯克在菲英岛时就已是朋友；两人在哥本哈根大学上学时十分亲密——拉斯克1807年入学——他们经常一起讨论语言学问题。两人一同编写丹麦皇家科学院词典，拉斯克（1819年）邀请布莱斯多夫结伴踏上他那伟大的印度之行，未能说服他，就嘱托布莱斯多夫照顾好他的语言学遗产。

布莱斯多夫撰写了一篇重要且极具创意的文章，题为《论语言变化的原因》（1821）。奥托·叶斯柏森提到过（Jespersen 1938：41 [1995：51]），他是在一位"犹太书商"（二手书商当时的通称）卖的一本学校课纲里发现这篇文章的；在图书馆工作的一位朋友则告诉叶斯柏森，馆里有本单行本，竟从没被谁借过！叶斯柏森还提到，半年之后，威廉·汤姆生重新出版了布莱斯多夫的这部著作（1886年）[②]；1982年，亨宁·安德森

[①] 例如，和海斯加一样的是，拉斯克也不写 aa，而是只写一个字母（因为这个元音在发音中并未加倍）；和海斯加不一样的是，他为这个单元音引入了那个我们今天使用的字母，也就是 å，如 såI（鞋底）。

[②] 叶斯柏森（同上）已记不清自己是否告诉过汤姆生有布莱斯多夫的这本小书之事，是否说过自己敬仰这本书。

出版了带导读的译本。布莱斯多夫后来撰写了一部关于日耳曼各语言之间关系的重要著作，对正字法问题做过尝试，对日常口语做了精致的语音转写，对克拉德尼的记音符号做了阐释和修正。① 布莱斯多夫对不同形式的丹麦语所做的语音转写，得到了叶斯柏森的高度评价（《语音学》第30-32页），叶斯柏森指出，虽然拉斯克远比布莱斯多夫出名，但布莱斯多夫在发音及"真正的语音学"方面显然更胜一筹：布莱斯多夫用自己设计的系统转写了丹麦语的对话，叶斯柏森对这一转写系统评价非常高。

威廉·汤姆生（1824—1927）是丹麦最著名的语言学家之一，因破解了真正的谜，即对鄂尔浑碑铭的破译，而受到广泛尊敬（见本选集里叶斯柏森论述此事的专文）。汤姆生是丹麦皇家科学院院长，被授予过丹麦最高荣誉"象骑士勋章"，他七十华诞时，该勋章由国王本人亲手颁授给他（Jespersen 1938：182 [1995：210]），这实为罕见的壮举。汤姆生在语言学领域的成就数量大、质量高，他第一个指出了日耳曼语言和芬兰-乌戈尔语言之间的联系（芬兰语中的日耳曼语借词），他研究了斯堪的纳维亚的维京人在俄罗斯国家形成中发挥的重要作用，他研究了芬兰语支和波罗的语族语言（立陶宛语、拉脱维亚语）之间的接触，他还研究了已灭绝的安纳托利亚语族语言吕基亚语（Lycian）。晚年，他继续出版发表全新的研究，直至逝世。

他的出版物（已集于Thomsen 1919—1931）在方方面面都极其精致、极具说服力，这些出版物以及他在大学里开设的印欧语、芬兰-乌戈尔语、突厥语等的比较研究课程和语音学课程，影响了其后数代语言学家。② 对于

---

① 恩斯特·克拉德尼（Ernst Chladni, 1756—1827）是位重要的德国物理学家、音乐家，被视为声学的创立者之一，对元音的声学分析做出了贡献（参见叶斯柏森《语音学》第30、32页，第448页及后）。

② 汤姆生对卡尔·维尔纳有巨大影响，让维尔纳对语言学最重要的贡献——维尔纳定律——以正确方式全文写出并出版。

序二　奥托·叶斯柏森：丹麦语境下的伟大语音学家与语言学家

奥托·叶斯柏森来说，威廉·汤姆生是其最重要的科学影响者，对其整个人生起了决定性作用。例如，他建议叶斯柏森主修英语，让叶斯柏森为担任英语学教授职位做好了准备，并且倾其一生以各种方式关注他、支持他。叶斯柏森把这一影响总结为：汤姆生在他的科学之路上扮演的角色，超过其他任何学者（Jespersen 1938：182 [1995：210]）。汤姆生逝世后，叶斯柏森在皇家科学院的演说中补充了一点：汤姆生对科学上先来后到之类的问题不感兴趣，也不希望自己的名字在这类问题中被拿来说事。这里我或许也该补充一点，汤姆生对此的态度跟叶斯柏森不同，叶斯柏森可非常在意这类事情的先来后到顺序，会把个人情感带到这类问题里（参见本文第 8 节、第 10 节）。

众所周知，卡尔·维尔纳（1846—1896）受到拉斯克的很大影响，但是他同样也受到过海斯加的很大影响，在韵律方面尤其如此，而韵律问题正是维尔纳的过人之处。拉斯克-格林定律中的一系列例外于 1875 年、1877 年得到了卡尔·维尔纳的解释，毫无疑义地被冠名为**维尔纳定律**。例如，印欧语 t 通常对应日耳曼语的 θ（即英语 thick 一词里的 th），但是，如果重音位于其前面的音节——这重音可以从梵语中得出——那么此处对应的就是浊音变体（如德语 Bruder [兄弟] 和 Vater [父亲] 之别）。

维尔纳十几岁时已对口语——具有声调等差别的不同方言的口语——和学校里教的书面语之间的关系做过些有趣的思考。二十几岁时，他对斯拉夫语方言做了重要的田野调查，尤其研究了这些方言的韵律和其演化之间的关系，这一领域成为维尔纳一生的关注点。

从维尔纳的信件中，我们可以看到他对海斯加著作研究得多么深入，他用符号大量标注了海斯加著作里提到的带有重音的词，标出了丹麦语的斯特德以及元音的长度（参见本文第 6 节）。遗憾的是，维尔纳规划的丹麦语斯特德研究和斯堪的纳维亚语声调研究，除了在为瑞典学者阿克塞尔·阔克的瑞典语重音研究著作（1878）撰写的书评（1881）里有所提及外，完全没有发表。卡尔·维尔纳一生对重音和声调（韵律）十分执着；他对口语做过重要的观察，①甚至还制造过一台用于声测研究的仪器（参见本文第 4 节）。

奥托·叶斯柏森为维尔纳撰写的讣告（1897），对维尔纳的丰功伟绩做了深邃而忠实的评述。该文见证了叶斯柏森在传承维尔纳的思想遗产中所扮演的关键角色，他在多个场合审视了维尔纳定律和拉斯克-格林定律。②

3. 叶斯柏森与语音转写：丹麦音标

叶斯柏森 20 世纪 30 年代时的亲密合作者（Juul 2002：32）保罗·克里斯托弗森指出，"叶斯柏森还论述过丹麦语语音学，他特地为这一研究设计了一套记音体系，丹麦语的语音学术语，基本上是他的发明"（1989：2）。我完全同意这一点，不仅音段语音学如此（元音和辅音），韵律也是如此（参见本文第 6、7、9 节）。

奥托·叶斯柏森设计了一套丹麦语语音转写体系，即"丹麦音标"，公布于 Jespersen 1890。此后，这一体系在丹麦语语文学传统内的大多数著作中沿用至今，如语言史、方言描写、词典，等等（参见本文第 11 节）。用丹麦音标做的转写，非常了解丹麦语正字法的人可相对容易地看懂，因此对丹麦人来说尤其容易。不过，面对国际受众时、进行语际比较时，这也是个弱点。丹麦音标在与丹麦语语音学相关的文献中广泛使用，包括以丹麦语编写的重要词典、教科书、手册。③

---

① 收录于维尔纳的嗣后论文与书信集（1903）。
② 见尼尔森（Nielsen 1989）对叶斯柏森语言演化观的论述。
③ 但是，丹麦音标不用于依照国际语言学传统和语音学传统撰写的研究成果，如埃莉·费舍-于尔森、于恩·利舍尔、尼娜·格伦努姆以及我本人的著作。我们一直使用国际音标体系（叶斯柏森对这一体系亦有影响）。

序二　奥托·叶斯柏森：丹麦语境下的伟大语音学家与语言学家

无论对于丹麦一般意义上的语音学研究还是具体语言的音系研究，奥托·叶斯柏森的重要性在理论方面和描写方面均有体现。理论方面，他对音节的分析可比作由若干响度峰和响度谷构成的山脉，不同音类展现出不同等级的响度，由此构成响度层级，为后世的各种响度音节模式充当了重要背景（参见 Basbøll 2005：173-175）。描写方面，他对 20 世纪初标准丹麦语语音的细致分析[①]，对于定义我们今天所说的"保守型标准丹麦语"之标准做出了贡献，尽管叶斯柏森做此分析时，这样的发音一点儿也不保守。我基本上参照的是布林克（Brink 2011），他给出了些详细的例子，这些例子里，叶斯柏森对丹麦语的一些存在已久却从未被注意过的发音做了观察。

保罗·克里斯托弗森（1989：10）也说过："英语领域还有一篇很少有人提及却值得关注的著作，那就是叶斯柏森为布吕尼尔德森的《英语-丹挪语词典》（1902—1907）撰写的发音说明"。这部词典很可能是 20 世纪的第一部发音词典，该词典所做的那种注音，与后来丹尼尔·琼斯所做的那种注音完全相同。叶斯柏森记录下来的话语，诚然就是如今即将故去的那代人的话语，也就是今天的英国人的祖父母辈的话语。这就赋予了该词典某种历史价值，而该词典比丹尼尔·琼斯的词典 1917 年第 1 版早好多年。

J. 布吕尼尔德森在他这部厚重而精致的词典的序言中表示，奥托·叶斯柏森教授的音标很可能是该书中最强大的财富之一。叶斯柏森在其说明[②]里则指出，他的转写跟《语音教师》中使用的体系（即后来的国际音标）仅略有出入，只是使其更符合丹麦读者和挪威读者的阅读习惯。叶斯

[①] 那本影响力非常大的《母语语音学》（*Modersmålets fonetik*，即 Jespersen 1906，1934 年出第 3 版，参见本文第 4 节）尤其如此，此后还有大型的《丹麦语词典》（*Ordbog over det danske sprog*，1919—1956，28 卷本）。

[②] 见词典中的"音标说明"（Om udtalebetegnelsen）（1902：第 XII-XIII 页）以及"音标一览表"（Oversigt over udtalebetegnelsen）（第 XIV 页）。

柏森引入的几个有趣的规则,包括用斜体表示即可读"清晰音"又可读"弱化音"的音段,以及用上标式元音表示下降二合元音的第二部分,如 mane、bone 标为 [mein,boun]。他强调发音必须是自然的发音,并指出母语者经常以为自己的发音非常标准,但其实没那么标准。

4. 叶斯柏森的《语音学》里哪些内容至今仍很重要?

奥托·叶斯柏森对语音学的主要贡献,是其巨作《语音学》(1897—1899)[①],一本厚达 600 余页的书。该书的主要部分被译成德语并进行了更新,于 1904 年分作两本书出版。[②]《语音学》里关于丹麦语的部分未收于德语两书中,而是在叶斯柏森《母语语音学》里得到了利用(见本书第 46 页注释 ③);这本《母语语音学》成为几代学生研习丹麦语语音学的标准教科书。

丹麦以及国际上享有语音学女前辈之誉的埃莉·费舍-于尔森(1911—2010)对叶斯柏森的经典著作《语音学》做过简洁的评价(1979:409-410),这一评价与利舍尔(1989)后来更详细的阐述高度一致。她指出,叶斯柏森没有为语音学引入全新的视角或方法,而是基本沿袭了他上一辈人(主要是斯威特)的道路(参见本文第 8 节)。但是,叶斯柏森却可视为代表了"经典语音学"的巅峰,这"经典语音学"是对语音发音活动的描写,主要基于细心的说话者之所见(通过对嘴的观察)、之所感,亦源于我们对发音活动和所听到声音之间关系的了解(第 410 页)。叶斯柏森这位不凡的观察者和聆听者,展示了大量对语音的精妙分析,这些语音,他能够发到让母语者完全满意。叶斯柏森始终注重语

---

① 《语音学——语音学说之系统阐述》(*Fonetik: En systematisk fremstilling af læren om sproglyd*,1897-1899)。

② 《语音学的基本问题》(*Phonetische Grundfragen*,1904a)和《语音学教程》(*Lehrbuch der Phonetik*,1904b 及其后各版),参见本文第 10 节。

音差异的区别功能，因此必须指出，他已有明确的音系观念（参见本文第10节）。

《语音学》里今已过时的部分，主要是关于声学的那些部分（题为"综合"，第361页及后）。这当然不足为奇，因为整个20世纪，研究声学的技术手段已取得突飞猛进。不过，叶斯柏森与当时的其他语言学家相比，对设备的使用其实持怀疑态度（据费舍-于尔森）。在这方面，他和卡尔·维尔纳形成了鲜明对比，维尔纳设计过用来度量语音不同方面的若干设备。①

5. 丹麦语元音系统：海斯加与叶斯柏森

《跬步集》（[Høysgaard] 1743，未署名）② 是一份科学上的轰动之作。书中有两个主题：一是论"声调"，亦称"书面重音"（见本文第6节）；二是论元音。我们先来谈后一个问题。海斯加第一个（在出版物里）注意到，list（狡黠）里的元音和et（不定冠词）里的元音是相同的，都读[e]；与之类似，bukke（弯折）和knopper（花苞）里的元音都读[o]，等等。这是一种新颖而正确的音位分析（参见 Bjerrum 1958），意味着向摒弃当时把发音和书写形式混为一谈的陈规迈出了重要一步。1747年③，他第一个提出了完整的丹麦语元音系统，如图1，展示了"元音之间最近密的关系"：

---

① 见 Verner（1903：LXXIII-LXXX，365-372），以及维尔纳写给重要的芬兰语音学家胡戈·皮平的论述计量语音学和声学理论与实践的两封详细的信，这两封信由威廉·汤姆生和数学家 J. P. 格兰（J. P. Gram）出版（1912，附法语译文）。

② 《跬步集——丹麦语正字法第二论，展示书面重音的用法及元音的正确使用》（*Concordia res parvæ crescunt, eller Anden Prøve af Dansk Orthographie, Som viser skrevne Accenters Nytte, og Vocalernes rætte Brug*，[海斯加]，1743，未署名）。

③ 1747/1920，§14，第264页。

> **Høysgaards vokalsystem 1747**
> 海斯加的元音系统 1747
>
> ```
>            i
>          ↙   ↘
>         e     y
>         ↓     ↓
>         æ — ö — ø
>        ↙ ↘ ↙ ↘ ↙ ↘
>       a   å   o   u
> ```

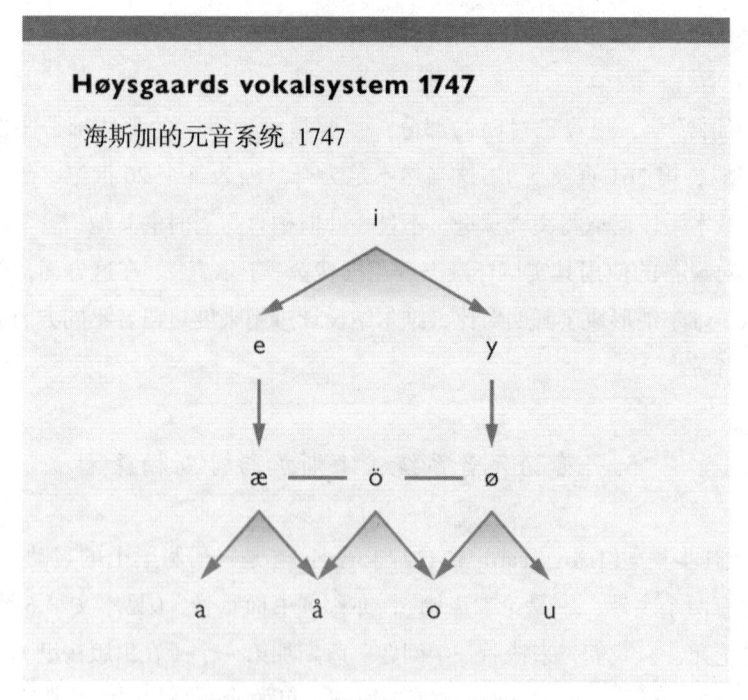

图 1　海斯加的元音图（据 1747/1920：264）

（复制自《丹麦语言史》[*Dansk Sproghistorie*]，第 1 卷，第 283 页，由丹麦语言文学学会和奥胡斯大学出版社授权使用）

然而，用海斯加著作的编辑整理者亨利克·伯特尔森（1926：119）的话说，引领海斯加得出这一体系的，更多是其耳朵，而不是对语音发音活动的观察。无论伯特尔森还是叶斯柏森（见本文第 4 节）都认为，**真正的语音学是发音语音学**；叶斯柏森（1897-1899：24）甚至得出结论，认为海斯加虽然耳朵一直很灵敏，虽然清楚认识到语言描写应基于对听到的语言所做的观察，**但是必须被称为语法学家，而不是语音学家**。

埃莉·费舍-于尔森（2001：188）指出，海斯加图中的纵向维度，与她通过丹麦语元音听觉实验（Fischer-Jørgensen 1967）而得到的主要听觉维度惊人相似。由费舍-于尔森的论述我们可断定，海斯加的元音系统很大程度上建立在听觉相似度上，他关于元音系统以及斯特德分析的出发

序二 奥托·叶斯柏森：丹麦语境下的伟大语音学家与语言学家

点基本上是音系性的，而不是语音性的（2001：189）。但是，这个元音系统本身可以做与普通语音学维度相一致的阐释，这一点也很有意思，见下文图 2，我把海斯加绘制的线与我自己的线叠加在一起，并保持完整的海斯加元音布局。

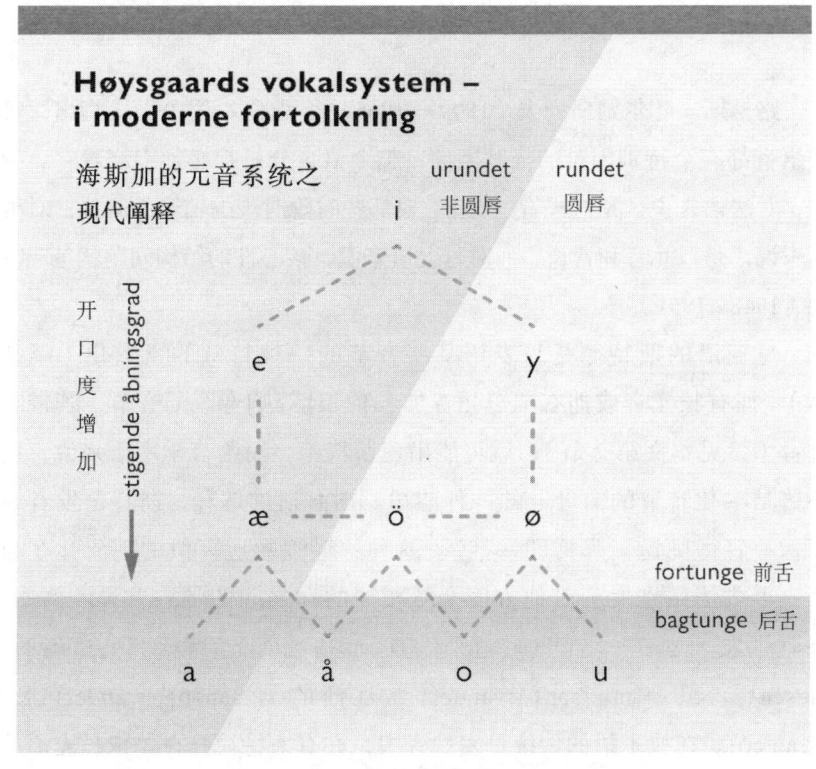

图 2　对海斯加元音图的修改（据 1747/1920：264）

参见图 1，海斯加的线已由我的线取代。

（复制自《丹麦语言史》[*Dansk Sproghistorie*]，第 1 卷，第 283 页，由丹麦语言文学学会和奥胡斯大学出版社授权使用）

横线分隔开的是前元音（图的上部）和后元音（图的下部）（海斯加的 a 是后元音，与现代丹麦语的 /a/ 不同）。那条偏纵向的线分隔开的是非圆唇元音（图的左侧）和圆唇元音（图的右侧）。该线以左，越往下方，元音的开口度越大（位置越低）。**这一阐释显示出，海斯加的元音图与普通语音学维度之间的一致性，远超过身为丹麦最伟大语音学家的奥托·叶斯柏森当初的体会。**

6. 丹麦语的斯特德：海斯加和叶斯柏森

路易斯·叶尔姆斯列夫（1899—1965，参见本文第 10 节）指出，每种语言都有个特别困难的描写问题，整个语言分析都必须围绕着它。例如，对法语来说，是对央音、对 h、对那些时隐时现的辅音的阐释；对英语来说，是双元音和音长。而对丹麦语来说，核心性的结构问题就是斯特德（1948 / 1951）。

丹麦语的斯特德是丹麦语某些音节的一种特殊的紧喉化（嘎裂声）。拥有长元音或拥有"短元音加 [n]、[l] 等响音"的音节，若带有重音（参见本文第 7 节），就可能出现斯特德。用语言学术语来说，斯特德是喉化音节的韵母上的一种韵律。据海斯加解释，斯特德发音时要像"轻微呃逆"那样"一推"。这种"轻微呃逆"似的现象存在与否，可成为区别发音其他方面全然相同的词之间的唯一差异。例如，ven（朋友）[vɛn]—vend!（转过来！）[vɛnˀ]；musen（缪斯）[ˈmuːsən]—musen（老鼠）[ˈmuːˀsən]；vandet（水汪汪的）[ˈvanəð]—vandet（水）[ˈvanˀəð]。在拉丁语的传统丹麦发音中，亦有斯特德存在（依丹麦语的规则而出现）。①

---

① 例如，'inˀsula（岛屿，主格单数），insu'larum（岛屿，属格复数，不带斯特德），'amanˀt（爱，现在时第三人称复数）。书面符号"ˀ"表示斯特德，"'"表示主重音；因此，第 1 个例子中，带有"ˀ"的音节带有主重音，最后一个音节带有次重音。[译者按：拉丁语作为一种古代语言，其真实发音早已随拉丁语口语的消亡而失传，后来欧洲各国的古典语文学界各自形成一套本国认可的"拉丁语读音"，这读音往往迁就本国语的发音习惯。因此，同一拉丁语文本，英、法、德、丹的语文学者朗读起来各不相同。古希腊语在各国的"读音"同理。]

海斯加（1743，见本文第 5 节）对斯特德做出轰动性的第一份语言学（音系学）描写时，提出丹麦语需要四种"书面重音符号"来表示不同的音节类型（"音节类型"是我的术语）——与之不同的是德语只有两种音节类型（长元音型、短元音型），并且不需要在书写中体现出来。海斯加（1747）[①] 引入了"呼气姿势"（Aandelav）这个术语用于表示这四种重音（该术语仿"手艺"[Haandelag] 一词而造，Haandelag 是控制手的方法，Aandelav 就是控制呼气的方法，Aande 意为呼吸）。海斯加认为他这四种呼气姿势就是把元音音长和斯特德相混合，[②] 我们可将其列成下表（表 1）：

表 1：

按"有斯特德：无斯特德"和"短元音：长元音"两个二元维度排列的海斯加四类"呼气姿势"之分类（引自 Basbøll 2018a：26，丹麦语版见 Basbøll 2016：287）

	有斯特德（音节中）	无斯特德
短元音	vend!（转过来!） （斯特德"位于 [n] 上"）	ven（朋友）
长元音	væn（漂亮，单数，不定指） （斯特德"位于 [ɛ:] 上"）	væne（漂亮，复数，定指） （第一个音节）

叶斯柏森严格区分了斯特德和元音音长（见本文第 7、9 节）。他对斯特德研究的贡献尤其在于两个方面：(1) 叶斯柏森从共时层面对斯特德做了详细描写，这之中既有语音学角度又有音系学角度，他还给出了大量最小对立对，指明了斯特德的词法功能；在这些方面，他可视为海斯加

---

① 《标出重音的理性语法》(Accentuered og Raisonnered Grammatica)。
② 以现代的理解来看，就是 ± 斯特德、± 长元音。该系统被 20 世纪丹麦语方言学界所沿袭。

的出色继承者。(2)叶斯柏森深度探讨了挪威语和瑞典语的声调重音(即"乐重音")和丹麦语斯特德之间的关系,为理解斯堪的纳维亚语言的声调区别和喉化区别的早期演化做出了重大贡献;在这些方面(海斯加完全没有论及这些方面),叶斯柏森是个伟大的名字,足以与卡尔·维尔纳相提并论,位居斯威特之上(见本文第 8 节)。布林克(Brink 2018)从历史的角度对叶斯柏森的斯特德以及韵律的其他方面做了详细分析,强调了叶斯柏森这些贡献的重要意义。

7. 丹麦语韵律:海斯加和叶斯柏森

韵律这个术语,用于描述长于单个音段(元音和辅音)的音链之特征,包括充当音节特征的(动态)重音,包括像瑞典语或挪威语词调那样的声调现象,也包括语调。丹麦语的斯特德也是一种韵律。

海斯加在其最后一部关于丹麦语的著作(1769)中已意识到,他1743 年以来想让丹麦人在日常书写中写出呼气姿势符的计划[①]是永远无法实现的:丹麦人永远不会那么做!于是他又提出,这四个符号应该用在词典里,并给出了这样的词条样本。不过,他紧接着给出了一张极其超前的丹麦语韵律表(表 2):

表 2:

海斯加的丹麦语韵律体系,据他(1769/1923:514)的表而整理(引自 Basbøll 2018a:29,丹麦语版见 Basbøll 2016:285)

[①] 海斯加建议用四个不同的变音符号的形式来表示呼气姿势,如(像法语那样的)锐音符"´"、钝音符"`"、折音符"^"以及用特殊符号表示的第四种符。海斯加改变了这些变音符号的已有意义,但其逻辑始终清晰而一致。

呼气姿势： 中断，如 á；双倍，如 â。 （有斯特德）	部分丹麦语词之特征，哥本哈根话中尤其如此。
呼气姿势： 短而均匀，如 à；长而均匀，如 à。 （无斯特德）	见于所有语言，但未必每个词里都有。
时长： 绝对，同元音自身长度。 （即元音音长）	短而有声调，如 á 和 à。 （短元音）
	长而有声调，如 â 和 à。 （长元音）
时长： 相对，位于音节之间。 （即重音）	有"间隔"，称为长时长，如 á、à、â、à （重读）
	无"间隔"，称为短时长，如 Ăgènt 中的 ă。 （非重读）

表2仅涉及语言系统，但海斯加认为，语调有些方面是超出语言系统本身的。表2涉及三组二元对立：斯特德、元音音长、重音（指现代术语体系里的重音），可参见本文第9节。

在重音分析方面，叶斯柏森是位真正的先锋：他设计了一整套重音类型体系，并且详细地对这一体系做了描写：重音弱化（统一体重音）、复合重音、价值重音（不同类型的力度重音），等等，其句法原则均得到了描写。

8. 叶斯柏森与其他两位伟大的语音学家：斯威特和斯托姆

奥托·叶斯柏森（1897—1899：50）称斯威特"或许是在世的语音学家中最伟大的一位"。他与斯威特关系密切，曾在牛津和伦敦拜访过他。斯威特去世后，叶斯柏森拜访其遗孀，她称叶斯柏森为"我先生最可亲、最具能力的弟子"（Jespersen 1938：156 [1995：180-181]）。叶斯柏森成为语言学学生之初（1881年），就已了解并崇敬斯威特的著作。

亨利·斯威特（1845—1912）在其最早的著作中就已分析过丹麦语语音学。他对丹麦语"调位"（Tonelag，此术语既涵盖丹麦语的斯特德，也涵盖斯堪的纳维亚语的声调式词重音，参见本文第9节）的处理，**在当时基本可谓颇具灼见**。① 斯威特的《语音学手册》（1877）很可能是当时最重要的语音学单卷专著（参见 Jespersen 1897-1899：50-53，146-148；Juul 2002）。

对青年时代的奥托·叶斯柏森产生最大影响的人之一，是德国的菲利克斯·弗兰克（1860—1886），虽然他们俩从未见过面。从1884年起，至弗兰克英年早逝，两人这之间的通信显示，他们俩的影响是相互的（见 Kabell 2000）；叶斯柏森翻译并编辑整理了弗兰克的多件著作，两人都把斯威特视为伟大的偶像。

叶斯柏森首次注意到（1938：28 [1995：33-34]）斯威特的著作是在1881年研读挪威学者约翰·斯托姆（1879）的著作时。斯托姆是奥斯陆大学的罗曼语与英语语文学教授（1873—1912），是威廉·汤姆生的终生好友，二人的私交可溯至1870年同游意大利之时（Juul 2002：24）。阿恩·尤尔（2002）对这位"活留声机、挪威版的希金斯教授"做了出色而详实的论述，其中包含斯托姆与叶斯柏森、汤姆生、斯威特的大量通信。尤尔（2002）揭示出，叶斯柏森和斯托姆都很容易动怒，② 有好几次，汤姆生不得不在两人之间充当调停人。斯托姆尤其对叶斯柏森经常说他缺乏系统性而感到不满（例如，见《语音学》§46，pp. 53-55；参见 Juul 2002：111-114）。

---

① 斯威特有时候对之前的语音学家不公正，例如他说"[斯特德]由丹麦法学家海斯加发现，但海斯加仅仅给出一些例子就满足了"（1873/1913：348）；这说法对于评价伟大的海斯加是完全不公正的，见本文第2节、第6节，参见 Basbøll（2018a）。

② 斯威特也是如此，至少从他和斯托姆的关系来看如此。

9. 叶斯柏森代表了丹麦语韵律术语的巅峰（19 世纪）

我们可通过表 3 回顾关于"声调"和斯特德的术语体系在 19 世纪的演变，以拉斯克为始①，以代表巅峰的叶斯柏森《语音学》为终；《语音学》中的术语体系已很清晰，20 世纪基本得以沿袭。拉斯克和叶斯柏森之间，还有过许多其他尝试（详见 Basbøll 2018a）。这并不仅仅是术语体系的问题（即使术语体系极为多变、经常模糊，依然如此），很明显，这概念本身在整个 19 世纪变得明晰，直至叶斯柏森为这一游戏画上了某种程度上的句号。

10. 叶斯柏森与"结构主义"

叶斯柏森过世后，路易斯·叶尔姆斯列夫成为丹麦最重要的普通语言学家，他在《语言学学报》（*Acta Linguistica*）第 3 卷（1945）发表了一篇耐人寻味的讣告。他把叶斯柏森刻画为真正的革命精神之化身，称其为语言学界的雅各宾派②（1973：52）。他在讣告末尾表达出一种讶异：叶斯柏森几乎从不采纳别人的观点，即使这观点与他自己的观点十分相似时亦不例外③，叶尔姆斯列夫暗示，这或许有心理原因④。叶尔姆斯列夫此处指的很可能是他自己的语符学理论，这理论是 1934 至 1937 年间他与丹麦年轻的语音学家、语言学家汉斯·于恩·乌尔达尔（1907—1957）密切合

---

① 拉斯克竭力遵循海斯加，但他错误地增加了两种冗余的"呼气姿势"。"呼气姿势"在拉斯克的术语体系里单称"调类"（Tonehold）。
② 雅各宾派是法国大革命最血腥阶段（即 18 世纪 90 年代初）的极端激进运动成员。
③ 对此叶尔姆斯列夫提到的是布拉格学派音系学、费尔迪南·德·索绪尔、莫里斯·格拉蒙以及爱德华·萨丕尔。
④ 保罗·克里斯托弗森（1995）对叶尔姆斯列夫（1945）及其与叶斯柏森的关系做了非常有意思的分析。

表3：

19世纪关于"声调"和斯特德的术语体系。引自 Basbøll（2018a：39-40）局部，依据 Basbøll（2016，丹麦语在线版）

现代术语	斯特德（与无斯特德相对）	元音音长：长元音（与短元音相对）	斯特德+元音长度（海斯加的"呼气姿势"）（数量）	重音（动态重音）
拉斯克（1826）	在"调类"话题下论述：中断类或长斯特德类、斯特德类。	在"调类"话题下论述：无斯特德类，幅度大，或长而均匀（与幅度小或短而均匀相对）。	调类（6种）冗余的两种是：拖长类（=突出类）；滚动类（=哼哼类）。	声调下降：有"调类"的音节和无"调类"的音节。（此外还有"主调"，与"伴调"相对，后者如 Trefod 一词里第二个音节的情况。）
维尔纳（1874/1903）	声调斯特德（二元范畴，不适用于 kat 等词。）	长元音（与短元音相对）		声调
斯威特（1877）	声门停顿（x）或"斯特德声调"（与无斯特德声调相对）	长元音被注为两个元音符号		重音
叶斯柏森（1897—1899）	斯特德（与无斯特德相对）	长元音（与短元音相对）		重音

作而创建的。①

于恩·利舍尔（1989：56）让人们注意到了此前很少有人注意过的叶斯柏森与乌尔达尔之间的联系："原本有计划让乌尔达尔……按英语读者之需修订《语音学教程》（1904b）……1935年，他们讨论了若干个话题（关于非字母系统、重音等级等话题的修改）。30年代末，叶斯柏森（考虑到自己年事已高）表达过对乌尔达尔与路易斯·叶尔姆斯列夫合作的微词：'叶尔姆斯列夫还年轻，他可以等，我可不行。'1938或是1939年，计划有所变更，改成了一项合作项目，题为'由奥托·叶斯柏森和汉斯·于恩·乌尔达尔合著的语音学与音系学基础（原称：语音学基础附注音系学评述）'……最终，战争爆发了，这项工作再也未能完成。"

布拉格学派音系学的领军人物，俄国亲王 N.S. 特鲁别茨柯依（1890—1938）指出（2001：44），"拥有外部决定音长的语言和拥有内部决定音长的语言之间的区别，由我们尊敬的主席奥托·叶斯柏森引入语音研究，如今已成为常识"；他继而补充道（2001：50），"音系学感兴趣的，只是拥有内部决定音长（或者用我们今天的话说，具有音系性质的音长）……[并将其用于] 语义区别的语言"。这就明确承认了叶斯柏森对音系学的重要作用。1930年，叶斯柏森收到一封电报，称"国际音系学大会②认为您是语言学这一新方法的先驱之一"（叶斯柏森《语言学文集》1933：212）。布拉格学派的另一位音系学家安德列·马丁内③（1993：337）指出，关于言语行为（speech act）和转换标记（shifter）等话题，人们并没有超越叶斯柏森60年前所论述的东西太多。后世语言学家向叶斯柏森的先锋式著作致敬，我觉得这就是典型。

---

① 语符学聚焦语音成分的内在结构，以平行方式分别分析（索绪尔式）符号的两面（见 Basbøll 2021a）。

② 该会议即"1930年12月18—21日在布拉格召开的国际音系学会议"，会议文集作为《布拉格语言学小组文集》第4卷出版。

③ 安德列·马丁内（André Martinet，1908—1999）后来创建了自己的"功能主义"学派，他曾把叶斯柏森的《语言论》（1922）译成法语，跟叶斯柏森本人也认识（见 Basbøll 2021b）。

叶斯柏森对其他研究者的阐述直截了当、直扑要害，有时难免尖刻（参见本文第 8 节），这从叶斯柏森寄给布拉格学派另一位领军人物波胡米尔·特伦卡（1895—1984）的明信片中亦可看出。特伦卡是英语教授，著有详细全面的《现代英语音系分析》（1935）一书。叶斯柏森寄去的第一张明信片是用他自创的人工辅助语诺威亚语写的，其余几张都是用英语写的。1930 年 2 月 11 日，叶斯柏森感谢特伦卡寄来《英语音系结构》一文，并指出了几点他有不同意见之处；和其他那些明信片一样，他指出了他自己的著作中的若干地方，认为特伦卡本应注意这些地方的。尤其重要的是这句话："我在我的《语音学》等书里……已经谈到了你们称之为音系学的内容，我一般称之为'话语经济'（economy of speech）。"1931 年 5 月 17 日，叶斯柏森感谢特伦卡寄来《英语动词句法》，又提到了一系列有不同意见之处，但结尾处说"不过总的来说，我认为您的书是对英语句法学的宝贵贡献"。1936 年 2 月 2 日，叶斯柏森感谢特伦卡寄来特鲁别茨柯依的书①，但补充说这本书不易读，他也不喜欢书中的音标，并且问"他用大写字母表示什么？②他可能在别处解释了，但我还没有找到。"这张明信片以及之后的几张明信片里，有很多具体的地方都是在批评特伦卡的主张。两人最后一次通信（1938 年 3 月 1 日）里只有简单几句："亲爱的特伦卡教授，非常感谢。不过您会原谅我说我觉得您没有把问题澄清。谨上。（签名）奥托·叶斯柏森"。③

11. 叶斯柏森的追随者们：新叶斯柏森语音学派

我称之为"新叶斯柏森学派"④的这些人，是个由《丹麦语发音大

---

① 这本书必然是《音系描写指南》（Anleitung zu phonologischen Beschreibungen，1935）。
② 这必然是指超音位（Archiphoneme），布拉格学派音系学的核心概念之一。
③ 叶斯柏森寄给特伦卡的明信片，查理大学哲学系档案（Inventář Filozofické Fakulty Univerzity Karlovy）2132 号；感谢 A. 安德罗诺夫。（我未见到特伦卡的回复。）
④ 丹麦语名称为 Ny-Jespersenianerne，见 Basbøll（1989：93—97）。

词典》①（SDU，1991）的主要编写者们组成的团体，包括拉尔斯·布林克、约恩·隆德、斯蒂芬·黑尔及其合作者们、学生们。约恩·隆德在其丹麦语研究进度报告（1993：31）中说到过，新叶斯柏森派（Ny-Jespersenianerne）这个名称让编者布林克、隆德感到光荣，也让他们把叶斯柏森认定为比叶尔姆斯列夫更具启发性的人。拉尔斯·布林克（1981：17）甚至把叶斯柏森称为"语音学伟大的导航星"。

除了 SDU 之外，新叶斯柏森学派的主要著作还有 Brink & Lund 1975，这是一部记录 1840 年至 1955 年之间出生的人所讲的标准丹麦语的发音全史，基于电台广播节目档案以及他们自录的磁带录音等材料。该研究是 SDU 的重要基础，方法论上如此，事实性信息方面更是如此。SDU 迄今出版的各种语言的发音词典中规模最大的之一，从所提供的信息方面（词典本身和词典体系都算上）来看如此，从发音变体（区域变体、风格变体等）、屈折形式里的发音、因语体弱化现象而造成的发音变化、正在发生的语音变化等信息方面来看亦是如此。不过，SDU 中没有记录受试者及社会阶层方面的信息，极端详细的信息有时无法系统地得到其他材料的印证。

新叶斯柏森学派的著作中引入并使用了一个关于"标准丹麦语"的重要定义，这个定义也已被其他学者所采纳。本质上来看，"标准丹麦语"此处没有被定义为特定机构中的特定人群所说的"全部语言（及语言变体）"之类。布林克和隆德定义的"标准语形式"是可从一部分人那里听到的"某一具体的词形式"的发音，这部分人不一定是大多数人，可在丹麦的一切主要地区长大。这就比"皇家剧院所使用的发音""受过良好教育者的发音"之类的定义更具可操作性，在方法论上较为合理。然而，此定义暗示这发音是按数学和逻辑学所说的离散（discrete）方式来注音

---

① SDU 全称为《丹麦语发音大词典》（*Den Store Danske Udtaleordbog*，1991），拉尔斯·布林克（Lars Brink）、约恩·隆德（Jørn Lund）、斯蒂芬·黑尔（Steffen Heger）、J. 诺曼·于尔森（J. Normann Jørgensen）编。

的，因为如果按精确的细节来度量的话，两个具体发音永远不可能100%相同。实践中，这意味着语调等方面的差别无法纳入这个定义之中（参见Basbøll 1989，2016）。因此，在这一定义下，某个词形式的两种发音均可成为"标准语形式"，即使二者在语调等方面明显不同，且明显可辨别出是日德兰话和哥本哈根话之差别时亦如此。

12. 叶斯柏森在丹麦语语法领域的争议角色：围绕维韦尔

我刚才（本文第11节）使用了新叶斯柏森学派这个术语来指特定的一部分丹麦语音学家。但是正如大家所想，奥托·叶斯柏森在丹麦的英语研究、应用语言学、语法学等领域亦有诸多其他追随者。我不打算在本文中探讨这个巨大的话题，只想从中挑出一份深受叶斯柏森启发且亦涉及语音学和音系学层面的丹麦语语法研究，即维韦尔（1901）[1]。维韦尔在其序言里强调了叶斯柏森对他这本书的重大影响，提及了四种"积极语法标记"，即（1）屈折形式，（2）词序，（3）韵律（声调、重音、斯特德），（4）停顿与中断。举例来说，他运用这一方法列举了名词的30种不同的复数构成方式，这之中涉及语音学及音系学尺度，既有音段性尺度，也有超音段性尺度（第98–100页）。

叶斯柏森本人简要地提到过维韦尔的书[2]，他认为维韦尔（1901）并未打算让该书充当一部完整的语法，但却机智地批评了传统语法，不时呈现出细致而正确的新观察；不过叶斯柏森补充道，维韦尔过于强调形式观，忽视了语言逻辑，是应受责备之处。路易斯·叶尔姆斯列夫（参见本文第10节）高度赞扬了维韦尔（1901），将该书刻画为（1928：109f）一

---

[1] H. G. 维韦尔（H. G. Wivel，1851—1910）著有《丹麦语语法学的观点》(*Synspunkter for dansk sproglære*，1901）一书，他是日德兰北部奥尔堡市（Aalborg）某学院的教师。

[2] 见于 Jespersen 1928（1933：27）；维韦尔在叶斯柏森回忆录（1938）里未被提及。

部对语法原则至关重要的著作。事实就是（据叶尔姆斯列夫），在全欧洲范围内，维韦尔是合理、明确、强有力地为语言学的纯共时视角辩护的第一人（与索绪尔类似，却早于索绪尔）。

维韦尔（1901）引发了与"传统主义者"的强烈争执。当时丹麦语语法的领军专家，也是维韦尔那尖刻批评的主要对象，是克里·米克尔森①。维韦尔和米克尔森之后的那一代，最重要的两位语法学家则是奥厄·汉森②和保罗·迪德里赫森③。迪德里赫森为20世纪丹麦语语法写下非常翔实的最后一篇评价时，发现维韦尔对米克尔森的批评基本上是不公正的，有关我们对丹麦语语法的了解，米克尔森的贡献远超过维韦尔。迪德里赫森（1965：191）还指出，奥厄·汉森和他本人之间最关键的区别在于与奥托·叶斯柏森的关系不同：奥厄·汉森深受叶斯柏森的科学乐观主义的影响，例如认为语法问题大多可通过运用常识并忘记人为的传统体系来解决；与之相反，迪德里赫森对叶斯柏森较为怀疑，从叶尔姆斯列夫等人的结构主义中以及从早先的各传统中得到的启发更多些。看看新出的丹麦语大型科学语法（即 Hansen & Heltoft, 2011）如何处理传统，是非常有意思的：海斯加、米克尔森、维韦尔、迪德里赫森皆扮演了重要角色（奥厄·汉森也扮演了稍小的角色），因此，通过维韦尔，叶斯柏森依然在今日的丹麦语语法传统中间接拥有厚重的份额。

---

① 克里·米克尔森（Kr. Mikkelsen, 1845—1924）是罗斯基勒（Roskilde）学院教师（"学院"即"拉丁文学校"）。他成长于拉丁语传统中，但他最重要的（科学）著作却是其带有翔实新观察的丹麦语语法（1894，句法部分在1911年版里增幅很大）。

② 迄今最大型的丹麦语词典28卷本《丹麦语词典》（Ordbog over det danske Sprog, 1919-1956）里，奥厄·汉森（Aage Hansen, 1893—1983）的贡献超过其他任何人。此外他还著有好几种论述丹麦语的大型语文学著作，其中的巅峰之作是 Hansen (1967)。

③ 保罗·迪德里赫森（Paul Diderichsen, 1905—1964）是哥本哈根大学最重要的斯堪的纳维亚学教授，以其所著的教科书（1946）等著作而在丹麦语语法研究领域居主导地位。

13. 结语

希望我在这篇序言里已经阐明，叶斯柏森这位得到国际认可、也实至名归的杰出语音学家、普通语言学家、英语语文学家、语言史学家、应用语言学家，是丹麦语言学领域的科学传统中不可或缺的一部分，这一传统至少可追溯至 18 世纪，其中涵盖了其他伟大的语言学家，如延斯·海斯加、拉斯慕斯·拉斯克、威廉·汤姆生、卡尔·维尔纳。

致谢

本序言中部分内容源于我的其他出版物（有修改），如 Basbøll（2005，2016，2018b）以及即将出版的出版物，但大部分内容源于 2018a。感谢尼娜·格伦努姆为我的初稿提出了许多建议（主要是文体上的建议）。

2020 年 7 月

（参考文献见附录英语原文文末）

叶斯柏森的语音学著作
（编者前言）

丹麦学者奥托·叶斯柏森（Otto Jespersen，1860—1943）是我国读者熟悉的语言学家。之所以熟悉，是因为无论在理论语言学层面，还是在英语教学层面，他都引起过我国读者的高度关注。

20世纪80年代，我国兴起译介西方人文经典著作新高潮之时，叶斯柏森是全新环境下得到译介的重要西方语言学家之一，他的《语法哲学》（语文出版社，1988）中译本出版了，与此间出版的索绪尔的《普通语言学教程》（商务印书馆，1980）、布龙菲尔德的《语言论》（商务印书馆，1980）、乔姆斯基的《句法结构》（中国社会科学出版社，1980）和《句法理论的若干问题》（中国社会科学出版社，1986）、霍凯特的《现代语言学教程》（北京大学出版社，1986）等中译本一道，共同见证了改革开放初期我国人文社科蒸蒸日上的新局面。

同一时期，我国的英语教育高速发展，国外出版的一些高层次、高质量的英语语法著作也被译成了汉语，如夸克等的《当代英语语法》（辽宁人民出版社，1980）和《英语语法大全》（华东师范大学出版社，1989）、利奇和斯瓦特威克的《交际英语语法》（北京出版社，1987）、寇姆（库尔默）的《英语句法》（商务印书馆，1989）等，这之中赫然在目的，是此间两度被译成中文的叶斯柏森《英语语法要略》（一译《英语语法精义》）一书（贵州人民出版社，1980；商务印书馆，1989）。

《语法哲学》和《英语语法要略》的汉译使人们回忆起，20世纪上半叶，叶斯柏森曾对汉语语法研究形成了重要影响：胡以鲁赞誉过"丹抹学者叶斯彼善氏"对汉语语言结构的公正论断；杨树达援引过"叶斯丕孙教授"所持的"观于英语进化之情形，可以断定：将来最进步的语言当与中国语相似"之观点；赵元任推介过叶斯柏森《语音学教程》里以实例来解释抽象概念的方法；何容、吕叔湘、王力的里程碑式的汉语语法著作，更是深受叶斯柏森语法著作中关于词类与词品的学说之启发。

但是，叶斯柏森绝不仅仅只是一位语法学家。作为一生出版了800余种著作的学者，他的著述还覆盖了语音学、语言史、语言教学、语言与社会、国际辅助语创制等众多领域，其博学与勤勉让后世崇敬与钦佩。

进入新世纪以来，我国的语言学史研究者正在力求全面呈现叶斯柏森在上述各个领域的贡献，从而让我们对这位学界巨人理解得更加完整。任绍曾教授选编、译注了《叶斯柏森语言学选集》（湖南教育出版社，2006），首次把叶斯柏森在语言与社会、语言习得、语言演变等方面的思想展示于中文读者面前。此后十年间，世界图书出版公司北京公司相继为叶斯柏森的多种经典著作出版了带有中文导读的英语原文影印本，包括《语法哲学》（2008年重印）、《从语言学角度论人类、民族和个人》（2010年重印）、《如何教外语》（2013年重印）、《语言论——语言的本质、发展与起源》（2016年重印）等篇幅不等的专著，包括他最著名的7卷本巨著《现代英语语法》（2014年重印），也包括后人为他整理的百年纪念版《叶斯柏森选集》（2016年重印）①，进一步为我国学者全面研究和思考叶斯柏

---

① 叶斯柏森晚年曾编写两部单卷本自选集，1932年自选集题为《思考与研究》（*Tanker og studier*），收录用丹麦语撰写的文章19篇；1933年自选集题为《语言学文集——用英、法、德语撰写的论文选》（*Linguistica: Selected Papers in English, French and German*），收录用上述三语撰写的文章21篇。60年代初在伦敦和东京出版了一部全英文版的单卷本《叶斯柏森选集》（*Selected Writings of Otto Jespersen*），收录他各个时期的著作34种；该选集未标注其编者姓名和具体出版年份，因序言中有"本选集为纪念叶斯柏森诞辰100周年而筹备"而被称为"百年纪念版《叶斯柏森选集》"。据叶斯柏森自传《一位语言学家的一生》记载，该选集事实上的编者是日本语言学家市河三喜（1886—1970）。关于这部选集，详见拙著《从百年纪念版选集看叶斯柏森的语言学思想》（清华大学出版社，2019）。

森的语言学思想创造了条件。此外，可喜的是，新世纪我国学者对叶斯柏森语言学著作的再思考实现了与国际同步：这一时期，英国学术著作出版巨头之一卢德里奇出版公司（Routledge，一译"劳特利奇"）也于2007年推出了15卷本"奥托·叶斯柏森英语著作选集"，还将百年纪念版《叶斯柏森选集》（2010年重印）和叶斯柏森1933年自选集《语言学文集——用英、法、德语撰写的论文选》（2015年重印）纳入了"卢德里奇复兴丛书"（Routledge Revivals），该丛书已重印人文社科各领域千余种经典著作。

然而，面对上述成就时我们不应忽视，我国学者对叶斯柏森语音方面的思想至今仍了解较少，而语音学思想却恰是他对语言学的贡献中十分重要的一部分。曾为7卷本《现代英语语法》第6卷（词法）的整理出版担任助手的丹麦学者保罗·克里斯托弗森（Paul Christophersen，1911—1999）指出，"人们常常意识不到，叶斯柏森早年主要被视为语音学家，对普通语音学其实贡献斐然。"[①] 叶斯柏森的语音学家身份绝不只是后世学者的定义。早在他用丹麦语撰写的《英语格研究》（1891）一书出版后不久，1892年1月2日出版的英国《学界》（Academy）周报刊载的对该书的书评中就出现了这样一句话："叶斯柏森虽然尚且年轻，却早已是位拥有很高声誉的语音学家。"

这句话并不是评论者的客套，因为截至那时，叶斯柏森在语音领域业已取得的成就已是有目共睹：他在莱比锡发表了题为《论语音定律问题》（Zur Lautgesetzfrage，1886）的长文，对新语法学派音变理论中的不足之处做出了修改和补充；他是国际语音学会的活跃成员，撰文参与了关于音标与语音转写的深度讨论；他出版了《用非字母符号表示的语音发音》（The Articulations of Speech Sounds Represented by Means of Analphabetic Symbols，1889）一书，书中展示了他所设计的一套适用于精

---

① 见克里斯托弗森，《奥托·叶斯柏森》（Otto Jespersen），第2页，载尤尔、尼尔森（Arne Juul & Hans F. Nielsen）主编《叶斯柏森面面观》（Otto Jespersen: Facets of His Life and Work，荷兰 John Benjamins 出版社，1989）。

确语音描写的科学注音系统；他是欧洲这一时期如火如荼展开的外语教学改革运动的倡导者和实践者，编写出版了《依据音标法编写的法语阅读教程》(Fransk læsebog efter lydskriftmethoden, 1889)；他撰写了《丹麦音标》(Danias lydskrift, 1890) 一文，成功地向丹麦的方言研究界推介了他设计的这套音标体系，至今仍有重要影响；他还在丹麦文《北欧语文学学报》(Nordisk tidsskrift for filologi)、《语文历史学会工作简报》(Kort udsigt over det Philologisk-historiske samfunds virksomhed)，德文《英语研究》(Englische Studien)、《语音学研究》(Phonetische Studien) 以及国际语音学会会刊《语音教师》(Le maître phonétique) 等学术刊物上发表文章以及大量书评，内容既涉及普通语音学，也涉及丹麦语、法语、英语等具体语言的语音问题。

可见，叶斯柏森不但是语音学家，而且是重要的语音学家。我们若纵观他一生中撰写的语音学著作即可发现，现代语音学和音系学的发展历程中，他较早提出了基于生理－物理的语音研究和基于语义的语音研究之区别，并正确指出了语义因素在语言交际和语言演化中的重要作用；他主张用语音学理论指导语言教学实践，包括外语语音教学和儿童母语识字教学；他创制或参与创制了多套音标体系，为不同目的的语音研究提供了可靠的工具；他既对普遍性的语音演化规律有独到的阐释，也为现代英语刻画出了具体语言的语音发展轨迹；他为语音科学自文艺复兴以来的发展进程和重要人物撰写了翔实的历史，既厘清了语音学研究对象及研究方法的演变，又为语言学史研究树立了典范。

我国读者之所以很少了解叶斯柏森的上述贡献，原因是多方面的：

其一，叶斯柏森著作在我国的译介呈不均匀态。他的众多著作中，只有《语法哲学》《英语语法要略》出版过完整的中文译本，这难免给许多中文读者造成叶斯柏森只是一位语法学家的假象。他的语音学著作则从未得到过汉译，故而造成我国读者对其语音学观通常缺乏直观把握。

其二，叶斯柏森的写作语种不只局限于英语，而是至少包括英语、德语、丹麦语、法语、伊多语。最能全面揭示其语音观的著作，相当一部分是用德语和丹麦语撰写的：如，他厚达 600 余页的杰作《语音学——语音学说之系统阐述》（Fonetik: En systematisk fremstilling af læren om sproglyd, 1899）是用丹麦语撰写的；赵元任引述过的那本一版再版、流传甚广的《语音学教程》（Lehrbuch der Phonetik, 1904/1913/1920/1926/1932）是用德语写成的；还有一本虽未再版过，却同具影响力的《语音学的基本问题》（Phonetische Grundfragen, 1904），也是用德语出版的。而今，尤其是在我国，这两种语言的读者显然远远少于英语读者。

其三，叶斯柏森的许多语音学著作并不容易获取。除了上面提到的专著之外，叶斯柏森更有多种重要的语音学著作散布于 19 世纪末、20 世纪初欧洲各地出版的刊物和工具书中，虽在当时拥有广大的读者群，但对当今的研究者而言，找到这些旧时的资料未必容易。

有鉴于此，编者深入研究了叶斯柏森各个时期出版、发表、撰写的期刊文章、专著、百科全书词条等不同类型的著作，从中精选出 24 篇关于语音的专论，辑成这部《叶斯柏森论语音》。这些著述问世于 19 世纪 80 年代至 20 世纪 30 年代间，跨度达半个多世纪，可较为全面地反映出叶斯柏森一生的语音学思想。编者同时也是译者和注者，将这些一手材料从英语、德语、丹麦语原文译出，并结合当今读者的阅读习惯，对文本做了详细的注释，力求能够有助于我国的语言学研究者更直观地了解叶斯柏森的语音学思想。

一、本书收录的叶斯柏森著作

面对"叶斯柏森论语音"这一选题范围，首先必须阐明的是，此处的"语音"和"语音学"，必然要取这两个概念的广义。换言之，本书收录的叶斯柏森语音学著作，既涉及共时研究，又涉及历时研究；既涉及狭义的生理-物理层面的"语音学"，也涉及我们今天所说的音系学。之所以如此，是因为叶斯柏森对这两组二分法均持保留意见。

他并不主张在语言研究中对共时和历时做绝对的切割。因此，索绪尔的嗣后作《普通语言学教程》问世伊始，叶斯柏森就在所撰书评中直言不讳地指出，索绪尔在共时与历时相互对立的问题上"夸大了二者的区别，仿佛二者是绝对不相关的事情，而事实上，想要以真正科学的方式对二者加以理解，就不能也不应把二者当作不同的研究。"① 因此，叶斯柏森本人的著作里，即使论述的是"共时"的主题，我们仍可见到他为问题追本溯源。这正如他在《历史原则下的现代英语语法》第 1 卷的序言中所述："英语语法……是一种在连续波动起伏中生存着、发展着的东西；它以过去为基础，并为未来铺平道路；它并不永远一致、永远完美，而是处于演进和完善之中。"②

他同样不主张对语音学和音系学做绝对的切割。因此，他虽然赞赏布拉格学派提出的"音系学新视角"，却并不支持他们所主张的语音学与音系学之间的分裂。他认为，"语音学"和"音系学"之区别，是逻辑意义上的区别（德语原文是 scheiden），而不是物理意义上的切割（德语原文是 trennen）；因此，他认为没有语音学就没有音系学，语音学家和音系学家本应是同一研究者群体（详见本书中已收录的《三论语音定律问题》）。

故而，本书中的"语音"，不局限于共时意义上的生理-物理层面的语音，而是跨共时与历时，跨狭义语音学与音系学，相信不同需求的读者都能够从叶斯柏森的论述中找到所需。本书没有按照纯粹的时间顺序来排列所选入的材料，而是依内容分别将其编入"论语音演化""论普通语音学""论英语语音学""论语音学史"四个部分：

---

① 见《北欧语文学学报》新系列第 6 卷（1917），第 40 页。这篇书评除了 1917 年的丹麦语原文之外还有法语译文，载于 1933 年自选集。

② 见《现代英语语法》第 1 卷《语音与拼写》（1909），第 v 页。

（一）叶斯柏森论语音演化

思考叶斯柏森早年对语音问题的关注，自然不应脱离他所生活的年代的学术语境。这个语境主要是 19 世纪学者对语言史（[德] Sprachgeschichte）、语言生命（[德] Sprachleben）的探讨，尤其是 19 世纪 70 年代起新语法学派围绕"语音定律无例外"之论断而形成的理论语言学学术话语语境。因此，"起源""演化""定律""类推""例外"才会成为叶斯柏森早期著作中的关键词，无论语音研究还是语法研究皆如此。

本书中收录的《语言的起源：语音》（Origin of Language: Sound），是叶斯柏森关于语言起源的论述中的一部分，译自英语版《从英语看语言的发展》（Progress in Language: With Special Reference to English，1894）。《从英语看语言的发展》一书是叶斯柏森用丹麦语版撰写的《英语格研究》（1891）中部分内容的英译。《英语格研究》原为叶斯柏森的博士论文，书中题为《语言的起源》（Fremskridt i Sproget）的导论章，在博士论文答辩之前已受到语文历史学会的关注，并以语文历史学会新创办的刊物《语言研究与古代研究》（Studier fra sprog- og oldtidsforskning）第 1 卷第 4 期的形式先期出版了单行本。在他后来最广为人知的著作之一《语言论——语言的本质、发展与起源》（Language: Its Nature, Development and Origin，1922）一书中，关于语音起源的部分基本延续了这之中的看法。虽然未必所有读者都会赞同叶斯柏森所推测的原始语言"比起说话更像是在唱歌"这样的细节，但是他所提出的语言演化宏观方向无疑是有理有据的：语音结构经历的演化过程，总趋势是由复杂走向简单，是简化的过程，而不是复杂化的过程。这一结论不仅仅来自他所详细论述的英语格的演化，而且还基于不同类型的其他语言中的实例支持。从本书节选的部分中我们可以看到，他所引用的丰富实例，有些来自他所掌握的常见印欧语系语言的语音演化事实，有些转引自福斯特、希伯、布雷克等与"原始语言"有过直接接触的学者的论述，这之中就不乏关于声调的论述（当然他也提醒过读者、早期探险家的观察和结论未必完全可靠），有时他还将这类与音高相关的问题与语言学以外的学者对其他领域（如音乐）的相关论述加以对比思考。可见，"比起说话更像是在唱歌"绝不是"仅仅从梵语和希腊语使用乐调重音这一点就轻率地得出"的结论。流传甚广的叶斯柏森认为"语言起源于唱歌"的说法，其实更像是个比喻；确切的说法，是"语言始于针对人和事件的半音乐性的未分析表达"（《从英语看语言的发展》，第365页）。这样的原始表达方式之所以具有"半音乐性"，是因为他相信原始语言普遍存在声调；之所以"未分析"，是因为句子才是交际的基本单位（其实我们至今都是这样认为的），我们现代人关于"词"的意识，通常是从语法课堂上学来的，而原始人的自然话语中，恐怕并没有如此人为而刻意的词界。因此，如果从语言的功能来衡量，他只是认为语言的"表达"（expressive）之功能出现得比"信息"（informative）之功能更早，这一猜想似乎并无不妥。

叶斯柏森关于"语音演化"这一主题的见解，集中体现于他的三篇《论语音定律问题》里面。1886年的第一篇**《论语音定律问题》**（Zur Lautgesetzfrage）是篇29页的长文，以德语发表于《普通语言学国际学报》（*Internationale Zeitschrift für allgemeine Sprachwissenschaft*）（该文另有丹麦语版本，发表于《北欧语文学学报》），这是他三次论述语音定律问题的"第一论"。1904年，他的专著《语音学的基本问题》（*Phonetische Grundfragen*）出版时，"语音定律"这一论题充当了该书的最后一章。他对1886年的文章做了少量删节，在基本保持旧文原貌的基础上，又在其后附了一份12页的"补记"（Nachtrag），这篇补记就是语音定律问题之"第二论"。1933年，叶斯柏森把原文和补记一并编入其自选集《语言学文集——用英、法、德语撰写的论文选》时，又新撰写了一篇24页长的"最后说几句"（Letzte Worte），是为语音定律问题之"第三论"。本书将这三篇文章全部收录进来，分别从1886年、1904年、1933年的德语原文译出，为方便读者，后两篇文章的标题在本书中改为**《再论语音定律问**

题》和《三论语音定律问题》。

从叶斯柏森对语音定律问题的一论再论，我们不难体会美国语言学家特伦斯·威尔伯（Terence H. Wilbur，1924—2000）为何把《论语音定律问题》称为"叶斯柏森最宠爱的孩子"[①]，并将其与古尔替乌斯、德尔布吕克、布鲁格曼等在当时更具资历与影响力的学者撰写的篇幅更长的著作并置，收录进《1885 至 1886 年语音定律之争资料集》(*The Lautgesetz-Controversy: A Documentation [1885–1886]*，1977）。19 世纪 80 年代，新语法学派如日中天，语言学史专家科尔纳（E. F. K. Koerner）认为这一时期"可比作 20 世纪 60 年代中期至 70 年代初的'生成主义范式'之时代"[②]。时年 26 岁的叶斯柏森，能够在该学派的莱比锡大本营发表这样一篇长文，不难体会出由泰希默、莱斯琴、保罗等学派核心人物组成的学报编委团队对此文的学术价值的充分肯定。主编泰希默甚至亲自出马，为该文增加了若干点评式脚注（即文中不时可见的"F. T. 注"）。

新语法学派把语言视为独立于人的意志之外的自然事物，故而认为语音按照无例外的定律演化，且这样的定律与物理学、天文学、地质学等自然科学领域的定律并无本质上的不同；而语言变化中必然会出现的各种例外，则由"类推"（analogy）这个笼统的术语来概括。然而即便如此，语言演化中仍有许多现象，并不能通过"无例外定律 + 类推"来做出合理解释。叶斯柏森正确地指出，这样的局面恰恰是因为忽略了"人"这个因素而致。语言现象与物理现象、天文现象、地质现象最大的区别在于，语言绝不可能脱离使用语言的人而独立存在。人在语言交际中对"可懂程度"的需求，对语音形式的演化方向产生了重要影响。因此，始终贯穿于三篇《论语音定律问题》之中的，实质上是语义因素对语音演化所发挥的作

[①] 见威尔伯编《1885 至 1886 年语音定律之争资料集》(1977)，荷兰 John Benjamins 出版社，第 lxxxix 页。

[②] 见科尔纳著《论泰希默〈学报〉的重要性》(*The Importance of Techmer's "Zeitschrift"*，1973)，荷兰 John Benjamins 出版社，第 22 页。

用。"第一论"中提出,"语音定律"不同于自然科学定律,更不是司法意义上的"法",语音定律是可以打破、可以越界、可以违反的;"第二论"补充论述了语义边缘的模糊性和"越界"的可行度("波动域");"第三论"从语言使用者对可理解性的灵活把握中提取出"价值原则"([德] Wertprinzip),从而展示出"语言化"([德] glottisch)的语言形式与"非语言化"的语言形式之区别。尽管叶斯柏森并不支持把"语音学"和"音系学"切割为两个不同学科,但他的这一"音系学视角"与布拉格学派不谋而合,正因为此,特鲁别茨柯依和雅柯布森都把叶斯柏森视为音系学最重要的先驱者之一。所以,三篇《论语音定律问题》不仅是对19世纪历史视角下的语音研究的回顾与修补,更是对20世纪功能视角下的语音研究的预测与支持。

(二)叶斯柏森论普通语音学

叶斯柏森的"共时"语音学研究,其实与语音演化研究并不是两条完全不同的道路。某种程度来看,他的语音演化研究和普通语音学研究之间,存在"善其事"和"利其器"之关系。19世纪,理论语言学研究很大程度上就是关于语言史的研究。从叶斯柏森对前人著作的大量引述中不难发现,关于语音历史演变的论述中如果出现错误,很可能正是因为研究者对语音本身的认识就存在一定问题。正如他在丹麦语版《语音学》中指出:"在历史比较语言学的著作中经常见到,有的语言学家因不了解语音机制而完全误入歧途,也有的语言学家却利用关于活语言的语音知识,为本是谜题的古时音变找到了钥匙。"(原书第8页;本书第238页)语音学因而成为语言史研究的基础,这也是叶斯柏森竭力呼吁语音学应当拥有一套统一的符号、统一的术语的理由之一。

当然,普通语音学的角色,并不局限于为语言史研究"打工"。19世纪飞速发展的外语教学、方言田野调查研究、母语识字教学改革等领域,皆需要精确而科学的语音描写。叶斯柏森很早就认识到了这一情况的重要性，因此才会在普通语音学领域有丰富的著述。本书的第二部分"论普通语音学"故而成为篇幅最长的部分，所收录的材料大致可分为三类：关于音标的论述，关于语音学基本理论及应用的论述，关于音义关系的论述。

1. 关于音标

叶斯柏森在其最早公开发表的文章之一《**论音标**》（Om Lydskrift）里已阐明："如果不想只研究一种语言的书面形式，而是想掌握其真实的话语形式，就必须拥有一套标注方式，能够比传统字母更为准确地为各种语言注音。"（《语文历史学会工作简报》，1882—1884年卷，第49页；本书第197页）他撰写这篇短文的目的，即是为了推介他自主设计的一套用来精确标音的"定义系统"。由于这篇短文只是他在语文历史学会会议上发言的摘要，读者暂时还看不到这一系统的全貌。短文中设想的愿景历经五年的充实，终于形成了一部篇幅不大的专著，题为《用非字母符号表示的语音发音》，向读者全面展现了这套详细而严密的"定义系统"。

这本《用非字母符号表示的语音发音》以英语撰写，于1889年出版于德国统一前的黑森大公国马尔堡。所谓"非字母"（analphabet），就是放弃以字母 a 表示元音 /a/、以字母 b 表示辅音 /b/ 之类的注音传统，转而采取一种类似代数式、化学分子式的科学形式来精确描写语音。这一新体系分门别类地描写唇、舌、腭、喉等器官在发音活动中的运动状况，用叶斯柏森自己的比喻来说，以此方式做的语音描写，犹如"乐队指挥手中的'总谱'"，可一目了然地展示出发音过程中的所有重要细节，同时可避免用传统的"字母方式"描写语音时可能出现的歧义，例如避免同一字母被不同学者用来指不同的音而产生误解。

《用非字母符号表示的语音发音》由三章组成，第一章"原则"是对创制此体系的必要性的论述，第二章"符号"是对这一体系的详细刻画，第三章"语音"介绍如何使用这一体系来描写各种具体语言中具体的语音；此外，书末还附了一份非常实用的附录，收集了常规语音学著作中的约 300 个常见术语,用"非字母符号"分别对其加以阐释,尤其对同一术语被不同作者做了不同使用的情况进行了区分。

本书限于篇幅,无法把全书的内容收录进来,故而做了节选:本书收录了第一章的全文,收录了第二章关于"非字母符号"的主体构架的介绍,删除了语言学家们对于部分概念的争鸣,最后收录了第三章中的少量例子,以展示叶斯柏森如何使用这一体系来做具体的语音描写;本书没有收录该书的附录部分,因为掌握了第二章中的符号使用原则之后,这份附录显然无需翻译即可使用,成为查阅旧时语音学著作时难得的辅助工具。

曾有学者提到,叶斯柏森设计的这套"音标"过于复杂繁琐,以至于连他自己都很少使用。这难免让人们误认为,这一注音体系设计得并不成功。但是事实上,这一体系设计得很完善,只是叶斯柏森并未将其定位为常规意义上的注音体系或转写体系。他在书中已指明,这一体系即使"用来对长一些的文本做语音转写都很不方便"(原书第 9 页;本书第 211 页),那么,这套精确而细致的体系究竟是做什么用的呢?从他后来在《语音学的用途是什么?》一文中为语音书写划分的三种不同的精确程度来看,"非字母符号"必然属于其中的第一种,即"用于最高科学用途的语音书写"。这样的体系,不同于"用于普通的外语描写和外语教学工作的语音书写",也不同于"为已经很熟悉符号所代表的音的母语者做非常简单的转写"(百年纪念版选集第 554 页;本书第 323 页)所需的体系。因此,在叶斯柏森的所有语音学著作中,主流的注音方式都是国际音标,只有需要对某些发音细节加以详细说明时,才会用到非字母符号。例如,虽然我们都知道现代英语中的短音 i 通常是松音(即 /ɪ/),但是叶斯柏森在《现代英语语法·第 1 卷·语音与拼写》中区分了两种不同的松音 /ɪ/:他称 ship 中的 /ɪ/ 为"宽 i"(broad i),称 duty 中的 /ɪ/ 为"低 i"(lowered i)。利用非字母符号,他把前者标注为 γ4ᵍ,把后者标注为 γ46ᵍ 或 γ46ᵍʰ(《语音与拼写》,第 415-417 页)。从中可见,后者的舌位略低些,开口度略大些。

我们今天之所以回顾《用非字母符号表示的语音发音》,不仅因为此著作是"技术性"文献,更因为此著作是"思想性"文献。书中的一些观点,其实是非常超前的。例如,非字母符号是"总谱",必然意味着"音"是具有可分解性的结构单位;叶斯柏森已明确指出,音(sound)不是最小的单位,而是由若干成分(element)构成,非字母符号"标注的不是音,而是音的成分"(原书第 7 页;本书第 209 页)。后来在《语音学的基本问题》一书中,他再次明确表明"每个音都是复合的"(原书第 107 页;本书第 259 页);而《语音学教程》也是从语音成分讲起,辅音和元音均被视为若干语音成分的"综合"。不仅如此,《用非字母符号表示的语音发音》甚至已经强调了这些成分是"共现的"(concurrent),具有"同时性"(simultaneousness)(原书第 6 页;本书第 208 页),虽然叶斯柏森的这类论述是基于生理的而不是基于声学的,但这些关于语音结构的理念已在一定程度上预示出半个世纪后雅柯布森区别特征(distinctive feature)理论中的某些最重要的思想突破。特别值得注意的是,叶斯柏森后来在《三论语音定律问题》一文中格外强调,在具体语言中,语音成分也具有语义区别功能,例如他指出"浊音性""鼻音性"等"语音成分"也和"音"一样,在有些语言中是"语言化"(glottic)成分,而在另一些语言中却并非如此,这类"语言化"语音成分的性质,跟音位完全同理。(1933 年自选集第 215 页;本书第 180 页)

2. 关于语音学的基本理论与应用

总体来看,《用非字母符号表示的语音发音》的影响力有限。毕竟,这只是一部纲要性的早期作。但可贵的是,书中的骨架经历近十年的逐步充实,形成了高度完善而成熟的普通语音学体系,也就是丹麦语版《语音学》及其衍生出的德语版《语音学教程》和《语音学的基本问题》等叶斯柏森的语音学代表作所揭示出的体系。

丹麦语版《语音学》是一部 600 余页的厚书,由"语音学的一般部分"和"语音学的具体部分"组成,前者探讨的是语音与文字的关系、语音的优劣评判标准、音标的性质及设计等宏观问题；后者探讨的是语音各个层面上的微观问题，按照从较小单位到较大单位的顺序，首先对发音器官和语音成分做了分析，随后将语音成分综合为辅音和元音，再之后研究语音的组合（包括音组、音节，也包括后世所说的"超音段成分"，如音长、重音、声调），最后是从整体话语出发而对具体语言的语音系统特征做的总结。"语音学的一般部分"（宏观部分）后来经过扩充改写，成为德语版《语音学的基本问题》；"语音学的具体部分"（微观部分）不仅改写成了德语版《语音学教程》，还充当了其他多部著作的框架，如《母语语音学》（*Modersmålets fonetik*，1906/1922）、《英语语音学》（*Engelsk fonetik*，1912）、《语音学入门》（*Elementarbuch der Phonetik*，1912）都是按照这一框架撰写的。

（1）语音学的宏观方面

本书收录了丹麦语版《语音学》的导论章，即**《语音学的对象与意义》**（Fonetik: Videnskabens Genstand og Betydning），因为与后来的德语版著作的导论章相比，这份导论的内容更为全面，除了对语音学这个学科本身的定义和界定之外，我们还可清晰地感受到语音学对语言史、诗学、外语教学、母语教学等领域的重要作用。而语音学可发挥用武之地的这些领域，尤其是实践领域，叶斯柏森写过许多专书专文进行论述，其中最有名的是《一些格律现象的心理基础》（Den psykologiske grund til nogle metriske fænomener，1900）这篇长文和《语言教学》（*Sprogundervisning*，1901）一书（关于语音教学的部分是全书中篇幅最长的一章，论述得非常详细）。这两部著作都有英语版，前者的英语增订版改名为《论格律》（Notes on Metre，1933），1933年自选集和百年纪念版选集都有收录；后者的英译本更名为《如何教外语》（*How to Teach a Foreign Language*，1904），不仅多次再版，而且还被日本学者前田太郎（1886—1921）译成了日语（《エスペルセン教授語学教授法新論》[叶斯柏森教授语言教学法新论],1913年初版、1941年修订版①),从而形成了在远东地区的影响。除此之外,叶斯柏森编写过多种带有音标注音的英语、法语入门教材,还为布吕尼尔德森《英语-丹挪语词典》(*Engelsk-dansk-norsk ordbog*,1902—1907)的全部英语词条做了注音。

本书从德语版《语音学的基础问题》中选取了《最好的发音》(Die Beste Aussprache)一章的第一部分以及《语音的系统化》(Systematisierung der Sprachlaute)一章全文,这两部分皆可表明,语音学对语音的研究并不止步于细致观测和精准记录,语言学框架下的语音学因而不同于生理学和物理学框架下的语音研究。

我们从《最好的发音》中看到,语音不是纯自然现象,正相反,语音和诸多社会因素之间存在密切联系。19世纪末、20世纪初,多个因素促使各国学者积极探讨如何为本国语言"正音"的问题。这些因素如:民族国家观念在这一时期得到加强,"标准音"成为国家层面上的语言政策的一部分;城市化、工业化及交通手段进步使人们离开家乡的机会增多,不同地区的人们之间需要"标准音"作为共同的交流途径;经济因素驱动人们努力进入社会上层,或者至少向上层靠拢,"标准音"成为身份的象征;更多儿童开始接受学校教育,"标准音"要充当学校教育中的标准。此时人们期待语言学家回答,什么样的语音才是标准的国语发音、全国通用的发音、代表较高社会地位的发音、学校应教给孩子们的发音?

虽然叶斯柏森对各类因素的考量反映的主要是欧洲(尤其是丹麦和德国)的状况,但我国显然也经历过这样的阶段,有过类似的思考。例如,

---

① 20世纪前半叶,叶斯柏森的语言学思想不仅在我国形成了重要影响,对日本语言学界的影响也十分突出,他的许多著作在出版伊始就有了日语译本。劳宁《日本语言学者关于普通语言学的著作及译著》一文(载《语言学资料》1965年第2/3期)提到了3部叶斯柏森著作日译本:《言語進歩論》(*Progress in Language with Special Reference to English*,新村出译,1901),《言語―その本質・発達及び起源》(*Language: Its Nature, Development and Origin*,市河三喜、神保格译,1927),《人類と言語》(*Mankind, Nation and Individual from a Linguistic Point of View*,须贝清一、真锅义雄译,1932)。

叶斯柏森纠正了把较古老的发音视为更好发音的看法，指出语言史因素不能充当衡量"最好的发音"的标尺（原书第 36 页；本书第 248 页），即并不是越古老的发音就越有理由充当标准音；关于这一点，我们自然会联想到 20 世纪初我国国语运动中"国音派"的主张：读音统一会 1913 年确定的国音标准中坚持国语声母要有尖团音之分，要有 /ŋ/、ɲ、v/ 这三个北京话里没有的声母，声调里要有入声（详见王璞《国音京音对照表》，1921），其实就是过度强调了语音层面上的"语言史因素"①。这一做法的直接后果就是使国语发音成了一种完全没有使用基础的"人造发音"，被反对者们嘲讽为"只有赵元任一个人会说"，最终走向失败也就不足为奇了。1923 年，教育部国语统一筹备会宣布采用北京音作为国语发音新标准，这一倾向于语言史因素的尝试也就正式宣告结束了。

再如，叶斯柏森提醒人们，"舞台语言"不能视为发音之模范（原书第 37 页；本书第 249 页）。我国戏曲研究家黄芝岗（1895—1971）对此似乎有不同看法，他在《太白》期刊 1935 年 3 月号发表的《送梅郎赴苏俄》一文中赞誉京剧语言："中国戏的台词……一言一动在民众的脑筋里留有深刻印象是不自今日开始的，虽不是现代语言，但一定拉北京话当现代语言，倒不如这走遍江湖的大书词对各地的民众有伟大的亲和力。"② 实际上，黄芝岗的看法既不是对古时发音的推崇，也不是主张将京剧舞台发音视为发音标准，而是折射出我国 30 年代的语言生态实况：虽然北京音此时已确立为国语语音标准十余年，但是学校教育远未普及，识字率仍很低，交通通信手段发挥的作用也尚且有限，这无疑使"标准音"的作用大打折扣，北京音即使在通行官话的各地尚显得陌生，在与官话互不相通的其他方言区就更是如此了。"国语"此时离事实上的通用语（lingua franca）地位仍有相当距离，因此直到历史进入 20 世纪后半叶时，"推广

---

① 国音派学者在这背后的心态是十分复杂的，参见黎锦熙《国语运动史纲》（商务印书馆，1934/2011）。

② 感谢以色列俄中关系史专家马克·甘萨（Mark Gamsa）教授提供了这一资料。

普通话"仍是一项繁重的任务。而对于 30 年代的广大中下层民众来说，如果有一种发音接近于事实上的"通用语"地位，让各地的人们都听得懂，京剧舞台上的发音无疑是有这样的群众基础的，虽然黄芝岗也承认，这样的语言并不是用于日常交际的"现代语言"。因此，这一论断只是文化感慨而已。如今，真正意义上的通用语（普通话）地位已非常牢固，让戏曲发音充当通用语音已没有必要；至于大多数影视节目，是舞台发音依照了标准音，而不是标准音依照了舞台发音，叶斯柏森的论断是正确的。

《语音的系统化》表明，语音研究并不止步于对语音原材料做些观测，如何为不同类型、不同性质的语音材料找到恰当的位置，从而构建起语音系统，是语音学家非常重要的任务。这之中最经典的一句话，莫过于"许多时候，法国人、德国人称之为次要'变体'的音，英国人却视之为类别典型，而反过来也是如此。这要取决于每种语言在多大程度上利用语音差别来区别语义"（原书第 104 页；本书第 257 页）。可见，什么是"音位"，什么是"音位变体"，叶斯柏森已十分清楚，在《语音学》《语音学教程》《历史原则下的现代英语语法·第 1 卷·语音与拼写》等以大量例证为特色的书中，他一直在贯彻后来被称为"语义区别""最小对立体"的那类语音区别原则。或许唯一的遗憾在于，叶斯柏森一直没有想过要引入一个全新术语来专门表示"具有语义区别功能的音"，直到琼斯、特鲁别茨柯依等学者相继开始强化"音位"（phoneme）这个术语时，他才认识到这一术语的重要性。于是，在《三论语音定律问题》一文里，他不仅对音位概念表示支持，而且指出了这一术语存在的不足之处。他还进一步指出，类似语音和音位那样的原则性区别，在语言其他层面上也存在，他因而提出了"语言化的"（glottic）这个形容词性术语，表示"某一具体语言用来或可以用来区别语义的那些东西"（1933 年自选集 214-215 页；本书第 180 页），使之跟"非语言化的"语言形式形成对比。他积极地把"音位"概念运用于自己的多部著作中：关于语音演化，他在《英语的单音节词》一文中指出，英语 [ŋ, v, ð, z] 这样的音，"较晚时才升至'音位'之尊位"

（百年纪念版选集第 624 页；本书第 456 页）；关于文字改革，他在为《拉丁字母的普遍采纳》(*L'adoption universelle des caractères latins*, 1934) 一书撰写的序言中指出，附加符号或二合字母对于使用拉丁字母的语言来说是不可避免的，这是因为"拉丁字母的字符过少……在几乎任何语言里都不足以把所有音位全部表现出来"（百年纪念版选集第 786 页）。

（2）语音学的微观方面

与《语音学的基本问题》同年出版的德语版《语音学教程》一书，无论从框架，从材料，还是从例证来看，无疑都是一部极富价值的教科书，因而才会前前后后出了 5 版，一度成为语音学领域的标准教科书。该书在技术层面的优点无需多言，书中丰富的例证让抽象道理变得深入浅出，故成为教科书之典范。不过，该书除了技术层面上的优点之外，在思想层面同样发挥过积极有益的影响，尤其是关于"外部决定"的语音特征和"内部决定"的语音特征之差别，以及关于"语音经济"的观点，对布拉格学派音系学理论的影响非常突出。因此，本书优中选精，收录了该书中的《音长》(Lautdauer)、《重音》(Druck)、《具体语言的语音体系》(Nationale Systematik) 这三章。

《音长》这章中，叶斯柏森对"外部决定"的语音特征和"内部决定"的语音特征进行了区分，并认为只有由内部条件决定的语音差别才能够造成语义区别（原书 1904 年第 1 版第 177 页，1920 年第 3 版第 182 页；本书第 278 页），这一思想是雅柯布森语音学-音系学二分法的来源依据之一。雅柯布森在《论捷克语诗歌——主要与俄语诗歌相比较》(*O чешском стихе, преимущественно в сопоставлении с русским*, 1922) 一书中指出，塞尔维亚语的声调区别属于"音系成分"(фонологический элемент)，"即叶斯柏森说的由内部条件引起"的现象，而俄语中同样的区别却"处于语法之外"(внеграмматический)，属于语音性(фонетический)成分，"即叶斯柏森说的由外部条件引起的现象"。(《雅柯布森选集》第 5

卷，第 21 页）纵览雅柯布森 60 余年的音系学研究生涯，这一区别无疑充当了整个雅柯布森音系学理论体系的支柱。

而《**重音**》这一章之所以重要，有两点原因。首先，"外部决定"的语音特征和"内部决定"的语音特征之区分在重音这一话题上再度得到了运用；其次，叶斯柏森对不同类型的重音做了细致的划分，如"传统重音""价值重音""统一体重音""节奏重音"等，这一划分在他分析具体语言的著作中贯彻始终。《现代英语语法》第 1 卷关于英语重音的一章，理论基础即在于此。他甚至还把同样的重音理论运用于国际人工辅助语的创造，他设计的"诺维亚语"（Novial），重音部分也是按照这样的原则设计的（可参见其《国际通用语》[*An International Language*, 1928] 一书语音部分关于重音的叙述）。各种类型的重音，在不同的具体语言中地位各异、作用各异，熟悉这些重音类型，对于正确理解某一语言的音系结构有很大帮助，这一点对于我们当今各语种的外语语音教学实践必然具有指导意义。

《语音学教程》一书的四个部分，大致沿袭了丹麦语版《语音学》中"语音学的具体部分"的格局，涵盖了关于语音器官和语音成分的"分析"（Analyse），关于成分如何构成辅音和元音的"综合"（Synthese），以及音组、同化、音长、音节、重音、声调等"组合之学问"（Kombinationslehre），最后（仅一章）是从整体话语出发，结合前三部分中提出的各种概念，对具体语言（以德语、法语和英语为例）的语音特征所做的总结，叶斯柏森称之为语音的"本国系统"（Nationale Systematik）。

本书把"本国系统"这部分中唯一的这一章收录进来时，依据其内容，将标题"本国系统"转译为《**具体语言的语音系统**》。叶斯柏森在论述这一话题时引入了"语音经济"（lautliche Ökonomie）这一概念。经济反映的是人们如何对资源进行最合理的分配与利用，同理，各种具体语言对物理-生理性质相同或相似的语音材料的利用方式各有千秋，每种语言在语音层面上的独有特质由此而形成。如叶斯柏森所述,"有些差异,在某些语言中发挥非常重要的作用,用来区分其他方面完全相同的词;而在另一些语言中要么不发挥任何作用,要么仅发挥微不足道的作用。"(第1版第243页,第3版第248页;本书第309页)马泰修斯后来在《论现代英语的音系系统》(On the Phonological System of Modern English)一文中对英语音系所做的功能视角下的分析,正是基于这一理论基础。由此出发,马泰修斯提出了语音的"身份层面"(aspect of identity)和"区别层面"(aspect of distinction)之区别,继而指出每种具体语言的音系系统中都包含"基本成分"(basic element)和"修饰成分"(modifying element),"基本音系成分可简称为音位(phoneme),它们是被赋予了功能值的语音"[①]。

需要说明的一个细节是,本书中的《音长》和《重音》译自《语音学教程》1920年德语第3版,之所以选择这一版本,是因为第3版的影响力最大,材料也丰富很多。但是,《具体语言的语音系统》译自1904年德语第1版,这是因为第1版里有些关于语音与"面相"(Physiognomie)之关系的提法,虽然笔墨不多,但是很有意思。这些叙述在后来的版本中消失了,或许是叶斯柏森认为"面相"因素更应当被归入生理学框架下的语音研究,而不是语言学框架下的语音研究。不过,这类因素对于语言学绝非毫无意义,比勒(Karl Bühler, 1879—1963)就曾在其著《语言理论》(*Sprachtheorie*, 1934)一书中详细论述过"相貌特征"在语音研究中的作用:"我身边的几十个人的说话声音,是我辨认出谁是谁的重要根据。也就是说,我们会关注词语声学图像中的相貌特征,并将其用于言语交往。"

[①] 马泰修斯的文章以英语撰写,原载于荷兰出版的《昔日弟子与同行友人献给约瑟·施莱纳博士教授先生六十华诞的论文集》[*Verzameling van opstellen, door oud-leerlingen en bevriende vakgenooten opgedragen aan Mgr. Prof. Dr. Jos. Schrijnen bij gelegenheid van zijn zestigsten verjaargad*, 1929];现已重印于《语音学与音系学早期经典著作选读》(清华大学出版社,2019)。

(1990年英译本第324页)事实上,比勒在该书中对相貌特征的论述和运用远不止于语音层面。雅柯布森和哈勒在《语言基础》(*Fundamentals of Language*,1956)一书中也提到,相貌标志(physiognomic indices)可揭示说话人的"性别、年龄、心理-生理类型",并且可使听话者"认出熟人"(原书第11页;《雅柯布森选集》第1卷470页)。随着20世纪70年代社会语言学的兴起,"相貌标志"揭示的这类附加信息的地位得到了增强;可见,雅柯布森和琳达·沃在《语言音形论》(*The Sound Shape of Language*,1979)一书中进一步对其加以强化自有其道理。正如琳达·沃在《雅柯布森俄语与斯拉夫语语法研究(1931—1981)》(*Roman Jakobson: Russian and Slavic Grammar Studies, 1931—1981*)一书的导言中所总结:语音特征除了对语义区别最关键的区别特征之外,还存在"用来加强和提升区别特征的羡余特征;用来使语素、词、短语等语法单位联合和/或分界的构型特征;用来透露说话人态度或表明所在的词的特殊地位的情绪-风格特征;以及以各种方式指明说话人身份的相貌特征"(1984年版,第xii页)。

(3)语音学的运用

如我们在《语音学的对象与定义》中所见,叶斯柏森不仅关注语音学的理论问题,而且关注语音学在实践中的用途。关于语音学的实践价值,**《语音学的用途是什么?》**(What Is the Use of Phonetics?)一文论述得最为集中。1908年,叶斯柏森受美国哥伦比亚大学邀请,于1909至1910年度秋季学期担任了该校客座教授,为哥伦比亚大学开设了语音学、语法学、英语历史句法三门课程,语音学课程的一篇题为《语音学的用途是什么?》的讲稿在该校《教育述评》(*Educational Review*)刊出,成为叶斯柏森最为世人所知的著作之一。作为以讲稿为基础而形成的文章,《语音学的用途是什么?》的叙述更加通俗易懂。而且非常重要的一点是,这篇文章是用英语撰写的,与德语、丹麦语的著作相比,显得格外"亲民",

故而知名度和引用率均很高。文章中涉及外语教学、母语教学、拼写改革等语音学可发挥重要作用的领域，至今仍具启示。

不仅如此，我们在这篇文章中还可读到叶斯柏森的科学观：科学研究不应以立竿见影的直接价值为考量标准，这一态度非常值得我们思索与学习。正如他多年后从哥本哈根大学教授岗位上退休时发表的《告别演说》中所重申："对那些认为语法是没什么价值的小把戏的人，我会回应道，生活由微小事物组成，重点在于以小见大。……研究者绝不应该总是质问自己的研究将会带来什么好处、能够带来什么好处，好处会在最料想不到之处自动呈现出来。"（百年纪念版选集第 844 页）

叶斯柏森在《语音学的用途是什么？》一文中曾提到，"我以后可能会有专门的机会，谈谈让小孩子通过读些简单易学的语音式拼写来识字的方法"（百年纪念版选集第 554 页；本书第 323 页）。不过对于丹麦语读者来说，叶斯柏森其实已经谈过了这个问题。他曾长期为丹麦出版的 19 卷本（第 2 版扩充至 26 卷）《萨尔蒙森百科全书》(*Salmonsens konversationsleksikon*) 撰稿，撰写了许多关于语言学的词条，本书特收录了 1901 年出版的第 1 版第 12 卷中的《识字方法》(Læsemetoder) 词条，作为关于这一问题的补充。我们会看到，对于丹麦语、英语这样的语音与拼写之间存在严重不一致的语言来说，语音法识字带来的优势是十分明显的。他后来还按音标法识字法编写了一本儿童识字教材，题为《按照音标法编写的 ABC 与初级识字读本》(*ABC og første læsebog efter Lydskriftmetoden*, 1908)。本文标题中的丹麦语动词 læse 与德语 lesen 同源，表示阅读。由于文中论述的是低龄学童的母语阅读，故按实际内容译作"识字方法"，而没有译成"阅读方法"。但是，文中有许多方面，对成年人的外语阅读教学也具有一定启示。

本书还收录了百年纪念版选集里的《威廉·汤姆生对鄂尔浑碑铭的破译》(Vilhelm Thomsen's Interpretation of the Orkhon Inscriptions) 一文，旨在让读者管窥语音学在考古学、民族学等领域可发挥作用的空间。我们在文中看到，语音普遍性规律多次在汤姆生的判断中起了关键作用，如音节组合规律、音组在词的不同位置上的出现频率等。值得一提的是，这篇文章的丹麦语原文（1894）刊载于丹麦著名的新闻及文化周刊《画刊》(*Illustreret tidende*)上，也就是说，这篇文章严格来说不是学术论文，而是一篇面向素人大众的报刊文章。如何才能深入浅出地把语言学的道理讲给公众听？叶斯柏森的这篇文章为我们树立了良好的典范。

3. 关于音义自然关系

一部关于叶斯柏森语音学思想的译文集，必须收录他对音义自然关系问题的专论；这是因为他对这一问题的见解不仅颇具特色，并且还不时被后世所误读。从31岁时出版的博士论文《英语格研究》，到81岁时的收山之作《语言变化中的效用》，他对这一话题的探讨从未间断过。叶斯柏森不是第一位以科学视角研究语音象征的语言学家，更不是最后一位，他关于语音象征的思考是对洪堡特、甲柏连孜的继承和发扬，又对萨丕尔、雅柯布森形成了影响。本书因而收录了《元音 i 的象征价值》(Symbolic Value of the Vowel i)一文，以及《语言论》中题为《语音象征》(Sound Symbolism) 的一章。

《元音 i 的象征价值》最初发表于牛津语文学会1921年新创刊的《语文学集——比较语文学学报》(*Philologica: Journal of Comparative Philology*) 首卷，后经过扩充与调整，收于叶斯柏森1933年版自选《语言学文集》，本书中的译文由百年纪念版《叶斯柏森选集》里重印的1933年版本译出。《语音象征》是《语言论》的第20章，位于该书第四编"语言的发展"话题下，还曾被缩短为一篇丹麦语文章，标题仍是《语音象征》(Lydsymbolik)，载于瑞典刊物《北欧科学、人文与工业学报》(*Nordisk tidskrift för vetenskap, konst och industri*)，本书中的译文由《语言论》伦敦1922年版（1954年重印本）译出。

自从索绪尔把"任意性"（arbitrariness）定义为语言符号的本质特征

之一以来，强调音与义之间自然关系的"语音象征"话题常显得较为边缘。《普通语言学教程》把这种自然关系局限于拟声词、感叹词等非主流词汇现象。但与索绪尔同代的叶斯柏森却在诸多著作中指出，音义之间的非任意性在更主流的词汇中亦有一定的存在空间，《元音 i 的象征价值》和《语音象征》都属于这类著作。

《元音 i 的象征价值》和《语音象征》的说服力，很大程度在于叶斯柏森精心收集的海量实例。前者以小见大，后者系统而完整；前者中的实例让我们直观地看到，/i/ 经常现身于表示"小"的形容词或名词，以及表示"精巧、明快、快速"等意义的词或词缀，与之反义的词或词缀，常带有 /u/、/o/、/a/ 等元音，与 /i/ 的音效截然相反。后者则涵盖了更多具有象征性的语音结构，不局限于单个的音，还包括一些音组及语音结构，如经常表示负面心理效应的词首辅音组 gl- 和 gr-，体现出迅速之感的"短元音 + 塞音"结构，等等。除了列举这类语音结构之外，他还分析了语音象征的成因，设想了语音象征带来的启示。《元音 i 的象征价值》和《语音象征》里的实例涉及几十种语言，有理有据地向我们表明了何为归纳、何为臆想。如果说《元音 i 的象征价值》中的例子主要来自印欧语系语言，尤其是各种罗曼语和日耳曼语，那么《语音象征》中的例子涉及的语种则遍布印欧、乌拉尔、亚非（闪含）、南岛等语系。支持语音象征的例子不仅数量庞大，而且来源多元，这就很难让人固执地认为这样的音义关系仅仅是巧合而已。

然而，如果因此断定叶斯柏森支持"语音和语义之间存在必然联系"的错误理论，就严重误解了叶斯柏森的本意。《元音 i 的象征价值》对此问题表述得非常清楚；叶斯柏森已澄清："其一，我既不想说元音 [i] 永远暗示'小'，也不想说'小'永远由 [i] 来体现；没有任何一种语言在这个问题上是始终一致的，……其二，我并不是在为所列的这些词讲来历、讲词源；我的意思不是说，这些词最初的词源就是某种想要以象征方式表达细小事物的欲望。"（百年纪念版选集第 559 页；本书第 341 页）《语音象征》里也强调,"没有哪种语言会把语音象征用至极致,反而有许多词对象征惘然,甚至与象征相冲突"(《语言论》第406页;本书第391页)。可见,叶斯柏森列出这些语音象征之例,目的并不是要否定语言符号的任意性;他只是想指出许多语言中都客观存在这样的语言事实而已。

  例如,叶斯柏森在《语音象征》中援引了"在相对应的代词和副词里,元音 i 常指较近的,而其他元音,尤其是 a 和 u,指较远的"这一提法。这里,我们先要弄清"其他元音"的情况:从他所举的例子来看,o 无疑应当与 a 和 u 划为一组。而 e 呈现出兼类,与 a 对比时与 i 归入一类,如匈牙利语 ez /ɛz/(这)和 az /ɒz/(那);与 i 对比时归入 a、u 那一类,如英语 here /hɪə/(这里)和 there /ðɛə/(那里)。这样看来,他所举的例子全部支持了这样的近指-远指关系。

  不过,他虽然认可近指词和远指词之间的这一语音象征关系,但却并未认定这样的关系永远成立。我们举些他未提到的语言和方言的例子,就会发现符合这一情况和不符合这一情况的例子都存在:粤语的"呢"/ni/(这)和"嗰"/ko/(那)符合这一情况;闽南语的远指代词"彼"/hitˋ/(那)的元音却刚好与这一情况相反;而胶辽官话的"这"/tɕie⁵²/ 和"乜"/nie⁵²/(那)韵母完全相同,连声调都完全相同,故无法反映这一情况①。泰语的近指代词、远指代词、更远指代词分别是 นี้ /niː/、นั่น /nan/、นู่น /nuːn/(或 โน่น /noːn/),与这一情况非常吻合;而日语的近指代词"これ"/kore/、中指代词"それ"/sore/、远指代词"あれ"/are/ 里,却完全看不出这样的规则。与泰语同源的壮语,从表面来看,neix /nei/(这)的双元音不像其泰语同源词里的 /iː/ 那么符合语音象征价值,但是跟 haenx /haːn/(那)相对比,这个 /ei/ 尚可划入 i 类。缅甸语ဤ(这)的发音恰好就是 /i/,与ဪ /tʰo/(那)的对比同样符合叶斯柏森所述的情况,而从我们

---

① 胶辽官话方言用字从罗福腾《牟平方言词典》(江苏教育出版社,1997,即李荣主编 41 卷本《现代汉语方言大词典》胶辽官话分卷),注音依据本人观测记录的今大连城区老派发音。

前面总结的 e 的兼类情况来看，与缅甸语同源的藏语中，འདི /ti/（这）和དེ /te/（那）的对比也可以算进来（情况与英语 here 和 there 非常相似）[①]。综上可见，叶斯柏森没有强调错，是"有的词里面存在着类似语音象征的因素"（原书第 397 页；本书第 374 页；着重是原作者所加），而不是所有词皆如此；这样的元音关系经常出现，但不是必然出现。

叶斯柏森还提到了语音象征在词的语音演化过程中的动态性：一方面，"表现出象征性的词，可因历史发展而不再表现出象征性"（《语言论》第 406 页，本书第 391 页）；另一方面，"有些词在历史发展中变得比起初更具表达力了"（《语言论》第 406 页，本书第 392 页）。这一点我们也可举出我们身边的例子："模棱两可"这个成语，第二个音节（字）虽然在《现代汉语词典》和《现代汉语规范词典》中都注为 léng，但如今许多人都把它念成 líng（电脑上有些汉字输入法允许按照 líng 输入，可见平时"读错"的人一定非常多），这之中是否存在理由？我们不妨依据叶斯柏森的看法大胆猜想（或许这样的猜想不可避免地带有一定主观性），这很可能是因为 /i/ 更能突出棱角分明的感觉，与圆润的 /o/ 之间形成了鲜明的音效反差，这一反差比 /o/ 和 /ɤ/ 之间的反差更剧烈，再加上字形类推，故而让 /i/ 音在此处更易生存。

语音演化及词汇演化过程中发挥影响的不仅有语言内因素，还有许多语言外（extralinguistic）因素。（这种语言外因素，叶斯柏森曾在《论语音定律问题》一文中论述法语 grève 一词的语义演变时用到过。）虽然叶斯柏森所举的许多例子中，都能见到某一语音形式因符合语音象征而得以保存的情况，但是语音象征因素未必总能推翻语言外因素所施加的影响。此处我们还可以举出一个汉语例子：许多汉语方言中，同义词"墙"和"壁"有风格上的分工，如北京话"墙"偏口语，"壁"偏书面语。但在大

[①] 上述泰语例词见于裴晓睿、薄文泽《泰语语法》（北京大学出版社，2017），第 69 页；壮语例词见于韦景云、覃晓航《壮语通论》（中央民族大学出版社，2006），第 189 页；缅甸语例词见于汪大年、杨国影《实用缅甸语语法》（北京大学出版社，2016），第 43 页；藏语例词见于格桑居冕、格桑央京《实用藏文文法教程》（四川民族出版社，2004），第 235 页。

连话（胶辽官话）中，"墙"和"壁"在口语中皆有，"壁子"指室内的薄墙（"壁"是古入声字，大连话里读上声，这一音变过程类似叶斯柏森在《现代英语语法》第 1 卷中所说的"补偿性延长"①）。20 世纪 80 年代城市住房紧缺时，常听到有人在家中"间起一道壁子"（即砌上一道薄墙做分隔）让住房勉强充当三代居。语音层面上，"壁子"与较厚的"墙"形成对比，i 的象征价值在前者中显现得很突出②。但是，"壁子"一词近年来已很少在本地年轻人的口语中出现，导致这一变化的直接原因其实是语言外因素：一方面，住房条件的改善使人们不再像以前那么关注"壁子"；另一方面，新世纪以来讲东北话的人口大规模移居大连，大连话在东北话和普通话的两面夹击下，许多有特色的本土词汇的使用频率在急剧下降，"壁子"只是其中一例而已。这种词汇层面上"方言均一化"（dialect leveling）现象，在各大城市的本地方言变迁中都不少见，绝非孤例。可见，语言生态变化中，符合语音象征的词未必能总够凭借"选择过程"（selective process）的青睐而获得绝对的生存优势。

叶斯柏森没有打算夸大语音象征的地位和作用，但是在语言符号的任意性已成为公理的时代，若要让人们注意到语音象征的存在，就必须在著作中加大话语声量，这难免被误解为对这一理论本身的夸大。或许《语音象征》中的这句话最为中肯："总的来说，我觉得人们从某个词里'听到

---

① 补偿性延长（compensatory lengthening，叶斯柏森称 compensation-lengthening）指"短元音 + 辅音"的组合中，辅音若消失，元音常由短音变为长音，填补了辅音留下的时间空位。英语语音史中这一现象主要见于辅音 /ç, x, r/ 消失之后，其前面的元音的延长，如 light /liçt/ > /liːt/ > /lait/，bought /bɔxt/ > /bɔːt/ 以及英国英语 bar /bɑr/ > /bɑː/。（见《现代英语语法·第 1 卷·语音与拼写》第 10 章。）与之具有可比性的是，大连话有大量与普通话不同调的上声字（调值同北京话的 214，发音过程较长），皆与古入声字存在对应关系。古 -p 尾字如"插""汁""涩""入""接"等，古 -t 尾字如"一""七""八""出""得""发""缺"等，古 -k 尾字如"叔""色""福"等，这些字在大连话里（以及许多其他地区的胶辽官话方言里）今均为上声。

② 罗福腾《牟平方言词典》里的"壁子"词条格外强调了"室内"和"薄"这两个最关键的义素："房间与房间之间的墙壁，比房子四周的墙壁要薄。"（第 12 页）

的'大部分东西,似乎都属臆想,这些东西很容易让探究语音象征之实质的合理尝试遭到贬低。"(原书第 410 页注;本书第 398 页)

至于《元音 i 的象征价值》一文本身的价值,还可以从罗曼语研究界对它的反馈中看出。虽然这是篇着眼于语音普遍现象的文章,但文中关于拉丁语以及西、意、法、葡等现代罗曼语言的丰富而细致的例子,引起了罗曼语研究界的关注。奥地利罗曼语学家列奥·施皮策(Leo Spitzer, 1887—1960)将这篇文章收入了他主编的《罗曼语言学精品集》(*Meisterwerke der romanischen Sprachwissenschaft*, 1929)的第 1 卷。

有趣的是,语音象征理论有时在为其他学科领域充当"他山之石"。在意大利威尼托大区科学院(Istituto Veneto di Scienze, Lettere ed Arti)2005 年出版的《动物名称》(*Animal Names*)一书中,有美国民族生物学家(ethnobiologist)布兰特·伯林(Brendt Berlin)撰写的一篇题为《"又是一则鱼的故事?"——鱼类名称中的体长象征特征》("Just Another Fish Story?" Size-Symbolic Properties of Fish Names)的文章。文中引述了叶斯柏森的《元音 i 的象征价值》,并指出"该文中讨论的数据虽带轶闻性,但却具有高度启示性"(第 11 页)。伯林利用鱼类数据库(FishBase)中的资源进行了关于鱼类名称的语音象征研究。该数据库涵盖全球 2.84 万个鱼类物种在 428 种语言中的 18.74 万个名称,伯林从中抽取了马来语的部分,对鱼类体长和其名称中的元音性质之间的关系做了统计(依体长最小值和体长最大值分别做统计)。他的统计显示,名称中带有元音 [i] 的鱼,体长最小值在 25 厘米以下的有 53 种,体长最小值在 60 厘米以上的仅有 26 种;与之相比,名称中带有 [e]、[a]、[o] 或 [u] 的鱼,体长在 25 厘米以下的有 153 种,体长在 60 厘米以上的却达 233 种。他对体长最大值的统计也显示出了类似的比例。这几组数据中涉及的鱼类名称已接近 500 个,在他所选取的 616 个马来语鱼类名称中所占比重极高(他排除了数据库中的复合词形式的鱼类名称)。伯林因而指出,此研究中"元音性质和物种体长之间呈现高度关联"(第 18 页),并且特别提醒读者,关于体长最小值和体长最大值的统计中，p 值分别为 0.0001 和 0.03，偶发性因素发挥作用的空间极小（同上）。这类来自其他学科的统计和研究或可从另一个角度表明，语音象征的作用虽然不应夸大，但绝不是纯主观臆断的产物，与缺乏科学依据的浅薄看法（dilettanti）有本质区别。

（三）叶斯柏森论英语语音

除了关于普通语音学的著述之外，叶斯柏森也经常论述具体语言的语音。例如前面提到过，关于丹麦语，他就专门撰写过《母语语音学》一书，该书采取与《语音学教程》类似的框架，从"语音成分"（yddele）、"单音"（enkeltlyd）、"语音组合"（lydföjning）三个方面分析了丹麦语的语音，是叶斯柏森的普通语音学观在丹麦语语音研究中的全方位运用。

而叶斯柏森关于具体语言语音系统的论述中最知名的著作，当属 7 卷本《现代英语语法》第 1 卷《语音与拼写》（*Sounds and Spellings*，1909）。《现代英语语法》全名是《历史原则下的现代英语语法》（*A Modern English Grammar on Historical Principles*），即"依照历史原则编写的现代英语语法书"。这个标题呼应的是《牛津英语词典》初版所采用的名称——《依照历史原则编写的新英语词典》（*A New English Dictionary on Historical Principles*）。叶斯柏森撰写语法书的思路与默里编写词典的思路相同，不仅要展示语言形式的现状，而且要揭示出语言形式的演变路径。对于这样一部语法书的语音部分来说，很重要的目的就是要展示出"英语音变史"（history of English sound-change）。

本书收录了该书的第 1 章《绪论》（Introduction）和第 8 章《元音大转移》（The Great Vowel Shift）。

作为全卷的首章，《语音与拼写·绪论》解答了关于语音史研究的诸多基本问题，例如，今天的研究者如何得知历史上的发音？我们见到叶斯柏森列出了 16 世纪至 19 世纪出版的 60 余种语法著作，这些著作是今人了解历史发音的重要依据。他当然没有忘记提醒我们这之中的风险："旧时的作者,大多数几乎完全不懂语音学,很容易误把字母当作发音。……模糊且具误导性的表达在他们的著作中随处可见。"(原书第 10 页;本书第 418-419 页)此外,《绪论》也让我们看到了叶斯柏森所处的研究背景,即 19 世纪中后期的英语研究著作所构筑的语境,尤其是埃利斯的 5 卷本《论早期英语的语音》和斯威特的单卷本《英语语音史》形成的影响。这些著作中的优点与缺点,无疑都充当了《语音与拼写》乃至整部《现代英语语法》的推动力。

除了《绪论》之外,本书还选入了该书的第 8 章《元音大转移》,原因显而易见,因为"元音大转移"这个名称是叶斯柏森提出并予以详细论证的,当今出版的各种英语史著作,论述这一问题时常向叶斯柏森致敬。像"拼写在大转移之前就已固定下来,这就成了英语拼写和语音不一致的主要原因之一","如此大规模的变化当然不可能在一朝一夕内完成,必定是以无法察觉的脚步逐渐发生的","第一步是 /iˑ/ 和 /uˑ/ 的双元音化"这些观点,如今已成为人们的共识;而通过叶斯柏森的原著来审视这之中的推理论证过程,可加深我们对许多问题的认识。

本书收录了叶斯柏森在《英语研究》(*Englische Studien*)上发表的《**Nightingale** 等词中的鼻音》(The Nasal in *Nightingale*, etc., 1902)一文。这也是一篇知名度颇高的文章。该文由一个具体实例出发,旨在澄清对语音变化的某些误解。古英语 nihtegala(夜莺)一词转变为中古英语的 nihtingale,多出的鼻音 -n- 从何而来呢?叶斯柏森让我们看到,这个例子并不是孤例,闯入的鼻音实为语音生理过程之结果。这样的增音不仅存在于 [g] 之前,也存在于 [dʒ] 之前;不仅存在于英语中,也存在于别的语言中(如荷兰语的某些方言)。这篇文章篇幅虽短,却让我们清楚地看到了研究语音变化时的一条重要准则——语音变化具有系统性:如果仅把某一变化当作孤例,就难免出现各种牵强附会式的解读;与之相反,如果能够找到一定数量的同类的例子,那么例子背后隐藏的规则性也就渐渐显露出来了。因此,本文从另一个角度证实,观察和积累对语音研究来说是非常重要的。

与《Nightingale 等词中的鼻音》以小见大的风格不同，本书收录的另一篇叶斯柏森论英语语音的论文《英语的单音节词》（Monosyllabism in English）篇幅很长，覆盖面很广。1928 年 11 月 6 日，叶斯柏森登上英国最高学术机构之一英国国家学术院（British Academy）的"两年一度英语语文学讲座"讲坛，宣读的就是这篇论文，文章后收录于 1933 年自选集以及百年纪念版《叶斯柏森选集》。现代英语单音节词数量庞大，叶斯柏森依然是依照"历史原则"，对这一现象的由来与影响做了精妙的分析，指出英语"单音节化趋势虽然很强，但……歧义之风险并不十分显著"（百年纪念版选集第 641 页；本书第 479 页），尤其当单音节词位于句子之中，形成"电影式理解"时，语法因素和语义因素所构筑的语境足以使单音节同音词得到区分。对我国读者来说，文中非常具有吸引力的是作者对英语单音节词和汉语单音节词所做的对比，我们会看到，这两种语言的单音节词从形成过程到语义区别机制都有本质不同。

（四）叶斯柏森论语音学史

在语言学的诸多分支领域，叶斯柏森不仅是理论家、实践家，也扮演了学科历史研究者的角色。他的语言学史著作，包括他通过研读文献而为肯佩伦、拉斯克等旧时学者撰写的专文或专著，也包括他通过亲身经历而撰写的关于汤姆生、维尔纳等师长的回忆性文章；他的《语言论》一书的第一编，其实是份近百页的西方语言学简史，即使独立成书也不为过，尤其是关于 19 世纪语言学史的部分（占第一编的七成篇幅），既翔实又不失精炼，具有很高的参考价值；除此之外，他还为《萨尔蒙森百科全书》撰写了 20 多个关于古今语言学家的词条，覆盖了语音学、历史语言学、拼写改革、国际人工辅助语创制等众多领域。

丹麦语版《语音学》的第 2 章，题为"语音学史"（Fonetikkens historie），共 47 页，后译成德语分三期连载于德国《新语言》（Die *neueren Sprachen*）学刊，题为《论语音学的历史》（Zur Geschichte der Phonetik，1905—1906），上篇论述文艺复兴至 18 世纪末的语音研究，中篇论述 19 世纪中前期的语音研究，下篇论述 1876 年以来的"当代"语音学，内容非常丰富。本书"论语音学史"部分的三篇《论语音学的历史》由《新语言》上连载的德语版本译出。

叶斯柏森详述的这些语音学家，大多数并不为我国读者所熟悉；这份著作刚好提供了一扇窗，可让我们对语音学的发展历程有新的了解。如叶斯柏森本人所言，这份"语音学史"并不是语音学的完整历史，而只是对历史上部分杰出语音学家的刻画。从他对这些人物的研究中，我们看到了语音学的多元源头。古时本无专门的语音学，却有不同背景的思想者因本行业的需求而对语音现象做了深度思考，如聋哑教师、自然科学爱好者、哲人、发明家，乃至 19 世纪以语音为研究对象的物理学家和生理学家，当然更要提到各个时期、各个国家的拼写改革倡导者。如此多元的背景恰到好处地呼应了《语音学的对象与意义》中对语音学的广泛应用前景的畅想。而熟悉 20 世纪前期语音学与音系学发展历程的读者会从《论语音学的历史》中发现，叶斯柏森实为世纪初的重要一环：以普通语音学研究见长的英国学者和以具体语言及方言的语音研究见长的北欧学者，在 19 世纪的最后几十年间共同构筑了语音学领域的"英国－北欧学派"，并支持了济弗斯等德国学者由语音生理学到普通语音学的转向，叶斯柏森的语音学思想恰是在北欧传统、英国传统、德国传统的共同影响下成熟起来的。开阔的眼界使他成功吸收了各家之所长，因此他后来又继续对布拉格学派产生了积极影响，也就不在意料之外了。

二、本书的选材原则

为叶斯柏森这位多产的学者编写单卷本选集，首先遇到的难点就是选材问题，他的著作太多，本书必然要对材料做出取舍。那么，如何做取舍呢？本书在尽量兼顾文献价值和实用价值的基本原则下，对实用价值略有倾斜。因此，出于对本书读者群的考量，有些原本很重要的文献，很遗憾未能收录于书中。

例如，关于语音演化，叶斯柏森的《斯特德与乐重音》(Stød og musikalsk akcent，1897) 和《丹麦语斯特德与原始北欧语的词中省音》(Det danske stød og urnordisk synkope，1913) 这两篇文章，堪称北欧语语音史领域的经典著作。

所谓"斯特德"，指丹麦语特有的一种超音段特征，这一特征发生于重读音节，使该音节紧喉化（laryngealization），呈现出"嘎裂声"（creaky voice），stød 一词在丹麦语中的本义是"颠簸、抖动"。[①] 从叶斯柏森所收集的例子中我们看到，斯特德是丹麦语中具有词义区别功能的成分，例如，带有斯特德的 mand [man']（男人）区别于不带斯特德的同源词 man [man]（人们），带有斯特德的 hund [hun']（狗）区别于不带斯特德的非同源词 hun [hun]（她）；有时还可用于区别屈折形式或词性，如带有斯特德的 kom [kɔm']（来，过去时）区别于不带斯特德的 kom [kɔm]（来，命令式），带有斯特德的 tal [taʔl]（说，动词命令式）区别于不带斯特德的 tal [tal]（话，名词）。这两篇文章中，叶斯柏森正确地指出了丹麦语的斯特德与挪威语、瑞典语的乐重音（简易声调）之间存在的对应关系，故而对北欧语语音演化研究有独特的价值。但是，由于这类材料在我国读者中的需求并不大，所以编者不得不暂时将这两篇文章排除在了本书的选材范围之外。

有几份关于英语语音演化的高质量著作，由于篇幅、读者群、著作性质等问题，也未能收录于本书中。例如，《英语格研究》一书中原本有个 48 页长的第 3 章，题为"变格中的清浊条件"（Stemmeforhold i

---

① 这个术语的译法，本书从特拉斯克《语音学与音系学词典》中译本（语文出版社，2000），音译为"斯特德"。

deklinationen），系统论述了 [v, ð, z] 这三个浊擦音如何由变体上升至音位地位，以及这一语音变化过程与词法之间的相互关系。① 但是，这份基于中古英语文本的冗长而细致的论证，很可能也不是当今读者的关注点。情况与之类似的还有《约翰·哈特的英语发音》（*John Hart's Pronunciation of English*，1907）一书，该书对于英语史和语言学史来说都是份言之有物的研究，更是《现代英语语法·第 1 卷·语音与拼写》中关于 16 世纪英语发音的重要前期成果，此书的连贯性很强，因此不太容易从中截取某一部分收入本书。好在书中 53 页长的词表，无需翻译即可使用。

丹麦语语音学领域有些重要著作，也是因类似理由而未收录于本书中，如前面提到过的《丹麦音标》（1890）一文，主要为丹麦语方言描写而设计，似乎也不在我国读者的主要关注范围内。

关于普通语音学，这里还应提到叶斯柏森和裴得生合著的《语音标注与语音转写——来自 1925 年 4 月哥本哈根会议的若干建议》（*Phonetic Transcription and Transliteration: Proposals of the Copenhagen Conference, April 1925*，1926）一书。② 1925 年 4 月，叶斯柏森邀请了来自 8 个国家的 12 位从事语音学或历史音系学的学者在哥本哈根会晤，商讨如何才能形成一套更加充实而科学的语音书写体系。会议上的讨论最终成为一份对国际音标进行调整完善的方案，作为提案提交给了国际语音学会（时任国际语音学会秘书长的丹尼尔·琼斯也在上述 12 人之内），报告次年由牛津大学出版社以英、德、法三种文字分别出版，即《语音标注与语音转写》一书。报告中建议的国际音标新符号，有许多源于叶斯柏森的"丹麦音标"。虽然有少量符号后来确实被国际音标所吸纳（如卷舌音系列 [ṭ, ḍ,

---

① 这一章没有收进英语版的《从英语看语言的发展》，但是后来译成英语收进了 1933 年版自选集，标题改为《英语的浊擦音和清擦音》（Voiced and Voiceless Fricatives in English）。百年纪念版选集亦有收录。

② 除了最后一节"非拉丁字母文字的转写"由裴得生所写之外，其余 28 节都是叶斯柏森所写。

ŋ，l̩，s̩，z̩] 等），但是整个报告本身并没能在国际语音学会委员会的表决中通过。因此，该书虽然是重要的历史文献，但是未必适合当今多数读者的需求，书中的建议大多没有被采纳，有些甚至可能误导今天的读者。本书故而未将这一著作收录进来。

本书同样没有收录《论格律》。这篇出色的长文里，叶斯柏森把关于重音和音长的新见解引入了诗歌格律分析中，如重音的四个等级、心理因素对音长的影响等，使英诗中的一些通常被视为"反常"的音步得到了合理的解释。叶斯柏森对英国文学的论述并不只有《论格律》。他曾用丹麦语撰写过一部题为《乔叟的生平与诗歌》（*Chaucers liv og digtning*，1893）的短篇幅专著，还在《画刊》上发表过《马洛和他的浮士德博士》（*Marlowe og hans Dr Faustus*，1922）一文，再加上他为各国学者们研究乔叟、莎士比亚、丁尼生、布朗宁等古今诗人的著作撰写的诸多书评，未来完全可以对他的英诗类著作另做整理与翻译。

三、本书中的音标及其他体例说明

本书沿用叶斯柏森原著中的音标注音，未做改动。叶斯柏森多数时候使用国际音标注音，但需注意其中有几处与今天的国际音标有明显不同：

（1）齿间清擦音：即英语 thin（瘦）、thing（事情）的首音，通用的符号是希腊字母 [θ]，但叶斯柏森始终将其写成与之等值的北欧鲁纳字母 [þ]（这个字母在古英语中曾经大量使用，冰岛语使用至今）。不过《语音标注与语音转写》中并未建议把 [θ] 改为 [þ]，或许是因为这份文献是集体决议的结果，其他与会者并不赞同做此修改。但是书中（第 23 页）确实提到，[θ] 和 [ð] 这组清浊对立的擦音，一个用希腊字母表示，另一个用北欧字母表示似乎并不妥当（ð 和 þ 一样，曾广泛用于古英语，且冰岛语使用至今），并且 [θ] 字形上很容易和元音 [ø] 混淆。这解释了他为何将二者统一为北欧字母 [þ, ð]，而不是希腊字母 [θ, ð]。

（2）长音：通用的符号是 [ː]，但叶斯柏森将其注为 [·]，须特别注意，在叶斯柏森的著作中，这个符号绝不是"半长音"。他在《语音学教程》的"音长"一章里解释了这之中的理由：加一点表示长音，横向加两点表示超长音，"依情况需要，可加更多的点"（见本书第 273 页）；至于半长音，在他的体系里用位置偏低的点来表示。

（3）符号 / / 和 [ ]：我们今天写国际音标时，双斜线和方括号的分工是非常明确的，双斜线内是音位标写，方括号内是更精确的描写。例如英语 rattle（咔嚓作响）一词，按音位注音是 /ˈrætl/，而必要时可将音位以外的更多语音特征标注出来，例如，如果把这个词注为 [ˈɾæɻ] 是在强调：此处的 /r/ 是通音 [ɹ]（approximant），不是颤音；此处的 /t/ 夹在两个响音之间已闪音化（见于美国英语），成了 [ɾ]；而 /l/ 带有两个附加符号，中部的波浪线表示腭化（即通常所说的"暗音"1），下方竖线表示"音节化"（成节辅音）。叶斯柏森的时代，双斜线和方括号尚未形成如此系统化的分工，因此在他的著作中，音标多数时候都是放在方括号内的。《现代英语语法》中，他用双斜线表示历史上的发音，方括号表示今天的发音。关于他做的这些标注，本书均遵从原文，未做改动。

本书收录的著作，分别从英语、德语、丹麦语翻译而来，因此夹注中出现的原文术语也存在语种差别，叶斯柏森有时还会在著作中直接引用其他学者以法语、拉丁语等语言撰写的著作的原文，此时夹注中就会出现这些语言的术语。本书没有把这些术语统一为某一种语言，而是保留了原貌，必要时加注"[德]""[法]"等字样。夹注中的术语除特殊情况之外，无论源于何语种，原则上统一为主格单数。

叶斯柏森所处年代的正字法与今天相比略有差异，如德语 ß 和 ss 的书写规则与今天不完全相同；丹麦语尚有 ø 和 ö 的分工；即使是英语，亦存在与今天的拼写不尽相同之处。本书中的例词、例句及夹注中的术语若遇此情况，原则上保持原文的写法，未加以统一。本书只对一个这样的问题做了集中改动：就是德语名词的词首大写问题。叶斯柏森和这一时期的许多拼写改革倡导者一样，主张取消德语和丹麦语的名词首字母大写规则，如今，该规则在丹麦语中已废弃，在德语中却保留至今。因此，本书收录的著作，如果德语原文是按废除名词词首大写的方式排印的，译文里夹注术语时按今天的大小写习惯做了调整。

为方便读者阅读，本书对原文中少量过长的段落进行了重新分段，一些夹在行文中不够醒目的例句也被单独拿了出来，放在了一目了然的位置上。

四、小结

叶斯柏森并不刻意区分共时研究与历时研究，我们或许以为三篇《论语音定律问题》揭示的只是语音演化的路径，然而却从中意外地看到了语义因素在其语音演化观中的重要地位，看到了这一话题的论证焦点渐渐转移到了语音学与音系学的关系、音位的理论意义、语言化成分与非语言化成分的对立关系上。可以不夸张地认为，叶斯柏森在语音研究领域扮演了雅努斯（Janus）之角色，是 19 世纪之总结，也是 20 世纪之展望。叶斯柏森同样也不主张拆散普通语音学研究与具体语言的语音学研究。《英语格研究》无疑是对具体语言的研究，却引申出关于语言起源与演化的普遍规律的思考，从而形成了《语言论》的理论基础。而《现代英语语法》第 1 卷，也正是他的普通语言学理论成熟后在具体语言中的成功实践。

任何科学思想都不是一蹴而就的，叶斯柏森的普通语音学思想的发展历程，或许最能代表这种不断完善的成长轨迹。1884 年，24 岁的叶斯柏森第一次在语文历史学会发言，题目是《论音标——特别是伦代尔的〈方言字母〉和贝尔的〈可视言语〉》，我们相信当时的发言一定很精彩，只可惜《语文历史学会工作简报》按惯例只收录了发言摘要。不过这遗憾只是暂时的，他 29 岁时，已通过专著《用非字母符号表示的语音发音》向世人系统展示了 5 年以来的构想。用他在该书序言中的话说，这份提纲式的著作是在"向职业语音学家建议老问题的新解决方法",无法用作入门书。但是历经了十年的积淀后,39岁的叶斯柏森终于完整出版了那本厚重的丹麦语版《语音学》,"供初学者使用的全面论述语音学的书"由心愿变成了现实。再到面向国际读者的《语音学的基本问题》和《语音学教程》问世时,叶斯柏森44岁,回望这20年,他的普通语音学思想由构想到骨架,由骨架再到完善而成熟的体系,经历的充实过程恰如他《论语音定律问题》中的一句话:"巨大的洪流,正是方向各异的无数细流汇聚之结果。"仅此20年磨一剑的过程本身,就已是我们治学的典范。这样的学术积淀,必然可为后世带来巨大的精神财富。

愿这部选集能够提供一扇窗,让我们重新发现叶斯柏森在语音研究领域的巨大贡献,也对他所生活的年代的人文科学研究背景有新的认识。

曲长亮

2020年4月

附:本书选文的版本信息

1. Origin of Language: Sound. *Progress in language: With Special Reference to English*. London: Swan Sonnenschein, 1894, pp. 338–345.
2. Zur Lautgesetzfrage. *Internationale Zeitschrift für Allgemeine Sprachwissenschaft* 3 (1), 1886, pp. 188–216.
3. Zur Lautgesetzfrage: Nachtrag. *Phonetische Grundfragen*. Leipzig: Teubner, 1904, pp. 171–182.
4. Zur Lautgesetzfrage: Letzte Worte. *Linguistica: Selecected Papers in English, French and German*. London: George Allen & Unwin Ltd., 1933, pp. 205–228.
5. Om lydskrift, særlig Lundells "Landsmåls alfabet" og Bells "Visible Speech". *Kort udsigt over det philologisk-historiske samfunds virksomhed*, 1882–1884, pp. 49–51.
6. *The Articulations of Speech Sounds Represented by Means of Analphabetic Symbols*. Marburg, 1889. (Excerpts)
7. Videnskabens Genstand og Betydning. *Fonetik: en systematisk fremstilling af læren*

om sproglyd. København: Schubothe, 1899, pp. 3-15.
8. Die beste Aussprache. *Phonetische Grundfragen*. Leipzig: Teubner, 1904, pp. 32-44.
9. Systematisierung der Sprachlaute. *Phonetische Grundfragen*. Leipzig: Teubner, 1904, pp. 104-118.
10. Lautdauer. *Lehrbuch der Phonetik*. 3ᵉ Auflage. Leipzig: Teubner, 1920, pp. 178-190.
11. Druck. *Lehrbuch der Phonetik*. 3ᵉ Auflage. Leipzig: Teubner, 1920, pp. 211-224.
12. Nationale Systematik. *Lehrbuch der Phonetik*. Leipzig: Teubner, 1904, pp. 241-247.
13. What's the Use of Phonetics? *Educational Review* 39 (2), 1910, pp. 109-120.
14. Læsemetoder. *Salmonsens konversationsleksikon*, Bind 6, 1901, pp. 73-75.
15. Vilhelm Thomsen's Interpretation of the Orkhon Inscriptions. *Selected Writings of Otto Jespersen*. London: George Allen & Unwin, 1960, pp. 799-804. (Translated into English by Helen Fogh from the Danish original "Tydningen af Orkhon-Indskrifterne" in *Illustreret tidende*, 29-04-1894)
16. Symbolic Value of the Vowel *i*. *Selected Writings of Otto Jespersen*. London: George Allen & Unwin, 1960, pp. 557-577.
17. Sound Symbolism. *Language: Its Nature, Development and Origin*. London: George Allen & Unwin, 1922, pp. 396-411.
18. The Nasal in *Nightingale*, etc. *Englische Studien* 31, 1902, pp. 239-242.
19. Introduction. *A Modern Grammar of the English Language on Historical Principle*. Vol. 1. *Sound and Spelling*. London: George Allen & Unwin, 1909, pp. 1-18.
20. The Great Vowel Shift. *A Modern Grammar of the English Language on Historical Principle*. Vol. 1. *Sound and Spelling*. London: George Allen & Unwin, 1909, pp. 231-247.
21. English Monosyllabism. *Selected Writings of Otto Jespersen*. London: George Allen & Unwin, 1960, pp. 617-641.
22. Zur Geschichte der Phonetik (I). *Die neueren Sprachen* 13 (4), 1905, pp. 210-224.
23. Zur Geschichte der Phonetik (II). *Die neueren Sprachen* 13 (7), 1905, pp. 402-416.
24. Zur Geschichte der Phonetik (III). *Die neueren Sprachen* 13 (9), 1906, pp. 513-528.

Introduction and Acknowledgements

In the past 100 years, Otto Jespersen's influence in China ebbed and flowed for various reasons. However, it looks certain that he is mainly remembered here as a grammarian, due to the significant influence of his theory of the grammatical ranks on the Chinese linguists who, during the first half of the twentieth century, made efforts to write descriptive grammars of the mother tongue according to its own features instead of the Indo-European morphological categories. Even up till now *The Philosophy of Grammar* (1924) and *Essentials of English Grammar* (1933) remain his only two books that have been translated full-text into Chinese.

The fact that this eminent grammarian was actually an erudite and prolific scholar who wrote extravagantly in diverse fields of linguistics was seldom unfolded in China until the publication of Professor REN Shaozeng's *Selected Readings in Linguistics from Otto Jespersen* (2006), which for the first time presented the Chinese translations of half of *Mankind, Nation, and Individual from a Linguistic Point of View* (1925), an enlightening part of *Language: Its Nature, Development and Origin* (1922), and an almost full-text of *Efficiency in Linguistic Change* (1941). This volume successfully inspired Chinese readers' curiosity in Jespersen's non-grammatical writings, leading to the successive reprints of several of his most important works (English reprints with thorough introductions in Chinese) in the following decade in the land where his linguistic ideas played an interesting and complex role.

However, his works on phonetics have never been seriously translated into Chinese, although he made, especially in his early age, remarkable contributions to phonetic evolution, to general phonetics as well as to the description of Modern English sounds and spellings on the historical principles. Therefore, the present volume is meant to fill this gap, and simultaneous editor, translator and annotator anthologized from his vast number of phonetic writings, translated the selected texts into Chinese from German, English and Danish, and bountifully annotated these texts so that Chinese readers will be able to take an effective look at the aspects of Jespersen's world that have never been available in Chinese before.

Altogether 24 pieces of Jespersen's works on speech sound have been included in this volume and grouped into four topics: On Phonetic Evolution, On General Phonetics, On English Phonetics, and On the History of Phonetics. The half-a-century span of these works starts from "Om lydskrift, særlig Lundells 'Landsmåls alfabet' og Bells 'Visible Speech'" (1884) to the last of his three "Zur Lautgesetzfrage" together with some updated English works in *Linguistica* (1933). Between them are his essays, treatises, a newspaper article, an encyclopedia entry, along with several chapters from his renowned *The Progress of Language* (1894), *Fonetik* (1899), *Phonetische Grundfragen* (1904), *Lehrbuch der Phonetik* (1904/1920), *Modern English Grammar: Sounds and Spellings* (1909), and *Language* (1922).

Exploring and translating the classic works by a linguistic giant may never be an easy task. The project would never be successfully completed without the kind help from the experts, colleagues and friends home and abroad, who encouraged and supported me in the various stages of the preparation of this volume. I am especially grateful to the generous help from Prof. Hans BASBØLL, Prof. REN Shaozeng, Prof. Douglas A. KIBBEE, Prof. Peter STEINER, Prof. QIAN Jun, Prof. John E. JOSEPH, Prof. GAO Yihong, Prof. Frans GREGERSEN, Prof. LAI Ying-Chuan, Prof. Mark GAMSA, Prof. LIU Yugang, Prof. FU Tianhai, Dr. CHANG Wen-Yuan, Dr. GUO Wei. My gratitude is also due to the library of my home university, to Van Pelt Library at the University of Pennsylvania, Philadelphia, and to the Library at University of Illinois, Urbana-Champaign.

My sincere thanks also go to the colleagues who offered invaluable advice at the 14th International Conference on the History of the Language Sciences in Paris (ICHoLS XIV, 2017), and at the 2019 Annual Colloquium of Henry Sweet Society of the History of Linguistic Ideas in Edinburgh.

QU Changliang
May 2020
Dalian, China

第一编
论语音演化

Part One: On Phonetic Evolution

语言的起源：语音
Origin of Language: Sound
（1894）

[263]① 首先，从语言的纯语音层面来看，我们随处都会观察到使发音变得更加简单的倾向，也就是降低肌肉力度的倾向；难发的语音组合被摒弃，只有发音简单的语音组合才会得到保留。因此，大多数语言只使用通过呼气发出的音，而通过吸气发出的"吸气音"（click），即用吮吸动作发出的塞音，在连贯话语中是找不到的。在文明世界的语言中，我们只能在感叹词中遇到这样的音，例如，吸气的清音 l 用来表示兴奋，尤其是吃饭喝酒引起的兴奋（通常还会因呼吸力度以及相应的轻微舌部动作不同而产生节奏差异）；还有一种用舌尖发出的吸气音，用来表示不耐烦（通常会用我们的字母写成 tut，虽然很不准确；这样的音根本没有被纳入我们的文字体系）；车夫赶马的时候，还会喊出一些其他类型的吸气音。而另一方面，在南非的一些非常原始的语言中，这样的音以及类似的音却出现于词的完整结构之中；布雷克②的研究表明，在这些语言的较早阶段，这

---

① 除有特别说明之外，方括号内的编号是原文节号。——译者注

② 威廉·布雷克（Wilhelm Bleek, 1827—1875），德国语言学家、非洲语专家，著有两卷本《南非语言比较语法》（*A Comparative Grammar of South African Languages*, 1862）。布雷克和其合作者英国语言学家露西·罗依德（Lucy Lloyd, 1834—1914）共同创建了 !Kung 语、|xam 语的语料档案（其中 |xam 语今已消亡）。他的著作还有《南非的列纳狐——霍屯图族寓言与故事》（*Reynard the Fox in South Africa, or Hottentot Fables and Tales*, 1864）、《论语言的起源》（*Über den Ursprung der Sprache*, 1868）以及由罗依德整理的嗣后作《布须曼民俗样本》（*Specimens of Bushman Folklore*, 1911）等。——译者注

样的音很可能比现在还要多。我们或许可以认定，这类难发的音在原始语言中总体来说是非常丰富的。

[264] 更具深远影响的是下面这一点：有些语言中，我们发现乐重音（musical accent）（或称音高 [pitch]）逐渐消失；丹麦语的乐重音消失了，而挪威语和瑞典语却保留了原有的声调；俄语与塞尔维亚-克罗地亚语①相比，也是如此。关于大多数早期语言中所使用的声调，很难做出什么确切论断，因为书面文献很少能把这类东西表现出来；但幸运的是，古代的印度、希腊、拉丁语法学家的著作里有些明确的表述，我们从中可大致看出音高重音在这些语言中发挥了重要角色，对音程（interval）②的运用一定比在我们的现代语言相对高些。对于当今的原始部落所讲着的语言，无疑也可以做相同的论断，但针对这类语言，我们的材料十分匮乏，因为对此做一手研究的大多数作者并未受过做这类调查的必备训练；同样，我们毫不意外地发现，即使是那些最知名的欧洲语言，对其声调重音（tonic accent）的研究也很不完善。不过，我们时不时会偶遇一些关于具体的声调重音的信息，比如某些非洲语言中的此类信息。③

[265] 说完词的声调（word tone），再来说说句子的旋律（sentence melody）。众所周知，句子的韵律调节（modulation）受强烈情绪效应的影响非常明显，由此引发更强、更快的声音起伏。对此我想引述赫伯

---

① 塞尔维亚-克罗地亚语区分 4 种不同的简单声调，称"音高重音"（pitch-accent），通常被视为唯一一种有此特征的斯拉夫语（但斯洛文尼亚语的部分方言中也区分 2 种这样的声调）。塞尔维亚-克罗地亚语曾为南斯拉夫的通用语言，20 年代 90 年代南斯拉夫解体后，塞尔维亚语、克罗地亚语、波斯尼亚语等逐渐被视为独立语言。——译者注

② 音程（interval），音乐术语，指两个音之间的音高落差。——译者注

③ 有必要明确一下，此处所说的声调消失的情况，跟我关于汉语声调的论述并不矛盾。关于汉语，我们需要研究的是仅因声调改变而造成的词义变化；阐释这一现象所依据的原则是：这类语义差别早期曾通过后缀等手段来表达，如今压缩在一个音节内的声调，以前曾属于两个或两个以上音节。但这一点显然也意味着，每个音节此前已有了某种调——这就是本章所说的原始状态。词的声调最初很常见，但并不表义，后来在有些语言中消失了，而在另一些语言中却被用于区分语义之目的。——原注

特·斯宾塞在《音乐的起源与功能》(The Origin and Function of Music) 一文中的精彩介绍,这位杰出的作者研究了情绪对所发出声音的响度、音质（亦称音色）、音高、音程、差别率的影响。"话语随着知觉或情绪变得强烈而变得大声,无论这知觉或情绪是欢快的还是痛苦的……普通的交谈声音,共鸣很小；而带有强烈情感的交谈声音,共鸣则大得多。脾气增高时,声音获得一种金属般的声响……悲痛释放出来时,使用的是很接近吟诵的音色；雄辩的演讲者讲到最煽情的段落时,同样也会拿出比平时更具震动性的声调……淡漠或冷静时,使用的是中性的声调,而兴奋时的声调要么高于此,要么低于此；随着情感增强,声调要么越升越高,要么越降越低……极端欢乐与恐惧皆伴有尖锐的呼喊声……冷静话语相对单调,而情绪则会利用五度音程、八度音程,甚至度数更大的音程……情绪性话语还有一个特征我们须注意,那就是音高变化之特征……例如会见朋友,来的若是一群期待已久的访客,会听到所有人的声音都发生了音高变化,与平时相比,变化不仅更大了,而且更多样了。"[①]

[266] 如今,由于文明的进步,情感,或者至少是情感的表达,得到了缓和。因此,我们必然会得出结论,认为非文明人及原始人的话语比我们的话语更易受到情感鼓动,更像是音乐或歌曲。这个结论被我们所听到的关于今日各种原始人话语的论述所印证。我想引述几段话[②]来表明这一点：

"在塔希提的胡阿希内岛（Huaheine）,许多人都有种习惯,把所有想

---

① 另见卡莱尔（Carlyle）《论英雄、英雄崇拜和历史上的英雄业绩》(On Heroes, Hero-Worship, and the Heroic in History) 第 3 讲第 78 页："还要观察一切情绪性语言何以自发变成了音乐性语言——借助的是更细腻的音乐,而不是纯粹的重音；即使是暴怒的人,其话语也变成了吟诵,变成了歌曲。"——原注

② 这些话转引自 H. 斯宾塞（Herbert Spencer）的《描写社会学》(Descriptive Sociology)。我不想把这部著作当作一般意义上的语言事实权威来引用,但是书中有些方便的列表,我或可拿来用用,其意义不在于对语法事实的观察或阐释,而只在于原始人的语言在欧洲旅行家的耳朵里留下了何种大致印象。——原注

强调的话用唱歌的方式来说"（引自福斯特①）。"在友谊群岛②，日常交谈中的唱歌声调很常见，在女人当中尤其如此"（同上）。印度的山地部落比尔人（Bhils），"说话拖腔带调，像是在朗诵"（引自希伯③）。"阿博地区东部的丹巴曲山区居民讲的语言……因非常特别的声调而与众不同，有些辅音发音极其困难"（引自理查森④）。"这个民族（南美的阿比坡尼族[Abipones]）说的话，富于音高变化，很像唱歌。"东非的语言"非常轻快而有乐感"（引自伯顿⑤[Burton]）。

这些事实和思考似乎皆指向一个结论：从前曾经有过一个时代，所有的话语都是唱歌，或者说，说话和唱歌这两种行为尚未得到区分；不过我

---

① 格奥尔格·福斯特（Georg Forster，1754—1794），德国博物学家、民族学家，是德国启蒙运动的重要人物。他是博物学家约翰·福斯特（Johann Forster，1729—1798）之子，父子二人都参与了库克第二次环球航行（1772—1775）。格奥尔格·福斯特撰写了关于此次航行的 2 卷本《环球航行》（*Reise um die Welt / A Voyage Round the World*，1777），由于南太平洋地区是此次航行的考察重点，书中对此区域的风物和民俗的记载格外翔实，成为后人研究波利尼西亚文化的重要参照。其父亲也撰写了《环球航行中的自然地理、自然史、伦理哲学观察》（*Observations Made During a Voyage Round the World, on Physical Geography, Natural History, and Ethic Philosophy*，1778）一书。——译者注

② 南太平洋岛国汤加的旧称。——译者注

③ 雷金纳德·希伯（Reginald Heber，1783—1826），英国教士、学者，1823 年起担任英国圣公会加尔各答教区主教。本处引文引自其《印度北部各省旅行记》（*Narrative of a Journey Through the Upper Provinces of India*，1828—1829），第 2 卷，第 67 页。——译者注

④ 这段记载出自《印度支那语言比较》（*Comparison of Indo-Chinese Languages*，1837），但作者不是理查森，而是美国传教士内森·布朗（Nathan Brown，1807—1886），载加尔各答《亚洲学会学报》（*Journal of the Asiatic Society*）第 72 期（1837 年 12 月号）。戴维·理查森（David Richardson，生卒年不详）是英国人，也是这一时期的西方探险家，担任英国驻缅甸丹那沙林（Tenasserim）长官的医生，19 世纪 30 年代深入克伦邦、掸邦腹地考察，在同一期刊物上发表了《1836 年 12 月至 1837 年 6 月间从毛淡棉出发横穿克伦邦至阿瓦的考察日志摘要》（*Abstract Journal of an Expedition from Moulmien to Ava through the Kareen Country, between December 1836 and June 1837*），叶斯柏森的这部引文转引自斯塞，而斯宾塞很可能是因两篇文章载于同一期刊物而混淆了这两位作者。——译者注

⑤ 理查德·伯顿（Richard Burton，1821—1890），英国探险家、语言学家。本处的记载见于其著《中非的湖区》（*The Lake Regions of Central Africa*，1860）——译者注

认为，以当今语言科学的发展程度，总结出这样的推论，其确定性不如我下面要提出的原始语言之本质。

[267] 语言演化似乎会不时表现出让词缩短的倾向。除了用 cab 代替 cabriolet（出租马车），用 bus 代替 omnibus（公共马车）这样的缩短过程之外，还有音近省音（haplology），即两个相近的音或音组顺次出现时，其中一个被略掉，如 Worcester（伍斯特，地名）的读音是 [wustə]，England 取代了 Englaland（英格兰），simply 取代了 simplely（简单地），还有 library（图书馆）、February（二月）、probably（可能）、literary（文学的）、mama（妈妈）这些词的民间发音或土话发音是 [laibri]、[febri]、[probli]、[litri]、[ma·]，等等；拉丁语 nutrix 取代了 nutritrix（保姆），stipendium 取代了 stipipendium（工资），tuli 取代了 tetuli（我带着），等等；法语 controle 取代了 contrerôle（检查），idolâtre 取代了 idololâtre（盲目崇拜），Neuville 取代了 Neuveville（讷维尔，地名），口语中 tout à l'heure（一会见）说成 [talœ·r]；意大利语 cosa 取代了 che cosa（什么），qualcosa 取代了 qualchecosa（某物），等等。① 最后还有一类通过减音（subtraction）而进行的缩短，如用 pea 代替 pease（豌豆），用 adder 代替 nadder（乳头）。除了这些较为偶发的过程之外我们还发现，每种语言中常态出现的语音变化里面，有许多变化都会导致词的缩短：如，弱音节中的元音发音越来越不清楚，最终完全消失；尾辅音发生脱落（这一点，通过比较现代法语的发音和拼写，或许展现得最为清楚：拼写中保留了大量原本发音的音）；首辅音经常不稳定（例如英语的 hn、gn、wr 中，h、g、w 原先都是发音的）；在词的中部，同化以及其他原因亦可导致类似的结果。每个学过历史语言学的人都熟悉一些看似严重矛盾的例子，这些例子其实是历经数个世纪的规则而渐进的变化才形成的：如 lord（主公）一词由 3 至 4 个音构成，以前曾是 laverd，古英语中是 hlaford；而这个词的古日耳曼语形式

---

① 见我在《北欧语文学学报》（新系列）第 7 卷第 216 页、第 9 卷第 323 页对这一问题的论述。——原注（译者按：前者即《论语音定律问题》，见本书第 116 页。）

第一编　论语音演化

毫无疑问地曾由 12 个音构成①；拉丁语 augustus（八月）在法语中由 aoust 变成了 août，如今仅由 [au] 两个音构成，或者按照一种传播很广的读音来读，只含有一个 [u] 音②；拉丁语 oculus（oculum）（眼睛）缩水成了意大利语里 4 个音的 occhio，西班牙语里 3 个音的 ojo，法语里 2 个音的 œil。这些都是很常规的变化，而词的延长则极为罕见（如英语的 sound 源于法语的 son [声音]，中古英语为 son、soun）。我们语系中那些古老的语言，如梵语、信德语等，都盛产非常长的词；而且越往古时追溯，多音节长词（sesquipedalian）就越多。这一事实鼓励我们不要相信当前流行的那种认为一切语言皆始于单音节词根的理论；即使在其他问题上尖锐对立的马克斯·缪勒③和辉特尼④两位教授在这一问题上达成一致，也无法让我们接

---

①　lord 一词源于古英语 hlafweard，这个词本是个复合词，由 hlaf（面包，今 loaf）+ weard（守护者，今 guard）构成。这两个构词成分，又源于原始日耳曼语 *hlaibaz（面包）和 *wardaz（面对），二者复合成由 12 个音构成的 *hlaibawardaz。此词见于毛勒、斯特罗（Maurer & Stroh）编，3 卷本《德语词史》（*Deutsche Wortgeschichte*，1959，第 2 版，第 1 卷，第 43 页）。不难想象，这个词的某些屈折形式甚至可能超过 12 个音。——译者注

②　如今，这个仅含一个音的 [u] 显然已成为该词读音的主流。最新在线版《法兰西科学院词典》（*Dictionnaire de l'académie française*）对此词的发音说明是："aoû 发 ou 音而非 aou 音；t 有时能听到"（ou 即国际音标 [u]）。我国出版的《法汉词典》（上海译文出版社，1982），注音也是 [u(t)]。——译者注

③　马克斯·缪勒（Max Müller，1823—1900），德裔英国语文学家、东方学家，著有《古代梵语文学史》（*A History of Ancient Sanskrit Literature*，1859）、《语言科学讲义》（*Lectures on the Science of Language*，1866）、《宗教科学导论》（*Introduction to the Science of Religion*，1873）等，发起编写 50 卷本牛津《东方圣典》（*Sacred Books of the East*）系列，并翻译了其中的印度《奥义书》（*Upanishads*）、《法句经》（*Dhammapada*）等。——译者注

④　威廉·德怀特·辉特尼（William Dwight Whitney，1827—1894），美国语言学家、梵学家，葆朴的弟子，1870 年至 1871 年担任美国语文学会（American Philological Association）首任会长，著有《语言与语言研究——语言科学原则十二讲》（*Language and the Study of Language: Twelve Lectures on the Principles of Linguistic Science*，1867）、《语言的生命与成长》（*The Life and Growth of Language: An Outline of Linguistic Science*，1875）、《梵语语法》（*Sanskrit Grammar*，1879）等，主编了大型工具书《世纪词典与百科》（*The Century Dictionary and Cyclopedia*）。辉特尼关于语言符号的任意性、规定性的看法对索绪尔产生了重要影响。——译者注

受该理论；辉特尼签发的那份教皇诏书①，绝不会吓得我们不敢相信这条异端学说：如果语言的发展演变在史前时代和有史可查的时代沿袭的是同一道路（没有理由怀疑不是同一道路），那么我们就必须设想，原始语言拥有很长的词（至少主要由这样的词构成）、很难发的音，而且比起说话更像是在唱歌。

---

① "有历史可溯的语言开端是简单的词根……谁不把这一理论作为进一步探寻语言源头的基础，谁就绝不可能获得学者们的倾听。"（《东方学与语言学研究》[*Oriental and Linguistic Studies*]，第 1 卷，第 284 页）——原注

论语音定律问题
Zur Lautgesetzfrage
（1886）

[142]① 本文大体上是我 1886 年 4 月 29 日在哥本哈根的语文历史学会做的发言②。发表此文的另一原因，是 Kr. 纽洛普③ 出版了一本有意思的书，题为《罗曼语形容词的性屈折》(*Adjektivernes könsböjning i de romanske sprog*)。书中题为《论语音定律与类推》(Om lydlov og analogi) 的绪论章中对所谓新语法学派原则的清晰描述，常常让我有异议。而与此同时，我在研读舒哈特④深思熟虑的《论语音定律》

---

① 方括号中的数字是本文 1904 年收入《语音学的基本问题》时的节号。本文 1886 年发表于《普通语言学国际学报》时，全文由 7 大部分组成。收入《语音学的基本问题》时，取消了 7 大部分的划分，改按该书的体例划分了小节，作者还对一部分内容做了删节。收入 1933 年自选集时，取消了小节，恢复了 7 大部分，并还原了一部分被删节的内容。本译文依照 1886 年的原始版本翻译，同时加注 1904 年版的节号以方便读者做参照。后两版中删节内容，本译文没有删节。——译者注

② 本德语版本除少量删节、增补、改动之外，与发表于《北欧语文学学报》(新系列第 7 卷 207 页及后) 的丹麦语原文一致。——原注

③ 克里斯托弗·纽洛普（Kristoffer Nyrop, 1858—1931），丹麦语言学家、罗曼语学者，著述丰富，其中最具影响的是 6 卷本《法语历史语法》(*Grammaire historique de la langue française*, 1899—1930)。纽洛普早年就读哥本哈根大学时师从威廉·汤姆生，是叶斯柏森的同门学长。《罗曼语形容词的性屈折》(1885) 是其博士论文，毕业后次年正式出版。——译者注

④ 胡戈·舒哈特（Hugo Schuchardt, 1842—1927），德国、奥地利语言学家。舒哈特早年是罗曼语学者，著有 3 卷本《通俗拉丁语的元音系统》(*Der Vokalismus des Vulgärlateins*, 1866—1868)。70 年代末开始，舒哈特对巴斯克语进行了深入的田野研究，最终证实巴斯克语是与周边任何欧洲语言均无亲缘关系的独立语言。此外，他还是皮钦语、克里奥尔语研究者，

(*Über die Lautgesetze*)一书,于是开始深入钻研这个棘手的问题,并把我头脑中出现的想法和疑惑发表出来,以便将其交予更高水平的裁判来裁定。

下文中,我必须不时批评新语法学派的导向;但另一方面,我觉得必须从最一开始,就向这些前辈们献上我的崇敬之情,尤其要满怀钦佩地强调,我从保罗[①]的《语言史的原则》(*Prinzipien der Sprachgeschichte*)中获益颇多:该书最先促使我对诸多语言生命(Sprachleben)现象进行了思索,对我的研究方向影响最大。

1

[143] 无论是支持者还是反对者,大多数人都会觉得新语法学派体系中最重要的是这句话:"语音定律无例外"(Die Lautgesetze wirken ausnahmslos)。或者,大家一定会同意舒哈特的看法,认为这个表达并不好,应该说:"音变依照无例外的定律进行"(Der Lautwandel geht nach ausnahmslosen Gesetzen vor sich)。这一点在纽洛普的书中第16页解释得更为清楚:"所有相似的音组,在同样的语音条件下及同样的时间、空间界限内,都会发生相似的演化。"

(接上页)人工国际辅助语言沃拉普克语的积极推动者。他所工作的奥地利格拉茨大学为其整理了"胡戈·舒哈特档案"(Hugo Schuchardt Archiv),迄今共收录了他的著作770种。——译者注

① 赫尔曼·保罗(Hermann Paul, 1846—1921),德国语言学家,莱比锡学派(新语法学派)代表人物。其著《语言史原理》是公认的新语法学派语言学理论集大成之作。保罗的其他著作包括5卷本《德语语法》(*Deutsche Grammatik*, 1916—1920)以及《论语言教学》(*Über Sprachunterricht*, 1921)等,他还主编了2卷4册《日耳曼语语文学概要》(*Grundriss der germanischen Philologie*, 1891—1893)。值得注意的是,保罗的许多著作由各代学者不断修订,至今仍在出版发行,如他的《中古高地德语语法》(*Mittelhochdeutsche Grammatik*, 1881)一书,2007年出版了第25版(T. Klein 等修订),他编写的《德语词典》(*Deutsches Wörterbuch*, 1897),2002年出版了第10版。——译者注

现实世界中，我们能否从哪种现存语言中找到如此合乎定律、统一一贯的语音处理方式？新语法学派已经回答了，找不到；因为语音定律所揭示出的语音渐变并不是语言演化中的唯一因素。但是，我们若能剔除借词和类推（是否还存在其他因素带来的产物，可能如纽洛普所言，或可容日后再去发现①），就能看到语音定律自身是绝无任何例外的。

[144] 有些例子可证明，像外行人平时那样把其他因素的产物拿来当作语音规则之例外，是不合理的。有这样一条语音规则：拉丁语单个鼻音前的 a，在重读音节中演变为法语的 ai，在非重读音节（或次重读音节）中则保持不变，前者如 fame(m) > faim（饿），amat > aime（爱，动词现在时单数第三人称）；后者如 amaru(m) > amer（苦），amore(m) > amour（爱，名词）。但是，法语如今说 aimer（爱，不定式）及 aimé（爱，过去分词）却并非例外；这类形式直到语音定律完成其作用之后才出现；它们跟拉丁语 amare 和 amatu(m) 之间的对应关系，和 aime 跟 amat 之间的对应关系并不完全一样。事实是，amer② 和 amet 作为 amare（爱，不定式）和 amatum（爱，过去分词）的嫡子，虽已存在许久，虽被中世纪的法国人无数次说着写着，却已消亡；而人们又造出了带有 ai 的新形式这一事实，不应被视为上述语音定律之例外。

法语双形词（Doppelform）的情况亦不应视为例外，如 chose（事情）和 cause（缘由）皆来自拉丁语 causa，二者并未违反语音定律之结果，因为 cause 一词通过书面语（学问词）路径被法语吸纳，是在语音定律发挥作用之后；此时，促成 causa > chose 这一普遍演化的语音定律已不再起作用。该过程同样不是"基本形式的平行后嗣"（见纽洛普第 21 页），不应

---

① 我无法赞同布吕克纳（Brückner，《斯拉夫语文学档案》[Archiv für slavische Philologie]，第 3 卷，第 242 页）以及马兴（Masing，《普通语言学国际学报》[Internationale Zeitschrift für allgemeine Sprachwissenschaft]，第 1 卷，第 467 页）把这类因素视为偶然保留下来的"冰冻古体形式"（erstarrter Altertümlichkeiten），即语言较早时期的孑遗。——原注

② 注意这个 amer 和上文的 amer（苦）是同形异义词，二者不同源。——译者注

把 cause 视为语音定律之例外。

[145] 由此，我们可对语言材料（Sprachstoff）一分为三，其一是传承词（Erbwort）——这个概念由吕京①引入，以取代先前的罗曼语学者使用的并不确切的"大众词"（[德] volkstümliche Wort，[法] mot populaire）这个术语；其二是新构成词（Neubildung）、新造词（Neuschöpfung）及类推构成词（Analogiebildung）；其三是外来词（Fremdwort）和借词（Lehnwort），这之中必然有从同一语言（母语）较早阶段借入的词，比如前面提到的法语 cause 那种源于古典拉丁语的词（学问词）。我们若要研究语音定律的结果问题，就必须避免使用上述三类词中的后两类做例证，而应严格限制在传承词中。但此处应注意，一个借词或新词进入语言的那一刻起，就必然会跟该语言的其他所有词汇一起经历进一步演化——像 Bursche（伙计）、kochen（烹饪）之类的词，在德语中其实是外来词，但对于当今这代人以及先前几代人来说，这种词显然已跟其他真正的德语词历经了相同的条件，因而如今已成为地道的传承词，虽然只是广义上的传承词。如果把这一点考虑进来，那么对借词和类推构成词的回避这一要求就可简化为这样一句毋庸置疑的话：音变仅在其活跃于该语言时，才会对词产生影响。

2

[146] 因为类推构成（Analogiebildung）经常被视为语音定律之反例②，所以，对类推之效应加以思考，或许有助于正确认识语音定律。首先我

---

① 古斯塔夫·吕京（Gustav Lücking，生卒年不详），德国学者，著有《学生法语语法》（*Französische Grammatik für den Schulgebrauch*，1880）等著作。Erbwort 这个术语见于其著《最古老的法语方言》（*Die ältesten französischen Mundarten*，1877）一书。——译者注

② 例如，保罗在《日耳曼语与罗曼语语文学资料》（*Literaturblatt für Germanische und romanische Philologie*）1886 年 1 月号就坚决这样认为。——原注

们必须阐明，句法领域也存在类推构成。V. 亨利[①]在其《一般类推及希腊语类推构成研究》(*Étude sur l'analogie en général et sur les formations analogiques de la langue grecque*)一书中否认这一点（巴黎，1883，第18页）。该书的一般性论述部分，其实是对德国新语法学派理论的十分乏味的复述，有些地方甚至存在误读。不过，既然其他人都赞同句法类推是存在的，并且用例子来证明也不难，我们基本可确信其存在。然而，既然音变和类推被视为相互矛盾，人们不禁要问，句法领域是否存在类似语音定律的东西？或者说得更明确些：句法中有哪些定律，其作用相当于词法中的语音定律？如果我们看看这个例子，答案就毋庸置疑了：民间法语说 se rappeler de quelque chose（想起某事），se rappeler 就是因 se souvenir 而产生了带有 de 的类推。[②] 此处与之对立的显然是渐旧用法 se rappeler qch. 保留了下来。于是我们看到，虽然类推原则在语言生命中是新形成的、改革性的，甚至可以说是革命性的；但是与之相反，该原则在语音定律中运作时，却在本质上相对偏向于语言中的保守成分，维护了传统。然而，语音定律是语言中的变化之定律，而非静止之定律。的确，必须注意，现实中根本不存在什么静止。狄德罗说过，"一切都在变化，一切都会过去"(tout change, tout passe)。[③] 如果他再加上一句，"于是就剩下了现存的一

[①] 维克多·亨利（Victor Henry，1850—1907），法国语文学家，主要研究古印度语言，著有《古典梵语基础》(*Éléments de Sanscrit classique*，1902)、《梵语、巴利语、普拉克里特语古印度文学》(*Les littératures de l'Inde: Sanscrit, Pâli, Prâcrit*，1904)、《古印度的巫术》(*La magie dans l'Inde antique*，1904) 等。除了印度语言之外，他还编写过《现代布列塔尼语最常用词汇词源词典》(*Lexique étymologique des termes les plus usuels du breton moderne*，1900)，并撰写过关于自己母语方言的《1870年上阿尔萨斯地区科尔马市的阿勒曼方言语法与词汇》(*Le dialecte alaman de Colmar [Haute-Alsace] en 1870, Grammaire et lexique*，1900)。——译者注

[②] 法语动词 se rappeler 和 se souvenir 意义大体相同，区别在于 se rappeler 直接及物，而 se souvenir 间接及物，须在该动词与宾语之间加介词 de。受 se souvenir 影响，民间法语常把 se rappeler 也当作间接及物动词，在其和宾语之间加 de，这个用法至今仍被坚持正统语法标准者视为语法错误。——译者注

[③] 语出狄德罗《达朗贝尔之梦》(*Le rêve de D'Alembert*，1769)。——译者注

切"（ce n'est que le tout qui reste），那么这情况跟语言必然不符，虽然语言也是这宇宙中的组成部分，确切说，只是小小的一部分。语言也和其他领域一样，只存在相对的静止：虽然语言形式被周而复始地使用着，但却在不知不觉中发生变化，人们最终可能基本意识不到这变化。这是个与我们所说的动植物生长类似的现象。今之个体与昨之个体相同，但却也经历了变化；类推构成则可比作繁殖，当然只是在一定意义上可以这样比，两个成分结合起来，由此造就了新的生命形式，而自身却不一定要随之消失；一代又一代，每个单独个体都是依此实现了一分为二；语言领域，我们称之为异化（Differenzierung），如拉丁语 pensare（平衡）分裂为两个动词，一个表示"称重"（法语 peser），一个表示"思考"（法语 penser）；再如丹麦语 kæreste，读短音 ε 表示"未婚夫"，读长音 ε 表示"心上人"；这样一来，原先那个语音内容和语义内容皆不确切的形式消失了，让位给了两个各具确切形式和确切意义的新词。

但是，这个比喻崩塌了——这很自然。单个的词毕竟不是个独立的生物，而只是个为人的活动而服务的公式，其目的是把思想传递给另一个人。关于类推效应，这个可比性站不住脚，其问题在于，类推效应所产生的结果，通常无法跟那些仅受保守因素影响而可能产生的结果区分清楚，后者是对以前所听、所说的形式的复制。这一点在我看来至关重要，因为它关乎我们对语言生命的理解。[①]

[147] 例如，我想用 fröhlich（欢快的）或是 glücklich（高兴的）等形容词的最高级，那么，我是以前听过、用过这些形式，并仅靠记忆将其复制出来，还是根据我脑海里 herrlichste（最辉煌的）、trefflichste（最优秀的）等大量其他形容词的最高级形式而类推出了全新形式，这二者其实并无差别。事实上，即使对我的精神活动（Geistestätigkeit）做最详细的分析，也仍不太可能发现我在每一例中运用的是哪种方法。我们来看

---

① 见保罗《语言史原理》，第 68 页及后。——原注

一个儿童语言中的类推构成之例。去年夏天，我好几次听到丹麦小孩把 blåbær（蓝梅）带后缀冠词（suffigiert Artikel）[1] 的复数形式说成 blåberne [bloberne][2]，而不是 blåbærrene。紧随重音之后的音节 -bær 通常要弱化，成人语言中的 blåbær 因此跟 kopper（杯子）[kobər]、propper（瓶塞）等词押韵。若是套用 kopperne、propperne 的构成模式，就造出了 blåberne。这个问题，就要用类推构成来解释。与之相比，儿童此前并未听过 tropper（军队）一词，而一旦听到了却会问："Jamen, mor, hvor er tropperne?"（哎，妈妈，那个 tropper 在哪儿啊？）这跟上面所说的 blåberne 实为同一过程。tropperne 这一形式也是个类推构成；不同之处在于，这一用法虽发生了形式变化，但变出的是个完全正确的形式。由此，我们可将类推构成依据结果划分为两类：其中一类，新构成的形式或独立出现的形式（此例更接近后者）与保守形式方向相同，以致无法分清新形式和旧形式；另一类，全新形式产生，该形式与各种已有形式皆不同。语言心理学无法对这两类加以区分，而在语言史当中，"类推构成"这一术语仅运用于后一类。因此我们看到，新语法学派以前所说的"错误类推结构"其实并不真正错误。如果有人依此进行价值评判，认为旧有形式比新出现形式更好、更正确，就说明这一命名并不可取。诺伦[3] 说得恰到好

---

① 丹麦语等北日耳曼语有一个不同于其他日耳曼语的显著语法特征：定冠词与名词连用时，不是加在名词前的独立词，而是以后缀的形式附着在名词后面。此例中，blåbær(r)ene 的词法结构是 blåbær（蓝梅，名词词干）+ e（名词复数后缀）+ ne（复数定冠词后缀）。——译者注

② 为方便读者，本译文里的注音依照 1933 年版自选集里的国际音标，没有使用原刊物的旧注音方式。但是须注意，本文的撰写早于国际语音学组织的成立，更早于第一份国际音标表的发布。——译者注

③ 阿道夫·诺伦（Adolf Noreen, 1854—1925），瑞典语言学家、新语法学派成员，是首位将该学派理论引入瑞典的学者，著有《古冰岛语与古挪威语语法》（Altisländische und altnorwegische Grammatik, 1884）、《古瑞典语语法，附论古哥得兰语》（Altschwedische Grammatik mit Einschluss des Altgutnischen, 1897）以及多卷本瑞典语语法鸿篇巨制《我们的语言》（Vårt språk, 1904—1924）。——译者注

处：语言形式的价值并不取决于其语源，而是取决于该形式获得理解的速度和准确度，取决于说话人把它说出时的容易度。① 故而，若要分别为上述两个类别命名，最妥当的方式就是不要把二者称为"错误类推构成"（falsche Analogiebildung）和"正确类推构成"（richtige Analogiebildung），而应称其为"创造性类推构成"（schaffende Analogiebildung）和"保存性类推构成"（erhaltende Analogiebildung），也可称为"前行性类推构成"（umbildende Analogiebildung）和"后行性类推构成"（wiederbildende Analogiebildung）。② 我支持这样的命名。

[148] 这里我想请大家注意一个问题。我们自上学起，透过书本中使用的词与词之间的分界，对句子中词的存在太过习以为常，以至于难以认识词与词之间的真实关系。这一真实关系近年来不时地得到了些正确的强调；自然言语中，词与词之间并无绝对的分界，只有说话人语流的被迫中断，有时是因为换气③，有时是因为想不起要说的词必须搜寻一下，还有时他是想通过"刻意停顿"（Kunstpause）来让听者急于知道后面的话。因此，像"Was ist denn los?"（怎么了？）这样的句子，将其分割成若干组成部分只是人为的（künstlich）而已，对其进行分割的人听得懂其意义，且曾听到过这些组成部分用于其他组合中。而对首次听到外国话的人来说，把完整连贯的句子分割开很困难；而对儿童来说，即使是母语也是如此。我问："Hvad er det for et dyr?"（什么是动物？）一位三岁小女孩回答的是"Jeg ved ikke hvad det for et dyr er."，而不是"Jeg ved ikke hvad

---

① 见诺伦1885年发表于《北欧学报》（Nordisk tidskrift）第377-403、465-479页的《论语言的正确性》（Om språkriktighet）。——原注

② 作者对这些概念所做的区分是正确的，编者倾向的术语是"新创性关联构成"（umschaffende Associationsbildung）和"回创性关联构成"（wiederschaffende Associationsbildung）。——F. T. 注

③ 这后一种情况，对正常说话方式和正确呼吸来说，只发生于句子之间的停顿或是句子成分之间出现紧急状况时（见《普通语言学国际学报》，第1卷第169页，第2卷第328页），主要由心理因素决定。句子成分内部的呼吸停顿则显罕见而生硬。——F. T. 注

det er for et dyr."（我不知道什么是动物。）她的词序不对，正是因为她还不会把 de(t) for et 这个结构分割成一个一个的词。从一位受过教育的女士那里，我听到了这样一句话："Det må da let kunne få-at-ses."（这一定很好弄懂。）常用结构 få at se（弄懂）被当成一个词来用，还带上了被动态词尾 -s；语言史充满了这样的例子。我只要提醒大家丹麦语 Verden（世界）等与冠词融合的形式以及法语 lendemain（第二天）之类的词，① 大家即可明白葡萄牙语口语中的 ha de（必须）为何常被视为一个动词整体形式，明白人们为何说 hadem fazer isso（必须这么做）而不说 hão de fazer isso。② 按这一方法将每个成分分割出来，跟我们通常所做的词与词之间的划分未必全然一致，而是有时多一些，有时少一些。③ 许多派生后缀、屈折后缀及前缀，在这一过程中让人觉得是独立的成分。当然，还没有独立到能够单独存在或是可跟任何词相连接的地步。词有时也无法达到这地步，如德语 statten 一词，只存在于极其有限的几个结构中（von statten gehen [发生], zu statten kommen [到来]），但相对独立些。丹麦语后缀 -s，与古

---

① 从词源来看，丹麦语 verden 源于古北欧语名词 veröld（世界）+ 定冠词后缀 en；法语 lendemain 源于定冠词 l' + 介词 en + 名词 demain（明天）。——译者注

② 斯威特《葡萄牙语口语》（*Spoken Portuguese*）第 27 页。托布勒（Tobler）对罗曼语言中类似但不够明确的动词演变做过探讨，见《库恩学报》（*Kuhns Zeitschrift*）第 23 卷第 421 页及后。——原注

《库恩学报》正式名称为《比较语言学研究学报》（*Zeitschrift für vergleichende Sprachforschung*），因 1852 年由德国语文学家库恩（Adalbert Kuhn，1812—1881）创办而简称《库恩学报》。——译者注

③ 所谓"冠词可剥离出去"这一广为人知的现象，显然属于这类。例如法语 azur（蔚蓝）（迪茨 [Diez]《罗曼语语法》[*Grammatik der romanischen Sprachen*] 第 3 版，第 1 卷，第 240 页）；瑞典语中，satan（魔鬼）一词的词尾被当成了定冠词，因此斯特林堡（Strindberg）《红屋子》（*Röda rummet*）中才有 de der små satarna（他们这些小魔头）这样的复数形式（第 299 页）。——原注

据迪茨的《罗曼语词源词典》（*Etymologisches Wörterbuch der romanischen Sprachen*），法语 azur 一词的词源是波斯语 lazvard，首音 l 因酷似法语等罗曼语的定冠词而被"剥离"（第 5 版第 33 页）。——译者注

时候的屈折体系不同，如今已不分性与数，可构成一切属格。透过下面这位两岁儿童的话语，可清楚看到孩子在多小时就开始将其视为可分离的语言成分。他不说"Hvis (hvems) er det?"（这是谁的？），而说"Hvem-er-de(t)-s?"。这个 s 被剥离了出去，而 hvem-er-det（谁-是-这）却尚未被拆开。德语中其他较松的语言成分，还包括比较级词尾，-heit、-ung 等派生词尾，前缀 un-，等等。

[149] 因此，大家看到，绝大多数类推结构只涉及某些成分跟另一些成分的连接。blåbær + ne（蓝梅 + 定冠词）这样的屈折连接结构（flexivische Verbindung）和 mine blåbær（我的蓝梅）这样的句法连接结构（syntaktischen Verbindung），从心理上看绝无半点不同。这两个例子中，我们使用了同样的方式让两个相关的语言成分变成一个连接结构。这一概念，下文称之为组合构成（Kombinationsbildung），似乎要优于常规的解释，尤其优于保罗所称的"等比构成"（Proportionsbildung）；按照保罗的这个概念，说话人通过内心中的等式 kopper: kopperne = blåber : x，寻得未知项 x = blåberne。①

我们已看到，那两条分歧尖锐、甚至相互对立的原则，其实是绝不可相互脱离的。正相反，二者携手并肩运作，皆以推陈出新为目标。舒哈特认为，二者都在为语言世界提供新事物，但彼此间并无巨大差别（除了前面提到的著作之外，还可参见他在《日耳曼语与罗曼语语文学资料》1886 年 2 月号第 81 栏对保罗的反驳）。他的思路如下：被称为"纯语音构成"的音变（如意大利语 com[i]te 演变为 conte 这样的同化）和被称为"类推构成"的音变（如意大利语 grave 因 lieve 而演变为 grieve）之间存在一系列情形，从一类渐变到另一类，因此无法明确指出一个点，来声称"生理"（套用新语法学派早期术语）止于此、"心理"始于此。他的

---

① 参见保罗《语言史原理》第 64 页。关于等比的阐释，在德语 frage（问，现在时）— frug（问，过去时），trage（携带，现在时）— trug（携带，过去时）等例子中或许无法否认。——原注

系列是：conte（数数）= comite，dunque（因此）= nunc，treatro（剧院）= theatro，eglino amano（他们爱）= egli amano，non grieve ma lieve（非重而轻）= non grave magis leve；他补充道："这不但可预测紧随其后的语音概念（lautliche Vorstellung），而且可预测距离较远的语音概念。进而，类推构成很大程度上不仅源于意念中的词语并置，还源于实际中的词语并置。"（《论语音定律》第 7 页）我们会看到，此处所说的类推构成跟上文所说的类推构成性质很不相同。因此，在我看来，将二者均归于"类推构成"名下甚为奇怪。我们此处研究的这类构成——其他例子如法语 cercher 演变为 chercher（寻找），德语有些方言中 zehn、elf、zwölf（十、十一、十二）演变为 zehn、ölf、zwölf——不存在可从中找出"未知项"的等比关系，也不存在独立成分或半独立成分自由组合。此处发生的，至多可视为意识混合（Vermischung im Bewußtsein），即"混淆"（Konfusion），也就是因"思考过快"①而使人没有足够时间把本该分清的东西区分开；人们说一样东西时，思维已触及下一样东西（可能是同一个词里的东西，也可能是下一个词里的东西），②这就让器官发出某一音组或某一单音时发音过早，出现语音相似时尤其容易这样。有些例子中，一些音或音组还因同样的原因被省略掉，如希腊语 amphiphoreus 变为 amphoréus（双耳罐子），拉丁语的例词如 st(ip)ipendium（工钱）、(vi)vipera（毒蛇）、nu(tri)trix（护士），等等（参见布雷亚尔、贝依③《拉丁语词源词典》[*Dictionnaire*

---

① 或者说是几乎没有精力去想。——F. T. 注
② 参见施泰因塔尔（Steinthal）在《大众心理学与语言学学报》（*Zeitschrift für Völkerpsychologie und Sprachwissenschaft*）第 1 卷，124 页的论述。——原注
③ 米歇尔·布雷亚尔（Michel Bréal，1832—1915），法国语文学家，早年因《祆教起源研究》（*Étude des origines de la religion zoroastrienne*，1862）而获法兰西文学院奖，曾将葆朴《比较语法》译为法语，因《论语义学——意义之科学》（*Essai de sémantique: Science des significations*，1897）而被誉为现代语义学之父。安纳托利·贝依（Anatole Bailly，1833—1911），法国语文学家，古典希腊学研究者，编写的《希腊语-法语词典》（*Dictionnaire grec-français*，1895）知名度很高，被称为"贝依词典"。——译者注

étymologique latin], 1885，第 368 页），还有像 heroi(ko)komisch（英雄喜剧的）、tragi(ko)komisch（悲剧的）等例子；丹麦语普遍这样发音：kun(st)stykke（艺术作品）、po(st)stempel（邮戳）、et vi(st) sted（某个地方）、engel(sk)stil[①]（英语风格）、rib(s)gelé（红加仑果酱）；德语中也常能听到 je(tz)tzeit（现在）、du wei(st) schon（你已知道）；还有法语 po(st)scriptum（附记）。此处，听者还会产生语音幻觉（lautliche Illusion），即声学上的假象。例如，kunstykke 中的 -st- 既跟 kun- 相连，是 kunst（艺术）的一部分，又跟 -ykke 相连，使 -stykke（作品）完整；因此，截短后的形式成了常用形式。而另一方面，上面提到另一些例子，说话人遇到的情形与之类似，却没有形成这类形式，而是形成了纽洛普在其著作第 43 页所论述的意义相同的两个词的混合。说话者在 prop 和 told[②] 这两个表示"瓶塞"的同义词之间摇摆不定，他选择了前者；至于里面的元音 o，他保留了 told 一词中的元音，于是，这个音转移到了另一个词里，成了 prold。如图，

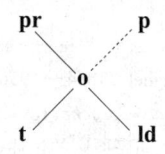

```
   pr       p
      ╲   ╱
        o
      ╱   ╲
   t         ld
```

他选择了 o—l 方向，而非 o⋯p 方向。纽洛普所举的例子里，还可加上泰格奈尔[③]（《语言——思考的力量》[*Språkets, makt öfver tanken*]，1880，第 25 页及后）所举的瑞典语 pryl（小工具）之例，该词由 pren

---

① 这些例子中的 s 都是长辅音，亦称双辅音。——原注

② 据丹麦语言文学学会（Det Danske Sprog- og Litteraturselskab）的在线版《丹麦语词典》(*Den danske ordbog*)（以下简称"DDO"），prop（瓶塞）发音为 [ˈpʁʌb]，told（今指"海关""关税"）发音为 [tʌlˀ]，前者元音无斯特德，后者有斯特德。——译者注

③ 小以赛亚·泰格奈尔（Esaias Tegnér Jr., 1843—1928），瑞典语言学家、瑞典科学院院士，1913 至 1919 年担任《瑞典科学院瑞典语大词典》(*Ordbok över svenska språket utgiven av Svenska Akademien*，即通常所说的《瑞典科学院词典》[*Svenska Akademiens ordbok*，SAOB]）主编。——译者注

（或者用 pryn 更好些，即冰岛语 prjónn [针]）+ syl（锥）演变而来；还有勃哈盖尔[①]在《德语》(*Die deutsche Sprache*) 第 40 页所提到的，"弗里茨·罗依特总把仆人鲁普莱希特（Ruprecht）或尼克劳斯（Nikolaus）叫成'鲁克拉斯'（Ruklas）"。与之相关的构成方式亦见于句法领域，该方式扮演一个非常重要角色：即"调节思想形式和语言形式之间的平衡"。[②] 谈完这些构成，就可以来看看我的任务：我要论证的是，本领域中被视为"语音构成"的现象（尤其是同化现象）和被称为"类比构成"的现象之间，并无巨大鸿沟。

3

[150] 我们现在来研究一下借词，像上文思考类推构成那样对其加以思考。为了展现语音定律之效果，或者更确切说，当我们在某一语言中发现了无法用语音定律来解释的现象时，为了说明这些现象为何会居于语音

---

① 奥托·勃哈盖尔（Otto Behaghel，1854—1936），德国语言学家、日耳曼语学者，著有《德语史》(*Geschichte der deutschen Sprache*, 1891) 以及 4 卷本《德语句法》(*Deutsche Syntax*, 1923—1932)。勃哈盖尔关于词序原则的论述被后人称为"勃哈盖尔定律"，是主位-述位理论的早期雏形。——译者注

② 请特别参见齐默（Ziemer）《新语法学派在句法领域的探索》(*Junggrammatische Streifzüge im Gebiet der Syntax*, 1883) ——此处应当对联合构成（等比构成）中的"类推构成"跟混淆构成（无论用何其他名称）中的"类推构成"加以区分，有必要全面研究这一问题，正如我目前所竭力做的那样；我只在纽洛普那里注意到了前两种类型（因为第三种，称语音类推 [lautlichen Analogie]，见下文）：

I. 词义相同之效应
    a) 词类相同的词
    b) 词类不同的词
II. 词的语法功能相同之效应

这其中，大多数例子属于 I. b 类，即我的第二类，语义似那一类，顺序在此类中是个决定因素。而 II 和 I. a 对应我的第一类，意义和语法功能之间没有本质区别；amo（我爱）和 amas（你爱）的区别，跟 amo 和 moneo（我警告）之间的区别是同等重要的。——原注

[作者此处似乎低估了这一区别。——F. T. 注]

定律的解释范围之外，就常有人说：这个词是个借词。在许多情形中，这诚然没有错：例如，一个词若是在高地日耳曼语音变发生之后，由低地德语闯入高地德语，显然不能证明音变无效；但另一些情形中，有人却仍在沿袭我刚才提到的借词说。例如，古尔替乌斯①曾问：Robert 昵称为 Bob，Giuseppe 昵称为 Beppo 等等，从这类变化中我们又能揭示出什么语音定律呢？对此，德尔布吕克②回答道：我们根本无法从中寻求语音定律，因为这些词无疑来自其他语言，而且还取自儿童语言。③纽洛普（第31页）也写道：这些词必须像最初的昵称那样，全部定义为借词，且属于儿童语言。

不过，事情并未完结。我们若是听说现代高地德语的 echt（真的）一词是个源于低地德语的借词，难道没有权利质问：这个形式被高地德语吸纳之前，依照低地德语中什么样的语音定律演变成了这样？但是，我们若对昵称也这样质问，以求搞清它们在儿童语言中依照何种语音定律而演化——就确实无法得到更好的答案：无论是语音定律还是类推，都无法解释这些形式。不过，纽洛普当然有个小后门可供溜走：他为上述词补充了一点——这些昵称最终被解释成了儿童模仿成人语言失败的产物。这里隐含着一点，虽然很含糊，但方向是正确的，在我看来他似乎是想说：像对比高地德语和低地德语那样，把儿童语言当作独立语言来跟成人语言做对比，是不妥当的。儿童语言和成人语言之间并无确切界线；在语言世界中，并没有什么认定证书来认定哪些是成人语言，也没有什么定律来确定

---

① 格奥尔格·古尔替乌斯（Georg Curtius, 1820—1885），德国语文学家，著有《从古典语文学看语言比较》（*Die Sprachvergleichung in ihrem Verhältniss zur classischen Philologie*，1845）、《希腊语词源原理》（*Grundzüge der griechischen Etymologie*，1858）等。——译者注

② 贝特霍尔特·德尔布吕克（Berthold Delbrück, 1842—1922），德国语言学家，主要从事印欧语比较句法研究，除了著有下文提到的《语言研究导论》之外，他还与德国凯尔特语学家恩斯特·温迪什（Ernst Windisch, 1844—1918）合著了5卷本《句法研究》（*Syntaktische Forschungen*，1871—1888）。——译者注

③ 《最新语言研究》（*Die neueste Sprachforschung*）第29页。——原注

几岁才算在语言方面发育足龄。儿童最初试图理解并模仿周围的言语，别扭而拙劣；渐渐的，才越来越灵巧；但是，任何人的语言都绝不会跟别人的语言完全相同，无论语音还是通过语音表达的语义皆如此。总的来说，我们只是在接近，这是其关系本质使之然。随着个人不断屈从于需要听懂别人、被人听懂等社会压力，发音上的最严重错误，词义上的最严重误解，都会逐渐消除。但是，有些不确定性，有些偏差之痕，却会保持下去——上文提到的 Bob、Beppo 等人名昵称，跟丹麦儿童语言中用 tat 表示 tak（谢谢），用 dol 表示 stol（椅子）的产生过程完全相同；这些昵称如果超越年龄界限，虽明显错误却保留了下来，一个原因在于，名字不像别的词那样难于理解；而另一个原因则在于，情感丰富的妈妈们、阿姨们觉得孩子发明出来的称呼"很甜"，就将其接纳了，正如她们还使用 dengsen 代替 drengen（男孩）等例子一样。

[151] 我还想讨论另一类借词。纽洛普在其著作中的第 29-30 页探讨了书面语对发音的影响，将其视为外语式的效应。他举的例子如：丹麦语 morgen（早上）一词，按自然路径演变出的形式是 [mɔ·rn]；这一发音在 morgensko（上午学校）等复合词中仍可见；但另一方面，我们却发现自己（或者说是我们当中很多人）说 morgenröde（黎明）一词时，o 发短音，g 发 [ɣ] 音，因此，正字法一定是其缘由，这是个依照书写形式而形成的发音。再如，虽然日常口语中 give（给）读 [gi]，tage（取）读 [ta]，但用于《圣经》中的 "det er bedre at give end at tage"（施比受更为有福）[①] 这句话时，却读 [gi·və] 和 [ta·ɣə]。这样的阐释看似非常诱人，在语言学中也一直广为流传；但是，我却觉得它经不起进一步推敲。听孩子按字母拼读单词（这是种旧方法，孩子们首先学字母名称，跟后来更好的语音法 [Lautiermethode][②] 不同），拼 længe（长）这

---

① 《新约·使徒行传》20:35，中译文从和合本。——译者注
② 参见拉德洛夫（Radloff）《阅读与阅读学习》（Lesen und Lesenlernen），载《普通语言学国际学报》第 1 卷，第 355 页及后。——原注

个词，总见他们念叨的是 [ɛl-ɛ'-ɛn:lɛn — ge-e':ge']，随后组成的音节却不是 [lɛn'ge]，而是正确的 [lɛŋə]。换句话说：孩子必须不断将字母拼写本身的发音转换为常常与之相差甚远的词形式，后者是他从口语中获知的。孩子即使读出了每一个音节，也常会觉得将其正确组合在一起很难。这不奇怪，因为拼写形式和真实形式之间经常存在很大差别。而教师，通常极不了解这一差异有多么巨大，只是把词念出来，孩子跟着他念，听到什么就念什么，意识不到 [lɛn'ge] 和 [lɛŋə] 之间是怎么一回事，就像不了解为什么 [kɔ' o'] 读 [ko]，[kɔ' o' em'] 却读 [kɔm']。孩子因而基本习惯了通过猜想，把不熟悉或无意义的语音复合结构替换为熟悉的语音复合结构。但是，他为什么不把 morgenröde 一词的前两个音节替换为他日常说的那个形式？答案只能是：因为老师自己也是把 o 读成短音，把 g 发出音，并且不允许有其他读音。所以，影响并非直接来自书写形式——本身即如此，也解释得通——而是来自老师是怎样读这个词的。而老师的读音又源于何处？同样也不是来自书面，而是来自他自己的老师和父母阅读时所发的音；的确，也可以认为，这样的发音通过口头传统，由一代人传递给下一代人，从人们还没开始把 morgen 读成 [mɔ·rn] 那个年代起即是如此。我并不想否认正字法对发音有影响；对于那些从与我国语音记录体系（Lautbezeichnungssystem）不同的外语里借来的印刷词、书面词来说，这种影响尤其突出；不过，只要谈的是本族词（einheimische Wort），我就确信，书写对发音的影响，支持的通常是口头传统，并让某一发音形式的生命力超过其应有的寿命。这种影响通常很有限，因为大多数语言的书写，许多情况下都是极为模糊的；比如，可以想想丹麦语单词 stort（大）、sort（黑）、sorte（黑人）、bort（去掉）、borte（离开）中的 ort 这个拼法，竟有五种不同音值。①

---

① 据 DDO，这五个词的读音分别是 [ˈsdoˀg]、[ˈsʊˀd]、[ˈsoʁdə]、[ˈboʁˀd]、[ˈbɒːdə]。——译者注

我在前面提到过，不能把儿童语言当作完善的语言。此处我也想声明，书面语和口语之间的对立，与独立的方言或语言之间的对立是不同的。

[152] 纽洛普认为，除了书面语的影响之外，还存在来自教师、牧师、演员、大演说家、司法程式话语的"进一步影响"（因此属于口头影响）。即使我们忽略"司法程式话语"是与牧师、大演说家并无可比性的书面语这一点，此思路也仍不太对，因为书中还说："这些词和短语都属于层次更高的风格，平时不会在语言（上述结构）中流通，是以完全人工的方式引入的，因此应视为借词，或者愿意的话，称之为外来词亦可。"既然人们是从老师或演员那里听到了某个词，再按理解对其加以运用，又为何称之为"人工"（künstlich）？这跟儿童从父母或哥哥姐姐那里听到一个词时所发生的情况难道有所不同吗？3岁时发生的某一影响跟10岁、20岁、30岁时发生的另一影响之间，差异真的大到具有本质区别，以至于一种影响是自然的语言学习，而另一种影响却是人工的、从借词中得来的？一个孩子，如果父亲是老师，母亲是演员，岂不是太不幸：他每天从父母那里听到的全是"借词，或者愿意的话，称之为外来词亦可"。这一理论就是这样，只需再给轮廓加重几笔，就变成一幅滑稽漫画了。

[153] 正确的观点应该是这样：正如我们经常会在语言中发现些因句子语音学（Satzphonetik）而出现的双形词（如法语 fol – fou [疯]，取决于下一个词的首音），有时我们还会看到，双形词因具有风格区别而并肩生存于同一个人的语言中，并传递给其后一代又一代。随着时间的推移，起初只是略有不同的两个形式，相互之间将愈行愈远（就像前面提到的 fol 和 fou），最终形成差别很大的两个形式，如 [mɔ·rn] 和 [mɔr·ɣən]（早上）、gi 和 give（给）、ha 和 have（有）、far 和 fader（父亲），等等。我觉得形成这一差异的最核心原因，是一条极为重要但却在此类研究中几乎一直被忽视的可理解度原则（Prinzip der Rücksicht

auf die Verständlichkeit）。魏格纳[1]在其著《语言生命基本问题研究》（*Untersuchung über die Grundfragen des Sprachlebens*，1885）中，对语言理解的条件进行了详细而广泛的论述，尤其是在句法领域，他指出，说话人可在自己的话语中隐藏很多东西，因为听话人可以利用周围环境来查漏补缺。魏格纳没有论及语音问题，其理论也完全没有触及我们现在讨论的这个话题。不过，我们这里仍可援引他的一些看法；他在186页指出："在成员皆很近密的小圈子里，如家庭内部、村子内部，常可见到其成员之间相互说的话表达得很不充分，说话时用的力气，也比这些人跟生人说话时小很多。每个人都十分了解对方说话的独有特点——每个人都是这样。仅凭听声音，就能认出谁是谁——说话的人就算手捂着嘴、打着哈欠、齿间唇间叼着烟袋、嘴里吃着东西等等，也照样能听懂。因此可以说：相互说话的人越是疏远，对准确表达的要求就越高。"[2]当转而面向更大的人群时，就得立刻用特别清楚的方式说话，以便被人听懂，就像演员或大演说家那样；一想到人家没听懂我说的话，还得用"什么？"来打断我说话，谁也不会无动于衷。这时就需要更加关注语言形式：选用的词不能引起误解，句子结构要准确，等等。所以我们会格外注意，给陌生人写信，写得要比每天熟读我们手迹的人清楚；而不同清晰度、不同风格的发音，与之同理。此外，说话要清楚到什么程度，还取决于说话人必须被听懂多少，这一点同等重要；因此，

---

[1] 菲利普·魏格纳（Philipp Wegener，1848—1916），德国语言学家。除《语言生命基本问题研究》等著作之外，还编纂过3卷本《北德民间歌谣》（*Volksthümliche Lieder aus Norddeutschland*，1879—1880）。——译者注

[2] 另见塞斯《比较语文学原理》（*Principes de philologie comparée*），乔维（Jovy）译，1884，第31页。——原注

阿奇伯德·塞斯（Archibald Sayce, 1845—1933），英国语言学家、亚述学家，著有《古碑的新启示》（*Fresh Light from the Ancient Monuments*，1865）、《用于比较目的的亚述语语法》（*An Assyrian Grammar for Comparative Purposes*，1872）、《比较语文学原理》（*The Principles of Comparative Philology*，1874）等。叶斯柏森此处引用的是《比较语文学原理》的法语译本。——译者注

演讲者不会在"先生们"之类的无意义开场白上拖泥带水太久,他在乎的是演讲内容中真正有意义的话,也就是他想往听众心里塞的话。这就是为什么我们经常能在语言生命中看到,有些词和短语充当的是几乎不配称为信息的"不重要信息"(gleichgültige Mitteilung),和别的词相比,这样的词更容易被截短,更容易被磨蚀,故而,这类词或短语的音变绝对无法用语音定律来囊括。通过这一途径,德语 guten Morgen(早上好)成了 [gmɔin] 或 [gmõ], guten Abend(晚上好)成了 [na·mt],丹麦语 goddag(你好)成了 [gda'],甚至只剩下个 [da'],vær så god(不错)成了 [værsgo'] 或只剩下 [sgo'],法语 s'il vous plaît(请)成了 [splɛ]。①还有些表示头衔和称呼的词也是这样,例如,西班牙语 vuestra merced(阁下)成了 Usted(您),俄语 gosudar(国王)只剩下一个 s,作为附着形式几乎可加在任何词上以示礼貌。②

[154] 于是,一个很有争议的话题摆在了我们面前:词的频繁使用,会不会影响到该词的语音演化,并因而使之游离于语音定律之外?保罗断然否定这一点,他论述别的问题时提到过(《日耳曼语与罗曼语语文学资料》,1886,第 6 栏):"我们现在可以得出结论,频繁使用的词地位之所以特别,在于这些词里仍可辨认出古时音变之效应,而在不那么常用的词

---

① V. 亨利,《历史与文学述评》(Revue critique d'histoire et de littérature),第 22 卷,1886 年 3 月号。——原注

② 这个 s 音源于名词,但已成为后缀(俄语正字法写成 -c)。俄裔德国学者玛克斯·瓦斯莫尔(Max Vasmer,1886—1962)编 3 卷本《俄语词源词典》(Russisches etymologisches Wörterbuch)释 -c 源于 сударь(老爷)、государь(陛下)等称呼的缩短,并给出例子 слушаем-с(遵命,слушаем 本义为"听")(海德堡 1955 年德文版,第 2 卷,第 565 页)。沈凤威等编《简明俄汉词典》(商务印书馆,1965)中对 -c 的补充说明是:"接于有独立涵义的词后,使语句具有客气或谄媚意味,但有时亦具有反讥的意味"(第 822 页)。赖盈铨教授在与译者的通信中指出,这个 -c 在普希金时代等于我们所说的"老板""老爷""先生"等敬语称呼,例如 Да-с(是,先生),Нет-с(不,先生),与英语 "Yes, sir!""No, sir!"感觉上很像,这个 -с 经历的是 государь > сударь > осу > -с 的语音弱化过程。——译者注

里，这早已被类推效应所掩盖。"与之不同的是，这个问题在舒哈特那里得到的是肯定的回答，在V. 汤姆生①那里也是如此。汤姆生在他那篇关于罗曼语表示"走"的词的精彩文章（《论 andare、andar、anar、aller》）②里指出，这些词虽然都是拉丁语 ambulare（走路）一词经过常规音变衍生而来的，但除此之外，这些动词"属于在所有这些语言中或多或少都居于定律之外的那类词，也就是说，这些词由于使用频繁，故经历了比其他词更大、更剧烈的变化，所以，这也是它们走上了自己的路的原因之一"。③

---

① 威廉·汤姆生（Vilhelm Thomsen, 1842—1927），丹麦语文学家、突厥学家，主要研究领域涵盖日耳曼语言、罗曼语言、波罗的语言、芬兰-乌戈尔语言、突厥语言。1893年，汤姆生成功破译了古突厥语最早的碑铭（鄂尔浑碑铭），这一成就成为他对突厥学研究的突破性贡献。他的主要著作包括《日耳曼语族对芬兰语的影响》（Den gotiske sprogklasses inflydelse på den finske, 1869）、《古代俄罗斯-斯堪的纳维亚关系与俄罗斯国家的起源》（The Relations between Ancient Russia and Scandinavia and the Origin of the Russian State, 1876）、《芬兰语与波罗的语（立陶宛-拉脱维亚语）的接触》（Berøringer mellem de finske og de baltiske [litauisk-lettiske] Sprog, 1890—1893）、《鄂尔浑和叶尼塞碑铭之解读》（Déchiffrement des inscriptions de l'Orkhon et de l'Iénisséi）、《鄂尔浑碑铭》（Inscriptions de l'Orkhon, 1896）。1912年，丹麦国王弗雷德里克八世向汤姆生颁发了丹麦国家最高荣誉"象骑士勋章"（Elefantordenen）。叶斯柏森就读于哥本哈根大学时，汤姆生是其导师，对其学术道路有重大影响。——译者注

② 《语文历史学会回顾》（Det philologisk-historiske samfunds mindeskrift），哥本哈根，1879，第197页及后，尤其见第207-208页。——原注

丹麦语文历史学会创办于1854年，《回顾》是学会25周年纪念文集，汤姆生的文章刊于其中。该文的完整题目是《论 Andare、andar、anar、aller——批判词源学研究》（Andare - andar - anar - aller, En kritisk-etymologisk undersøgelse）。正标题中的四个词分别是罗曼语族意大利语、葡萄牙语、普罗旺斯语、法语的动词"走"。——译者注

③ 在这里，我不禁要提醒大家注意一桩怪事：西特加斯特（Settegast）强烈反对汤姆生的词源学（《罗曼语研究》[Romanische Forschungen] 第1卷第238页及后），称"我认为，词源学如果不能建立在一套形式正确的类推基础上，而是与广为人知的语音变化直接相悖，无疑就已失去价值。作者[汤姆生]的看法无论多么有学问、多么有创意，都不能改变这一点。在这个问题上不能退让，这类看法对词源科学是有害的。"同样是这位严肃的学者，却在几页之前论证普罗旺斯语的一个词的词源时写道："小词（Wörtchen）使用得太频繁，不难理解其形式磨损（Formabschleifung）在一定程度上比同样位置上的坚固的名词严重得多。"由此，他使用的恰是他不允许汤姆生使用的那条原则！——原注

综上所述，我对此问题的看法已很明确：我觉得词频不是决定性因素；这个相对外围的因素在舒哈特那里强调得有些过了头，他甚至提出（《论语音定律》第 24 页），一个形式（一个音）需要经历 10000 次重复[①]才能够变成其他形式（音），因此，同一时间内只用了 8000 次的词就必然达不到语音演化之要求，不受此影响，必然还要经历语音演变。不对。如果词频是唯一的决定因素，那么 Morgen 一词在所有短语中都应发生与 guten Morgen 相同的变化，但事实却并非如此。

[155] 因此，正确答案似乎是：促使部分词和短语发生例外语音演化的，不是词频，而是与词频相关联的用来理解说话人意思的易懂程度（leicht Verständlichkeit）和无价值程度（Wertlosigkeit）。

不过，这样一来，我们显然与正统的新语法学派学说相悖。该学说认为，一切音变都依照无例外的定律发生，并不涉及语义及使用频率。但是我觉得，认可我的结论的正确性，一来与语言生命更加吻合，二来可为一些我们原先必须费力牵强解释的历史演化现象做出更自然的解释。例如，我们在丹麦语口语中总把 sagde（说）和 lagde（放）说成 [sa']和 [la']，但被动态却只有 [saɣdəs] 和 [laɣdəs]。再如，我们几乎总是说 far（爸）、mor（妈）、bror（哥 / 弟）（以及 farbror [叔叔]、morfar [外公]之类，而不说 fader（父亲）、moder（母亲）、broder（兄弟），却时不时地写 faderlig（父亲般的）、moderlig（母亲般的）、broderlig（兄弟般的）、faderløs（无父亲的）、modersmål（母语）、brodersind（兄弟情）等等，从不将其截短。这些例子中我找不到任何语音定律，我不相信这些词是从其他语言或方言中借来的，这些词也不大可能涉及类推构成；因此，若要坚持纽洛普所做的解释，就只剩下了两种可能性：一种可能是，发生了辅音磨蚀（Konsonantenschwund）的短形式是因语音定律而演变出的形式，这之

[①] 这个数字其实太小了。例如，如果估算一下一个像 er（他）这样的词在柏林这种 50 万人口的城市每天要被说多少次，这个数字不是高估了而是实在太低估了。——原注

后，保留了原有辅音的形式，就被视为借用的外来词所充当的书面语——hader（恨）、boder（摊位）、roder（搜查）之例亦是如此。另一种可能是，辅音因语音定律而保留，而所有的短形式（例如用 lar 表示 lader［放］，用 har 表示 haver［有］等），都跟 Bob、Beppo 等昵称形式道理相同，可理解为从儿童语言中借用的外来词。但是，这两条路我们应该走哪一条？该理论并未给我们指明；我们不应停留在十字路口徘徊疑惑，所以我建议大家哪条路也不要选，而应走我上面指出的那条路；通过我这条路，我们尤其可消除一个难题：这两类词都是地道的丹麦语词，我们却不得不称其为外来词；其实，它们既是本族词，又是自然演化形式。

4

[156] 与此问题相关的是，语言中是否存在一种动力在充当常规音变路径的障碍，从而使具有语义的音和音节得到保护？古尔替乌斯认为存在，并以此解释了希腊语祈愿式（Optativform）①中 i 的保留，他认为 i 若消失，祈愿式恐将无从辨认。但德尔布吕克（《导论》②第 1 版第 105 页，第 2 版第 106 页）却否认其存在。一方面，他认为古尔替乌斯给出的许多例子可以做出更合理的解释——这一点德尔布吕克无疑是正确的；另一方面，不应臆断印度人和希腊人或可感受到某一语言形式中的某个单音有何语义：一代又一代传承下来的，只是完整的词而已。纽洛普（第 21 页）同样反对古尔替乌斯，指出：面对音变，词干音节跟其他音节一样难以得到保护，"avus 演变为法语的 oncle（叔叔），保存下来

---

① 祈愿式是古希腊语动词的语式之一，用于表达心愿、希望等语气。这一语式在现代印欧语中多已不存，其功能并入虚拟式或条件式当中。——译者注

② 指《语言研究导论——比较语言学研究历史与方法要揽》（*Einleitung in das Sprachstudium: Ein Beitrag zur Geschichte und Methodik der vergleichenden Sprachforschung*，1880）。——译者注

的是什么？"——这会不会是因混淆了同一个词在两个不同阶段的两种不同语义而引发的误解呢？罗马人造出 avunculus（叔叔）这个词时，音节 av- 才真正表示"叔叔"之义，而 -unculus 承载的是"慈爱"这个次要语义（Nebenbedeutung）。但是，这一关系经过时代变迁已基本不存，而 avunculus 是作为一个完整的词传承下来的；avus 本身已被遗忘，因此对于一代代后人来说，能看出 av- 是个具有语义的构词成分的条件也已消失。因此，"叔叔"之义必然是属于整个词的，没有理由保护 av- 这个音节，正如没有理由保护与之位置相同的任何前缀。不过，也不能用 av- 的消失作为证据，来否认词中最能感知出语义的成分格外容易得到保存之猜想。如果德尔布吕克断言希腊人感知不到单个后缀的语义，那么对认为希腊人能够感知到这些词缀的原始词源意义的观点提出质疑就无疑是正确的。例如，有人认为希腊人或可感知出 σ 不定过去时①中的 -s- 与词根 as（是）同源——理由是不定过去时确实是用这个曾经频繁使用的词根构成的，这一点如今受到很大质疑。而另一方面，认为希腊人完全感知不出这种意义（即这个音表示不定过去时之义）显然也是不对的：倘若果真感受不出，他们又何以用得对形式？并且我觉得，若是果真如两位作者上文所述（尤其见德尔布吕克《最新语言研究》第 14 页及后，以及纽洛普第 22 页），在语音定律发挥作用之前，就已存在一个摆动于新旧发音之间的过渡时期，那么就不应该断然否认，在这种过渡时期内与某一特定语义内容相关的某个音本来可以消失，却可保存下来。不过我必须承认，对此我举不出可靠的例子。值得庆幸的是，这样的音（由于纯语音原因）得以保留的例子在其他情况中几乎随处可见，因此可将其在其他少数词中的保留解释为由此引发的类推。纽洛普认为（第 21 页，并参见保罗《原理》第

---

① 不定过去时（[德] Aorist，[英] aorist）是古希腊语中的一种时态，分为第一不定过去时和第二不定过去时。其中，第一不定过去时的词法变化规则是在动词词干和人称词尾之间插入辅音 -σ-，因此也称为"σ 不定过去时"（[德] sigmatische Aorist，[英] sigmatic aorist）。——译者注

1版第58页），这种因语义而发生的保留，只有当说话人了解正在发生的变化，且力求阻止其进一步变化时，才具备条件。对此可回应：说话人根本不需要了解自己正在制造一条语音定律，也不必渴望将其制止。他只需意识到，说话要是不清楚，别人就听不懂；所以，如果需要重复一些词，他就会把那些语义显著的成分重复得字正腔圆，甚至不惜加以夸张。

[157] 这一点可由我们每天都能观察到的一个现象印证，丹麦语有些词（德语也是如此），如 reel（实质的）、formel（形式的）、ideel（理想的）、nominel（名义上的），重音都在最后一个音节，但当这样的词用于对比时，却会出现另一种重音：如 både réelt og fórmelt（实质上和形式上都），以及 sýmpati — ántipati（同情—反感），prímær — sékundær（初级的—中级的），jánuar — fébruar（一月—二月），tur, ikke rétur（单程，非往返）（但 retúrbillet [回程票]，retúrgods [退货] 重音不变）。① 这种音变，既不算作语音定律，也不算作"类推"，其他词尾的词，若构成对比，亦会发生此变化：说 gérmansk（日耳曼），不仅跟 rómansk（罗曼）对立，而且还跟 nordisk（北欧）对立；还有 det mínisterielle parti（执政党）；det er et rent máterielt fænomen, der ikke har noget med sjælenat göre（这是纯物质现象，跟灵魂无关）。德语的例子可以举：Infanteríe（步兵）一词重音在后，但在 Kávallerie und Ínfanterie（骑兵与步兵）中，重音前移；同理，Sékundaner und Prímaner（中年级中学生和高年级中学生），但 Primáner 本身重音在 a 上；Órient und Óccident（东方与西方），但 Oriéntreise（东方之行）重音在 e 上。② 有些例子中，这种重音固定了下来，如丹麦语 dírekte（直接）一词，已极少能听到重音在后面的 dirékte 这个形式，índirekte 亦是如此，尤其还有大量以 -iv 结尾的丹麦语词，konsérvativ（保守）（老一代人按保守的

---

① 丹麦语和德语的正字法中都没有锐音符"´"这个符号。本部分中，元音上方的锐音符都是作者为这些丹麦语词和德语词标注的重音位置。——译者注

② 这几个例子来自我英年早逝的挚友菲利克斯·弗兰克（Felix Franke）写给我的信。——原注

规则把它念成 konservatív、índuktiv（归纳）、déduktiv（演绎）、súbjektiv（主观）、óbjektiv（客观）、índikativ（陈述）、kónjunktiv（虚拟）、súbstantiv（名词）、ádjektiv（形容词）、nóminativ（主格），等等。subjekt（主语）这个语法术语，在"han er et dårligt subjékt"（这是个错误的主语）中保留的原有重音和在"hvad er súbjekt i sætningen?"（这句的主语是什么？）中的对比重音之间的区别，也很明显。此外，我们说 undersögelsesobjékter（研究对象）一词时，会全然按照规则去读，但说起句子的宾语时，会说 Óbjekt；说"完美"这一形容词时，说 perfékt，而说"完成体词干"时，会说 pérfekt-stammen。①

通过上面这些例子，我谈的是语义对语音演化所产生的效果，从中可看出，我没有谈及对词成分的词源或原始意义的感知——这类话题在前面讨论的那些词里显然根本未发挥作用，比如，词源或原始意义绝不会影响到 dírekte 一词的重音——我只想阐明，对现实语感（aktuelle Sprachgefühl）最重要的东西，才是说话人必须让听话人准确听懂的东西，仅此一条，就可将其置于特别保护位置。

[158] 的确，语义对语音演化作用更大。毕竟，在大多数情况下，是语义在规定句重音（Satzbetonung），而众所周知，句重音在历史音系学中扮演非常重要的角色。法语的 moi（我，重读代词）和 me（我，非重读代词）都源于拉丁语 me；但前者在拉丁语 me 带有重音的位置上演化而成，后者则出现于非重音位置上，许多例子皆如此。于是可以说（见纽洛

---

① 其他例子中，还存在一种与之十分相似的重音交替，但原因恰好相反，即我论证过的句子非重音位置上的情况（见《语文历史学会工作简报》（*Kort udsigt over det Philologisk-historiske samfunds virksomhed*）1884—1885 年号第 77 页）。例如，Barón（男爵）一词重音在后，但用于前置（proklitisch）时重音前移，如 Báron Wedell（威代尔男爵）。法语扑克术语 carreau（方片）起初被我们叫作 karó，但现在却依照它的前置形式（如 káro tre [方片 3]），取代了另一个形式，使之永远变成了 káro。——原注

《语文历史学会工作简报》第 77 页的文章题为《浅谈丹麦语重音条件》（*Småiagttagelser om danske akcentforhold*），是叶斯柏森在语文历史学会上的发言摘要。——译者注

普 22 页及后）：像 moi 和 me 这样的双形式，事实上并未违背语音定律，因为此处的两种音经历的不是相同的"语音条件"，因此才按两条不同路径演化，正如古法语的 fol 在不同语音环境下（即依照它后面的词的首音）时而仍为 fol，时而变成 fou。但是必须注意，一个词由带重音演变为不带重音，这一变化的重要性不亚于由塞音变为擦音，或是由浊音变为相对应的清音这样的变化。重音与词的语音物质（Lautmasse）中的其他成分相比，绝不应当视为外部之物。很多人这么以为，可能是因为重音很少能在书写中体现出来，即使体现出来，通常也是用常规字母以外的符号来表示的。那些其活动可决定"呼吸"轻重的器官（如横膈膜 [Zwerchfell] 等），对词的发音来说，跟声带之类的器官同等重要。① 因此，重音在句子内部的变化不是外部性的，不是像后续词的不同首音那样的"语音条件"。我们如果说 moi 和 me 之间的区别是基于不同的重音度（Betonungsgrad），就只是以此解释了次要语音转变（sekundärer Lautübergang）；仍需解释的是主要语音转变（primäre Lautübergang），即重音差异本身；这个差异仅受不同语义的影响，或者更确切地说，是受说话人眼里词在句子中的不同短语里的不同价值（Wert）的影响。

5

[159] 炸掉外围工事之后，我们就可以大胆攻击堡垒自身了：这个堡垒就是新语法学派从语音定律无例外这句话出发而做的演绎。下面先对保罗、布鲁格曼②等人以及纽洛普的思路做个回顾，希望这个回顾是正确

---

① 我希望这个观点能够被越来越多的语言学研究者所接受。参见《普通语言学国际学报》第 1 卷第 109 页注释。——F. T. 注

② 卡尔·布鲁格曼（Karl Brugmann，1849—1919），德国语言学家、印欧语学者、莱比锡学派核心人物，与学派另一核心人物赫尔曼·奥斯特霍夫（Hermann Osthoff，1847—1909）合著的 6 卷本《印欧语领域的词法研究》（Morphologische Untersuchungen auf dem Gebiete der indogermanischen Sprachen，1878—1910），是历史比较语言学最重要的文献之一。——译者注

的，虽然不够简洁。

随着时间流逝，语言为什么会发生语音关系变化？解释这一原因首先必须明白，人对言语器官的控制，不像对身体其他部位的控制那么全面；因此，严格来说，一个人不可能用完全相同的言语器官动作（即完全相同的音）把同一个词说出两次。而且，学说话时，谁也无法学得跟别人一模一样；所以，同一语言共同体（Sprachgenossenschaft）的不同成员的发音存在无限多的细小差别，但这些细小差别必须控制在有限范围内，否则就会影响到该语言的理解及其交际工具用途。每个人的发音都会不时受到他人的发音的调控，从而对其随心所欲的"个性化"趋势设置界限。只有当小变动在同一语言的多个共同体中同时发生时，变化才会出现。正如纽洛普第 14 页所说，我们因此可把口语中（其实就是语音中）所有的变化，都视为几乎不为感官感觉（Organgefühl）①所察觉的变化引发的结果，或者愿意的话，亦可称为变化之和（Summierung），在相同时间以相同方式发生于众多个人身上。由于所有音变都以无意识的方式发生着（纽洛普，19 页），所有音变又都会回归到感官感觉的变化上，故而很明显，每当同样的语言成分再次出现时，同样的变化必然会普遍作用于感官感觉，因为感官感觉绝不是针对某一个词而形成的，而是针对某一个音而形成的；学

---

① 我用"感官感觉"这个词，而不用"运动感觉"（Bewegungsgefühl），因为这种感觉不仅与语言器官的运动相关，如"滑音"（Glides），而且跟语言器官的某些特定位置有关。——原注

作者出色地区分了语言器官的运动和位置；在作者所说的"感官感觉"中，须分清语言器官的外围部分的压力感（Drucksinn）以及核心部分的内部神经感（innere Innervationsempfindung）。参见我的《语音学》第 1 卷，第 211 页；关于作者后文所述，见我对发音、语音、词、句子概念的论述。——F. T. 注

泰希默在其著两卷本《语音学——论声音和语言的比较生理学》（Phonetik, zur vergleichenden Physiologie der Stimme und Sprache）中提出，语音感知（Apperception des Lauts）由 7 个方面的因素共同构成，包括音感、光感、味感、嗅感、压力感、温度感、内部神经感。其中压力感包括手指和发音器官带来的压力。泰希默定义的发音器官包括腹肌、喉肌、软腭、舌、唇。——译者注

会发音，不必一个词一个词地学。

[160] 面对上面这个专横的论断，人们似乎更愿相信与之相反的情况：认为发音就是要一个词一个词地学，因为发音就是词本身，或者更确切说，发音是词的外在层面，跟由语义充当的内在层面相对。但是，这个专横论断的理由却显而易见：小孩子到了一定阶段就会从词中发现诸如 k 和 t 之间的区别，也就是已经掌握了针对这些结构中出现的上述音的感官感觉。我们还须补充一点，他还学会了将其跟不同的声学语音印象（akustische Lauteindrücke）紧密联系起来，于是，他今后若在其他词的其他结构中听到相似的音，就会用同样的动作将其模仿出来。

[161] 如果这一结论全然正确，显然就可认为，一旦某一变化影响了音 x，则音 x 存在的所有位置都会出现同样的转变，因为对前一语言层（Sprachstufe）①的每个 x 的感官感觉都是相同的。依照该结论，这个变化在感官感觉相同的所有位置上均发生，对所有 x 都起作用。然而，语言的史书在每一页、甚至每一行都写满了下列例子：音 x 在一种关系中演变为 x_1，在另一种关系中演变为 x_2；某一辅音在两元音之间按一种方式来处理，在元音和辅音之间却按另一种方式来处理；一个元音，位于鼻音之前会鼻化，位于 l 前会发生另一种变化，位于 r 前则发生第三种变化，等等。简言之，绝大多数语音定律都只是语音异化（lautlicher Differenzierung）之表现：此前是同一个音（同一种感官感觉），后来却成了两三个不同的音（两三种不同的感官感觉）。

[162] 或许可以尝试从"音组"角度而非"单个音"角度，来补救这之中的道理。不同结构中的同一个音，感官感觉真有区别吗？拉丁语 bonus（好）中的 b 和 habere（有）中的 b，bonus（好，阳性）中的 n 和 bona（好，阴性）中的 n，其感官感觉不也曾一度相同吗？我们不还是对法语 avoir（有）和 bon（好）做了不同的处理？bon（好，阳性）的 n 在

---

① 即语言演变中历经的每一个阶段。——译者注

元音鼻化之后消失了，bonne（好，阴性）的 n 却留了下来。假如每个组合结构中都有这样的证据，这种分裂必然说不通。但是，证据并非无懈可击；它基于一个完全无法证实的假设：即说话人由于把某一位置上的音 x 换成了 x_1，所以每当 x 再次出现于"同样的语音条件"时，都要做同样的替换。① 相信人的习惯中会出现如此整齐划一之事，是绝对没有道理的，而这恰恰就是我们正在讨论的问题。许多时候正好相反，上次朝着语音运作空间（Spielraum des Lautes）的某个方向越界，有时可能意味下次要朝着相反的方向越界。无论我们正亲历哪条语音定律的出现，都会观察到新与旧之间的摇摆。例如在丹麦，许多人都听到一条语音定律正开始发挥作用：s 在元音之间要读成半浊、甚至读全浊的 z 音。这一现象仍是纯粹的个人发音，但是到了 20 世纪中期，如果这一现象变成了一条持久的"语音定律"（我觉得我是没机会看到了），我绝不会感到奇怪。而现在能听到的那些浊音，也不是用在所有位置上；相同的词，相同的重音，几近相同的气流，听到的却时而是 s，时而是 z，如 besøge（拜访）、basar（市场）、i sinde（脑海中）。我反复听到过议会上院议长唱票时喊 "de samme, de samme, de samme"（同上，同上，同上），他发的 s 有时带浊声有时不带，而在其他结构里，我从没听过他发 [z] 这个音。

[163] 更进一步说，变化必然同时发生在多个个体身上，但另一方面，音变必然从某一个体开始，继而扩散出去。因此，德尔布吕克认为（《导论》第 119 页），只要问问我们所研究的变化是不是同时发生在语言共同体的全体成员身上，得到的一定是否定的答案；与之相应的有人用新形式、有人用旧形式的过渡状态（Übergangszustand），得到了普遍承认（保罗《原理》第 1 版第 55 页，纽洛普第 22 页）。而这也承认了有些时间段当中，某一语音定律已开始在同一语言共同体中出现，却尚未运转起来。

---

① 此问题另见舒哈特对"语音条件的共同性"（Gleichheit der lautlichen Bedingungen）这一概念的尖利批评。《论语音法则》第 18 页及后。——原注

但是，因为没有哪两个个体会以完全相同的方式说话，所以必须为个体树立起语音定律的不可侵犯性（Unverbrüchlichkeit）（即使个体并不会在语言生命的不同阶段说话，亦是如此），使每个个体的语言都达到一种"即时平均值"（Momentandurchschnitt）（德尔布吕克）。故而，"语言学必须阐明生命之条件"（纽洛普第17页）这句至关重要的话，由此堕落成为：我们只是给人类语言摄下了几张即时照片，就拿出了无例外的语音定律。严格来说（站在这样的理论高度我们必须始终严格来说），每一即时瞬间中存在的只是该个体说着、想着的一个词而已，或者更严格来说，仅仅是这个词的一部分；我们如果还想囊括他灵魂中潜伏着的所有尚未出世的词萌芽（Wortkeim），囊括他所"掌控"的完整语言材料，即那些在一定条件下可以转为有声词的语言材料，就必须要问：我们见过哪条语音定律完美而纯粹吗？比如，古老的第一次语音转移[①]做到了吗？几乎没有过这样的定律。当今的定律亦是如此。语音定律固然（保罗第1版第55页，纽洛普第16页）是历史发展中某种统一性的表现；但是，仅通过一张即时照片，又岂能看出历史演化的规律性？语音定律的运行，要求作用于多人；而为了构建语音定律之一致性，却又必须把握单个个体的语言，因为语音不会在多个个体身上同时发生变化。这二者如何调和？新语法学派是否真的考虑过这些问题？

6

[164] 此外，新语法学派的上述结论没有考虑到环境（Umstand）这个在语音演化中无疑扮演重要角色的因素，仅谈及了同一代人内部的变化，并且只是成年人语言中逐渐经历的变化。保罗多次明确提出过语义转变（Bedeutungsübergang）（《语言史原理》第1版第36、79页），指

[①] 即格林定律。——译者注

出某个词可从曾有词源关联的一组词当中脱离出去,他认为这不是某一代人遗忘了什么,而是旧有形式没能传递给新世代;① 很意外的是,对于音变,他没有提出类似的论断。② 由此来看,哈维③ 的观点恐怕不可能正确,他反对克鲁舍夫斯基④ 以保罗的理论为基础而提出的连续性微观音变(kontinuierliche mikroskopische Lautänderung)这一正确学说(《论语音交替》[Über die Lautabwechslung, 1881];《普通语言学国际学报》第 1 卷,302 页),他认为(《历史与文学述评》第 17 期,1881 年 10 月⑤):"然而,大自然有跳跃(natura facit saltus)⑥;一代代人之间存在不连贯性……辅音之后的 l 变成腭化 l(l mouillée)⑦,在许多罗曼方言中都实现了,这原本只是个未加以纠正的儿童式发音,如今却突然出现在我们眼前,很多父母说 fleur blanche(白色花朵)说得清清楚楚,可孩子们说 flleur bllanche 说

---

① 这同样适用于对仅在某些情形中使用的形式所进行的一般化(Verallgemeinerung)。例如,有些形式本来只在辅音词首前使用,后来可随处使用。这种转变通常被归类为广义的"类推变化"。——原注

② 但是,参见《语言史原理》第 2 版第 58 页;不过这一考量似乎并未影响到他的进一步论述。——原注

③ 路易·哈维(Louis Havet, 1849—1925),法国语文学家,主要从事古希腊语、拉丁语诗学研究,著有《希腊语、拉丁语格律基础教程》(Cours élémentaire de métrique grecque et latine, 1886)等著作。——译者注

④ 米柯瓦依·克鲁舍夫斯基(Mikołaj Kruszewski, 1851—1887),波兰语言学家,俄国喀山语言学派代表人物,著有《论语音交替》(Über die Lautabwechslung, 1881)、《语言科学纲要》(Очерк науки о языке, 1883)。——译者注

⑤ 哈维的文章是为克鲁舍夫斯基在喀山出版的《论语音交替》一书所撰写的书评。——译者注

⑥ 此处拉丁文谑仿莱布尼茨《人类理智新论》(Nouveaux essais sur l'entendement humain)中的名言"大自然没有跳跃"(natura non facit saltus),即莱布尼茨对连续性的强调。——译者注

⑦ 拉丁语辅音 l 在罗曼语族许多语言中分化出了腭化 l 和非腭化 l,法语语言学文献中称前者为 l mouillée(字面意思为"湿 l"),即硬腭位置的舌边通音 /ʎ/,拼写形式为 <ll>。当代法语中,/ʎ/ 已并入 /j/。卡斯蒂利亚西班牙语中亦存在非腭化 l /l/ 和腭化 ll /ʎ/ 的对立,但拉美西班牙语中,/ʎ/ 通常也已并入 /j/。/ʎ/ 在意大利语中的地位较为稳定,拼写形式为 <gl>。——译者注

得不也是毫不含糊？"正因为儿童对其身边的语言模仿不充分，人们才能看出音变的规律性，才力求提出无例外的语音定律。例如，儿童若是用 t 取代了 k，则在所有位置都会这么做：很自然，他们还无法将其语音器官摆到发 k 所必需的位置上；耳朵可能也听不出这两个音的区别。有个孩子，他的发音我刚好很熟悉，他把长元音后面所有的 [ɣ] 都发成了 [g]，如 kage（蛋糕）、bage（烤）、bøger（书），把同样条件中的 [v] 都发成了 [b]，所以发出的经常是些"与拼写一致"的庄重发音，如 løbe（跑）、kæbe（下巴），带 [v] 的发音才是唯一的常规发音；但是，从他那更常听到的却是些偏离常规的发音，如 skibe（船）和 skive（薄片）都成了 [sgi·bə]，城市名 Skive[①] 也是如此；此外还有 skriver（写）、haven（花园），甚至还包括 lagde vi [la·bi]（我们放下）等，但却不包括 fik vi（我们得到）——简言之，这是条完整的语音定律，但不涉及"运动感觉之变化"，因为他显然没有学过用别的方式来发这些结构的音。成年人语言中若存在很严重的偏常规（Abweichung），迟早要被改正过来（比如上文提到的"昵称"）；但是偏常规如果不那么严重，进行自我修补很容易。

[165] 关于感官感觉变迁的理论，当前并不充分，可通过下列思考来做进一步阐释。

正如斯威特[②] 第一个观察到的那样，丹麦语 hade（恨）、boede（居住）等词中的 [ð]，从其形成来看，跟 [j] 的关系要比跟冰岛语 ð、英语 th 近得

---

① 斯基沃（Skive），丹麦城市，位于日德兰半岛西北部。注意这个通用的汉译并未反映 v 的实际读音。——译者注

② 亨利·斯威特（Henry Sweet, 1845—1912），英国语文学家、语音学家，著有《语音学手册》(*A Handbook of Phonetics*, 1877)、《英语口语初步》(*Elementarbuch des gesprochenen Englisch*, 1885)、2 卷本《新英语语法》(*A New English Grammar*, 1892—1898)、《英语语音史》(*A History of English Sounds*, 1874)、《语言史》(*The History of Language*, 1900) 等，编辑整理了阿尔弗雷德大帝用古英语西撒克逊方言翻译的教皇格列高利一世著《司牧规则书》(*Liber Regulae Pastoralis*)。他在《语音学手册》一书中提出了关于"宽式罗马字"和"严式罗马字"的区分，因而被布拉格学派视为"音位原则"的早期先驱。——译者注

多；在儿童语言里常能听到把 [ð] 发成 [j] 或者是比正常的丹麦语 [ð] 更接近于 [j] 的音；如果在成人那里不时听到带有强烈腭化色彩的 [ð] 音，不大可能是他想让正常的 [ð] 朝着 [j] 的方向发展；他小时候的发音比现在更接近 [j]，他的感官感觉之变化，早已朝着跟他自己也参与在其中的这个音变相反的方向发展了。

[166] 进一步说，新语法学派对语言混合（Sprachmischung）论述得也不充分。语言混合总会发生，因为每个个体都会受到他人的语言影响，谁也不可能用真正"相同"方式说话。舒哈特格外强调了这一问题（尤其参见他的《斯拉夫德语和斯拉夫意大利语》[*Slawo-Deutsches und Slawo-Italienisches*]，1885）。但我不想深入这个问题，而是想转而探讨这类理论研究中必须涉及的一个因素，虽然这个因素在语言中并未留下太多的持久性影响。这个因素就是，人类的语言器官不仅是语言器官，而且还承担很多发音之外的用途。这些动作如果同时进入言语中，就会对语音产生特殊效果。温特勒[①]指出："与 i 相关的唇部活动，跟用嘴做的欢快、嘲弄的动作相关联；与 u 相关的唇部活动，则集中了真诚与热情。由此，这些情感都对语言施加了影响，这类影响在儿童那里尤其容易观察到。"嘴唇微笑时的位置，使双唇难以合拢，而合拢双唇是发 m 音之必由。因此，我有时会看到微笑或大笑的人发唇齿的 m 音，而不是双唇的 m 音——听出这个差别来可没那么容易。舒哈特提及了安达卢西亚方言中类似的情况（格罗伯[②]主编《罗曼语语文学学报》[*Zeitschrift für romanische Philologie*] 第 5 卷第 314 页）：¡Josu!（耶稣啊！）中，非重读元音发生了增强；实际上，

[①]《格拉鲁斯州的卡伦茨方言》(*Die Kerenzer Mundart des Kantons Glarus*)，1876，第 100 页。——原注

约斯特·温特勒（Jost Winteler，1846—1929），瑞士学者，文理中学（Gymnasium）希腊文、历史教授，济弗斯的弟子。其著《格拉鲁斯州的卡伦茨方言》对布拉格学派的音系学思想有重要影响。——译者注

[②] 古斯塔夫·格罗伯（Gustav Gröber，1844—1911），德国语文学家、罗曼语学者。——译者注

此例以及用 ¡quia!（什么！）代替 ¡ca!（什么！）[①]之例，双唇的形状在一定程度上是由情感压力引起（双唇因疑惑而撮起，又因轻蔑而分开），因而导致了音变。(比较丹麦语以 jøses! 代 jesus! [耶稣啊！]。) 痛苦或愤怒时（通过咬牙切齿），意大利语的 s 有时（尤其是在不送气清音前）很像 š：我听到过有人说 mi duole la tešta, ti do uno šchiaffo（我头疼，就拍了一巴掌），这句话里原本是不存在 š 的。还可参考法语 haine（恨）一词在激昂的舞台台词或现实激动中强烈的送气。丹麦语也能听到类似的以 š 代 s，如 sludder（胡说）、svineri（龌龊）；与之类似的还有以 [nœ·] 代替 [nɛ·]（= nej "不"），以及"在嗲气话里，lilla vän [小朋友] 被说成 lylla vön[②]"（伦代尔[③]《论正字法问题》[Om rättstafningsfrågan, 1886] 第 16 页)——音高之类的因素，也属于这一话题的重要部分；有些特定关系中，环境也会对上述音变发挥作用。例如，nå（现在）、næ/nej（否）、ja（是）之类的词，词首辅音经常会拉长，而这种长辅音其他情况下在丹麦语里绝对没有，只是在犹豫或不想马上给出确切答复时才会出现；此外还有 men（但是）、og（和）之类的词，通常念成 [mæn·ə·]、[ɔγ·ə·][④] 等，这都是因为还没找好想说的词。

[167] 事实上，新语法学派认为，上边提到的那些音变，皆通过感官感觉最小变化（Minimalverschiebung am Organgefühl）而形成，对所有

---

① 舒哈特的原文中，这几个西班牙语例子标有重音。¡Josú! 是 ¡Jesús! 在安达卢西亚方言中的若干俗体形式之一。而 ¡quia! 和 ¡ca! 都是西班牙语表示惊讶、难以置信、否定之意的感叹词。¡quía!（什么！）的重音原本位于 i 上，但舒哈特所举的例子中，感情色彩使重音后移至 a 上成为"¡quiá!"。——译者注

② 即用相同发音部位的圆唇元音 /y/ 和 /ø/，取代不圆唇的 /i/ 和 /e/。——译者注

③ 约翰·奥古斯特·伦代尔（Johan August Lundell, 1851—1940），瑞典语言学家、方言学者，著有《瑞典方言字母》（Det svenska landsmålsalfabetet, 1879）、《论方言研究，尤以北欧各语言为例》（Om dialektstudier med särskild hänsyn till de nordiska språken, 1881）等。——译者注

④ 1933 年版自选集里删除了这两个例子。此处这两个词的注音，依据本文丹麦语版里的注音说明。——译者注

的词均有同等影响，因而才可置入只可以是"纯语音"变化的定律之中；保罗《语言史原理》以及纽洛普等，都是这么认为的。而今，布鲁格曼（《论语言学今日现状》[Zum heutigen Stand der Sprachwissenschaft]，第 50 页）承认，还存在其他类型的语音转变方式，偶尔发生，故而呈跳跃状。保罗也接受了这一观点（《日耳曼语与罗曼语语文学资料》，同上）。举例说明，如 ks 换位变成 sk，ps 换位变成 sp，又如意大利语方言 crompare 代替了 comprare（买），grolioso 代替了 glorioso（辉煌），等等。大家将会看到，我们此处研究的这个现象属于构成的一个种类（混淆构成），即我上文讨论过的"类推构成"的第二类。此处我不必深入细节，主要是因为保罗已论述了这类演变及其跟其他语音演变之间的界限。① 我只想强调一个令人兴奋的事实：一旦放弃了绝对的公式，一切音变就真的可以依照无例外的定律来运行了。

[168] 最后，还应该简要讨论一下舒哈特的"纯语音类推"（rein lautliche Analogie）理论，该理论中，完全没有语义相似性的地位。纽洛普给出的普罗旺斯语例子（第 52 页）比舒哈特更可信，在纽洛普的例子里，bo 和 bon（好），ma 和 man（手）等双形词导致 fon 成为 fo（是，过去时）的伴随形式（Nebenform），而与之相反，venda 则成为 vendon（卖）的伴随形式。语音类推还出现于南英格兰英语 idea-r-of，America-r-and England，the law-r-of the land 等结构中著名的"r 音闯入"（Einschaltung von r），其缘由是 r 位于结尾原本并不发音，如 far better，但位于元音之前是发音的，如 far away、better off。② 法语中被归结为"皮革"（cuirs）

---

① 见《语言史原理》第 2 版第 59 页。很遗憾我拿到这个新版本太晚，以致无法把这个德语新版本中所做的更新考虑进来。——原注

② 斯托姆（Storm）《英语语文学》（Englische Philologie）第 1 卷第 92 页；韦斯滕（Western）《英语语音》（Englische Lautlehre）第 66 页。菲埃托（Viëtor）《语音学基础》（Elemente der Phonetik）第 70 页提到，英国人说德语时也会说成 hatter-ich（我可能有），sagter-er（他说）。同样的现象在东日德兰方言中也有。——原注

和"天鹅绒"(velours)的 z 和 t 的闯入,^① 也属于这一类。^② 此外,语音类推对决定外来词应如何发音的作用也不容小觑,比如,进入丹麦语的外来词要不要带上所谓的斯特德^③。舒哈特如今认为,这类语音类推或许可以和其他因素相结合,形成语音定律,而由于某种原因而形成于一个或多个词之中的音变,由语音类推继续引导,最终可传播至所有的词,继而会在相同语音条件下发现原本就相同的音。用例子来证明这一点很困难,但其可能性是不可否认的。^④ 可以确信的是,我们可从更多例子中探寻出一部"语音定律的变形记"(Metamorphose der Lautgesetze):如今相同的语音,在语言的较早阶段也相同,但却经历了一个语音不同的中间阶段。例如拉丁语 amat clarus(清澈的爱)——现代法语是 aime clair,但古法语中,后续辅音导致了差别,是 aime cler,这一处不同的发音可通过无数诗歌韵脚来佐证。对于大量的其他节点来说,假如我们能够对中间阶段有所了解,那么能否用类似的方法找到类似的殊途同归路呢?(参见舒哈特《论语音定律》第 21 页)

---

① 许多辅音字母位于法语词末位置时是不发音的,如 cent(百)、pas(步伐)、peux(你可以)等词中的 -t、-s、-x 均不发音。但是当这类词后面接元音时,该辅音则会被"激活",成为下一音节的首音。例如,cent année(一百年)读 /sã tane/, pas à pas(一步步)读 /pa za pa/, deux enfants(两个孩子)读 /dø zɑ̃fɑ̃/。这一现象在法语语言学中称为"联诵"(liaison)。说话时能否正确处理联诵,在法国被视为语言雅与俗的重要标志之一。教育程度低的人对书写形式掌握不足或意识不强,若在并无 -t 出现的位置插入了 /t/ 音,被讽为皮革联诵;若在并无 -s 或 -x 出现的位置上插入了 /z/ 音,被讽为天鹅绒联诵。这两种情况皆因矫枉过正而形成,均被视为发音错误。——译者注

② 参见我在《语文历史学会工作简报》1884—1885 年卷第 92 页及后对巴黎土话的评述。——原注
这篇文章题为《探巴黎土话的语法》(Træk af det parisiske vulgærsprogs grammatik)。——译者注

③ 斯特德是丹麦语的一种超音段特征:元音发音过程中呈现断点,而非常规的连续状,带斯特德的元音和不带斯特德的元音在丹麦语中具有词义区别功能。——译者注

④ 的确,确实可以说,在上文所述的新语法学派关于语音定律起源的学说里,正是语音类推,导致语音变化不局限于其首度发生的那个词,而是发生于带有这个音的所有词。——原注

7

[169] 我们的探究已从多个方面质疑了语音定律无例外运作这一论断,也质疑了关于音变发生方式的常规阐述。但是如今人们反复强调,如果不尊崇这一学说,就绝无可能把语法向科学高度上提升(保罗语),就不可能存在语源之科学,就会把词源学搞成臆测,这也是为什么语言学要把这句话奉为"生存之条件"(纽洛普语)。果真有这么严重吗?要回答这个问题,就需简要思考一下我们为何需要语音定律。

[170] 首先,比较语言学研究是一种解释性的语言研究。如果有人问解释性指的是什么,可以回答:就是某一表象跟已知的另一表象(或者更确切说,若干其他表象)之间的关系。牛顿解释过月球的运动,他把这一现象跟一系列已知现象做了参照,尤其跟地球的引力效应做了参照;解释语言现象,语言学给出的方法与之相同。例如,丹麦语 til lands(在地上)这一结构,第一眼看上去,这个属格用得怪异,只能转而通过该介词在古北欧语里就一直支配属格这一事实来做解释。但是,还可参照另一个事实来解释: til 这个词原本是名词,词源上跟德语的 Ziel(目标)同源,因此跟其他由名词变来的介词一样,要用属格,因为属格的功能本来就是连接两个名词。但是,如果有人问,是什么理由让我们把首音是 t 的 til 跟首音是 z 的 Ziel 联系起来? 这个疑问通过下列词对即可消除: tunge — Zunge(舌头), tid — Zeit(时间), tære — zehren(消耗), tegne — zeichnen(画),等等。换言之,这一系列词发生了高度一致的变化,意义上和形式上的关联都十分明显,就连小孩子都不会不相信我们在这两种语言中找到的是"一样的词"。正是通过这样的解释,通过词源化(Etymologisieren),我们运用了"语音定律"这个概念,从中发现更多的词因"语音定律"而关联:将其加以公式化,就是"丹麦语 t = 现代高地德语 z"[①]。我们需要语音

[①] 不过,更严格而科学的提法是,这里存在两条语音法则:一条是原始日耳曼语 t = 丹麦语 t,另一条是原始日耳曼语 t = 现代高地德语 z。——原注

定律来为词寻找词源，需要语音定律来展示一个词是如何跟另一种语言中的词关联着的。

[171] 把"语音定律无例外"这句话用作语言学词源部分①的方法论准则，其实无非就是说：当两个词的联系不完全显而易见时，若要证明从词源角度把二者结合起来是正确的，就必须拿出确凿的语音演化的平行关系做证据。这种一致性如果是直接而明显的，我们就不需要借语音定律来证明自己的判断，但我们恰恰就是从这些具有高度相似的词里总结出了语音定律，还将其运用到了一些由于某种原因而出现疑议的例子中。尤其是对于我们意识中出现了整体归属感（Gefühl von Zusammengehörigkeit）之例，根本无需求助于语音定律。例如丹麦语中，与 [reçtinɔk] rigtignok（正确）并肩存在的还有 [renɔg] 这个形式，我们根本就无法证明其为类推之例；与之类似，我们也完全没有理由怀疑 [kan', kan, kən, kn, ka, kə, k] 全都是书写成 kan（能够）的同一个词的不同形式。但是，如果疑议尚存，则可能主要存在于关系较远或年代较远的语言中的词，比如用古北欧语的词跟古印欧语的词做比较，或是用当今罗曼语族某种活跃方言的词跟拉丁语的词做比较。因此，只有证明出同一组音在相关各语言的其他词里得到了完全相同的处理，疑议才会消除；换言之，只有用无例外的语音定律来处理，疑议才会消除。如果语义方面出现难题，我们必须用同样的方式把类推构成作为基础。不过，语义领域不像语音领域那样，有相对确切明了的现象，有极易受忽视的构成潜势；语义领域的现象不那么确切、不容易把握，现象之间的相互影响是无限的。假设我们在关系很远的两种欧洲语言中找到两个词，二者在语音方面极其相似，但其中一个表示"沙滩，尤其是海滨沙滩"，另一个表示"罢工"，那么我们就很难说这是同一个词。如此之大的语义差别似乎使之不具可能。但在法语中，的确有同

---

① 这部分当然不能用作整个语言学的方法论原则，因为后者包含词源因素以外的东西，可作为对一般语言现象的历史阐释。语言生理学和语言心理学著作当然必须视为语言学著作，但是历史阐释在这类著作中的角色太小，甚至根本没有。——原注

一个词 grève，兼具上述两个意义。我们得说：从词源的角度看，这二者就是同一个词。这个事实让我们有理由认为，可以另行使用一种语言外的（außersprachlich）历史方法为这两个词构建起联系；我们可以指出，塞纳河畔一些多卵石、多沙子的河滩，常被称为 la Grève（河滩），那里形成了一种劳务市场，找工作的工人们去那里兜售自己的劳动力以求薪酬更高的工作，被称为 faire grève（搞河滩），une grève 这个词由此分离出一个意义：强行要求更高工资的劳动立场，简言之，就是罢工。因此，这两个词虽然在语义上存在很大跳跃，但我们将其联系在一起却是合理的，这类似于 [reçtinɔk] 和 [renɔg]，虽然在语音上存在很大跳跃，但上文中我们却将其联系在了一起。

[172] 大家会看到，依照本文所阐述的语音定律观来看，语音定律只不过是语音一致性的公式，由此充当准绳，告诉我们探究词源可至多深，让我们不至于闯入不安全的地界——从这一观点来看，不应该像人们有时设想的那样，把语音定律跟自然定律（如重力定律、落体速度定律等）混同起来。因此，对语言学来说，最可取的或许是别再使用"语音定律"这个词，而改用"语言公式"（Lautformel）。可是，"语音定律"这个词却已约定俗成，今后也依然会普遍使用：于是，这些公式有时会继续被当成司法意义上的"法"。①我们读语言学著作的书评时，就经常遇到这样的曲解：这个那个与语音定律相冲突；语音定律不允许有这样的词源；这本书不好，因为作者轻率地违背了语音定律，或是没有注意语音定律，等等。这岂不是明显在拿语音定律跟刑法条款相提并论？"你构建的词源中，如果不严格遵守语音对应关系，比如，希腊语 k 本来对应日耳曼语 h，你却胆敢说希腊语 kaléō = 丹麦语 kalde = 英语 call，就会有人把科学领域最严厉的处罚颁授给你：你的词源是错的，你丢了学者共和国的公民身份。"

---

① "语音定律"在德语原文中是 Lautgesetz，这个复合词里的 Gesetz 既指科学领域的"定律、法则"，又指"法律"。相对应的丹麦语术语 sproglov 中的 lov、英语术语 sound law 中的 law，也都是如此，因此才会使人产生这样的印象。——译者注

但是，我们所论述的问题，其方法论意义在于语音公式中涵盖着的并且要传递给研究者的指令。从这一意义来讲，我们并未违背"新语法学派方法"，虽然我们并不觉得对语言生命条件的进一步研究会强化新语法学派的音变学说。这既来自我们对语言的本质与运作的抽象思考，也来自我们对自己的语言的分析，此外还有些与我们想法特别接近的同行也这样认为，如埃利斯[①]所说的"听着（语言学的）草生长[②]"。

[173] 除了方法论层面之外，这个问题还有一个历史层面，请大家允许我最后做个比较，这样我的观点就更加清晰了。上文提到的那条语音定律：印欧语 k = 希腊语 k = 日耳曼语 h，我想把它跟一句斯宾塞-达尔文主义的话做个比较：古哺乳动物的前足，在人和猴子这里进化成了手，在鲸那里却进化成了鳍。事实上，这两种话语之间的相似性不止一点点。我们如果给大量鲸鱼鳍取一系列"即时平均值"，很难从中发现什么能跟前足的无例外进化定律联系得起来的东西，正如我们通过语言学的即时平均值也无法寻获语音定律一样。通过显微镜式的研究，当然也通过我们裸眼的细致观察，我们在两个领域都发现了无数的小差异；没有哪两个鳍是完全相同的。我们无法证明这些差异的原因何在，然而这一事实却并未让我们盲信一切都是自然发生的，并未让我们盲信前因后果（Kausalität）

[①] 亚历山大·约翰·埃利斯（Alexander John Ellis，1814—1890），英国语文学家，皇家学会院士，英国语音学早期代表人物，著有 5 卷本《论早期英语的发音》（*On Early English Pronunciation*，1869—1889）、《歌手发音指南》（*Pronunciation for Singers*，1877）、《英语方言——方音及其分布地》（*English Dialects: Their Sounds and Homes*，1890）等，翻译了亥姆霍兹（Helmholtz）的《音的感知》（*Lehre von den Tonempfindunge*，1863）。埃利斯是英语拼写改革运动的推动者，著有《关于语音印刷与语音书写的请愿书》（*A Plea for Phonotypy and Phonography*，1845）和《语音拼写请愿书》（*A Plea for Phonetic Spelling*，1848）。——译者注

[②] "听着草生长"（hear the grass grow）原为英语成语，比喻听觉敏锐。埃利斯论述其语音演变观时表示，对英语语音的观察和研究，有助于人们了解每一时期的真实语音状况。对于不断发展变化的真实语音状况，他认为语音学家的任务是"要了解受过教育的人当中出现的那些变化，听着（语言学的）草成长"。（第 4 卷，前言，第 xvii 页）——译者注

普遍而无例外地存在着，亦并未磨蚀我们对科学的信念。因为正如赫伯特·斯宾塞所说，科学是整合的知识（unified knowledge），这就表明，科学的真正目标，就是对诸多个别事例进行归纳总结。因此，透过某一瞬时某一具体的鲸鱼鳍，我们找不到科学的演化定律；反之，若能对当今大量的鳍加以比较，把所有典型的鳍区分出来，跟今日鲸类的祖先的前足之典型并置，或者若是找得到的话，跟其当代近亲的前足并置，就能成功发现此类定律了。这一切亦适用于语音定律：我们只需将其在语言领域构建起来，以便能够做显微镜式的研究，继而再去研究年代更久远、空间更遥远的语言领域；而对于望远镜式的观察来说，不存在琐碎的细小事；我们眼里只有巨大而规则的一系列事物，而巨大的洪流，正是方向各异的无数细流汇聚之结果。

再论语音定律问题
Zur Lautgesetzfrage: Nachtrag
（1904）

[174] 我越来越觉得应当思索一下，语言中的外部因素和内部因素之间，即语音和语义之间，存在着最紧密的关系（见上文§153及后），如果对一方投入精密研究，却不考虑另一方，是个极大的误区。语言的语音研究中有许多东西，如果不涉入语义研究，就无法理解、无法解释，这一点在我对音长关系、重音关系的论述中尤其看得出来（《语音学手册》[Lehrbuch der Phonetik]，第12、14、15章①）。我的语音学著作的其他章节中，也常有以语言内部层面为对象的论述。把一种语言精通到能够体会出是严肃还是玩笑，自己也有能力表达严肃与玩笑，才真正能够判断该语言的全部语音关系。当然也不能否认，有些研究者虽未对相关语言做到精通，却对此做过些很有价值的个案观察。

[175] 语言史中有许多现象，若将外部和内部结合起来，若将目光投向这两个领域之间可能存在的相互联系，就会得到新的启示。我在其他著作中提出过一个问题：古英语格系统的崩溃，最深层的原因是什么？我的回答是，一切（包括人们通常所理解的语音定律带来的变化，也包括被归结为类推的变化）都是因为词尾的语音和功能之间出现了多重矛盾。假如同一个词尾一直保有与其他词尾明显不同的句法意义，那

---

① 第12、14章已收于本书中，即《音长》和《重音》两文。——译者注

么保存好整个系统就会容易得多。但事实是，u 一会儿是主格单数词尾，一会儿是主格复数词尾，e 既作单数主格词尾，又作单数宾格、与格、属格词尾，还作复数主格、宾格词尾，各格之间有时就会区别得很不精确。随后就会出现忽略非重读音节里元音的唇舌发音动作之趋势（这些元音皆变为 [ə]），此趋势一直发生，随处发生，不可阻挡。① 而其他方面亦可观察到类似情况。

[176] 语言的每个成分（Bestandteil）（我指的是最广义的"成分"），都存在一定的精确性（Richtigkeitsbreite），都拥有一定疆域（Gebiet），在这个疆域之内可将其辨认出来。说话者越是接近疆域中心，听话者就越能简单、完好地理解其信息。只有当说话人靠近疆域边界（Grenze）时，才会较难理解说话者话语中的相应成分是否和说话者的意图相符；而如果他从某一方向越界，听话者或许就只能借助同一话语中的其他成分去费劲猜测，某一部分是什么意思；理解起来常会为之一惊，随即充满疑惑。这种运作余地有多大，不仅因语言不同而不同，而且在某一语言内部亦有差别。句子词序发生改变在一种语言中足以让句子完全听不懂，而在另一种语言中却相对来说无所谓，许多语法成分皆如此。至于某一个词的语义，举例来说，虽然 Lampe（灯光）要比 Licht（光线）狭义很多，但是只要语义边缘（Rand der Bedeutung）很模糊，词的使用就常会很不确定。边界的不确定性经常跟外部世界条件有关联（如，Sand [沙粒]、Kies [沙砾]、Gries [颗粒] 的边界线在哪里呢？），但也经常是纯语言学的，例如，某些概念在一种语言中严格区别，在别的语言中却较为模糊。

---

① 见《语言的发展》(*Progress in Language*, 1894) 第 174 页及后（关于民族融合可能导致的加速，见该书 172 页及后）。还可比较我论述过的拉丁语词尾 -s 在罗曼语中的消失（该书第 98 页），一般性评述，见第 55 页。——原注

[177] 关于语音精确性，济弗斯[①]写下了下面这段一语中的的话[②]："若要对音变过程无例外的问题加以评价，至关重要的其实是每位说话者以及每个语言合作过程所具有的语音理解和语音产出之精确程度。即使是说话最中规中矩、最准确无误的人，其发音动作也仍存在一定差异余地，这就像是最连贯一致的手书，……每个符号的书写也存在细微差异一样。但是，这种波动域（Zone des Schwankens）的幅度却可以各有千秋。有些语言以充满细微语音差异为特征（印欧语就属于这类），因此理解和产出都必然反映出很高的精确度，而对于另一些语言的惯用语音结构而言，区别就比较含混，但较为仔细的听话者仍能分辨出其本质差异。（我研究的一个巴布亚人，说 ramamini voka [我喝咖啡] 这句话时，那个表示'咖啡'的词时而用较轻浊擦音发成 voɜa，时而用浊中性音发成 voga，时而用不送气清塞音发成 voka，时而用送气清塞音发成 vok'a，还有时用具有强烈刺耳声的塞擦音发成 vokxa。）"[③] 其他一些类似的有关稀有语言中的语音不确定性的有趣例子，见甲柏连孜《语言学》（1891，第 201 页及后）。

[178] 但是，假如有人认为有些语言一切语音的发音都很松懈，而另一些语言一切语音的发音都很精准，那就大错特错了。情况实际上是，每

---

① 爱德华·济弗斯（Eduard Sievers，1850—1932），德国语文学家、历史比较语言学家，莱比锡学派核心成员之一。发现了原始印欧语辅音丛中滑音 y 转变为元音的条件，后世称之为济弗斯定律；编辑整理了古萨克森语史诗《救世主》（Heliand），著有《语音生理学原理》（Grundzüge der Lautphysiologie，1876）、《古英语语法》（Angelsächsische Grammatik，1882）、《古萨克森语〈救世主〉与古英语〈创世记〉》（Der Heliand und die angelsächsische Genesis，1875）、《古日耳曼语韵律学》（Altgermanische Metrik，1893）、《论古英语元音系统》（Zum angelsächsischen Vokalismus，1900）以及多次再版的《语音学原理》（Grundzüge der Phonetik，1881，1885，1893，1901）。——译者注

② 《语音学原理》（Grundzüge der Phonetik）第 4 版 § 682。——原注

③ 济弗斯还加了一句："由此而生的语音表达仅见于界限内部，具体细节由每一波动域的幅度决定。"——这样看来他似乎认为，波动域较窄时，语音定律才可能无例外，反之则不会。（可是怎样才算窄呢？）——原注

种语言为语音所划定的界线，都是时而宽松，时而严格。例如，德语 sie（她）、ziehe（拖拽）、Ziege（山羊）中的长音 [i·] 鲜有差别；而书写为 eu、äu 的那个双元音（如 Eule [猫头鹰]、träume [梦] 等），不同的德国人发起来截然不同，甚至同一个人都会发得很不一样。我们一听到两个顺次出现的元音，前一个圆唇，后一个在口腔中更高处、靠前很多，就会将其判定为这个组合；至于发前一个音时，舌要压低多少、后缩多少，并不重要，后一个音是圆唇还是不圆唇，也不重要；而在有些地区，连前一个音都是不圆唇的。语言的语音经济是极不平衡的——都是在这一点上铺张些，在那一点上苛刻些。①

[179] 不过，每种情况下，语音波动的幅度和边界的牢固度均取决于语言的语义层面，我认为这一点至关重要。某种语言中如果有许多词对皆仅由 [e·] 和 [i·] 来相互区别（或是由 [i] 音的长和短、由浊音 [b] 和清音 [p]、由词首重音和词末重音、由上升声调和下降声调来相互区别），那么这个区别就一定会被讲这种语言的人们严格遵守，否则就会频频出现误解。而与之相反，如果不会产生明显混淆，谁也不会对其太在乎。法语中，此外尤其英语中，很容易就能列出大量的词对，其区别仅在于词末塞音一个是清音，另一个是其相对应的浊音；因此，词末位置上的 [b] 和 [p]、[d] 和 [t]、[g] 和 [k] 区分得很清楚。而德语中则鲜有这样的例子，人们因此也就无须对抗词末音变清音之自然趋势了②；如今，所有词末塞音都已变成了清音。在词首位置和词中位置，德语这类区别的例子也很少（见《语音学教程》§104 列出的例子），这就表明，[b、d、g] 和 [p、t、k] 之区别在德国被模糊了。与之相反，长元音和短元音之间的区别，在德语中就比在法语中严格得多，因为德语的长短音要是放错了位置，造成的意义混淆可比法语多 10 倍或 20 倍。其他例子，可参见法语的重音，西班牙语等不分 [e] 和 [ε]

---

① 参见《语音学教程》§253。——原注（译者按：即本书收录的《具体语言的语音系统》，见本书第 308 页。）

② 词末变清音，是在为停顿（Pause）所需的声带敞开状做好准备。——原注

的语言里 e 的发音，以及北英格兰英语中的喉塞音（ε0）[①] 等。

[180] 音变有两种：一种是变化了的音与已有的音合并，一种是变化了的音不与已有的音合并。如果是后一种情况，就不会新出现混淆之可能。我们常能看到，这种变化同时作用于若干个音，使这几个音的距离消失，因此出现音 x 闯入音 y 的边界，音 y 闯入音 z 的边界；不妨图示如下，1—3 代表三个不同世纪的发音：

	A	B	C	D	E	F	G
1.	x		y		z		
2.		x		y		z	
3.			x		y		z

例如，英语的长音 a（古英语短音 a 的长音）、长开音 e、长闭音 e 就是这样消失的；[②] 长闭音 e 达到了 [i·] 的音值，而原有的长音 [i·] 已经双元音化。16 世纪时，sea（古英语 sǣ）里面的音已变成了 [i·]，但 see（古英语 sēon）里面的音却没能进一步变化，这一音变随即开始造成歧义——假如这种情况的数量非常大，那么后一音变是绝不可能发生的。但是，这数量并不大，所涉及的词也碰巧多是那种即使同音也不会引起太大问题的词；一种语言中，一定数量的同音词是可接受的。不同词类的同音词，即在句子中具有不同句法功能的同音词，比可用于相同位置的同音词更易得到接受。[③]

---

① 这样的现象显然不具备语义区别功能。关于 ε0 等符号，见本书中收录的《用非字母符号表示的语音发音》。——译者注

② 与此同时，舌后部系列音也有类似的抬升，但是这类音不多。参考瑞典语 a—å—o—u。——原注

③ 英语的发展中，撞到了一起的词里面最重要的几个如下：同一词类：beer—bier（啤酒—灵柩），breech†—breach（后部—缺口），mead†—meed（蜜酒—奖赏）；名词—动词：bean—been（豆子—是），flea—flee（跳蚤—逃跑），heel—heal（脚踵—愈合），reed—read（芦苇—阅读），sea—see（海—看），seam—seem（接缝—似乎），steel—steal（钢铁—偷窃），team—teem†（小组—腾退）；名词—形容词：deer—dear（鹿—亲爱的），leaf—lief（树叶—心甘情愿的）；形容词—动词：lean—lean（瘦的—倚靠）（这一组放在这里是否合适待议）；名词—形容词—动词：meat—meet†—meet（肉—合适的—见面）。标有†者 17 世纪以后就不再活跃。多年来，我一直计划出一本按年代顺序排列，且把这些条件都考虑进来的英语语音史。——原注

因此，这类两音合并的音变发生之处，会有废弃词或罕用词出现。很多时候，一个词是由于音变导致同音才变成了罕用词（或废弃词），[①] 还是由于此前已变为罕用词而使其混淆风险不足以抵抗音变，是很难分清的。

[181] 我想阐明，我的观点跟旧学派有很大不同，旧学派认为词义变化跟音变呈交错状（kreuzend）。[②] 因此，我若要提出语言的语义层面有时会保守地抵制音变，就必然提出了驱动力（treibende Kraft）的问题。换言之：语音为什么会时不时变动？为什么不能保持在已有边界之内？我觉得，以我们当今的认识视角来看，基本可以排除那些不时可见的气候、地理之类的解释，[③] 因为相同音变可在极不同的地区找到。我想把原因分成两部分：

1. 向新个体的传输；
2. 这种传输以外的其他原因。

不过我必须阐明，这种严格划分其实只是纸面上的理论划分；在实际中，每个个体的语言生命都包含他本人跟不断变化的环境之间的长期互动，也就是一种持续性的施与授的关系（另见《语音学的基本问题》§47 及后）。

[182] 在第一类原因内部，我们必须再区分出面向尚无语言的个体的

---

① 这一问题，利比希（Liebich）已有过考虑（见保罗、布劳纳主编《德语语言文学史学报》[Paul und Braune, *Beiträge zur Geschichte der deutschen Sprache und Literatur*] 第 23 卷，第 228 页），另参见维泽（O. Weise）《我们的母语》（*Unsere Muttersprache*）第 3 版第 206 页，里面可找到大量德语例子。——原注

② 例如，德国学者弗里茨·毛特纳（Fritz Mauthner, 1849—1923）在其三卷本《论语言批评》（*Beiträge zu einer Kritik der Sprache*）中指出："毫无疑问，不存在孤立的语音变化，语音变化和词义变化是相互交错的，因此必然互为因果。"（1901 年第 1 版，第 2 卷，第 260 页）——译者注

③ 例如，我读到过，高地德语塞音的辅音音变可能是因为阿勒曼尼人和巴伐利亚人迁徙进入阿尔卑斯山区时，爬山致使他们呼吸增强、加速。读到这个观点时我不禁想，丹麦人住在平地上，为什么正在出现完全相同的音变？是不是因为现在每年夏天去瑞士和挪威的丹麦人无疑比以前多了？——原注

传输（同一语言共同体内的儿童）和面向已有语言的个体的传输。① 关于前者，我必须补充一句，以我目前对不同儿童的语言的了解来看（我有大量关于丹麦儿童的资料可提供）②，必须指出，儿童虽然早先已把某种"语音定律"实施得非常规则，但是此后放弃前一阶段的说话习惯时却没有那么连贯一致，因此，早先偏离常规的用法的某些孑遗，常以弱化了的形式残留在了具体的词里——所以，这样的传输无论如何都无法构筑无例外的语音定律。

[183] 有些研究者（如希尔特 [Hirt] 和维希斯勒 [Wechsler]）过于强调外来的语言接触因素对传输所产生的影响，认为这类影响足以成为方言分裂的最主要原因。在他们看来，印欧语言疆域内部以及罗曼语、日耳曼语等语言疆域内部现存的差异（或者说一切差异？）是这些语言受到不同原住民族语言的影响而造成的。我只能说，这样的夸张实在骇人听闻。正如舒哈特首度强调，后来其他很多人也强调过的那样，如果我们无法找到大段泾渭分明的方言边界线，而只找得到渐变过渡，每个村庄都跟东边的邻居呈现出一种关系，跟北边的邻居呈现出另一种关系，这又如何能跟他们的理论相符合呢？以渐进方式与讲其他语言（非印欧语，确切说是非罗曼语）的原住民族融合，只意味着把象棋盘上的车③ 移动了仅仅一格而已。而且要考虑到这个群体的人数优势在逐渐降低，对我们的影响恐怕不

---

① 本杰明·依德·维勒（Benjamin Ide Wheeler）在《语音变化同一性的原因》（The Causes of Uniformity in Phonetic Change）一文中论述的那种传输也属于这类。见他在《美国语文学会文集》（Transactions of the American Philological Association，1901）上发表的这篇有意思的文章。——原注

② 叶斯柏森后来用这些材料写成了《当代儿童及成人的语言》（Nutidssprog hos börn og voxne，1916）一书，其中部分内容英译后成为《语言论》（1922）第二编"儿童"（The Child），丹麦语版本增订后更名为《儿童语言》（Børnesprog，1923）。——译者注

③ 原文为 Elephant，德语旧时指国际象棋中的塔形棋子，今通称为 Turm（塔）；这个棋子在英语中称为 rook，因其形状而俗称 castle（城堡），由于其行走规则似中国象棋的"车"，因此汉语译为"车"。——译者注

大。此外，在那些并不存在原住民族的地方，同样存在方言分歧。冰岛和法罗群岛，在挪威人拓殖定居时是无人居住的，但是不久之后，那里的殖民者就开始用一种跟所有挪威语方言都不同的方式说话；如今，冰岛语和法罗语已被视为两种独立的语言，各自又都分化出了不同方言；尤其是在法罗群岛，方言之间的差异极为明显。谁也没有怀疑种族融合和语言融合在语言史当中的意义；但是，像现在这样把一切都归于融合，用融合来解释一切，我就要严重质疑了。某一语言共同体扩张了，覆盖至原本的外族，如15世纪以来的法语和英语，但这样的扩张怎么能解释一切有史可循的音变呢？

[184] 我之前提到过，语言混合是影响音变规则性的因素之一；而维希斯勒恰恰相反，他想从原住民族语言所发挥的影响中，找出有利于音变的无例外性的最有效证据。他的论证如下：一个民族接受外来语言时，会把自己的发音基础（Artikulationsbasis）[①]运用到这种新语言中；该语言共同体中所有成员都是如此，所以，引发的变化不是由某个中心出发一点一

---

① 德语文献中的 Artikulationsbasis（发音基础），指讲某一语言或方言的个人及群体发音时的总体习惯姿势，由此可形成许多发音细节上的特征，是形成"口音"的重要原因。这一想法由济弗斯提出，他在《语音生理学原理》（*Grundzüge der Lautphysiologie*，1876）及之后两版《语音学原理》（*Grundzüge der Phonetik*）里称之为发音的"运行基础"（Operationsbasis）。他指出："比如，我是德国中部人（按：济弗斯是黑森人），要想地道讲出德国北部荷尔施泰因等地的方言，舌头就要始终保持略向后撤、略宽，一旦找到了正确位置，找到某种正确的运行基础，并且遇到各种不同的音时都明白如何一直将其保持下去，就能自动遵循该方言的那些具有特色的细节了。"（1876年版，第50页）弗兰克把济弗斯的这一概念引入了外语的教学与学习，将其改称为"发音基础"（Artikulationsbasis），指出"从一开始就准确、清楚地了解外语的'发音基础'是极其重要的。"（《实用外语学习——基于语言心理学与语言生理学》[*Die praktische Spracherlernung: Auf Grund der Psychologie und der Physiologie der Sprache dargestellt*]，1884，第18-19页）济弗斯在《语音学原理》第4版（1893）中已把"运行基础"改称为"发音基础"（第105页），并在第5版（1901）中指出这一改动得益于弗兰克（第114页）。叶斯柏森在《语音学》和《语音学教程》中把这一概念用于分析具体语言的语音系统，由此引出"语音经济"这一话题。（见本书第309页）——译者注

点扩散出去，而是发生了普遍性变化。此后，外来的语音系统在学来的整套词成分和形式成分中会被取代，这样一来，例外就必然被排除了。① 不过必须注意，这所谓的发音基础②被搞得很神秘，悬浮于每个人头顶上，仿佛发音基础不会像语言中的其他因素那样因人而异似的。人们谈论某一语言或方言的发音基础时，指的只是该语言共同体的每个成员口腔位置的平均值而已，如"英语的 t""法语的 u"之类，都是这样的平均值。新的语言被每个人学会；但从最一开始，他发的音就不会跟邻居发的音完全相同，他在新语言中做的取代也不和别人完全相同；而且，这之中的精神才干（geistige Veranlagung）也很不相同，故而某 A 比某 B 更能理解、更会模仿外来的音。讲拉丁语的高卢人并非全都一个样子。如果有人说法国人发不出松音 [ɪ]，德国人在词尾发不出浊音 [d]，芬兰人发不出词首辅音群，这只是个大众流行的概括说法而已，实际上只是说这些语音现象在上述语言中不存在；说这些语言的人发这样的音，需要费的力气比一般人要大些；这类公式其实不过是说，法国人（或是别的国家的人）若是在某外语中犯了错误，就会朝着那个方向发展——这跟某些句法错误也会被描述为法国人讲德语时犯的典型错误、英国人讲德语时犯的典型错误道理相同，并不是说所有的法国人、英国人在所有时候、所有地方都会犯这样的错误。每位语言教师都很熟悉这样的现象：一个音，某学生在这个词里很容易就能发对，在另一个词里却发得很费劲，但这并不一定能归结为环境原因，并不一定能建立起"语音定律"。已经熟知的音 A 和音 C 之间如果存在一个第三者音 B，那么这个音 B 就会发得时而像 A，时而像 C。我们为此而构建起的某种规则性（带有例外的规则），跟其他研究人类习惯的

---

① 维希斯勒《语音定律存在吗？》，第 122 页。——原注
② 通过推论，维希斯勒把这个概念延伸了，涵盖了某一民族的全部语言习惯（"重音"关系除外）；如，参见第 94 页："法国人总想省略我们的 h，因为凭借他们的发音基础，根本发不出这样的喉音来。"——这显然是在夸大。——原注

学科并无不同。①

[185] 我们在这篇简短的概述里，遇到了那些并不以传递给新个体为前提的变化，因此，这类变化依赖的是已习得的母语的日常语言生命。常有人不太重视这类变化，因而力求从别的方面探究音变之程度，我觉得这样的人思考此问题时，把太多时间耗在了书斋之静谧中，日常交谈和随意闲聊偷听得不够。R. 梅林格（R. Meringer）和 K. 麦耶（K. Mayer）已在其出色的《说错话与认错字》（*Versprechen und Verlesen*）一书中展示出每个人每天可在身边观察到多少语言错误。② 不过，他俩记录的只是些较大的"错误"，靠常规正字法即可记录下来，无须语音训练即可注意到。但是，如果近距离看看，却能观察到在日常生活中，几乎每句话里都会有一处或多处极其细小的偏离常规之处，一般人根本听不出来，因为整句话已经理解了，这才是主要任务。至于哪个元音或辅音说得比平时长点短点，嘴唇是不是张得大了一点，e 的口型是不是比平时小，词末的 t 收尾时是不是有点像个模糊的 s，本该是 d 的那个塞音是不是发得很松，等等，这样的轻微变化全都太过细小，并不区别语义。然而，这样的轻微变化若是沿着相同方向发生了无数次，就足以解释那些随着时间流逝而出现的最重大的变化。

[186] 许多原因可导致说话人疾速靠近波动域的边界，甚至越过边界：如仓促、疲劳、偷懒、酒醉、愤怒、急切、装洋相、显顺从、讽刺挖苦等情绪、状态和环境。《语音学的基本问题》§166 论述过语言器官在非语言

---

① 没有必要继续追随维希斯勒所论述的关于某些类型的语音变化中的例外。所有关键问题上，他只是假设（如第 140 页）："所有这类（带重音的，最广义的重音概念）变化从最一开始就具有同样的普遍性和一般性，即由该语言共同体的所有成员在所有语汇中同时运用着。不过，这也意味着所有重音性的音变都是符合语音定律的。"真希望科学证据永远这么容易处理！——原注

② 我当然注意到了，梅林格和麦耶特别研究的那类语言错误极具传染性（ansteckend），因此才会以特定频度发生于梅林格在第 11 页所说的那种人与人之间"有承诺"的社会中，这样的社会里人们经常聚在一起，从而相互观察。——原注

目的方面的运用，但那一节对其影响叙述得显然并不深入。① 这种越界行为的最重要原因，无疑是偷懒、图方便，或者从人类普遍行为来看，人们通常都希望代价最小化（Minimum der Anstrengung）。② 否认这类因素对语音演化之重要性的论断，大都难以令人信服；只是不要把概念理解得太狭窄：有些明显要求肌肉动作更大的发音，反而比另一些肌肉动作较小但准确性要求更高的发音更容易些：劈木头比给白内障做手术容易。还须注意到，一个角度的发音便利，可造成另一个角度的发音困难，这种情况也不罕见；例如，弱化元音的省略常导致辅音丛出现，对非腭化辅音加 [i] 或 [j] 的结构简化可导致腭化的发生，等等。但是，这并不会妨碍我们承认省力原则；人们抄近路，为的是更省力地到达目的地，尽管后来可能会证明这条近路很不省力。③ 我在其他著作中（如《语言的发展》；另见《语音学的基本问题》§ 61 及后，以及 §73）也力求证明，这一原则对语言（其实就是对使用语言的人）发挥的效应长远来看是大有裨益的，这一论述很容易接受，无须相信负面意义上的目的论或目的动机对说话者具有决定性。

[187] 日常生活中，上述力量时而朝一个方向发力，时而又朝另一个方向发力，因此，正确幅度之核心不会发生变化。只有当某一时期的运动由于这样那样的原因而偏向某一个方向行进时，音变才会发生。此时，所有含有这个音的词，会整体上发生这一变化；邻近位置的其他音如果也涉入其中，那么含有这个环境下的这个音的所有的词也都会发生这样的变化。这解释的是规则的音变。而绝大多数不规则音变，可以归入下面这条

---

① 此外，还包括刚刚说完的话或马上要说的话里的发音或相关的词，所带来的意识程度不等的意象。——原注

② 人们对此是否愿意、是否应该使用"本能"（Trieb）一词，我觉得无所谓。——与说话层面的便利效应最具可比性的是，字母和字母组合在适当范围内可按照并不精确的方式来写。当然，这两个例子中必须注意，不要将此趋势设想成"有意识"的。——原注

③ 这一比喻很贴切，虽然在发音问题上，说话者当然不是为了简短或省力而有意识地做了选择。——原注

公式：词作为整体，其语音正确性不一定完全由每一个单音的正确性之和决定。例如 Chokolade（巧克力）一词，即使没了第二个 o，也照样能够轻松听懂，尽管别的词里的弱化 o 并不能这样删除。那些较长、缺乏意义或意义不明显的词和词组，尤其容易被弄得面目全非；例如丹麦语 således（因此）一词，听着越来越像它在德语中的同义词 so 了；法语 pas s(eu)lement（不仅），英语 partic(u)l(ar)ly（尤其），丹麦语 naturl(ig)vis（当然）、ri(gtig)nok（正确），等等，都是这个道理。那些意思可轻易从整体情景中猜出来的词尤其如此，即使该发的那些音几乎都没触碰到听话者的耳朵也依然如此，比如打招呼用的那些话就是这样。由此，我就又回到了早在1886年就已经有了的那些想法当中，并且可以再加上最后一句话：语言生命比科学学说复杂得多，尤其比"语音定律无例外"这句话带给我们的猜想复杂得多。感谢神！需要研究、探索、思考的东西还有很多！

三论语音定律问题
Zur Lautgesetzfrage: Letzte Worte
（1933）

1

旧作重印，让我有机会把这个问题再拿来研究一下。我 1886 年的首论虽不成熟，但回忆起来却让我颇感喜悦：这篇文章为我赢得了威廉·汤姆生的喝彩，也为我开启了与胡戈·舒哈特的终生友谊。正是他，建议我把这篇文章翻译成德语发表；也正是他，把我介绍给了《普通语言学学报》主编弗·泰希默[①]。文章是我的朋友克里·萨劳[②] 翻译的，那时他还没发表过任何语言学著作。如今我很高兴地看到，文章中一些当时未被注意的想法，在近来的研究中受到了赞同。E. H. 斯特蒂文特[③] 在他那篇出色的

---

① 弗里德里希·泰希默（Friedrich Techmer, 1843—1891），德国语言学家，《普通语言学国际学报》（*Internationale Zeitschrift für allgemeine Sprachwissenschaft*）创办人，著有 2 卷本《语音学——论声音与语言的比较生理学》（*Phonetik: Zur vergleichenden Physiologie der Stimme und Sprache*, 1880）。——译者注

② 克里斯琴·萨劳（Christian Sarauw, 1865—1925），丹麦语言学家、德语学者，著有《歌德的浮士德之源起》（*Die Entstehungsgeschichte des Goethischen Faust*, 1918）等多部歌德研究专论以及《低地德语方言区比较语言学》（*Vergleichende Lautlehre der niederdeutschen Mundarten im Stammlande*, 1921）等语言学著作。——译者注

③ 爱德加·霍华德·斯特蒂文特（Edgar Howard Sturtevant, 1875—1952），美国语言学家，美国语言学协会创始人之一，印欧语学者，撰写了权威著作《赫梯语比较语法》（*Comparative Grammar of the Hittite Language*, 1933）及《赫梯语词表》（*Hittite Glossary*, 1931）。——译者注

文章《语音定律与模仿》(Phonetic Law and Imitation)(《美国东方学会学报》[Journal of the American Oriental Society] 第 44 卷，第 38 页及后)中多次引用了它；E. 赫尔曼[①] 在《语音定律与类推》(Lautgesetz und Analogie，1931)中也是如此；W. L. 格拉夫[②] 在"语音定律"一章(《语言与具体语言》[Language and Languages]，1932，第 235-251 页)中所述，与我的阐释也基本一致(我的旧作也被引用了)。而巴依[③] 在其最新著作《普通语言学与法语语言学》(Linguistique générale et linguistique française，1932)第 13 页写道：

> 历史语言学开始认识到……受"语音定律"影响的词，未必发生完全相同的变化，而是依据……这些词在话语中扮演的角色而各不相同……能指不能独立于所指之外而演化……语音学明日之任务，将是抓住此类今日鲜有勾勒的区别之细节。

其实他满可以参照我的旧作，那里面"勾勒"得非常清楚。

2

对语言现象进行评估时，研究者个人的立场绝非无关紧要。一个人，如果上中小学时受的语言教育完全是(或基本上是)古典语言[④]，上了大

[①] 爱德华·赫尔曼(Eduard Hermann，1869—1950)，德国语言学家、印欧语学者、希腊语学者，著有《荷马选段语言学评注》(Sprachwissenschaftlicher Kommentar zu ausgewählten Stücken aus Homer，1914)等。——译者注

[②] 威廉·劳伦斯·格拉夫(Willem Laurens Graff，1890—?)，荷兰裔加拿大学者(资料据其学生、美国学者布鲁斯·海伍德 [Bruce Haywood，1925—2020] 著《素质教育的大学》[Essential College]，2006，第 33 页)。——译者注

[③] 夏尔·巴依(Charles Bally，1865—1947)，瑞士语言学家，日内瓦学派核心人物之一，与同为瑞士语言学家的阿尔贝·薛诗霭(Albert Sechehaye，1870—1946)共同编辑出版了索绪尔的遗作《普通语言学教程》。——译者注

[④] 指古希腊语和拉丁语。——译者注

学再学些古印度等语言的课程，那么，想把自己从由此形成的思维定式中解放出来是十分困难的。他太容易按照中学生学习拉丁语变格时的感受，来假想儿童的自然语言学习了（例如，这一点从赫尔曼的《语音定律与类推》第 95 页看得清清楚楚）。虽有诸多警告，但这类研究者还是会倾向于考虑书面形式及拼写，而不是研究真正说话的人。

而一个从最初即对 80 年代兴起的现代语言教学改革感兴趣的人，与之则全然不同，会把重心放在活语言口语的习得上。① 这就产生了或可称为"人之语音学"（persönliche Phonetik）的领域，研究如何全面掌握外语的语音或语音组合，而不是仅在理论上对其有所了解。教学中当然常会遇到些容易混淆的东西，这种混淆之可能因语言而异；因此，那些可区别词义的语音及语音细节才会引人注目（见下文）。还有一点很重要，就是要对文本进行连贯一致的语音转写（phonetischer Umschrift）：只有把此事深入做好（不仅要转写单独存在的词，还要转写自然连贯话语中的整句），并且养成习惯随时做转写，才能真正对口头语言有所洞察。要养成习惯，随时关注自己及他人的发音，要站在语音学高度聆听每一段话，哪怕是最不重要的话，要注意亲人、仆从、演员、演说者等（甚至连孩子都不要忽略）的即时发音（Augenblicksaussprachen），这样才能在不被察觉的情况下收集起成千上万份个人发音记录②，这些记录或许根本算不上系统的记录，但却对全面评估语言生命具有决定性影响。

---

① 欧洲人传统上热衷的外语曾是古希腊语、拉丁语等"死语言"，由于不存在口语交际之需求，故以语法、阅读、翻译教学为主要导向。19 世纪中后期，经济与社会的巨变使学习现代欧洲"活语言"的需求升温，外语教学因而亟须向实用听力、口语技能培养转向，外语教学改革运动在 19 世纪 80 年代初应运而生，核心人物是德国语言学家菲埃托（Wilhelm Viëtor）。叶斯柏森早年是此运动的积极响应者和参与者，这一时期他在《英语研究》上发表了题为《新型外语教学》（Der neue Sprachunterricht, 1887）的长文，还为丹麦读者编写了《简明英语口笔语语法》（Kortfattet Engelsk Grammatik for Tale- og Skriftsproget, 1885）和《依照音标法编写的法语读本》（Fransk læsebog efter lydskriftmethoden, 1889）这两本外语学习教材。——译者注

② 除了语音观察之外，我还对语法和词的用法方面的特殊之处做类似的记录。——原注

3

　　这样的立场自然会让我们强烈反对各种"纸之语音学"（Papierphonetik）。语言学著作中充斥着由辅音堆砌成的构拟形式，而语音学家对活语言所做的大量研究却不见只言片语，人们对此难免会怀疑地摇头，"鼻响音"（nasalis sonans）①之类的广为接受的学说尤其如此。我在《语言论》第 16 章第 10 节给过一些例子，这里我还想再给些例子：表示"战斗"的古词 gūþ 源于 gʷhntia（据布瓦萨克②等），希腊语 khthón（地球）源于 gðhm̥m-（同上）。许多年前，赫尔曼·莫勒③评论当时流行的 ā¹、a₁、a² 之类的符号时写下的一句话，或可借来一用："近来出版的语言学书里，尽是些只可眼观、不可口读的书面语言。"（《英语研究》第 3 卷第 151 页）

　　事实上，纸之形式不仅仅见于原始词的构拟；在最早使用音标的现代语言语法书之一（1884）里面，je ne te le dis pas（我不跟你说这个）被标注成了 [žntldipa]。虽然说话时每个小词里的元音确实经常脱落，但就这样堆砌在一起实在太离谱。

---

　　① 叶斯柏森在《语言论》（第 317–318 页）中提到，有人将英语 mouth（嘴）一词的词源构拟为 *mnto，并认为 n 是个带有重音的"鼻响音"，甚至认为该词与希腊语 στόμα（嘴）同源。叶斯柏森称这样的"构拟"为"让语言科学毁容的瘤"，因为"不仅这样的形式在语音上是不可能的，而且其理论也没能解释这样的形式是如何转变为真实的语言中现存的那些形式的"。本文中补充的这两个例子也属于这类牵强附会。——译者注

　　② 埃米尔·布瓦萨克（Émile Boisacq，1865—1945），比利时语言学家，其著《希腊语词源词典》（Dictionnaire étymologique de la langue grecque，1907—1916）是古希腊学研究界的知名工具书。他对古英语词 gūþ（战斗）和古希腊语词 θείνω（打）之间词源关系的诠释，见该词典第 336 页 θείνω 词条。显然，这样的关系很难让人信服。——译者注

　　③ 赫尔曼·莫勒（Herman Möller，1850—1923），丹麦语言学家，著有《印欧语–闪米特语比较词典》（Vergleichendes Indogermanisch Semitisches Wörterbuch，1911），提出了印欧语与闪米特语属同一语系的假说。——译者注

在福歇①那里，还能看到许多其他版本的纸之语音学。他提出了词形之间的最奇异的假说，如在《普通语音学研究》(*Études de phonétique générale*, 1927) 第 55 页，他把古北欧语中很简单的同化 stafkarl > stakkarl（乞丐）解释成：(1) *staf/fkarl，(2) *staf/pkarl，(3) *staf/kkarl，(4) *stafk/karl（/ 代表语义界）；在第 62 页，他从这一变化以及其他类似变化中，总结出下面这条特别需要通过书面形式来强化的定律："语音演化过程中，当重叠音中的前一个音消失了却又新产生了另一个音时，原属前一音节内部的音节成分就会移至后一个音节内部。"于是，一条关于臆想出的音节界变化的"定律"，就以完全没道理的方式炮制出来了！如果有人追问，像 staf/kkarl 这种同一个音节内的 kk，是个什么样的重叠音？恐怕只能说，原本的结构里就没有重叠音。

对 mpn 结构的评判，让纸之语音学又欢庆了一场胜利。这个结构在中世纪十分常见，如拉丁语 (dampnare [诅咒]、dampnum [损坏]、sollempnis [庄严的])、古法语 (dampné 等)、古普罗旺斯语 (dampnar、dampnatge 等)、古加泰罗尼亚语 (dampnar、solempne)、古西班牙语 (dampnado)、古捷克语②、古瑞典语 (nampn、hampn 等)、中古英语 (dampne、dampnation、nempne、solempne 等)。这个增音说明了什么呢？假如 p 真的发音，我们就遇到了一种语音演化，在大致同一时期广泛出现于完全不同的各种语言之中，后来又在不同地域同时消失得无影无踪了。学者们对此有何见解呢？A. 裴德森③(《北欧语文学档案》[*Arkiv för*

---

① 皮埃尔·福歇 (Pierre Fouché, 1891—1967)，法国语言学家，著有《鲁西永方言历史语音学》(*Phonétique historique du roussillonnais*, 1924)、《普通语音学研究》、《法语历史语音学》(*Phonétique historique du français*, 1952) 等。鲁西永地区位于法国南部与西班牙接壤处，鲁西永方言实为法国境内的加泰罗尼亚语方言。——译者注

② 叶斯柏森在此处未给出任何古捷克语的例词。——译者注

③ 安德斯·裴德森 (Anders Pedersen，生卒年不详)，此文标题为《丹麦语与原始北欧语的声调重音》(*Dansk og urnordisk akcentuering*, 1912)。《北欧语文学档案》是出版于瑞典隆德的古北欧语语言文学刊物，虽然刊名为瑞典语，但也刊载丹麦语和挪威语撰写的文章。——译者注

nordisk filologi]，第 28 卷）认为，瑞典语的 p 是声带闭合的产物，认为这验证了他的丹麦语斯特德向斯堪的纳维亚传播之假说，我已在《北欧语文学档案》第 29 卷以及《思考与研究》（哥本哈根，1932，第 249 页及后）[①]里否定了这个猜想。米亚尔代[②]（《罗曼语语言学与方言学》[Linguistique et dialectologie romanes]，1923，第 291 页）认为，罗曼语中的这些形式不可能是个纯书面形式，"因为罗曼语的这类现象在斯堪的纳维亚等语言中存在平行的现象，其语音特征似乎是可靠的"。但是须注意，最早的瑞典语语法学家就已经明确表示，这个书面上的 p 在上述结构中是不发音的。米亚尔代把这个 p 解释为梅耶所说的"异化"（différenciation）："最初相连的这两个鼻音，前一个分裂为两个成分，第一个仍是鼻音，第二个因为与响音 n 相连而采取了消声之举措，于是就成了 mpn。因此，异化是一种后退（régressive）"。但是，清音化的 m 并不等于 p。福歇（第 65 页）认为："大众话语中 -mn- 向 -nn- 演变的时代，受过教育的人竭力想保住这个 m 音：他们通过强化这个音，阻止了同化"。起初，大家说的是 -m/mn-；"通过异化，新的爆破音段 m 又变成了 b，成了 -m/bn-。可是，该语言的语音系统中并没有 -/bn 这个爆破音组合，于是有被近似的 -/br- 组合取代之趋势。……不过，该语言要不惜一切代价保住 m 和 n，所以向 -/br- 的演化并未发生。该语言就采取了剩下的唯一一种解决法：把 -m/bn- 变成了 -mb/n-，也就是说，让 b 和 n 分离开了。这个阶段转瞬即逝，因为失爆破的 -mb/- 组合在该系统中也不存在，于是又立即进入下一阶段：即 -mp/n-。至此，-mb/- 组合就被 -mp/- 组合取代了"。这整个过程实在太不自然了，只能说根本不具可能。这种语言（或更确切说，讲这种语言的人）想不惜一切代价（这"不惜一切代价"本身就很惊人）保住 mn，

---

① 叶斯柏森刊于《北欧语文学档案》的文章题为《丹麦语斯特德与原始北欧语的词中省音》（Det danske stød og urnordisk synkope, 1913），后来收录于 1932 年版自选集《思考与研究》时，标题改为《再论丹麦语的斯特德》（Mere om det danske stød）。——译者注

② 乔治·米亚尔代（Georges Millardet, 1876—1953），法国语言学家，罗曼语学者、方言学者。——译者注

就弄来一个 b！而这样行不通，竟是因为会导致一个系统里没有的组合。（难道大家没见过通过同化等方式让语言中产生以前没有的结构吗？）然而，最终的结果 -mpn-，在该系统中仍很异类！这一长串思考过程给说话人假定了太多意识，要求说话人非常机智。可我们却发现这种语音运算（phonetische Berechnung）在各国之间完全不同，比如在英国，那个人们想不惜一切代价避免的同化最后竟然胜利了（damn [诅咒] 今读 [dæm]）。

如果只把这个 p 当成个书写符号，一切就变得简单多了、自然多了。语法书向我们呈现了某一时代，而我们并不能从字母中听到那个时代的读音。瑞典语之例，见上；加泰罗尼亚语之例，见格罗伯《概要》① 第 1 卷第 864 页注释 2。英国地名 Lympne②，虽然保持着这样的写法，但读音却是 [lim]；艾伦·莫尔③ 曾对我说："这个地名可追溯至古英语 Limene，是个凯尔特语的河流名称。那个 p 出现得较晚，我都怀疑它到底发没发过音。"

那么，为什么还要这样写呢？人们有在 mps 和 mpt 等结构中 m 后面写 p 之习惯（如 sumpsi [消耗，动词第一人称]、sumptum [消耗，名词] 等），因为这个音并不清楚，从简单的语音学角度来看，ms、mt 和 mps、mpt 之间仅有的区别，只在于软腭运动的极短一瞬间（见《语音学教程》11.8 节，《现代英语语法》第 1 卷 7.7 节）。于是，人们就把带有不发音 p 的拼写形式迁移到了其他情况中，而对于 mn，还有一个特别的原因：mpn 这一拼法的产生，无疑跟 m 和 n 确有关系；那就是 mpn 这个拼法对当时的排版印刷来说非常实际，因为不然的话就要出现 5 条竖线，很

---

① 即格罗伯的两卷本《罗曼语语文学概要》（Grundriss der romanischen Philologie，1888）。——译者注

② 肯特郡村庄，伦敦东南约 100 公里处。据戴维·米尔斯（David Mills）著《英国地名词典》（A Dictionary of British Place-Names，2011，牛津大学出版社），Lympne 古名 Lemanis 最早见于公元 4 世纪，与 Limen 河（今 Rother 河）名称同源，凯尔特语 "榆林" 或 "沼泽" 之义（第 311 页）。——译者注

③ 艾伦·莫尔（Allen Mawer，1879—1942），英国语文学家、地名学专家，著有《诺森伯兰和达勒姆的地名》（The Place-Names of Northumberland and Durham，1920）。——译者注

容易看错,比如看成 nm、un、mu、nin、inn、imi 等其他字母组合。mpn 之拼法首先始于拉丁语,随当时的教会和学界而变得非常国际化,尤其是 dampnare(诅咒)这样的词很受大众欢迎,这个 mpn 的拼法很容易就扩张到了各国的语言中——直到最后,能把字母形状印得更清晰的书籍印刷技术让这个窍门变得多余。

4

上文(第 171 页)论述的观点,自然预示了今人所谓的"音系学视角"(phonologische Standpunkt),至少已接近这一视角。具有语音学基础的人从事现代语言的实践教学,自然会非常重视外语中某些音,这些音可使其他方面完全相同的词得以区别。因此,大家可在我的《语音学》(1897—1899)以及德语版(《语音学教程》,1904 及后来各版)里找到很多这样的例词,例如,仅仅因 [s] 和 [z]、[ʃ] 和 [ʒ] 而区别的词。处理塞音时,必须明白,并不是只有"清"(tenues)和"浊"(mediæ)这两个语音类别,而是有六个①:"这方面,我们注意到某种平行关系,每种语言都只用其中两类构成对立(即用来区别词义)②,丹麦语用第一类和第四

---

① 据·《语音学教程》,这六类由三类清音和三类浊音组成,分别是:(1)强音节中的清音(Tenues in starker Silbe),见于丹麦语,如 pude(枕头)、tude(哭)、kue(征服)等词的首音;(2)弱送气清音(Schwach aspirierte Tenues),如英语 pen(笔)、ten(十)、coal(煤)的首音;(3)锐清音(scharfen Tenues),亦称纯清音(reine Tenues),如法语 pour(为了)、thé(茶)、canne(拐杖)的首音(今称"不送气清音");(4)清化浊音(Tenues ohne Stimme),如英语 lobster(龙虾)、midst(之中)、Bagster(巴格斯特,姓氏)等词中受到清音同化的 b、d、g;(5)半有声浊音(halbstimmhaften Mediae),如英语、德语的浊塞音;(6)有声浊音(stimmhafte Mediae),亦称纯浊音(reine Mediae),如法语的浊塞音。(1920 年第 3 版第 103-108 页)——译者注

② 这里要澄清一个错误:近年来许多资料声称,索绪尔第一个提出了语音的对立性运用对语言的语音层面具有决定性作用,如果去查查旧时的语言学文献,就会发现这一显而易见的想法恐怕在其他很多地方都能找到。——原注

类，北德方言和英语用第二类和第五类，法语及各种罗曼语、斯拉夫语普遍用第三类和第六类。"(《语音学教程》6.77）书中随后举了大量只因 b/p 等而异的例词，突出了一个事实：德语中这样的词对，数量比其他语言低很多，用当今的话说，就是要强调这类情况的音系效果（phonologische Folge）。关于音长、重音、声调的那几章，对"内部"（innerlich）决定和"外部"（äusserlich）决定的成分做了区分（见下）。而该书最后一章"各国的系统"（Nationale systematik），整章都在为书中详细处理的几种语言（德、英、法）刻画语音特点，这之中不仅仅包括"口腔位置"或"发音基础"，而且跟当今对不同语言所做的音系描写并无原则差别。与"音系学"相关的，还包括§16.22 节关于语言的"语音经济"（lautliche Ökonomie）的论述，尤其是开头这段，"有些差异，在某些语言中发挥非常重要的作用，用来区分其他方面完全相同的词；而在另一些语言中要么不发挥任何作用，要么仅发挥微不足道的作用"；这一观点已通过众多例子证明。①

在英语语音史领域，近来多数研究者把重点放在每个音变最初发生的准确时间点及其地理边界上。在"变格中的清浊条件"（Stemmeforhold i deklinationen）一章（丹麦语1891年版，以及后来的英语扩充版）中，② 我

---

① 《语音学教程》中关于内部决定、外部决定的成分的论述（第 12 章）以及关于语音经济的论述（第 16 章）已收入本书中，前者见《音长》，后者见《具体语言的语音系统》。——译者注

② "变格中的清浊条件"是叶斯柏森用丹麦语撰写的博士论文《英语格研究——附语言演化略论》(*Studier over Engelske Kasus, med en Indledning: Fremskridt i Sproget*，1891 年正式出版）的最后一章。书中的绪论《语言演化概论》(*Indledning: Fremskridt i Sproget*)、第 1 章《旧格系统与新格系统》(*Det gamle og det nye kasussystem*)、第 2 章《代词中的格演化》(*Kasusforskydninger i pronomenerne*) 被译成了英语，重新编排为由 9 章组成的专著《从英语看语言的发展》(*Progress in Language: With Special Reference to English*)，于 1894 年在伦敦出版。但是，第 3 章《变格中的清浊条件》的英语译文（经扩充）直到 1933 年才在《语言学文集——用英、法、德语撰写的论文选》中出现，题目改为《英语中的浊擦音和清擦音》(*Voiced and Voiceless Fricatives in English*)，后在百年纪念版《叶斯柏森选集》里重印。——译者注

尝试论述了音变对语言的整个语音与词法系统的影响。很大程度上，我在《现代英语语法》第 1 卷（1909）里也是这样做的。从语言的语义层面上可以发现，每当音变发生时，都会出现新的同音词。这跟当前的语音系统和前一阶段的语音系统之间的关系有关，前一个阶段有大量的词仅因一个音之差而相互区别。这至少也在一定程度上决定了音变未来可能发生的路径，即音变不应徒然加剧已有的混淆之可能。音变不仅影响某一个音，而且同时影响整个音类。总结这种并非仅仅孤立地影响某一个音，而是同时影响整个一类音的音变，就不该像许多语音史著作那样，用时下流行的话说，论述得太"原子化"（atomistisch）。我知道我的书只是朝正确方向迈出了几步而已，不过假如现在要我重写，虽然有些地方会写得很不一样，但出发点可能不会有变化。

这里我还想提一下我的《英语的单音节词》（*Monosyllabism in English*）一文①，我在该文中阐释了新音位的产生及其对语义的作用，并探讨了单音节化带来的缺陷，这至少间接地对音系学发挥了作用。

请原谅我要跟音系学"算算账"，但愿这不会显得是在针对个人。②我或许应该讲讲这之中的理由：特鲁别茨柯依（《心理学学报》[*Journal de psychologie*]，1933，第 234 页）从我的"各国的系统"一章中只发现了关于发音基础（Artikulationsbasis）的学说，认为发音基础是个"纯语音学概念，跟音系学无关"。但是，近来的其他研究者却把我视为音系学派的先驱之一。③正如我在日内瓦语言学大会上所说，我对音系学派的几位

---

① 《英语中的单音节词》是叶斯柏森 1928 年 11 月 6 日在英国国家学术院（British Academy）所做讲座的讲稿，后出版过单行本。——译者注

② 《再论语音定律问题》的整个思路也都是音系学的。——原注

③ N. 凡·维克（N. van Wijk），《新语言指南》（*De nieuwe taalgids*）第 26 卷第 65 页；J. 施莱纳（J. Schrijnen），《新与旧》（Nova et vetera），载《荷兰实验语音学档案》（*Archives néerlandaises de phonétique expérimentale*，1933）；J. 瓦海克（J. Vachek），《英语研究》（*English Studies*），第 15 卷第 89 页（1933 年 6 月）。1930 年 12 月，我很高兴收到一份来自布拉格音系学大会的电报（会上的讨论集结成了重要的《布拉格语言学小组文集》第 4 卷），电报上写着"音系学国际大会向身为语言学新方法先驱之一的您致以敬意"。——原注

领袖怀有最真挚的敬意，相信他们已为语言学带来诸多不凡价值。但是，我不会因此而忽略该学派不时提出的一些过格看法，尤其是他们对自己跟先前研究者之间的鸿沟的夸大（年轻一代的强力运动往往都是这样）。为什么总有人抨击新语法学派呢？1886年，我自己也十分强烈地抨击过他们的理论。但是，倘若如今矢口否认源于这一方向上的影响，并总在拿他们的机械观、原子观说事，在我看来就有失公允了。瓦海克谈过所有老一代语音研究者的"偏见"，特鲁别茨柯依也认为，对新语法学派来说，语音系统的规则结构就是"偶然的东西，预料之外且无法解释的东西，特别是让人不舒服的东西"（同上）。音系学的文献里，这种反对旧时语言研究的论述实在太多，这类研究被草率地判定为新语法学派的研究；少一点这样的论述，整个方向一定能够发挥更大影响力，更快得到广泛认可，而不是只对先前已有萌芽的思想做些出色的延续和系统化。

语音学和音系学之间的差别不应强调得过于尖锐：马泰修斯（《布拉格的情谊》[*Xenia Pragensia*]①，1929，第433页）认为做出这一区别价值斐然，让语言学"从语音生理学的压力中获得了解放"。（可能这就是音系学家们总喜欢把元音三角推翻打乱的原因？②）不行，没有语音学（语音生理学），就没有音系学！如我在日内瓦所说，我们必须区别（scheiden）语音学和音系学，但不应把二者分割开（trennen）：语音学家必须成为音系学家，音系学家也必须充当语音学家。

音系学家从每种语言中筛选出该语言的特殊系统，将其视为一个结构整体，并为该系统中的每个音位确定地位，是非常有价值的。所以我不理

---

① 《布拉格的情谊》是纪念捷克学者阿诺什特·克劳斯（Arnošt Kraus，1859—1943）七十华诞和约瑟夫·扬科（Josef Janko，1869—1947）六十华诞的文集。马泰修斯（Mathesius）的文章，标题是《比较音系学的目标与任务》(Ziele und Aufgaben der vergleichenden Phonologie)。——译者注

② 参见特鲁别茨柯依《论元音音系系统的普遍理论》(Zur allgemeinen Theorie der phonologischen Vokalsysteme, 1929)，载《布拉格语言学小组文集》(*Travaux du Cercle Linguistique de Prague*) 第1卷。——译者注

解特鲁别茨柯依为什么会提出"完整的音系系统，才是音系学家的出发点"：要想构建起系统，就必须先确立好一个个音位，再探究其相互关系。此外，千万别忘了没有哪种语言是完全系统的，正如人类的一切都不是完全系统的：系统的不完善性，恰是未来变化的萌芽。

请大家允许我提个术语上的建议。音系学派一直在运用语音（[德] Laut，[法] son，[英] sound）和音位（[德] Phonem，[法] phonème，[英] phoneme）之间的对立来做论证。后者以前就运用得十分频繁了，音系学家们只是把它用得更加确切了而已，虽然大家对其定义的看法未必一致。我觉得关键一点似乎在于，一个音位可包含两个或两个以上在客观上有差别的语音细节，但是只要能够用于概念区别，就在该语言内部达到了统一。两个音位故而足以让两个词相互区别。因此，两个语音之间的区别从语言学角度来看不一定重要，而两个音位之间的区别则永远很重要。索绪尔所说的"构成语言符号一部分"的语音差别，构筑起了音系差别，并被认定为音位。但是如今，语音有些方面可以而且应当做出同样的原则性区别，但是却不能使用音位一词，这就出现了术语上的尴尬。最好能有个更广义的词，既可表示语音和音位之间的差别，又可表示其他领域的类似差别。因此，我建议使用"语言化"（[德] glottisch，[法] glottique，[英] glottic）一词①，来表示某一语言（音系）系统内部具有语言学意义的东西，也就是某一具体语言用来或可以用来区别语义的那些东西。举几个例子，可使之更加清楚。

有了"语言化"这个术语的帮助，就能够总结出一些即使有了"音位"一词也很难总结出来的东西。举个例子，大家可以说，浊音性（Stimmhaftigkeit）在有些语言中，对于所有的辅音来说都是语言化的，而在另一些语言中，只是对于塞音来说是语言化的（在萨克森方言中，恐

---

① 大家还可考虑使用效果（effektiv）或功能（funktionell）等词；但我倾向使用语言化（glottisch）一词，表示只用于语言领域。——原注

怕除了 l 和鼻音之外，浊音性对于所有的辅音来说都不是语言化的）；与之相反，元音的清浊对立在哪种语言中恐怕都不是语言化的。鼻音性（Nasalität）对所有位置上的塞音来说都是语言化的，在有些语言中，如法语，对元音来说也是语言化的。不过，超出音位的范围时，语言化这个概念才是最有用的。

有些语言中，重音位置对所有的词来说都是不变的，故可构建起一条完全机械性的规则，重音也因而绝不可能成为两个词之间的区别性标记（unterscheidende Merkmal）。所以，捷克语、冰岛语、芬兰语等有词首重音，法语等有词末重音（当然，poste［邮政］、arbre［树］等词的弱化 e 除外），波兰语等有倒数第二个音节的重音。与之不同的是，许多语言中没有这种固定位置的重音；这样的语言中，两个词可以仅因重音而相互区别，如希腊语 bíos（生命）— biós（弓），俄语 'gory（山，主格复数）— go'ry（山，属格单数），德语 'gebet（给，命令式）— Ge'bet（祷告文），英语 'subject（主题）— sub'ject（听令于），等等。（重音的不同还经常引起其他区别，尤其是元音的区别，但此处我们忽略这一点。）前一种情况，我（《语音学教程》§14.2）曾称其为外部决定的重音（äusserlich bestimmte Druck，后一种情况，我曾称其为内部决定的重音（innerlich bestimmte Druck）；我现在更愿意把二者称为非语言化重音（nicht-glottische Druck）和语言化重音（glottische Druck）。

我们还可以在声调上看到类似的关系（《语音学教程》§15.9）。声调区别在有些语言中是语言化的（内部决定的）。例如，声调可区分瑞典语 buren（笼子）和 buren（支持）等词，挪威语 tømmer（木头）和 tømmer（缰绳，复数）等词；其他使用语言化声调的语言还有塞尔维亚-克罗地亚语、立陶宛语，以及许多非洲语言；最知名的例子当属汉语。

此外，音长在很多语言中也是语言化的（《语音学教程》第 12 章，尤其是 §12.3）。芬兰语元音和辅音均有长音和短音之区分，如（长音在正字法上通过双写来表示）tuli（火）— tuuli（风）— tulli（海关）— luulla（想）。

如此纯粹的关系在别的语言中并不常见；十分常见的，是有些结构里存在机械性规则，而另一些结构里音长是语言化的。例如，法语的元音在 r 之前的重读音节中永远是长音（如 nature [自然]、cuir [皮革]），在浊擦音之前的重读音节中也是如此（如 vive [万岁]、page [页]、creuse [凹陷]）；鼻元音在所有类别的辅音前都是长音（如 monde [世界]、monte [爬上]、singe [猴子]、peintre [图画]，等等）。与之相反，另一些结构中则明显不同，并且有些例子中，音长差别用作语言化差别，如 bête（笨）— bette（菾菜），maître（主人）— mettre（放置）。德语和英语中，众所周知，因元音长短差异而相区别的词数量要大得多。参见最近几版的《语音学教程》§12.3 及后。与之相反，元音长度在俄语中完全不扮演语言化角色，因而可建立几条非常简单的规则（重读开音节中是半长音，重读闭音节中是短音，非重读音节中是超短音）。但辅音音长却用作语言化，如 v'·esti（介绍）—v'esti（带领）[1]。

语音学中的重音、声调、音长这三个部分，由此结合了起来，这样一个具有全面性的术语若能被广泛接受，将会非常实用。近来的英语语音学著作中，可见到 sound attributes（语音润色性成分）这个术语，我不太赞同这个提法。我赞同的是德语 Prosodie（韵律）这个术语（当然还包括它的形容词形式 prosodisch），因此本文中我也使用这层含义：[2] 这三种韵律特征（prosodische Eigenschaft）的特点是，它们经常为情感波动推波助澜，以突出话语中的某一部分（英国学者称之为 prominence [突显]）。这种情感方面的用法，似乎在所有的语言中都很常见，尽管其运用程度和某些运用方式会受到其语言化地位的限制。拥有强烈的标记性重音的语言，如英语，尤其可通过声调变化来实现强调突出（如柯尔曼 [Coleman] 所述[3]）。

---

[1] 即 ввести—вести。——译者注
[2] 特鲁别茨柯依也是这样用的（《布拉格语言学小组文集》第 4 卷第 102 页）。——原注
[3] H. O. 柯尔曼，《语调与强调》(Intonation and Emphasis)，载《语音学杂集》(*Miscellanea Phonetica*, 1914)。——译者注

"重音不是僧伽罗语的重要成分。换句话说，通过变换重音位置的方式来把僧伽罗语的一个词变成另一个词是不可能的。僧伽罗语所有的重音都很弱，也就是说，重读音节和非重读音节之间的力度差别不像英语那么显著。有时候，很难说句子中哪些音节是有重音的。多于一个音节的词，在句子中如果需要重读（也就是要做情感上的强调时①），说话人可以把重音放在任何一个他想放的音节上，"② 不过可以观察到人们倾向于将其放在哪里；此外，节奏也发挥一些作用。该语言的声调不是语言化的。

最后我想说，把语言化这个术语用到语音学之外的领域，如句法学，我觉得也是有用而自然的。例如词序，许多语言中，谓语放到主语前面并无特别意思，但是一旦用这一方式来构成疑问句，就是语言化的了，也就是对该语言的口语理解产生了决定性影响。

某一语言的音系系统里常能见到，原先次要的语音差别后来变成了主要的，而原有的差别在这之后却被忽略了，甚至消失了。例如，音长区别如果造成了窄元音和宽元音对立，则长音可能缩短，短音可能延长。我们在当今的英语中看到，词末辅音的清浊关系决定位于其前面元音的音长。③ 因此，如今理解下列词之区别时，元音及双元音是长音还是短音，紧随其后的是什么样的辅音，跟这些词里的辅音本身的清与浊是同等重要的，甚至更重要些：bead（珠子）/beat（打），raise（举起）/race（种族），eyes（眼睛）/ice（冰），pens（笔）/pence（便士），felled（砍伐）/felt（感觉），cold（冷）/colt（马驹），joined（参加）/joint（连接点），等等。因此，不排除未来词末辅音清浊之别完全消失之可能；如果真的消失了，那么语言化的就是音长，而非清浊了。

---

① 括号中的这个注由叶斯柏森所加。——译者注
② 《僧伽罗语口语读本》(*A Colloquial Sinhalese Reader*), H. S. 佩雷拉（H. S. Perera）、丹尼尔·琼斯，1919，第 13 页及后。——原注
③ 基本规律是，位于浊辅音前的元音较长。详见《音长》中的数据及论述。——译者注

深入观察自己周围自然的日常发音，并习惯于对此加以思考，会自然而然地发现至关重要的价值原则（Wertprinzip）。看似相同的词和音，说的时候仔细程度却未必相同；究其原因，对于说话者来说，让听话者准确领会某一细节有时重要，有时却一点儿也不重要。无关紧要的东西就会被忽略掉。这条价值原则在 1886 年时就已经清楚地构建起来了。该原则既适用于整体性话语（Äusserung als Ganzes），如当今大家公认的那些打招呼问候语之类的话，也适用于那些必须视为整体来看待的词及表达。这就解释了词内部以及句子内部的价值重音（Wertdruck），如法语 moi（我，重读形式）和 me（我，非重读形式）之区别，英语指示代词 that [ðæt] 和连接代词兼关系代词 that [ðət] 之区别。

在词的内部，这条原则让我们看到，语音系统中语言化的音发得比其他音更精确；同一音位因处于不同环境而形成不同的音，亦是基于这条原则；意大利语等语言中（其他语言如捷克语），[n] 和 [ŋ] 之间并无语言化区别，因此，只要用舌（用舌尖还是舌后部并无区别）跟鼻共鸣腔形成阻塞即可；但是，每一例中采取的都是最便捷的路径：通常都用舌尖来发音，而在 [g] 和 [k] 之前则用舌后部来发音。古英语曾经也是这样，但是后来 sing(e) 等词中的 [g] 不再发音，[ŋ] 因而变成了独立的音位，所以，如今必须小心，不可混淆 sing（唱）和 sin（罪）、thing（事情）和 thin（瘦）。

这条价值原则，也可称之为"对可理解度的考量"，是安逸、懒散的普遍发音趋势的制约因素，因此在语言演化中充当了重要的保守性控制手段。与之相反的，是删除冗余部分仍可理解整体的情况，见于"树桩词"（[德] Stutzwort，[英] stumpword）。丹麦语表示"几十"的后几个笨重数词，如 tresindstyve（六十）等，在口语里截短为 tres 等，[①] 因为短形式已

[①] 丹麦语 40 以上的整十数词，有长短两个形式: fyrretyve—fyrre（四十），halvtredsindstyve—halvtreds（五十），tresindstyve—tres（六十），halvfjerdsindstyve—halvfjerds（七十），firsindstyve—firs（八十），halvfemsindstyve—halvfems（九十），后者为前者的截短形式（"树桩词"）。长形式如今已很少使用，语文学会 DDO 注为"旧时用法"（gammeldags）。——译者注

足以听懂；用 ørentvist 表示 ørentvestjert（蠷螋）也是出于同样的道理，第二个成分是个由 tve（二）和 stjert（尾巴）组成的复合结构，但已感觉不到。属于这种情况的还有英语 ink（墨水），这个词源于古法语 enque、拉丁语 encaustum、希腊语 egkauston，德语把 oberkellner（服务员领班）叫成 ober，此外还有 auto（汽车）、kilo（公斤），等等。

像这样的例子，是无法构建任何"语音定律"的。这就像美国英语经常把 you'd better 及 you had better 说成不带 d 的 you better，英国英语也已不时出现这一形式，如 you better do it at once（你最好马上就做），同样无法构建语音定律。另一个具有启发性的例子是，I do not know 在较随意的话语中常说成 ['aidə'nou] or ['aidn'nou]，有时写成 I dunno，原本重读的否定词 don't 几乎完全消失，因为这个句子作为一个整体，已经足以听懂；而像 I do not knock at the door（我不敲门），I do not know his brother（我不认识他哥哥）这样的句子里，却不可能发生同样的截短。

因价值感较低而导致的变化，我还想再提一点，就是重复音节常被损坏（Verstümmelung），如拉丁语 spopondi（确保）、steti（我站立），哥特语 fæfrais；[①] 被缩短了的音节与下一个音节相加，足以暗示出承载意义的词根。还有些截短之例，保留的是并无意义的开头部分，如意大利语用 tò 表示 togli（带走），用 gua 表示 guarda（外貌）。

语言史中对一个音做何处理，这个音的价值可起决定作用，这种价值有时是因为这个音可以阻止误解，有时是因为这个音本身具有表达力；因此我们发现，一个在他处皆已发生的音变，却时不时地丢下一些拟声词未

[①] 这里提到的"损坏"其实是个异化过程。例如，德国裔美国学者塔佛尔父子（Leonhard Tafel，1800—1880；Rudolph Tafel，1831—1893）在其合著的《拉丁语发音与拉丁语字母》(*Latin Pronunciation and the Latin Alphabet*，1860) 一书中指出，重复结构里的 o 音会被弱化成 e，书中给出的例词包括：poposci 实际读 peposci，spopondi 实际读 spepondi，momordi 实际读 memordi，等等（第 73—74 页）。由此来看，通过音近省略（haplology）来删除重复音节并不是此情况下的唯一选择。——译者注

变；还有些情况下，一个具有象征价值的元音，会在词里冒出来；在《元音 i 的象征价值》一文以及《语言论》的第 15 章第 8 节和第 20 章中，可看到例子。英语 alarum（警钟）一词也属于这类，按常规演化而来的 alarm 这个形式，r 已元音化或已消失，与之相比，alarum 这个形式的声音用来表示警钟声更为充实。可参照并肩存在的 chirp 和 chirrup（叽叽喳喳声）。

5

  下面这些思考也和价值原则有紧密联系。词（Wort），不是个纯语音概念；每个词在语流中的界线不是纯语音的，而是只能跟语义相结合。但人们通常会忽视一条公认事实所带来的逻辑后果：既然在语音史中为词首和词末构建了特殊的规则，就已经不是在谈音变的"纯语音"条件了，因此也就隐含地承认了语义层面对语音演化的影响。

  如前所述，词不是个语音概念[①]，但是，把口语音列分成一个个的词，会以诸多方式对语音格式塔（Lautgestalt）产生重要影响。例如，可以思考一下这个事实：长元音在较长的词里的长度，短于其在较短的词里的长度。见《语音学教程》§ 12.22：说话人意识到要说出一个较长的词时，会加快速度，可参考德语 hochzeit（婚礼）、vierzig（四十）、英语 holiday（假日）等词里的元音缩短。

  由于把一个个的词分开是以语义为基础的，所以某一相同的词必须依靠不同环境来理解。一个例子足以把这一点解释清楚。英语口语中，几乎总能听到 at all（根本）这个结构的 t 被拽进第二个音节里，发成送气音，就像 a tall man（高个子的人）里的 t 那样发音。这跟法语的联诵是相同的原则，例如，les aunes（厄尔）[②] 的发音跟 les zones（区域）非常像。这一

[①] 众所周知的所谓连接音变现象（Sandhi-Erscheinungen）也是基于此。——原注

[②] 厄尔是旧时欧洲裁缝行业使用的长度单位，各国的具体定义略有差别，但大体上都是指肘部至中指尖的长度。——译者注

点在法语中是个固定的习惯，但在英语中并非如此：英语中，词与词之间的分离感强很多，因此 an aim（目标）和 a name（名字）才有可能区分清楚，并且也确实分得清楚，尽管没有像德语那样，在里面插上一个喉塞音（Kehlkopfverschluss）。人们为什么会把 at all 说成 [ə'tɔ·l] 呢？这是以语义为基础的：这一结构构成了一个语义整体，因此这个 t 的发音与 attack（袭击）、attempt（试图）中的 t 相同。不过，当语义的整体性不特别强时，这一点就不成立了，例如，在 at all other places（在所有地方）、at all times（在任何时候）、at all risks（不惜一切代价）里，at 打开阻塞时就没有那么强的送气：at 和 all 在这些结构里被感觉为独立的词，发音也独立于彼此（而在 at all events [无论如何] 之类结构中，t 就常被拽向 all 一侧，at any rate [无论如何] 同理）。可参考 alone 和 all one 的不同。

跟这条原则相关的，还有所谓的词末定律（Auslautsgesetze）：在听到词的末尾之前，听懂这个词所必需的信息有很多已经获得了；因此，对词末音节的处理跟词首音节是不同的。当然，这一定律因语言而异，该语言的重音关系及整个词法结构均扮演重要角色。在这一语境下，我或许应该说说英语屈折衰退的原因，因为这些原因至关重要。G. 虚伯纳（G. Hübener）在其发表于《PB 论丛》①的论文（1920）的导论部分（第45卷，第 85 页及后）写道："众所周知，叶斯柏森把屈折衰退归结为外部影响，归结为语言混合。"这可不是我的观点。我在《语言的发展》（*Progress in Language*，1894）中探究过这一问题，首先（第 96—99 页）我把固定词序的出现视为屈折简化的总条件，这个总条件必然有其后果和效应与之呼应——而这些恰是虚伯纳当今所推崇的观点。随后，我从第 166 页起论述了关于英语变格的特有问题，并摒弃了认为法语发挥了重大影响之猜想；

---

① 《PB 论丛》（PBBeitr.）的正式名称是《德语语言文学史论丛》（*Beiträge zur Geschichte der deutschen Sprache und Literatur*），创办于 1874 年。因创办者赫尔曼·保罗（P）和威廉·布劳纳（Wilhelm Braune）（B）而常简称为《保罗-布劳纳论丛》（*Pauls und Braunes Beiträge*），进一步缩略为《PB 论丛》。——译者注

与之相反，我把更显著的影响归结为与斯堪的纳维亚语的混合，因为这两种语言之间有很大的相似性，许多语法上的细节若是放弃了，并不会对理解产生显著损害。因此，在丹麦人聚居的北部地区，这一简化出现得比南部地区早好几个世纪。但是，从这一混合之中，我看到的主要是时间上的加速；正如我在《语言的发展》一书 175 页起所述，我认为屈折衰退的最深层原因是古英语变格手段缺乏系统性①：同一词尾用于不同目的，同一目的用不同词尾表达，不同词类的同一个格用不同手段来表示，格的句法用途因而无法得到精确界定。这就不难理解了，为什么元音词尾首先变模糊，而 s 系列的词尾却能更有力地抵抗住这种消溶之趋势，因为后者所代表的句法关系界定严密。本文没有篇幅详细论述这一问题（部分内容已在《关于英语的几章》一书中重印，普遍性问题则已纳入更长篇的《语言论》一书②），我简要概述一下我的观点。

英语屈折的简化并不是单一原因导致的单向变化。造成这一变化的先决条件是非常规则的词序；语言混合是使之加速的环境；而人寻求安逸的共同本性发挥了格外强烈的作用，因为屈折中用着的许多元音和 n 并不具备稳固的语义价值（语言化价值）。

为词末音探究出某些普遍趋势是可能的，可归结为前面提到的那条原则，即人们对最后的一个音或几个音其实不那么仔细，因为这样的音对整体的理解不那么重要。词末的辅音往往读成清音，也是因为这一趋势（不过，有的语言中有大量的词仅因词末辅音清浊关系而相区别，该趋势在这些语言中就不强烈）。许多语言中都能见到词末 -m 向 -n 的转变，而词首和词中 m 向 n 的转变就很少见（当然，同化的情况除外）。下面我只举一小部分例子。有些例子让部分语言学家猜想，这一转变最初是位于齿音前的句子连接音变（Satzsandhi），之后普遍化了。但是，这个猜想是多余的。

---

① 参见《语音学的基本问题》第 171 页及后。——原注（译者按：即本书第 157 页及后。）

② 参见《英语的成长与结构》（*Growth and Structure of the English Language*）§179 和 §79。——原注

希腊语 ton（他），可参考伊欧里斯方言[①]的 tam；lukon（狼）这个宾格形式，可参考伊欧里斯方言的 vrkam、拉丁语 lupum，等等。法国的语言学家们虽然有些犹豫，却倾向于把 -n 认定为此例中的原始形式，如 R. 戈提欧[②]《印欧语的词尾》(La fin de mot en indo-européen, 1913) 第 158 页及后。但是，大多数语言学家还是坚持认为 -m 才是原始形式。

罗曼语：拉丁语 rem > 法语 rien（没有），meum > mien（我的）（后来元音鼻化，这个 n 就消失了）；quem > 西班牙语 quien（谁）。这些源于拉丁语的 -m，大多数很早就消失了。

日耳曼语：哥特语 sibun、古英语 seofon 等，对应拉丁语 septem（七）；哥特语 þan 对应拉丁语 tum（然后）。德语 bin（我是）源于 bim。古英语 budon（建议）、binden（捆绑）可参考哥特语 budum、bindaim。中古英语与格复数 foten（脚）= 古英语 fotum；与格单数定冠词 þen = 古英语 þæm，这个 þen 仅在现代英语 for the nonce（对于现在）里保留了痕迹，该短语源于中古英语 for þen ones，其他地方这个 -n 统统消失了。

芬兰语宾格 isän（父亲）等词，参考沃古尔语、切列米斯语[③]的 -m 以及拉普语的 -m 和 -b。芬兰语动词第一人称词尾 -n，也和其亲属语言的 -m 相关联。

阿拉伯语"原本自由的词末 m，如果不受系统制约的保护……，也不参与词末次要元音的消失……，就会变成 n，如希伯来语 im（如果）> 阿拉伯语 in。此外还有格词尾 um, im, am > un, in, an"。见布罗克尔曼[④]《闪

[①] 伊欧里斯方言（Aiolische，亦作 Äolische）是通行于希腊中部地区、爱琴海离岛以及小亚细亚部分地区的古希腊语方言，比通常所说的"古希腊语"（阿提卡方言、爱奥尼亚方言、多利亚方言等）保留了更多的古代特征。——译者注

[②] 罗贝尔·戈提欧（Robert Gauthiot, 1876—1916），法国语言学家、东方学家，曾参与翻译敦煌莫高窟中的粟特语（Sogdian）古卷。——译者注

[③] 沃古尔语（Wogulisch）今称曼西语（[德] Mansisch，[英] Mansi，[俄] Мансийский），切列米斯语（Tscheremissisch）今称马里语（[德/英] Mari，[俄] Марийский），二者都是俄罗斯境内的乌拉尔语系语言，跟芬兰、瑞典境内的芬兰语、拉普语是同源语言。——译者注

[④] 卡尔·布罗克尔曼（Carl Brokelmann, 1868—1956），德国东方学家，闪米特语学家。著有 5 卷本《阿拉伯文学史》(Geschichte der arabischen Litteratur) 及多部阿拉伯语、古叙利亚语语法及词典。——译者注

米特语语言学》(*Semitische Sprachwissenschaft*, 1906)。

汉语：词末 m 变成了 n，因此，古时的 nam（南）和 nan（难）都成了 nan。① 见高本汉《汉语的音和字》(Karlgren, *Sound and Symbol in Chinese*, 1923, 第 28 页)。

虽然从生理上看 p (b) : t (d) = m : n，但为什么 -m > -n 的变化发生得如此频繁，却找不到 -p > -t 或 -b > -d？原因在于，m 和 n 具有共同的鼻音：因此，从声学上看，这两个音之间的差异小于相对应的那些非鼻的塞音之间的差异。若要问，为什么 m > n 这一变化发生得比反方向的 n > m 频繁？答案必然是，舌尖这个最灵活的器官，比笨重的双唇更受青睐。这正如在 pt 和 kt 的同化中（如意大利语 sette [七] < septem, otto [八] < octo），总是舌尖占上风。

这些均表明，我们对价值原则的运用，以及由价值原则得出的结果，与比勒（Bühler,《布拉格语言学小组文集》第 4 卷第 39 页）所描述的情况有极大的不同，他认为："依照传统上的理解，语音学的特征就是，这个领域根本就不谈'语义'。"然而应当注意，不谈语义是错误的可不是布拉格学派第一个发现的，并且，问题之关键其实不在于所谓"语义"（[德] Bedeutung, [英] signification），而是在于"有意义性"（[德] Bedeutsamkeit, [英] significativeness）。

6

如今，很容易就能看出"语音定律运作无例外"这句话并不对，因为这句话把所有音变悉数剃光，可语言生命却是高度复杂的，无法让这种笼统的话自圆其说。认为语音定律与类推相对立同样是错误的（这一点在我

---

① 闽、客、粤方言中，-m 和 -n 至今仍区分得很清楚。以闽南语为例：南 /lam/ ≠ 难 /lan/，心 /sim/ ≠ 新 /sin/，金 /kim/ ≠ 斤 /kin/，等等。——译者注

对此问题的上一篇概述中也已论及）：这两个过程不是绝对对立的，因为二者之间存在过渡带，并且无论如何，仅凭这二者不可能穷尽一切语言变化——即使像我之前（1886）那样引入借用（Entlehnung）作第三个因素也依然如此。许多音变不合乎定律，①却也无须称之为类推；与之相反，还有些变化是以心理为条件的，无法归入"类推"概念。

19 世纪的语言研究者犯的最大错误，或许就是把语音史问题搞得过于专一（ausschliesslich）。他们割断了语音学跟语言生命其他方面的联系，将其搞成了独立王国（sui generis）。而只有跟语义相结合，才能全面理解语音学，这正如只有通过句法，才能理解词法本身。

这之中还有一个错误，就是只论述语言，而忽略了说语言的人。例如，"儿童"一词在语言理论著作中出现得何其少！而今，如果遵循索绪尔，把某一民族（或某一语言共同体）的共同语言规范（gemeinsamen Sprachnorm）严格区分为言语（parole）和语言（langue），认为言语是个体行为，语言是个体之外超越个体的稳定因素，也仍未使对人的忽视有多少改善：言语和语言只能是共同存在的，且相互交织得非常密切，实际上根本无法视为同一事物的两个层面。②

前面，我做了很多反对"无例外性"（Ausnahmslosigkeit）的论述，但是，我还必须再说说我们为何总能在语言演化中发现很多规则性（Regelmässigkeit）。我认为，我们可以自信地断言：如果某一个音本身确实发生了变化，那么该语言所有涉及这个音的词就都会发生与之完全相同的变化。这句话可以视为简单的因果关系之情形：因为同因，所以同果。

但是，这个公式中的难题之一，是我们对语音的身份（Identität）所

---

① 许多语言中的音近省音（haplologie）、换位（metathese）、异化，以及同化当中的一部分（非全部），因而都是"合乎定律的"，也就是说，发生得非常合乎规则性。——原注

② 我对索绪尔的这个二分法的批评，见《从语言学角度看人类、民族及个人》（Mankind, Nation and Individual from a Linguistic Point of View）一书，以及《个人与共同体》（L'individu et la communauté）一文。——原注

做的假设：同一个音出现的每一处，要做相同的处理；那么，究竟怎样才算是所谓"同一个音"呢？其实，某一语言中位于 a 前的 t 和位于 r 前的 t，被感知为同一个音还是不同的音，我们只能后验确定（post eventum festsetzen），无法先验知悉（a priori wissen）。

通常，发生变化的不是整个音，而只是某个语音成分（Lautelement）、语音微粒（Lautpartikel），而这个音在其他方面可以说是保持不变的——否则，发生变化的音所在的词就认不出来了。所以，从没见过 [m] 变成了 [a]：这两个音只有一个成分是共同的，即有声性（Stimmhaftigkeit），而其余成分都是不同的。① 而一个语音微粒发生了这类变化时，同样具有该微粒的所有的音，通常会以同样方式发生变化；② 因此，在日耳曼语的音变中，p、t、k 统一变成了擦音。不过，这种平行性并非必然：匈牙利语中，p 变成了 f，但其他塞音却仍是塞音；凯尔特语中，词首的 p 消失了，但 t 和 k 却还在。我们在所有语言的历史中的每一步，都能遇到这样的差异。在当今的奥地利发音中，k 和 g 之间因送气而明显区别，如 kalt（冷）和 galt（[牛、羊等]不产奶的），kälber（牛犊）和 gelber（黄色）；而与之不同的是，p 和 b 之间、t 和 d 之间的这种关系却并不明显，如 pein（痛）和 bein（腿），tu（做）和 du（你）；而在 l、n、r 之前，则基本不存在这一差异。（吕克，《德语语音学》[Luick, *Deutsche Lautlehre*]，1904，第 84 页）

---

① 我认为著名的鼻响音理论的极端版本是错的，这就是理由之一；例如，关于希腊语宾格中的 -a，人们会非常轻率地猜想，在"原始的完整元音 a + m"和"后面不带响音 m 的 a"之间存在一个中间过渡态的 [ʌm]（[ʌ] 指英语 but 里的元音，或现代印度语言中的 a）。此外，还有人把自成音节的 m 放到违背自然的笨重结构中，见上文第 172 页。今之口语里的成节 m，仅见于元音之后或是易于发音的结构中（如斯瓦希里语、墨西哥西班牙语）。而有人为原始印欧语设想了 m̥ 和 ŋ̊，只是想为变元音较薄弱的阶段建立起完美的平行关系而已；他们没有注意到，鼻音的表现跟 r、l 并不完全相同：arm 和 arn 构成的是一个音节，而 amr 和 anr 构成的是两个音节。——原注

② 语音微粒的析出，可通过"非字母公式"（antalphabetische Formeln）轻松地揭示出来。——原注

叶斯柏森晚年希望把 analphabetic 改称为 antalphabetic。——译者注

如前所述,规则性只有当语音本身确实发生了变化时,才会出现。语音具有一定的自主性,在一定程度上具有自己的生命。语言中一切具有语义的片段,也都是如此,无论是词、词成分,还是词组。一个"类推而来的结构"跟这种自身即具有语义的自主性成分相比并无不同。但是,无论语音还是语义片段,都不是至高无上的,因而会相互冲突,而前面讨论过、论述过的许多现象,恰是基于这样的冲突。

一个组合型音变,即使明显能够建立起纯机械性的公式,如有些语言中 k 在 i 和 e 之前腭化,其过程最终仍受心理条件影响:一个音本身,既不影响前面的音,也不影响后面的音,但是在发音的过程中,思维要么会超前,要么会滞后,于是发音就被修改了。

语言首先是个社会事实,其最本质的要求就是模仿,若非如此,音变中的规则性就绝不会实现。没有模仿,就没有语言。谁模仿得不好,谁就没法把话说对。孩子模仿父母,模仿比自己大的玩伴;大人模仿地位高于自己的人,模仿杰出人士,模仿演员,等等;由此,一种新的发音(正如一种新的说话方式等)就会变成全民共同特征。

本文中,我在《语言论》一书中的很多想法①得到了更详细的论述,但是对这些想法的表述并不相同,希望已读过该书的读者不会觉得这是些冗余的重复。我对语音史问题的看法,来源于对若干活语言的常年观察,

---

① 特别探讨语音定律问题的章节如下:第 5 章 § 2-6,儿童语音的定律;第 8 章 § 1,母语的学习;第 9 章,儿童对语言演化的影响。我或许应该指出,我在德语版第 148-149 页增加了一个很长的注,旨在澄清对英语版第 167 页的一处误解:存在历史演变关系的两个音之间,如果不可能存在发音上的中间阶段,那么这两个音的声学相似性(akustische Ähnlichkeit)就跟其发音相似性(artikulatorische Ähnlichkeit)无关,我把音变中的这种跳跃(Sprunghaft)归因于儿童,如 þ > f, x > f, kw > p;第 9 章 § 7,树桩词;第 10 章 § 1,词的混合;第 11 章,底层与语言混合;第 13 章 § 6,女性的语音;第 14 章,变化的原因:生理、地理、心理、社会剧变的周期(社会关系)、安逸舒适感、极端的弱化、价值原则、重音;第 15 章,夸张、悦耳性、语言器官的非语用用途、预测、正确性的幅度、语音的距离、同音、具有语义的音、语音定律的扩大、音变的扩张、反向作用、词源、结论;还有第 17 章(进步还是衰退)和第 20 章(语音象征)里的各种问题。——原注

也来源于对英语等语言近几个世纪以来发生的语言演化局部所做的深入研究；我没有片面陷入语音史当中，这或许有益无害，因为这使我看到了语言生命的全貌，假如囿于语音史，极可能无法做到这一点。

在这篇"最后再说几句"里，以及前面两篇文章里，我专门论述了语言学常规意义上的"语音定律"，即"通过公式发生了什么变化"这一问题；由此可探究出对阐释词源具有决定性的时间、空间及"语音条件"之限制。"定律"这个词在格拉蒙那里意义完全不同（他受了某些划时代的语言学家的看法影响），他试图为异化等现象建立起普遍的定律。[①] 这种"定律"是用来解释必须发生的事情的公式——如果确实会发生什么的话。人们无法预测某一异化何时会发生；不过，异化的确发生时，人们想依据普遍性公式确定哪个音比较强大，也就是哪个音会保持不变。判定这类尝试是否正确，已完全超出了我当前的论证范围。

---

① 参见格拉蒙《印欧语言和罗曼语言中的辅音异化》（Grammont, *La dissimilation consonantique dans les langues indo-européennes et dans les langues romanes*, 1895）。——译者注

第二编

论普通语音学

Part Two: On General Phonetics

论音标——特别是伦代尔的《方言字母》和贝尔的《可视言语》

Om Lydskrift, Særlig Lundells "Landsmålsalfabet" og
Bells "Visible Speech"
（1884）

如果不想只研究一种语言的书面形式，而是想掌握其真实的话语形式，就必须拥有一套标注方式，能够比传统字母更准确地为各种语言注音，正因为此，人们才设计并使用了诸多种音标体系，本世纪尤为如此。多数系统都尽可能使用常规字母；遇到常规字母表示不出来的东西，会在字母上方标数字①，会在字母上方或下方加些点、线之类。如果只有少量细节需要标注，那么这种方法非常方便；而如果要大量使用，尤其是必须为同一个字母标注出音质②、音长、重音等多个符号时（如，莱普西

---

① 在元音字母上方标注不同数字以注明其不同发音，见于18世纪英国学者约翰·沃克尔（John Walker, 1732—1807）编写的《英语批判发音词典》（*A Critical Pronouncing Dictionary and Expositor of the English Language*, 1791）。例如，字母o上方标数字1表示"长开音，如no"；标数字2表示"长闭音，如move"；标数字3表示"长宽音，如nor"；标数字4表示"短宽音，如not"（1791年初版，正文前说明§546节）。——译者注

② 很典型的音质（[丹] kvalitet，[英] quality）差别，见于元音在松与紧、宽与窄等方面的细节区别，如英语eat（吃）和it（它）的元音绝不仅仅在于量（音长）的差别，质上的不同也是很明显的。——译者注

厄斯①的ǫ），就会极为笨重，几乎无法印刷。并且，很少有哪两位作者会使用同样符号表示同样的内容，这就会引发误解。英国的语音学家已巧妙借助各种印刷手段（如斜体、大写、倒写等），成功构筑起了无需借助上下标的详细而精准的音标系统；不过，有些符号的特殊用法让书写形式显得怪异（例如，丹麦语 dreng [男孩] 一词在斯威特的体系里竟要写成 dʀæxq）。倒写的字母在 J. H. 布莱斯多夫（J. H. Bredsdorff）②的《依照发音而改进的正字法之尝试》（*Prøve af en efter udtalen indrettet retskrivning*，1817）一书中也已大量使用。常规字母表还可通过借入外语字母（尤其是希腊字母）以及完全新造的字母而得以扩充。迄今设计得最好、最具一致性的系统，是伦代尔的"方言字母"（见"瑞典方言与民俗新知丛书" [Nyare bidrag till kännedom om de svenska landsmålen ock svenskt folklif]，第1辑）③；这一系统的优点，在于材料运用得精妙，因此其符号易于书写，虽然数量较大却也易于记忆。

---

① 卡尔·理查德·莱普西厄斯（Karl Richard Lepsius，1810—1884），德国埃及学家、语言学家。1842年至1845年奉普鲁士国王威廉四世之命率考察队深入埃及、苏丹，编写出版了12卷本图鉴《埃及和爱底奥比亚的文物》（*Denkmäler aus Ägypten und Äthiopien*，1849—1859）。（"爱底奥比亚"一名出自荷马史诗，旧时泛指非洲，埃塞尔比亚国名由此而来。此处指古代努比亚，今苏丹。）莱普西厄斯对非洲语言有深入研究，著有《努比亚语语法，附非洲民族与语言导论》（*Nubische Grammatik mit einer Einleitung über die Völker und Sprachen Afrika's*，1880），他设计的"通用语言学字母表"（Das allgemeine linguistische Alphabet，英语文献称之为"标准字母表" [Standard Alphabet]）即是用于转写非洲语言之目的。——译者注

② 雅各布·霍恩曼·布莱斯多夫（Jakob Hornemann Bredsdorff，1790—1841），丹麦博物学家，在矿物学、地质学、植物学、地理学等领域均有丰富论著。语言史领域，他著有《论语言变化的原因》（*Om aarsagerne til sprogenes forandringer*，1821）、《论鲁纳文字的起源》（*Om runeskriftens oprindelse*，1822）等，其中《论语言变化的原因》1886年由汤姆生编辑重版，得到了他很高的评价。——译者注

③ 伦代尔的这部著作题为《瑞典方言字母——附论瑞典方言中出现的语音》（*Det svenska landsmålsalfabetet, Tillika en öfversikt af språkljudens förekomst inom svenska mål*，1879）。——译者注

论音标——特别是伦代尔的《方言字母》和贝尔的《可视言语》

所有基于常规字母而构建的体系都有一个缺点，就是每个字母均有歧义，而且符号之间无法达到完全平行；看着 b-p、d-t、g-k 这几对符号，谁也看不出它们为何会归入一组。因此，有些人则力求用自创符号来创制音标，这样就能彻底用统一的符号表示统一的关系了。这类系统中最好的，是苏格兰人 A. M. 贝尔①的系统（《可视言语》[*Visible Speech*, 1867]；《语音及其关系》[*Sounds and Their Relations*, 1882]）。辅音用弧线表示，弧线的方向代表发音部位；弧线若呈开放状，代表擦音；若由直线封闭，则为塞音（爆破音）；若由曲线封闭，则为相对应的鼻音；符号内部的短线，表示"浊音"；等等。元音符号是竖线；线上小钩的位置，极其精妙地表示着贝尔元音图中的元音位置；中部的短横表示圆唇，如 o、y 等。此外还有一些其他符号，尤其是些所谓的修饰符（modifier），可改变位于其前的符号的含义。这套音标尤其被斯威特的体系所采纳，有些地方与《可视言语》里相比得到了显著改进（见《语文学会论文集》[*Transactions of the Philological Society*] 1881—1882 年卷，第 177 页及后），总体上不失为迄今为止最好、最细致的普遍性音标（universelle lydskrift），不过有些地方可能会引发原则问题上的质疑。因此，斯威特本人就承认，下降了的 j 和上升了的 i 其实是相同的，②但是二者的符号却有天壤之别，因为从最一开始，辅音符号和元音符号的差别就设计得过于夸张；音节性之功能，通过辅音和通过元音得到的是不同的表示；相邻的两个符号，本来表示与之对应的两个邻近音，但最后一个符号是修饰符时，就不是如此了。类似问题还有很多。然而，这一体系付诸使用的最大障碍，是那复杂的印

---

① 亚历山大·梅尔维尔·贝尔（Alexander Melville Bell，1819—1905），苏格兰语言学家，"可视言语"（Visible Speech）音标体系的发明者。他是电话发明者亚历山大·格雷厄姆·贝尔（Alexander Graham Bell，1847—1922）的父亲。——译者注

② "上升"即发音气流通道变窄，"下降"即发音气流通道变宽。详见《用非字母符号表示的语音发音》§§23-26（本书第 216-218 页）。虽然 /i/ 是舌位最高、开口度最小的元音，但是其气流通道仍比擦音 /j/ 宽：前者记作 γ3，后者记作 γ2。从这一角度看，下降了的 /j/ 和上升了的 /i/ 的确相同。——译者注

刷设备成本必然十分高昂。

最后这条缺点，可通过我设计的定义系统（betegnelsessystem）来避免，其基本原则如下：可以（像音符那样①）写成若干行，每一行代表一个发音区域；纵向依次排列的符号位置表示同时性，横向依次排列的符号位置表示顺次性；严格贯彻这些原则，就会发现音长的标注其实很简单。本体系所使用的符号（除了附件符号之外）是普通的数字，0 表示完全闭合，接下来的数字依次表示越来越大的开口度；如果是像 l 音那样中间闭合、两侧开放，则可表示为罗马数字 I——不过，只要对发音器官活动的分析无法突破今日之现状，为每个音一一标写这样的音标就会遇到很大困难。

---

① "音符"指乐谱上的音符。叶斯柏森在《用非字母符号表示的语音发音》中解释：用这种方式做的语音描写就像是"乐队指挥手中的'总谱'，从上到下依次写明了各种乐器的谱子"。详见本书中收录的《用非字母符号表示的语音发音》节选。——译者注

用非字母符号表示的语音发音（节选）
The Articulations of Speech Sounds Represented by Means of Analphabetic Symbols
(Excerpts)
（1889）

第一章　原则

> 只要我们仍满足于对拉丁字母做些小修小补，
> 我们的进展就将继续停留在匍匐的地步。
>
> ——斯威特《语音的记录》，第 185 页

[1] 无论是从语言史发展角度研究语言的人，还是只想把语言用作不同国家人民间交流工具的人，都无须我们来向他强调扎实的语音学知识多么有用、多么必要。但是，语音学这门人人都承认其重要性的科学，为什么发展却如此迟缓？为什么仍然远未能不仅在名义上而且在实质上深入语言学家的头脑，成为语言学研究的基础？毫无疑问，许多理由都可以拿出来解释这一事实，不过有一条理由若是拿来作为最重要原因之一，必定不会有错，那就是，语音学缺乏一套被普遍接受的符号和术语。没有哪两位作者会使用全然相同的转写；事实上，许多人用的是两三套不同的体系——其后果就是，同一符号表示两种、三种乃至更多种含义，而同一个音又几乎被每一位新的语音学家写成一种新的形式。因此，仅举一例，我们就会看到法语的鼻化 a 音有至少 11 种不同的转写方法：

1）a̱（伦代尔、济弗斯、菲埃托①）
2）a̰（布雷曼②）
3）a̱（图桑-朗根沙伊特体系 [Toussaint-Langenscheidt]③）
4）aʔ（特劳特曼④）
5）ã（斯托姆⑤、弗兰克⑥、拜耶⑦，等）

---

① 威廉·菲埃托（Wilhelm Viëtor, 1850—1918），德国语音学家、外语教育家。菲埃托是 19 世纪末欧洲外语教学改革运动的核心人物，其著《外语教学必须转向了！》（*Der Sprachunterricht muss umkehren!*, 1882）被视为这一改革运动的宣言。他还著有《语音学基础》（*Elemente der Phonetik*, 1884）一书，该书前后共出 7 版，畅销近半个世纪。他也是国际语音学会早期核心人物之一，1888 至 1918 年担任会长。——译者注

② 赫尔曼·布雷曼（Hermann Breymann, 1842—1910），德国语文学家，研究领域涵盖法语、英语、西班牙语文学。语音学领域，编有《1876—1895 年间的语音学文献》（*Die phonetische Literatur von 1876—1895*, 1897）。——译者注

③ 夏尔·图桑（Charles Toussaint, 1813—1877），法国外语教师。古斯塔夫·朗根沙伊特（Gustav Langenscheidt, 1832—1895），德国外语教师、出版商。二人共同开发了"图桑-朗根沙伊特外语自学法"（Die Methode Toussaint-Langenscheidt）。1856 年，朗根沙伊特自办出版社推广以此方法编写的教材和词典，所使用的注音体系曾在德国国家发挥重要影响。朗根沙伊特集团至今仍是德国重要的工具书出版商，2000 年与我国的德语学者合作出版了《朗氏德汉双解大词典》。——译者注

④ 莫里茨·特劳特曼（Moritz Trautmann, 1842—1920），德国语文学家、英语学者，著有多部关于古英语诗歌的著作。语音学方面，特劳特曼著有《语音——一般性语音及英、法、德语的具体语音》（*Die Sprachlaute: im allgemeinen, und die Laute des englischen, französischen und deutschen im besondern*, 1886）一书。——译者注

⑤ 约翰·斯托姆（Johan Storm, 1836—1920），挪威语文学家，英语及罗曼语学者，挪威语方言学者，为挪威语设计过一套"挪威音标"（Norsk Lydskrift），著有《罗曼语言与罗曼民族》（*De romanske sprog og folk*, 1871）、《英语语文学》（*Engelsk filologi*, 1879）、《挪威语正字法》（*Norsk retskrivning*, 1904—1906）等，其中《英语语文学》对英语的音系做了十分细致的描写。——译者注

⑥ 菲利克斯·弗兰克（Felix Franke, 1860—1886），德国学者。著有《实用外语学习——基于语言心理学与语言生理学》（*Die praktische Spracherlernung: Auf Grund der Psychologie und der Physiologie der Sprache dargestellt*, 1884）一书。该书出版后第一时间引发了叶斯柏森的关注，弗兰克授权叶斯柏森将该书编译为丹麦版版《实用外语学习——丹麦版》（*Praktisk tilegnelse af fremmede sprog. Dansk bearbejdelse*, 1884）。弗兰克英年早逝之后，该书出版了第 2 版（1890），叶斯柏森为新版撰写了导读。叶斯柏森还编辑整理了弗兰克的遗作《下卢萨伦口语的语音》（*Die Umgangssprache der Nieder-Lausitz in ihren Lauten*），将其刊登于菲埃托主编的学刊《语音学研究》（*Phonetische Studien*）第 2 卷（1889）。——译者注

⑦ 弗兰茨·拜耶（Franz Beyer, 1849—1927），德国语言学家，著有《现代法语语音系统》（*Das Lautsystem des Neufranzösichen*, 1887）一书，与保罗·帕西合著过《法语口语基础读本》（*Elementarbuch des gesprochenen Französisch*, 1893）。——译者注

6）aq（斯威特《语音学手册》）
7）an（斯威特《语音的记录》）
8）a N（帕西[①]《法语语音》）
9）a Λ（埃利斯，古字符）
10）ahn'（埃利斯，语符）[②]
11）a·（诺伦）[③]

[2] 如果再说说语音学的术语，我们会发现同样令人费解的混乱局面。似乎每位作者都认为自己有权任凭想象使用 dental（齿）、guttural（喉）、oral（口）之类的已有词，有权随心所欲创造出新术语。拉丁语介词 ante（前）、pro（为）、post（后）在手里是现成的，如果不够，还可轻松造出

---

① 保罗·帕西（Paul Passy，1859—1940），法国语言学家，国际语音学会创始人，所创办的刊物《语音教师》（Phonetic Teachers，后更名为 Le maître phonétique）使国际音标（IPA）在全球范围内得到了推广。著有《法语语音——发音、组合及其表示》（Les sons du français, leur formation, leur combinaizon, leur reprézentation，1887）、《比较语音学概要》（Petite phonétique comparée，1906）等。——译者注

② 埃利斯共为英语设计过 3 套语音书写符号系统，这 3 套系统各有不同的用途。《语音拼写请愿书》（1848）中的"英语语音字母表"（The English Phonetic Alphabet）系统，严格来说并不是音标，而是为拼写改革而设计的未来用于日常生活中的文字书写系统。《论早期英语的发音》（第 1 卷）（1869）使用的"古字符"（Palaeotype）系统，是一套仅用于科学研究的精确音标，不供大众使用，也不以取代任何现有文字系统为目的；之所以称为"古字符"，是强调要尽可能使用古罗马时期原有的拉丁字母，不使用现代欧洲语言中常见的写在字母上方或下方的附加符号，如不得不使用特殊字符（如倒写的字母等），一定要把数量降到最低，以实现排版印刷上的方便。《歌手发音指南》（1877）和《英语方言》（1890）中使用的"语符"（Glossic）系统，是供大众使用的可用于实用目的的音标。虽然这多种系统显得纷繁复杂，但是把不同性质的语音书写系统用于不同目的，这一思路无疑是正确的。而叶斯柏森在《语音学的用途是什么？》一文中对音标采取的同样是这一态度。——译者注

③ 参见拜耶《现代法语语音系统》，克滕（Cöthen）1887 年版，第 58 页。吕特肯斯（Lyttkens）和伍尔夫（Wulff）在其用瑞典语撰写的杰作《瑞典语语音学与文字学》（Svenska språkets ljudlära och beteckningslära）里，给每个音都做了一份"同义词注"，列出了一流的语音学家们对这个音的描写方式。对语音和音标做完整的概述对语文学界来说是件有裨益的事，不过我担心排版印刷等方面的困难是不可逾越的。——原注

linguopalatal（舌腭）、palatolingual（腭舌）、medioalveolar（中齿龈）之类的复合词。诚然，这样的趋势如果不赶紧遏制住，我觉得终有一日我们会发现自己在讨论 medio-linguodorsopræpalatal unilateral sound（舌背中部硬腭之前的单侧音）（γi^g）。孔狄亚克^①认为科学不过是"编得好的语言"（une langue bien faite），这固然言过其实，但是，穷尽而无歧义的术语体系有多么重要可绝非夸张；我们必须承认，关于语音的科学在这方面编得实在太差。

[3] 下面我要尝试进行的，就是对这一缺陷进行修补。我想把盖多^②针对另一门科学而论述的理念运用于语音学。盖多认为，"人类学只有采纳一套可以跟化学相媲美的记录系统时，才算拥有了真正的科学语言；这样的科学语言不再使用凯尔特民族、日耳曼民族、斯拉夫民族等虚幻而错误的术语，而是用字母和数字的组合表示出应予以定义的人类头骨、面部棱角、头发、长骨，等等，正如化学家通过字母和数字的组合表述出化合物的性质一样。"（《历史与文学述评》第 2 卷，1876）

如果这样的符号组合方案能够方便地设计出来，就能立刻成为好的符号和好的术语。不过，对我们的语音学来说，这样的体系要以什么为基础呢？

[4] 常规的拉丁字母，以及我们的通行字母表所赋予它们的那些与之类似的音值，具有非理性，尤其造成了大量模棱两可的情形，所以是完全无法承担此职责的。这一点，斯威特博士已经展示得非常清楚了（见《语音学手册》1877；《语文学学会论集》[Transactions of the Philol. Soc.] 里的《语音的记录》[Sound Notation]，1881），我完全不需要再为他出色的论证

---

① 埃蒂耶纳·博诺·德·孔狄亚克（Étienne Bonnot de Condillac, 1714—1780），法国哲学家，他最著名的著作《人类知识起源论》（Essai sur l'origine des connaissances humaines，1746）中有对语言的集中论述。"une langue bien faite"语出其嗣后作《微积分语言》（Langue des calculs，1798）。——译者注

② 亨利·盖多（Henri Gaidoz，1842—1932），法国民俗学家，对法国的凯尔特学研究贡献巨大。——译者注

增加任何证明。

声学,无论是作为不依赖人类听觉的关于声音本身的科学,还是作为关于人耳及人耳对声音之感知的科学,目前都无法为我们提供一套记音体系。即使是最好的声音曲线图示,也无法时时明确区分出在语言中区别得十分清楚的音;即使是"声学视角"最忠实的追随者,也不曾尝试过把语音的声学特征当作语音学的术语体系和记音体系之基础。

[5] 因此,我们才会退而把语音经唇、舌等的动作而产生的途径作为起点,也就是说,我们的体系必须是纯生理的,或者说是纯遗传性的。德国的语音学家们已经设计出了好几套符合这一描述的"有机"字母表——不过这样的字母表还是不要再设计了为好,因为它们完全没能解决的问题是,设计的记音体系本应成为语音学家之间相互交流的工具,但是这些字母表除了其设计者之外谁也没有使用过,即使是设计者本人也只是小规模使用而已。此外,这些体系所依赖的语音分析在今天看来是很不完备的,我们在此研究这些体系的结构已不值得。

不过,梅尔维尔·贝尔的"可视言语"却与众不同。我们在语音分析方面所取得的大多数进步,都应归功于这位设计者及其追随者们。贝尔这套字母表,他本人以及其他人将其用于各种目的时都用得很成功,比如,用来极其精确地描写数种语言的语音系统,用来教聋人、哑人说话。因此,研究他的这套系统,尤其是关注该系统中的缺点,对于阐明在新设计的体系中应当避免什么、聚焦什么,是非常有用的。

[6] 可视言语的符号大多分属两类,轻易即可辨别:曲线表示辅音,竖线表示元音。埃利斯先生写道:"通过巧妙的方式,元音拥有了全然不同于辅音的样貌,立刻给人留下深刻印象,因此一下子就能辨别出一个词由几个音节构成。"(《可视言语》首版,第27页)从可视言语问世至今,20年过去了,我不知道还有没有哪位语音学家会认可上述赞誉;因为如今人人似乎都已懂得,辅音和元音之间并无绝对界线,而且元音的数量也并不永远与音节数量一致。这两大类符号之间巨大的外观差别尤其不

妥，因为许多时候，这样的差别导致同一事物必须用两种甚至更多种不同符号来标注。故而，某一清辅音和其相对应浊辅音的关系，本来与普通的 [a] 和清化的 [a] 之间的关系是相同的，但是在可视言语里，辅音符号的清音性是默认的，浊音要在清音符号内部添上一短划，而元音却是浊音性在符号中默认，清音性须在由符号后面的"修饰符"来表示，但这样的"修饰符"不仅起修饰作用，而且恰恰否定了主符号所表达的特征之存在。"圆唇性"则有三种不同的符号表达：元音要在主干上画一条短线，部位靠后、开口较大的辅音（如德语 auch）要画两个钩，其他辅音符号则是加独立的修饰符。类似情况，还可以把窄音 [u]、宽音 [*u*]① 的符号跟窄音 [w]、宽音 [*w*] 的符号拿来做对比，这样的对比完全没有显现出平行性。而鼻音性符号，对 [n] 的音标来说是符号内在的一部分，而对鼻化元音来说却是独立的后缀。② 位置变化被巧妙地用来表示各种发音器官，但是，为什么元音和辅音不使用相同的规则呢？如果写一个像德语 ach 这样的词，元音的发音部位偏后，用笔画左转表示，但是，辅音的发音部位偏后，笔画却要向右。最后一点，某一个音发挥音节功能还是非音节功能，辅音用的是一种方式（修饰符），元音用的是另一种方式（符号的高度）。

总之我们发现，可视言语符号中存在的一系列相互矛盾之处，皆因事

---

① 斯威特的符号体系中，斜体表示"宽音"，如英语 bit 中的 i、book 中的 oo，法语中的 très 中的 è、heure 中的 eu、homme 当中的 o，德语 müssen 中的 ü（今国际音标分别记作 [ɪ]、[ʊ]、[ɛ]、[œ]、[ɔ]、[ʏ]），以区别于用正体表示"窄音"，如英语 sheep 中的 ee、loot 中的 oo，法语 été 中的 é、veux 中的 eu、tôt 中的 ô，德语 früh 中的 ü（今国际音标分别记作 [iː]、[uː]、[e]、[ø]、[o]、[yː]）。参见斯威特《语音学手册》（牛津 1877 年版第 105 页）。——译者注

② 据《可视言语》，鼻辅音跟其相对应的塞音使用相同的基本符号，唯一不同在于符号中的一个表示"鼻音阀"（nasal valve）的笔画。塞音的"鼻音阀"闭合（直划表示），鼻音的"鼻音阀"开放（弯划表示）。因此，[d] 是 Ʊ，[n] 是 Ʊ；[b] 是 Ə，[m] 是 Ə。而鼻化元音使用的却不是这种"鼻音阀"，而是与完全不相关的一个独立的鼻化元音符号 ʃ，加在相对应的口元音的后面。因此，口元音 [ɛ] 是 ʅ，鼻音 [ɛ̃] 是 ʅʃ；口元音 [ɔ] 是 ʈ，鼻元音 [ɔ̃] 是 ʈʃ，等等。——译者注

先为辅音和元音之间构建了绝对区别而引起；我们还会发现，这些矛盾之处在原版系统中，似乎没有在斯威特博士的"修订版可视言语"中那么突出。[1]这实际上是因为我们的语音科学取得了进步而造成的。许多先前被视为仅属于某一类音的特质，如今亦适用于另一类音。毫无疑问，假如斯威特先生不是在旧有体系上小修小补，而是设计出一套全新的体系，想必就能够避免开许多这样的矛盾之处。可视言语若要配得上它那骄傲的名字，就必须看一眼那句"降低了高度的 [j] 其实跟非音节性的 [i] 是相同的"（斯威特《语音的记录》第 209 页，参见第 211 页"放松的 [j]"）——但事实上呢，这个事实在原版的可视言语中完全被掩饰过去了。

[7] 该体系的另一个缺陷，是没能把执行发音的器官和器官发音时所涉及的位置分开来处理；这些位置中有一个被认为是正常位置，无须做特别标注，其余各位置则由修饰符来表示。例如，英语 [t] 的发音位置被视为比法语 [t] 的发音位置更正常，因此二者之间可建立一系列梯度，这实在没有道理。格雷厄姆·贝尔教授[2]对其中一个观点进行了修改，他在伦敦语文学学会 1880 年 12 月 3 日会议上表示："可视言语已被证明需要扩充，改进措施之一就是应把上部器官（如腭）和下部器官（如舌）分开做标注，前者应当用小符号标写在相应的下部位置的上方。"[3]

斯威特先生也在这方面做了些修改，由此更正了贝尔先生把 [f] 和 [b] 分析成"开音"（divided）[4]之误；但是，不应该用相关联的符号来处理唇-齿闭辅音（lip-teeth shut consonant）和舌尖-齿闭辅音（point-teeth shut consonant），这一点上他似乎不够连贯一致。

---

① 见《语音的记录》。——原注

② 指《可视言语》作者贝尔的儿子，也就是人们所熟知的电话发明者贝尔。——译者注

③ 《会议文集每月摘要》(*Monthly Abstracts of Proceedings*)，1880，第 42 页。——原注

④ 贝尔在《可视言语》中把每个"器官"可发出的辅音分为"闭音"（shut）、"鼻音"（nasal）、"开音"（divided）、"混音"（mixed）四大类。用相同的基本符号表示，以示其相互关系，仅以细微笔画差别来区分其不同之处。——译者注

[8] 如果更加仔细地看看这些不完善之处和不一致之处，会发现这些问题全部源于同一条引领性原则；这些问题其实可称之为该系统的字母特征（alphabetic character）带来的效应，或者确切地说，可称之为字母倾向（alphabetic tendency）带来的效应。表述言语器官同时行动（concurrent action）的那些基本符号，尽可能地组合在一起，成为一个复杂符号；每个这样的复杂符号所发挥的作用，其实跟我们的常规字母表里的字母几乎完全相同，每个这样的符号代表一个音。这样一来，如果仅需考虑少量几个发音动作成分，组合就相对容易；而这之外被忽略掉的那些旁枝末梢一旦考虑进来，就基本上做不到用一个符号展现全部成分了；这时就必须借助补充符号放在主符号之后，而这样的权宜之计使整个体系变得笨重而不一致。于是，有的符号表示完整的音，有的符号却仅表示音的一部分；两个符号组成的连续体有时表示时间序列，有时却表示同时性。

[9] 显然，在完美的记音体系中，圆唇的 i（即 y）似乎没比圆唇的 r 更有充分的理由要用一个单独的符号来表示，它们二者的复杂程度是相同的。或许更为安全的提法是，复合音和简单音之间的常规区别，是非常站不住脚的，至少从生理角度来看如此。所有的音都是平等的复合音。如果说 b 是简单音，那么 m 仅因为鼻腔通道是敞开的就是复合音吗？难道我们无权认为 b 比 m 还要复杂？因为发 b 音时器官还多出一种运动要完成，就是言语器官尚处消极状态时，腭就已经需要自然下降了。[m] 这个简单音，从生理上看是下列条件产出的结果：

α. 唇闭合

β. 舌尖在口腔底部呈休息态

γ. 舌面不伸向腭

δ. 鼻腔通道开放

ε. 声带震动

ζ. 气流从肺部排除

这些成分一个都不能改变，否则就变成别的音了；如果舌尖像 [d]

那样接触到牙齿边缘,发出的就不是 [m] 了。而气流应当自由地通向唇部,也是发这个 [m] 音的条件之一。如今我们已懂得,斯威特所猜想的英语 open 一词的最后一个音同时既是 [m] 也是 [n](《语音学手册》,第 213 页),是不可能的。

[10] 这些思考以及其他类似的思考让我们得出结论:为了更方便、更准确地标注语音,我们必须放弃一切用单一字符表示每一个音的想法;事实上,我们必须标注的不是音,而是音的成分。因此,把表示这些成分的符号组合在一起的最好方法,显然是把这些符号各自写成一行并上下排列起来,一行标注唇,一行标注舌尖,以此类推。

唯一尝试过开展这样的计划的,是 F. 泰希默博士的《语音学》(*Phonetik*,1880)一书,以及他后来在《普通语言学国际学报》第 1 卷(1884)里的文章。他依照发音部位,把他的符号写成上下排列的十几行。假如能每行表示一个发音器官,并且用其他途径表明该器官所作用的位置,就更好了。但是,对他这个体系的最基本批评,就是所使用的符号太不实际。这些符号不易解读,也不易书写,简直无法印刷,而且作者甚至不屑于清楚解释要用这些符号代表什么。事实上,这整套体系基本算不上是在认真尝试设计一套真正的语音记录体系,因为在 1880 年的书中,作者仅借助这一体系标写了一个霍屯图语的吸气音、一个说不出来的汉语词和一句"Ist es wirklich wahr?"(真的吗?);1884 年的文章里,该体系也仍未超越这几个相同的记录,自此之后就再无消息了。

[11] 与这一方案相比,贝尔那套雅致的可视言语符号当然具有许多显著的优点。我们若问为什么这一体系有这么多优点,却仍未被研究语音学以及广义上的语言学的学者们普遍使用,答案必然是:这之中的原因不是上文论述的那些不一致性和缺陷,因为那些缺点显然是理论性质的,而不是实践性质的,不会影响到该体系的诸多可贵的特征。真正的原因,第一,这一记录体系跟作者的语音结构观紧密联系,如果不全然认同贝尔先生的分析,就无法使用这套符号,那一整套元音符号尤其如此;这一体系绝不

容许异端邪说,可是大多数语音学家在此问题上确实或多或少都比较异端。

第二,使用这些符号要克服很多实践上的困难,这一点不应小觑。这些符号虽然易写,但我要是没弄错的话,全世界只有两家印刷所能印。如果大家都搞不到这一体系的字模,那么对于可视言语的传播来说意味着什么也就无须多言了;而问题就摆在面前,印刷上的困难太大了。懂得这一体系的人,无法将其用在希望出版的作品里,而绝大多数语音学者或准语音学者也因其外形上的陌生感和困难感而不敢去学。于是,斯威特博士那些论语音记录、论俄语语音、论葡萄牙语语音、论威尔士语语音的出色文章无人知晓,就像从来没出版过印刷过一样。事实上,大家还在继续引用《语音学手册》里的话,而作者在这之后已经对其做了更正和修改。

[12] 从先前各方案的缺点中总结出的结论,或许可通过简要回顾普通文字的发展史而得到强化。原始的图画文字,每个符号表示的是一整句话或是一整句话的一部分,这样的文字发展成为表意词式的书写;之后是音节书写法,再之后被每个字母代表一个音(或者说是期望每个字母代表一个音)的字母书写所取代。我们发现,从可能达到的语音精确程度来看,每个后续的阶段与先前相比,都是一次前进;并且这样的前进要归功于对语言更深入的分析,越来越小的语言单位通过更进步的方式表示成了单独的符号。如今似乎已很清楚,如果这种从句到词、从词到音节、从音节到音的演化要继而超越字母阶段,下一步将是一种超字母(ultra-alphabetic)或非字母(analphabetic)的书写体系,表示的不是音,而是音的成分。但这还没有说完整。我们进一步发现,从一个时期到下一个时期的变化,只有通过对已有符号做新的运用,才能够在实践上变得可行。因此,我们的字母,大多数都能追溯到充当词的图画符号的时代。①如果我们书写语音成分的体系想要成功,就必须把这一课记在心上。

即使上述从文字史中得出的结论是正确的,仍不可断定未来的普遍书

---

① 例如,字母 A 源于腓尼基字母中表示"牛"的符号,字母 B 源于腓尼基字母中表示"房子"的符号,等等。——译者注

写方式就是我所说的非字母书写方式。正相反，更加可能的情况是，发展进步的过程会与之背道而驰。日常生活中最为需要的是简短和速度，这两个特征跟书写体系对语音的忠实度有关，比如，忠实到什么程度才能使该书写体系易于学习？但是，若要最方便地达到这两个特征，需要借助的是以音节原则为主要基础（虽不是唯一基础）的速记体系。因此，由这样的体系来取代我们现有的笨拙的字母体系，跟那些以语音分析准确性为主要目标，甚至不惜牺牲简洁性的体系相比，可能性着实要大得多。而这恰恰就是本方案所面对的情况。本方案绝对不想充当常规书写所普遍采纳的方式，甚至连用来对长一些的文本做语音转写都很不方便。本方案的目标，仅仅是想提供一种途径，以相对简便且无歧义的方式把语音细节记录下来、转写出来；尤其可为那些使用常规字母转写某一具体语音系统的体系提供一把钥匙，可避免用常规语音术语讨论语音构成和语音史时出现的缺陷。本方案给出的，与其说是一套一看就能读出来的符号，不如说是一套半数学的公式，展示出不同器官的位置，并依此让语音学家算出某个音是个什么样的音。故而，我于1884年首次向权威机构展示这一体系时，① 我只是将其比喻成乐队指挥手中的"总谱"，从上到下依次写明了各种乐器的谱子，这样的比喻就已经足够了。

[13] 在开始谈如何用符号表示器官的各种活动之前，我们必须先对什么该表示出来、什么不必表示出来有个清晰的概念。有一点是不言自明的：生理上无法实现的运动，不需要为其设计符号；例如，有些作者告诉我们，发北方德语 [v] 音时，"上齿要向后撤一些"，与之相反，发英语和法语的 [v] 时，"齿尖向前伸，放到下唇上"。② 我们基本可以确信，这类描述体现的与其说是这些作者的上齿真的会移动，不如说是他们的错觉

---

① 即本书中的《论音标》一文。——译者注

② 见霍夫利（Hoffory），载《库恩学报》（*Kuhn's Zeitschr*）第 25 卷，第 425 页；辉特尼《语言的生命与成长》（1875）第 64 页。另见莫里哀（Molière）《资产阶级绅士》（*Le bourgeois gentilhomme*）第 2 幕，第 6 场：跟"这 F，要把牙齿向外伸，放在下唇上。跟我念: FA。"——原注

而已。

  [14] 不过，另有一些器官真的会动，但却不需要符号来表示，因为这样的运动应该（或必须）被视为已经表示过了的过程带来的必然后果。我认为这类运动包括：（1）切尔马克（Czermak）所说的腭为了发不同的鼻化元音而做的不同抬升程度；（2）咽腔后壁因向软腭和小舌靠近以协助二者封闭鼻腔而产生的前移；（3）会厌（epiglottis）的大多数运动（如非全部运动）；（4）"内部"拢圆（"inner" rounding），或称"面颊"拢圆（"cheek" rounding）：如果嘴唇的位置表示得已足够准确，面颊的状况就已暗含，不移动嘴角就拢圆面颊是不可能的；（5）喉（larynx）的升高与降低。我们若要发出一个延长的浊音 [b]，则压缩在口中未得释放的气流对声带形成了压力，迫使整个喉部下降至所能达到的最低处。发 [u] 和 [i] 时也是这样的情况，虽然程度依次递减；此时，嘴的张开程度不够宽，无法让全部气流通过声门，喉因此而下降，发 [u] 时比发 [i] 时下降得还厉害，因为发后者时声门和缩窄的嘴之间的空间更长一些。① 另一方面，气流从肺部挤出时，声门却紧紧关上了（即"喉塞"[glottal catch] 时，ε0），这时喉才会上升，嘴如果是张开的，就尤为如此。但是，这两种情况中，喉的上下运动是气流作用于声带的纯物理运动，并不是肌肉主动地造成了这样的运动，因此算不上是在发音。把嘴唇开口度弄到比吹巴松管时还小，比发 [w] 或者瑞典语 bo（居住）一词里的 [ω] 时还小，此时面颊会绷紧，这样的动作同样算不上是发音。

  [15] 这种不需要用符号表示的运动，我觉得还应加上（6）：下颌的运动。近年来不同学派的学者们，如特劳特曼、斯威特，对这个器官的运动投入了极大的关注。② 必须承认，从肌肉的角度来看，从元音 [i] 到元音

---

  ① 人们通常以为发 [i] 时喉会上升，但这与我的观察不符；不过，发 [iiuu] 时，[ii] 的喉位置确实比 [uu] 相对高些——我无法在此深入介绍喉在唱高低不等的音符时的不同运动。——原注

  ② 见《英语口语基础手册》（*Elementarbuch des gesprochenen Englisch*）第 2 版第 13 页："这样的距离主要通过降低下颌而形成。"另见韦斯滕（Western）《英语语音学》（*Engelsk lydlære*）第 5 页 §8 以及第 83-84 页。——原注

[e] 再到元音 [æ]，下颌的下降似乎发挥了核心作用。但是，如果看看气流通过器官而形成语音的方式，就会发现下颌其实没有发挥任何作用；口腔的形状才是最为关键的，而这主要取决于舌与腭的距离以及唇的位置。正如梅尔维尔·贝尔先生所说的，"可活动的下颌跟发音相关的唯一行为，就是让自己不要干预正在发出的音"（《语音及其关系》[Sounds and Their Relations]，第 93 页）。因此，语音记录体系应准确度量舌和唇的位置，而无须为下颌的降低程度设计符号；当然，如果这样的符号在体系中并不难表示，那么也没有什么害处，甚至在一些不正常的情形中会显现出作用。①

[16] 最后，（7）两个位置之间所有不可避免的过渡位置都不需要符号表示。写 [pa] 这个音节时，表示这两个位置的符号顺次写出，很明显，从前一个位置过渡到后一个位置所必需的唇、舌、声带运动都已准确地涵盖在了这两个依次而写的符号之中。只有当过渡运动偏离常规时，才须用相应的符号将其标出。

在每个实例中，如果把这些因素纳入考量，就可能严重影响我们的研究。因此，摒弃这些因素，我们也就清理好了场地，可以去盖这座高楼大厦了。

第二章　符号

任何符号中都是既有掩盖又有默示。

——卡莱尔《衣裳哲学》(Sartor Resartus) 第 3 部，第 3 章

[17] **本体系的基本轮廓**

前面已暗示，若干积极发音器官所经历的一切，都会各自单独写成一

---

① 关于下颌问题请比较斯威特《语音学手册》§34；泰希默《普通语言学国际学报》第 1 卷第 141 页注释 2；济弗斯《语音学原理》第 3 版第 16、87 页（"正常说话时根本没有实际意义"）；菲埃托《语音学基础》第 2 版第 16、26 页（"舌的位置是个比特劳特曼强调的下颌角度 [Kieferwinkel] 更为重要的发音要素"）。——原注

行，上下排列开。这些行以希腊字母为行号，α 行表示唇，β 行表示舌尖，以此向内类推。每一行内写上数字（阿拉伯数字及罗马数字），表示构造上的开口度形状。每个数字再加上一个用拉丁字母表示的上下标，表示可允许的最窄位置。和希腊字母一样，我们让拉丁字母也按照 a、b、c 等顺序从唇到喉依次向内。

用上下标表示的若干位置，展现出的是积极发音器官的较小差别，这样的差别没有必要另开单独一行。

介于两位置之间的位置，如果数字来表示，可借助代数上众所周知的符号 > 和 <（例如，> 1 代表略超过 1，< 1 表示未达到 1），如需更精确，则可使用分数。如果用字母来表示这种中间位置，我觉得用两个字母表示很方便，例如，bc 表示介于二者间且偏向 b 的位置，cb 表示介于二者间且偏向 c 的位置，等等。

还应补充一点，为了更加方便，常可以把这上下排列的若干行里的各个成分[①]写在一行里，例如 $\alpha 5^b \beta 2^e$ 完全等价于

$$\alpha\, 5^b$$
$$\beta\, 2^e$$

[18] 希腊字母（行）

由于每个发音器官要各占一行，所以各需一个专用的希腊字母。我们用下列 6 个字母表示：

α——唇

β——舌尖

γ——舌面

δ——硬腭、软腭含小舌在内

ε——喉，含声带在内

ζ——呼吸器官（横隔膜 [diaphragm] 等）

……

---

① "成分"（element）在本书中指协同发音的各器官所发出的动作。——原注

[20] 拉丁字母

拉丁字母以指数上标的形式出现，表示可活动的器官发音时所接触的位置（即德语 Artikulationsstelle [发音位置]）；其值如下图：

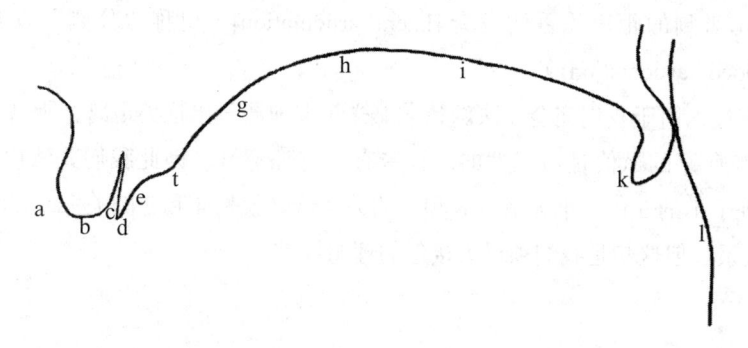

前三个位置即：

a = 外唇位置（前伸之唇）

b = 中唇位置（自然之唇）

c = 内唇位置（后缩之唇）

这三个位置最简单的区分方法或许是参照嘴角向两侧的移动：c 的位置，嘴角位于第 2 或第 3 颗臼齿；b 的位置，嘴角位于犬齿；而如果在 a 的位置为两嘴角间画一条线，这条线刚好经过切齿之外。

d = 齿间

e = 齿，也称齿后

至于这之后的各个发音部位，直接从图上看，从哪个字母标在哪个部位上看，比 "翻译" 成语音学家们的常规术语更好懂些。[①]

……

[①] 《用非字母符号表示的语音发音》未对 f 之后的位置做具体说明，但后来的《语音学》和《语音学教程》对这些位置做了较详细的说明。《语音学教程》（第 3 版，1920）里的说明如下：f：齿龈（Zahnfortsatz）；g：硬腭前部突出部位（ein Punkt auf dem vordersten Teil des harten Gaumens）；h：硬腭最高处（die Stelle, wo der Gaumen am höchsten ist）；i：软腭（Gaumensegel）；j：软腭后部（der hinterste Teil des Gaumensegels）；k：小舌（Zäpfchen）；l：咽腔壁（Rachenwand）。——译者注

[22] 数字

数字用来表示发音器官与口腔中相应部分之间的距离;阿拉伯数字表示与口腔中部的距离(中央发音 [central articulation]),罗马数字表示与口腔两侧的距离(舌侧发音 [lateral articulation],也称"分侧"发音 ["divided" articulation])。

不过,由于我们完全无法像数学那样精准地测量出这类距离,所以对 1、2 等数字的赋值是习惯性的,且带有一定任意性。因此我们无法说 3 精确等于 1 的 3 倍,也无法说 8 和 4 的关系恰好就是 4 和 2 的关系或 2 和 1 的关系。但这却是我们须尽力接近的理想标准。

……

α、β、γ 的数字值

[23] 闭辅音和开辅音

毫无疑问,0 的值只能是零距离,即完全闭合,从而阻止任何气流逸出。但是,一旦要处理发音器官允许气流逸出时的位置,难题就出现了。

为了方便地标注"开辅音"("open" consonant)(即擦音),我觉得有必要将其分为两类,标注为 1 和 2。二者的差异在由舌前部构成的辅音中格外明显。舌这个高度灵活的器官,有时构成极窄的摩擦通道,即裂隙(chink)、裂纹(fissure),发出尖锐的咝声,另一些时候,其开口度则更阔、更宽。[①]并非所有语音学家都对此进行了区分,贝尔及其学派就完全将其忽略了。这一区别在吕特肯斯和伍尔夫[②]的书里表述的最为清楚(《瑞

[①] 叶斯柏森后来在德语版《语音学教程》(1904)中把二者定义得更清楚,称窄的为 Rille(切口),用 1 表示,称稍宽的为 Spalt(裂缝),用 2 表示。"缝"的宽度大于"口""隙""纹",而德语中选用这两个词,其元音想必也反映了叶斯柏森一贯主张的"语音象征"。见《语音学教程》(第 1 版第 14 页,第 3 版第 13-14 页)。——译者注

[②] 伊瓦尔·阿道夫·吕特肯斯(Ivar Adolf Lyttkens, 1844—1936),瑞典语言学家、教育改革家。弗利德里克·伍尔夫(Fredrik Wulff, 1845—1930),瑞典罗曼语学家、语音学家。二人合编过《瑞典语发音词典》(*Svensk uttals-ordbok*, 1889)等多部具有深远影响的著作。——译者注

典语语音学》[Svenska språkets ljudlära]，§270，108页）；我和他们唯一不同的看法是，他们称之为"凹音"（concave）的 [s]、[š] 那类音，跟他们称之为"凸音"（convex）的 [f]、[b]、[j] 那类音相比，前者的气流才更少些，开口度才更小些。因此，我用 1 来表示前者，用 2 来表示后者。①

[24] 窄元音和宽元音

元音亦可做类似的区别；这一区别跟贝尔及其追随者们对"窄"和"宽"的区分基本接近，虽然不是完全相同。

如果我们比较法语 il（他）的英语 ill（病了）的词首音，会发现虽然后者的舌位比前者更深些，但是使更多气流逸出，主要是让开口变得更宽所致。既然奇数 1 用来标注发 [s] 时逸出的窄气流，而偶数 2 表示发 [f] 时唇与齿之间的宽开口度，那么奇数 3 就可用来表示法语较窄的 [i]，而偶数 4 用来表示英语较宽的 i，以此类推，"窄元音"（"thin" vowel）使用符号 3、5、7，"宽元音"（"broad" vowel）使用符号 4、6、8。不过，舌靠近硬腭时比靠近其他位置时更易形成较窄缝隙，这是舌和硬腭的形状所致的自然结果。因此，"窄元音"和"宽元音"之区别，对低元音来说比对高元音更依赖纯粹的舌位降低。②

[25] 因此，对由 0 以外的阿拉伯数字所代表的位置做自然排列，不应是 1、2、3、4 等那样依次排开，而应当是：

$^1/_2$ 开辅音（窄/宽）

$^3/_4$ 高元音（窄/宽）

$^5/_6$ 中元音（窄/宽）

$^7/_8$ 低元音（窄/宽）

或许还可以再加上个 9，表示可达到的最大开口度，比如打哈欠时的

---

① 辉特尼把"擦音"分为"咝音"（sibilant）和"尖音"（spirant）；埃文斯认为"咝音性持续音（sibilant continuant）与简单持续音（simple continuant）相对"。——原注

② 还应注意这一关系："窄"和"宽"的区别在高元音当中表现得更加突出，故而 3 和 4 之差所代表的比例距离，大于 7 和 8 之差所代表的比例距离。——原注

开口度。

这样的排列比棋盘格排列更能阐释3—5—7和4—6—8之间的内在联系；一眼就能看出"高宽"作为一种发音方法，位于"高窄"和"中窄"之间。这样就能解释一条斯威特表述过，但却没有表述清楚的事实了："(*i*)和(e)这一对、(u)和(o)这一对，在语音上等同于(*i*)和(*i*)这一对以及(u)和(*u*)这一对，它们都只是因窄和宽而相互区别。"(《语音学手册》§58）

[26] 圆唇

窄元音和宽元音的区别建立在舌位的基础上，并不适用于不同元音的唇位。但是，我们如果对比 [i] 和 [u] 的唇位，定会发现其跟前述奇数和偶数所表示的差异之间存在可比性。发 [i] 时双唇的任何部分都不相互接触，开口度因而比 [u] 更开阔、更宽；发 [u] 时双唇在两嘴角处紧密贴合，仅中间部分突然变得相对开阔些，正是这样的动作方式，构筑了平常被称为"圆唇"的那种椭圆形开口度。把这种两侧封闭包围中间通道的音跟 [s] 以及"窄音 i"的发音相比较，其差异足以让我们有理由在 α 行上用奇数 3—5—7 表示圆唇音。在我看来，这几个数字，再结合用上下标形式表示嘴唇前伸或后缩的字母，足以提供表示一切可能出现的圆唇形状和圆唇程度所需的符号。而偶数 4—6—8 则相应成为表示不圆唇音的符号。另见辅音方面英语 w(α1)和德语双唇 v(α2)（斯威特标为 bh）的区别。埃利斯先生将其描述为"圆唇"（lips round）和"扁唇"（lips flat）之差别（见《歌手发音指南》第 17、65 页）。

……

[41] β 行使用字母而非数字的情况

有时候，我们有可能要在 β 行使用字母而不是数字。如果舌尖不需要像发元音以及部分辅音那样离开口腔底部，就没有必要或轻易无法精确表明舌和口腔上壁之间的距离。但是另一方面，有些时候，了解舌尖是在前齿之后呈休息状还是缩向更后面，是非常重要的。只要把口腔顶部位于舌尖正上方的那个部位的字母写上，即可轻松表示出来。因此，βd 等价于：舌尖在前下齿边缘后面呈休息状态。βe：舌依然接触牙齿，但比 βd 靠后一些。βf：舌一定程度上已离开牙齿后缩，但尚未完全抬起。以此类推。

δ、ε、ζ 行数字的用法

[42] 我们现在来谈谈 γ 之后各部分的数字值。由于腭、声门、呼吸器官的发音跟上部器官的发音非常不同，所以必要时要为符号赋予单独的值。

首先，δ 这一行里，0 代表完全闭合，即没有气流从鼻孔逸出；因此，δ0 是所有纯口腔音共同的特征。δ1 产生的效应，人们通常叫它"鼻子瓮声瓮气的"（nasal twang），一般将其视为个人问题，而不是正常话语中的成分，或许只有美国英语是个例外。δ2 似乎是让元音鼻化的最常见途径；我对此比较了解，因为丹麦语的一些方言里有，而菲埃托教授为我做过发音示范的德语中部（以及南部）方言里的鼻化元音，鼻化的程度也与之相当。这种程度的鼻化元音我在葡萄牙语里也听到过（参见斯威特《葡萄牙语口语》[*Spoken Portuguese*] 第 4 页，第 6 条）。我认为 [m, n] 等辅音的鼻化程度通常也是这种。与之相反，法语的鼻化元音属于另外一类，其特色被贝尔解释为由 guttural contraction（喉部缩动）所致。有充分的证据表明，贝尔所说的 guttural 指的是"咽喉里"（in the throat）（即 ε）；他直白地论述过"咽喉里以及鼻化过程中滑动着的半辅音效应"；法语鼻化音的符号，是表示鼻化的符号和表示声门之上的通道收缩的符号的复合体，被称为耳语（whisper）的非响音性塞窄声或摩擦声，即是由这种收缩造成的（斯威特认为，耳语更好的叫法是"气声"[wheeze]，《语音的记录》第 190 页），在其他地方（《可视言语》第 39 页）还被描述为"咽喉通道收缩"；最后在《可视言语》第 45 页，法语鼻化音被称为"鼻混音"（nasal-mixed），也用到了"咽喉收缩"一说。除此之外，其他人似乎都愿意从另一层意思来定义 guttural，即暗示舌后部（γ）向软腭抬起的动作（见斯托姆《英语语文学》第36页，济弗斯《语音学原理》第2版第81页、第3版第101页，菲埃托《语音学基础》第2版第102页）。有趣的是，这个例子中，语音学术语那糟糕的歧义问题倒是让研究者们走对了路，因为这类鼻化元音的典型特征确实就是舌与软腭之间距离较短；但是，这种 guttural contraction 并不是舌头抬升造成的，而是"小舌[以及软腭]下降造成的"（斯威特《语音学手册》第211页，《语音的记录》第190页），我这里把它记作 δ3[①]——δr 用来指整个软腭的震动，这极少见于哪种语言之中，或许在表示不满的抱怨声中或是模仿猪叫时听得到。而倒吸气时，则是最常见的一种打鼾声。小舌颤音，则必须记作 δ0r。

[43] 接下来我们说说 ε。这里，0 也很简单，并无难题（其实就是"喉塞"）。ε1 是浊声音的符号；从生理上来看，这个符号的确仅指声音的"头腔共鸣"（head register），而声音的"胸腔共鸣"（chest register）则是通过迫使喉头反复交替关闭打开所产生的，因此正确的符号似乎该是 010101……。[②] 但是，由于关闭的过程非常短且相对次要，所以把 ε1 视为等同于一切"浊声音"并不会造成问题。有必要对两种域进行区分时，可标注为：

正体 1 = "胸腔声音"（"粗声域"）

斜体 *1* = "头腔声音"（"细声域"）

"声门擦音"是 ε2：此时声带相互靠近，发出在 [h] 音中听到的那种摩擦声。ε3 = "呼吸"，基本上也就是"清音"（voicelessness）。[③]

---

① 埃文斯（W. R. Evans）《拼写实验者》[*The Spelling Experimenter*]，第2卷，第73页）区分了三种鼻化程度，分别由波兰语——印度斯坦语和葡萄牙语——法语代表。我对波兰语的鼻化元音无话可讲，因为我从未听过；另见斯托姆《英语语文学》第36页对齿部鼻音和唇部鼻音的论述；法语 trompe（搞错）、peintre（画家）等词里，δ0 的闭合，是否发生在 β0 和 α0 的闭合发生之后，而不是和二者同时发生？——原注

② 或许也可以表示为 > 01 > 01 > 01……，> 0 表示非常松弛且不完全密不透气的闭合。——原注

③ 与泰希默的术语做比较：我的 1 相当于泰希默的 stimmenge（声音紧缩），我的 2 相当于他的 hauchenge（送气紧缩），我的 3 相当于他的 blase-öffnung（泡状开放），我的 i 相当于他的 flüsterenge（耳语状紧缩）。——原注

……

[45] 我们从 ε 所代表的部位向下，到达呼吸器官的部位，尝试用符号标写这里的器官时，并未发现任何跟上部器官的 0、1 等具有可比性的位置。事实上，这个部位对语音学家来说唯一重要的东西，只是呼吸的力度而已；但是，驱动气流上升通过咽喉的究竟是横膈膜还是其他肌肉，对语音学者来说完全不重要。因此，常规数字运用于这一部位（ζ）时并不像 α 等部位那样表示距离远近，而是表示力度（force）或压强（stress）（即呼吸性重音 [expiratory accent]）。1 表示弱，2 和 3 表示两种不同的中间程度，4 表示强，5 表示超强。换言之，1 用于完全不带重音的音节，2 用于带有较弱次重音的音节，3 用于带有较强次重音的音节，4 代表正常而充分的重音，5 代表超常规强调。例如，英语 parliamentary（议会的）一词里的诸音节，不妨标为 ζ31412；impenetrability（不可穿透性）一词，可标为 ζ3211412，虽然 tra 这个音节可能达到了 2 而不是 1，[①] 而法语的 impénétrabilité（不可穿透性）单独存在时则为 ζ3232324（或 3½232324），有时则可能发成 ζ3333334，丹麦人则很可能会把 impenetrabilitet（不可穿透性）发成 ζ2311214。丹麦语 selskabelig（善社交的）是 ζ2412，uselskabelig（不善社交的）通常是 ζ31412，但是有些场合下，比如因有人把这个词错听成了 uvenskabelig（不友好的）而纠正他时，第二个音节可得到强调，并因而改变整个词的重音格局，使之成为 ζ25312。[②]

因此，由于 4、3、2、1 代表呼气力度的逐渐降低，0 就成了表示呼

[①] 参见斯威特（《语音学手册》，265 节），把他的注音严格转写成本书的符号，即 ζ3, >2, 1, <2, 4, >1, 2。——原注

[②] 吕特肯斯和伍尔夫用瑞典语的撰写的《重音学》（*Aksentlära*）一书中，数字 1、2、3、4 的用法与本书基本相同，唯一不同在于他们的数字不仅表示力度重音，还表示乐重音；例如，他们所标的 41（如瑞典人名 Hjalmar [亚尔玛]），相当于本书的 ζ4, 11（依他们的注音），他们所标的 32，如瑞典语人名 Anna（安娜），相当于（或基本上相当于？）本书的 ζ4, 31。——原注

气中断的天然符号。符号 ÷1、÷2 等,^① 表示用各种力度向内吸气。

[46] 表示声调（tone）（乐重音 [musical accent] 或音色性重音 [chromatic accent]）的 ζ 类符号同样可以方便地表示出来，虽然严格来说，声调取决于声带的状态，应该放到 ε 的名下。但是这样做的话，声调符号就会跟表示完全不同过程的符号混杂在一起；此外，声调跟重音一样，通常不属于某一个音，而是属于整个音节，这一点支持我们把声调符号下放到 ζ 当中去。最佳符号似乎是：

˧ 表示高（平）调

˩ 表示低（平）调

= 表示中（平）调

´ 表示高升调

` 表示高降调

ˏ 表示低升调

ˎ 表示低降调

这些符号当然可以用各种方式结合起来，从而表示复合声调（compound tone）。

补充符号

[47] 还缺一个符号表示器官的中立状态或消极状态，似乎 ,, 这个符号可用于此目的。这个符号未必总用于同一位置，而只需用来表示某一器官的位置是其他若干器官位置的最自然的伴随产物。如果这个中立位置持续的时间不完整，则可记作单逗号（参见第 48 节）。

像 [uka] 这样的两个音节发音时，在发 [k] 的过程中，唇通常是从 [u] 所需的位置向 [a] 所需的位置移动的。这样的移动或滑动用 – 来表示。在

---

① 我使用"÷"而非"–"来表示负值，因为使用后者会跟表示滑动的符号相冲突。——原注

[upa] 当中，如果发 [u] 时嘴唇非常突出，也会出现类似情况；唇的闭合在 [upu] 或 [apa] 中并非静止的，而是从上标 a 的位置移向上标 b 的位置；此时，0 的上标不写字母，而写 – ：即 0⁻。

当 – 用在末尾时，只表示滑动向休止状态；因此，英语 heads 里的 s，其 ε– 表示：发 s [z] 这个音时，从之前的 ε1 状态滑动至不活跃状态（ε3 或 ε4）。

……

综合·音长

[48] 我们已看到（§17），描写某一个音，最好的办法是把若干成分写在同一行里，因此，α3ᵃ βg γ3ⱼ δ0 ε1 = [u]，α,, β0ᵉ γ,, δ2 ε1 = [n]。① 而另一方面，记录某一语音序列时，或许可以用同样的方式来写，即：

$$\left\{\begin{array}{cccc} \alpha 3^a & \beta g & \gamma 3_j & \delta 0 & \epsilon 1 \\ ,, & 0^e & ,, & 2 & 1 \end{array}\right\} = [un]$$

但是比这好得多的办法，是让每个希腊字母拥有单独的一行，把 [un] 写成这样：

α	3ᵃ	,,
β	g	0ᵉ
γ	3ⱼ	,,
δ	0	2
ε	1	..
ζ	4	

这里，ε 行引入了一个新符号 ..，表示器官保持在此前的位置；即 [n] 所需位置的形成过程中，浊声音继续作响。如果这个符号占满了从 α 到 ε 的各个行，当然就意味着所有器官的位置都要保持通常由两个（短）音所占据的时间，换言之，我们用这样的符号表示长度（quantity）。它的一半

---

① 据《用非字母符号表示的语音发音》原书第 13 页，表示发音部位的拉丁字母正常情况下写成上标，γ（舌面）涉及的发音部位，拉丁字母若写成下标，表示发音位置偏后。——译者注

（即只用一个逗号）表示保持半个时间单位的长度；这在有些辅音组合当中非常有用。例如，[kt] 的两个辅音之间，是像瑞典语和法语那样存在可听到的气流滑动（breath-glide），还是像英语、德语、丹麦语那样不存在任何滑动，无非就是这样：

	k	t			k	t
β	,,	0		β	,,	0
γ	0	,,		γ	0.	,,

β 行的闭合开始时，γ 行的停顿在后者当中延长了一小会儿。（参见斯威特《语音学手册》§241）

把符号 .. 和符号 . 结合成 .... 等符号，任何长度就都可以轻而易举地体现出来了，只有极其短的音（即比正常的短音还短）无法体现；这或许可以通过印小体数字来表示（如 $_1$、$_2$ 等）。

[49] 音节

ζ 行表示呼吸力度的数字，放在每个音节里最显著的那个音（无论是元音还是辅音）的符号下方，这个音被称为音节重音的承载者。因此，英语 battles = [bætlz]，ζ4 放在表示 a([æ]) 的符号的下方，ζ1 放在表示 l([l]) 的符号的下方。由此，音节数量很容易就能看清楚，但是却看不清这个音节到哪里结束，下一个音节从哪里开始。确定这一点有时非常困难，但我认为，济弗斯教授在《语音学原理》第 3 版里（第 188 页及后）确立的两种音节之区别，或者说是两条音节化原则之区别，很大程度上可简化这个问题。他对二者所做的区别，不像泰希默（《普通语言学国际学报》第 3 卷，第 381 页）错误认为的那样，等同于声学音节（acoustic syllable）和发音音节（articulatory syllable）之间的区别。声学音节和发音音节当中的一种，已经不在本书的论述范围之内。而与之相反，济弗斯划分的两种音节均基于器官的发音，用我们的符号来说，其中一种是基于呼吸器官，即关注 ζ，另一种是基于口腔器官，即关注 α、β、γ、δ、ε。济弗斯的理论可概括如下：

用非字母符号表示的语音发音（节选）

1. 只要存在呼吸力度不连续，就是两个音节，即使两个音的响度相同，也依然是两个音节（即"呼吸音节"[expiration syllable]）。

2. 只要有一个响度较低的音出现于两个响度更高的音之间，就是两个音节，即使呼吸力度当中没有呈现出不连续状，也依然是两个音节（即"响度音节"[sonority syllable]）。

音的响度（[英] sonority，[德] Schallfülle）由 ε 的状态决定，亦由发音所需的口腔位置决定，其规则就是开口度越大，响度就越大。仅依靠这些环境而做的音节划分，显然无法在 ζ 行独立标注——其实 ζ 行里也无法确定应在何处做此标注，因为不存在确切的点能让我们据此指出第一个音节到此为止，第二个音节由此开始。

但是，呼吸音节与之正好相反；这类音节，我们必须有个符号来表示 ζ 行的音节划分。相邻的两个音由从 α 贯穿至 ε 的竖线 | 隔开，所以竖线 | 放在 ζ 行里表示的是两个音节之间力度的不连续状。

举几个例子，可以展示出上述原则的运用：[aa]——两个音节里，两个紧挨着的 a，必须写成：

(α β γ)	7	..
ζ	4	2①

而如果是仅构成一个音节，则必须写成：

(α β γ)	7	..
ζ	4	,

即使末尾处的力度与前一例中的第二个 a 等同，也依然如此。下面这样的写法是不可能的：

(α β γ)	7	..
ζ	4	2

因为当口腔位置（即语音）保持相同时，如果没有呼吸上的不连续状，就没有两个音节。

---

① 此处的 2 也可以是 3 或是 1，依情况而定。——原注

德语 Kanne [kanə]（罐子）或丹麦语 kande [k'anə]（罐子）可标写如下：

(α β γ)	0	7	0	5
δ	0	..	2	0
ζ		4		1

这是两个音节，呼吸整体没有中断。

而济弗斯所述的瑞士德语 lĕse 可以标注为：

| (α β γ) | ii | 5 | 1 | 5 |
| ζ | | 4 | | |

与之类似，我们可能会听到有人用一种挑衅的调子发出法语"va donc!"（走着瞧！）的音，va 上的重音比 donc 要重：

| (α β γ) | 2 | 7 | 0 | 7 |
| ζ | | 4 | | 2 |

这两个例子，都是有两个音节，从 e 到 s，或是从 a 到 d，呼吸连续体当中存在中断，响音性当中也存在中断。当第二个音节比第一个音节拥有更强的重音时，当然永远是这样的情况。丹麦语、德语、英语、法语的 papa（爸爸）一词都是如此。

双辅音位于两个音节之间时，可能出现两种情况：第一种，如瑞典语 fatta（抓握），呼吸把这个长辅音分割成两个部分，两部分各属一个音节；第二种，如意大利语 fatta（制造）、da ccasa（从家里），如果我尚敢相信从母语者那里听过两三次而得来的对该语言的印象，则呼吸是在辅音开始之前对音节进行分割的。用非字母体系进行标注就是：

瑞典语的 ζ		4			(>)21	
瑞典语和意大利语的 (α β γ)	1	7	0	..	7	
意大利语的 ζ		41			2	

……

回顾·符号的基本特征

[51] 我们现在已经概览了我认为有必要提供的所有符号；我觉得迄今为止被大家描述为对构成语音发音有用的所有生理过程，都已经能找到自己的符号了。但是，有人可能会质疑我的体系中同一个符号表示多种意义的情况：例如，3 这个数字，在 α 行表示高元音的圆唇，在 γ 行表示高而窄的元音，在 δ 行表示法语的鼻化音，在 ε 行表示呼吸气流，在 ζ 行表示半重的重音。我对这一问题的回答是，如果我们打算让分属不同发音器官的每一组过程各自拥有自己的一套符号，就绝不可能设计出易于书写、易于印刷、易于记忆的符号。例如，比较一下斯威特《语音学手册》里 [h] 作为修饰符的用法，① 我希望大家会觉得我的这些数字的不同值还算易记，也相对统一。0、1、2、3，等等，在口腔各部位形成了一个序列，其若干成分的意义自然是由该器官的本质所决定。因此，对于熟悉并一直容忍着各种语音学成分的人们来说，这并不会产生任何歧义。α 行里的 3 跟 γ 行里的 3 意义不同算不上是什么错误，这正如在 333 这个数字里 3 被赋予了不同的值：第一个 3 = 300，第二个 3 = 30，第三个 3 = 3。如果阿拉伯数字体系与先前的所有体系相比被视为巨大的进步，那么我希望我在另一领域利用类似原则而做的尝试也不会被视为应遭责备的东西。

第三章　音

> 观察比写作有意思多了。
>
> ——达尔文《生平与信札》第 2 卷，第 341 页

……

---

① th, sh, gh, lh, eh, uh。——原注

[54] α0 是 [p, b, m] 三个常见辅音以及相对罕见的第四个辅音 /m̥/（即清音 m）的共同发音。……

总的来说，形成的是 α0^a、α0^b，还是 α0^c 区别不大；这几个形式的基本声学印象是相同的，在任何一种语言中都难以保持区别。大多数语言里，趋势当然就是依照周边的元音来决定 α0 是形成 a 部位的、b 部位的，还是 c 部位的。因此，p 和 m 在 [upu，umu] 这样的组合里发 α0^a，或者至少是 α0^{ab} 或 α0^{ba}；在 [ipi，imi] 这样的组合里发 α0^c 或 α0^{bc}。而在 [upi，umi] 里，闭合过程中可观察到唇的运动，如果 a 和 c 做前后相邻的上标，可记为 α0$^{a\text{-}c}$ 或短一些的 α0$^-$；在 [umi] 里，整个唇过程是 α3^a | 0$^-$ | 4^c。①

……

[96] α1 是 [w] 的唇部成分。wet（湿）、would（愿）等词里的普通英语 [w] 是 α1^{ab}βf γ4$_i$ε1。在 wet 中的 w 和 whet（磨刀）中的 wh 尚存区别的地区，后者有时完全具备 ε3，有时则只有像 [h] 那样的 ε2，或者 ε 由 3 或 2 滑向 1。日德兰方言 Wolle（专有名词，= Ole）里的 [w] 跟英语没有明显区别；hwa（什么）中的 hw 似乎从未具备 ε3，而更像是声门的滑动。

而另一方面，法语 oui 中的 [w] 跟英语的很容易区别；我把它分析为 α1^a βef γ2$_i$ δ0 ε1；在比它低的元音前面时，如 louer（租，不定式）、louait（租，过去时）、loi（法律），② 更像是 a > 1^a γ > 3$_i$，故而跟瑞典语 [ɷ] 非常相近。

所有的 [w] 音很关键的一点，诚然就是唇部的空隙小于口腔后部的空间，因此，像大多数比较语文学家那样把 [w] 视为非音节性的 [u] 其实不确切；真正的非音节性 [u] 或可在法语 où est-il（他在哪）里面出现，这句话说快时发成两个音节，其中的 [u] 就成了 α3^a γ3$_i$。

---

① 这在法语等唇发音较强势的语言里显然比在英语里更突出。——原注
② 这三个次的发音分别是：louer [lwe]、louait [lwɛ]、loi [lwa]。——译者注

……

[101] $α2^b$ 是德语 schwer（难）、Quelle（来源）等词里常使用的"双唇擦音"，具有 ε3 或 ε3)-(1 成分，① 在德国中部还代表 aber（但是）、leber（肝脏）中的 b（具有 ε1 成分）。$α2^b$ 还被视为丹麦语 løbe（跑）、København（哥本哈根）、sæbe（肥皂）里 b 所代表的开口音，但是这些词里的 b 如今要么是 [b] = $α0^b$ ε2，要么是普通的丹麦语 [v]，见下文。

这些例子中，$α2^b$ 伴随着舌的消极状态：$β,, γ,,$；但是在法语的 [ɥ] 当中，这个成分出现时或多或少受到较强的 γ 类发音润色。在 nui（伤害）、tuile（瓦）中，有 $α2^b$（抑或为 $α2^{ba}$？）$βeγ3^g$（抑或为 gf？）；在 nuée（大块乌云）、tuer（杀，不定式）中，唇位相同，但 γ > 3^{gh}，在 continuait（继续）、tuait（杀，过去式）中则能达到 $γ5^{hg}$，而在 nuage（云）、nuance（色调）等词的 [a] 音前，甚至能继续后缩至 $α2^bβfγ5^h$。

接下来，我们转向唇齿音。丹麦语 vild（野的）里的 [v]，skabe sig（装洋相）等许多词里夹在两元音之间的 b 在口语中的发音，② 都是 $α_{de}2$ 或 $α_{ed}2$，北方德语中 wild（野的）里的 [v] 发音方法也是如此：即下唇放在上前齿的外侧。而英语和法语 revive（复活）、vive（活）等词里的 [v]，下唇更加后缩，顶在上齿的下部边缘发音，浊音性更饱满，更能发出嗡嗡震动的声音，即 $α_d2 β,, γ,, δ0 ε1$。这样的 [v] 使上下齿之间的距离比丹麦语 [v] 更大。[f] 是相对应的清辅音：ε3；丹麦语里的 [f] 通常跟 [v] 一样，有 $α_{cd}2$，但有时候似乎也跟法语、英语一样，有 $α_d2$。

保罗·帕西已在法语 en venant（来，副动词）里找到了 $α_d2 δ2$。③

---

① 3)-(1 表示由 3 过渡到 1。——译者注
② 但是 skabe 表示较庄重的词义"创造"时，b 永远发 [b]。我通常把 købe（买）里面的 b 读成 [v]，但是在 København 里读 [b]，或许是因为后面的辅音的缘故：[kʻøbn-hau, n]。——原注
③ en venant，发音为 [ãvəˈnã]。[v] 音呈现 δ2 是鼻音环境所致。——译者注

荷兰语词首的 v 经常被描写为有 ε2；我听 H. 罗厄曼博士[①]发的这个音是带有明显滑动效应的 $α_d2\ ε3)\text{-}1$，除非受到前一个音同化，如 't vriest（真冷）带有 ε3，uw vriend（你的朋友）带有 ε1。

……

[116] 处理元音这部分我通常会让符号自己来说话，原则上不再做评注，因为我觉得读者现在已经很熟悉非字母符号了，立刻就能看懂。元音永远默认为 δ0 ε2。

高元音

[i]，法语 fini（已完成的）：$α4^c\ βe\ γ3^{gf}$，甚至 3^{fg}。

[i]，丹麦语 vide（知道），瑞典语 vin（葡萄酒），德语 wie（如何）：$α4^b\ βe\ γ3^{gf}$ 或 3^g。

英语 bit（一点点）里的 [i]：$α4^b\ βe\ γ4^g$ 或 $> 4^g$；位于 lucky（幸运的）等词的非重读音节里完全是 $γ > 4^g$；在 s 之前（如 mister［先生］、miss［小姐］）似乎经常是 $γ3^g$。[②] 德语 bitte（请）里的 [i] 是 $α4^{bc}\ βe\ γ3^g$，或者更常见的是 4^g。

丹麦语 dit（你的）、sidst（最后的）、Ib（伊伯，人名）里面的短 i 音，具有 γ3，但是这个音和缩短的 [i]（= γ3）相比听不出差别。在我的一位

---

① 亨利·罗厄曼（Henri Logeman，1862—1936），荷兰语文学家，著有《不送气清塞音与浊塞音——论现代语言的辅音清浊关系，附维尔纳定律与格林定律之语音学阐释》（*Tenuis en media. Over de stemverhouding bij konsonanten in moderne talen, met een aanhangsel over de fonetiese verklaring der wetten van Verner en Grimm*，1908）、《〈浮士德注〉》（*Faustus Notes*，1898）、《〈艾尔克莱克〉与〈每人〉——先后性问题新解》（*Elckerlyc-Everyman: De vraag naar de prioriteit opnieuw onderzocht*，1902）等。——译者注

② 据《用非字母符号表示的语音发音》原书第 22 页，数字写成斜体时，表示比正体数字所代表的开口度略宽。——译者注

挪威朋友的发音中，我发现了在处理短音 i 时的差别：在 finde（发现）、linned（尼龙）、skin（皮）、gift（毒药）、skipper（船长）、skik（风俗）、gig（两轮马车）里面，他明显带有 γ3，而在 l 前，如 spille（打球）、spilde（浪费）、ilde（病了）、pille（药片）里面，则是单纯的 γ3；不过这个差别可能是个人性质的。

丹麦语有些词里位于 r 音前的 i 和 y 受到了 r 的明显润色，成为 α4^b β4^{fe}（不位于口腔底部）γ4^{gh}，如 tirre（挑衅）、kirke（教堂），相对应的圆唇音则如 fyrre（松树）、tyrk（土耳其人）。许多人把这些词里的元音读成 [e, ø]。

英语 beat（打）等词里的 [ij]，第一个成分是 α4^b βe γ4^g，第二个成分真的是 γ2^g 吗？有没有可能是 γ3^g？

……

中元音

[120] 德语 see（湖）、挪威语、瑞典语 se（看），法语 été（夏天）里的 [e]：α6^{bc} 或 6^{cb} βe γ5^{cb}。丹麦语 [e] 有 r 在其前面或后面时（如 frede [保护]、mere [更多]）也是发这个音，但是 se（看）、bede（要求）里的长音 [e]，则有 γ<5^g。

丹麦语 fik（得到）、finde（发现）、hedt（热）里的 [e]：α6^{bc} βe γ<5^g；Rikke（丽克，人名）里的 i，有 γ5^{gh}。

英语 pen（笔），挪威语 pen（漂亮），北方德语 fest（紧）里的 [e]：α6^b βe γ6^{gh}。

法语 maison（房子）、aimer（爱，不定式）、médecin（医生）非重度音节里的元音，似乎通常是 été 里的 [e] 和 aime（爱，现在时）里的 [æ] 正中间的音；有时更接近 [e] => 5，有时几乎就是 [æ] = <7，但我认为把它的正常形式分析为 α6^{ba} βef γ6^{gh} 没有不妥。

……

后元音

[124] 法语 faire（做）、tel（如此）里的 [æ]：$α8^{bc} βe γ7^{gh}$。

丹麦语 læse：$α8^b βe γ < 7^h$；同样的音在德语 er（他）、ähnlich（类似的）里也常能听到。丹麦语 læsse（装载）、hest（马）有 $γ (<) 7^h$，r 使 ret（正确的）、præst（神甫）、ærgre（烦扰）里的这个音变成了 $γ8^{hi}$。

英语 air（空气）：$α8^b βf γ > 7^h$；有些美国人区分 their（他们的）和 there（那里），前者带有 $γ < 7^h$，后者带有 $γ > 7^h$。英语 man（人）、mad（疯）：$α8^b βe γ8^h$。瑞典语 lära（学问），挪威语 være（是）：$α8^{ba} βe γ > 7^{hg}$，甚至是 $γ8^{hg}$（如挪威语 lærke [云雀] 里）。

……

[129] 当然，即使是在我已展示过的这些语言里，也仍然存在许许多多上面的描述中未能涵盖的元音，例如舌尖上升的元音（如英语方言中的 hard [硬] 一词里的 $α7^b β5^{fg} γ7_j$），双元音里也有很多特殊的元音细微差别，但是我觉得最好是等看到语音学家们对我已写的部分做了何种评价之后，再发表更多的分析成果。

……

语音学的对象与意义
Fonetik: Videnskabens Genstand og Betydning
（1899）

[1] 语音学 fonetik，就是 lydlære，即研究声音的科学（videnskab om lyd）。① 但是，语音学并不研究所有的声音：海的咆哮、风的怒吼、马的嘶叫、钢琴的奏鸣，都位于语音学的疆域之外；疆域之内只有人的语言器官借助源于肺部的气流通道向外部世界发出的声音。而即使是这样发出的声音，也不一定归属于我们这门科学：咳嗽声、喷嚏声、亲吻声、打鼾声并不真正属于语音学，因为语音学只研究以传达消息为目的而发出的声音，即为了语言目的而发出的声音。

这样来界定我们的疆域，这门科学就已经是跨学科的科学（grænsevidenskab）了。作为一门研究声音的学问，语音学成为物理学的一部分，具体来说，是声学（akustik）的一部分：声学关注所有的声音，探究所有声音的本质，无论这些声音是如何产生的。作为关于人类发音活动的学说，语音学又成为关于人体尤其是人体功能的一般学说的分支，换言之，即生理学（fysiologi）的分支。最终，语音学还是语言学（sprogvidenskab）的一部分。

[2] 理想的语音学家，必须对上述三门科学都很熟悉。他必须完全熟

---

① 丹麦语和德语、英语一样，同一个概念经常可以分别用本族词（日耳曼词）和国际通用词（由源于拉丁语或希腊语的词根构成的词）来表达。因此，"语音学"这一学科名称，除了用国际通用名称 fonetik 来表示之外，亦可表示为本族词 lydlære。该词由 lyd（音）和 lære（学问）两词复合而成，对应德语的 Lautlehre。——译者注

悉声学家对声波本质及其穿越空间的传播所做的论述；作为生理学家，他必须熟知有关语言器官构造的学说，了解每块肌肉、每个肌腱的运动方式；最后，他还必须拥有全方位的语言技能，具备语言学家的全部语言现象观。但是，这种在上述三个领域具有同等全面、同等翔实的知识的语音学家并不存在，恐怕也永远不会存在。语音学家不必这么多才多艺，但是可以做到也必须做到的是，不要让自己全然囿于这门科学的某一个层面，而忽视了其他两个层面对这同一领域的裨益。现代语音学即是源于这三个学科的合作。倘若没有亥姆霍兹①等物理学家、布吕克②等生理学家、斯威特等语言学家从各自的领域对这座共同的大厦所做出的宝贵贡献，语音学绝不会有今天的高度。

[3] 但是当前，物理学家、生理学家、语言学家不仅各自带着自己学科的先入之见研究语音学，而且还常对语音学呈现出其他学科之表述而感到不满。上述三位大学者，恰可视为单学科语音学家之代表，尽管他们的单学科程度各不相同。语言学家研究某音在某方言中的出现情况，研究某音在正字法中的各种书写方式，研究这些音在始祖语中的出现，而声学家认为这些是多余且无用的；另一方面，声学家会因为没有看到语音的纯物理现象层面的一般性描述而感到遗憾，他们似乎仅对此感兴趣。而语言学家研读这类纯物理论述时，也会遗憾没有看到那些对自己至关重要的细节；他们看到物理学家在用仪器检验 a 音的固有声调和音色，却不知道

---

① 赫尔曼·冯·亥姆霍兹（Hermann von Helmholtz，1821—1894），德国物理学家、医生、生理学家，在力学、光学、电磁学、神经学等领域均有重要贡献。语音领域，他著有《论音的感知——音乐理论之生理学基础》（*Die Lehre von den Tonempfindungen als physiologische Grundlage für die Theorie der Musik*，1863）一书，该书曾由英国语音学家埃利斯翻译成英语。——译者注

② 恩斯特·威廉·冯·布吕克（Ernst Wilhelm von Brücke，1819—1892），德国生理学家，对细胞学、组织学有突出贡献。语音领域，著有《为语言学家、聋哑语教师编写的语音生理学与语音系统原理》（*Grundzüge der Physiologie und Systematik der Sprachlaute für Linguisten und Taubstummenlehrer*，1856），通常简称为《语音生理学原理》，是 19 世纪中期最具影响力的语言学著作之一。——译者注

a 音的固有声调和音色究竟是什么；他们已从自己翔实的研究中知悉，不同的音大量存在，所有这些音都通过字母来定义——其定义方式因不同语言、不同方言而不同，在同一方言内部亦因不同语音环境而不同——因此，他们很容易就会低估物理学家的繁冗研究之意义。与之类似，生理学家会把重点放在喉头的不同部分、舌部不同肌肉的活动等人体普遍性问题上，而不去考虑那些对他们来说无关紧要的旁枝末节，例如 t 音如何决定日德兰人和西兰人①之别，r 音如何决定英国人和美国人之别。对于生理学家来说，舌头发挥语言功能时的运动跟咀嚼食物时的运动并无本质不同。②而语言学家研究语音以及发音时的肌肉动作，最重要的却是研究这个音和其他音的区别、这一肌肉动作和其他肌肉动作的区别。

[4] 这样一来，我们就可以对这门科学的诸多名称做出评判了：**lydlære**（"语音学"，即一般性的声音之学说）这个词太过广义，并且已运用于生理-声学领域；但是，从本质来看，这个词用来指某一具体语言的语音发音时，自身无可挑剔，甚至必不可少，如 dansk lydlære（丹麦语语音学）、fransk lydlære（法语语音学）等。用来表示我们这门科学的总称的术语，更好的名称似乎是 **sproglyd(s)lære**（"语言语音学"），尽管这个名称有些冗长。**Lydfysiologi**（"语音生理学"），或称 **sprogfysiologi**（语言生理学）（布吕克、霍夫利③都这样称之），是个单学科名称，仅强调这一领域的生理学方面。其他名称，如默克尔④的 laletik（说话学）⑤和

---

① 西兰岛（[丹]Sjælland,[英]Zealand），丹麦本土第一大岛，即首都哥本哈根所在的岛。西兰岛和日德兰半岛的丹麦语之间略有差异，传统上被视为两个不同的方言区。——译者注

② "吸引生理学家的，是乐器本身；吸引语文学家的，是乐器的演奏。"格林《短篇著作选》（*Auswahl aus den kleineren Schriften*），第 238 页。——原注

③ 尤里乌斯·霍夫利（Julius Hoffory，1855—1897），丹麦语文学家，著有《古北欧语辅音研究》（*Oldnordiske consonantstudier*，1883）、《埃达研究》（*Eddastudien*，1889）等，曾将包括易卜生在内的多位北欧剧作家的作品译成德语。语音领域，霍夫利的思想较为保守，他推崇布品克的体系，对济弗斯的语音学新思想进行尖利批评。——译者注

④ 卡尔·路德维希·默克尔（Carl Ludwig Merkel，1812—1876），德国医学家、生理学家。——译者注

⑤ laletik 的词根借自希腊语动词 λαλέω，意为"说话"。——译者注

anthropophonik（人类语音学）①，或是特劳特曼的lautik（音学），由于太过怪异，因而根本无人沿用。另外还存在一个使用广泛且中立的词：**fonetik**（语音学），综合考量，必然是最佳名称，并且从其词源来看：希腊语 phōnē，指的其实不是广义上的声音（lyd），而是人声（stemme），② 即强调是人的声音。因此，下文我们将始终使用这一术语。

[5] 本书是语言学家对语音学的论述，着重聚焦于对理论性、实践性的语言研究有意义的话题。声学以及真正的语音生理学，只有在我觉得有利于理解语音本质和语音发音时，才会将其涵盖进来。因此，我省略了许多声学和解剖学的细节，虽然这样的细节在面向语言学研究者的教科书中仍常可见到。不过，这类细节在那些书中常作导论部分，并不涉及真正的发音。所以，对上述两门科学的需求，只是查漏补缺之用。

[6] 语音研究对语言学家的意义何在呢？既在于理论，也在于实践。任何寻求获得关于语言本质的正确看法的人，都不能不深入了解语音的本质；语音是语言面向外部世界的那一侧；但是，因为语言本质上是与他

---

① 关于 anthropophonik 这个术语，不能不提到波兰裔俄国喀山学派语言学家博杜恩·德·库尔德内。他在《试论语音交替理论》（*Versuch einer Theorie phonetischer Alternationen*，1895）一书中指出："语音学作为总体，涵盖了一切语音事实，这之中既涵盖了人类语音学事实，即作用于我们感官的事实，包括作用于触觉感官（通过生理活动）和听觉感官（通过生理活动所产生的音）的事实；也涵盖了心理语音学事实，即生理语音学感官事实的反射。语音学因此分成两部分：人类语音学部分（anthropophonische Teil）和心理语音学部分（psychophonetische Teil）。"（1895年德语版，第9页）不过，此词在该书中一直以形容词形式出现，未用作学科名称。——译者注

② 关于丹麦语 lyd 和 stemme 的区别，可参考语文学会版《丹麦语词典》的解释：lyd—noget man kan høre, dvs. det indtryk man får ved lydbølgers påvirkning af trommehinden og dermed høresansen især et sådant (karakteristisk) sanseindtryk fra en bestemt kilde, fx fuglesang, hvisken eller motorstøj（可听到的东西，即声波作用于耳鼓并因而产生的听觉之印象，尤其是来自某一具体来源的 [典型] 感官印象，如鸟鸣、耳语、马达声响等）；stemme—et menneskes (evne til) frembringelse af lyde, tale og sang ved hjælp af stemmelæberne og strubehovedet idet de frembragte lyde kan variere med hensyn tiltonehøjde, styrke og klang（人借助声带和喉头产出的声音、话语、歌唱 [能力]，发出的声音可因音高、力度和声响而异）。——译者注

人之间的思想交流，所以思想进入外部世界从而再到达他人的内部世界的方式，绝不是语言生命中最不重要的层面。语言就是说话，说话就需要语音；如果没有语音，就无法想象我们对语言的知晓与使用。故而，如果没有语音学，就无法理解语言的运作及其在当今的使用。

[7] 语音学对于历史语言学研究来说是不可或缺的。从该科学的现状来看，语音史扮演的即使不是最重要的角色，也是极其重要的角色。无论人们多么想强调语言史不仅仅取决于语音史，甚至强调如今存在罔顾语言史其他层面，让历史语音学一家独大之局面，然而却无法否认一个事实：倘若没有历史语音学，语言史是根本无法存在的。语言史意味着对同一语言的不同阶段进行比较；但是，若要展示一个词在不同时代的样貌，首先必然要将其不同的语音形式并置列出，随后使之成为历史语音学之案例，以此说明就是这样的形式被我们称为历史意义上的"同一个词"。由此可见，即使当今人们对成熟的"词义学"（semasiologi）（即词义变化之学说）表现出更大热情与兴趣时，摆脱先前备受关注的语言语音史研究仍是不可能的。

Lydhistorie（语音史）——若要以希腊语名称称之，则 **fonologi**（音系学）是个恰当的术语。事实上，许多研究者也都是这样用的，视之与语音学相区别，且在一定程度上与语音学相对立，不过也有人把这两个术语不加区别地交替使用[①]——然而，如前所述，语音史跟语音学并不完全相同；二者间是特殊科学与一般科学之对立。拉丁语 kt（写成 ct）和 pt，

---

① 我们今天所熟悉的"语音学"（phonetics）和"音系学"（phonology）之区别是由布拉格学派提出并推广的，最终取得了普遍认可。在此之前，"音系学"一词使用得很不一致。特鲁别茨柯依指出，英美学者经常使用"音系学"一词指"历史语音学"或"对某一具体语言的语音使用的研究"（《音系学原理》，1939 年德语版，第 12 页）。这一点与英国学者赫伯特·达比谢（Herbert Darbishire，1863—1893）为"音系学"所下的定义非常吻合："对任何语言的语音的研究（使之不同于其他语言），称音系学，也包括对这些音在该语言历史中所经历的变化的研究。"（《语文学遗作集》[Relliquiæ Philologicæ, or Essays in Comparative Philology]，1895，第 186 页）；索绪尔则用音系学一词指"语音生理学"，研究不随时间发展而变化的"发音机制"（《普通语言学教程》，1916 年法语版，第 56-57 页）；博杜恩虽然很早就提出了语音学的"生理部分""词法部分"和"历史部分"之分（前二者与今天的语音学和音系学之别很相似），但却把"语音学"和"音系学"这两个学科名称视为

在意大利语里变成了 tt（如拉丁语 actum [行为]、dictum [言语]、septem [七]>① 意大利语 atto、detto、sette），或是原始共同的日耳曼语及北欧语的 au 在丹麦语里变成了 ø（古北欧语 aust[r]、dauð[r] > 丹麦语 øst [东]、død [死的]），在英语里变成了 ea，如 east、dead，这都是语音史的论述；这些论述（以及许多其他类似论述）的构建，无需涉及这类变化的意义究竟是什么。而与之相比，语音学的任务，是超越字符，研究相应的辅音和元音的本质，特别是其发音方式，因此会说：kt、pt 等音组的发音，由某某语言器官进行这样那样的运动而发出，如果只剩下了 t，则表明某一肌肉运动省略了，而因时间条件不变，所以新的单一运动所占据的时间与原先的音组相同。而第二个例子里，语音学一方面研究这个双元音是如何构成的，另一方面研究两个元音在这个双元音里各涉及哪些唇部位和齿部位，以此形成对所出现的情况的更深刻认识。

语音学因此为理解语音史所研究的现象提供了基础，且是绝对必要的基础。在历史比较语言学的著作中经常见到，有的语言学家因不了解语音机制而完全误入歧途，也有的语言学家却利用关于活语言的语音知识，为本是谜题的古时音变找到了钥匙。借助语音学，语言史的许多现象都能简单明了地展现出来，而使用非语音学的思考方式，只能带来缺乏内部一致性的繁冗枝节。如今，对个体语音差异的语音学观察和对相近方言的研究相得益彰，例如，儿童如何以不完美的方式模仿其所处的成人环境里的话语，可为理解先前的语言演化阶段提供许多线索。

此外，对于以理性为指导的格律学（metrik）来说，语音学亦是其必要基础。音节、音长、重音等纯语音学概念对格律学来说有多重要，是无

（接上页）同义词（《对语言与语言学的基本论述》[Some General Remarks on Linguistics and Language / Некоторые общие замечания о языковедении и языке], 1871，见斯坦柯维茨（Stankiewicz）《博杜恩·德·库尔德内选集》[A Baudouin de Courtenay Anthology]，1972，第 61-62 页；苏联科学院《博杜恩·德·库尔德内普通语言学选集》[И. А. Бодуэн де Куртенэ. Избранные труды по общему языкознанию]，1963，第 1 卷，第 65-66 页）。——译者注

① 符号">"表示"变成……"；反向的"<"表示"由……变来"。——原注

须多言的。

[8] 因此，语音学不仅对语言的理论理解不可或缺，对语言的实践学习亦是如此，甚至可能更为重要。如今，外语发挥的作用比以往任何时候都更重要；年复一年，因各种原因而需要语言实践技能来与外国人交谈的人越来越多了；国家之间已不再各自孤立存在，彼此的联系日益得到加强；商务活动、科学活动、旅游活动正变得越来越国际化。我们的先辈们曾满足于在日常生活中使用母语，若有更高的精神追求，则会一点儿拉丁语；而我们，无论身处何种地位，都最好能对付几句我们母语之外的一种或几种世界性语言。与本世纪初尚未出现铁路、汽船、电话的时代相比，如今只掌握外语的书面形式已不够了；人们经常听到这样的抱怨："真希望我会讲英语；英文书我看得懂一些，但让我开口去说是绝对不可能的，英国人跟我讲话我也听不懂太多。"常规的语言知识中缺少可用于口头实践的东西，显然不是三言两语能说完的——我们当前的语言教学，许多方面可以改革，也应当改革——但是，这之中最为有害的问题，也是造成与外国人口头交流不畅的症结，正是语音教学所采用的方法存在严重不足；无疑，对教师进行系统的语音学培训，使其能够从中选出适用于最基础阶段语言教学的东西，可产生大不相同的效果。也是在近些年，语言教师们日益形成一种共识，希望所有的语言教学都能以语音学为基础，并且更为迫切的是，希望能够切实运用这一相对新兴的科学来让语言教学得到提升。几乎在所有的国家，公立及私立学校里都出现了许多以此为方向的实验，由于这些实验无一例外地收到了成效，因此所谓语音教学法的论证阶段可视为已经完成并取得了成功。但是，在这一问题上，我想提醒大家，本书的"具体语音学部分"，① 在对单个语音等问题的论述中，读者将有充

---

① 丹麦语版《语音学》由"普通语音学部分"和"具体语音学部分"两编组成。上编论述语音与文字、发音标准、音标体系等宏观问题，成为后来德语版《语音学的基本问题》的基础；下编对唇、舌等发音部位进行了微观分析，随后论述了元音、辅音等"综合性"问题，同化、音长、重音等"组合性"问题，以及关于具体语言语音体系的问题，成为后来德语版《语音学教程》的基础。——译者注

分的机会准确地看到语音学在外语发音教学中的实践教育价值。

　　[9] 对于母语本身的教学，语音学也不是没有价值；正相反！我国在使用话语法（talemetoden）进行聋哑人语言教育方面处于领先地位；昔日这曾是无法完成的任务，如今却实乃最伟大的胜利之一，那些因听觉障碍而无法通过自然途径学会话语语言的不幸者，如今可用眼睛读懂他人的话语，亦可发出自己听不到、别人却能理解的声音，从而与外界进行真正丰富的交流。但是，只有借助语音学，这才能够成为可能；教聋哑人的教师必须研究正常人的语言器官活动，必须通过或多或少的人工手段教聋哑人用唇、舌等做出相同的动作。显然，语音学在母语教学领域大有作为，不难理解，借助实用语音学，可以帮助许多童年时没能以正确方式学会母语且无法摆脱某些习惯（即所谓语言错误）的人。有的人习惯了发某些辅音时太靠口腔（唇部）前部，也有人发 s 音时不是在口腔中央，而是贴着侧面，发出的是个非常怪异的音，还有人无法发出某些辅音组合（如 sl 等），等等。有一部分人出现这样的语言错误，确实是因为发音器官存在生理异常；但是，我有理由认为，这类情况绝大多数并不是器官的问题，只是因为早年习得的某些不良习惯始终改不掉而已，跟尚不会清楚说话的孩子情况相同；对此，训练有素的语音学家很容易就能揭示出此类不良习惯的问题所在，并且能给出简单的方法，通过系统的发音操练（artikulationsgymnastik）来改掉这样的习惯。这一问题，我经手过一个案例，一位不熟悉语音学的医生表示，舌部手术是帮人发出正常的 s 音的唯一途径。简单地说，关于器官位置，他和我们的分歧在于，我们认为只要花些精力和耐心来练习新舌位，完全足以让此人在较短时间内变成一个普通观察者观察不到任何不正常之处的人。

　　[10] 即使对没有此类错误的人来说，语音学依然可以发挥作用。能够不带方言特征地讲话对许多人来说是非常重要的：如演员、牧师、政客、教师，如果不摆脱那些被人取笑的地区的方言特征，就无法完全开展工作，会让自己的影响力打折扣（至于哪些地区的方言特征是可取的，那

是另一个问题）。许多人受到榜样和环境的影响，习得的是纯粹的国语发音（rigsmålsudtale），但也有许多人天生不具备足够灵敏的耳朵，或是不具备足够强的直接模仿天赋，因而未能学会这样的发音；对此，可以去找谙熟此类问题的语音学家，他们能给出达到这一目标的诸多好点子。除此之外，我还想补充一点，语音学知识对歌唱教师也有帮助，可以让学生明白，哪些音符之外的因素把歌弄得不好听了。

[11] 在实践生活中的其他领域，语音学亦能够并且应当发挥作用。幼儿识字教学（første læseundervisning）可从语音学家那里得到许多颇有价值的建议，不过必须搞清楚，这一领域所谓的"语音法"（lydmetode）并不一定都是在运用语音学。其他领域还有：正字法问题（Retskrivningsspørsmålet）在一切文明国家都会周期性出现，只要你不相信今天的"标准正字法"会永久有效，就必然会认识到一个事实，总有一天（其实绝不止一次），人们会再度呼唤正字法改革。不过，这样的改革只有基于严谨的母语语音知识以及关于语音与文字之间关系的语音学理论，才有望带来真正而持久的改善。还有一个相关领域，是如今日益见证"时间就是金钱"这句话的速记（stenografi）领域。所有的速记体系都认可"怎么说就怎么写"（skriv som du taler）这条最高准则，然而在当今使用最广的那些速记体系中，这条原则常常是半遵循半打破，这是因为创制这些体系的人缺乏语音学功底——这一缺陷带来的危害比大多数速记员所知晓的要大得多。真正实用的速记体系，只能建立在真正的语音学基础上。

[12] 因此，语音学与人类的知识和实践行为的诸多领域都有交汇点：物理学、解剖学、生理学、比较语言学、韵律学、实践语言习得、母语教学、聋哑人教育、语言错误纠正、演说术、戏剧艺术、歌唱、正字法、速记。正因为语音学有助于解决如此多样的实践问题和理论问题，所以才如此受欢迎。人们应把自然科学的方法运用于语言现象，也把人文科学的方法运用于物理现象和生理现象，只有这样，才能真实而全面地了解和探讨

语言生命的意义何在。只有借助语音学，外语才可以真正变成一个人的活语言，而只有通过某一外国的语言，才能够深入该国的内部生活之中；而只有通过该语言的语音，才能够深入该语言之精神。学会良好的法语发音和英语发音，要学到像母语者那样，听到口语词像看到书面词一样清楚，只有这样才能够充分享受法语和英语的诗歌与艺术散文之美。而除了通过语音学，别无其他路径而可走。

[13] 因此，语音学范围宽广，理论上和实践上都发挥重要作用。切不可认为，只能从二者之一当中受益，要么只做理论家，要么只做实践者。刻意将二者分开并无意义，必然会带来不良后果。语言学文献中经常会遇到一些论断和进展，因为用了语音学术语，故看似语音学方面的，但是仔细看会发现非常空洞，言之无物（这一点北欧的文献恐怕比其他地方要好些）。因为语音学和音系学是当前语言学中的时髦领域，所以许多人开始尝试阅读语音学著作，并由此得到了一些对语音现象的粗浅认识。但是，仅仅看些关于语音的书，是无法达到全面理解的；要想从这一学科中受益，就必须在实践上全面熟悉语音，也就是在理解语音以及语音的细微之处时，要习惯于对其进行揣摩，加以模仿，而不是听人说了一遍就算了；要完全加以掌握，并能随时将其辨认出来。不过，这需要实践，需要长期耐心的磨练。对于成年人来说，语音器官已习惯了母语语音发音的路径，任何与之不同的路径都会引发困难，这有点儿像初学钢琴的人，为了让手指听使唤、移动足够快，必须克服许多困难。有些音和音组可以非常准确地发出来，而另一些音和音组自身就不简单，只有通过长期而系统的"发音操练"才能够模仿得确切。发音器官受训练的同时，耳朵也得到了锻炼，对母语中那些非常精密的部分，即使是很小的音差（lydafskygning）[①]也分辨得出来，但是对这之外的语音差别，依然会极为迟钝，几乎可称之

[①] afskygning 通常指色差。颜色是类典型，某两种得到公认的颜色之间事实上存在无数种色调。语音与之类似，某两个"音"之间同样存在无数种音。——译者注

为局部失聪。只有那些读了语音学书（或听了语音学课），且又细心实践过这些音和音组的人，才能够完全掌握这数量众多的原本陌生的音，才算具备了从理论高度上理解语言史当中的音变所需的基础。

[14] 不过，纵使是纯实践语音学，若是没有关于语音本质和发音方法的理论知识做支持，也难有太多成效。的确有些人，模仿外语的音就像鹦鹉学舌一样容易，自己都说不清是如何发出这样的音的，他们模仿外语细微之至，连出色的语音学家都自叹不如。然而，无论这样的天资对语言习得来说是多么宝贵的基础，这之中都存在着明确的缺陷和风险。首先，他只能够为刚刚听到的声音发出个回声而已，并未稳定地掌握住外语的语音。这样的成绩经常丢得也很快；一个人在朗厄兰①住了一年，讲着一口地道的朗厄兰话，但只要在日德兰农民当中住上半年之后，基本上就一句纯正的朗厄兰话也讲不出来了。这种回声式天资，仅对拥有此天资者本人有益，对其他人并无价值；凭此天资把外语学会的人，却无法凭此天资把教师做好，因为他不了解学生须竭力克服的难点是什么，也无法为如何克服这些难点做出指导。与之相反，模仿不熟悉的音时若是清楚了解这个音和自己所习惯的音之间的区别何在，那么首先，这个音会更稳固，很容易就能随时需要随发，即使好多年没有听过母语者发这个音了也无妨；其次，这样的技能已不仅仅是某一个人的财产，而是可以传授给他人的。

[15] 可见，语音学跟人类智慧的其他领域一样，理论和实践也应并驾齐驱；为此，我在本书中将始终保持对二者不偏不废，故而，除了从理论角度对语音进行描写之外，我也会力求阐明教这些音的最实用的方法，既包括教师自己应如何操练，也包括如何将其传授给学生。不过，在对语音做详细描述之前，我要在"普通语音学部分"中力求勾勒出语音学的历

---

① 丹麦离岛，位于菲英岛和西兰岛之间的大贝尔特海峡中，距哥本哈根约 200 公里。——译者注

史，随后宏观地论述一些基本问题：包括语音和字符之间的关系；丹麦语以及本书论及的其他语言的最佳发音；发音中的不同"风格"；书写记录语音的原则。而在"具体语音学部分"中，研究的方法必然是从话语中的较小单位到较大单位，从单个的发音成分（artikulationer）到由此而产生的音（lyd），再从单个的音到音组、音节、音节组，等等；最后，还要带着每种语言的特有特征来思考该语言。普通语音学部分中有些地方，要用到学完具体语音学部分才能完全弄懂的概念和名称，这是难以避免的；不过，碰到这种情况时，我会尽可能不把它讲得太专业。

最好的发音
Die Beste Aussprache
（1904）

[35] 何为最好的发音？许多语言学家倾向于把这个问题拒之门外，理由是这个问题与语言学无关：这类语言学家只研究事实性存在（faktisch Vorhandene），并不过问何谓恰当（Gebührenden）；对他们来讲，一种发音如果事实上存在，那么在价值上就跟其他发音并无不同；他们看待语音，用的不是道德主义者的眼光，而是冰冷而无偏差的方式，犹如植物学家面对杂草时和面对最有价值的食用植物时，兴趣毫无差异。对于语言学家来说，人类的每种语言，无论是拥有丰富文学的世界性通用语，还是仅由少量不开化的非洲部落讲着的语言，皆是有价值的研究对象；在每一种所谓文化语言（Kultursprache）的内部，语言学家也必须以同样眼光来看待、研究、竭力阐释一切现实存在的发音，而不评述各形式之间的相互价值，不评述哪个形式是应当受青睐的最正确的形式。这样的观点无疑有其道理；语言学的理论研究者和其他领域的理论研究者一样，把存在、事实及可察觉到的情况置于首要地位；但是，语言学家如果不研究人们如何说话，不在乎观察到的事实与依据这样或那样的理论而定义的所谓最正确形式之间存在巨大差别，就不能说是称职的语言学家。存在的东西，有其存在的权利——尽管这里所说的权利，意思只是说存在的事实应得到科学的观察与阐释。

[36] 然而，语言学家若是认为谈论语言的正确性（Sprachrichtigkeit）

是完全不合理或完全不科学的，就言过其实了，如奥斯特霍夫（《标准语与大众方言》[Schriftsprache und Volksmundart]，1883，25页）说过："在无偏见的真正历史语言学研究的视野里，语言形式绝无正确与错误之分，这一点至关重要。"即使不少伟大的语言学家都这样认为，我们也仍须阐明，认为语言正误问题不科学且应加以摒弃的人，自己就表现出了不科学的一面，且对语言的本质存在错误理解。相当多的语言学家，如拉斯克（Rask）、施莱歇尔（Schleicher）、马克斯·缪勒等，都认为语言是个依照某些独立于人的任意性之外的定律而演化的自然体，语言学因而是一门自然科学。如今，这一观点已基本上被否定。语言是明确的人类行为方式，而不像血液循环那样自行运作、无须学习。因此，每一个个体首先必须学习语言——否则语言就不存在于他——此时就要在各种语言形式之间好好做出选择，对话语做出取与舍，教语言者和学语言者皆如此；每个学会了某一语言的人，后来都能很好地习惯使用与他们曾使用过的形式不同的新形式。这再次表明，语言学家所面对的学科对象，不同于天文学家或植物学家所面对的科学对象。天文学家观察并确认了行星的运动时，任务就完成了，至于走其他轨道是否更合乎意愿，立刻会被视为无知而无聊的问题。植物学家也是一样：植物学家宣布婆婆纳（Ehrenpreis）有两根雄蕊，那它就有两根雄蕊。不过，天文学和植物学之间的显著不同也不难发现：植物学家可以以花匠身份进行干预，在一定程度上改变植物的性质；也可通过人工授粉，通过创造特别适宜的环境，通过施肥等途径，使问题朝着更好、人们更期待的方向发展；新玫瑰比以前的好看还是不如以前的好看，新梨的汁比以前多还是没有以前多，我们不会视而不见。

[37] 而语言在这方面更加突出，语言是星体或植物所无法比拟的，因为语言仅为人所拥有，因为语言并非按照语言自身的意图而生长，而是随着每个新个体进行模仿且造成不完善的个案而必然获得更新。被动物包围的儿童永远学不会说话；但另一方面，如果儿童所处的整个环境中仅有

一种说话方式，我敢肯定该儿童只能获得这一种方式，而学不会其他的方式。因为人的确可以影响其他人的语言——当然也可影响他自己的语言——所以语言学家不应以语言具有惰性，人无力对其施加任何改变为理由，拒绝讨论语言形式之间的相互价值。

[38] 同样也不能说，因为各形式都是平等的，所以选择一个形式还是另一个形式是无所谓的事情。语言对每个人的日常生活都发挥重大作用，因此语言的重要性无论做何强调都不显夸张，而一个人学习的是何种类型的说话方式、发音方式，绝非无关紧要之事。个人语言特征（sprachliche Eigentümlichkeiten）经常让这个人遭到嘲笑，或是成为他获取生活中某一位置时的障碍。无论是教师、演员、布道者、政客，还是许多其他人士，如果发音刺耳，或是发音被视为有失体统，则一定能够体会到这一点。我们每个人都希望孩子学会最纯、最好的发音，正如我们自己学习法语或英语时，想学的不是被视为粗俗、糟糕的发音，而是公认为最好的发音。基于这样的事实，语言学家不应拒绝探究最好的发音这一问题，只是不应当像素人那样，凭借自己的口味而宣布这一发音是好的，那一发音是"令人厌恶的"。在做出论断之前，必须衡量支持和反对的理由，必须找出普适性标准，必须对所有事实性因素进行研究；应当明白在这一领域得出错误结论有多么容易，明白大多数人对自己以及身边的人的自然发音了解得多么少，以至于经常有素人声称某些发音形式属于粗俗语言，或是声称某些发音形式根本不存在，事实却是这些发音形式在他自己或他妻子随意说话时就能观察得到。

[39] 那么，到哪里才能找到最好的发音呢？如何才能断定它是最好的发音呢？它又为何是最好的发音呢？我想先来思考一些非常常见的答案，不过，这些答案在我看来并不合理。素人经常会说，遇到疑惑，必须让正字法来决断；最接近于正字法形式的发音就是正确的。发音和书写之间鸿沟巨大，最佳出路是依据口头词语来调整书写形式。对此，挪威杰出的语

言教育家 K. 克努德森①疾呼（《全国通用的挪威语发音》[Den landsgyldige norske uttale]，48 页）："好吧，人们应该依据昔日的画像来对面部做些削切，这样，旧时的联系就能恢复了；当然了，这是因为这些人从未想过要依据现在的面貌来画一张新画像。"即使不说上述评判原则是基于对语音与文字之真实关系的完全误解，也必须承认这原则不具备实用性：谁想把 Grab（坟墓）里的 b 读成真正的 b，把 Rad（轮子）里的 d 读成真正的 d 呢？谁又想在 konnte（能够）里接连读出两个 n 呢？那些因为 ich sehe（我看见）里面写着 h 就想把 h 发出音的人，却并不想把 führen（引领）等词里的 h 发出来，正如不想把 sie（她）里的 e 发出来一样。②同一书写形式有两种或两种以上发音之例，实在是太多太多了！

[40] 经常有人反对某一发音形式；被反对的形式是较晚兴起的，而历史上的发音形式则被视为更好的形式。这样一来，某一形式的古老程度，即语言史条件，就被视为了决定性因素。可是，真的是形式越古老就越好吗？难道较新形式代表的不是某种进步吗？人类的精神可不是一直在走下坡路的。总的来说，语言史不能作为衡量我们这一问题的标尺，首先，因为我们今人并没有迫切的理由来用祖先的语言评判自己的语言；其次，因为我们也无法断定须回溯 100 年、300 年、700 年还是 1000 年才能找到模范语言，而每一时期却都有自己的发音特点；再次，因为语言史的许多地方可以做不同解读，很多时候为了做出正确解读，反而必须求助于今天的形式，而且必须补充一句：我们对先前各代人的发音的掌握，很多时候

---

① 克努德·克努德森（Knud Knudsen，1812—1895），挪威教育家、语言学家，主张以受过良好教育的挪威人的日常口语为基础，为挪威语制定不同于丹麦语的正字法规则，所著的《挪威语和丹麦语一样吗？》（Er norsk det samme som dansk?，1862）、《我们在挪威应写挪威语还是丹麦语？》（Skal vi saa skrive norsk eller dansk i Norge?，1890）等著作推动了挪威语和丹麦语书面语的分离。他所推动的新正字法即是后来挪威官方认可的挪威国语（Riksmål）正字法，与今日的挪威语书面语（Bokmål）基本相同。——译者注

② 上述例词在德语中的实际发音如下：Grab [gʀaːp]、Rad [ʀaːt]、konnte [ˈkɔntə]、ich sehe [içˈzeːə]、führen [ˈfyːʀən]、sie [ziː]。——译者注

并不充分,也必然不充分,这尤其是因为,我们了解彼时的发音,借助的是不完善的文字媒介。不过,这绝不是说语言史对我们的这个话题毫无意义:语言史很多时候可以让我们更公正地理解一些被污名化的形式,从而冷静地评判这类形式不同于其他形式的价值,由于语言史研究者拥有广博的知识,所以已具备他人或许并不具备的一系列前提基础——而恰恰因为语言学家对这类问题缺乏兴趣,人们实在无法赞同每一位语言学家对语言正确性问题的论述。

[41] 各国首都的发音,经常被视为模范发音;其他城市、其他地区则较少被称为最好的发音之故里。这种地理决定论对我们亦无太大帮助;只要对此仔细加以审视就会发现,谁也不想严肃地表示,自己能够断言这类城市里人们说的每一句话都具有模范性,同样也无法断言,居住于其他地区的人们口中绝对听不到好的发音。基于这两点理由,把某一城市视为最好的发音之故里是没有道理的。

[42] 同理,舞台语言也不能视为模范。并非舞台上的每种发音都值得模仿;演员为了更好地扮演某一具体角色,而故意使用某种滑稽发音或不良发音,通常并无不妥;还有些时候,某一演员自身的发音虽未必属于最坏的发音,却有些令人生厌的发音习惯。即使仅限层次较高的严肃戏剧中的普遍发音,仍无法找到普适性模范;我们很幸运,日常生活中不需要总这么庄严地讲话!还有个大问题是,演员们经常因为这样那样的发音而受到批评。这样的指责有时是公正的,有时是不公正的;不过,此类批评实际存在,无疑表明那样的舞台语言不是模范,也无法被阐释为模范,无论我们多么期望演员们尽量好好说话、正确说话,依然如此。如果演员们对某个词的发音产生争议,如果已有人开始代表权威机构,在非演员的协助下对舞台发音加以规范,就恰好承认了这类舞台语言不应视为发音的最高法则,而像"发音要像说话规范的演员说话时那样"这句话,就仅仅成了循环论证。

[43] 那么,我们寻找的东西,是否可能在上层人士的发音中找到呢?

半是，半否。毫无疑问，除了由地域决定的各种方言之外，还存在由社会决定的语言差异：较高的阶层说起话来与平民百姓不同，但是这一事实却无法用来定义最好的发音。这是因为，上层和下层的界线在哪里呢？一个人如果得到了晋升，无疑可以认为他已属于更高的阶层，但仅因为此，他的发音即可被视为模范发音了吗？当然不行！同样，如果相信可从教育中找到我们所寻求的标尺，认为受过（最高等）教育的人的发音是模范性的，也是无济于事。对"教育"这个复杂多变的词，谁也无法做出令人满意的定义。虽然我并不想否认教育和良好发音之间存在相互作用，但是在丹麦，我却知道有些人，虽然他们的教育让我最为崇敬，但他们的发音我可不想称之为良好，更不用说模范了——而反之亦然！

[44] 因此，问题已渐渐清楚；无论正字法、语言史、地理因素、戏剧艺术、阶层、教育程度，都不是问题之关键。至少在后四个领域中，我们找不到想找的答案，原因在于这四个领域并非语言之领域，而对语音起决定性作用的，则必须是语言因素。但是，如果我们切记，此处所说的"好"发音，其实就是指合适的（zweckentsprechend）①发音，就能够找到答案。因此，最好的发音，就是最能适合该语言之目的的发音。我们说话，是为了和他人交流我们之所感，包括我们的思想、情绪、意愿。语言之最高境界，在于用最简单的途径使最完善的交流成为可能。我曾在《从英语看语言的发展》②一书中，尝试将这一思想运用于语言之演化。而今，同一观点亦可运用于另一个问题："同一语言"同时存在的若干种发音，哪种才是最好的？似乎很明显，我们必须把重中之重放在所达到的理解量（Quantum des erzielten Verstehens）上。因此，用最简洁的话说，最好的发音，就是最易理解的发音。或许汉语和英语可被视为高于德语或俄语，因

---

① 德语中 zweckentsprechend（合适的）是个复合词，Zweck 表示"目的"，entsprechend 表示"依照"，因此，"合适的"已暗示合乎目的性。——译者注

② 伦敦，1894 年版；尤其参见第 13 页的这一公式：居于最高地位的语言，是用最少的手段把任务完成得最彻底的语言，换言之，就是能够用最简单的机制表达出最大量语义的语言。——原注

为前二者的语言结构更为简单；但是作为与德国人（以及俄国人）交际的途径，汉语和英语显然不如德语（以及俄语），因为他们听不懂。

[45] 然而德语内部的哪种发音才算优秀，取决于此时此刻希望和谁讲话。这一标尺带来的简单结果，就是未必总要坚持学校教育中的僵硬标准。[①] 歌德说得对："一件事物无法适合每一个人。"我若遇见一位来自符腾堡偏远农村的农民，我能让他听懂我的最好发音是他本村的发音——这一点是毫无疑问的。但是，如果有人因此而推断，本地发音永远是最好的发音，并且最终得出了最强烈的地方分离主义之结论，就完全误解了这一观点带来的启示。恰恰相反！在所有的国家，至少在文明世界的各国，都存在一种"国语"（Reichssprache），或是接近于存在这样一种"国语"，与各地方言并行，且高于各地方言。如今与各方言相比，这样的共同语（Einheitssprache）、通用语（Gemeinsprache）、标准语（Standardsprache）或是用别的什么名称称呼之，获得普遍青睐的原因在于：刚才说的那位符腾堡农民，如果我不会讲他的方言，那么我讲共同语，他听懂我的程度远高于我讲某种萨克森农村的方言。各地区同理：无论对于巴伐利亚人、瑞士人、图林根人、梅克伦堡人还是其他地区的人来说，除了他们自己人之间以外，讲国语都比讲地方方言更好懂。因此，如果不想把自己局限于只跟最严格的意义上的本地人打交道，如果想外出旅行，或是想站在舞台上、布道坛上、政治讲台上向来自各地、语言需求各异的更大群体同时发话，那么国语就比任何方言好得多：我的发音越是不带方言特征，我就越能被大家听懂。

[46] 因此，国语就是消除了一切影响理解的地域特征的语言；国语讲得最好的人，别人辨别不出他的家乡；这样的发音比同一语言的任何方言发音都更加完美，因为这样的发音让更广范围内的交际成为可能，让更多人之间的深入理解成为可能。

[①] 这一问题参见诺伦对语言正确性的论述。（德语译本由 A. 约翰森 [A. Johannson] 翻译，载《印欧语研究》（*Indogermanische Forschungen*）第 1 卷，1892。）——原注

[47] 如果有人问：这种无方言特征的发音是否真实存在于世界上？那就必须承认，当今或许没有一个人会完全用无方言特征的方式讲话。毕竟，我们每个人都是某一地区的本地人，无论我们的教育等背景对学习共同语多么有利，内行而细心的观察者都会在某些地方发现些细微差异，这些细微差异是我们的发音无法摆脱的，可表明某一特定区域。尤其是在感到急切或充满感情之时，人们更易于重新展现出母语的发音习惯。阿尔封斯·都德在《不朽者》(*L'immortel*)里观察得非常细致：老院士阿斯蒂耶-雷于（Astier-Réhu）原本说着一口漂亮的法语，但他发现妻子偷他的钱时，暴怒之中切换回了家乡方言。① 但是，不能因为只有少数人在心平气和的常态下才能按无方言特征的方式讲话，就否认国语的存在。

[48] 共同语演化的决定因素，恰恰在于语言所扮演的最重要角色，也就是密切的口头交际。农民一张开嘴，人们就能猜出他的家乡，猜中的可能性远高于猜贵族的家乡。这之中的原因并不难发现。每个个人的语言永远受到与他互动的人们的语言影响，带上了他们的语言的色彩，有时是由于直接而本能的模仿，有时是由于为了让自己被人完全听懂而形成的顺应之需。语言问题中的模仿驱动力（Nachahmungstrieb），远未得到足够估价；尽管未必每个人都赞同斯特里克② 所说的，人们得通过默默跟着别人

---

① "Volé! Je suis volé... ma femme m'a volé pour son fils... » et son furieux délire roulait pêle-mêle avec des jurons paysans de sa montagne : « Ah! **la garso**... Ah! **li bougri**... »"（"被偷了！我被偷了……我老婆偷我的，偷给她儿子……"，愤怒让他失去理智，让他头脑一片错乱，用山里农民的脏话破口大骂："啊！你这没用的货！……啊！那个兔崽子……"）。在 W. 司各特（W. Scott）的《古董商》(*Antiquary*)里，我还发现了这样一处："Ye donnard auld devil" answered Monkbarns, his Scottish accent predominating when in anger, though otherwise not particulary remarkable.（"你这个混账老傻瓜"，蒙克巴恩斯回答道，他的苏格兰口音平时没那么明显，但一生气就会非常突出。）还可参见柯南·道尔（Conan Doyle）《巴斯克维尔的猎犬》[*Baskerville's Hound*]，陶赫尼茨 [Tauchnitz] 版，第 72 页）："他非常生气，以致说不出话来，等他确实说出话来时，说的是西部方言，嘴张得比我们早上听他说话时大多了。"巴利（Barrie）的作品里也有类似的情况，如《小牧师》(*The Little Minister*) 第 15 页。——原注

② 所罗门·斯特里克（Salomon Stricker, 1834—1898），奥地利病理学家、组织学家。——译者注

一起说话,才能听懂别人的话,① 但是可以确定的是,日复一日地听着同一种与自己不同的发音,就难免融入或接近这样的发音。农民如今基本上被束缚在土地上;以前,他们是不允许离开家乡的,这样的禁令今虽已解除,且现代交通手段亦将为这一群体带来变化,但是农民离开家乡环境的频率仍低于其他人。许多农家女如今依然是直至去世都未见过几个教区开外的更远世界。因此,他们的交往面非常窄,语言极具地方色彩。与之相比,同一地区富裕的有产者,经常去往本国其他地区,可能冬天定期去首都住住,夏天去去海滨之类的地方。他那些生意朋友也好,真心朋友也罢,来自其他地区的,数量不亚于来自本地的。农民的所有家人住得都离自己家不远,而有产者很可能从小就跟另一个省②的表兄弟及第三个省的表姐妹一起玩过。与来自不同地区(以及不同国家)的人交往,必然使人发展出更强的语言柔韧性(sprachliche Geschmeidigkeit)和更高的适应能力(Anpassungsvermögen),这二者不仅为童年所独有,成年亦有之,虽然略逊。由此,地方发音特色及语言特色逐渐地、不易察觉地消失了。而此处所说的那些富人,同样也是"受过教育之人士";为了获得更高水平的教育,通常需要在家乡以外度过或长或短的一段时间,经常是首都,也可能是其他大城市,科学、音乐、技术等领域的各类教育机构,把不同地区的年轻人聚集到一起,③ 这些年轻人完成学业之后,也常在远离故乡的

---

① 《语言行为研究》(*Studien über die Sprachvorstellungen*),维也纳,1880。——原注

② 省(Provinz)是旧时德国的一级行政区划,如普鲁士王国曾设 12 个省。第二帝国和魏玛共和国时期沿袭了省的建制,直至二战后废省设州(Land)。——译者注

③ 勒维转述过查恩克的一段话(《大众心理学与语言学学报》[*Zeitschrift für Völkerpsychologie und Sprachwissenschaft*],第 22 卷,1890,第 263 页):"他认识的那些在莱比锡学习的瑞士人,相互之间经常来往,起初还说着自己州的方言,大约半年过后,就基本上改说非常统一的共同语了。"——原注

弗利德里希·查恩克(Friedrich Zarncke,1825—1891),德国语文学家、中世纪文学专家,整理出版了 1856 年版《尼伯龙人之歌》(*Nibelungenlied*)。理查德·勒维(Richard Loewe,1863—?),德国语言学家,著有 2 卷本《德语语言学》(*Germanische Sprachwissenschaft*),原注引述的文章题为《论语言混合与方言混合》(*Zur Sprach- und Mundartenmischung*)。——译者注

地方就业。同样的语言均一化（sprachliche Nivellierung）亦可影响到其他阶层，他们的职业要求其跟近邻之外的人们打交道；至少在丹麦，海员讲方言的口音就远不如农民重；义务兵很大程度上也表现出"旧方言消失"之特征。

[49] 至于城市，如果该城市居民基本依靠周边地区农业人口而生存，就能更顽强地维系本地的方言，例如在维堡（Viborg）或勒格斯特（Løgstør）这样的城市①，听到的日德兰方言就远远多于东日德兰那些港口城市。前述方言特征的磨蚀，当然在大城市里发生得最多；原因很简单，大城市的居民构成了整个人口中最不稳定、最不依附土地的部分。我可以通过统计数据来证明我国的情况，依据1890年的人口普查数字：②

	人口	本地出生人口	百分比
哥本哈根	312,859	160,630	51
希勒勒（Hillerød）	4,135	2,749	67
里伯（Ribe，德语作 Ripen）	3,731	2,874	80
霍尔贝克县③（Holbæk）农村	85,051	75,488	89
灵克宾县（Ringkøbing）农村	90,057	81,089	90

在其他国家，情况无疑具有可比性。现在我们来看看为什么大家总觉得通用语就是首都的本地方言，其他地区迁来的居民都会改用这一方言。④英语的通用语，我们如果只看地理位置是无法解释的；过去只有北

---

① 两市（镇）分别位于日德兰半岛中部和北部，远离首都哥本哈根所在的西兰岛，与日德兰半岛上的丹麦第二大城市奥胡斯也不在同一方向上。——译者注

② 希勒勒是哥本哈根附近的一座城市，里伯是位于西日德兰的城市；霍尔贝克县位于西兰岛，灵克宾县位于西日德兰。——原注

③ 县，丹麦语为 amt，《语音学的基本问题》一书中译为德语 Kreis。丹麦本土原划分为13县、270自治市（kommune）。2007年行政区划改革后，县被废除，自治市做了合并调整，全国重新划分为5区（region）、98自治市。——译者注

④ 还应参考大众中流行的这种看法：人们只要一听到有人讲"正宗的柏林话"（或者哥本哈根话、伦敦话），就可以确信这是在教训人，无论在哪种本地环境里皆如此。——原注

部地区①才用的一些特征，一点点地渗入到了通用语中。丹麦的国语也不能简单等同于西兰岛东部方言。当然，必须承认首都的地理位置很重要，因为从最一开始，讲这个地方的方言的人，就要多于讲其他任何一个地方的方言的人，这样才能发挥相对较大的影响力，才不需要把自己的特征祛除太多。

[50] 如果我的上述阐释正确，那么，之前我指出的那些自身无法充当标准的要素，对于标准发音的演化问题就绝非无关紧要。首都的发音、较高阶层的发音、受过教育人士的发音，都不能拿来作衡量最好发音的标尺；但是，最好的发音之演化，无疑偏爱首都、偏爱较高阶层、偏爱受过教育人士。此类国语发音，并不是因为意识到某一形式优于现存的另一形式而产生的，而是某一或多或少清除了地方成分的发音在自然演化过程中，被较高阶层实际使用着，故被其他阶层视为高雅，立刻得到了有意识的模仿；因此，合情合理的升迁动力、爱慕虚荣的高贵举止，皆在共同语的传播中发挥了极其重要的作用。这之中还有文字的问题；如果问为什么之前没有提到这一因素，是因为我不想把书面形式放在非常重要的位置上：假如我们没有将语言以书面形式固定下来，而仅仅满足于口头交际，那么演化也一定仍会按其自有方向进行。事实上，有些通用语言从未有过书面形式，却以同样的方式演化而成，只要满足首要条件即可：这条件就是来自不同地区的人们要进行频繁的口头交际。②各种语言的词里还存在许多例子，某一具体发音得到了普遍认可，而这一发音本身却并无明确的

---

① 北部指英格兰北部地区，不是苏格兰。英语中由北向南扩张的语言特征，如叶斯柏森在《从英语看语言的发展》一书中提到的英语名词复数后缀 -s："-s 在北部变得普遍，要早于南部，虽然南部是受到法语影响最强的地区，可是长期以来 -en 似乎比 -s 更旺盛地保存于所有名词里。"（第 170 页）——译者注

② 即使全然不同的族群母语各不相同也无妨；一个有趣的例子是俄勒冈贸易语（即"奇努克语行话" [Chinook Jargon]）。——原注

常规书面形式（例如音长、重音等），甚至可能与人们依照正字法而断定的发音直接冲突，这就表明，发音标准独立于书面语言标准之外，也有能力独立于书面语言标准之外。① 当然，书面上的固定形式也绝非无关紧要，当今其影响力在上升，这是廉价报纸和义务教育之必然结果。

---

① 我认为（这看法当然异端），共同的书面语言（正字法、词汇等）只有以统一的（统一程度各异）口头语言为基础，才可能形成。——原注

语音的系统化
Systematisierung der Sprachlaute
（1904）

[109] 讨论过语言的生理-发音系统之后，多个难题出现了。第一个难题，就是无法知晓哪些音必须设定为独立语音（selbständiger Sprachlaut），哪些音应当视为次要变体（untergeordnete Varietät）。布吕克以及他之后的霍夫利都认为[①]，语言生理学家跟动物学家或植物学家一样，只要划分出典型类别（charakteristischer Typ）即可："系统里那些无法自动获得位置的大量变体，则应围绕这些典型类别来加以归类。"可惜如济弗斯所言，我们的学科里并不存在动物世界或植物世界中那种自然的"类别"：许多时候，法国人、德国人称之为次要"变体"的音，英国人却视之为类别典型，而反过来也是如此。这要取决于每种语言在多大程度上利用语音差别来区别语义。[②]

[110] 下一个难题：布吕克希望系统里只包括简单音，不包括复合音；他把简单音定义为只有一个发音部位（Artikulationsstelle）的音。[b] 这个音只有一个发音部位；那么 [m] 有几个呢？因为软腭必须参与发音，以打开鼻腔通道，所以有两个吧？错了，布吕克是这样回答的（第 42 页）：[③]

---

① 见《济弗斯教授与语音生理学原则》（*Professor Sievers und die Prinzipien der Sprachphysiologie*），柏林，1884。——原注

② 本章收入 1933 年版《语言学文集》时，作者在此处补注："须注意，从当今所谓的音系学视角来看，这一强调很超前。"——译者注

③ 指布吕克所著《语音生理学与语音系统原理》（*Grundzüge der Physiologie und Systematik der Sprachlaute*）1876 年第 2 版。——译者注

他说的发音部位是指位于口腔通道中间平面（Mittelebene des Mundkanals）上的部位，发音器官在这样的部位上相互靠拢或相互接触，因此，[m] 和 [b] 一样，只需一个发音部位。那么，咽腔的闭合呢（ε0，见《语音学教程》§ 69，76，77）？依照这个定义，咽腔的闭合就根本没有发音部位了。而元音呢？如果说 [i] 有一个发音部位，那么 [y] 是不是有两个呢？虽然大家都把 [y] 纳入系统之中，但是严格来说，把 [y] 纳入系统是有违一致性的，因为 [y] 除了舌前部的发音部位之外，在唇部有另一个发音部位，所以这情况必然跟圆唇的 [r] 或 [x] 相同。但是这样的圆唇辅音却不得纳入系统之中。

[111] 还有一个难题：我们做分类，应采取何种指导原则？例如，我们拿来一个 [m] 这样的音，它的哪一点才是最重要的点？如果分类的首要原则是浊与清，那么 [m] 和 [a] 就属于同一大类。如果把鼻腔通道的开与闭作为最重要的分类原则，那么 [m] 和 [a] 就属于不同的大类，而依据上一条分类原则分属不同大类的浊音 [m] 和清音 [m̥]，就要划分到一起了。或者，我们是否应该先把有阻塞的音和无阻塞的音分开，之后再根据阻塞位置、阻塞点来对前者进行分类？如果这样，那么 [m] 和 [p] 这两个依照其他分类原则并不相关的音，也非常紧密地关联起来了。上述每种方法自身都有道理，从中我们可以总结出，语音的系统化跟动物的系统化必然是大不相同的，因为狮子根本无法一会儿跟老虎归为一类，一会儿又跟鹦鹉或跳蚤归为一类。可以为各种语音手册里的辅音表做个对比。①斯威特首先划分的是浊音和清音，之后在二者内部再做划分：一方面按发音部位（既考虑发音器官也考虑器官所触碰的点）来分类，另一方面又按"开音""边音""塞音""鼻音"来分类；但是，却找不到鼻腔开放时的边音和擦音之位置。特劳特曼首先划分的是"纯辅音"（即 δ0 类）和"鼻辅音"（即 δ2 类）；每一类内部再分为"削切音"（Schleifer）（即擦音）和

---

① 作者引述的这三份辅音表分别位于：斯威特《语音学手册》1877 年版第 36 页，特劳特曼《语音》1886 年版第 120-121 页，济弗斯《语音学原理》1901 年版第 147 页。——译者注

"击打音"(Klapper)。后一类内部再分为"真击打音"(即塞音)、"l 音"、"r 音",每一小类再继续分出浊音和清音,最后再与各"区域"(即发音部位)交叉。济弗斯的首要分类依据是发音部位,再与下列各项相交叉:

$$
\text{瞬时性语音} \begin{cases} \text{噪音性语音} \begin{cases} \text{爆破音} \begin{cases} \text{清音} \\ \text{浊音} \end{cases} \\ \text{摩擦音} \begin{cases} \text{清音} \\ \text{浊音} \end{cases} \end{cases} \\ \text{持续性语音} \begin{cases} \text{响音性语音} \begin{cases} \text{鼻音} \\ \text{l 类音} \\ \text{r 类音} \end{cases} \end{cases} \end{cases}
$$

在他的表格里,边音(在舌腭音 [Zungengaumenlaute] 下面)自成一类,因而成为若干纵列之一,而表格倒数第二横行的"l 类音"这一名目,将 l(卷舌 l)、l¹(齿间 l)、l²(齿后 l)归入其中;纵列和横行的交汇之处,是带括号的"所有 l 音",从系统的角度来看,这有些让人惊讶,因为我们实在不解,刚才已经在各处遇到了不同的 l 音,这些 l 音为何又能全部出现于此。此外,济弗斯的列表里没有清鼻音、清 l 音和清 r 音的位置,但他却在书中承认了这些音的存在;而他又不可能把"擦音性的 l 音"纳入发音部位——这只是几个例子而已;还存在其他一些发音部位上的问题,如果看得再仔细些,就很容易发现这个系统其实对理解语音并无太大用处。有人把 [m] 归为塞音,有人把 [m] 归为开音,但所有的人都同意,发 [m] 音时鼻腔通道是开放的,唇是闭合的。问题其实在于,所有用来给辅音分类的名目都是单方面的(einseitig),如鼻音、浊音、塞音、边音、唇音,等等;这类名目都只是抓住了这个音的有特色的方面而已。然而每个音,却都是由所有器官的位置同时决定。每个音都是复合的

(zusammengesetzt)。① 由于有诸多构成因素，其顺序又相对无关紧要，所以，即使是按照全然相同的原则来考量语音的人，亦会在各自的系统归纳中采取不同的路径。不过，人们通常不会在辅音表中把全部构成因素都考虑进来，因为纸面上不可能有那么大的空间，虽然辅音的构成高度多元，但纸面只是个二维空间，而每个辅音却都是多维的。当然，也可以把辅音表分画在若干张纸上，让其相互补充；但是这样做不实际，也难以一目了然。因此，最好是放弃制作出一份无所不包的辅音表的想法。②

[112] 上述关于辅音的论断，同样也适用于元音。③ 现有的大多数元音系统或元音表，都是把每个元音作为一个单位，再把元音按照类别组织起来，有些类别甚至根本没有命名，命了名的类别，像唇类（如 u—o—ɔ）、舌类（如 i—e—ɛ）、唇舌类（y—ø—œ）等，也未必让人满意。讨论某一单个元音或某一元音音列时，本该为每个元音的各个发音成分（Artikulationselement）逐一做出的真正解释，要么完全没做，要么语焉不详，无法显著影响元音表的外观。这一问题上，贝尔元音表显现出了与往昔的决裂。众所周知，他借助四个分类原则对每个元音进行了衡量：1. 依据舌与口腔上壁之间的距离，分出高元音、中元音、低元音；2. 依据舌是前伸还是后缩，分出前元音、混元音、后元音；3. 依据舌的形状，或称紧张度（Spannungsgrad），分出窄元音（主元音）、宽元音；4. 依据圆唇与否，分出非圆唇元音、圆唇元音。但是，若问这众多分类里哪种是最重要的，并且对比贝尔的追随者们所做的不同论述④，就会发现根本不存在统一。英国的追随者们认为是窄元音和宽元音的区别，济弗斯认为是后元

---

① 参见《语音学教程》§112。——原注
② 此处我指的只是科学研究类著作；在用于学校教育目的的基础教程中，完全可以制作出一种简化的表格，只展现最有必要的项目。——原注
③ 参见《语音学教程》§114 起。——原注
④ 例如，可参见贝尔和斯威特的著作（如我在《语音学教程》第 139 页所述）、济弗斯的著作、伦代尔的《瑞典语方言字母》（第 1 版，第 155 页）。——原注

音-混元音-前元音的区别,伦代尔认为是非圆唇元音和圆唇元音的区别;因此,高、前、窄的元音 [i] 在前者的体系里跟高、前、宽的元音 [ɪ] 相差很远,在后两位的体系里却无比接近;与之相反,[i] 和 [y] 之间的关系,在伦代尔的体系里比在贝尔、斯威特、济弗斯的体系里更接近。这一问题上还必须阐明,上述区别里其实未见任何语义之痕迹;一种论断所说的,其实跟另一种论述并无两样。然而,近观现实,即近观具体语言中真正出现的元音及其构成方式,却让我们明白这些模式都不可能为所有元音找到位置。(参见《语音学教程》,尤其是 §147)

[113] 如果因此决定放弃常规的系统化方法并不意味着要把一切系统化彻底放弃,也不意味着要对为语音学系统化而付出的努力加以贬低。正相反,这只意味着把系统转移到另一个领域,即关于每个语音器官如何发音的研究。我刚才说的那类"成分"(Element),可以系统地加以研究(见我《语音学教程》里题为"分析"[Analyse] 的部分),而每个音自然都是在这类成分的相互作用中产生的(同上,见题为"综合"[Synthese] 的部分)。这一过程可以最大程度实现每一细节的准确性,而又不必在各个发音部位之间来回切换,从最一开始就这样处理语音,似乎是非常重要的。① 这样的体系还有不少教学上的优点,我多年来做语音学教师的经验可证明:学习者首先会对某一发音部位感到熟悉,继而再对另一发音部位感到熟悉,了解各个器官的构造,同时了解其语言功能,由此逐渐掌握大致情况,这是其他过程很难做到的。

[114] 为了阐明语音的构成,我们再次拿 [m] 这个音作为例子;构成这个音的成分如下:②

---

① 若想评判其他教科书中的非系统方法,就应仔细研读这些书里对辅音的描写,最好的方法就是在页边上或是另一张纸上,借助表示各发音部位的非字母符号(α、β、γ、δ、ε、ζ)以及其他非字母符号(0、1、2 等),把这些辅音依次标注出来;这时就会发现,好多东西都是混淆的,需要重新加以阐释。这一点后文将详述。——原注

② 参见《语音学教程》第 125 页。——原注

α0^b = 唇闭合；[m] 因此与 [m̥, p, b] 一致，与 [f, t, n, i, a, ã] 不同。
β,, = 舌尖位于下齿后面的休眠位置（Ruhestellung）；[m] 因此与 [m̥, p, b, f] 一致，又与 [i, a, ã] 大体一致，而与 [t, n] 相区别。
γ,, = 舌根处于休眠状态；[m] 因此与 [m̥, p, b, f, t, n] 一致，与 [i, a, ã] 相区别。
δ2 = 软腭下降；跟 [m̥, n, ã] 相同，跟 [p, b, f, t, i, a] 不同。
ε1 = 声带震动；与 [n, i, a, ã] 类似，与 [m̥, p, f, t] 不同。
ζ+ = 从肺部呼气；此处用来做比较的所有其他音也都是如此，与吸气音不同（见《语音学教程》§110）。

但是，有人可能会指出，如果其中两个器官被明确定义为休眠，就不应称之为全部成分之组合。然而，这种休眠态却是发所有 [m] 音或某一个 [m] 音的条件之一。如果舌位偏离这个休眠位置太多，以致形成了阻塞，发出的就根本不可能是 [m] 了。语言学著作中，经常有人认为 [m] 和 [n] 是可以同时发音的。例如，英语的 open（开）一词，唇从 [p] 开始一直到词末，始终保持闭合，因此或可写成[1]：

$$[\text{ oup }{}^{m}_{n}]$$

不过，这并不正确：[m] 的先决条件是，整个口腔都要充当共鸣腔，一直到唇；而上面提到的这个器官位置（α0 β0 γ,, δ2 ε1），其实是个略有改变的 [n]。假如形成阻塞的是舌后部（α0 β,, γ0 δ2 ε1），则是个有小幅改变的 [ŋ]，而不能认为它同时既是 [m] 又是 [ŋ]。而舌一旦从其休眠位置上升，却又尚未接触口腔上壁，我们得到的就仍然是 [m]；但这样的 [m] 跟上面提到的 [m] 并不完全相同。试比较 i*m*itieren（模仿）、a*m*ateur（初学的）、ho*m*olog（同源）、ku*m*ulieren（积累）这几个词中的 [m]；经过些训练，耳

---

[1] 见于斯威特《语音学手册》第213页。丹麦语的åb*n* porten（开门）、samme*n* med（一起），德语的 Lippe*n*（嘴唇）等，如果舌尖的动作没有完全到位，也类似于这种情况。——原注

朵就能够区分出这些音了。① 但是，这些区别只是临近的元音引发的小规模舌位变化造成的。事实上，语言（即连贯话语）中存在的每一个 [m]，都形成于这样或那样的特定舌位，这些舌位相同或大体相同，是其前面或后面的元音所必需的，有时还常位于某一中间位置，游走于某两个位置之间。这样即可发现，如果把舌的休眠状态（$β_{,,}$, $γ_{,,}$）设定为 [m] 的成分，其实是一种抽象；前面进行的字母分析以及由此而生的音标符号 [m]，严格来说是若干个音的集体名称。平时描写 [s] 这样的音的时候绝不会提及唇位置，这其实也是一种抽象；正常的人说出的每一个 [s] 音，都具有这样或那样的唇位置。之所以不把唇考虑进来（或者说，之所以认为唇处于休眠状态），只是为了把问题简化而忽略唇位置而已，仅仅消极地要求唇不能完全闭合或几近闭合。

[115] 语音学著作中经常能遇到"音色"（timbre）这个词（如，"带有 u 音色的 r""两个带有不同音色的 l"，等等）；经常让人觉得音色是个独立于发音之外或悬浮于发音之上的东西。我们必须对这一术语的使用发出警示，必须强调，音的润色（Klangänderung）永远以发音活动的润色（Artikulationsänderung）为条件。因此，如果有人说起某一具体音色，意思其实就是说，平时对这个音所做的不完整描写中，有一个或几个发音成分明显偏离了常规位置。此时才真正需要格外精确地深入每一例之发音；例如 u 音色，有时是由于唇位，有时是由于舌位，也有时兼而有之，故而形成差别。因此，在一系列词里，我们通常认为相同的某个辅音，若精确观察，可显现出很大差别。例如，可比较 hat（有）、Hut（帽子）、Schnitt（一段）中的词末辅音。我们绝不应该相信 tun（做）、Kuh（牛）等词里的 [t] 和 [k] 是用中立的唇位发的，这两个音由于 [u] 的关系，通常已具备了圆唇位置；语言中只存在词，不存在抽象的音，这

---

① 如果只是哼唱出 [m] 的曲调（英语叫作 to hum），就可以任意改变舌位，这其实就是在发出一个又一个不同的 [m]。与之不同的是，既有弹性又有稳定性的 [m]，是用来表达思想的。——原注

两个词里，唇通常在舌阻塞打开之前，就已经到达了 [u] 所要求的 α3^a 或 α3^{ab} 位置。① 我们发 [t] 时绝不会没有唇位，发 [m] 时也绝不会没有舌位，这正如我们发出声调（Ton）、理解声调时绝不会没有重音程度（Stärkegrad）和音高（Tonhöhe）参与其中。有些语音学家（辉特尼、霍夫利、泰希默）给予 [h] 特殊地位，认为必须对诸多不同的 [h] 音加以区分，因为在 [ha, hi, hu] 等当中，[h] 皆具有和其后面的元音相同的位置。但是他们忽视了一个事实：[h] 和其他辅音相比，仅在这一个方面略有过格之处，但二者并无本质差别（参考 la, li, lu）；而且，无论是 [h] 还是其他辅音，这方面其实都不是严格必需，而只是个倾向而已；如果我们把 [i] 前面的 [h] 发成了 [e] 前面的 [h]，让它具有与 [e] 协同的上部器官位置，那么，每个人听到的组合都仍然是 [hi]。②（参见《语音学教程》§143，《语音学基本问题》§93）。

[116] 在《语音学教程》§164—166 中，我论述过音列中那些必然经历从一个音到下一个音的过渡的中间位置（Zwischenstellung），我也明确说过一句话：每个音的本质都独立于"滑入"（Anglitt）和"滑离"（Abglitt）之外。③ 这句话用来讨论音组 [asi] 中的 [s] 或 [lut] 中的 [u] 等等，从无争议；但是，用来讨论另一些音类却不一样，例如被归纳为塞音

---

① 关于音的润色，如人们所说的唇化（圆唇化）、硬腭化（湿音化）、软腭化（喉化），参见《语音学教程》§113。——原注

② 认为 [h] 是个清化元音是不可接受的，一方面，因为虽然确实存在清化元音，但是从没有人认为清化元音包括 [h]（《语音学教程》§87），另一方面，发 [h] 音时，声带并非处于与发其他清音相同的开放位置（ε3，呼气位置 [Blasestellung]）（《语音学教程》§88，89）。——原注

③ "滑入"和"滑离"是斯威特的术语。斯威特认为，一切辅音皆由三个成分组成：辅音本身、滑入（on-glide）、滑离（off-glide）（《语音学手册》，1877，第73页）。滑入和滑离跟辅音本身一样，有清浊等方面的区别，这些区别是对塞音进行分类的依据之一。例如，音节 aka，斯威特（同上，第76页）将其标注为"a[ʌ]k[н]a"（此处的 ʌ 表示"浊"，н 表示"送气"），强调辅音 k 除了"辅音本身"之外，还具有"浊滑入"和"送气滑离"这两个成分。——译者注

（Verschlußlaut / Klusil）的那类音①：像 [pa]、[ti] 或 [ku] 等音组中，最重要的不是器官拦住外泄气流的去路的那一瞬间（[p, t, k] 等音的重要特性），而是下一个瞬间，即用小幅气流炸开阻塞的那一瞬间。[p, t, k] 等音因此称为爆破音（Explosivlaut，或 Sprenglaut），或者用特劳特曼的术语：击打音。而且，因为这种爆破仅持续一瞬间，无法任意延长，所以这样的音必须设立为特殊一类，即瞬时性语音（Momentanlaut），从而跟其他持续性语音（Dauerlaut）相对。这一看法已广为接受，但依然有必要明确，这个看法未必整齐划一，由此可带来许多旁枝末梢的问题；如果像布吕克、弗洛施特罗姆②、霍夫利那样，把阻塞本身以及器官的阻塞位置作为此音类的唯一本质，就可避开这种问题。

[117] [p, t, k] 未必总爆破；"na, und ob!"（嗯，当然啦！）、"kommt doch mit"（一起来吧）、"viel Glück!"（祝你好运！）这几句话，我们大可以把尾音说得完全听不到 [p, t, k] 后面有爆破。虽然这样的发音不如爆破音普遍，但我们仍须将其纳入系统。③ 如果把爆破视为 [p, t, k] 这类

---

① 在其他许多研究者看来，这一理论虽未发挥直接影响，却也使人在思考和处理许多语言现象时受到或多或少的明显影响。——原注

② 依西多尔·弗洛施特罗姆（Isidor Flodström, 1856—1939），瑞典统计学家。早年从事语音学研究，后因身体原因淡出语言学界，此后从事园艺、金融统计、财政税收等方面的研究。他早年的语音学著作包括发表于《北欧语文学学报》的《现代瑞典语辅音散论》（Strödda anmärkningar öfver nysvenska konsonantljud, 1880）、《论辅音双音化及相关问题》（Om konsonantgeminationen och andra därmed i sammanhang stående frågor, 1882）等文章。——译者注

③ 有些语言中（如印度阿萨姆邦的梅奇语 [Mech]，以及桑塔语 [Santhal]），不爆破的塞音是独立使用的，因此，这样的音和爆破音是相互区别的。尤其参见威廉·汤姆生《关于桑塔语的一些说明》（Nogle bemserkninger om santhalsproget）(《北欧桑塔传教团纪念文集》[Den nordiske santhalmissions festskrift]）专文，第 4 页；斯托姆，《第四届北欧语文学会议文集》(Det fjerde nordiske filologmøde, 1893)，第 199 页；斯克莱夫斯鲁（Skrefsrud），《阿萨姆邦的梅奇人及其语言》(Mecherne i Assam og deres sprog)（载《北欧语文学学报》新系列）第 9 卷，第 227 页；休曼（Heuman），《桑塔语语法研究》(Grammatisk studie öfver santalspräket)（载《丹麦皇家科学与人文学院学报》[Kgl. danske videnskabernes selskabs forhandlinger], 1892），第 6 页。——原注

音的本质，这些位置上就根本没有 [p, t, k] 了。于是得说，这是另一类音，其本质在于从开放位置到闭合位置的运动，可随意用个拉丁语学者恐怕不会支持的名称[①]，称之为不爆破音（Implosiv）[p]、不爆破音 [t]，等等。许多人把 [apma]、[atna] 这类结构中的 [p]、[t] 也视为不爆破音，还有人会把 bleibt（留下）[blaipt] 当中的 [p]、Akt（行动）当中的 [k] 视为不爆破音，因为这些词发音时，[t] 的成阻早于第一个塞音的除阻——然而无法否认的是，有些组合中出现的既不是"爆破音"，也不是"不爆破音"，即，当 [p] 位于两个 [m] 之间时，如 [ampma]，从第一个 [a] 的滑离，到第二个 [a] 的滑入，唇自始至终保持着闭合；[antna] 当中的 [t]、[aŋkŋa] 当中的 [k] 同理：例如，Lumpenbrei [lumpmbrai]（布浆）、Luntenstock [luntnʃtok]（鼓吹者）、denken kann man [deŋkŋkanman]（大家可以想想）等例子。针对这一问题，有人想提出第三类音，称为破裂音（Plosiv）（此处不考虑拉丁语，也不考虑词源学）。这样一来，关于 [p, t, k] 等音的学说应构建为：这类音的真正本质在于爆破，但有些情况下须为不爆破音，还有些情况下二者皆非，仅为破裂音！我觉得似乎这样说更为自然：[p, t, k] 的最重要特征，即闭合的器官位置之特征，可普遍出现于一切组合之中；爆破，是若干种可能出现的滑离当中的一种，只要符合必要条件（此条件即其后面的音处于器官开放位置）就一定会自然发生；而对爆破的处理，跟对其他一切音的其他一切滑离的处理完全相同。

[118] 爆破音理论的其他支持者认为，[pm, tn, kŋ] 这样的组合中是存在爆破音的，可以想想 Siepmann（济普曼，姓氏）、Ätna（埃特纳，火山名）、necken（挑逗）等词（后者很多人将其发为 [nekŋ]），尽管这里的爆破不是以常规方式（口腔爆破），而是以受阻气流经鼻腔爆破的特

---

① 拉丁语前缀 ex- 表示"向外"，in-/im- 表示"向内"，但是"爆破音"和"不爆破音"的发音方式区别显然不在于气流方向，而在于是否除阻、能否听到爆破声音。所以，implosive 和下文的 plosive 这两个术语虽然后来已约定俗成，但最初其实并不符合拉丁语构词原则。——译者注

殊方式进行的，有人称之为喉爆破音（Faukalexplosiva），也有人称之为鼻腔爆破音（Nasalexplosiva）、软腭爆破音（Velarexplosiva）、鼻腔塞音（Nasenstoßlaut）。关于这一事实本身，是没有争议的，但是对于这一事实的看法以及这一事实在系统中的地位，则存在争议。不过，爆破音理论的各位支持者在这个问题上看法并不一致：一部分人认为，这样的组合中根本就没有 [p]，同理也没有 [k] 和 [t]，而只有三个不同的鼻腔爆破音；另一部分人则认为，这类结构由 [p, t, k]（必须是不爆破音）+ 相同位置的鼻腔爆破音组成，后面各自接上普通的鼻音时，软腭的动作是相同的。但是，在 [aã] 这个组合中，软腭在纯口元音和鼻元音之间的运动完全相同，为什么不按同样的方式，把 [aã] 里的情况也称为喉爆破或鼻腔爆破呢？为什么不把 [mp]、[nt]、[ŋk] 这些 [m] 和 [p] 等之间运动方向相反的结构也称为喉部（或鼻腔、软腭）的不爆破音呢？这样叫显然也有道理。但是，更有道理的却是大众流行观念，尤其是常规拼写体现出的观念：所有这些例子中，人们都觉得 [p] 是同一个 [p]，[t] 是同一个 [t]，[k] 也是同一个 [k]，无所谓出现在哪种音的前面还是后面，也无所谓滑离还是滑入。

[119] 在德语 Atlas、英语 kettle 等词中的 [tl] 组合里，人们还提出了另一种特殊的爆破类型，称为边音爆破（seitliche Explosiva / Lateralexplosiva）。① 有鉴于此，有人指出，这个组合跟 [ta] 之类的组合一样，舌部的整体宽度并未突然打开，舌尖自然也在继续让舌中线接触口腔上壁。利用同样的思路，在 [ts] 之中也可找到另一种爆破方式，与前一种相反，接触在两侧发生；[ti] 之中也可发现一种，[ta] 之中也可发现一种，等等。实际上，每当 [t] 后面接一个新的音时，爆破都有所不同。如果把其中一种 [t] 视为爆破之典型，则存在多少种爆破方式，就要以相应方式构建起多少种 [t]。

---

① 只需引用若干作者中的一位，来作为这一争议性观点的代表："我们缺少一个标写舌边齿龈爆破音用的字母。"（布雷默 [Bremer]，《德语语音学》[*Deutsche Phonetik*]，第 53 页）——原注

[120] 难题的数量远不止这些。如何为存在爆破的情况划定界限？目前为止，我们一直在用 [p, t, k] 作为典型，[pa, ta, ka] 等组合中无疑包含爆破。但是，[ba, da, ga] 里面，虽然谁也不否认爆破的存在，但是其爆破的特征是不同的，[b, d, g] 是全浊音时尤其如此（例如法语，见《语音学教程》§103）[①]。而对于 [ma, na, ŋa] 来说，里面是否存在可称得上是爆破的东西就十分可疑了；不妨同时研究一下带鼻元音的组合 [mã, nã, ŋã]。因此，有些人把 [m, n, ŋ] 归为爆破音，另一些人则不这样。特劳特曼不仅在这些组合中听到了爆破音（或者用他的话说，叫作"拍击音"）特有的拍击声，而且在 [la, ra] 里也听到了；不过，他也承认 l 音和 r 音不是"真正的拍击音"。布雷默则更过头，他所说的阻塞随处可见，只要这个点或那个点接触上了就算，甚至连根本就没有发生气流完全关闭（非字母符号 0）时也是如此，如 [s]，甚至还有 [o, u, e, i] 等元音，于是，他认为鼻元音 [ã] 是唯一一个在任何点上都没有出现"阻塞结构"的音。[②] 这样一来，音与音的每个组合中，都涵盖了必须称为爆破的小面积接触（即"阻塞"），如 [sa, si, iɛ, ia, ua, oa] 等等。必须补充一句：如果听得非常仔细，这类过渡当中确实存在一些让人联想起塞音爆破的东西；竟有作者如此镇静地由这一观点推导结论，实在新鲜——这一问题上，已经不可能有人比布雷默更过分了！不过，由于为爆破现象的发生划定界限确实很困难，似乎没有必要像上述作者那样，对这类语音现象的判定投入太大精力。

[121] 之所以这样建议，是因为我们尚未解决一个与爆破概念相关的十分重要的难题，这一点关乎 [p, t, k] 的本质。如前所述，爆破不能延长；因此，[p, t, k] 才被称为瞬时性语音。瑞典语、意大利语、芬兰语

[①] 叶斯柏森在《语音学教程》中把辅音的清浊划分为六种，其中，英语、德语的浊音属于"半有声浊音"（半浊），法语的浊音属于"有声浊音"（全浊）。参见《三论语音定律问题》注。——译者注

[②]《德语语音学》，第 60 页。——原注

等语言中，除了短辅音（亦称单辅音）之外，还存在常规使用着的长辅音（亦称双辅音或重叠辅音），我们因此可遇到长音 [p]（或称双音 [p]）、长音 [t]、长音 [k]。故而，瑞典语的 kappa（大衣）、fatta（总结）、flicka（女孩），在语言感觉（Sprachgefühl）上跟 alla（所有人）、Anna（安娜）、kassa（收款处）、skaffa（得到）里面的长辅音（双辅音）是平行的。意大利语 cappa（锅盖）、atto（行为）、bocca（嘴）也是如此，与 Anna（安娜）、cassa（现金）、caffè（咖啡）里的 nn、ss、ff 相平行，此外还有些句法层面的同类情况（虽然不写成长辅音），如人们会把 ho parlato（我说话）、e tu（那你呢）、a casa（在家）发成 [ɔpparla·to]、[ettu]、[akka·sa]，正如人们会把 ho fatto（我做过）、e noi（那我们呢）、a Roma（在罗马）发成 [ɔffatto]、[ennɔ·i]、[arro·ma]。芬兰语中，pp、tt、kk 也是跟 ll、nn 等组合相对应。上述语言，均不存在双爆破，即发 [pp] 时，不会让唇先闭合、再打开、再闭合、再打开。相反，只是器官占据阻塞位置的时间长度延长了，正如发 [ll]、[nn] 时，发音所要求的器官位置保持了更长的时间。当然，只有把器官的阻塞位置视为典型特征时，才可谈论长音 [p]。

[122] 除阻运动缺失时，或者说"p 的后一半"省略时，当然不应该像许多语音学家那样，说这是个"半 p 音"。每次形成相应的器官位置（唇关闭、舌静止、软腭关闭）时，发出的都是个完整而不可分割的 [p]。[①]
不过，我这里所提的看法中有些关键方面，会让许多语音学家受到质疑，例如，无声瞬间（lautlose Augenblick）、停顿（Pause），都曾被他们认定为 [p, t, k] 最重要的方面。正常情况下，语流中出现 [p]、[t] 或 [k] 等音时造成的一瞬间静音，人们根本就注意不到，正如注意不到因一次次眨眼而产生的黑暗瞬间。但这种停顿的确是事实，将其纳入考虑范围，并

---

① "如果 t 音出现于两个 n 之间，如 präntning（印刷），那么这个 t 的开头会被前一个 n 锁住，结尾会被后一个 n 撤销，从而变成在硬腭部轻轻一击……由此，整个这个 t 音只剩下了一个寂静瞬间（止于前一个 n 的声音），加上硬腭部那一击"（吕特肯斯、伍尔夫《瑞典语语音学》，第 286 页）。错！整个 t 都还在那，只是其环境跟 ata 之类不同而已。——原注

不等同于"就像认为音乐中最重要的不是音符而是休止符一样"①；而只是表明，每个休止符都和音符一样要发挥作用。正如音乐不会以休止符为主导，语言也不会以 [p，t，k] 为主导。弗洛施特罗姆和霍夫利因为 [p，t，k] 是听不见声音的元素，就认为我们必须废弃"语音"（Laut）、"语音学"（Lautlehre）等普遍性名称，并认为今后应以"成分"（Element）、"成分学"（Elementenlehre）甚至"字母"（Buchstabe）（！）、"字母学"（Buchstabenlehre）取而代之；这是完全没有必要的。正如数学家把 0 纳入了数列，我们也可以把这类现象（非字母符号中的 0）纳入音列。而从对这类"音"的感知来看，因 [p]、因 [t] 等而形成的停顿是完全相同的。正如诺伦所言，静音（Muta）只有一种。要我们区分出完全孤立的 [p]、绝对单独的 [t] 或是任何其他停顿，是根本不可能的。但是，在音组中，在话语中，这些音却始终有区别；[p] 通过不同的滑入、滑离而与 [t] 相区别。因此，滑入和滑离扮演了把听话者的思路引入正确轨道的重要角色；二者提醒听话者思考，他听到的这个停顿是各种塞音中的哪一个造成的。透过这一关系已大可以肯定，如有必要从语言学角度对话语加以阐释，则滑入和滑离是必不可少的，因为二者是整个语音群连贯发音的必然产物；不过，二者也必然不是 [p，t，k] 最重要的方面，不应让其充当 [p，t，k] 的系统判定之依据。二者完全不适合发挥这一作用，因为二者是可变项，对环境的依赖不亚于对 [p，t，k] 本身的依赖。正确的科学观，要我们始终借助可变条件下的不变项来为某一现象下定义；因此必须说，[p] 的特征，从发音角度看就是气流由于唇的闭合而与外界完全隔绝，从声学角度看就是由此造成空气不向外波动，换言之，就是停顿。这就给予我们很大的科学优势，使我们能够全然平行而平等地处理了：1. 所有位置上的一切

---

① 引自斯托姆（《英语语文学》第 89 页），他继而指出："如果语言中无声比有声还重要，我就必须得承认，这空气对我来说也太稀薄了。"——原注

[p] 音（[t] 和 [k] 同理），2. 整个这一音类（Lautklasse）以及其他所有音类，3. 这些音以及其他所有音的滑入和滑出，4. 所出现的一切音长。由此，我们就能够在科学的看法和对拼写（以及所有语音学家的音标）起决定作用的看法之间，重新建立起天然的和谐了，还能够避免对爆破音的本质、界线、分类做大量无意义的探究。

音　长
Lautdauer
（1920）

[12.11] 一个音，从滑入持续到滑离；一个音列（Lautreihe）（音节、音节列），从第一个音滑入开始，持续到最后一个音滑离。这样的过程可用秒或一秒的几分之几来度量，跟音的强度或力度非常不同。显然，要不是总有人把长度和力度最离奇地混淆起来，这个问题本来无需多谈。其实，我们虽然经常发现二者在语言中一起出现（见下文），但也经常发现二者相分离，如德语口语中的 na！（不！）非常强、却非常短，英语的 follow（跟随）、happy（幸福的），也是前一个音节强而短，后一个音节弱而长。音长和重音普遍混淆，最骇人听闻之例就是对格律名称所做的欠考虑的转借，原本这些格律名称用来指长度关系（音长），却被用作了力度关系。于是，follow 一词按照古典语言的用法本该是抑扬格（短＋长），现在却要叫作扬抑格（重＋轻）了。①

[12.12] 当然，非常短的 [i] 和 [n]，跟竭尽肺之气而拉长的 [i] 和 [n] 之间，存在无数种长度。但是对于我们的目的来说，我们只需区别下列几种梯度，并为之做下列命名，其中，最常见的短音无须标注符号：

---

① 我在《一些格律现象的心理基础》（Den psykologiske grund til nogle metriske fænomener, 1900）一文中已尝试阐明，这类术语即使只用来表示重音关系，对现在的格律学来说也是很没用，甚至帮倒忙。——原注

该文后来经过调整和充实之后译成了英语，以《论格律》（Notes on Metre）为标题收入《语言学文集》和百年纪念版《叶斯柏森选集》。——译者注

极短 [ĭ, ñ] 或 [ⁱ, ⁿ]
短 [i, n]
半长 [i., n.]
长 [i·, n·]
超长 [i··, n··] 依情况需要，可加更多的点

非字母符号用"‥"来表示保持发音器官位置不变。音列用非字母符号书写时，每个器官（用希腊字母表示）都有自己的一行；不同器官同时发生的情况，自上而下垂直排列。如果某一列里只有"‥"，表示该器官保持其之前的位置，而其他器官则改变位置；整个音若是长音，自然所有各列（代表所有器官）就必须都表示为"‥"。符号"„"表示"休息状态"，这样，下图对带有长音 [i·] 的音列 [i·nd] 和带有长音 [n·] 的音列 [in·d] 的描写就看得懂了：

	i	n	d	i	n	d
α	4ᶜ	‥	‥	4ᶜ	‥	‥
β	e	0ᵉᶠ	‥	e	0ᵉᶠ	‥
γ	3ᵍ	„	‥	3ᵍ	„	‥
δ	0	‥	2	0	0	2	‥	0
ε	1	‥	‥	1	‥	‥

半长音在非字母符号里，可以用一个单点来表示。

[12.21] 绝对的长度首先取决于话语速度（Tempo der Rede）。话语中跟音乐中一样，存在诸多各不相同的速度。这正如作曲家可为每段乐曲标上"快板""行板"等等，甚至可以标出节拍器（Metronom）的数字，完美的音标也必须在每一小段上标出类似的符号。话语的速度经常可在同一句子内部发生变化，取决于说话者的总体心态（ganze geistige Haltung），也取决于他当前的心境和情绪：活泼、热忱的人，说话速度快于沮丧、慵懒的人。思考问题时，无论想说什么内容，无论想以什么形式来说，都会说得慢些；不想反驳对方的相反意见时，则会"短点答复"，也就是快说几句就结束。另一方面，强烈的心情可以通过在某些强

音上徘徊来表示，也就是临时放慢速度，例如，Das ist doch zu‥toll!（这太——棒了！），Ach, wie schö‥n!（啊，好美——啊！），等等。因欢喜而拉长的 Ja!（对——！）[j··a··，或 e··a··]，和你想多思考一会儿是不是不该说 Nein（不）时犹豫等待的 Ja!，长度可以相同（但是二者声调不同）。行军口令中，第一个词的最后一个元音经常拉长，例如 Re‥chts um!（向右转！），Gewe‥hr über!（举枪！），这样可表明口令尚未下完，应该做好准备听最后那个关键的词。喊叫的时候，本来是短音，却经常给加长了，如 Em‥ma‥!（爱——玛——！），Frische Bü‥tt!（新鲜的鲽——鱼啦！）。

[12.22] 作为一条重要的速度定律，或许可以说，说话者如果意识到自己还有一长串音列要说（他想把这样的东西"一下子"就说完），就会加快速度。这一点在人们把机械记住的东西背出来时非常明显；此外，像 mit eigentümlichem, *man möchte beinahe sagen* metallischem Klang（尤其是人们几乎想叫作金属声的）这句话里，斜体的解释性插入成分会说得非常匆忙。① 这条定律解释了拉斯克已观察到的现象：单音节词，如丹麦语的 far（爸爸）[fʌ·r]，其元音比 fare（风险）[fʌ·rə] 里面的元音长；② 后来斯威特也注意到，tail（尾巴）[teil] 里的双元音比 tailor（裁缝）[teilə] 里的长，build（建造）[bild] 里的 [l] 比 building（建筑物）[bildiŋ] 里的长；济弗斯则指出，Zahl（数字）里的 [a·] 比 zahle（付款）里的长，而 zahle 里的 [a·] 又比 zahlende（付款，现在分词）里的长。同理，英语的 [u·]，在 gloom（忧郁）[glu·m] 里比 gloomy（忧郁的）[glu·mi] 里长，在 gloomy 里比 gloomily（忧郁地）[glu·mili] 里长；还可参见 feel（感觉）、feeling（情绪敏感的）、feelingly（情绪敏感地）。③ 同样的关系，格雷格瓦的测量展

---

① 一行诗里，人们读开头比读结尾快是非常自然的；正因为此，-ion 这个词尾在莎士比亚著作中通常是单音节，只有位于诗行末尾时才经常是双音节。——原注
② 不过，这种差异没有大到需要在音标中另用一个符号来标注。——原注
③ 另见维里耶，《论英语格律的原则》(*Essai sur les principes de la métrique anglaise*)，第 1 卷第 79 页及后。——原注

保罗·维里耶（Paul Verrier, 1860—1938），法国语言学家。——译者注

示得非常漂亮，据他的测量，[pa] 这个音节在孤立的词里的长度，以百分之一秒为单位，在 pâte（面团）里是 27，在 pâté（肉糜）里是 20，在 pâtisserie（糕点店）里是 14，在 pâtisserie St. Germain（圣日耳曼糕点店）里仅为 12。① 据 E. A. 迈耶②，德语短音 [a] 在单音节词里的平均值是 13.2，在双音节词里是 10.8；长音 [a·] 则分别为 26.5 和 22.0（单位百分之一秒）。

在这条定律里，我们为复合词里第一个成分缩短这个极常发生的现象找到了原因，例如德语 Hochzeit（婚礼）相对于 hoch（高）有缩短，Nachbar（邻居）和 vierzig（四十）同理，Schumacher（舒马赫，姓氏）和 Schuh（鞋）之间常常也是这样。还有丹麦语 husmand（小产业主）与 hus（房子）比较，英语 husband（丈夫）[hʌzbənd] 和 waistkoat（马甲）[weskət]，与 house（房子）[haus]（更早时是 [hu·s]）和 waist（腰）[weist] 相比较，均如此。③ 由此我们还发现了语音在长词里脱落的趋势较强的原因。许多人说 Rathaus（议会）一词时能让人清楚地听到 h 音，但是说 Rathauskeller（议会地下室）时却毫无 h 的痕迹（a 也多多少少有些缩短）。作为普遍规则可以说，速度加快时，长音受损程度大于短音，其长度缩为短音通常的长度，而短音要么（基本上）保持不变，要么像有些例子中那样，完全消失；此外，停顿的数量和长度也会缩减。显然，由于速度差别，语言上的许多区别变为可能，许多缩短了的形式最初只出现于速度快的时候。有个很有意思的例子，是我有一天在巴黎遇到的。我当

---

① 引自鲁代（Roudet），《普通语音学基础》（*Éléments de phonétique générale*），第 237 页。格雷格瓦的原作《法语音节的长度差异》（*Variations de durée de la syllabe française*）载于《话语》（*La parole*）1899 年卷，里面有结果大致相同的更多其他测量数据。——原注

雷昂斯·鲁代（Léonce Roudet, 1861—1935），法国语音学家。安东尼·格雷格瓦（Antoine Grégoire, 1871—1955），比利时实验语音学家。——译者注

② 《论德语的元音长度》（Zur Vokaldauer im Deutschen），载《献给 A. 诺伦的北欧研究集》（*Nordiska studier tillegnade A. Noreen*，1904）。——原注

恩斯特·阿尔弗雷德·迈耶（Ernst Alfred Meyer, 1873—1953），德国裔瑞典实验语音学家。——译者注

③ 更多例子见我的《现代英语语法》4.3。——原注

时从一个小孩嘴里听到了 celui（那个）一词，起初他非常慢地说 [e'səlɥi'la e'səlɥi'la]，然后突然快速加了一句 [esɥi'la]。

[12.23] 据 E. A. 迈耶的论述，[①] 同等条件下，元音的绝对音长取决于发这个元音所需的舌位高度：位置越高，元音越短。我选出了一些北部德语的部分数字（单位为百分之一秒）：

bɪt	7.9	bɪs	11.6	bi·t	16.9	bi·s	22.4
bʊt	8.7	bʊs	11.8	bu·t	18.6	bu·s	20.5
bɛt	9.6	bɛs	12.6	be·t	19.5	be·s	24.8
bòt	10.0	bòs	13.1	bo·t	20.7	bo·s	23.9
bɑt	10.9	bɑs	13.1	bɑ·t	21.5	bɑ·s	24.8

英语中，位于 [p, t, k] 之前，[u] 的音长为 13.3，[ɪ] 为 13.9，而 [ɔ] 为 20.1，[æ] 为 22.4；同理，位于相同辅音之前的长音，[i·] 的平均长度为 20.1，[u·] 为 21.3，而 [ɑ·] 和 [ə·] 为 29.2，[ɔ·] 为 29.8。这竟然证明出，"短音"[æ] 比长音 [i·] 还要长。这或可解释为，发音器官向后、向下时，距离加大了（这与迈耶在《英语音长》39 页的解释不同）。这一观察非常有意义，因为在语言史中，我们经常发现高元音 [i, u, y] 表现得和其他元音不同，例如在开音节里的延长即是如此。另见下文 12.53 关于当代英语中浊音前的延长。

[12.24] 此外，元音的长度在相当程度上还取决于该元音后面的辅音的性质。从前面的数字中已经可以看出，同等条件下，元音在擦音前比在塞音前长；这一点对短元音来说尤为明显。德语中，短音 [a] 在 [t] 前和 [s] 前的长度比例为 1∶1.38，长音 [a·] 在 [t] 前和 [s] 前的长度比例为 1∶1.14。

[①] 上文提及的著作以及《英语音长——实验语音学研究》（*Englische Lautdauer, Eine experimentalphonetische Untersuchung*），乌普萨拉、莱比锡（哈拉索维茨社 [Harrassowitz]），1903。——原注

鼻音使其前面的元音极度缩短，而 [r] 使其前面的短音 [a] 明显延长。关于英语，迈耶给出的清擦音前 [ɪ] 的长度平均值为 17.3，[ʊ] 为 20.8，[ɔ] 为 23.2，[æ] 为 28.1；在 [l, m, n, ŋ] 前，长度和在清擦音前大致相同。

最后，元音在清音前比在相对应的浊音前短，这一点在塞音前格外明显，德语短音 [a] 在 [t] 前和 [d] 前的比例是 1∶1.52，长音 [a·] 在 [t] 前和 [d] 前的比例是 1∶1.123。英语中，浊辅音前的元音比相对应的清辅音前的元音长 40%。A. 格雷格瓦在法语中发现了类似的情况：[a] 在 badaud（旁观者）里比在 bateau（船）里长，[e] 在 débit（流动）里比在 dépit（蔑视）里长，[ɔ̃] 在 combat（打架）里比在 compas（指南针）里长，[ɛ̃] 在 peindre（刷漆）里比在 peintre（画家）里长；同样，trois（三）在 trois gardes（三个卫兵）里比在 trois cartes（三张卡片）里长，ton（你的）在 ton goût（你的口味）里比在 ton cou（你的脖子）里长。①

[12.3] 比绝对音长更加重要的，是相对音长；这正如在音乐中，二分音符、四分音符、八分音符之间的关系，比各自的音符时值在不同速度的音乐里的变化更为重要。大多数语言都有"长音"和"短音"之区别（元音尤其如此），有些语言还有半长音，但是，在如何运用这些音长方面，各语言之间极不相同：音长在有些语言中可由纯外部的语音关系决定，可为之构建规则（如重音、音节中位置、环境）——这是外部决定的音长（äusserlich bestimmte Quantität）；而在有些语言中，音长由内部环境决定，因此是词里跟音段成分（Lautbestandteile）同等重要的成分，跟音段成分一样，自身即可用于区别词义——这是内部决定的音长（innerlich bestimmte Quantität）。每种语言都有其特殊的习惯，可构建的唯一普遍规则，除了位于绝对首音（absoluter Anlaut）位置上的辅音发音都很短之外，或许就只有因心情而造成的语音延长现象了，如前面提到过的 j··a···，以及道理相同的 n···e···、n···a···，等等。

---

① 《塞音的影响》(Influence dos occlusives)，载《语音学学刊》(*Revue de phonétique*)，第 1 卷第 260 页，1911。——原注

[12.4] 德语的音长①主要是内部决定的；例如，德语区分下列词对：Saat（种子）[zaːt]—satt（饱）[zat]；biete（提供）[biːtə]—bitte（请）[bitə]；Miethe（米特，姓氏）[miːtə]—Mitte（中间）[mitə]；ihn（他）[iːn]—in（在）[in]；Sohne（儿子）[zoːnə]—Sonne（太阳）[zonə]，等等。在另外一些例子里，我们看到一些摇摆不定的情况，如 Krebs（蟹）[kre(ː)ps]，jenseits（超越）[je(ː)nzaits]，gibt（给）[gi(ː)pt]，Arzt（医生）[a(ː)rtst]；还有像 Glas（玻璃）、Lob（赞扬）、Grab（坟墓）、Bad（澡）、Rad（轮子）、Tag（日子）这些词，有时是短音，有时是长音，后者可因屈折形式而缩短。

关于外部性音长的规则，不可止步于弱音节的元音皆为短音这条规则。重读音节之前，通常有短元音（或半长元音）出现，②如 Militär（军事）、vielleicht（或许）、Utopie（乌托邦）等；词末的弱元音，在有些地区读成长音或半长音，如 Anna（安娜，人名）[ˈana(ː)]、Kali（钾）[kaːli(ː)]、Trio（三重唱）[triːo(ː)]；[ə] 永远是短音；词末的强元音是长音，例如 du（你）[duː]，③但是在"na!""da!"等感叹词里，通常听到的却是短元音，"ja!"至少在一部分地区也是如此，跟更普遍的 [jaː] 并行。辅音组之前，元音通常是短音：如 Macht（力量）[maxt]、kurz（短）[kurts]、bilden（建造）[bildn]、vierzig（四十）[firtsiç]；但是却有不少例外，如 Magd（女仆）[maːxt 或 maːkt]、Mond（月亮）[moːnt]、Kloster（修道院）[kloːstər]、Obst（水果）[oːpst]、Dienst（服务）[diːnst]、stets（永远）[ʃteːts]、nächst（旁边）[neːçst]等；在带有 r 的组合之前，尤其常为长音：如 Pferd（马）[pfeːrt]、

---

① 此处只谈北部德语的发音，南部德语的发音遵循的是完全不同的规则。关于后者，参见比尔格·古德温（Buergel Goodwin）《论南巴伐利亚口语》（*Über umgangssprache in Südbayern*），第 92 页及后。——原注

比尔格·古德温，即亨利·B. 古德温（Henry B. Goodwin, 1878—1931），德国裔瑞典语言学家。——译者注

② 但是，这类元音的质（Qualität）仍与长元音相同，详见《语音学教程》§9.2 及后。——原注

③ 但是，在句子语境里（如 du bist [你是]等），du 多数时候当然是弱而短的。——原注

Schwert（剑）[ʃveːrt]、erst（第一）[eːrst]、Art（方式）[aːrt]、Behörde（政府机关）[bəˈhøːrdə]、Börse（股票市场）[bøːrzə] 等。元音的质（Vokalqualität）取决于元音的量（即音长），因此，短元音是开元音，长元音是闭元音。辅音通常是短音，但在词末位置上未必很短，丹麦语中即是如此，德语 Mann（男人）一词就 [n] 音的长度而言，似乎介于丹麦语的 man（某人）和英语的 man（男人）之间。辅音在词中位置为短音，即使双写也不例外，例如 komme（来）[komə]、Sonne（太阳）[zonə]、alle（都）[alə]；一个浊辅音出现于另一个浊辅音之前时，经常变成长音，如 herrlich（光荣的）[herːliç]、englisch（英国的）[eŋːliʃ]；此外，长辅音还出现于因屈折导致元音脱落之处，如由 hallen（回声）变来的 hallt [halːt]，区别于由 halten（停）变来的 halt [halt]；同理，befreien（解放）[bəˈfrai.n] 里面，双元音的后一个滑动成分比 herein（里面）[həˈrain] 中的长些。①

[12.51] 英语音长大多数时候是内部决定的，虽然跟德语程度不同。例如，下列词对因元音长度而区别②：seat（座位）[siːt]—sit（坐）[sit]；beat /

---

① 据 Ph. 瓦格纳（Ph. Wagner）和菲埃托用仪器所做的测量，长元音的长度为 0.3 秒，短元音的长度为 0.2 秒（瓦格纳数据，测量的是罗伊特林根 [Reutlingen] 方言）或 0.16 秒（菲埃托数据）；Kamm（来，命令式）里的 m 为 0.3 秒，kam（来，过去式）里的 m 为 0.29 秒，因此基本不构成区别；与之相反，半重读音节里的词末 m 却呈现出显著差异，如 Hohenheim（霍恩海姆，姓氏）的 [m] 仅 0.12 秒；而 Kammer（小房间）的 [m] 0.12 秒，kamen（来，过去式复数）里 0.14 秒，Baumeister（鲍迪斯特，姓氏）里 0.15 秒，Baummeise（山雀，古旧词）里 0.33 秒；[f] 在 schaffe（制造）里 0.3 秒，在 Schafe（绵羊）里 0.23 秒（跟 m 的关系基本相反），在 Baufeier（节假日，古旧词）里 0.24 秒，在 Tauffeier（洗礼）里 0.38 秒。详见菲埃托《语音学基础》第 268 页及后、第 273 页及后，瓦格纳《今日施瓦布方言语音概览》（Der gegenwärtige Lautbestand des Schwäbischen, 1889—1891），以及他在《语音学研究》（Phonetische Studien）第 4 卷第 68 页及后对格林策-马莱申氏设备（Grützner-Mareyschen Apparates）用法的论述。关于元音，见前述 E. A. 迈耶的著作，他的可靠测量数据今已涵盖元音。——原注

② 此处 [e] 和 [ei] 被算作一组相对应的长短元音，另有一些元音也是如此，尽管未必所有人都同意这样处理。见《语音学教程》第 9 章。而 [i] 和 [ai]，虽然正字法将二者都写成 i 的写法保留了历史记忆，二者所代表的两个元音曾经只有音长上的区别，但是如今不能算作一对。——原注

beet（打/甜菜）[biːt]—bit（一点点）[bit]；neat（整洁）[niːt]—knit（编织）[nit]；feat / feet（壮举/脚）[fiːt]—fit（适合）[fit]；fool（傻子）[fuːl]—full（充满）[ful]；pool（水池）[puːl]—pull（拽）[pul]；wooed（求爱）[wuːd]—would / wood（将要/木头）[wud]；raid（袭击）[reid]—read / red（阅读/红色）[red]；brayed（嘶叫）[breid]—bread（面包）[bred]；wail（痛苦）[weil]—well（好）[wel]；mate（伙伴）[meit]—met（遇见）[met]；tail / tale（尾巴/故事）[teil]—tell（告诉）[tel]；naught / nought（零）[nɔːt]—not / knot（不/绳结）[nɔt]；gnawed（啃）[nɔːd]—nod（点头）[nɔd]；caught / court（捉/法庭）[kɔːt]—cot（折叠床）[kɔt]；gaud（华丽）[gɔːd]—god（神）[gɔd]。另有些例子呈现出摇摆不定，尤其见于 [s, þ, f] 之前的 [ɔ]，如 cross（穿过）[krɔ(ː)s]、cloth（布）[klɔ(ː)þ]、off（下）[ɔ(ː)f] 等，以及位于 [lt, ls] 之前的 [ɔ]，如 salt（盐）[sɔ(ː)lt]、fault（错误）[fɔ(ː)lt]、false（假的）[fɔ(ː)ls]。

[12.52] 关于外部长度，要注意下列问题：弱音节通常含有短元音，而不是一定含有短元音；第一，词末元音经常是长音（或者起码是半长音），window（窗）[windou]、follow（跟随）[fɔlou]、potato（土豆）[pə'teitou]、negro（黑奴）[niːgrou]，以及 virtue（品德）[vəːtjuː] 都不是孤例，此外还有 pity（遗憾）[pitiː]、happy（幸福的）[hæpiː]、better（更好）[betəː]，虽然这后几个词在句子中间位置上通常会缩短；①第二，重读音节之前，也经常出现长音，如 Arcadian [aː'keidjen]（世外桃源般的）、circuitous [səː'kjuːitəs]（迂回的）、orthography [ɔː'þɔgrəfi]（正字法），虽然这样的位置上或多或少会发生些剧烈的缩短；第三，次重音位置上的长元音或半长元音也并非罕见，如 colleague ['kɔˌliːg]（同事）、paragraph ['pærəˌgraːf]（段落）、Chinese men ['tjaiˌniːz'men]（中国人）、

---

① 迈耶给出的 giddy（头晕）、lady（女士）等词里位于词末的 [i] 的平均长度是 24.0，steamer（汽船）、bitter（苦）等词里的 [ə] 为 24.8；而 skating（滑冰）、notice（通知）等词里位于非词尾位置上的这个弱元音则有显著不同，仅为 16.1。这一点在连贯话语中呈何比例，迈耶未做研究。——原注

platform ['plæt͵fɔ·m]（月台）、indicate ['indi͵keit]（表明）。辅音组的前面，有长元音也有短元音，长元音如 field（田野）[fi·ld]、jolt（颠簸）[dʒoult]、world（世界）[wə·ld]、east（东）[i·st]、coast（海岸）[koust]、fast（快）[fa·st]、first（第一）[fə·st]、ask（问）[a·sk]、don't（不要）[dount]、won't（不会）[wount]、plant（植物）[pla·nt]、strange（奇怪）[strein(d)ʒ]、chamber（室）[tʃeimbə]、example（例子）[ig'za·mpl]、nature（自然）[neitʃə]，以及 cage（笼子）[keidʒ]、large（大）[la·dʒ]，等等。由于没有任何一对元音是完完全全相同的元音，故而元音的质对音长的依赖程度非常高，并且除了 [ə·, a·, ɔ·] 三个低元音之外，长元音均永远呈双元音化（有滑动）；短元音（在强音节里）永远是宽音。

[12.53] 可以建立一条无例外定律：① 强音节单独存在时或位于词末时，永远含有长音。长元音之后，塞音为短音，如 feet（脚）[fi·t]、feed（喂）[fi·d]；相反，短元音之后，结尾的辅音是长音，如 fit（适合）[fit·]、hop（跳）[hɔp·]、kiss（吻）[kis·]、smash（砸碎）[smæʃ·]。词末清辅音永远如此，而浊辅音通常如此，如 well（好）[wel·]、man（人）[mæn·]、big（大）[big·]、had（有）[hæd·]、give（给）[giv·]、is（是）[iz·]，但这一关系并不稳定，涉及非高元音时不乏出现变化（参见 12.23），此时音长要么被元音和辅音平分，要么完全移至元音上，以此保持整个音节的长度不变；man 一词因此可读作 [mæn·，mæ·n，mæ·n]；beg（乞讨）、egg（蛋）、had（有，过去式）、dog（狗）、God（上帝）等词同理②。应注意，这些例子中，我们遇到的是非双元音性的长元音，因此，egg [è·g] 里的 [è·] 区别于 vague（模糊）[vè·ɪ·g] 里的 [ei = è·ɪ·]。长元音（或双元音）的长度取决于词末辅音的清浊性质，浊辅音前是完整的长音，而清辅音前则变成半长音（或 3/4 长

---

① 这条音长定律是斯威特首先构建起来的；通过观察，我已相信这一定律的正确性，只在若干小问题上看法稍有不同。——原注

② 参见幽默作家对这类发音的表示：如 dawg、gawd。yes 一词里，清音 s 之前常出现延长，[jè·s] 和 [jès·] 并存；斯威特未提这一点。——原注

音），因此形成 seize（抓住）[si·z] 和 cease（停止）[si.s] 之区别，前者实为 [sɪ.i.z] 或 [sɪ·iz]，后者实为 [sɪis]；形成 raise（举起）[reiz] 和 race（赛跑）[reis] 之区别，前者实为 [ɹè.ɪ.z] 或 [ɹè·ɪz]，后者实为 [ɹèis]；形成 code（号码）[koud] 和 coat（大衣）[kout] 之区别，前者实为 [ko.ʊ.d] 或 [ko·ʊd]，后者实为 [kout]。另参见同样情况的 bird（鸟）[bə·d] 和 hurt（伤害）[hə.t]，hard（硬）[ha·d] 和 heart（心脏）[ha.t]，chord（琴弦）[kɔ·d] 和 court/caught（法庭/捉）[kɔ.t]。相同的还有 eyes（眼睛）[aiz] 和 ice（冰）[ais] 里的双元音，前者的两个滑动成分均为半长音，后者的两个滑动成分都是短音；cows（奶牛）[kauz] 里的双元音比 house（房子）[haus] 里的长；boys（男孩）[bɔiz] 里的双元音比 voice（声音）[vɔis] 里的长。如果音节以更多个辅音结尾，情况与之类似，前一个（或前几个）辅音的长度由最后一个辅音的语音性质决定，因此，[l] 在 build（建造，现在时）、fields（田地，复数）、ells（L形物）里比在 built（建造，过去时）、field（田地，单数）、else（其他）里长（半长或全长），[n] 在 sins（罪）[sin.z] 里比在 since（自从）[sins] 里长；试比较 joins（参加）[dʒɔ.i.n.z]、whined（抱怨）[hwa.i.n.d]、told（告诉）[to.u.l.d] 等词长而舒缓滑动的发音，与 Poins（波因斯，姓氏）[poins]、pint（品脱，容积单位）[paint]、colt（马驹）[koult] 里较迅速的发音。两个元音之间的辅音是短音，① 这一点，把 beggar（乞丐）[begə]、Weller（维勒，姓氏）[welə]、manner（方式）[mænə]、fitting（适合，现在分词）[fitiŋ]、tobacco（烟草）[tə'bækou] 跟 beg（乞讨）、well（水井）、man（人）、fit（适合，不定式）、back（回来）做比较，可清楚地听出来；同理，put it back（把它放回去）里是缩短了的 [t]，took him（把他带走了）里是缩短了的 [k]，等等。因此，12.2.2 已展示出 tailor 的 [ei] 比 tail 的 [ei] 短，building 的 [l]

---

① 复合结构中的重叠音除外，这类情况比较罕见，如 penknife（铅笔刀）[pennaif] 实为 ['pen.ˌnaif]，还有 home-made（手工制作的）[hoummeid]、unknown（未知的）[ʌnnoun]、cleanness（清洁）[kli·nnis]、well-looking（看着不错的）[wellukiŋ]、head-dress（头饰）[heddres]。在 wholly（完全）[houlli]、coolly（冷静地）[ku·lli] 等例中，存在较强烈的简化趋势，参见 nobly 取代 nobley 之例。——原注

比 build 的 [l] 短，但是前二者都没有 hate 的 [ei] 短，后二者都没有 built 的 [l] 短。

[12.54] 我在此列出 E. A. 迈耶关于辅音平均音长的数字，但只选用了那些所有位置上皆有数字给出的辅音。前三列是单音节词，后两列是双音节词：

	词首位置	词末位置		词中间位置	
		长元音后	短元音后	长元音后	短元音后
p	11.5	12.6	14.8	8.0	10.2
t	11.2	10.1	11.9	7.9	9.0
k	10.5	12.0	13.3	8.9	10.6
b	10.0	8.8	10.1	6.2	7.1
d	9.1	6.2	7.9	4.9	5.7
f	11.2	13.1	13.5	7.3	8.7
s	13.2	14.1	14.5	9.3	9.5
v	10.3	9.8	10.5	4.9	4.8
l	10.6	13.6	17.4	7.2	7.5
m	10.2	15.5	17.8	7.9	8.6

如表所示，词中间位置的辅音位于短元音后，比位于长元音之后更长；但是二者都比词末位置短。更为显著的是 [l] 或 [n] 位于浊辅音前和位于清辅音前的差别，位于浊辅音前（如 build [建造，现在时]、felled [砍伐，过去式]、mend [修理]、pens [笔，复数]、tens [十，复数]），平均长度为 19.4；位于清辅音前（如 built [建造，过去式]、felt [觉得，过去式]、meant [意味，过去式]、pence [便士]、tense [时态]），平均长度为 12.2。①

---

① 美国英语的音长一定程度上遵循着与英格兰南部英语不同的规则，见格兰金特（Grandgent）发表于《新语言》(*Die neueren Sprachen*) 第 2 卷上的文章，第 163 页及后。这一问题很值得一提的一点，是 man（男人）里的长音 [æ·] 和 ban（禁令）里的短音 [æ] 之间的区别；据塔特尔（Tuttle）的波动曲线记录仪测量结果（kymographischen Messungen），前者为 19 百分之一秒，后者为 12 百分之一秒；长音 [ɔ·] 和短音 [ɔ] 的差别，长音分别为 daughter (23)、taught it (34)、taught so (20)，短音分别为 water (14)、caught it (14)、thought so (12)；所附数字是塔特尔的测量数据。——原注

[12.61] 法语。① 几乎所有音长关系都是由外部决定的，因此，用音长构成语义区别，仅留有极小空间，基本上只有位于辅音前的 [ɛ] 有此功能，可找到少量几个词对：如 maître（老师）[mɛ·tr̥]—mettre/mètre（放置/米）[mɛtr̥]；tête（头）[tɛ·t]—tette（乳头）[tɛt]；bête（笨）[bɛ·t]—bette（莙荙菜）[bɛt]，paraissent（出现）[parɛ·s]—paresse（懒惰）[parɛs]。②

[12.62] 外部决定的情况：事实上长元音只能出现于重读音节里，弱音节里为半长音，经常接近于完整长音。因为该语言中的重音关系比前述各语言更依赖于在句子中的位置，所有同样的词经常获得不同的音长。例如 chose（事情）单独存在时读 [ʃo·z]，但 chose étonnante（惊人的事情）却读 [ʃo. z etɔnã·t] 或 [ʃoz etɔnã·t]；art 单独存在时读 [a·r]，但 l'art dramatique（戏剧艺术）读 [la(.)r dramatik]。并且，长元音仅出现于辅音之前，因此词末位置上均为短音，如 tu（你）= tue（我杀）= tues（你杀）= tût（住嘴）[ty]，ami（男朋友）= amie（女朋友）[ami]。③ 帕西把 dix（十）[di·] 和 six（六）[si·] 引为例外，这两个词只是表面上例外而已，因为 [di·] 和 [si·] 这两个形式只用于句子中间，位于以辅音开头的词之前，例如 dix francs（十法郎），此时元音其实仍然位于句子中间位置；比较其位于元音之前时，如 dix ans（十年）[di(·)z ã]、six heures（六小时）[si(·)z œ·r]；其他情况，则为绝对词末形式 [dis, sis]。

[12.63] 浊擦音之前的每个元音都是长音，包括 [r]，但不包括 [l]：如

---

① 主要依据帕西；参见斯托姆第 168 页及后。——原注

② 帕西《法语语音》(Les sons du français) 第 157 页一共收集了 18 个含有 [ɛ] 的词对，但其中有几对属摇摆不定的或可疑的。此外，他认为 tous（都）[tu·s]—tousse（咳嗽）[tus]，Agis（亚基斯，希腊神话人名）[aʒi·s]—agissent（行动）[aʒis]，boîte（盒子）[bwa·t]—boite（一瘸一拐）[bwat]，和上文讨论过的其他语言中可收集的词对相比，实在少得多。——原注

③ 在更早期的语言中，词末若有 e 和 s 不发音，则元音为长音，故而有时可据此区别出阴性形式，有时可据此区别出复数形式，例如 [ami·] = amie（朋友，阴性单数）或 amis（朋友，阳性复数），[po·] = pots（罐子，复数）或 peaux（皮，复数），这一现象在方言中至今有保留。——原注

neuve（九）[nœ·v]、vive（活）[vi·v]、creuse（挖）[krœ·z]、prise（拿）[pri·z]、page（页）[pa·ʒ]、tige（茎）[ti·ʒ]；travail（工作）[trava·j]、Versailles（凡尔赛）[vɛrsa·j]；tard（迟）[ta·r]、cuir（皮革）[kɥi·r]，等等。鼻化元音在辅音前永远是长音：如 monde（世界）[mɔ̃·d]、monte（上楼）[mɔ̃·t]、montre（展示）[mɔ̃·tr̥]、monstre（妖怪）[mɔ̃·str̥]；danse（跳舞）[dɑ̃·s]、langue（语言）[lɑ̃·g]；peinte（画）[pɛ̃·t]、peintre（画家）[pɛ̃·tr̥]、singe（猴子）[sɛ̃·ʒ]；emprunte（借入）[ɑ̃prœ̃·t]。同样的情况也见于 [o] 和 [ø]：如 faute（错误）[fo·t]、autre（其他）[o·tr̥]、grosse（大）[gro·s]；meute（一群）[mø·t]、neutre（中性）[nø·tr̥]。该位置上的其他元音无法给出如此绝对的规则；那些元音多数时候是短音，但很大程度上显示出摇摆不定。法语元音的音长总的来说显现出如此之大的摆动性，原因如下：

    1. 一个词用偏离常规的音长来发音时，跟另一个词发生混淆的情况非常少；

    2. 短元音和长元音的音质相同，因此，长元音不存在双音节化倾向，短元音也不存在宽音化倾向；

    3. 句重音的影响力巨大，因句重音不同，同一个词的音长在不同句子里各异；

    4. "松散结合"占主导，这一倾向使法语的短元音不像其他语言的短元音那么短。[1]

[12.64] 辅音在词末位于短元音之后时，通常为短辅音，如 quel（哪一个，阳性）、quelle（哪一个，阴性），但多数时候可为半长音（不像英语那么长，但比德语的长）；辅音组里的辅音位于清辅音之前时，比位于浊

---

[1] 我听过同一个人先后把 crêpe（绉纱）发成 [krɛp] 和 [krɛ·p]，把 jeudi（星期四）发成 [ʒødi] 和 [ʒø·di]，把 tout au moins（至少）发成 [tut o mwɛ̃] 和 [tut o· mwɛ̃]。在斯托姆第 184 页给出的例子里，短元音可受情感因素（Affektes）影响而延长：如 Ah, madame la comtes·se（啊，伯爵夫人——）、sans ce·sse（不间断——），等等。——原注

辅音时略短，试比较 l'arc（拱门）和 argue（争论）里的 [r]，以及 quelque（有些）和 algues（藻类）里的 [l]。跨两个音节的长辅音（双辅音），有若干种情况：有些是"学问词"，如 illégal（非法的）[il·legal]、immoral（不道德的）[im·moral]、collaborateur（合作人）[kɔl·labɔratœ·r] 等，其中有些呈摇摆不定，如 littérature（文学）[li(t·)teraty·r]、grammaire（语法）[gra(m·)mɛ·r] 等；有些是两个分属不同词或不同词成分的音撞到了一起，如 à ce soir（在今晚）[as·swa·r]、ne coupe pas（不要切）[nə kup·pa]、extrêmement（极其）[ɛkstrɛ·m·mã]、mourrais（死）[mur·rɛ]、assurerait（保证）[assy·r·rɛ]、voyions（看）[vwaj·jɔ̃]；① 最后一种受浊音的影响，如 c'est désolant（真遗憾）[sɛd·dezɔlã]，大众口语中，最后这一类现象非常普遍。像 je l'ai vu（我看到它了）这样的复合结构里，[l] 发生双音化（Doppelung）变成 [ʒəl·levy] 非常普遍。首音位置上，长音 [t] 经常出现于日常口语中的 [t·afɛ, t·alœ·r] 里面，这是 tout-à-fait（非常）、tout-à-l'heure（一会儿见）发生音近省略（Haplologie）而造成的。不过显然，由于此处的停顿会延长，所以这种首音位置上的长音只有说话者自己才能感觉到，其他人听不到这一点，只能听到一种特别强烈的中断。

[12.7] 其他语言呈现出非常不同的音长定律，有些定律非常独特；因此，丹麦语所遵循的定律与挪威语、瑞典语非常不同。而芬兰语则大规模运用音长关系来区别词义，可出现：

  1. 短元音 + 短辅音（如 tuli，"火"）；
  2. 长元音 + 短辅音（如 tuuli，"风"）；

---

① 后几个词的词法构成状况如下：extrêmement 里，前一个 m 是词干的一部分，后一个 m 是副词后缀 -ment 的一部分；mourrais 是动词的条件式现在时单数第一、二人称形式，前一个 r 是词干的一部分，后一个 r 是不定式词尾的残存，后面再加表条件式及人称的屈折后缀 -ais；assurerait 是动词的条件式现在时单数第三人称，构成方式同理；voyions 是动词的虚拟式现在时复数第一人称，前面的 y 是动词词干的一部分，后面的 i 是屈折后缀 -ions 的一部分。——译者注

3. 短元音 + 长辅音（如 tulli，"海关"）；
4. 长元音 + 长辅音（如 luulla，"想"）。①

与之相反，俄语完全不把音长用作自己不可或缺的组成部分，因此俄语所有的重读元音都是非常统一的半长音（斯威特）。关于罗曼语言的情况，可特别参见斯托姆发表在《语音学研究》第 2 卷（第 139 页）的那篇题为《罗曼语的音长》（Romanische Quantität）的有趣文章，文中认为罗曼语不存在像德语等日耳曼语那样的长短音差异。对于这类细节我无法在此展开讨论。

---

① 见于斯托姆《英语语文学》第 255 页；我自己听过这一差别，我认为该差别属实。在芬兰讲的瑞典语在音长方面有若干特色，这无疑是从芬兰语借入的，例如，像 dans（舞蹈）、tant（姑妈）这样的词，[n] 没有延长，反倒是 [s, t] 延长了。——原注

重 音
Druck
（1920）

[14.1] 我们在一个音节上投入较大的重音力度，[①] 在另一个音节上投入较小的重音力度，[②] 其原因可基于传统（即我们从他人那里听到的相同的重音分布），也可基于心理关系或物理-生理关系。这三个因素时而协同运作，时而相互冲突，相互冲突时可导致重音偏离传统，久而久之，可以把新的重音分配变成传统；下文很多归为心理重音关系和生理重音关系的

---

① 本文的重音，德语原文为 Druck，字面原义指"压力"，即"力度重音"，与"乐重音"相对。叶斯柏森对重音问题全貌的刻画，可参考他为丹麦《萨尔蒙森大百科全书》撰写的 Accent（重音）词条。据该词条，accent 本身是个非常广义的术语，既指语音层面"重音"，也指文字书写层面上的部分"附加符号"，如法语元音字母上方的锐音符、钝音符、长音符，这类符号源于古希腊文不同类型的乐重音的标注，因而得名。如果忽略文字层面，只看语音层面，accent 是对重音最广义的概括，其对应的丹麦语本族词术语是 betoning，即德语 Betonung，既包括力度重音，又包括乐重音。因此，叶斯柏森不仅不主张使用太过广义的 accent 作为讨论重音的术语，而且也不主张使用 betoning / Betonung，因为该术语无法把乐重音排除出去，仍然很笼统（参见下一条原注）。力度重音，丹麦语术语是 tryk，即德语 Druck，英语称 stress；乐重音，丹麦语术语是 tone，即德语 Ton，英语亦为 tone。叶斯柏森所说的 tone 涵盖了一切音高差异，包括句子语调，包括瑞典语和挪威语的较为简单的词声调，也包括汉语中十分重要的词声调。显然，在当今通行的语音学和音系学术语里，tone 的涵义已没有这么广泛。——译者注

② 关于"重音"的本质，见《语音学教程》第 7 章。重音（Druck）不应和"声调"（Ton）搞混；因此，关于重音分布，必须避免 Betonung（重音）这类术语。我选用 Druck 这个术语，因为它简明而无歧义，并且能让人联想到日常所使用的 Nachdruck（突出、强调）这个词。——原注

例子，都已获得传统之地位很久了。

[14.2] A. 传统。关于传统，不同语言的方式很不一样。我们经常区分"自由重音语言"（Sprache mit freiem Akzent）和"固定重音语言"（Sprache mit gebundenem Akzent）。前者没有简单而明确的定律，每个词形式自身都拥有确切的重音位置，同一个词不同的屈折形式，重音落在不同音节上。如果我们用前面音长一章里的术语，就是这类语言没有外部决定的重音，只有内部决定的重音。我们的印欧语系古时候的重音关系即是如此，俄语至今依然如此，例如 'kolokol（钟）一词的复数是 koloko'la [kɑłɑkɑ'łɑ]，再如 go'ra（山峰）一词，属格单数是 go'rï，但主格复数却是 'gorï。① 不过，随着时间的流逝，许多语言采用了程度各异的固定重音位置。古希腊语处于过渡阶段，重音位置仅在一定限度内自由（即所谓"三音节原则"②）；古典拉丁语中，就有简单的定律了：倒数第二个音节若是长音音节，则为重音位置，否则重音落在倒数第三个音节上。数个世纪之后，随着这些位于重音之后的音节消失，这条拉丁语定律衍生出今日法语之定律：最后一个音节具有重音（参见下文14.9）。捷克语重音位于第一个音节，波兰语位于倒数第二个音节。而日耳曼各语言，至维尔纳音变③发生时，仍为"自由重音"，却都在向规则重音挺进，定律最终仅在冰岛语里彻底完成，每个词的重音皆位于第一个音节。如今很明显，执行各类外部重音定律的语言，无法运用重音来使词与词相区别；与之相反，希腊语里，'bios 是"生命"，bi'os 是"弓"；德语里有 'umgehen（处理）和 um'gehen（绕过）之分，'damit（对此，副

---

① 即 ropá，ropы́，rópы。叶斯柏森在本文中用 ï 转写俄语字母 ы。——译者注

② 古希腊语中，少于三个音节的词，重音没有固定位置，而多于三个音节的词，重音必须位于最后三个音节之一。——译者注

③ 即维尔纳定律所揭示的音变：原始印欧语演变为原始日耳曼语时，清塞音若位于非重读音节之后，则不变成清擦音，而要变成浊擦音。例如，原始印欧语 *ph₂tḗr（父亲）演变为原始日耳曼语 *fadēr（d 的音值为 [ð]），继而演变为古英语 fæder、古北欧语 faðir。原始日耳曼语 *fadēr 的重音位于第二个音节，与今日的日耳曼各语言明显不同。——译者注

词）和 da'mit（以便，介词）之分；英语里则有 'absent（缺席，形容词）和 ab'sent（远离，动词）之分，'overthrow（垮台，名）和 over'throw（推翻，动词）之分，'conjure（施魔法）和 con'jure（恳求）之分。但是总的来说，上述语言里这样的词对数量并不大（英语里最多，这一差异尤其用来区分名词和动词）。有些时候，重音区别与使词相互区分的其他区别相比，处于次要地位。

"传统重音"这一概念下，当然还包括一些外来词保持源语言中的原有重音的例子；显然，借入外来词的语言若是"自由重音语言"，这样的情况更容易出现。而像法语这样的语言，吸纳外来词时，会将其纳入自己的外部重音规则中。德语大规模模仿拉丁语的重音，以致竟吸纳了Pro'fessor（教授，单数）—— Profes'soren（教授，复数）等直接违背本语言精神的重音交替（Druckwechsel）。

[14.3] B. 心理关系。重音首先是强调事情的自然途径。说话者若要向那些他认为特别具有价值的词赋予特别的重量，就会"让特别的重量落在这些词上"，也就是通过"强调"（Nachdruck），把这些词说得更重；由此，他就更大程度地驾驭了听话者的注意力。这样的重音，成了衡量说话者向所说的话赋予了多大价值的标尺，所以我把这类重音称为价值重音（Wertdruck）。

[14.31] 价值重音可以置于完整话语上，也就是说话者带着"强调"（Emphase）来说话。① 有时，词本身可保持常规的重音分布，强弱音节各自得到成比例的加强；但是，这一比例通常会在一定程度上发生偏向弱音节的改变，从而"使语言的这一维度变模糊"，在喊话时尤其如此（详见12.2）。这就解释了为什么在强调性复合结构（emphatische Zusammensetzung，或称 verstärkende Zusammensetzung）里面，两个原本强度不等的音节会获得强度相同的重音，如 'blut'arm（非常穷），

---

① 参考自大的人和谦虚的人的整体说话方式之间的区别。——原注

'blut͵arm（贫血）；'stein'reich（非常富）、'eis'kald（冰凉冰凉的）同理，^①有时，最后一个成分甚至会变得最强，如 'grenzen''los unglücklich（非常非常不高兴），'beispiel''lose Rohheit（前所未有的粗暴）等。换言之，整体话语的重音可显现出，原本较强的成分保持正常强度，而原本较弱（或半强）的成分得到了很大程度的加强。

[14.32] 此外，价值重音可置于话语中的每个词上，使之成为对说话者来说最具价值的词。这一点通常被描述得仿佛重音是在为逻辑目的服务（重音落在"思想中心"上，落在"思想峰"上，落在"逻辑述词"上）；但是不应该忽视的一点是，多数情况下，最核心的理由不是干巴巴的逻辑，而是一种情感因素，是个人偏好，为说话者决定句子内部的重音分布。通常，每一瞬间的每个概念皆为说话者承担此职责，这是对"句重音"的最重要的约束因素；不过很明显，有些词由于其语义的原因（如介词、大多数代词、冠词、助动词、连词等，简言之，就是中国人称之为"虚词"的那些词），在句子里几乎永远须扮演次要角色，不同于"实词"（大多数名词、形容词和实义动词），例如：

> Als er mich aber zum 'zweiten 'Ma̅le 'fragte, 'gab ich ihm die ge'wünschte 'Antwort.
> （但他问了我第二遍，我就给了他想要的答案。）

人们经常试图建立这样的规则："句子中通常存在渐强之势（Crescendo），由于主语大多位于谓语之前，所以谓语就成了承载句重音的个性化成分，

---

① 参见弗兰克的文章，载《英语研究》第 8 卷第 337 页："强调结构中，一个词经常获得两个强度相同的重音，因此有：grúnd...sätzlich nicht（基本上不会），er wurde búch...stäblich zerrissen（这实在太破了），er war vóll...kómmen erfroren（他完全冻僵了），es war fúrcht...bár heiss（天热得可怕），das ist ein Háupt...tádler（这是首要批评者），das wäre das áller...létzte（这应该是最后一个了），等等。"——原注

这些例子里，多音节词中间的 ... 表示拖长音，字母上方的锐音符表示重音位置，不是正字法符号。——译者注

如 ich 'schreibe（我写）, der Hund 'bellt（狗吠）, er ist 'krank（他病了）。"（引自菲埃托的论述）可是如果这样构建规则，就忽视了语言生命和语言结构的多样性：语法上的谓语绝非永远是"逻辑谓语"；无论是个性化成分，还是思想峰、有价值成分，都既可能是主语，也可能是谓语的一部分。

有些词"降格"成了虚词，不仅语义弱化了，而且重音也常常弱化了，如 wohl、der（冠词）、ein、werden。①

[14.4] 句重音的两种重要类型，是新概念重音（Neuheitsdruck）和对比重音（Gegensatzdruck），不过二者无法清楚区分开。

新概念可获得重音；当一个概念不再是引人关注的新奇概念时，其发音也比第一次提及时弱了些；例如，注意下例中 Frieda 这个名字：

> Als er nun Frieda traf, sprachen sie lange zusammen; zuletzt ergriff er Friedas Hand und sagte ...
> （他遇到弗丽达时，两人聊了很久，最后他牵过弗丽达的手说：……）

下面这个有趣的例子里，新概念重音竟对句子意义起了决定性作用：

> Beide Parteien wählen getrennt zwei Schiedsrichter, und zusammen wählen sie dann einen Obmann.
> （双方各自选了两名裁判，他们随后选了一位裁判长。）

sie dann 如果读成 ['zi·dan]（他们随后），指的是新引入的 Schiedsrichter（裁判）这个概念，如果读成 [zi'dan]（他们随后），主语就依然是前一句里的旧主语 Beide Parteien（双方）。

---

① 这四个词都经历了"虚化"的过程。wohl 与英语 well 同源，演化路径也与 well 类似，原义是"健康、好"，今在此基础上增加了较虚的"很、或许、当然"之义，用作副词；der 源于古高地德语的代词，今仅存定冠词词性；ein 源于数词"一"，由此演化出不定冠词词性，今二者并存；werden 最初是表示"变成"之义的实义动词，由此演化出构成将来时和被动态的助动词，今实义动词词性与助动词词性并存。——译者注

[14.51] 更具重要意义的，是能够标记出对比关系的重音（标记出已提到的事物、将提到的事物以及根据整体情景无需提到的事物）。因此，"Frieda gab mir dieses Buch. "（弗丽达给了我这本书。）这句话，5 个词里的每个词依次放置重音可强调：1）不是汉斯或别的什么人给的；2）她是"给"，不是"借"；3）没有给"你"；4）不是"别的哪本"；5）给的不是"刀"或别的什么。

[14.52] 对比重音（Gegensatzdruck）亦可用于强调词里的一部分，虽然不像强调句子成分那么常见，例如可以说 kön**nen**[kø(n)'nen]（能够，陈述式），来防止或纠正有人将其错听成 könnten（能够，虚拟式），可以强调 **be**decken（覆盖），不是 **ent**decken（发现）。像 real（实质的）、formal（形式的）、ideal（理想的）、nominal（名义上的）这些词，平时重音都是在词末，[①] 但是在 sowohl 'real als auch 'formal（实质上以及形式上）、'real und 'ideal（现实的和理想的）里面，重音经常移到第一个音节上；同理，'Sympathie und 'Antipathie（同情与反感）、'primär und 'sekundär（首要的与次要的）、'Sekundaner und 'Primaner（中年级中学生与高年级中学生）、'Orient und 'Occident（东方与西方）、'Kavallerie und 'Infanterie（骑兵与步兵）、'Tour, nicht 'Retour[②]（单程，不是往返）；die 'organische Natur（有机自然）和 die 'unorganische Natur（无机自然）相对比；'Hadrian（哈德良）不是 'Trajan（图拉真）[③]。以其他后缀结尾的词里，也能见到这一现象：听到有人读 'germanisch（日耳曼的）不稀奇，不仅可跟 'romanisch（罗曼的）形成对比，还可跟 nordisch（北欧的）形成对比；还可以说 die 'ministerielle

---

① 此处是指这些词在德语里的重音，即 [ʁeˈal]、[fɔʁˈmaːl]、[ideˈaːl]、[nomiˈnaːl]，虽与英语中的同源词同形，但重音差别显著。——译者注

② Re'tourbillet（回程票）、Re'tourgut（退货）里的重音永远不变。——原注

③ 图拉真（Trajan），古罗马皇帝，98—117 年在位，罗马帝国在其统治期间达到了鼎盛，下令在罗马城内修建图拉真柱，以纪念其战功。哈德良（Hadrian），古罗马皇帝，图拉真的继任者，117—138 年在位，任内兴建了罗马城内的万神殿以及英国的哈德良长城。——译者注

Partei, nicht die Volksvertretung（执政党，而非议会）; Er ging nicht nach Brasilien, sondern nach 'Nordamerika.（他去的不是巴西，是北美洲。）; 可以强调某事是纯粹的 'materielles Phänomen（物质现象）跟 'Seele（精神、灵魂）无关; 等等。大家会发现，这一现象在（拉丁）外来词当中出现得最为频繁，但是本族词也有 'ungeraden Zahlen, aber nicht die 'geraden（奇数，不是偶数），'verständig oder 'unverständig?（懂了还是没懂？）。

有些例子里，经过这类演化的重音固定了下来，在许多以 -iv 结尾的词里尤其如此，如 'konservativ（保守的）、'induktiv（归纳性的）、deduktiv（演绎性的）、subjektiv（主观的）、objektiv（客观的）。-iv 结尾的词作语法术语时，教师们为了对比，会对其发音加以渲染：如 'Konjunktiv（虚拟式）、'Substantiv（名词）、'Adjektiv（形容词）、'Nominativ（主格）等。说 Er ist ein elendes Sub'jekt.（这是个悲惨的话题。），Subjekt 保持原有的重音，但是问 Was ist das **Subjekt** im Satze?（这句的主语是什么？），重音却发生了前移；同理，说 Untersuchungsob'jekt（研究目标），却说 **'Objekt** vor dem Verbum（动词的宾语）；说 Der Handel ist **per'fekt** geworden.（交易已完成。），却说 **'Perfekt**stamm（完成体词干）; aktiv（主动）和 passiv（被动）这两个词，只有用于语法意义时才有词首重音，学生们说谁谁"表现活跃"时（比如加入学生社团之类的事），都是说 ak'tiv werden。词首格外容易以这样的方式获得重音，不仅是因为这个位置能最清楚地把相互对立的词区分开，而且因为人们总想尽可能迅速地把对比标示出来。① 这样我们就明白了日耳曼语言的重音原则如何把重音从经常无关紧要的末音节，搬迁至语义最强的音节或第一个音节（有时二者为同一个音节）。②

---

① 参考德语的 entweder（不是……就是……）一词，平时读 ent'weder，强调时读 'entweder，丹麦语的 undtagen（除非）一词，也是平时读 und'tagen，强调时读 'undtagen。——原注

② 参见我的《英语的成长与结构》(*Growth and Structure of the English Language*) 一书，第 25 页及后。——原注

[14.61] 重音的第二种心理功能，其重要性不亚于前一种，但却经常受到忽视。这一功能就是把有共同属性的成分维系在一起（统一体重音 [Einheitsdruck]），另一方面也把应当区分的成分分开。前者通过把弱音节跟一个强音节相结合，使之成为一个统一符号，后者通过两个或两个以上强音节的并置而实现。我如果说 Wir sahen dort ['blu·mnkrentsə] und andere schöne Sachen.（我们在那里看到了花环和其他漂亮的东西。），那么 Kränze（环）从属于 Blumen（花），二者熔合成了一个概念；而如果说 ['blu·mn'krentsə]，那么 Kränze 就保持为独立的概念；这一重音区别在正字法上体现为"Blumenkränze"（花环）和"Blumen, Kränze"（花和圆圈）两种写法。又如：

        Das Buch ist ungewöhnlich reichhaltig und interessant.

这句话里，我如果在 [un] 和 [raiç] 上放置相同强度的重音，就得到了两个并列的形容词（书面上二者要用逗号隔开），表示这本书既 ungewöhnlich（不同寻常）又 reichhaltig（内容丰富）；相反，如果 [raiç] 的强度超过 [un]，前一个词就作为副词修饰后一个词，表示这本书内容异乎寻常地丰富。同理，'alle 'möglichen Verbindungen（一切可能组合）= alle Verbindungen, die möglich sind 表示"可能的组合之全部"，而 alle 'möglichen Verbindungen 无非就是 viele Verbindungen（许多组合）的一个加强形式。①

[14.62] 上述例子表明，重音有时位于第一个成分，有时位于最后一个成分，这两种情况下，人们都能够十分清楚地感觉到这种结合。重音位于第一个成分时，通常是价值重音，而真正典型的统一体重音，永远位于最后一个音节（或位于最后一个成分里拥有最强重音的音节）：对

---

① 如果 solange（只要）、soweit（只要）、sobald（一旦）等结构用作连词，后一个成分永远带有统一体重音，如果用作状语性结构（写成 so lange [如此长]、so weit [如此宽]、so bald [如此快]），后一成分本身可以有重音，但是 so 经常读得更重。——原注

统一体做标记，途径就是匆忙跑过前面的一个或几个成分（参见12.22里的原则），由此为即将出现的更多成分做好准备，再用尽可能强的力度来收尾。统一体重音在很多复合词里都能见到，如 aller'dings（然而）、allen'falls（至多）、nach'her（后来）、nach'dem（此后）、Bürger'meister（市长）、alt'indisch（古印度的）、alt'nordisch（古北欧的）、Klein'asien（小亚细亚）、voll'enden（完成）、voll'führen（完成）、will'kommen（欢迎）、miss'brauchen（滥用）、über'setzen（翻译），以及其他"真"复合动词（不是像 über'setzen 这样的"假"复合动词）①；此外还有许多地名，如 Sieben'bürgen、Zwei'brücken、Eckern'förde、Swine'münde、Friedrichs'roda、Kaisers'lautern、Herren'hausen、Schön'hausen、Blanke'nese，等等。

地名受到心理因素影响而产生的波动，汉普尔（Hempl）②做了许多很好的论述：③奥斯纳布吕克（Osnabrück）本身的重音位于最后一个音节，但是汉普尔提到，其他地区的人会把它读成 'Osnabrück，以强调与同一结尾的其他地名之区别，以及与 Bückeburg、Radeberg、Maulbronn、Heilbronn、Oldesloe 等诸多小城市之别；而另一方面，图林根地区有许多以 -leben 结尾的地名，重音都在第一个音节上，从而相互区别；施特拉尔松德（Stralsund）的本地居民把重音放在第一个音节上，以区别于波罗的海沿岸其他以 -sund 结尾的城市，而其他地区来的人只知道有施特拉尔松德，就把重音放在 -sund 上；上阿默高（Oberammergau）本地人

---

① 从词源来看，虽然 übersetzen 里所有的语素都是日耳曼本族成分，但这个词其实是对拉丁语 trādūcere（翻译）一词的"借译"（calque），故被叶斯柏森称为"假复合词"。拉丁语的 trādūcere 源于前缀 trāns-（超越）+ 动词词根 dūcere（引导）。——译者注

② 乔治·汉普尔（George Hempl, 1859—1921），德裔美国语文学家，著有《古英语音系》（*Old-English Phonology*, 1893）、《德语的正字法与音系》（*German Orthography and Phonology*, 1897）等。——译者注

③ 《德语、英语复合地理名称中的重音》（The Stress of German and English Compound Geographical Names），载《现代语言札记》（*Modern Language Notes*），1896年4月号。不过文中没有提及"统一体"视角。——原注

把第一音节重读，因为大家知道有个村子叫下阿默高（Unterammergau），但是大多数外地人对后者毫无概念，这就是他们为什么把前者读成Ober'ammergau。

此外，统一体重音还见于大众造词之中，如 schurr'murr（乱七八糟）、kla'bauter / kla'bastern（笨手笨脚）、par'dautz（哎呀）、lirum'larum（嘈杂声）、papperlap'papp（胡说八道）、kladdera'datsch（乱七八糟）、Heitere'tei（海特尔泰，奥托·路得维希①小说里的人物）、schneddereng'teng（嘹亮号声，见于《罗马人疯狂来犯时》[Als die Römer frech geworden]②）、hop'hop（蹦跳，见于"跳啊跳，翻山又越岭"[hophop gings über Stock und Stein]③ 这句）、hoi'ho（嘿嗬）、piff 'paff / piff paff 'puff（子弹砰砰声）、juvi'vallera（啦啦啦，见于《喝得太醉》[Wohlauf noch getrunken]④）、hu'hu（喂，见于毕尔格《丽诺尔》[Lenore]⑤）、husch'husch（快快，出处同上）、trap'trap（脚步声，出处同上）、risch'rasch（快快，见于毕尔格《狂野猎人》[Der wilde Jäger]），我们无法说这是价值重音，因为每个成分都没有价值，也没有语义；同理，有些古老的复合词，当中的成分今天已不再让人感到具有意义，如 Ascher'mittwoch（圣灰星期三）、Schnee'wittchen（白雪公主）、Kar'freitag（耶稣受难日）、丹麦语中有 nonne'titter（苹果的一个品种）、faste'lavn（北欧狂欢节，源于荷兰语 'vastel [斋戒] + avend [晚上]）。如果说德语大多数复合词并不具有词末重音，那是因为第一个成分通常始终是语义区别成分，故而经常获得对比重音，如 'Vordertür（前门）、'Hintertür（后门）、'Seitentür（侧门），'Blumenkohl（花椰菜）跟其

---

① 奥托·路得维希（Otto Ludwig, 1813—1865），德国作家。——译者注
② 19世纪流行歌曲，背景为古时罗马帝国与西日耳曼部落的战争。——译者注
③ 旧时德国童诗《小羊羔》（Das Lämmchen）中的一句，该诗常见于儿童识字课本中。——译者注
④ 19世纪流行歌曲，juvivallera 是其副歌中反复出现的无意义衬词。——译者注
⑤ 戈特弗利德·奥古斯特·毕尔格（Gottfried August Bürger, 1747—1794），德国诗人，《丽诺尔》《狂野猎人》是他创作的深受欢迎的歌谣。——译者注

他 Kohl（十字花科菜）相对比，此外还有 'Rittergut（庄园）、'Gutsbesitzer（田产所有者）、'Rittergutsbesitzer（庄园所有者）、'Haushofmeister（管家）、'Strassenzimmer（临街房间）、'Rahmtorte（奶油蛋糕）、'Fingersprache（手指语）、'Teelöffel（茶匙）、'seekrank（晕船）。①

[14.63] 用后一个成分的重音来维系词组（统一体词组 [Einheitsgruppe]）是极为常见的现象，②在下列词组中皆有出现：Lieder ohne 'Worte（无词歌）、Buch der 'Lieder（歌集）、des Knaben 'Wunderhorn（少年魔法号角）、Emilia 'Galotti（爱米丽雅·迦洛蒂）、-Herr 'Braune（布劳纳先生）③、-Frau Pro'fessor（教授夫人）、-Doktor 'Faust（浮士德博士）、-Mutter Na'tur（大自然母亲）、-Vater 'Rhein（莱茵河父亲）、-schwarz-weiss-'rot（黑白红）④、ich gebe es 'an（我会转告）、das findet 'statt（这事总会发生）、nicht die 'Spur（一点也不）、infolge'dessen（因此），等等；必须指出，德语里导致第一个成分的重音变得非常弱的情况比丹麦语少得多，通常只是

---

① 荷兰语统一体重音的例子，见凡·希尼肯（van Ginneken）《心理语言学原理》（*Principes de linguistique psychologique*）第 321 页。——原注

② 严格来看，此处说的不是逻辑角度的从属关系（见 14.32），也就是说，最重要的成分未必永远获得最强的重音。对比下列结构，这一点清晰可见：Otto der 'Heilige（圣奥托）— der heilige 'Michael（圣米迦勒）、Hans 'Schuster（汉斯鞋匠）— Schuster 'Hansen（鞋匠汉斯）（-en 是属后缀——译者注）；在 Gott steh'uns 'bei（神啊，帮帮我们）和 nicht die 'Spur（一点也不）里面，谁也不会说 Gott（神）和 nicht（不）是次要的。最后一个成分上的重音，只能是统一体标记（Einheitsmerkmal），而不能是别的什么。——原注

③ 音节前的短横线 - 表示弱音节，据叶斯柏森的解释，常规音标中的主重音符号 ' 相当于他的非字母符号中的 ζ4，次重音符号 ˌ 相当于 ζ3 和 ζ2（他还提醒读者，ζ3 和 ζ2 在实际中未必泾渭分明），无重音符号 - 相当于 ζ1，无重音符号很少使用，因为不标重音的音节已默认为弱音节。详见丹麦语版《语音学》（第 352-353 页）、德语版《语音学教程》（第 3 版第 115-116 页）。如果的确标注了无重音符号，需注意避免混淆表示弱音节的 - 和正字法上的连字符 -，如下文的 -schwarz-weiss-'rot 之例，只有第一个表示弱音节，其他两个都是连字符。——译者注

④ 指德国旧时的黑、白、红三色国旗，北德邦联时期、第二帝国时期、魏玛共和国时期使用。二战后被黑、红、金三色旗取代。——译者注

ζ3 或 ζ2 而已；因此，下面这个次重音结构的情况跟丹麦语里并不相同：德语 -er ˌsieht 'aus（他看上去……）里的 [i·]，没有像丹麦语 ˌhan ser 'ud（他看上去……）里的 [e·] 那样缩得那么短。

[14.71] C. 物理-生理关系。重音遇到响音时最为突显；因此，音节的响度峰（Sonoritätsgipfel）通常可获得重音，而两个响度不同的音相冲突时，重音常会出现变化。长音节（带有长元音的音节，或是短元音加较长辅音组构成的音节）很难带着弱声调发音，所以音节要么出现减少语音物质之趋势，要么出现转移重音之趋势；德语 le'bendig（活的）、Ho'llunder（霍伦德，姓氏）等词里发生的即是后者。①

[14.72] 不过，这之中最重要的原则是节奏（rhythmische）原则：器官连续发出两个或两个以上强音节是很费力的，而在两个强音节之间放入一个或几个弱音节，让重音交替出现，事情通常就会变简单。② 虽然像 'frisch, 'fromm, 'froh, 'frei（健康、虔诚、快乐、自由）③ 这样皆为强音节的音列（ζ4444）是无法完全避免的，但是这样的音列非常罕见，在各种应出现这类重音音列的固定词组里，我们会转而采用一种轮流交替形式：我们不说 'Gott 'sei 'Dank（谢天谢地）（ζ444），而是说成 [ˌgot sai 'daŋk] ζ314；不说 'ja 'was 'weiss 'ich!（我又知道个什么！），而说 ˌja 'was weiss

---

① 克鲁格对德语三音节词的中间音节的重音做了很有意思的观察，见《日耳曼语与罗曼语语文学资料》，1906年卷第 394 页。——原注

② 节奏起伏对器官来说是一种便利，这一点可从朗读诗歌不像朗读散文那么乏味这一事实就可明显看出（见帕莱斯克 [Palleske]，《朗诵的艺术》[Kunst des Vortrags]，第 39 页）。如果"耳朵对节奏感到舒适"，那么这和其他许多悦耳性语言学关系（sprachliche Wohllautsverhältnisse）同理，主要是因为器官易于发出这样的音。节奏化趋势还跟《语言学教程》13.8 结论中讨论过的原则相关：即相同节拍（Takt）长度原则；人们用同等强度发 'Un'kosten（开销）一词的两个音节，（除了这样发音很费力之外）发现无意识中把发音延长了（此处的 n 和塞音 k 都变长了）。——原注

③ 这四个并置的形容词是德国体育精神的座右铭，19 世纪初由号称"体操之父"的德国体育教育家弗里德里希·路德维希·雅恩（Friedrich Ludwig Jahn, 1778—1852）提出。——译者注

'ich!；das 'weiss 'Gott（天知道）也变成了 ˌdas weiss 'Gott，ζ314。

有时候，即使已经有弱音节打断了若干相同强度的强音节构成的连续体，我们仍需把强音节中的某一个弱化，从而形成节奏：如 'Was gilt die 'Wette?（下的什么赌注？）；'Wohin geht die 'Reise?（这趟去哪？）；'Ich meine 'ˌja.（我的意思是"行"。[跟 Ich 'meine ja. 有区别]）；ein 'hübscher junger 'Mann（一位潇洒的年轻人），ein 'süsses kleines 'Mädel（一位可爱的小女孩），die 'heiligen drei 'Könige（三位神圣的国王）。节奏重音（rhythmischer Druck）清晰可见，还有一个原因是因为由三个成分构成的词，中间的成分的重音经常减弱；济弗斯①举过 'Handarˌbeiten（手工活）、'unvollˌständig（不完整的）、'Mitteiˌlungen（消息）、汉普尔②举过 'Weitausˌstellung（进一步展示）、'Vorurˌteil（先入之见）、'Geldanˌweisung（汇款单）、'unanˌständig（不正派的）、'Grossherˌzog（大公）；我可以根据自己听到的情况再加上：'Fortsetˌzung（延续）、'Einleiˌtung（介绍）、'Mitteiˌlungen（通知）、'Weltschöpˌfung（创世）、'Auswaˌschung（清洗）、'Erdoberˌfläche（地表）；不过，这种重音转移并未十分稳固（如丹麦语中），ζ431 也经常能听到。

[14.73] 两个弱音节共同出现之处，离强音节最远的那一个会获得最强的重音，因此 rettete（救）、indische（印度的）、mutigen（勇敢的）里面最后一个音节比中间音节强（这几个词都是 ζ412）。这一情况在句子的末尾也很常见，如 ... veranlasst worden ist.（……已经发生了。)（ζ141213）；... behauptet werden kann.（可以断言，……。)（ζ141213）；... in Empfang genommen wird.（……已得到接受。)（ζ2141213），等等。在较长的外来词里，重读音节之前也存在节奏次重音，如 ˌbalan'cieren（平衡，动词）（ζ2141 或 ζ3141）、ˌBanda'gist（绷带制造商）、ˌPhanta'sie（幻想），试比

---

① 《语音学原理》第 4 版，§609。——原注
② 前述《德语、英语复合地理名称中的重音》，第 232 页。——原注

较与之不同的 Ba'lance（平衡，名词）、Ban'dage（绷带）、Phan'tast（爱胡思乱想的人）。丹麦语有一系列双音节词，单独存在时重音在最后一个音节上，但用于整体词组中，位于强音节前面时，其第一个音节变（半）重（例如，du'sin [一打]，et ˌdusin 'østers [一打牡蛎]；E'mil [艾米尔，人名]，ˌEmil 'Hansen [艾米尔·汉森，全名]）。这一现象在德语里非常罕见。弗兰克在世时给我举过几个：单独存在时，是 'Abbé 'Liszt（李斯特修道院长）、'Rentier 'Schmidt（吃利息的施密特）、'Sofie ['zofi]（索菲）、'Krause（克劳泽），但用于句子中时，"通常就不是这样的情况了"，还有 [ma'dam]（太太），但 ['madam 'vi·znta.l]（维森塔尔太太），"不过当今已经很少听到了"。比尔格·古德温补充了这几个：Der Ma'jor kommt（上校来了），'Major 'Haren kommt（哈伦上校来了）；bis'her（截至目前），'bisher 'nur（仅截至目前）。

[14.74] 由于上述各条重音原则大体上都与人相关，我们必然会期望在一切语言中找到相同的重音方式：包括传统重音、节奏重音、价值重音（新概念重音和对比重音）、统一体重音；但是，各类重音的强势程度和作用范围并不相同。我认为，丹麦语由于语速受到诸多被截短的音影响，也由于强音节和弱音节之间存在巨大反差，所以强音节经常大量占据本属于弱音节的位置，因此在我所了解的语言当中，丹麦语的句子最容易焊合成不可分割的统一体，故而发挥最主要作用的不是倾向于传统重音原则，而是节奏重音原则和统一体重音原则。与丹麦语相比，高地德语在重音方面必然可称为更僵硬、更稳定、更趋于保守的语言。

下文对其他语言的论述中，我不想构建"重音规则"系统，尤其不想构建穷尽性的"重音规则"系统，而只想简要呈现这些原则是如何运作的。

[14.8] 在英语中，[①] 传统重音跟在德语中一样重要，唯一不同在于英语

---

① 参见我在《现代英语语法》第 1 卷第 5 章对英语重音关系所做的详细论述。——原注

中数量庞大的罗曼外来词使规则的构建变得更难，因为许多（虽然绝非全部）罗曼外来词的重音离开了原有位置。英语的外来词不同于德语和丹麦语的外来词，后二者被吸纳同化的程度没有那么高，外来重音位置往往保存得更完好。价值重音，在英语中和在德语中的情况相同（见上文）。表示对比关系时，词里原本较弱的部分亦可获得较强重音，例如这句话：

> If on the one hand speech gives **ex**pression **to** ideas, on the other hand it receives **'im**pression **from** them.
> （话语如果一方面把思想赋予表达，那么另一方面也从思想中获取印象。）①

又如 'inside and 'outside（不用于对比时，通常带有统一体重音，读 in'side，公共马车售票员总是喊：No 'room in'side![里面没位置了！]，此时节奏因素高于价值因素。）；还有 not 'oppose but 'suppose（不是反对，而是猜想），等等。以 -or 和 -ee 结尾的法律术语由于经常用于对比，末尾音节带上了非常固定的重音，后者尤其如此（如 donor [捐助者] 和 donnee [受捐助者]，lessor [出租方] 和 lessee [承租方]，等等）；以 -teen 结尾的数词同理（但需参见下文）。如果说上文论述德语时提到的那些词，其英语同源词当今的传统重音大多数都位于第一个音节上（如 'real [真实的]、'formal [形式的]、'primary [初等的]、'cavalry [骑兵]、'Orient [东方]、'subject [主题] 等），那么这一变化之所以发生，显然主要是因为对比重音。

我们在 man'kind 一词里见到了位于末音节上的统一体重音，本来其他类似的复合结构里将重音拽至第一个音节上的因素无法在这个词里发挥作用，因为并不存在其他带有 -kind 的复合结构；此外还有 who'ever

---

① 见罗马尼斯（Romanes）《人类的智能进化》（*Mental Evolution in Man*），第 238 页。——原注

乔治·罗马尼斯（George Romanes，1848—1894），英国生物学家，皇家学会院士，新达尔文主义创始人。——译者注

（无论谁）、when'ever（无论何时）等，-Mr. 'Brown（布朗先生）、-Dr. 'Johnson（约翰逊博士）、-St. 'John [snˈdʒɒn]（圣约翰）等，还有许多固定短语，如 ˌbill of 'fare（车票）、ˌcat-of 'nine-tails（九尾鞭）、ˌmember of 'Parliament（国会议员）、ˌSecretary of 'State（国务卿）、ˌcup and 'saucer（茶具）、ˌknife and 'fork（餐具）、ˌsomebody 'else（别人）、ˌnot a 'bit（一点也不）。地名里的统一体重音，如 New 'York（纽约）、New'haven（纽黑文）、Sou'thampton（南安普顿）、East 'India（东印度）①，与之不同，大量带后缀的地名重音其实是在首音节上的，如 'Upton（厄普顿）、'Newton（纽顿）、'Edinburgh（爱丁堡）、'Peterborough（彼得伯勒）、'Canterbury（坎特伯雷）、'Exmouth（埃克斯茅斯）、'Bournemouth（伯恩茅斯）、'Portsmouth（朴茨茅斯）、'Winchester（温彻斯特）、'Dorchester（多尔切斯特），等等。

关于英语的名词性复合结构，不仅有 ζ43 或 ζ42 形式的紧密结合，而且还有数量无限的松散结合，后者的第一个成分必须被视为独立的具有形容词性质的词，如 cannon ball（炮弹）、mince pie（肉馅饼）、plum pudding（梅子布丁）、head master（小学校长）、church yard（墓地）。② 这些成分因为是独立的，所以理论上应具有同等强度的重音（ζ44，斯威特称之为平重音 [level stress] 或匀重音 [even stress]），人们时不时听到这样的音，从而强化了 14.61 中所说的这是两个概念的感觉；不过实际当中，两个成分通常一个会比另一个重一些，从而形成 ζ43 或 ζ34，其中一个成分甚至能达到 2。有时，对比就会变成这之中的决定因素，例如 'plum ˌpudding（梅子布丁）和 'rice ˌpudding（米布丁）并置时，或是把 'head ˌmaster（校长）和其他 master（教师）相对比时；有时，节奏之考量可以沿一个方向或另一个方向使重心发生改变，如斯威特举的例

---

① 当然，这一对比有时造成的是 'East ˌIndia。据汉普尔，当地人的发音里，Newfoundland（纽芬兰）的重音在最后一个音节上（统一体重音），而"离此地较远的人"将其读成 New'foundland（见于美国）或 'Newfoundland（见于英格兰）。——原注

② 这些例子里，我把每个词分开写，这样的写法跟常规正字法未必一致。——原注

子，'churchyard 'wall（教堂墓园的围墙），但 -St. 'Pauls Church'yard（圣保罗教堂墓园）；斯威特还举过，平时读 'good 'natured（本性善良的），但 a 'good ˌnatured 'man（一个本性善良的人），hard hearted（铁石心肠的）等结构同理。同样的还有对 'four 'teen（十四）、'fif'teen（十五）等数词以及 'Chi'nese（中国的）等词的处理（'fourˌteen 'years [十四年]，He couldn't 'speak ˌChi'nese. [他不会讲中国话。]，a 'Chiˌnese 'man [一位中国人]，等等）。句子结尾处，尾重音是最常见的，如 She was only four'teen.（她才十四岁。），He didn't like the head'master.（他不喜欢校长。），等等，但是这样的词之前或许总会有强一些的音节，可造成节奏化。我举几个我自己观察到的强音节的节奏弱化之例：

How many mince-pies have you eaten?
　　　4 1 2　　4
（你吃了几个肉馅饼？）

two thousand square miles
　　　4　1　2　4
（两千平方英里）

quite upright
　4 1 4
（非常正直的）

in the public-house-line
　　　4 1 2　4
（在酒吧一条街）

Modern High German
　4 1　1　4 1
（现代高地德语）

justified in so doing
   4　2　3
（有道理这样做）

a little cock sparrow
 4 1　2　　4 1
（小公麻雀，见于幼儿诗）

a young fellow
 4　1 2
（一位年轻人，Longfellow [朗费罗，姓氏] 发音通常与之相同）

此外我们还能看到节奏对元音之处理产生的影响，如 somebody（某人）、nobody（无人）读 [sʌmbədi, noubədi]，但 anybody（任何人）、everybody（任何人）读 [enibɔdi, evribɔdi]，在数量庞大的较长外来词里尤其如此，如 barometer（气压计）[bə'rɔmitə]、barometric（气压计的）[bæro'metrik]、prepare（准备，动词）[pri'pɛ·ə]、preparation（准备，名词）[prepə'reiʃən]、condemn（谴责，动词）[kən'dem]、condemnation（谴责，名词）[kɔndəm'neiʃən]。

  某些方面，英语的重音表现出的移动能力（Beweglichkeit）介于德语和丹麦语之间，强音节足够强，可带着多个弱音节，像 literary（文学的）①、particularly（尤其）（经常几乎成了 [pə'tik(j)lli]，重音之后没有严格的音节界）这样的词尤其如此；音长以及元音的质受重音缺失的影响非常明显，单个词内部如此，虚词亦如此（见 14.32），元音此时会变成 [ə]（如 and [和]、at [在]、as [如]、that [那]、from [从]，等等）。

---

  ①　关于美国英语中 literary（文学的）、necessary（必要的）、dormitory（宿舍）等词倒数第二个音节里的次重音，参见《现代英语语法》第 1 卷 5.63 节。——原注

[14.9] 法语的重音定律① 在许多方面跟上述各语言构成了很富启发性的对比。由于历史演化，位于拉丁语重音之后的一个或多个音节已消失，重音在单独的词里永远位于最后一个音节（[ə] 除外②）。由于同样的原则亦贯彻于句子之中，所以词的传统重音和句子的重音可描写为一脉相承的统一体重音。如今法语的特征即是，除了（一部分）带 [ə] 的音节之外，"弱"音节并不比"强"音节弱很多。因此，主导性的原则可描述如下：法语句子由一系列强度大致相同的音节组成，其中最后一个音节比其他音节略重；此外，倒数第二个音节由于声调独特，可获得较强的重音，而其他的词通常会失去其作为单独存在的词时所具有的末音节重音。

因为最后一个音节常具有最重要的形式语义（formelle Bedeutung），如 jol**iment**（欢快地）、nous don**nons**（我们给）、pass**é**（已通过），③ 所以，具有语义的音节显然无法与前述各语言扮演相同角色。故而，法语本身就不是特别倾向于价值重音，与之相关的一个事实，就是对词的强调必然经常通过非语音途径来进行（如，通过 c'est... qui [正是……] 等）。不过，句子当中，尤其是激情四射的话语中，偏离公式化重音分布的情况出现得极其频繁，因此，同一个词的重音可能一会儿在这个音节，一会儿在那

---

① 特别参见斯托姆《英语语文学》第 2 版第 144 页及后、第 175 页及后多处；让·巴西所做的一流的观察，载《语音学研究》第 3 卷第 346 页及后；伍尔夫的文章，载《第二届北欧语文学会议文集》（*Andet nordiske filologmøde*）第 169 页及后；保罗·帕西，《法语语音》第 6 版第 47 页及后。——原注

让·帕西（Jean Passy，1866—1898），法国语音学家，保罗·帕西的弟弟，英年早逝。——译者注

② 这个 [ə] 音在大多数法语教科书、工具书中并不标注出来，通常也不计入音节，如 porte（门）、lune（月亮）、écrire（写）等词的最后一个 e。——译者注

③ 这几个例词中，最后一个音节虽为后缀，但表达的是非常重要的派生或屈折信息：-ment 是副词词尾，使副词区别于形容词；-ons 是动词现在时复数第一人称词尾，-é 是动词过去分词词尾，使此形式区别于该动词的其他屈折形式。因此，这些词末音节具有不可忽视的形式语义，即具有重要的词法功能。——译者注

个音节。① 像 se soumettre ou se démettre（要么服从，要么辞职）这样的例子里，如果要对词加以强调，当然也只能把对比重音放在 [su] 和 [de] 上，使之充当唯一的区别音节；而像 baron（男爵）、jamais（从不）、souvent（经常）、maison（家）、absolu（绝对的）、arbitraire（任意的）等众多词里，哪个音节也不比其他音节更具意义，故无法称任何音节为天然的价值重音位置。因此，注意力导向某一个词，把额外的重音赋予该词的常规形式中并无重音的若干音节当中的某一个；若为双音节词，通常是首音节，若为更长的词（据鲁代；帕西沿袭了这一看法），通常选取第一个以辅音开头的音节，例如，le 'misérable（不幸的人）、c'est 'parfaitement vrai（这非常真实），但 c'est ab'solument faux（这绝对是错的）。

而另一方面，在不那么有激情的表达中，节奏原则对决定次重音位置的作用非常明显，因此，对于那些不会给头脑带来太多兴奋的句子，尤其是那些刻板的话和死记硬背学来的话，可固定为 3232324 这个公式（或者更确切说，是 > 3 <3 > 3 ... ）。② 因此，同等环境下，parti pris（偏见）里的 par，重音比 parti égal（平等派）里的 par 略强；donnez-vous（给您）里的 don，比 vous donnez（您给）里的 don 略强；而在 avez-vous 里，中间音节减弱，可导致其完全脱落，变成 [avvu] 或 [avu]，即两个 [v] 相撞，甚至撞塌，可参见"音近省略"（Haplologie）。

---

① "虽然恩斯特·艾克施泰因可能是在夸张打趣，但是如他所言，词调（即重音）的不一致性可以解释出为什么问法国人"考虑"一词，considera'tion、conside'ration、consi'deration、con'sideration、'consideration 哪个重音才是对的，他会回答说全都一样，也解释了为什么法国人听外语重音、模仿外语重音时，起初会犯些简直难以置信的错误"，菲埃托（第 290 页）。——原注

恩斯特·艾克施泰因（Ernst Eckstein, 1845—1900），德国幽默作家。——译者注

② 丹麦语版《语音学》对此的解释更易懂些；此处的"3 实为 3 +，而 2 实为 3 −"（详见《语音学》，1899 年版，第 581 页）。——译者注

具体语言的语音系统
Nationale Systematik
（1904）

[251] 每个人都有自己的语言，跟别人的语言未必在每个细节上都完全一致；词汇如此，习语如此，句法词法如此，而发音也是如此。我们若通过其"声音"辨认出一个人，起决定作用的不仅仅是"声音"的字面意思——声带发出的声响，更在于其他多个语言器官的构造：如腭、舌、齿的形状，双颊和双唇的弹性，等等。的确，在一定程度上，我们只要看到一个人的外貌特征，就可构想出他的声音：有些面貌让我们想到尖利、干燥、高亢的明快声音，有些面貌则让我们深沉的"啤酒嗓"（Bierbaß）等。我们若想"调整自己的声音"，无非就是借助下列相应途径：可以伸展嘴唇，放低下颌，或是让舌头保持扁平宽松，等等。而刻画个人的语言时最重要的一点，在于他的讲话速度以及他的发音活动实施的准确程度。他讲起话来是清晰、易懂、优美，还是恰好与之相反，即是取决于此。此外，还有他所掌握的语音多样性（身边方言的影响）以及他把自己的语言学到了何种准确程度——这之中显然存在诸多梯度。每个人都有自己的说话方式，当然不妨碍随情绪等变化而产生诸多变化，正如人虽有面部表情之变化，但面相（Physiognomie）仍会保持其固有特征。

[252] 所有拥有共同母语的人，发音中除了拥有各自的个人特征之外，还拥有一些共同的东西。这些共有特征刻画出该语言（或该方言）的特征，使之具有不同于其他一切语言（或方言）的特质。正因为此，远远听

人说话时，还没有听出具体的词，却常可确知听到的是哪种语言；也正因为此，有时才能判断出一个人的故乡，即使讲的是外语，也无法摆脱其母语的典型发音特色，还会无意识地将这特色带入其他语言，造成了老百姓们常说的，此人说话带外国"腔"（如德国腔、法国腔等）。事实上，这样的特质不仅仅取决于"腔"（重音、声调），也并非主要取决于"腔"，而是取决于语音学所涉及的一切区别因素，绝非构筑语音的个别发音成分。不过，同一类别的音之间存在某种一致性（Übereinstimmung），使每种语言的语音系统在一定程度上构成一个和谐整体：一种语言的 [t] 若是用舌尖在较为靠后的位置发的，它的 [d] 和 [n] 就不太可能伸出齿外；一种语言的 [b] 若是浊音饱满，就基本可以确信它的 [d] 和 [g] 也是如此。所以有些时候，大体只要把舌头放平、前伸或是后缩，同时缓慢调整唇部运动，即可模仿出外语的特质。这就是有人已经指出的，说话时，每种语言都有自己的（活跃）中性位置（[aktive] Indifferenzlage），或称运行基础（Operationsbasis）、发音基础（Artikulationsbasis），或是用斯托姆的术语来说，就是口腔位置（Mundlage）。正如每个个体的发音总体上承载了他的性格与特征之特质，继而对其性格与特征产生了影响，每种语言的口腔位置也与该民族的民族特性之间存在最密切的关联，但是，要把握这样的关联，要用既能得到普遍理解又能符合科学用法的表述来描写这样的关联，未必是件容易事。①

[253] 为某一语言的总体特质做这样的刻画，涉及可称之为语言的语音经济（lautliche Ökonomie）的研究。有些差异，在某些语言中发挥非常重要的作用，用来区分其他方面完全相同的词；而在另一些语言中要么不发挥任何作用，要么仅发挥微不足道的作用。法语和英语中，[s] 和 [z] 之

---

① 沃利斯（Wallis, 1653）首次提醒人们关注"口腔位置"的多样性；斯托姆《英语语文学》（*Englische Philologie*）第 84 页为今人对各种具体语言的口腔位置所做的定义列出了书目，但缺关于德语的。关于德语，见弗兰克的论述，载《语音研究》（*Phonetische Studien*）第 2 卷第 29 页。——原注

间的清浊对比非常重要，而在丹麦语中，却不存在任何一对词因这一关系而表示不同语义；故而我们发现，[z] 在较随意的丹麦语发音中可以取代 [s]，却不会产生问题。[p] 和 [b]、[t] 和 [d]、[k] 和 [g] 之区别，在丹麦语词首位置很重要，在词末位置却毫无问题地忽略掉，而此位置上的这一区别对法语和英语的理解却仍很重要；德语中，这一区别无论在词首还是词末都没有特别意义。丹麦语 agt（谨慎）、sligt（这种事）等词里的 gt，[t] 前面的 g 有时发成塞音，有时发成擦音，这两个音组因而变得同义，而这个擦音也由此蔓延到了 akt（法案）、smukt（漂亮）等许多词中；但在德语中，Nacht（夜）— nackt（赤裸），Acht（八）— Akt（法案），Geschichte（历史）— geschickte（聪明），schmachten（憔悴）— abgeschmackt（愚钝）等词对却仍因 [xt/çt] 和 [kt] 之间的对立而区别。不过，语言绝非时时处处皆具一致性；另有些例子中，德国人发 [ç/x] 跟 [k] 并无区别：如 Schlag [ʃɑ·k，ʃɑ·x]（击打，名词），schlug [ʃu·k，ʃu·x]（击打，动词过去式），Sieg [zi·k，zi·ç]（胜利），等等；而与之不同的是，荷兰语中，[k] 和 [x] 这两个音在所有位置上都保持严格区别。每种语言中都有些音，本国人的发音精确遵从，而外国人却可能根本听不到其存在，或是分辨不出它们跟一些较容易把握的音有什么区别：例如，法国人即使听出了德语 Aar（鹰）— Haar（头发），aus（从）— Haus（房子），Enge（狭窄）— hänge（挂起），Erz（矿石）— Herz（心脏），Eis（冰）— heiß（热）等词之间的区别，也只将其视为极其微不足道的区别。这就像外国人对待丹麦语的斯特德，几乎全都是这样的看法。英国人很难区分法语的 été（夏天）和 étais（是），[1] 正如我们很难区分英语的 send（送，现在时）和 sent（送，过去时）、挪威语的 bønner（豆子）和 bønder（农民）、荷兰语 schrift（写）和 schift（分开）等词一样。而另一方面，每种语言皆因其特有的历史演化，

---

[1] 此处这些例子具有语义区别，但另有些例子中二者可并存，如 fais（做）[fe，fɛ]、vais（走）[ve，vɛ]。——原注

而出现截然不同的音在同一个词里表相同语义之例，如英语的 staff（员工）[stɑ·f, stæf]，plant（植物）[plɑ·nt, plænt]①，transgress（闯入）[trɑ·ns'gres, træns'gres, trəns'gres]，progress（进步）['prɔgres, 'prougres, -gris]；法语的 poignée（处理）[pɔɲe, pwaɲe, pwɛɲe]，quatre（四）[katrə, katr̥, kat]；等等。

某一语言中不用于常规目的的语音手段，有时也可派上用途，比如可以让话语表达带上某种情绪色彩。萨克森方言发音中没有圆唇的前元音，所以 über（关于）、schön（美丽）等词的元音被发成 [i] 和 [e]，甲柏连孜指出，②萨克森人用圆唇来渲染色彩，他们若是把"schrecklichen, tiefen Finsternis"（可怕的深夜）说成"schröcklichen, tüfen Fünsternüß"，黑暗就变得更加诡异了。英语一些方言中对 [h] 的运用，也是这方面的例子。

[254] 下面，我要为本书论述过的这几种语言的基本特征做个简单的探究：

德语（北德通用语 [norddeutsche Gemeinsprache]）：唇部发音非常充分，含前伸之唇；圆唇前元音非常发达。舌尖音的发音部位既不太靠前，也不太靠后（舌尖抵：fe 点），[l] 中性，既不腭化也不中空。浊擦音 [v, j, g]③发音明确；有 [z]，但没有 [ʒ]，外来词除外，靠格外学会。舌尖 r 音和内部 r 音处于竞争状态。咝音 [s, z, ʃ] 出现频繁。辅音的浊音性在词首和词中部稳定；除了 [l, m, n, ŋ, r] 之外，所有辅音在词末（含位于语句中部时）皆为清音；[p, t, k] 送气较弱，[b, d, g] 通常为浊音，但不显著。声带闭塞在词首位置极为普遍，在其他位置则不然。没有鼻元音。元音系统音程均匀；低元音较少；量决定质，因此短元音（其后面呈紧密

---

① 但有一个例子中，这个语言差别可用来区分截然相反的两回事：you can't do it [ju 'kɑ·n du it]（ t 常常发得比较模糊）和 you can do it [ju 'kæn du·it]。——原注

② 见甲柏连孜《语言学》（Die Sprachwissenschaft）第 362 页。——原注

③ 此处加下划线的 g 指软腭浊擦音，国际音标今作 [ɣ]。——译者注

结合①）与相对应的长元音相比，永远是宽音，位置较低；长元音未呈现双元音化。弱音节中常见 [ə]，也常见充当音节峰（Gipfel）的 [l，m，n，ŋ]，还有各种完整元音（volle Vokal）②。短元音后面呈紧密结合；辅音丛较常见，在短元音后尤其如此。与 [n] 相关的同化尤其常见。辅音皆为短辅音。强重音和弱重音之间的差别很大；传统重音，经常落在第一个音节上，几乎永远和价值重音重合，因节奏重音或统一体重音而消失的情况相对较少。不存在词声调，但整体特征却可依据语义，通过加在音节上的起伏而得以细腻化，手段与英语相比常显粗糙。

[255] 英语：唇部发音不够充分，尤其缺少前伸之唇；完全没有圆唇前元音。除了 [þ, ð] 这两个著名的例外之外，舌尖发音皆非常靠后（:f）；[l] 中空；[r] 用舌尖构成，但无颤动，位于元音之后则元音化，除非被其后面的元音保护起来。清浊辅音始终相互对立，因此也有 [z, ʒ]；[b, d, g] 是浊音，虽然浊的程度并不太强；[p, t, k] 微弱送气；环境对清浊关系几乎无任何影响。总的来说，辅音类型和元音类型都比较少，音的区分清晰而明确；同化很少。声带闭塞无论在词首还是其他位置都不存在。③没有鼻元音。短元音都是宽音，长元音除了三个低元音 [ɑ·，ɔ·，ɜ·] 之外，都是上行滑动的慢速二合元音。下颌运动幅度非常大，主要是因为位置很低的元音非常多。弱音节里完整元音相对罕见，[e] 尤其罕见；[l, n] 常作为音节峰。短元音后面呈紧密结合，词末位置辅音丛不少。辅音音长常见。强重音和弱重音之间差别很大；传统重音无法靠少量几条规则来决定；每个词的重音在连贯话语中通常保持不变，大量虚词除外。节奏重音和统一

---

① 论述音节界线时，叶斯柏森用"紧密结合"（feste Anschluß）和"松散结合"（lose Anschluß）来描写元音和其后面的辅音之间的关系："如果辅音来得很快，在元音发音最强的那一瞬就切了进来，我们就称之为（元音和后续辅音之间的）'紧密结合'；相反，如果元音的最强发音过去了一会辅音才到，也就是说辅音开始时元音已有些弱化，我们就称之为'松散结合'。"（《语音学教程》，第 3 版，第 202 页）——译者注

② 即保持自身原有音值、没有被央音 [ə] 取代的元音。——译者注

③ 北英格兰除外。——原注

体重音发挥的作用非常大,比德语大,但没有丹麦语大。整体特征的细腻之处可通过幅度较小的上下波动来实现,由于措辞较慢,细腻成分经常拖得很长。

[256] 法语:所有发音均异常有力而精确。圆唇音用前伸之唇发音。舌尖发音非常靠前(通常是:ef 位置);舌面音 [k, g] 或许比前面讨论过的其他任何语言都重要;没有 [ŋ],却有 [ɲ]。舌尖 r 音和内部 r 音① 都有运用,后者至少在城市中占有优势;[l] 标准。清浊辅音基本对应,因此有 [s, ʃ — z, ʒ] 等等,塞音亦如此,[p, t, k] 不送气,[b, d, g] 浊音饱满;辅音丛经常发生清浊同化(依照可预测规则),其结果既可以是浊音,也可以是清音。声带闭合非常罕见。鼻元音鼻化强烈(δ3)。元音系统均匀,三个层阶等距,圆唇前元音发达;音长和环境对元音的质没有显著影响,长元音未发生双元音化。弱音节中常有完整元音;[ə] 不像其他语言中的 [ə] 那样发音松懈;辅音不能做音节峰。存在松散结合之趋势;仅元音之后有少量辅音丛,且有通过增加 [ə] 使之简化之趋势。辅音通常是短辅音;元音音长很大程度上由环境和重音决定。重音分布比其他语言规则;相对最强的重音通常落在每个句子的最后一个音节上。音节内部的声调不像前面讨论过的其他语言那样平滑;话语整体特征一般由最后一个音节的调决定,倒数第二个音节中常常还包含一个与之相反的调。

---

① "内部 r 音"指小舌部位的 r 音,国际音标把此位置上的颤音注为 [ʀ],擦音注为 [ʁ],法语中二者呈自由变体。——译者注

语音学的用途是什么?
What Is the Use of Phonetics?
（1910）

语音学（phonetics），指的是关于话语声音的科学，包括这些声音经唇、舌、腭、声带的产出，包括其声学特征，包括这些声音组合成的音节以及其他音组，还包括长度、轻重和语调。因此，语音学可指语言学中研究语言外部层面的部分，与研究语言内部层面或称心理层面的部分相对，也可指物理学或生理学中专门研究人用来相互交流思想和感受的那类声音的部分。对语音科学的发展做出贡献的人，包括亥姆霍兹等物理学家，布吕克等生理学家，以及济弗斯、斯托姆、斯威特等语文学家。

可是，这门关于话语声音的科学的用途是什么呢？尝试回答这个问题之前，请允许我阐明，这个问题本身并不是个科学问题。真正的科学家探究问题，并不会在每个节点上询问研究这个问题或那个问题的用途是什么。动物学家研究蚂蚁的习性，或是蚂蚁后腿的肌肉结构，并不会因为街上的素人嚷嚷着了解这些东西没用而退缩；动物学家会继续耐心地观察他所研究的动物，勤勉而细心，仿佛每前进一小步都是为人类赚来或攒下的一大笔财富。真正的科学家不会去过问利润或用途，而是会竭尽所能地为人类的知识添砖加瓦，让人类更加聪慧地了解自己身边的奇妙世界。

当然，这种关于用途的问题也不是一无是处；只是不应该从最一开始就逼问这样的问题，并且，无论科学研究在无知无畏的人眼中多么无用，这样的问题都不应该挡住科学研究的去路。科学当然是有用的，但却常常迂回而间接。当我的同胞奥斯特[①]发现电流可以影响磁针的运动时，他迈出了科学的一大步。他立刻发觉，这一发现对于我们认识电和磁这两种极为神秘的力量至关重要；但他并没有停下来问自己，这样的知识有何实用用途；他的关注点全然在于问题的理论层面，于是他喜悦地向其科学家同行们发出讯息：有个重要问题如今得到了解决。但是后来，你们的同胞摩尔斯[②]对这个理论发现加以利用，使之发挥出了实用价值：电报诞生了，人人都看到了奥斯特的发现有何用途。同理，纯科学研究可出其不意地带来某一重大实用结果：对蚊子习性的观察使疟疾等疾病减少，而化学领域最终也会有些研究，以某种方式为人们带来其学科鼻祖并未预见到的福音。

因此，实用用途虽不应成为科学研究的基本目标，但却经常从后门溜进来。而另一方面，若能指明某些实用的益处，可不是什么坏事，甚至会把人们吸引过来，从事某些当今尚被视为对普通人无益的研究。这一点对于语音学来说格外如此，语音学不仅吸引了那些充满探究精神的人，也为学生带来了不小的实用益处。

外语教师会发现，充分掌握语音学的基本知识对其课堂教学极有帮助。每个人都了解旧式课堂大致使用的纠音方法，也知道这样的方法至今仍被太多教师沿袭，即使是那些自身已掌握所教语言的良好发音的教师亦是如此。学生用十分错误的方式读一个词，教师叫停他，并用我们可想而知的正确方式发出这个词的音。学生竭力模仿这一发音，却未能成功，于是，教师会无数次重复该词的发音，学生常常也随之无数次重复与先前相同的错误发音，千锤百炼渐渐脱离错误方向，最终达到之前没能达到的标准。凭借巨大的耐性，无疑可通过这样的方法取得不小的成就；但是，这

[①] 汉斯·克里斯琴·奥斯特（Hans Christian Ørsted，1777—1851），丹麦物理学家，电磁现象的发现者。——译者注

[②] 塞缪尔·摩尔斯（Samuel Morse，1791—1872），美国发明家，设计了以"点"和"划"为基础的"摩尔斯电码"，成为全球通行的电报语言。——译者注

样的方法费时费力，且十分枯燥，以致经常是耗费了时间却又半途而废，因为除了师生双方都赔上了宝贵的时间之外，实在看不出什么别的结果。倘若教师能够对语音学有足够了解，事情就会大不相同，这样他就能够准确地告诉学生，你所发的音跟正确的音之间到底有何不同。这样一来，通过把所涉及的两个音区分清楚，他就能够击中错误之根源：他会把这样的音单独抽出来，发得很长、很清晰，而不发那些位于该音之前或之后的音，那些音会对听觉造成干扰，分散对所需强调的音的注意力。此时，这两个音之间印象上的差别很容易就能体会到了，教师即可向学生表明，这差别在于应把舌头略向前或略向后，还是在于应带上浊声音，或是因为别的什么错误。教师此时必须给出一定的理论阐释，但这样的理论阐释却能吸引学生的实践本能，却能讲得生动有趣。只需在黑板上画上几笔，只需看看手中的镜子，只需用手指稍作体验，即可大功告成：看似很难体会的音，如今已能够通过其发音机制来加以理解，而掌握该机制所需的实践，简直像是种游戏，感觉就像是普通的小孩子学吹口哨等用嘴巴搞出的把戏那么好玩。

我刚开始在哥本哈根教法语和英语的时候，曾遇到过一种教条的说法：有些音，如法语和英语中的"软 s 音"，正常的丹麦人的舌头是发不出来的，因此，我们的国人必然分不清 seal（海豹）和 zeal（热情），ice（冰）和 eyes（眼睛）等——学校里有位权威人物，在公开的讨论场合也一本正经地跟我讲过这话。我那时候要是告诉他，这一困难跟舌头半点儿关系都没有，而是完全在于声带，他是不会听的。但是事实上，我成功地教会了全班正确发出这个音，也就是这个我更愿意称为"浊音 [z]"的音。不过，我很高兴地告诉大家，这位怀疑主义者从此之后彻底翻盘，如今他坚持认为，他的学校里所有的语言教师都应教会学生发好、用好这个重要的音。

法语 vu（看）、德语 über（超过）中的 [y] 音，以及法语 veut（愿意）、德语 Höhe（高度）中的 [ö] 音，让许多讲英语的学生感到困难，他们常常把这两个音模仿成了类似英语 view（视野）一词中的双元音。这两个音最好能够一起练习，而最简单的方法是学习它们的长音形式：总的来说，每逢新音，无论是辅音还是元音，教师都应该将其发得尽可能长些，以便让学生的耳朵对其熟悉。前些年，我用了一种让人印象很深的方法展现出，[y] 和 [ö] 并不是无法学会的音。这两个音丹麦语也有；有位说英语的女士在丹麦住过好几年，虽然不断努力却始终没能通过模仿而学会这两个音。于是我和她打了个赌，说我能在十分钟之内教会她发这两个音。我花了五分钟做理论阐释，又花了两分钟做实践训练，由此赢了这个赌。我大体上是这样指导她的：大声发出 too（也）一词中的 [u·]，不换气地一直发这个音，能坚持多长就坚持多长。再发一次这个音，手持镜子观察嘴唇的位置。然后，用同样的方式说 tea（茶）[ti·]，拉长这个元音，直到无法再长为止；一直持续观察镜子中的嘴唇位置。现在，再次发 [u⋯]，然后发 [i⋯]，我的语音转写里，一个圆点代表长元音的常规音长，三个圆点代表拉得非常长的元音。有些元音发音时，嘴唇是圆形的，另一些元音，嘴唇是长条形的。试着把嘴唇撮起到超过平时的程度，保持圆形的嘴唇把 [u⋯] 再发几遍，让两唇尽可能贴近，把注意力聚焦在唇的位置上。之后，把 [i⋯] 也再发几遍，注意嘴唇的位置；你会感觉到舌的两侧接触到了口腔上壁或牙齿。此时再看镜子：再发一次 [i⋯]，确保舌头保持这个位置不变，让嘴唇突然切换到之前的那个圆形、撮起的位置。如果学生因为不自觉地把舌头向后抽回了较为熟悉的 [u] 的位置，因而仍旧发不出 [y] 音，那么教师就要继续做这个实验的第二部分，这部分更确切些，所以把它作为第一部分也无妨：把嘴唇置于 [u] 的撮起位置，但不要发出任何音，看镜子，要特别小心这个唇位不要变，然后，试着说 [i⋯]。只要舌头放在了发 tea 里面的 [i·] 的正确位置，发出的音就一定是 [y]，而不可能是任何其他音。保持这个音，并反复发这个音，直到学生对这个音的发音及声学效果都极为清楚了为止。之后，就可以开始学 [ö] 了。可以把 [y] 作为起点，把下颌降低，下唇和舌都随之降低，与此同时，教师负责在达到正确位置时喊停。所得到的结果是否正确，可用另外那种方法检测：先发法语 fée（仙女）或德语 See（湖）里的 [e]，随后把唇形变圆，即相当于由 [i…] 到 [y…] 的转变过程。我想补充一句：前些天，我在纽约又见到了这位女士，发现她虽然已经离开丹麦很多年了，讲丹麦语时发的 [y] 音和 [ö] 音却依然十分正确。

教师若能在课程伊始花上几小时时间讲讲他所教的外语中的语音之学问，① 一定会发现这时间花得值，因为这会省下他此后的很多时间，这样他就能把时间留给后面更高层次的学习内容，如习语、文学用语等。同时他会发现，学生们发音越好，就越有能力品味语言整体的美学层面、品味不同作者的风格，等等。事实上，外语没有掌握到像母语者那样可用"心之耳"（mind's ear）去聆听，就永远无法鉴赏外国文学的更高层形式，无论散文还是诗歌皆如此。

如果一点点语音学对外语教师有用，或者说不可或缺，那么，一点点语音学对母语教师来说也是如此。母语教师常常也会从学生那里听到不完美的发音以及读音上的错误；他们也会发现，有些错误他们起初倾向于归结为器官缺陷等原因，并且认定这样的错误是无法根除的，但是这类错误实际上是因为，从没有人教过这孩子应如何正确运用慷慨的大自然赐予他、赐予我们大家的器官；只需要做点与前面类似的解释，再进行点系统的练习，就基本能够制造奇迹了。此外还应当想到，有些时候，对于班级里某些孩子乃至所有孩子来说，学校里教的"母语"其实多多少少就是外语，因为他们在家讲的话要么是同一语言的某种方言，要么是别的语言，后一种情况在纽约及美国其他城市尤为如此。

如今，许多国家的教育管理机构都开始注意到语音学的重要性，并将其规定为教师常规能力的一部分。丹麦如今已规定，任何人想要获得教授现代语言的教师资格证书，都必须熟悉语音学（以及语音转写），无论大

---

① 把语音学引入小学低年级教学的方法，见我的《如何教外语》（*How to Teach a Foreign Language*）一书，第 145 页及后。——原注

学内外皆如此；不过遗憾的是，对小学教师尚无此要求。而在英格兰和苏格兰，语音理论与实务方面的培训近年来已成为所有小学教师的师范教育中的一部分。

当今还有一类教师，比其他的语言教师更需要语音学，他们就是聋哑教师。关于发音所需的器官位置，有些最早的描写就是这个艰难领域的早期先驱者们做的，以期能够尽量教会聋哑人像听觉正常的人那样说话。世界各国现在都认为，聋哑学校里教发音和读唇（或者确切点说，是读嘴）的教师们当然必须全面熟悉理论语音学和实用语音学才行。这个话题我就没有必要展开论述了。

因此，我想转向另一个可从更翔实的语音学知识中不断获益的领域。拼写改革问题在所有的文明国家都是个热门问题。拼写与发音不一致的大量例子，不仅见于英语，而且也见于法语、德语、丹麦语、瑞典语、俄语，而意大利语和西班牙语中的问题没有那么突出，却也存在，这些不一致之例包括不发音字母、冗余字母或有歧义的字母。过去的几个世纪里，各国的文化阶层都在仰仗自身的权力，以程度各异的系统手段，竭力阻挠把拼写朝发音方向做调整；而书面语若要像最初时那样，继续相对忠实地反映口语，或是重新回归与口语的一致性，这样的调整是必不可少的。人们当前面对的，是笨拙而困难的拼写系统，这样的系统在各级学校造成了时间上的可怕浪费（学校之外也是如此）；大量宝贵的时间本应以其他诸多方式得到更具效益的运用，却被用来学习这个词应该拼写成这种荒谬形式、那个词应该拼写成那种荒谬形式。这是在图什么呢？唯一的明确理由，竟只是因为这样的拼写形式在过去的几个世纪里已经约定俗成了而已。① 每个新世代都想忠实地保留前一世代的几乎所有

---

① 拼写上的变化无常，当然有其历史原因，但是对于当今拼写词语的人来说，历史原因并不能让这种变化无常合理。我在我的《现代英语语法·第 1 卷·语音与拼写》中已对这些问题做了详细的研究（海德堡温特社 [Winter] 1909 年版；在纽约由施特赫特社 [Stechert] 出版）。——原注

的荒谬事，而随着每个新世代都必然会让某些音、某些词的发音出现变化，口语和书面语之间的鸿沟就会日益加宽，学习如何拼写时的困难也随之变得越来越大。如今我非常清楚，并非每位语音学家都是拼写改革家，虽然许多语音学家的确是拼写改革家；但是，我的确想要强调的第一点是，只有好的语音学家才能够展示出哪些地方需要改革、应该朝哪个方向改革，因为只有这样的人，才知道有哪些音需要表示、怎样才能最好地表示这样的音。前些年，瑞典对他们语言的几个地方做了绝妙的改革，就是因为在他们的国家，伦代尔、诺伦、泰格奈尔、伍尔夫等诸多显赫的语音学家，此前多年来在一系列著作和论文中，从语文、历史、教育等角度反复探讨了所有与拼写相关的问题。其他国家如果也能够迅速追随这个小国开创的范例，效果定会不错。而关于英语，上世纪80年代已有埃利斯、斯威特、埃文斯[①]、斯基特[②]等杰出的学者和语音学家做了大量极具价值的理论著述和实践尝试，这些成果大多可在伦敦出版的《语文学会文集》中找到，我也欣喜地看到，贵国的简化拼写委员会（Simplified Spelling Board）和英国的简化拼写协会（Simplified Spelling

---

[①] W. R. 埃文斯（W. R. Evans，生卒年不详），英国作家，著有《诗歌体寓言百年》（*A Century of Fables in Verse*，1860）、《外国抒情短诗》（*Lays of Other Lands*，1861）、《查令十字火车站12英里半径内的乡野远足路线》（*Rustic Walking Routes within the Twelve-Mile Radius from Charing Cross*，1886）等。埃文斯是英语拼写简化运动的倡导者，撰写了小册子《拼写改革请愿书》（*A Plea for Spelling Reform*，1877），并于1880年创办了《拼写实验者》杂志，刊载按新拼写法书写的文章。——译者注

[②] 沃尔特·威廉·斯基特（Walter William Skeat，1835—1912），英国语文学家、英国国家学术院院士、英语史专家，编纂了4卷本《英语词源词典》（*An Etymological Dictionary of the English Language*，1879—1882）及其简编《简明英语词源词典》（*The Concise Dictionary of English Etymology*）。《简明英语词源词典》至今仍是重要的工具书，至2005年仍在重印。斯基特还编辑整理了《乔叟全集》（*The Complete Works of Geoffrey Chaucer*）以及兰格伦的古英语长诗《农夫皮尔斯》（*Piers Plowman*），并为早期英语文本学会（Early English Text Society）和苏格兰语文本学会（Scottish Text Society）编辑了多种古代文献。——译者注

Society）如今已开始传播关于拼写的重要信息。为了英语世界乃至全人类的福祉，我祝愿他们一定要成功。①

我要强调的第二点是，在任何文明国家，彻底的拼写改革不仅仅意味着要有一小部分坚持不懈的语音学家研究这一领域的方方面面，而且还需要公众摒弃一种我称之为"普遍存在的迷信"的想法。这种非理性的信念认为，词的拼写一经确定就无法修改，仿佛这是源自神的指令，任何偏离传统拼写的写法，要么荒诞可笑，要么是不可治愈的低贱出身之症状。人们若习惯于看到旧时作家按自己在世时的正字法写作，这迷信就基本崩塌了；但是我觉得很大的遗憾在于，莎士比亚的著作如今几乎毫无例外地依照19世纪的拼写形式来印刷以供人们阅读，而不是依照早期版本的拼写形式。假如知名学者、语文学家、文学系学生以及各类书籍的作者们全都随心所欲地按照自己方式来拼写，这类词这样写，那类词那样写，同样能够破除这样的迷信。这种个性化拼法不必很多，也不必一致。某一作者独有的离经叛道式拼法，其原因跟他小时候写错字的原因并无两样。②这样就能够让读者们明白，拼写得与众不同未必是文盲的标志，拼写层面和其他层面一样，可以存在不同的见解，根本不必担心人类社会会因此而土崩瓦解。

等到对语言是什么的初步了解，尤其是对语音和字母之关系的初步了解，比今天更加普及的时候，必将出现更显著的效果。如今，除了教育程

---

① 事实上，叶斯柏森本人也是拼写改革运动的支持者和实践者，他的著作中可不时看到这方面的尝试。本文的英语原文中，他使用-t来拼写英语动词过去式、过去分词的清辅音词尾，如looked被拼写成了lookt。他还把through拼写为thru，把thorough拼写为thoro，全然不顾这类拼写形式通常被视为"鄙俗形式"。此外，他主张取消德语、丹麦语中名词首字母大写的强制规定，在许多著作中都坚持了这一原则。——译者注

② 除了拼写层面之外，语法层面上也存在知名作家使用非正统语法形式之例，叶斯柏森认为，后世评论者大可不必牵强附会地为这样的错误打圆场，因为这样的错误反映出的往往是人的语言本能。详见叶斯柏森用丹麦语撰写的《探巴黎土话的语法》（1885）一文。——译者注

度最低的人之外，每个人都了解些关于热量本质和温度计构造的基本知识。与之相比，我们虽然拥有比人力发明出的神奇蒸汽机更神奇、更有趣的发音器官，但学校里的许多课程，或许是大多数课程，其实都只是语言课程而已，至今也没怎么教孩子们理解话语的机制。

然而我倾向于认为，我所期待的彻底的拼写改革，与其通过传播语音科学本身来实现，不如通过其附属领域之一来实现，这一领域就是音标的创制。任何科学都需要些多多少少约定俗成的符号；数学家有正号（+）、负号（-）、根号（$\sqrt{\quad}$），化学家也有自己的字母和公式等，与之类似，语音学家也必须有自己的符号来表示语音及语音关系。常规的罗马字母当然可以使用，但是必须有个前提条件，即同一字母必须在任何情况下都表示同一个音。如果采用的只是常规拼写（如 cat、car、care、cent 等），教语音学就将完全不可行，甚至连谈论语言都将完全不可行。这就好比是在用罗马数字教算术；但这个比喻也不恰当，因为用罗马数字来做算术即使再复杂难懂，至少是可行的，因为罗马数字任何情况下都具有同样的数值。而用常规拼写来清楚地表示音，显然并不可行，那就像是用来教算术的符号系统里，某一数字一会儿表示 9，一会儿表示 13，一会儿又表示 2，再一会儿则完全不表示任何数值；或者用乐谱来打比喻，就像同一个音符在不同小节的不同位置上具有完全不同的音值，却又没有任何东西能够表明它在何位置上代表何值。我们或许已满足于在同一本书内部、同一转写文本内部实现的严格一致，但是即便如此，语音学显然仍必须拥有某些具有一致性的符号体系。已有多套不同的系统得到了推广和使用，原因之一是语音转写的使用目的各异。不过，语音学家当中虽然尚未实现符号体系上的彻底统一，但是公平地说，如今这方面的分歧已远远少于之前这几十年。国际语音学会的体系，也就是《语音教师》月刊中所使用那种以斯威特等人的著作为基础的体系，显然正在大多数国家站稳脚跟。虽然许多学者并不赞同其全部细节，但是其基本原则和大多数特殊字符，已在实践层面上被大多数对此有投票权的人所采纳。① 这是个很复杂的话题，我不想详细论述，我只是想说，语音书写大体上存在三种不同的精确程度：其一，用于最高科学用途的语音书写，需要大量特殊符号；其二，用于普通的外语描写和外语教学工作的语音书写，需要一些新字母，但不多；其三，非常简单按语音来书写的系统，即使需要新字母也需要得很少，适合为已经很熟悉符号所代表的音的母语者做非常简单的转写。可为将来的拼写改革充当基础的，恰恰只能是最后这种体系，或可通过将其用于另外一种全然不同的目的来实现：教小孩子用母语识字阅读。

我以后可能会有专门的机会，谈谈让小孩子通过读些简单易学的语音式拼写来识字的方法。② 这里我只想说，这样的实验已在多国展开，在英国，亚历山大·J.埃利斯50年前就已展开，后来又有L.索米斯女士③，挪威有奥

---

① 叶斯柏森本人就曾对国际音标的部分细节提出过系统的完善方案。1925年，叶斯柏森邀请来自8个国家的12名语音学者和历史音系学学者（包括时任国际语音学会会长的丹尼尔·琼斯）在哥本哈根召开会议，讨论如何对国际音标进行补充。会议决议报告次年由牛津大学正式出版，即《语音标注与语音转写——来自1925年4月哥本哈根会议的若干建议》(Phonetic Transcription and Transliteration: Proposals of the Copenhagen Conference, April 1925) 一书。这份报告作为提案，最终未能在国际语音学会的大会上通过，但是其中建议的部分符号后来在国际音标修订时被采纳，如卷舌音（retroflex）符号 [ʈ, ɖ, ɳ, ɭ, ʂ, ʐ]、双唇擦音符号 [ɸ, β] 等。——译者注

② 可参见叶斯柏森为《萨尔蒙森大百科全书》撰写的"识字方法"词条。该词条已收录于本书中。——译者注

③ 劳拉·索米斯（Laura Soames, 1840—1895），英国语音学家，著有《英、法、德语语音学入门——附阅读课与练习》(An Introduction to Phonetics [English, French and German]: With Reading Lessons and Exercises, 1891)。该书除了在第一部分对这三种语言进行了语音分析与描写之外，还在第二部分安排了大量经过语音转写的散文和诗歌片段供读者研习。不过，索米斯强调，虽然"可以期待英语语音的研究为遥远未来的拼写改革铺平道路"（该书第1页），但这不是她撰写该书的目的。她进行这样的语音转写，是为了更好地展示英语语音，从而有助于母语教学或外语教学。关于索米斯在语音学史上的地位，参见麦可尔·麦克马洪（Michael MacMahon）1994年发表的《劳拉·索米斯对语音学的贡献》(Laura Soames' Contributions to Phonetics) 一文（载《语言学史》[Historiographia Linguistica]，第21卷，[1-2]，第103-121页）。——译者注

古斯特·韦斯滕①，阿尔萨斯有 J. 施皮泽②，法国有保罗·帕西，丹麦有我，这些实验都显示出，孩子最初接触读写时，如果用的不是纷繁复杂的常规拼写，而是按统一规则的拼写，不考虑正统正字法，那他无论学习这种简化的拼写，还是此后学习常规的拼写，都会比直接就学常规拼写更快、更稳定。这一结果让许多教育者惊讶，尽管这种迂回方法成功背后的心理学原因并不难懂。不过，我今天不打算草草地为这之中的方法做并不充分的介绍，而是想暂且打住，总结一下我的观点：以各种方式关注语言的每一位教师，无论教的是学生的母语还是外语，对他来说，语音学都是有用的，确切点说，是不可或缺的；未来的语言教师，必须对语音的产出有所了解，这样的知识对他来说，就像是地理教师了解什么是经度纬度一样重要。

如果问我为什么完全没有提及理论语文学者、语言史研究者以及致力于把无文字的语言或方言书写记录下来的人，原因是这些领域中人人都能立刻看出语音学的重要价值；而我在本文中想要强调的，只是语音科学巨大的实用用途，以及对广义上的教育所发挥的作用。

---

① 奥古斯特·韦斯滕（August Western，1856—1940），挪威语言学家，著有《英语语音学》（*Engelsk lydlære*，1882）、《挪威国语语法》（*Norsk riksmåls-grammatikk*，1921）等。——译者注

② 约翰·施皮泽（Johannes Spieser，生卒年不详），德国教育家，阿尔萨斯瓦尔丹巴克（Waldhambach）教区牧师，为学童设计了"初级课本音标"（Fibelschrift），1893 年起担任高调倡导德语拼写简单化、规则化的刊物《改革》（*Reform*）的主编。菲埃托曾在《德语音标读本》（*Deutsches Lesebuch in Lautschrift*，1899）前言里向施皮泽致谢。施皮泽为赖恩（Rein）的《教育学百科手册》（*Encyklopädisches Handbuch der Pädagogik*）撰写了《音标》（Lautschrift，第 2 版，第 5 卷，1906）和《阅读教学中的语音学》（Phonetik beim Lesenlehren，第 2 版，第 6 卷，1907）。他也是《语音教师》的活跃撰稿人，《阅读教学中的语音学》曾以《语音教师》副刊形式重印。《阿尔萨斯方言词典》（*Wörterbuch der elsässischen Mundarten*，1899）两编者之一恩斯特·马丁（Ernst Martin，1841—1910）也曾在《阿尔萨斯方言词典回眸》（Rückblick auf das Wörterbuch der elsässischen Mundarten，1906）一文中向施皮泽致谢："我必须把铭记我们从施皮泽牧师那里得到的真诚相助，视为感恩之义务。施皮泽先生经常参加校对，一直让我们收获他那极其细致的观察结出的果实，尤其是关于明斯特塔尔（Münstertal）方言和迪默林根（Diemeringen）方言的部分。"（《阿尔萨斯-洛林历史、语言与文学年鉴》[*Jahrbuch für geschichte, sprache und literatur Elsass-Lothringens*]，第 22 卷，第 281 页）——译者注

识字方法
Læsemetoder
（1901）

　　教儿童识字的最普遍方法，是所谓字母法（Bogstavmetode），自古以来就一直如此。儿童首先学习字母的传统名称，并学习其字形；接着，字母被拼成音节，继而再拼成词：例如，be（B）—a（A）念作 ba，ge（G）—e（E）—ær（R）念作 ger，合起来——bager（面包师）。为了让任务轻松些，人们想出了各种办法，送给孩子骨制的字母、印着字母的卡片，甚至把字母烘成饼干，按照字母表来吃东西（这是巴斯道[①]的点子）。字母法虽然饱受批评，但至今仍是最普遍使用的方法，这可不是因为这种方法有什么优势，真正的原因之一，是教最低龄儿童的教师经常是收入最少、文化程度最低的教师，原因之二，是大多数孩子在上学之前，已被父母或其他大人教过，这些人并无教育学知识，对其他更好的方法一无所知。认识到字母法不是正确方法并不难。除了元音字母之外，字母的名称很任意，并无系统性；大部分是在后面加长音 e（如 B、D、C 等）；其他则是在前

---

① 约翰·伯纳德·巴斯道（Johann Bernhard Basedow，1724—1790），启蒙运动时期德国教育改革家。他深受卢梭影响，主张以泛爱主义（philanthropinism）为理念开展学校教育、改革教育教学方法，于 1774 年在德绍（Dessau）创建了实践其理想的"泛爱学院"（Philanthropinum）。巴斯道著有《论学校泛爱主义，兼论人类知识基础读本计划》（*Vorstellung an Menschenfreunde für Schulen, nebst dem Plan eines Elementarbuches der menschlichen Erkenntnisse*，1768）一书，并为儿童编写了《插图版基础课本》（*Elementarwerk mit Kupfern*，1774）。——译者注

面加短音 e 或 æ（如 F、L、M 等）；有两个是在后面加 å（H 和 K），最后还有两个完全无章可循的（Y 读 jod，Z 读 set）。因此，虽然儿童已学会了把字母外形和字母名称在脑中联系起来，但这却无益于指导他们理解字母的功能；没人带他们练习如何把词分解为音，即使练习了，也搞不懂为何一会儿取首音，一会儿又取尾音，更不用说那些必须换成完全不同的音之处了。为什么 æs-o（S-O）拼成了 so（母猪），而 æs-o-æm 拼成的 som（像，如）里却是另一个元音？为什么 hå-jod-e-æm（H-J-E-M）拼成的是 hjem（家），但这个词的读音里并没有 h、å、o、d(ð)、e 当中的任何一个音？① 这简直是强加在孩子身上的不可理喻的大工程，他们的理解力对这种事帮助有限；也只能跟着大人做做鹦鹉学舌，觉得这些组合"其音自现"。人们常常同时教孩子同一个字母的各种不同的字形（如大写和小写、"拉丁体"和"德国体"②、印刷体和手写体），而这些字形彼此之间又常常并不相似（如 A、a、𝔄、ɑ 等），这就更使难度倍增了。字母法的这些缺陷已被许多人所诟病，其中包括 S. 海尼克③；而在此之前瓦伦丁·伊克尔萨默（1530）④ 已提出，学生应先把词分解成音，而不是分解成字母。

---

① 这三个词丹麦语词的读音分别是 so [ˈsoˀ]、som [sʌm]、hjem [ˈjɛmˀ]，丹麦语语音和拼写的不一致状况从中可见一斑。——译者注

② 即"尖角体"（Fraktur），欧洲传统上使用的一种印刷字体。与之相对的是"古体"（Antiqua），即本文中所说的"拉丁体"，是当今的主流印刷字体。由于尖角体在德国及北欧格外流行，整个 19 世纪，两种印刷字体在这些国家展开了激烈的竞争。尖角体直至 19 世纪中期仍是丹麦的主流印刷字体，至 20 世纪初已完全衰落，但在德国的寿命最顽强，一直持续到 20 世纪 40 年代初，因此常被称为"德国体"。——译者注

③ 塞缪尔·海尼克（Samuel Heinicke，1727—1790），德国教育家，因倡导对聋哑儿童进行系统的教育而闻名于世。海克尔关于健全学童教育以及人文教育的著作也很多。1780 年，他在莱比锡出版了一本题为《新 ABC、音节及读本》（Neues A, B, C, Sylben und Lesebuch）的书，鼓励人们摆脱拼写的束缚，轻松而省时地学习阅读。——译者注

④ 瓦伦丁·伊克尔萨默（Valentin Ickelsamer，约 1500—1547），文艺复兴时期巴伐利亚教师、语法学家，著有《德语语法》（Teutsche Grammatica，1534），倡导语文教育，支持路德的号召，主张人人自读圣经。——译者注

戈迪克[①]指出，水平提高首先要从元音开始，继而转向整个音节；德绍的奥利维耶[②]（去世于1815年）等人主张，所有辅音字母的名称，都应统一在辅音后面加上个 alle 一词中的弱 e 音（音标为ə）。

语音法（Lydmetode）的首位发言人，是西班牙的聋哑语教师 J. P. 波奈特（《字母的分解》[Reduction de las letras]，1620）；但是，直到巴伐利亚教育委员会的史蒂芬尼[③]于1802年出版《初级课本——识字学习基础书》(Fibel oder Elementarbuch zum Lesenlernen)，语音法才开始开花结果。依此方法，先要教学生从若干不同的词里辨认出相同的元音（如，从 is［冰］、si［筛子］、pige［女孩］、ti［十］等词里面找），并考考他们，让他们自己再找些含有这个音的词；随后，把字符给出来。下一步，处理辅音，例如 s，用这个音本身来称呼它（不管它叫 æs，也不管它叫 se，而是用这个咝咝声本身来称呼它）；用跟刚才相同的方法给例子、找例子，此时再将其组合成 is、si 等音节（也就是词）就非常轻松了。长期以来，字母法给予儿童的通常是些 ba、be、bi、bo 之类的无意义音节，这种无意义的音节应尽可能地避免；教学中选用的音及其符号，从最一开始就要以能够构成真实的词以及含有所教的音的小句子为原则。这个常规过程之后，要花较长时间继续把词分解成一个一个的音，隔开点时间，一个个念出，同时指着其符号（可以写出来，或是让学生来写）。这一方法的缺

[①] 弗里德里希·戈迪克（Friedrich Gedike，1754—1803），德国神学家、教育改革家。——译者注

[②] L. H. F. 奥利维耶（L. H. F. Olivier，1759—1815），瑞士教育家，活跃于德国。据德国哲学家阿尔伯特·斯特科（Albert Stöckl，1823—1895）《教育学史教程》(Lehrbuch der Geschichte der Pädagogik，1876）一书介绍，奥利维耶出身瑞士法语区，在德绍泛爱学院工作15年，学院解散后继续在德绍的其他机构任教，著有《正字法基础入门——学习各种语言正确说话、阅读、写作之应用艺术教程》(Orthographisches Elementarwerk, oder: Lehrbuch über die in jeder Sprache anwendbare Kunst, recht sprechen, lesen und schreiben zu lehren) 一书，在该书中推介语音法识字阅读教学。——译者注

[③] 海因里希·史蒂芬尼（Heinrich Stephani，1761—1850），德国神学家、教育家、教育改革者。——译者注

点,第一,即使经过了训练,听到分解出来的一个个单音时,将其合并成词也会有困难;因此这一方法有些地方需要想当然地去猜,故而导致了阅读中的某些不确定性。第二,有些字母名称音,抽掉前面或后面的元音之后,余下的辅音很难大声发出来,特别是班上学生较多时,学生很难听清楚;塞音即是如此,p、t、k尤其如此,b、d、g也有这个问题,此外还有h,而丹麦语的r一定程度上也是这样。这样通常造成的结果就是,教师须用一种不自然的方式来把这些音用力发出来,例如把h发得带有强烈喘气声;这发音,声带很容易绷得过紧。第三个缺点也很重要:丹麦语中,字母音一个个加起来就真能得出词的情况其实比较少;例如,hvidt(白色的)和Seng(床)的读音分别是vit和sæŋ,前者的读音不是h+v+i+d+t,后者的读音也不是s+e+n+g。许多情况下,最初的基础教学用的是语音法,过段时间之后就转向了字母法,孩子们学习旧式的字母名称,用传统方法将其念出,如hå-ve-i-de-te(H-V-I-D-T)hvidt等。前两个缺点,已被瑞典教育家、语音学家I. A. 吕特肯斯设计的语音组合法(Lydbindingsmetode)成功解决(《识字法》[Läslära],1883)。过程如下:眼睛首先看着词里的第一个符号(初期可用教鞭指着),把对应的音发出来、拖长,此时眼睛(跟随教鞭)移向下一个符号;一旦认出来了,就立刻把这个音发出来,拖长,直到把再下一个符号也认出来,依此类推,直到词末为止。这样就把整个词念出来了,起初每个音发得很慢,通过练习,自然就会逐渐快起来。对于那些不易拖长的音(p、t、k、b、d、g、h),可以退一步,练习时后面可始终带着一个音来念(念成pa、ta等)。这样的音在词里出现时,要考虑到其前面的音,不仅要指到、认出p等符号,而且还要指到、认出它前面的音;例如像Antal(数字)这个词,n拖长之后,带着a念出ta,直到发出l音为止。

上面提到的第三个缺点,是由拼写和语音之间的不对等性造成的,人们为此已提出过各种补救措施。在美国,识字课本里经常把所有不发音的字母印成比发音字母细的不凸显字体;还经常对此加以注释,阐明印成这种字体的音值有何不同。福赫哈默①设计的丹麦语语音正字法（Lydretskrivning）与之有类似特征。然而，若想让这样的体系完整化，使之能同时展现出词的正字法拼写和发音，就必然要包含很多不同符号，但这样的体系也不能说对儿童完全无益，毕竟这样的体系为所有正字法秘密提供了一把钥匙。

不过，事情可以通过使用简易音标（simpel Lydskrift）来大大简化，这样的音标里符号相对较少，能以易懂且一致的方式书写语言中出现的任何词。音标法的优势在于，虽然儿童起初对常规正字法中的各种混乱状况感到困惑，但却不必刻意挑选些符合读音规则的词，而是可以直接使用儿童自然词汇中的任何词，因而在最初阶段即可让阅读材料言之有物，从而抓住儿童的注意力，最终可稳步推进，因为所看和所听之间达到了一致，凭想当然猜的东西就被排除掉了。唯一的缺点在于，经过一段时间过后，儿童已习惯了按这种方式写的词，却要去习惯按另一种方式写的词，即按正字法方式拼写的词。但是这两种方式间的转换，要等音标识字达到一定程度时才可开始，从已尝试使用音标法的地区的经验来看，如能有耐心，不急于推动转换，这一情况并不会带来明显的问题。在英国已有人宣布，与直接学正字法拼写并且仅学正字法拼写的儿童相比，由音标法开始学识字的儿童，音标学习及随后的正字法学习不仅速度更快，而且掌握得要牢固得多（皮特曼②、H. J. 格拉斯通③）。音标法在美国和挪威（在挪威由 A. 韦斯滕独立开展）都开展了尝试，并取得了成功。

上述方法之中的任何一种，皆可与写字教学相结合，学生在学习字母

---

① 乔治·福赫哈默（Georg Forchhammer, 1861—1938），丹麦物理学家、教育家，著有《论聋哑教育中的可靠交流之需》（Om nødvendigheden af sikre meddelelsesmidler i døvstummeundervisningen, 1903）。——译者注

② 艾萨克·皮特曼（Isaac Pitman, 1813—1897），英国拼写改革运动倡导者，因设计"皮特曼速记体系"而著名。——译者注

③ 疑为 J. H. 格拉斯通之误。约翰·霍尔·格拉斯通（John Hall Gladstone, 1827—1902），英国化学家，皇家学会院士，曾担任伦敦教育局委员，出版过《从教育视角看拼写改革》（Spelling Reform, from an Educational Point of View, 1878）。——译者注

的音值的同时，自己已开始用字母做拼写；所以，最好是先教书写体，之后再教印刷体。最后，任何方法都可以跟如今在德国正在升温的"关键词方法"（Stikordsmetode）相结合（见E.雷门西克①在赖恩②的《教育学百科手册》[*Encyclopädisches Handbuch der Pädagogik*] 里的论述）：把类似小红帽那样的故事反复讲给孩子们听，直到他们已非常熟悉这个故事为止，注意强调其中的一些词；孩子们只能读到这些关键词；学生用书里只有这些词，教师用书里才有完整的故事，学生用书里也出现的词在教师用书里印成粗体。每次讲到这些关键词时，都将其指出来，在语音和书面词之间建立起联系。起初，只处理些小词（如 an、nun、so 等），之后，词越来越多，越来越长，由此可达到的目的是，即使那些最初学到的小词，也不是孤立存在的，而是可激发学生兴趣的连贯材料中的元素。

上述各方法以及类似的方法只是教最基础的识字课的方法；接下来的时间，通常就要留给真正的"识字艺术"了，例如，如何把重音放在正确的位置上，要用什么声调，等等。不过，这样的东西学得越早越好。与那些从未接触过枯燥而单调的识字方法的学生相比，已经习惯了枯燥而单调的识字方法的学生很难摆脱那样的方法。要想创造条件来避免这类问题发生，首要一点就是不要让他们朗读些他们不懂的东西，更不要朗读些没有意义的东西。材料越能够让孩子高兴，越能吸引住孩子，就越能成为识字用的好材料。无论在哪一个阶段，那些把 manden 解释成 mandæn（含有发音的 d 和 æ）的识字方法，或是通过 i 和 g 来解释 mig 的识字方法，都是不可接受的。③

---

① 埃利希·雷门西克（Erich Lehmensick，1898—1984），德国教育学家，著有《正规教育的理论》（*Die Theorie der formalen Bildung*，1926）。——译者注

② 威廉·赖恩（Wilhelm Rein，1847—1929），德国教育学家，主编了7卷本《教育学百科手册》（*Encyklopädisches Handbuch der Pädagogik*，1895—1899），第2版（1903—1911）增至11卷。——译者注

③ 丹麦语 manden（"人"+定冠词后缀）读 [ˈmænʔn]，名词词干中的字母 d 及后缀中的字母 e 都不发音；mig（我，宾格）读 [ˈmɑj] 或 [mɑ]，虽然书写形式中 i 和 g，但与 [j] 和 [g] 两个音无关。——译者注

威廉·汤姆生对鄂尔浑碑铭的破译
Vilhelm Thomsen's Interpretation of the Orkhon Inscriptions
（1894/1933）

西伯利亚南部和蒙古北部，鄂尔浑河畔以及叶尼塞河上游区域，[①]哈拉和林（Karakorum）古城和哈拉巴勒嘎斯（Kara-Balghassun）古城[②]遗址附近，发现了许多神秘的碑铭，一段时间以来吸引了学者的目光，却无人能够揭示其意义。1890年、1891年，芬兰和俄国派出考察队来到这里，他们的考察成果，如今已经以带有碑石详图和碑铭拓片的壮观书卷的形式面世。最重要的两座碑，三面刻着神秘的符号，第四面刻的是汉文，讲述其中一碑立于733年1月28日，纪念一位两年前逝世的伟大可汗，另一碑纪念这位可汗逝世于734年的兄长；[③]但是，人们对此的了解就只有这些了。从汉文文本较小的尺幅等原因来看，可以推测不是那些一个字都无法释读的神秘碑铭的直接对译。人们甚至不知道这神秘碑铭用何种语言而

---

　① 鄂尔浑河是蒙古国最长的河，在蒙俄边境附近注入色楞格河，再注入贝加尔湖；而贝加尔湖水又由安加拉河流出，注入叶尼塞河，本文因此把鄂尔浑河区域视为广义的叶尼塞河上游区域，这个"叶尼塞河上游区域"指的不是蒙俄西部边界附近的大小叶尼塞河上游。——译者注

　② 哈拉和林是成吉思汗时期兴建的蒙古新都，忽必烈迁都至大都（北京）后，哈拉和林仍为漠北重要城市，明朝建立后北元政权再次定都于此，后逐渐衰落。哈拉巴勒嘎斯又名窝鲁朵八里（Ordu-Baliq），是突厥汗国、回鹘汗国故都，9世纪黠戛斯灭回鹘时被毁。——译者注

　③ 这两块碑分别是阙特勤碑和毗伽可汗碑。毗伽可汗（Bilgä Qaghan，683—734），后东突厥大汗，716—734年在位。阙特勤（Kul Tigin，684—731），毗伽可汗之弟，权臣。——译者注

写，用尽了各种巧妙的方法，把这些看着像鲁纳字母的符号跟各种字母做对比，试图发现些相似处及线索，却似乎都是在白费力气。这符号以前是个谜，如今继续是个谜，似乎将来也只能永远是个谜。

就在此时，我们天才的同胞威廉·汤姆生登场了，用他自己的话说，他是在对这些碑铭"稍做尝试"①；此后不久（去年12月），他已能够向全世界宣布，他基本上成功破译了这些碑铭。②

我想稍微介绍一下他通过何种敏锐方法做到了这一点；他解读出这些碑铭的思维过程，类似侦探（或许更像小说里的侦探，而不是真实生活里的侦探）通过小细节追踪狡黠的罪犯并得出结论的思维过程；如果允许我用小事来跟大事做类比，那么这一方法跟破解字谜（logograph）的思维过程也有相似之处，破解的是一种遥远的亚洲语言的字谜，可能是那里的大量已知语言中的一种，也可能是一种已经消亡且未留下蛛丝马迹的未知语言。尝试这一任务是需要勇气的。

首先要确定的事情，是这些符号的阅读顺序；这些符号必须竖着读，就像汉字一样，这一点很容易就能看出来；但是，这垂直的一列一列应该从右向左读，还是从左向右读呢？迄今为止所有人都认为应该从左侧开始

---

① 此处翻译依丹麦语原文"pille lidt"，字面意思是"略微剥点儿皮"（丹麦语 pille 与英语 peel 同源，原义为"剥皮"），语文学会 DDO 释其申引义为：røre ved eller bearbejde med fingrene, ofte på en undersøgende, fraværende eller nervøs måde（touching or working with your fingers, often in an investigative, absent or nervous way）（用手指触碰或处理，常以探查的方式、漫不经心的方式或心情紧张的方式）。百年纪念版选集里的英语译文译为"toy with"（玩弄），欠妥当。——译者注

② 汤姆生的文章题为《鄂尔浑和叶尼塞碑铭之解读》（Déchiffrement des inscriptions de l'Orkhon et de l'Iénisséi），1893 年 12 月以法语发表于《丹麦皇家科学院学报》（Bulletin de l'Academie Royale du Danemark）。次年 3 月 25 日，丹麦新闻周刊《画刊》（Illustreret Tidende）在头版刊出汤姆生大尺幅肖像，配发叶斯柏森撰写的《威廉·汤姆生教授》（Professor Vilhelm Thomsen）一文，向丹麦公众介绍了这一突破性贡献。同年 4 月 29 日，叶斯柏森再度在《画刊》上发文，概述了汤姆生破译此碑铭的方法，即本文，原标题是《鄂尔浑碑铭的解读》（Tydningen af Orkhon-Indskrifterne）。——译者注

读；然而，支撑这一猜想的理由却很荒诞，一推即倒，尝试以此为基础解决问题，表现得笨拙而不便，直到汤姆生强势接手才有所改观。汤姆生立刻指出，与之相反的方向才是正确的；在这一问题以及后来的其他问题上，他都利用了一个事实：有些片段是两份碑铭所共有的，尽管不是一整列一整列相同；在一列里位于最上面的符号，在另一列里可以比较靠下。不过，仔细对比这样的部分却显示出，如果从左边读起，词只是怪异地堆砌在一起，而如果从另一侧读起，就高度一致了。或许我可以用下表把这个问题解释清楚，下表中每个字母都代表一个词；假如我们在两份碑铭中遇到了下列组合：

一份碑铭		另一份碑铭	
V	M	D	B
I	P	C	O
S	D	V	M
E	C	I	P

我们如果从左侧读起，一个是 VISEMPDC，一个是 DCVIBOMP，一致之处非常少；但如果用相反的思路从右侧读起，就得到了二者共有的MPDCVI。很奇怪，以前居然没有人想到过这一点；第一眼看上去，这一点其实非常简单。有条亘古的真理说得好：人们常需要一位天才来指出最简单的东西。

下一步的问题，是为每个鲁纳文字似的符号确定意思；这之中共有38个符号，如果认为这些符号是真正的音节文字，这个数量太少了；① 如果认为是汉文那样的表意文字，就更是太少了。而另一方面，这文字也不

---

① 音节文字的书写符号不表示单个的辅音或元音，每个书写符号表示一个完整的音节，因此需要比语音式拼写更多的符号。例如，日语的音节文字传统上称为"五十音图"，今实际使用平假名和片假名各72个（含浊音、"半浊音"、拨音、促音）；当今的另一种典型的音节文字，美国原住民切落基语（Cherokee），使用85个字母。这两个数字显然远超过语音式拼写所需的字母：如希腊字母22个，俄语使用33个西里尔字母，西欧各语言使用的拉丁字母通常在20—30个之间，算上带附加符号的字母通常也不超过40个。——译者注

太可能是真正一符对一音的字母文字；有许多符号让我们认定，同一个音常须用两个甚至两个以上的符号来表示，这一猜想当然会使问题复杂化。元音有单独的符号吗？还是像许多书写系统那样表示元音？[①] 汤姆生在这一问题上发明了一种睿智的方法；他认为，我们若是见到 1-2-1 式的符号组合，即同一字母出现两次，中间夹着个与之不同的字母，那么，如果 1 是元音，2 就必然是辅音，反之亦然。每种语言皆如此；例如丹麦语中，tit、ere、pap、ele 等组合很常见，而 sts 之类的组合却极少见到。汤姆生集齐了这一类型的组合，认定其中三个符号必为元音，剩下的则皆为辅音。这一猜想得到了进一步佐证，因为在两份碑铭的共有部分中，有的词的写法多次变化，其中一个符号在一份碑铭中有，在另一份碑铭中无；对此唯一的解释只能是，元音符号有时候写，有时候省略。

这就是说，那三个符号是元音；但是，是哪三个元音呢？审视所有可获及的材料后，似乎存在某些规则，规定着元音和辅音之间的组合；并不是一切辅音均可跟一切元音相结合；元音的出现规律表明，我们正在研究的是一种存在"元音和谐"（vowel harmony）的语言，就像土耳其语以及许多与之有亲缘关系的语言那样，如 aga（父亲）的复数是 agalar，但 ev（房子）的复数却是 evler。这在一定程度上暗示，该语言是突厥语或其亲缘语言——这一点从汉文碑铭中出现的许多名字上也有体现，尽管汉语经常掩盖外来人名，而不是将其精准复制出来。依据元音的出现情况，当时可断定其中之一是 u，第二个是 i，第三个起初被认为是 e，后来发现这个音一定是 ö 或 ü。

辅音及辅音组的统计图可提供关于辅音分类的猜想；有些必定是塞音（如 p、t、k），另一些必定是鼻音，等等。由于语音构成方式的缘故，我们发现辅音的某些基本组合法则在所有语言中都会遵守；例如，我们会在

[①] 例如，希伯来语、阿拉伯语等语言的书写系统中，通常只写辅音，元音主要依据语境来判断。——译者注

词首发现 kr、kl、pr、pn 等，而非 rk、lk、rp、np 等，然而后者在词内部却很容易出现。不过，用这样的方法确定的只是辅音的类型，而不是具体的辅音。

要想破解这一点，最显而易见的一件事是搜寻可能是汉文文本里提到的专名的那些词；埃及圣书字的破译，用的就是这一方法。但是这样的搜寻长期以来被证明是徒劳的；如今整个碑铭已经可读，我们发现汉文里的大多数专名并未在这碑上出现。

然而，汤姆生却特别注意到一个词，因为这个词出现得太频繁，有时单独出现，有时还要加点东西，经常出现于各部分开头或是其他重要位置，这让他相信这个词必定是这位可汗的头衔，汉文部分称"天可汗"。这个词的最后一个字母就是汤姆生认定为 i 的那个字母，这个词因此被解读为 tengri，这个词表示"天、神"，是蒙古语和所有突厥语共有的词。① 另有一个词，在一块碑上经常出现，在另一块碑上却从未出现，经过一番犹豫，这个词被确定为这位可汗的名字，即汉文里的"阙特勤"；这名字汤姆生当时并不知晓，现在已经能够给出来了，是 Kültigin。这两个词为第三个出现得极其频繁的词提供了钥匙，此词必然是著名的 Türk（突厥）一词，这验证了此碑铭乃突厥人所写之理论。于是，汤姆生把为具体字母找出的音值代入，就辨认出了越来越多的纯突厥语词；由此，这神秘的字母就一个个地破译出来了；一环扣一环，我们的语言学天才终于能给出关

---

① 该词在我国古籍中音译为"撑犁"，如《汉书·匈奴传上》："匈奴谓天为撑犁。"斯塔罗斯金等（Starostin, Dybo & Mudrak）编 3 卷本《阿尔泰语言词源词典》（*Etymological Dictionary of the Altaic Languages*，2003）*t'aŋgiri 词条下，释原始突厥语 *teŋri/*taŋri 一词为"1. 神；2. 天空，天堂"，该词条所列的各种突厥语言中，有些语言两个义项皆有，有的语言仅有其中一个义项，如土耳其语、乌兹别克语等只有第 1 个义项，楚瓦什语等只有第 2 个义项，吉尔吉斯语等两个义项皆有；该词条下还列了原始蒙古语为 *taŋarag 一词，释为"誓言"。鲍登（Charles Bawden）编《蒙英词典》（*Mongolian-English Dictionary*，2010）释今蒙古语 тэнгэр 为"1. 天空，天堂；2. 神；3. 天气"。什尼特尼柯夫（Shnitnikov）编《哈英词典》（*Kazakh-English Dictionary*，1966）释今哈萨克语 тәңірі 为"神"，仅有这一个义项。——译者注

于这一谜题的研究结果了，而此前不久，人们对这谜题还一无所知，汤姆生指出，这碑铭是用一种东突厥语方言写的，该方言与维吾尔语有很近的亲缘关系；① 每个字符的值都得到了精确的展示；元音符号有 4 个，除了上述 3 个之外还有 a，通常省略不写；几乎每个辅音都因位于前元音旁还是后元音旁而有不同写法；有些符号表示辅音组，如 nd、ld 等。

持怀疑态度的人或许会问，我们何以知道所发现的是正确的结论？对于这样的质疑，最重要也是最有说服力的证据当然是，我们借助汤姆生赋予这些字母的音值，能够从碑铭中读出意思，读得懂的语言就出现了；我们已经做到了这一点。截至目前，汤姆生只（以法语）发表了他成功破译石碑的方法之描述、字母表以及碑铭中的一小段节录；完整的解读和阐释，目前正在赫尔辛基芬兰－乌戈尔学会的出版过程中；② 不过，俄国的突厥语言学专家拉德洛夫③读过汤姆生的论文之后，已利用文中的研究成果对该碑铭进行了转写和翻译，他已经带着极大热情将其出版，以图能够分享破译该碑铭的荣誉，但他自己也承认，有了我国同胞的睿智，他才做到了这一点。两位语言学家的解读，在所有最重要问题上均一致，这一事实当然保障了汤姆生成果的正确性。另一个证据是，突厥文碑铭里包含了汉

---

① 石碑上的这种语言，今称为"古突厥语"（Old Turkic），该字母称"古突厥字母"（Old Turkic script），亦称"鄂尔浑字母"（Orkhon script）。自从汤姆生破译了鄂尔浑碑铭以来，该语言得到了文本、词汇、语法、方言及演变等方面的全方位的研究。参见埃尔达尔（Marcel Erdal）著《古突厥语语法》（*A Grammar of Old Turkic*, 2004），第 22-36 页。——译者注

② 该书于 1896 年出版，仍用法语撰写，书名为《鄂尔浑碑铭》（*Inscriptions de l'Orkhon*），由两部分组成，前一部分是对字母（元音和辅音）的解读，后一部分是对两份碑铭的转写和翻译。——译者注

③ 瓦西里·瓦西里耶维奇·拉德洛夫（Vasily Vasilievich Radlov, 1837—1918），俄国突厥学家，生于德国，又名威廉·拉德洛夫（Wilhelm Radloff），俄国突厥学创始人，著有 4 卷本《突厥语方言词典试编》（*Versuch eines Wörterbuch der Türk-Dialekte*, 1893—1899）。拉德洛夫曾在喀山担任教育局官员（叶斯柏森《论语音定律问题》中引用过的《阅读与阅读学习》一文即写于此时期），期间与博杜恩·德·库尔德内等喀山学派语言学家来往密切。——译者注

文碑铭中的内容；而最后还有一点也很有意思，汤姆生在碑铭里发现的制式化话语，如把可汗称为"已在天堂"的可汗、"让天堂光明的"可汗、"已在天堂寻获幸福"的可汗，在用完全不同的字符（回鹘字母）刻写的另一份碑铭中也存在，拉德洛夫已从后者中解读出了"已在天堂寻获幸福的智慧而令人敬畏的可汗"。

显然，这些碑铭的解读，可与本世纪的其他两项最具成就的学术丰功伟绩相媲美：一是圣书文字的解读，二是楔形文字的解读。当然，这项新发现还没有像其他两项那样影响深远，后两项中的每一项，都赋予了我们极其深刻的洞察力，让我们深入了解古代文化的历史以及古人的生活方式，对我们的文明的摇篮拥有了更多了解；我们无法期待鄂尔浑碑铭给予我们太多这样的东西。但是，如果我们看看这一事例的主观层面，即破译所依赖的思维过程，那么汤姆生必然与上述两领域最显赫的名字处于同一层次上。

虽然圣书文字和楔形文字都呈现出某些特有的困难，而鄂尔浑文字这类较单纯的语音字符并不会呈现出这样的困难，但是必须清楚，汤姆生可不像埃及学家那样，有刻着同一文本的圣书体字和世俗体字①且自带希腊语译文的罗塞塔石碑的帮助，并且，圣书文字和楔形文字的破译花费了许多语言学家的大量时间，每一位学者个人只比前人进步了一小点。

而威廉·汤姆生的领域里是没有前人的；他来，他见，他找到了答案②。

---

① 世俗体（demotic）是古埃及象形文字的简化草书体。古埃及碑铭主要使用圣书体（hieroglyphic），其草书形式用于记录宗教事务，称僧侣体（hieratic），而世俗体是其更加简化的版本，用于民间。罗塞塔石碑（Rosetta Stone）是18世纪末出土于埃及北部港口罗塞塔的一块刻有古埃及法老托勒密五世（Ptolemy V，公元前204—前180在位）诏书的石碑，因同时刻有圣书体、世俗体及希腊语译文，而成为法国历史学家商博良（Jean-François Champollion，1790—1832）破译古埃及象形文字的关键。罗塞塔石碑现藏于伦敦大英博物馆。——译者注

② 此句模仿凯撒名言：Veni, vidi, vici.（我来，我见，我征服。）——译者注

元音 i 的象征价值
Symbolic Value of the Vowel i
（1933）

[1] 导言

语音象征在各种语言发展中所发挥的作用，远远超过大多数语言学家所承认的作用。本文中我将着力展示出，[i] 这个非圆唇前高元音，常用来表示小、轻、次、弱之义，其窄元音版本尤为如此。[1]

对音的价值（value）的本能感知，儿童那里比成人更为生动，因此才有甲柏连孜[2]从他的一位侄儿那里观察到的一个极端的例子：这孩子

---

[1] i 的窄元音（thin 或 narrow）版本指 [i]，与之对立的是其宽元音（broad 或 wide）版本 [ɪ]。详见叶斯柏森《用非字母符号表示的语音发音》第 24 节（本书第 217-218 页）。——译者注

[2] 格奥尔格·冯·德·甲柏连孜（Georg von der Gabelentz, 1840—1893），德国语言学家、汉学家，对满、蒙、藏等少数民族语言以及马来语等东南亚语言亦有研究。早年曾将周敦颐《太极图说》译成德语（*Thai-kih-thu*, 1876），他最具影响力的著作有两部，一部是用德语撰写的汉语文言语法《汉文经纬》（*Chinesische Grammatik, mit Ausschluss des niederen Stils und der heutigen Umgangssprache*, 1881）(按："汉文经纬"是甲柏连孜自取的中文书名，印在该书德语书名页之后的汉语书名页上，德语书名原义是"汉语语法——不含低端文体及当代口语"），另一部是《语言学——其任务、方法及前人成就》（*Die Sprachwissenschaft: Ihre Aufgaben, Methoden und bisherigen Ergebnisse*, 1891），20 世纪 60 年代至今，后者因早于索绪尔而提出了诸多近似于"普通语言学"的观点而反复引起关注。其父汉斯·冯·德·甲柏连孜（Hans von der Gabelentz, 1807—1874）亦是对德国东方语言研究有突出贡献的语言学家，著有《满语语法基础》（*Eléments de la grammaire mandchoue*, 1833），从满语翻译了《大辽史》（嗣后出版，*Geschichte der grossen Liao*, 1877），汉斯·冯·德·甲柏连孜还担任过德国统一前的萨克森-阿尔滕堡公国首相。——译者注

把普通的椅子叫作 lakeil，把大型的沙发椅叫作 lukul，把玩具娃娃坐的小椅子叫作 likil；他还用 m-m 这个词根来表示所有圆形的东西：月亮或小碟子是 mem，大号圆盘子是 mom 或 mum，而星星则是 mim-mim-mim-mim。他爸爸穿着毛皮大衣出现在他面前时，他不喊 papa 而是喊 pupu。(《语言学》[Die Sprachwissenschaft]，第 65 页）在瑞典的隆德有个孩子和他完全相同，看见父亲穿厚大衣时，就管父亲叫 pωppω（ω 是个近乎于 o 和 u 之间的音），贝克曼①谈到这件事时断定（《语言心理学与母语教学》[Språkpsykologi och modersmålsundervisning]，隆德，1899，第 60 页），这是受了形容词 stor [stωr]（大）的影响。有个丹麦孩子听到 himmel（天空）一词时，以为这个词的意思是闪烁着的小星星，还给它变出了复数 [hi·mə]。

有个叫格兰维尔·吉尔伯特（Granville Gilbert）的美国男孩，一直到四岁仍然讲一种他自己的话，他坚持讲这种话而不讲英语。他用来表示"小"的词是 i-i（ee-ee），表示"大"的词是 o-o（理查德·佩杰勋爵②《巴别塔》[Babel]，伦敦，1930，第 38 页）。

比昂松的《阿恩尼》（Arne）③第 1 章里，小溪的笑声按照大小和力量而渐变，从"hi, hi, hi"变成"ha, ha, ha"再到"ho, ho, ho"。

斯威夫特也意识到了元音的象征价值，把小人国称为 Lilliput，把大人国称为 Brobdingnag；格列佛在大人国被人称呼为 Grildrig："这个词的

---

① 纳塔内尔·贝克曼（Natanael Beckman，1868—1946），瑞典学者。主要著作包括《中世纪西约特兰的道路与城市》（Vägar och städer i medeltidens Västergötland，1916）、《语言的生命——语言研究导论》（Språkets liv: en inledning till språkets studium，1918）等，曾将 13 世纪古北欧语《拉克斯代拉萨迦》（Laxdœla saga）翻译成现代瑞典语，编写过一部小型的《丹挪瑞词典》（Dansk-norsk-svensk ordbok，1907）。——译者注

② 理查德·佩杰勋爵（Sir Richard Paget，1869—1955），英国律师、学者，著有《人类语言》（Human Speech，1930）等著作，是佩杰-戈曼手语系统（Paget Gorman Sign System）的设计者之一。——译者注

③ 比约恩斯彻纳·比昂松（Bjørnstjerne Bjørnson，1832—1910），挪威作家，1903 年度诺贝尔文学奖得主。《阿恩尼》是他早年创作的描写挪威农村生活的系列小说之一。——译者注

意思就是讲拉丁语的人所说的 nanunculus"（非常矮小的侏儒）①。

据甲柏连孜（同上，第222页），巴塔语②有三个词表示德语的 kriechen（爬），一般的爬用 džarar，小东西爬用 džirir，大型动物或是吓人的动物爬用 džurur。（试问：英语 creep [爬] 和 crawl [爬] 的准确区别是什么呢？）

语音象征的影响并不局限于儿童和原始人，即使是当今的科学家和女权人士，也难免受其影响。法国化学家由 sulphate（硫酸盐）造出了 sulphite（亚硫酸盐），由 nitrate（硝酸盐）造出了 nitrite（亚硝酸盐），"为的是用细小的声音（i）来表示较低的化学反应程度"（斯威特，《语言史》，37页）。F. N. 斯各特③认为，"相当多的人讨厌 women（女人）这个复数形式，认为这个形式孱弱而似抽泣，在这些人看来不像单数 woman 那样暗示力量与尊贵。或许正因为这个原因，woman's building（女子楼）、woman's college（女子学院）、woman's club（女子俱乐部）之类的形式，在大众话语中已取代了 women's building、women's college 等形式"。（转引自我的《现代英语语法》第2卷，§7.42节，但该节也列出了其他一些与之构成情况类似但并无语音象征问题的属格复合结构。）

有一年夏天，挪威弗利德里克城（Fredriksstad）发生了严重干旱，有厕所贴出了这样的告示：Don't pull the string for bimmelim, only for bummelum.（bimmelim 时不要拽绳，bummelum 时再拽。）。人们一看便心领神会。

[i] 之所以很容易就让人联想到较小事物，[u, o, a] 之所以让人联想到较大事物，或许在一定程度上是由于 i 的音高较高（非洲有些语言用高声调表示较小事物，用低声调表示较大事物，见麦因霍夫④[Meinhof]《现代非洲语言研究》[Die moderne Sprachforschung in Afrika]，第81页）；发

---

① 这个拉丁语词也是斯威夫特虚构的。——译者注

② 巴塔语（Batta），今称巴塔克语（Batak），印尼苏门答腊原住民语言，属南岛语系马来-波利尼西亚语族，曾用独特的巴塔克文字书写。——译者注

③ 弗莱德·纽顿·斯各特（Fred Newton Scott, 1860—1931），美国修辞学家，著有《文体原理》(The Principles of Style, 1890)等。——译者注

④ 卡尔·麦因霍夫（Carl Meinhof, 1857—1944），德国语言学家、非洲语言专家，对班图语言谱系划分有重要贡献。——译者注

前者时感觉唇张得较小，发后者时感觉嘴张得大，对这一概念的形成可能也起了一定作用。佩杰把上面提到的那个孩子的词称为"姿势词"（gesture word），"因为 i-i 要靠把舌头向前推、向上推才能发出来，故形成了舌前部和嘴唇之间的最小空间，而 o-o、aw-aw 等则是舌头放低的产物，产生的口腔空间较大"。与之相伴的原因，是个很简单的事实：较小的鸟发出的是类似人类 [i] 的声音，它们的叫声是 peep，而较大动物的吼叫则是 roar；参考金属物相互碰撞的声音，较小金属物为 clink，较大金属物为 clank。

为 [i] 表现出象征价值的词列出清单时，① 我必须马上提醒读者当心两个可能出现的误解。其一，我既不想说元音 [i] 永远暗示"小"，也不想说"小"永远由 [i] 来体现；没有任何一种语言在这个问题上是始终一致的，只要看看 big（大）和 small（小）这两个词，或是看看 thick（粗）和 thin（细）拥有相同的元音这一事实，就足以明白那样的想法有多么荒唐。

其二，我并不是在为所列的这些词讲来历、讲词源；我的意思不是说，这些词最初的词源就是某种想要以象征方式表达细小事物的欲望。的确，我相信上述词当中确有一部分是这样产生的（而有些则出现得很晚，晚到出人意料的地步），但其余的词当中，有许多词里的元音 [i] 大家都知道是较晚才发生的变化，词里以前是别的元音。所以我只想指出，这些例子中存在某种音义关联，无论这关联由何产生，产生得有多晚（正因为此，我认为必须承认"二代回声词"②）。但是我坚信，表示"小"或较小

---

① 我这份清单不是对词汇做系统搜索的结果，仅包括我关注这一问题时遇到的词。——原注

② 叶斯柏森的回声词（[英] echoism，[丹] ekkoisme）这一提法最早见于其研究儿童语言的专著《当代儿童及成人的语言》（1916），原指婴儿学语时对身边成年人说话的重复："儿童习得语言时，尤其在开始构成词组的阶段，回声词扮演了极其重要的作用，儿童就像回声一样，重复大人说给他听的话。"（第161页）他在《语言论》（1922）中提出，有些词源不明的词，与其牵强解释成源于无据可查的古代原住民语言的外来词，不如理解为"回声词"，即人对自然事物所发出的声音的模仿，这样的词拥有"恰当的象征性语音"（felicitously symbolic sound），有助于其推广流传。从本文的阐述中我们可以看出，一个词如果以前不具备语音象征特点，但在语音演化中新出现了这样的特点，则为"二代回声词"（secondary echoism）。——译者注

事物的词里含有 [i] 音这一事实，许多时候（或者说多数时候）影响力很大，让人们偏爱这样的 [i] 音；这个音可以诱使人们选择并倾向于某个词，并抛弃那些意思相同但却得不到偏爱的词。换言之，语音象征使某些词更能适者生存，在生存斗争中给予这样的词相当强的生命力。你要是想借用某种动物的名称来称呼小孩，就会倾向于使用符合语音象征的词，如 kid（小羊）[1]、chick（小鸡）（参见本文 §3），而不是 bat（蝙蝠）、pug（小狗）或是 slug（虫子），尽管后者自身或许比前者更小。

由此，各种语言里的象征词变得越来越多。我不相信存在语言中的一切都具有表达力、都具有确切意义值的"黄金初始时期"（golden first age），正相反，我相信存在一种缓慢的进步趋势，通向更全面、更简便、更充分的表达（包括情绪方面的更充分表达）——在这样的演变中，我觉得符合语音象征的形式不断增多是不容小觑的元素。

[2] 表示"小"（little）的词

这部分中，我也收录了表示"不重要、弱、微不足道"（insignificant, weak, puny）的词，因为这些词跟"小"不可分割。

little[2]，哥特语 leitils，古北欧语 litill，丹麦语 lille，等等。关于 leetle 这个形式以及词里的元音，见 §7。值得注意的是，little 是个带有感情的词，而 small 虽表示同样的属性，却是个更客观、更无感情色彩的表达。

tiny，旧时也作 tine，后者在莎士比亚著作中始终以 little tine 这一复合结构出现。源于名词：利德盖特[3]诗中有 a little tyne（一点点），此词源于古法语 tinee（一桶），由 tine（桶）派生而来（见斯基特及《牛津

---

[1] 英语的 kid 一词源于古北欧语，最初指山羊羔，后衍生出"孩子"之义。——译者注
[2] 本文中未标注语种的词都是英语词。——译者注
[3] 约翰·利德盖特（John Lydgate，约 1370—约 1451），英国本笃会修士、诗人。——译者注

NED》①里的形容词 tine 词条和 tiny 词条）。关于发音及 teeny 这一拼写形式，见 §7。

L. W. 佩恩②的《东阿拉巴马词表》(*Word-List from East Alabama*, 1909) 给出了若干变体: teenincy[ti·nainsi]，tincy [tinsi]，teentsy-weentsy，teeny-weeny，tintsy，tintsy-wintsy，tinchy，teenchy，另参见《EDD》③: tinsy-winsy，tinny，tinny-winny，tiny-winy，tiddy，tidney，tiddy-iddy，tiddly。

wee，尤其见于苏格兰语。

weeny，也是苏格兰语，是 tiny 和 wee 的混合，例如，巴利④《汤米和格丽兹尔》(*Tommy and Grizel*) 396；洛克⑤《奇妙的一年》(*The Wonderful Year*) 25；麦肯纳⑥《米达斯》(*Midas*) 127: make things just the weeniest bit easier；高尔斯华绥⑦《暴民》(*Mob*) 26: tell me just one weeny thing。

---

① 《牛津 NED》全称《按历史原则编写的新英语词典》(*A New English Dictionary on Historical Principles*)，即《牛津英语词典》的第 1 版，1888 年推出第 1 卷，至 1928 年出齐 10 卷。1933 年正式更名为《牛津英语词典》(*The Oxford English Dictionary*)，重排为 12 卷，并增加了 1 卷补编。20 世纪后半叶，又有 4 卷补编相继出版（1972，1976，1982，1986）。1989 年，《牛津英语词典》第 2 版问世，这一版就是广为世人所知的"20 卷本牛津英语词典"。——译者注

② 小列奥尼达斯·沃伦·佩恩（Leonidas Warren Payne Jr.，1873—1945），美国学者，曾参与主持约瑟夫·伍斯特（Joseph Worcester，1784—1865）的《英语词典》(*Dictionary of the English Language*) 的修订。佩恩是得克萨斯文学研究先驱，著有《得克萨斯文学概览》(*A Survey of Texas Literature*，1928)、《得克萨斯诗歌》(*Texas Poems*，1936)。——译者注

③ 全称《英语方言词典》(*The English Dialect Dictionary*，1898—1905)，6 卷本，由英国语言学家、方言学者、英国国家学术院院士约瑟夫·赖特（Joseph Wright，1855—1930）编纂。——译者注

④ J. M. 巴利（James Matthew Barrie，1860—1937），苏格兰作家，《彼得·潘》的作者。——译者注

⑤ 威廉·J. 洛克（William J. Locke，1863—1930），英国作家。——译者注

⑥ 斯蒂芬·麦肯纳（Stephen McKenna，1888—1967），英国作家。——译者注

⑦ 约翰·高尔斯华绥（John Galsworthy，1867—1933），英国作家，1932 年诺贝尔文学奖得主，代表作是由《有产业的人》(*The Man of Property*，1906)、《进退维谷》(*In Chancery*，1920) 等小说组成的"福尔赛世家"系列。——译者注

该词在爱尔兰得到了加长：a **weeny deeny dawny** little atomy of an idea of a small taste of a gentleman（乔伊斯①《我们在爱尔兰所讲的英语》[*English as We Speak It in Ireland*] 132）。——Teeny weeny，见 § 7。

little bitsy，little bitty（佩恩《东阿拉巴马词表》）。

mimmmy-pimminy，亦作 nimminy-pimminy 或 wimmeny-pimmeny。

minikin（thy minikin mouth，莎士比亚《李尔王》III. 6.45）。参见 § 3。

skimpy，scrimp，瘦小的、节俭的、发育不良的。

flimsy，据认为源于 filmsy。

slim（最早的引述是 1657 年，与荷兰语及低地德语 slim [聪明的]、德语 schlimm [坏的] 有联系）。

slinky，缩窄的（高尔斯华绥《天鹅之歌》131：his dark slinky eyes）。

spindly，小、弱（同上作者《白猿》180）。

piddling，小（弥尔顿《论出版自由》39：piddling accounts；华尔浦尔②《冬季的月亮》[*Winter's Moon*] 582：torrents have been piddling brooks）。

piffling，不值一提（例如，刘易斯③《阿罗史密斯》[*Arrowsmith*] 438）。参见 piffle（胡说八道）。

pimping，小、琐碎、病弱。最早见于 1687 年，词源不详，参见荷兰语 pimpel（弱小的人），德语 pimpelig（女性化的），《牛津 NED》释。

pink 的若干词义中有"小"之义；苏格兰语 pinkie。

jimp，苏格兰语"整洁……纤细"。

萨默塞特方言有：a little **skiddley** bit o' bird'n cheese.

---

① P. W. 乔伊斯（Patrick Weston Joyce，1827—1914），爱尔兰历史学家，主要著作包括 3 卷本《爱尔兰地名的起源与历史》（*The Origin and History of Irish Names of Places*，1869—1913）、2 卷本《古爱尔兰社会史》（*A Social History of Ancient Ireland*，1906）、《古爱尔兰民乐与民歌》（*Old Irish Folk Music and Songs*，1909）、《爱尔兰语语法》（*An Irish Grammar*，1878）等。——译者注

② 休·华尔浦尔（Hugh Walpole，1884—1941），英国作家。——译者注

③ 辛克莱·刘易斯（Sinclair Lewis，1885—1951），美国作家。——译者注

peaky，peeky，peeking，病弱的、虚弱的、发育不良的。

sis，女性化的，见于美国，例如刘易斯《大街》337。

infinitesimal（非常非常小）。

注意《罗杰同义词词库》unimportant 词条下（第 643 页）有多少同义词是带有 [i] 或曾经带有 [i] 的（后者置于括号内）：(trifling)，trivial，(slight，light)，flimsy，frivolous，niggling，piddling，fribble，finical，finikin，fiddle-faddle，fingle-fangle，wishy-washy，mean，meagre，weedy，niggardly。

还应注意一些比喻，如：no bigger than a **pease**，than a **pin's** head，as little as **ninepins**，as small as **meeze**，as big as a **bee's knee**，ez larl (little) ez **fleabite**——这些例子均取自斯瓦滕格伦①《英语的明喻强化》(*Intensifying Similes in English*)，隆德，1918。

丹麦语 bitte，标准音通常带有较窄的 [i] 音，日德兰方言通常带有 [e] 音。常与 lille 组合使用。

奥克尼群岛、设得兰群岛方言②有 piri（小）；挪威方言有 pirre；法罗群岛方言有 pirra（较小事物）。

德语 gering，丹麦语 ringe。

德语 winzig。

拉丁语 minor，minimus。

拉丁语 micidus（非常小）。

意大利语 piccino，piccin piccino，piccolo。

法语 petit。

---

① T. 希尔丁·斯瓦滕格伦（T. Hilding Svartengren，生卒年不详），瑞典语言学家。——译者注

② 苏格兰最北端的奥克尼群岛、设得兰群岛历史上属挪威管辖，这一地区通行的北欧语方言称为诺恩语（Norn），15 世纪该地区归属苏格兰之后，诺恩语逐渐被低地苏格兰语取代，直至 19 世纪中期完全消亡。——译者注

法语 chetif，部分方言阴性形式为 chetite，明显由 petite 而类推。

西班牙语 chico，参见 §3；加泰罗尼亚语 xic, chic（小，不值钱）。

罗马尼亚语 mic（小）（疑似源于下一条）。

希腊语 smikrós, mikrós。注意与 makrós（大）的对比。

希腊语 oligos。

芬兰语 pikku。

爱沙尼亚语 pisikene（小）。

匈牙利语 kis, kicsiny，比较级 kisebb。

匈牙利语 csiribiri（非常小），有若干变体形式，见路依①《论芬兰-乌戈尔语族的词结构与句子结构》（*Zur finnisch-ugrischen Wort- und Satzverbindung*）84。

格陵兰岛爱斯基摩语 mikirsoq（小），mikivok（小，表语），另有其他形式：mikike, mikingit。

日语 tiisai（或 chiisai）（小），tito（一点点）。

汉语 'tit 'tit（点点）（琼斯、胡炯堂②《粤语语音读本》[*A Cantonese Phonetic Reader*] 13）。③

[3] 表示小孩或动物幼崽的词

表示动物幼崽的词经常用来指小孩，或多或少带有诙谐意，因此英语

---

① 恩斯特·路依（Ernst Lewy, 1881—1966），德国语言学家。——译者注

② 据黄振威《番书与黄龙——香港皇仁书院华人精英与近代中国》（2019）一书记载，胡炯堂（1878—1957）又名胡恒锦，早年留英，学成后任教于香港皇仁书院，1921年起担任律师，二战前已成为香港知名律师。（第209页）其与英国语言学家丹尼尔·琼斯合著的《粤语语音读本》曾被日本语言学家鱼返善雄（1910—1966）译成日语。另据香港《工商时报》1957年6月22日发布的讣告，胡炯堂曾长期担任太平绅士及教育委员会委员。——译者注

③ 有些形容词概念，无法与"小"之义分开，同样也由这个元音来象征：如英语 fine，法语 chic（潇洒，被其他多种语言借入，据认为源于 chicane [计较]），苏格兰语 dink（穿戴讲究），英语 trim，美国英语 nifty（精明，时髦），丹麦语 fix（穿戴讲究），法语 mignon，英语 finical、finikin（过于讲究的）。另外还应注意 titivate（使人精明、漂亮），以及 tiddyvate、tiddy up。——原注

中有 kid，chick，kitten，piggy。

child，儿童。

imp，"植物幼芽"之义已废弃，今指"小孩"，尤其是"淘气小孩、小魔头"。

chit，小女孩，例如，戈尔德史密斯①《威克菲尔德的牧师》(*The Vicar of Wakefield*) 1.83。

titter，小女孩，街头游民用语，法默、亨利②引自霍顿③。

tit，任何较小事物，亦指小女孩，出处同上。

kinchin，旧时俚语，小孩。

minikin，对体型小的女人的昵称，亦作形容词，表"娇小"之义，源于中古荷兰语 minnekijn/minneken（小可爱），参见 mignon（娇小可爱的）。另有加长词 minnikin-finikin，亦作 minnikin-finical。

a **slip** of a boy，瘦小的男孩。

stripling，年轻人。

snippet，切下的一小块，亦用作对体型小的人的蔑称，参见塔肯顿④《伟大的安伯森一家》158："the impertinent little snippet that hasn't any

---

① 奥利弗·戈尔德史密斯（Oliver Goldsmith，1728—1774），英国作家，代表作有小说《世界公民》(*The Citizen of the World*，1760)、《威克菲尔德的牧师》(1766)，诗歌《荒村》(*The Deserted Village*，1770)，喜剧《屈身求爱》(*She Stoops to Conquer*，1773) 等。——译者注

② 约翰·S. 法默（John S. Farmer，1854—1916），英国词典编纂家。威廉·E. 亨利（William E. Henley，1849—1903），英国诗人。二人合作编写了关于英语俚语的大型工具书，7卷本《古今俚语及其类推语词典》(*Slang and Its Analogues Past and Present: A Dictionary*)。本条例子即引自这部大型工具书。——译者注

③ 约翰·坎登·霍顿（John Camden Hotten，1832—1873），维多利亚时代的伦敦出版商。此处法默和亨利引用的例子，出处是霍顿自编自印的《俚语词典》(*The Slang Dictionary*，1864)。——译者注

④ 塔肯顿（Booth Tarkington，1869—1946），美国作家，其小说《伟大的安伯森一家》(*The Magnificent Ambersons*，1918) 是普利策奖获奖作品。——译者注

respect for anything" … "Snippet! How elegant! And 'little snippet'—when I'm over five-feet-eleven?"("这个无礼的小兔崽子,对什么都没半点儿尊敬"……"小兔崽子!你够高贵!我可不止5呎11呢,你叫我小兔崽子?")

fribble,例如伦德斯《爱薇》[①]163:this lovely young fribble of a woman—for such was her old-fashioned expression(这可爱的年轻小娘子——她就爱用"小娘子"这个过了时的词儿)。另见该书264。

nipper,俚语,男孩子。

whipster,whippersnapper,whipper-snip,戴恩[②]《首先是刀锋》(*First the Blade*)20,指身材娇小的女孩。参见高尔斯华绥《福赛特世家》147章:"That **snip-petty whippet**!" said Swithin.(斯维森说:"那个小不点儿!")这可能是第一次有人用这个词。

pygmy 或 pigmy,法语 pygmée:经由拉丁语借自希腊语 pugmaîos,源于 pugme 一词,度量单位,指从胳膊肘到指关节之间的距离。英语常将其作形容词,不仅限于修饰人,如 a pigmy army(规模很小的军队)。

piccaninny,小孩,尤其指原住民小孩,由西印度兴起并传至各地;这个词在东方英语以及"海参英语"(Beach-la-Mar)[③]里是表示"小"的常用形容词。该词的词源是西班牙语 pequenino(小孩)[④]。

kid,小孩。贝内特[⑤]《克雷亨格》(*Clayhanger*)1.103:kid … the

---

① 玛丽·贝洛克·伦德斯(Marie Belloc Lowndes,1868—1947),英国作家。《爱薇的故事》(*The Story of Ivy*,1927)是她创作的凶杀悬疑主题小说。——译者注

② 克莱门丝·戴恩(Clemence Dane,1888—1965),英国作家。——译者注

③ 海参英语,今称比斯拉马语(Bislama),是一种以英语为基础的皮钦语,19世纪在为白人种植园充当劳工及奴工的南太平洋岛民中形成。该语言今在南太平洋岛国瓦努阿图取得了官方语言地位。Beach-la-Mar 之名源于葡萄牙语 bicho do mar(海参)的讹读,因通行这种皮钦语的地区盛产海参而得名。叶斯柏森在《语言论》中把该语言作为皮钦语之典型,加以详述。——译者注

④ 似为 pequeño(小)+ niño(小孩)之复合,且发生了音近省略(haplology)。——译者注

⑤ 阿诺德·贝内特(Arnold Bennett,1867—1931),英国作家。——译者注

chit's chittishness。

古英语 ticcen，中古英语 ticchen：小孩，小山羊。

chick，chicken，小鸡，昵称还有 chickabiddy。

kitten，小猫。

pig，猪，拿来指"小孩"时，常说 piggy、piggy-wiggy。

tit，一种矮马，参见《牛津 NED》。Tom Tit（骂人话）。

midge，小虫，似比 gnat（小虫）小，更小的还有 midget [midʒit]。

grig，身材小的人（废弃），较小的母鸡、鳗鱼等。

tick，寄生虫，指身材小的人，蔑称。例如威尔斯[①]《琼和彼得》(*Joan and Peter*) 381：He regarded her as nothing more than a "leetle teeny female tick", and descanted on the minuteness of her soul and body.（在他眼里，她不过是只"娇小的女吸血虫"，于是他就对她的灵魂和肉体有多么狭小夸夸其谈起来。）

nit，古英语 hnitu（虱卵），同样用作对人的蔑称。（见于莎士比亚及其他伊丽莎白时期作家；在美国至今仍在使用，见刘易斯《巴比特》277：I guess you think I'm an awfully silly little nit![我猜，你觉得我是个傻到家的小爬虫吧！]）俄语 gnida，拉脱维亚语 gnída，古北欧语 gnit，德语 Nisse，均为"虱卵"之义。与之对应的丹麦语词 gnidder（是已废弃的 gnid 一词的复数），今已跟另一个表示"很小、很难辨认的字"的 gnidder 相混淆。[②]

shrimp，虾，亦可用于对发育不良的人的蔑称（见于乔叟、莎士比

[①] H. G. 威尔斯（Herbert George Wells, 1866—1946），英国作家，因《时间机器》(*The Time Machine*, 1895)、《隐形人》(*The Invisible Man*, 1897) 等科幻小说而闻名。——译者注

[②] 语文学会版《丹麦语词典》亦将这两个 gnidder 列为两个不同词条并指出了两词的不同词源：gnidder¹（很小、很难辨认的字）源于动词 gnidre，意为"用密而小的字书写"（skrive tæt og småt）；gnidder²（虱卵）是 gnid 的复数，源于古丹麦语 gniter，更久远的词源不详。——译者注

亚等）。

minnow，米诺鱼。"经常泛指各种小鱼……比喻矮小……是个表示'非常小'的准形容词"——《牛津 NED》。

mite，螨虫，早期用法中可模糊指任何小型昆虫纲或蛛型纲动物……如今主要指"乳酪螨"，参见《牛津 NED》。

bird，鸟，中古英语带有 [i] 音，意为"小型鸟或雏鸟"，[i] 音和"小"之义差不多在同一时期消失。dicky-bird，亦指"小鸟"。

pixy，小仙子，据认为是婴幼儿的灵魂；奎勒-库什的一篇故事里[①]拼作 pisky。

nix，nixie，水中精灵，我觉得该词今基本上被理解为指小词；该词来自德语 Nix、Nixe，源于古高地德语 nichus，同古英语 nicor（水妖）。水妖被描写为危险的东西（《贝奥武甫》422），因此体态通常不会太小。所以，"小"之义可通过元音间接体现。我还应补充一点，斯堪的纳维亚语 nisse、nis（棕精灵 [brownie]）[②] 被理解为很小；这个名词通常认为源于 Niels（= Nicolaus），尽管棕精灵与圣徒尼古拉斯的关联还远未搞清楚。见 H. F. 费尔伯格[③]《棕精灵的故事》（*Nissens historie*），哥本哈根 1919 年版，第 105 页。

[①] 见于奎勒-库什姐妹编写的民间故事集《康沃尔的圣井与古井》（*Ancient and Holy Wells of Cornwall*，1894）中的《佩林特村的圣楠井》（St. Nun Well of Pelynt）一则（相传圣楠是威尔士守护者圣大卫的母亲）。两姐妹的兄长即英国作家、文学评论家、著名畅销书《牛津英诗选（1250—1900）》（*The Oxford Book of English Verse, 1250–1900*，1901）的编者亚瑟·托玛斯·奎勒-库什勋爵（Sir Arthur Thomas Quiller-Couch，1863—1944）。奎勒·库什一家是康沃尔人，对康沃尔本土的独特文化传统有深入了解。勋爵参与编写的《康沃尔特有词汇表》（*Glossary of Words in Use in Cornwall*，1880）是英语方言协会词表系列中的一卷，该书也收录了 pisky 一词，释义为"仙子"（fairy）。——译者注

[②] 棕精灵是英国北方民间传说中的室内精灵，身材矮小，在夜间或屋主外出时出来活动。——译者注

[③] 海宁·弗里德里克·费尔伯格（Henning Frederik Feilberg，1831—1921），丹麦牧师、民俗学家，对丹麦民俗学贡献巨大。——译者注

德语 Kind，孩子。旧时英语的下层社会黑话 kinchin（孩子）来自德语的 Kindchen①。

挪威语 kind，孩子，用于摇篮曲中对孩子的昵称（见奥森②，另见托尔普③《挪威语词源词典》[*Nynorsk etymologisk ordbok*]）。

丹麦语 pilt（已废弃），小男孩。博恩霍尔姆岛（Bornholm）④方言中有 pilk 一词，该词亦见于奥克尼群岛方言（雅各布森⑤《费尔伯格纪念文集》[*Festskrift til Feilberg*]）。

丹麦语 spirrevip，侏儒。

丹麦语 fims，又瘦又小的人。

挪威语 pis、pise，体弱的人。

德语 Knirps，矮子；另有 stimps 一词。

拉丁语 filius / filia，西班牙语 hijo / hija，法语 fils / fille，等等，儿子 / 女儿。

西班牙语 nino，小孩。

西班牙语 chico（小孩），chiquillo（小孩），法语 chiche（小气、贫乏），源于拉丁语 ciccum（微不足道之事）、希腊语 kikkos，意为"苹果

---

① Kind（孩子）+ -chen（指小后缀）。——译者注

② 指奥森编写的《挪威大众语词典》（*Ordbog over det norske folkesprog*，1850）。伊瓦尔·奥森（Ivar Aasen，1813—1896），挪威语文学家、词典编纂者、作家。历史上挪威长期以丹麦语为标准书面语，称丹麦-挪威语（Dano-Norwegian）或"书面语"（Bokmål）。奥森常年深入乡间研究挪威人的大众口语及民间歌谣，相继编写出《挪威大众语语法》（*Det norske folkesprogs grammatik*，1848）和《挪威大众语词典》，并使用这种"大众语"创作戏剧、诗歌及散文作品，最终使这种民间口语得以书面化、系统化，被挪威官方认定为"新挪威语"（Nynorsk）。"书面语"和"新挪威语"至今仍为挪威两种并行的官方书面语。——译者注

③ 阿尔夫·托尔普（Alf Torp，1853—1916），挪威语言学家。——译者注

④ 博恩霍尔姆岛是丹麦最东端的离岛，位于瑞典和波兰之间的波罗的海中。——译者注

⑤ 雅各布·雅各布森（Jákup Jakobsen，1864—1918），法罗群岛人，丹麦语言学家、北欧语方言学者，编纂了 2 卷本《设得兰群岛诺恩语词源词典》（*An Etymological Dictionary of the Norn Language in Shetland*，1928—1932）。——译者注

核、小东西"。拉丁语有 cica（微不足道之事）。西班牙语还有 chiquitico、chiquitillo、chiquirritico、chiquirritito 等形式表示"小"。

西班牙语 chibo，小孩。

意大利语 bimbo，小男孩。

匈牙利语 fi，儿子、男孩、动物幼崽（词源同芬兰语 poika [儿子、男孩、动物幼崽]）。

丹麦语 kid，小孩。

丹麦语 killing，今指"小猫"，取代了先前的常见形式 kælling、kelling，古北欧语 ketlingr，可能与前面提到的 kid 一词发生了混淆（P. K. 托尔森①），也可能是因动物幼崽名称普遍带有 [i] 的趋势而造成的。

丹麦语 gris，古北欧语 griss（[小] 猪）。

tit, titlark, titmouse, pipit，小鸟。

[4] 表示较小事物的词

此处我们碰到的是一系列无法归类的词——许多还无法阐明词源。我把我收集到的词列出来供大家参考。

bit，一点点。最初表示咬下的部分，今用于任何较小或量少之事物。与之类似的是丹麦语 bid，参考上文的 bitte。这个词在高尔斯华绥的《弗利兰德一家》(*The Freelands*) 125 得到了加长：the good gentleman was a **tiddy-bit** off（这位好绅士人有那么一点点怪）(tiddy-bit 一词未见于词典中）。

whit，一点点（not a whit，一点也不）：旧时认为 whit 的词源是 wight（人）很可能是错的。我认为该词与 white（白）之间存在关联：保留 [i] 音而非双元音 [ai]，且元音 [i] 之短促又被塞音 [t] 戛然打断，由此，

---

① 裴特·克里斯琴·托尔森（Peder Kristian Thorsen, 1851—1920），丹麦语文学家。——译者注

元音的缩短具备了象征性。其意义或许是"白色的小圆点",也可能类似丹麦语的 hvid,亦指旧时的一种白色的小银币(因而有 ikke en hvid [一点也不],似英语 not a farthing),相当于中古低地德语的 witte。

挪威语 pit、pita,瘦小的东西。

piece,小块。

mite(与上文表示昆虫的 mite 可能最初是同一个词),(佛兰德地区的)小硬币,中古荷兰语作 mîte。

苏格兰语 nignay、nignye,微不足道的小事。

tittle,书写时的短笔画或小点,或表示少量。注意表示此义时,元音为短音 [i],而在并无"小"之义的 title(头衔)中,元音延长且已双元音化。

fribble,微不足道之事,参考上文。

splinter, splint,小石头。后者在德语、丹麦语等语言中也有。

slice,薄片。来自古法语 esclice,源于古高地德语 slizzen,参考下文 slit。

squit,地位低下者。萧伯纳《错姻缘》(*Misalliance*) 17:a little squit of a thing(低三下四的小卒)。

slip,小树枝,a slip of a boy(瘦小的男孩子)。

twig,小树枝。

sprig,小树枝。

丹麦语 kvist,小树枝。

strip,细长条,丹麦语 stribe,中古高地德语 strife,丹麦语 strimmel,等等。

snip,切下的小块或小条,少量,体型小的人;snippet、snipping:切下的小块;in snippets and in driblets(一点一点)。

chip,chipping,小片。

pip,果核,美国也作 pit;中古低地德语、荷兰语等的 pit 意义与之相同。

苏格兰语 twitter：线条细的部分，亦用来指精致的小女孩。

trifle，琐事。中古英语有带 u 或 o 的形式，源于古法语 trufle，但原有的元音仅存在于表示"虚假无聊的故事、笑话"之义时，而表示"较小或不重要的事情"时，元音为 [i]，有时是短音，这一点可从旧拼写 triffle 看出，也有时是长音，后来变成了 [ai]。

frippery，价值较小的东西。今主要指服装等的精美。

smithereens，小块、碎片。源于苏格兰语，今已被标准英语所采用，尤其见于 knock into smithereens（砸得粉碎）这一短语。

jitney，美国本地用语，表示"五分钱、小面值硬币"。

拉丁语 titvillicium, titibilicum，非常小的东西，与 titulus 有关联，参见上文 tittle。

拉丁语 quisquilia，微不足道的事物。很有可能是借自希腊语 koskulmatia（皮革渣子），但是发生了元音的象征性变化。

拉丁语 mica，碎屑。法语否定结构里的 mie①；罗马尼亚语 mica（瞬间）。

葡萄牙语 pico，针尖。如，duas libras e pico（两磅多一点），tres horas e pico（三小时多一点），等等。

西班牙语 triza，小东西。

拉丁语 filum，线。法语 fil 等。（另参见 nihil [无]）如果拉丁语 funis（绳子）也源于同一词根，那么这两个词里的元音即在表明粗和细的差别。

法语 nippes，复数，指粗制滥造的小东西，因此有德语 nippes、丹麦语 nips（小摆设）。参见英语 nip（一小口酒），丹麦语动词 nippe（吃一小口、喝一小口），英语动词 sip（喝一小口）；丹麦语 nippedrik（小口小口喝酒的习惯）。

---

① 这个否定词源于拉丁语 mica，在法语中亦指"面包屑"，因而有 à la mie de pain（微不足道的）这一习语。作为否定词，mie 在现代法语中已基本不再使用。——译者注

古法语 brique，碎片、碎块，在瑞士罗曼语里至今仍有"小块、一点点、残渣"之义。

prick，刺，丹麦语 prik（刺，也用来表示"圆点"）。

荷兰语 stip，尖、点。

德语 Spitze，丹麦语 spids，尖（作形容词表示"带尖的"）。

西班牙语、意大利语 picco，尖。法语 pic（尖），英语 pike（矛尖）、peak（山尖）（见《牛津 NED》中的各种词源上和历史上的难题）。

tip，尖。参见《牛津 NED》："与 top（顶）无词源联系；但二者词形上的相似性以及语音上的音质致使人们经常觉得 tip 是较细、较精致的 top；参见 drip、drop、chip、chop 以及 tip-top。"这类词或许还应补充 lip（嘴唇）、lop（耳垂）；sip（小口喝）、sop（浸泡）、sup（小口喝）；flip（翻转）、flop（重重摔落）；slip（滑）、slop（倾斜）；strip（剥下）、strop（撕下）；另参见 slit（裂缝）、slot（插槽）；stick（棍子）、stock（库存）。其他语言中亦有对应的词。

nib，表示"小"，是 neb 的异体；表示"笔尖"。

pin，大头针。丹麦语 pind（小棍）。

丹麦语 fip，以前指"尖"，今主要用于 fipskæg（下巴上的胡子）。

pinnace，小船。

pinnacle，较细的塔楼。

slit，较小的开口（比 slot 小），德语 Schliss 义同。

chink，窄口、裂缝，词源不详，早先有 chine 之形式。

德语 Rinne，丹麦语 rille：较浅沟槽。

tingle，刺痛，中古高地德语 zingel，表示最小的那种钉子。

德语、丹麦语 stift，小钉。

苏格兰语 peak，peek，火焰的小尖。

荷兰语 pink，小拇指。

丹麦语、挪威语、低地德语 kim（德语 Keim），萌芽、开端。①
drizzle，蒙蒙细雨。

[5] 指小后缀

指小后缀无法跟昵称后缀分开，许多语言的这类后缀中都可见到 i 音。

英语 -y、-ie：如 Willy、Dicky、Dolly、baby、laddie、auntie，等等。商标名称中常拼写为 -ee，如 coatee、bootee。

德语（瑞士德语）Ruodi = Rudolf，Werni = Werner，Uli = Ulrich，F. 施塔克②的《日耳曼人的昵称》(Die Kosenamen der Germanen) 里面给出了古时候的许多类似形式（维也纳，1868，第52页及后）。古高地德语里有许多带有 -i 的普通名词的指小形式，与 -in 并存，如 fugili（小鸟），chezzi（小锅），见克鲁格（Kluge）③，《古日耳曼语诸方言的名词原始结构研究》(Nominale Stammbildungslehre der altgermanischen Dialekte) § 58。

荷兰语 -ie, -je：如 kopje（小头、小山），briefje（便条）。荷兰语口语中，尤其是南非荷兰语中，这个后缀读 -i，如 koppi、kassi 等等，关于这个后缀的广泛使用，见 H. 迈耶④《布尔语》(Die Sprache der Buren，

---

① 还应注意德语中 "Das ist keinen pfifferling Wert"（这半点都不值）一语（pfifferling 亦作 pfiff）。最后还要注意 minibus 这个奇怪的词，它表示"封闭得不严的车辆"，在1849年至1864年之间使用。该词由 minimus 和 bus 构成，而 omnibus 则因其语音而被觉得是大型车辆。——原注

② 弗兰茨·施塔克（Franz Stark，1818—1880），德国语文学家。——译者注

③ 弗里德里希·克鲁格（Friedrich Kluge，1856—1926），德国语文学家，编有著名的《德语词源词典》(Etymologisches Wörterbuch der deutschen Sprache，1883)。——译者注

④ 海因里希·迈耶（Heinrich Meyer，1869—1945），德国语言学家，日耳曼语学者，曾参与格林《德语词典》修订。迈耶是积极的社会活动家，支持扩大妇女权益，反对排犹主义，特别将其犹太裔妻子的姓氏附于自己的姓之后，因此他后来的著作署名为海因里希·迈耶-本菲（Heinrich Meyer-Benfey）。——译者注

1901)48 页及后。

希腊语 -io-：如 paidion（小孩）源于 pais（男孩），还有 ornithion（小鸟）、hetairidion（小朋友）。

匈牙利语 -i：人名 Páli = Pál, Antali = Antal, Feri = Ferencz, pajti（小伙伴）、bari（小羊羔），等等。西莫尼[①]认为，这个后缀借自德语（《匈牙利语》[Die ungarische Sprache] 第 77、315 页），但是在 316 页，他又提到芬兰-乌戈尔语族有个指小后缀 -j- 以及（本族的）复合后缀 -di。匈牙利语还有一种通过把元音变成 i 来让词变成指小形式的奇特方式，如 madárka（鸟），madirka（小鸟）。动词亦如此，见西莫尼第 45 页。

哥特语 -in，拼写形式为 -ein：如 gaitein（小山羊），gumein（矮子），等等，古高地德语有 geizzin（小山羊）。英语 maiden（少女）中的元音 i 今已消失。

希腊语 -in-：korakinos（乌鸦雏鸟），成鸟为 korax。

意大利语 -ino/-ina：bambino（小孩），Giovinino（小乔万尼），piccolino（小孩），donnina（小女子）。该后缀在西班牙语里较罕见，如 ansarino（小鹅）。葡萄牙语，如 filhinho（小儿子）。尤其注意加长至两个 i 的那些形式，如意大利语 donnicina（小女子）、barbicina（小须子），等等。

爱尔兰语的许多指小后缀当中，"只有 in（亦作 een）一个进入了爱尔兰英语，een 随处可见，甚至不时加到了基督徒的教名上（尤其见于孩子），如 Mickeen（小 Mick）、Noreen、Billeen……还有 birdeen（小鸟）、Robineen-Redbreast（红胸脯小知更鸟）、bonniveen（小猪崽），等等"（乔伊斯《我们在爱尔兰所说的英语》90）。英语有 squireen（小型地产的所有者）。

[①] 日格蒙德·西莫尼（Zsigmond Simonyi, 1853—1919），匈牙利语言学家。——译者注

古高地德语 -lin：sünlin（幼子），schiflin（小船）；现代德语 -lein（如 scherflein [微薄贡献] 等）以及施瓦布方言 -le 里面的 i 今已不存，但是在瑞士德语里（如 Büebli [小男孩]，Füessli [菲斯利，姓氏] 等）这个 i 仍有生命力。

英语 -kin：lambkin（小羊羔），princekin（小王子），对应中古荷兰语 -kijn（如 kindekijn [小孩]）以及中古高地德语 -kin（如 kindekin [小孩]）；现代德语的 -chen 显然已经不再具备 i 音效应。

古英语 -incel：husincel（小房子），tunincel（小农场）。

英语 -ling：gosling（鹅雏），lordling（年轻领主），stripling（少年），等等。

西班牙语 -ico：animalico（动物幼崽），asnico（驴崽），perrico（小狗）。迪茨①和迈耶－吕普克②都曾提醒过人们注意一个事实：拉丁语中不存在这种具有指小力的后缀，但他们俩没有解释该后缀的起源和功能。该后缀的使用有所扩大，如 hombrecico（身材矮的人），mujercica（女性化的男孩）。参见 R. 兰茨③《句子及其组成部分》（*La Oración y sus Partes*，马德里，1925，第 2 版，第 200 页）："有这样一首流行的智利诗：…'Tienes una boquirria / tan chiquitirria, / que me la comerirria / con tomatirria.'（你长着一张小小的嘴，这么小这么小，我想把它吃下去，

---

① 弗里德里希·迪茨（Friedrich Diez, 1794—1876），德国语文学家，罗曼语学者，罗曼语历史比较语言学研究鼻祖，著有影响深远的 3 卷本《罗曼语语法》（*Grammatik der romanischen Sprachen*, 1836—1838）和 2 卷本《罗曼语词源词典》（*Etymologisches Wörterbuch der romanischen Sprachen*, 1853），该书有法语译本。——译者注

② 威廉·迈耶－吕普克（Wilhelm Meyer-Lübke, 1861—1936），瑞士语言学家，新语法学派代表人物，著有 4 卷本《罗曼语语法》（*Grammatik der romanischen Sprachen*, 1890—1902），该书有法语译本。——译者注

③ 鲁道夫·兰茨（Rudolf Lenz, 1863—1938），德国语言学家，罗曼语学者，1890 年移居智利并归化入籍，著有《源于美洲印第安语言的智利词汇词源词典》（*Diccionario etimológico de las voces chilenas derivadas de lenguas indígenas americanas*, 1905—1910）。——译者注

就着小小的西红柿。)，① 这些词显然都在做语音上的模仿，……带 i 的后缀表示小、表示漂亮，带 a 的后缀表示大、表示强有力……"

葡萄牙语 -zinho/-zinha： 如 liçãozinha（短课），mãezinha（年轻母亲），avôzinho/avôzinha（爷爷/奶奶，指小形式），mulherzinha（小女人），mulherinha（阴险、有心机的女人）。引自 J. 杜恩（J. Dunn）《葡萄牙语语法》(Grammar of the Portuguese Language)，华盛顿，1928，第 181 页。

罗曼语族 -itto/-itta：《牛津 NED》认为"词源不详（或为非拉丁词源？）"。但是，何必认其为外来语呢？即使这个后缀在古典拉丁语里找不到，但像 Julitta、Livitta 这样的人名自罗马皇帝们的时代开始，就已经出现在拉丁语碑刻中了，并且"被 Juliette、Henriette、Antoinette 等无数后人沿袭"（布雷亚尔 [Bréal]《语言学学会学报》[Mémoires de la Société de linguistique] 第 7 卷，第 192 页）。西班牙语里有 arbolito（小树）、agujita（小针）等形式，并扩展出 arbolcito（小树）、mujercita（小女人）等。在意大利语的 -etto/-etta 以及法语的 -et/-ette 里面，后缀已失去语音 i 之象征，但是在借入这一后缀的英语里面，这个后缀却再度发了 [i] 音，尽管英语的这个音确实是个比较宽、比较低的 [i] 音，如 islet [ailit]（小岛）。这个后缀在英语的构词中很少使用，但却带来了扩展后缀：

英语 -let [-lit]：其中的 l 是由后缀 -et 构成的 islet（小岛）、eaglet（小

---

① 诗中的 boquirria、chiquitirria、comerirria、tomatirria 分别由 boca（嘴）、chica（小）、comería（吃，条件式）、tomate（西红柿）派生而来。不过，-irria 并不是西班牙语里常见的指小后缀，因此这几个派生词很接近德国学者 H. 施罗德（Schröder）所说的"扩展形式"（Streckform），叶斯柏森在《语言论》中更形象地称之为"把嘴填满"的词（"mouth-filling" word）。唯一不同之处在于，施罗德的"扩展形式"里插入的音是任意的（willkürlich），其作用仅在于音效，并无具体的语义（参见《德语语言文学史学报》第 29 卷，第 346 页），而本文中的 -irria 显然跟"小"这一含义呼应得非常好。此外，这四个关键词属于兰茨所说的"带 i 的后缀表示小、表示漂亮"之例，不属于"带 a 的后缀表示大、表示强有力"之例，boquirria、chiquitirria、tomatirria 的词尾 -a 是阴性后缀，comerirria 的词尾 -a 是动词条件式后缀，作为屈折后缀，其重音力度远小于真正具有象征价值的 -i-。——译者注

鹰）、circlet（小圈）等例子而造成的。不过，这个后缀之所以受欢迎，显然在很大程度上是因为跟 little 一词恰好相似，因而有 cloudlet（小朵云）、leaflet（小片叶子）、budlet（小花骨朵），等等。

罗马尼亚语 -iţa：guriţa（小嘴）、corfiţa（小篮子）等，见迈耶－吕普克§416。

意大利语 -iglio 和 -icchio：源于拉丁语 iculo，如 borsiglio（小包），dottoricchio（小医生）。

西班牙语 -illo/-illa：源于拉丁语 -ello，如 animalillo（动物幼崽），asnillo（驴崽），abejilla（小蜜蜂）以及扩展形式 hombrecillo（小男人），mujercilla（小女人）。①

面对上述所有例子，无法否认这样的事实：许多语言的话语直觉都倾向于使用带有 [i] 的指小后缀，也倾向于把指小语义赋予这样的后缀，即便这些后缀最初并不表示"小"之义亦如此。拉丁语 -inus 最初的意义是表示"归属于……"或"与……有关系"；迪茨（《语法》② 第 4 版，第 2 卷，第 339 页）从衍生概念出发，对这一指小意义的产生做了解释："sororinus（姐妹之子，外甥）由 soror（姐姐）而衍生，libertinus（自由民

---

① 我们或可将父名（patronymic）视为指小后缀的一类，如希腊语 Atre-ides（阿特柔斯的后裔）（参考现代科学中 arachn-id [蛛型纲] 的用法）、Sem-ite（闪米特人）。——原注
所谓"父名"，就是用来表示"……之子"的名称。我国读者最熟悉的"父名"，当属俄罗斯人名结构（本名＋父名＋姓）中的父名，如尼古拉·谢尔盖耶维奇·特鲁别茨柯依（Николай Сергеевич Трубецкой，拉丁字母转写为 Nikolai Sergeyevich Trubetzkoy，中间的 Сергеевич（Sergeyevich）意为"谢尔盖之子"，用来区别本名相同的人。叶斯柏森给出的这三个例子，Atreides 由 Atreus（阿特柔斯）派生而来（阿特柔斯是希腊神话中的迈锡尼国王，阿伽门农之父）。Semite 由 Sem 派生而来，据《旧约·创世记》，闪（Sem，亦作 Shem）是诺亚的次子，亚伯拉罕的祖先，因此闪米特人一词旧时用作中东各民族的泛称。生物学术语 arachnid，词根是希腊语 ἀράχνη（蜘蛛），虽不直接表示父子关系，但构词道理相同。因此，叶斯柏森把 -ides、-id、-ite 都视为用来构成"父名"的后缀。而我们从俄语构成父名的后缀 -вич(-vich) 里也见到了 [i] 音，与叶斯柏森论述的语音象征价值相符。——译者注
② 指迪茨著 3 卷本《罗曼语语法》。——译者注

特质）由 libertus（自由民）而衍生，amitina（姑妈的后人）由 amita（姑妈）而衍生；新生的东西很容易让人觉得较小。"迈耶-吕普克[①]（第2卷，§452）认为："但是，形容词所显现出的'相像'之义沿完全不同的方向发展；由另一个词推导出来的词，被认为比该词更低微、更小，这就是为何 -inu 尤其在意大利语和葡萄牙语中变成了频繁使用的指小后缀。"[②] 这一解释似乎不太具有说服力，我认为该后缀的这个新功能更应从元音的象征性上来探究。

至于英语的 -y[③]，K. F. 桑丹（K. F. Sundén）在《K. F. 约翰森纪念文集》（*Festskrift tillegnad K. F. Johansson*，哥特堡 1910 年版，131 页及后）里面的《论英语昵称后缀 -y（-ie/-ey）的起源》（On the Origin of the Hypocoristic Suffix -y (-ie, -ey) in English）一文中做了很博学、也很辛苦的论述。他在文中对这个后缀的用法和发展历程的方方面面都做了探究。他这篇 40 页的文章很难被清晰地浓缩成几行字，我也不太确定自己是否完全理解了他的推理。他摒弃了菲克[④]和施塔克认为该后缀在词源上与希腊语 -ios 及瑞士德语 -i 相同之看法，理由之一，倘若果真如此，则该后缀在中古英语乃至古英语中就必然已经变成了弱 -e 词尾，随后则完全不再发音；理由之

[①] 指迈耶-吕普克 4 卷本《罗曼语语法》。原书用德语撰写，但此处引用的是该书的法语译本，由比利时语言学家奥古斯特·杜特蓬（Auguste Doutrepont, 1865—1929）和乔治·杜特蓬（Georges Doutrepont, 1868—1941）兄弟翻译。——译者注

[②] 迈耶-吕普克此处所说的"完全不同的方向"，是与名词相比较而言。他认为，带有 -inus 后缀的名词主要表达两种意义：一是"加在表示地点的名词后面表示来源"；二是"加在物质名词后面代替已消失的 -eus"。而形容词与之不同，-inus 虽然最初用来指方式，但却演化出了指小之义。至于为什么会演化出这样的指小之义，迈耶-吕普克未作说明，因此叶斯柏森认为他的解释缺乏说服力。——译者注

[③] 今 W. 弗兰茨（W. Franz）对此做出的解释（莎士比亚的无韵体诗 [*Shakespeare's Blankvers*]，图宾根，1932）认为该词缀来自中古英语 sone min(e)，太过离谱，极无可能性。——原注

[④] 奥古斯特·菲克（August Fick, 1833—1916），德国语文学家，著有《原始印欧语词典》（*Wörterbuch der indogermanischen Grundsprache*, 1868）以及 4 卷本《印欧语比较词典》（*Vergleichendes Wörterbuch der indogermanischen Sprachen*, 1890—1909）。——译者注

二,我们在 15 世纪以前的英语中是找不到这个昵称词尾的。

这之外还有理由之三:有些人名结尾的 -y 是该人名固有的一部分,这个 -y 被类推转移至其他人名上,尤其是较短的人名上。这样的词尾起初并无昵称功能,但是,-y 所附着的那些较短形式,自身就是昵称(这些较短形式最初带有表示昵称的 -e)。后来,昵称被归因于词尾,该词尾可能就是这个时候开始带着这一新价值加在了其他词的后面。这一理论显得很假。(1)中古英语昵称词尾 -e 变成 -i 的途径,难道跟中古英语 pite 变成 pity 不同吗?如果人们感觉这个元音具有语义,这个元音就格外能够抵挡住脱落。(2)这个词尾在早期文本中不存在,也证明不出太多东西,因为书面上的 -e 很可能就是这个 i 词尾;而且,昵称及昵称之形成,很可能在口语中由来已久,但人们却觉得没有必要将其写在书面上,毕竟那时的人们不像我们现在这样热衷于记录日常口语。(3)无论是教徒的教名还是其他名称,人们似乎没有什么动力去为其加上一个无意义的词尾。但是,如果人们觉得这个词尾具有亲昵元素,情况就会大不相同。想证明英语的指小词尾 -y 跟希腊语及瑞士德语的词尾"词源上相同"是非常困难的,但是,假如这个词尾是在近代英格兰独立产生的(这情况我觉得虽然不是完全不可能,但可能性非常低),那么这样的用法无论如何都是由于元音 [i] 的象征价值带来了跟其他二者相同感觉。这三个在语音上和语义上都相同的后缀,即使不是最严格意义上的同源后缀,相互之间也然毫无疑问地具有天然联系(即舒哈特所说的"基础性联系"[elementar Verwandtschaft])。

还须注意到,儿童经常会自发地在词末尾加 -i。德国孩子这方面的情况,阿门特① 在《儿童语言与思维的发展》(*Die Entwickelung von Sprechen*

---

① 威廉·阿门特(Wilhelm Ament,1876—1956),德国心理学家,著有《儿童思维》(*Die Seele des Kindes*,1914)、《儿童语言史的自然阶段》(*Sprachgeschichte des Kindes in natürlichen Sprachstufen*,1921)等。——译者注

und Denken beim Kinde，1899）69 页有论述；英国孩子的情况，萨利^① 在《童年研究》（*Studies of Childhood*, 1895）419 页有论述；美洲孩子的情况，特雷西^② 在《童年心理学》（*Psychology of Childhood*, 1903）132 页有论述。他们收录的例子如 bodschi（德语 brot [面包]）、dinnie（英语 dinner [正餐]）、beddie（英语 bread [面包] 或 bed [床]）、ninnie（英语 drink [饮料]），等等。这类特征自然会被保姆以及慈爱的母亲们所模仿，因而，这样的语言游戏既然跟儿童和幼儿园相关联，自然就获得了一种昵称力量或指小力量。

加在形容词后面的 -ish，也应视为指小后缀，如 brownish（略带点棕色的）、oldish（有点旧的）、thinnish（有点薄的）。

我还想请大家注意另一个重点。

上述这些含有 [i] 的后缀，还可用来指女性。我们发现在许多语言中，"小""弱""女性"之概念都会并肩出现，在一些非洲语言中常常呈现性别区别，这很自然（参见麦因霍夫《含米特语言》[*Die Sprachen der Hamiten*] 23；Fr. 缪勒^③ III. 2.237）：男性名字和较大事物的名称构成一类，女性名字和较小事物构成另一类。因此，这就不难理解，许多用来构成女性形式的后缀，都跟指小后缀很相像，二者皆含有 [i] 音。例如：

梵语 -i：如 vṛk-i（母狼）（古北欧语 ylgr [母狼] 一词中 i 的音效至今仍在）；此外还有梵语 napt-ī（曾孙女）、拉丁语 neptis（孙女）（古高地德语 nift [侄女]、现代德语 nichte [侄女]），等等。

---

① 詹姆斯·萨利（James Sully，1842—1923），英国心理学家，著有《悲观》（*Pessimism*，1877）、《幻觉》（*Illusions*，1881）以及 2 卷本《人类思维——心理学教程》（*The Human Mind, A Text-Book of Psychology*，1892）等。——译者注

② 弗里德里克·特雷西（Frederick Tracy，1862—1951），加拿大心理学家，著有《教育心理学导论》（*Introductory Education Psychology*，1909）。——译者注

③ 弗里德里希·缪勒（Friedrich Müller，1834—1898），奥地利语言学家、民族学家、闪含语学者，著有 4 卷本《语言学基础》（*Grundriss der Sprachwissenschaft*，1876—1888）。——译者注

罗曼语族 -itta：很早就已在使用，如我们在 Julitta（朱丽塔）等女性名字中所见。

罗马尼亚语 -ita：如 baronita（女爵）等，迈耶-吕普克 §368 认为是借自斯拉夫语；而在 §416 他又认为这个斯拉夫后缀与拉丁语 -icia 相同是"偶然巧合"——但我们却在二者之中看到了同样的心理特征！

罗曼语族 -ina 的出现频率远高于 -ino，并且进入了数不尽的女性人名之中，之后又被其他语言（德语、丹麦语等）所吸纳。由此，该后缀成为构成女性名字的最佳手段：如 Paulina、Pauline、Carolina、Caroline、Josephina、Josephine 等，丹麦语还有从 Jens（延斯）构成了 Jensine（延西娜）等。

德语 -in（原为 -inja）：如 königin（王后）等；丹麦语 -inde：如 præstinde（女祭司）等；英语如今只有 vixen（母狐狸）一词。

古高地德语 -is：如 chebis（妾）；古英语，如 ciefes（妾）。

希腊语 -issa：basilissa（王后），由此产生罗曼语族 -issa，法语 -esse，以及英语再度带有 [i] 音的 -ess。

拉丁语 -trix：源于阳性形式 -tor，如 victrix（女征服者），被英语所吸纳。与这个拉丁语后缀相对应的日耳曼语结构，参见克鲁格《古日耳曼语诸方言的名词原始结构研究》§44。

中古英语 -ild：fostrild（保姆），其他许多阴性词都由词尾 -hild 构成。

上述列举并未穷尽，每个后缀的历史，读者都必须查阅语法书和词典。不过，现在我们很清楚了，如果英语在较晚时期从德语借来的词，除了 nix（水中仙子）之外还有女性形式 nixie（水中仙女），那么后者既是因为德语形式本来就是 nixe，也是因为语音象征之缘故。

[6] 其他概念

有一类词，与 §2 里列举的表示"小"或"变小"的概念紧密相联系，如 mince（弄碎）（以及拉丁语 minutiare [减弱]）、shrink（缩小）、

shrivel(缩水)、shrim(缩小)①、dwindle(减弱)②(《牛津 NED》对其释义时用了 4 个带 i 音的动词:sink、shrink、slink、sneak)、peak(尖峰)。

另外,我们有些表达法,表达的是非常短的时间以及可在短时间内做的事情:

英语 jiffy、jiff(一瞬间),苏格兰语 in a clinck(一瞬间),巴利《汤米和格丽兹尔》(Tommy and Grizel)第 143 页写成 in a klink。另见 wait half a tick(等一小会)(麦肯齐③《邪恶街》[Sinister Street] 1.438)。

英语 fit:短时间的发烧等,亦指短时间。

丹麦语 svip:微微一动,匆忙,短暂旅行。

英语 trip:短暂旅行。

这类形容词还有 quick(迅速的)、glib(流畅的)、vivid(生动的)、diligent(勤奋的)、nippy(敏捷的),佩恩的阿拉巴马词表里还有 lippity-click(迅速,也可用作副词,亦作 lippity-clip);另外 fickle、giddy、busy、nimble、swift、fleet、speedy 也有"快"之义。

其他语言中表示"快"的词有:丹麦语 kvik、livlig,瑞典语 pigg、法语 vite、vif、rapide,意大利语 vispo、visto,日语 kirikiri(敏捷)。

还应提到一些表示迅速动作的动词(这些动词有的还表示这样的动作所发出的声音,因此与本文论证的其他词相比,更具拟声特性)。《牛津 NED》对动词 snick 的释义很有意思,释为"to cut, snip, clip, nick",这几个词大多数都带有短音 [i],且这个短 [i] 被清塞音所截断;参考 slit(切开)、split(劈开)、splinter(砸碎)、rip(撕去)、chip(凿成薄片)、slip(滑

---

① 大多数词典未收这个词。《牛津 NED》对该词的解释是:"今为方言词,表示 shrink 或 shrivel 之义,今主要以过去分词形式出现,表示冻僵的、麻木的(chilled, benumbed)。"(1914 年版第 8 卷,第 778 页)——译者注

② 参见古英语 dwīnan(下降)以及 F. A. 伍德(F. A. Wood)收集的"押韵词"(rime-words),见《印欧语研究》第 22 卷第 142 页。——原注

③ 康普顿·麦肯齐(Compton Mackenzie, 1883—1972),苏格兰作家。——译者注

落）、whip（抽打）、whittle（削），还可进一步参考 jig（轻快地跳）、fillip（弹）、flip（抛）、flit（轻快地飞）、flitter（轻快地飞）、flick（敲打）、flicker（闪现）、fisk（古词，匆忙）、frisk（欢跳）、whisk（掸）、fidget（坐立不安）、jink（快速移动）、mizzle（俚语，突然离开）、nip up（匆匆跑掉）、tibble（校园俚语，溜掉）。参考戴恩《首先是刀锋》第 67 页："When you've grown up the days go quicker. —Oh, yes—they simply **whiz**."（长大了，日子过得就快了。——是啊，日子嗖地就过去了。）前面我们已经看到了动词 nip，另外还可参考英语 nibble（小口啃）、丹麦语 nippe (til)（小口喝）、德语 nippen 或 nipfen（小口喝）。找到其他类似的东西当然也不难；动词 tip 的"付小费"之义（似源于轻微接触之动作？）以及名词 tip 的"小费"之义，有可能也属于这一类。

同属此类的还有英语 blink（眨眼）、wink（眨眼）、twinkle（闪烁）（短语 in a twinkling [一眨眼的工夫]，如《戈尔德史密斯选集》658，狄更斯《董贝父子》385；也作 in the twinkling of an eye），还有 flicker（火光摇曳）、glint（闪光）、glitter（闪闪发光）、glimmer（发出微光），皆表示短暂而不连续的光。洛克的《爱摩斯的到来》(*The Coming of Amos*) 156："I have a glimmer of what you mean."（我有点明白你的意思了。）

迅速移动之义，丹麦语有两个动词：pile a(v)（射出箭）和 kile a(v)（挥动）——如今又多了个 bile（开车），源于 automobil（汽车）的简称 bil；小幅度动作之义，见于 rippe sig（搔抓）。

有些表示"箭"的词含有元音 i，如斯堪的纳维亚语 pil，中古低地德语 pil（现代德语 pfeil，荷兰语 pijl），该词源于拉丁语 pilum（矛）；拉丁语另有 sagitta（箭）；古波斯语有 tigra（箭，英语名词 tiger [老虎] 由此而来）。

迅速移动（不是简单的 go [走动] 之义），是拉丁语 ire（走）的原始意义；希腊语有 riptō（扔、抛），rimpha（快速、强烈）；荷兰语表示"自行车"的日常词是 fiets（元音是短 i）。

与"小"之义相联系的还有动词 sting（扎，即尖状物等导致小伤）、nip（夹住）、pinch（用拇指和食指掐）；这一点在比喻性用法中还和另一些带 [i] 的词相关联：stingy（吝啬的）、niggardly（吝啬的）；例如，可参考詹金斯①《宾多》(*Bindle*) 208："an' me **inchin**' an' **pinchin**' to keep you in food."（我一口饭一口饭养着你。）这层意思的词还有 stint（吝惜）、skimp（舍不得）、scrimp（节俭，例如，德莱塞 [Dreiser]《自由》[*Free*] 130）。

此外还应提到几个表示"因话不投机而小吵几句或发点小脾气"的同义词 tiff、miff、whiff 以及比较罕用的 quiff（梅斯菲尔德②《玛格丽特船长》[*Captain Margaret*] 309）；参见 biff（打）。最后还有 niggle（闲混，有一搭没一搭地做事）以及 niggling、niggly（例如，洛克《爱摩斯的到来》156）。niggle 还可以用来指又小又难认的字。

英语 quip：释义为 "little, witty remark, clever hit, quibble"（简短而机智的话、灵光一现、模棱两可的话）。注意这个释义中用了多个带 i 的词。这个词据认为来自 quippy（充满妙语的），源于拉丁语 quippe（其实）（很可能用于大学里的争辩）。

下面，我们继续思考一些跟更具一般性的特征。

[7] 语义变化和语音变化

[i] 音特别适合表达"小"，这种感觉很有可能影响过有些词的语义发展及语音发展。

英语 pittance 最初表示"虔诚的捐助"（词源 *pietantia），并不涉及

---

① 赫伯特·詹金斯（Herbert Jenkins, 1876—1923），英国作家、出版商，在其《宾多》系列小说中成功塑造了东伦敦下层小市民宾多先生的喜剧形象。——译者注

② 约翰·梅斯菲尔德（John Masefield, 1878—1967），英国诗人、作家。1930 年起成为英国桂冠诗人。——译者注

捐助额的大小；因此，乔叟 A224[①] 有 a good pittaunce（不菲的捐助）一语。但是如今，这个词一定要理解为"一小部分酬劳"或"很微薄的酬劳"。

Miniature 起初指用 minium（拉丁语，朱砂）绘制的画像，但在当今英语以及其他语言中，这个词都只是表示"很小尺幅的画"，或是表示任何小规模的事物，如德昆西[②]："I took a very miniature suite of rooms."（我要了一套非常小的房子。）；詹金森[③]："This stream contains many lovely miniature cascades."（这条河有许多漂亮的小瀑布。）(《牛津 NED》)。

Trivial 如今极少用来表示其古义"普通的，随处可见的"（源于拉丁语 trivium [岔路口]），而是用来表示"不重要的东西"或是"量少的东西"。

丹麦语带有短 [i] 音的 hib（亦作 hip）源于德语 hieb（打），今指轻微的嘲讽或影射；参见上文提到过的英语 quip。

古法语 pite 指"一点点钱、微不足道的事物、不值钱的东西"，但是这个词据认为源于一个并不表示"小"的词，即 picta 和 Pictava（普瓦捷 [Poitiers] 的旧称）[④] 之关系。

旅居印度的英国人所说的 chit，源于印地语 chitthi（信），但是英国人用这个词时，表示"便条"。

荷兰语 pikkedillen 来自西班牙语 peccadillo（轻罪），但已变为表"微

[①] A224 即《坎特伯雷故事集》楔子中的 224 行。历代从事乔叟研究的学者们对《坎特伯雷故事集》手稿的排序有不同看法。叶斯柏森引用的是当时流传甚广的斯基特版 7 卷本《乔叟全集》(The Complete Works of Geoffrey Chaucer, 1899)，该版本第 4 卷把《坎特伯雷故事集》里的故事分为 9 组，分别编号为 A 组至 I 组。楔子位于 A 组。——译者注

[②] 托马斯·德昆西（Thomas De Quincey, 1785—1859），英国散文作家，最著名的作品是《鸦片吸食者自白》(Confessions of an English Opium-Eater, 1821)。——译者注

[③] 亨利·欧文·詹金森（Henry Irwin Jenkinson, 1836—1891），英国作家，撰写过多部关于英国历史风景名胜的旅游指南，涵盖湖区、马恩岛、怀特岛、北威尔士、罗马长城等地。本句引自《英格兰湖区游客指南》(Tourists' Guide to the English Lake District, 1875)。——译者注

[④] 普瓦捷地区位于法国中部，据斯基特《简明英语词源词典》，picta 是旧时普瓦捷伯爵当局发行的一种很小面值的硬币（见该词典第 353 页 pittance 词条）。并不指小的地名衍生出了指小的词。——译者注

不足道的事",并无任何犯罪之义。

人们想表达某个非常小的东西时,有时会把表示别的意思的词拿来用,只要这个词里有 i 这个音就行;因此,高尔斯华绥《居家男人》(*A Family Man*)第 100 页有:"I don't care a **kick** what anybody thinks."(我完全不在乎谁怎么想。)(也可以说 don't care a **fig** 或 don't care a **pin**);德语 idee(主意)也有类似用法,凯勒曼①《十一月九日》(*Der Neunte November*)第 337 页有:"Nun bewegte sich der stein eine **idee**."(这时,石头微微一动。)②

关于对语音发展变化的影响,恰好先在 little 一词里呈现出来。古英语 lytel 显示出元音为 y,而这个元音最初必然是 u,古萨克森语有 luttil,古高地德语有 luzzil;参考塞尔维亚语 lud(小)以及古爱尔兰语 lútu(小手指)(引自法尔克、托尔普③);但是,哥特语 leitils(即 lītils)和古北欧语 lítinn 里的元音用常规的原则实在太难解释,以致《牛津 NED》绝望地认为这源于两个"完全无联系的词"。我认为这里体现的是语音象征效应。英语由 y 到 i 的转变当然是规则的,存在于大量并无语音象征的词里。不过,该音在现代英语中进一步发生了一点轻微变化,让这个词更具表现力了,这个形式拼写为 leetle。吉尔在《逻各诺米亚》(*Logonomia*, 1621)④

---

① 贝尔纳·凯勒曼(Bernhard Kellermann, 1879—1951),德国作家、诗人。——译者注

② 这几个词的本义:英语 kick(踢)、fig(无花果)、pin(大头针),德语 Idee(主意)。此处由这些词构成表示"一点也不"或"略微"的词组时,其本义已完全消失。——译者注

③ 指二人合著的《挪威语和丹麦语词源词典》(*Etymologisk ordbog over det norske og det danske sprog*)。亚尔玛·法尔克(Hjalmar Falk, 1859—1928)和阿尔夫·托尔普都是挪威语文学家。这部词典是北欧语最重要的词源工具书之一。——译者注

④ 亚历山大·吉尔(Alexander Gill, 1565—1635),英国学者,拼写改革倡导者。他用拉丁语撰写的《英语逻各诺米亚书》(*Logonomia Anglica*, 1621)为英语设计了符合语音实际的拼写改革方案。1903 年,德国学者奥托·L. 伊利切克(Otto L. Jiriczek, 1867—1941)对该书进行了编辑校注。logonomia 是作者杜撰的词,作者通过图示展现出 logonomia 是个由语法、词源、句法、韵律四大部分构成的庞大体系(见伊利切克版第 17 页)。——译者注

（伊利切克 [Jiriczek] 版 48 页）里提及 tjni 这个"小词"（particle）的时候，用 ï 来转写"a lïtl tjni man"（一个很矮小的人），尽管他在别处都是写成带短音 i 的 litl。（他用 j 表示 sign 里的双元音，用 ï 表示 seen 里的元音。）《牛津 NED》在 leetle 词条下，称该词为"little 的戏谑形式，模仿犹豫时（？）或刻意做强调时的发音"。佩恩提到了阿拉巴马的 leetle 一词"对 i 音进行格外加长的强调，以示非常少量"。我觉得此处发生的常常不仅仅是真正的延长，而且也是元音的窄化、细化。这一点跟丹麦语带有窄、细 [i] 音的 bitte 同理，见上文。除了《牛津 NED》引用的例子之外，我还想增加这几条：狄更斯《我们共同的朋友》861 "a leetle spoilt（有点被宠坏了）"；威尔斯《托诺-邦盖》（*Tono-Bungay*）1.92 "some leetle thing（某个小小的东西）"，《战争与未来》（*War and the Future*）186 "the little aeroplane … such a leetle thing up there in the night（那小飞机……夜空里那么微小的东西）"。值得注意的是，与之概念相反的词，依照常规的语音定律，我们以为它也应变成带有 [i] 的词（古英语 micel [大、多]，苏格兰语 mickle [大、多]，哥特语 mikils [大]），但是实际上却变成了带有 u 的 much（多）。这样的变化并非孤例，见我的《现代英语语法》第 1 卷 3.42。丹麦语方言中表示同一意义的 mög(el)，其反常的元音常被归结于唇音 m 的缘故；这两个形式朝着与 i 相反的方向运动，很可能也受到了语音象征感的强化。

英语 weak（虚弱）一词中的元音较难解释，我们本以为古英语 wāc（虚弱）应该变成 woke，[①] 或者如果该词源于斯堪的纳维亚语 veik（虚弱），就应该变成 waik。（同上 3.234）这个 [i·] 会不会是由利用语音来表达虚弱感的倾向而导致的呢？

[①] 长音 a 到长音 o 的变化，是古英语到中古英语最重要的元音变化之一，如 stān > ston > stone（石头），bān > bon > bone（骨头），hāleġ > holy（神圣的），等等。wāc > weak 显然不合乎这一普遍规则。——译者注

如果 brisk（轻快的）一词源于法语 brusque（粗暴的），^① 则同属这一类。参见 frisk（欢跃）、whisk（轻拂）。

great（大）一词的元音，是另一方向上的例外：我们以为它会变成 [i·]，而 18 世纪时这个 [i·] 音也确实很常见，但却可能感觉跟这个形容词的语义不协调（参见《现代英语语法》第 1 卷 11.75）。

西班牙语 pequeniño 变成英语的 piccaninny，见上文。

我上文的清单里有多个例子，象征性元音在时代变迁中依照该语言的常规语音趋势而被修改。这正如有些回声词已经逐渐失去了拟声特征。因此，长音 i 在 mite 等词里已经双元音化。而 tiny 一词如今变成了 [taini] 亦是如此。不过，我们却也有保留了象征性元音的 [ti·ni] 与之共存，使用后一发音，儿童和淑女多于成年男子。参见威尔斯《十二则故事与一场梦》(*Twelve Stories and A Dream*) 106："their '**teeny weeny**' little house"（他们那小得不得了的房子）；杰克·伦敦《月亮谷》184："the **teeniest** accident"（最小的事故）；贝内特《雷恩戈老爷》(*Lord Raingo*) 304：（保姆说：）"It's time for you to have your **teeny-weeny** dose of brandy."（到时间了，您该喝您那一小口口白兰地了。）以及 "To the nurse he was a little child ...'Teeny-weeny!' Odious!"（保姆眼里他是个小破孩儿呢……还'小口口'呢！真恶心！）而布罗克^②的《戈尔上校的推断》(*The Deductions of Colonel Gore*) 第 192 页则同时使用了这两个形式："I'm just a teeny-tiny bit snappish this evening."（今晚我不过有那么一丁点儿想发脾气。）另见上文 tick 一词。

---

① 英语 brisk 的词源尚存争议。霍德（T. F. Hoad）《牛津简明英语词源词典》(*Oxford Concise Dictionary of English Etymology*) 认为"很有可能源于法语 brusque，但意义关联不明"（1996 年版，第 50 页）。我国学者陆谷孙主编的《英汉大辞典》亦在此词源上加"？"以示其不确定性（1993 年版，第 216 页）。叶斯柏森此处无疑为解释这个词源难题提供了一种可能。——译者注

② 林恩·布罗克（Lynn Brock，1877—1943），爱尔兰小说家。——译者注

很奇妙的一点是，英语中我们有一系列 p 之前带有短音 i 的词，这些词都暗含"小"之义，并且都无法从词源上做解释，却都作为伴随形式（side-form），与带有圆唇后元音但并无"小"之内涵的词并存。参见上文的 tip 一词。《牛津 NED》谈 sip（小口喝）这个词时说："可能是 sup（小口吃）一词被修改了，以便表达出轻微动作之义"，而说到 sippet（烤小面包片）一词时说："恰到好处地用作了 sop（浸在牛奶或肉汁里的面包片）一词的指小形式。参见威克利夫的 supett。"还有一个罕用的词 trip（不是表示"短途旅行"的那个 trip），这个词表示"人群"之义已废弃，但表示"一小群猎物"之义仍存；《牛津 NED》认为，"此词词源不详，可能与 troop（军队）有关"——显然，这是个象征性修改。与之类似的，是把 sapling（树苗）修改成 sipling。①

---

① 最初发表在牛津《语文学会学报》上的版本，这之后有一小段话："通过上面的评述，我把语音象征这一话题推荐至同仁们面前。敬请大家关注我即将出版的新书《语言论》的第 20 章。"——译者注

语音象征
Sound Symbolism
（1922）

1. 音义关系

语音和语义之间存在天然联系，词通过某种语音象征而获得其内容与价值，这样的想法在各个历史时期一直是关于语言的浅薄看法中最受偏爱的一条，最出名的例子可在柏拉图的《克拉底鲁篇》（*Kratylos*）里找到。古希腊、古罗马的语法学家们大搞各种最疯狂的假说，来解释某某词的天然起源。例如尼吉狄厄斯·费古勒斯（Nigidius Figulus）[①] 就说过，人们发 vos（你们）的音时，会把嘴唇向前伸，把气流送向对方，而发 nos（我们）的音时，就不是这样。对于这些早期学者来说，对语音象征做猜想是给出词源的唯一途径；所以，我们带着历史语言学方法和更宽的知识面来看他们的阐述时会觉得荒唐可笑，也就不足为奇了。但是，我们不能因此就拒绝一切语音象征之想法：不能因噎废食啊（abusus non tollit usum）！

洪堡特指出："语言选择某一声音来指称事物，这声音让耳朵产生一种印象，跟该事物让内心产生的效应相似，这印象的产生既在于事物本身，也在于该事物与其他事物之比较；故而 stehen（站立）、stätig（倔

[①] 尼吉狄厄斯·费古勒斯（Nigidius Figulus，约公元前98—前45），古罗马学者，著有关于古罗马宗教的翔实著作《论众神》（*De diis*）。语法领域，他对词源、词法、句法、修辞均有深刻见解。——译者注

强的）、starr（僵硬的）有坚固之印象，梵语 lī 有融化、分散之义……由此，产生相似印象的事物由拥有大体相似的音的词来表示，故而有 wehen（吹）、Wind（风）、Wolke（云）、wirren（缠结）、Wunsch（心愿），这些词皆表示摇摆不定的运动，语义上的这种不确定的印象……通过 w 来表示。"（《论人类语言结构的差异及其对人类精神发展的影响》第 79 页）马维反对此说，认为只要把洪堡特援引的四个德语例词跟其最亲近的兄弟语言丹麦语相对应的词做个比较，即丹麦语 blæse（吹）、vind（风）、sky（云）、ønske（心愿），就会看到此说有多么错误。（1842，第 13 页 =《语文学著作精选》，第 64 页）① 我觉得马维的反对意见似乎有些轻率：因为洪堡特本人明确指出，原始的语音象征有许多可能已随时代发展而消失，他还告诫我们，把这类解释当作"本质性原则"会导致巨大危险（"这会使人置身于巨大风险中，走上一条每一步都很滑的路"②）。此外，blæse（英语 blow，拉丁语 flare）跟 wind、vind 一样具有模仿性：谁也没有宣称同一语义感受只能有一种表达途径。洪堡特的例子里，Wolke 和 Wunsch 确有争议，但我觉得这不会影响到他的观点的正确性，这个观点就是：有的词里面存在着类似语音象征的因素。

纽洛普处理这一问题时重复了马维的反对意见，认为同一名称可以表示不同事物，同一事物可用不同名称来称呼，词的意义时常发生变化；此外，同样的音组因其所出现于不同语言而表示不同事物。他最终感叹道：

---

① 约翰·尼古拉·马维（Johan Nicolai Madvig, 1804—1886），丹麦语文学家，古典语言学者，丹麦象骑士勋章获得者，编辑出版了古罗马修辞学家西塞罗的《论善与恶的目的》（*De Finibus Bonorum et Malorum*，1839），著有 4 卷本《李维乌斯》（*Livius*，1861—1866）以及多部希腊语、拉丁语的语法书和教科书，曾任哥本哈根大学校长、丹麦文化部长。此处的观点引自马维的《一论语言的本质、演化与生命》（Første Stykke af en Afhandling om Sprogets Væsen, Udvikling og Liv, 1842）一文，载于《哥本哈根大学纪念文集》（*Kjøbenhavns Universitets Festskrift*），后译为德语收录于《语文学著作精选》（*Kleine Philologische Schriften*，1875）。——译者注

② 《论人类语言结构的差异及其对人类精神发展的影响》，1836 年德语版，第 80 页。——译者注

"murus（墙）、nurus（儿媳）、durus（硬）、purus（干净）等词之间的区别，[用语音象征]要怎样解释呢？"（《法语历史语法》[Grammaire historique de la langue française] 第4卷，§545及后）

2. 直觉之感

的确，认为一切语言中的一切词在一切时期均具有和其语音完全相对应的语义，认为每个音都具有一成不变的确切含义，当然是荒诞不经的。但是，与之相反的另一极端，否认任何语音象征[①]（除了一小类明显的回声词或"拟声词"之外），认为我们的词无非只是一套全然偶发的非理性音义组合，难道这样的看法就更具逻辑性吗？在我看来，这样的结论很假，就像是因为 X 君在某一场合下讲了一次假话，你就推断说他永远不讲真话。正确的结论应该是：因为他讲过一次假话，我们就不能完全相信他；虽然我们必须对他提高警惕，但有时候他讲的话可能是真的。所以，同样道理，语音有些时候可象征其语义，即便无法对所有的词做到这一点也依然如此。如果语言史学者对承认语音象征表示反感，那自然是因为他们主要跟已经经历过常规音义变化的词打交道，为语言学书籍充当材料的那些词，大多数都处于语音象征领域之外。

然而，这并不能否定存在着一些词，让我们本能地感觉它们足以表达出其所代表的概念，而又存在另一些词，其语音则让我们或多或少地觉得和其意义并不一致。未来的语言学家须详细探明，人类思维中哪些方面允许通过与之一致的语音来做一致的表达，哪些方面则不允许，进而探明什么样的音适合表达什么样的概念。例如，苹果是 apple [英] 还是 pomme [法]，窗户是 window [英] 还是 Fenster [德]，显然基本没有什么选择理由，因为这之中并没有哪个音或音组跟这些词所表达的具体而复杂的

[①] 辉特尼在《语言与语言研究》（Language and the Study of Language）第32页提出："概念和词之间内在而本质的联系……在地球上任何语言中都没有。"——原注

概念有任何天然联系。可是另一方面，每个人都必然会觉得，roll [英]、rouler [法]、rulle [丹]、rollen [德] 这几个词表示滚动，比其相对应的俄语词 katat' 和 katit' 更能胜任。

详细而系统地研究哪些概念常依赖象征性表达，不同语言中又选用了哪些音来做这样的表达，是项有意思的任务。但是，这样的任务必须以大量的例子为基础，所需的例子远远超过本书在这一问题上所能容纳的篇幅，因此，我下面要做的，只是尝试对最显而易见的类别做些最基本的列举，这只是我已收集的例子中很小的一部分。①

3. 直接模仿

最简单的例子就是对声音的直接模仿，因此有表示各种金属声的 clink（叮叮）、clank（当当）、ting（叮叮）、tinkle（叮当），表示水声的 splash（泼溅）、bubble（冒泡）、sizz（滋滋）、sizzle（滋滋），表示动物叫声的 bow-wow（汪汪）、bleat（咩咩）、roar（吼），表示人发出的声音的 snort（打鼾）、sneeze（打喷嚏）、snigger（窃笑）、smack（敲打）、whisper（耳语）、grunt（嘟囔）、grumble（抱怨）。算上"回声词"或"拟声词"本身，例子即可成倍增加。不过，因为我们的语言器官无法对所有"非发音的"声音（"unarticulated" sounds）进行完美模仿，所以语音的选用具有一定程度的偶发性，不同民族已为相同的音选用了不同的组合，且多多少少带有约定俗成性。因此，公鸡叫声英语是 cock-a-doodle-doo，丹麦语是 kykeliky，瑞典语是 kukeliku，德语是 kikeriki，法语是 coquelico；耳语，

---

① 有些著作沿袭了冯特（《论语言》[*Die Sprache*] 第 1 卷，第 312-347 页）对这一问题的论述，我从这样的探讨中获益很多；见德尔布吕克《语言学的基本问题》（*Grundfragen der Sprachforschung*）第 78 页及后，苏特林（Sütterlin）《语言结构的本质》（*Das Wesen der sprachlichen Gebilde*）第 29 页及后；希尔默（Hilmer）《语音模仿、词的创造与词义变迁》（*Schallnachahmung, Wortschöpfung und Bedeutungswandel*）第 10 页及后。——原注

英语是 whisper，丹麦语是 hviske，古北欧语是 kvisa，德语是 flüstern，法语是 chuchoter，西班牙语是 susurar。音的持续，经常通过在塞音后面加 l 或 r 来表示：如 rattle（铃铛声）、rumble（轰隆声）、jingle（铃铛声）、clatter（咔哒声）、chatter（聊天）、jabber（含糊不清地快速讲话），等等。

4. 发出声音者

其次，回声词用来表示发出该声音者。因此才有像 cuckoo（布谷鸟）、peeweet（凤头麦鸡）这样的鸟名（后者丹麦语称 vibe、德语称 Kibitz、法语俗名 dix-huit）。

这类名称，或者说这类诨名，有个特殊的亚类格外有意思：某些语言里经常使用的口头禅有时会被打趣地用来当作该国人的诨名。因此，法国人以前管英国人叫 god-damn（也作 godon），英国兵在中国被喊作 a-say 或 I-say。① 法国人在爪哇被称作 orang-deedong（orang 意为"人"），

---

① 关于 a-say / I-say 一词，叶斯柏森的资料来源是伦茨纳（Lentzner）的《殖民英语》(*Colonial English*，又名《澳大利亚俚语英语及一些混合语词典》[*Dictionary of the Slang-English of Australia and of Some Mixed Languages*])中关于"汉语皮钦语"（Chinese Pidgin）的部分。书中对这个词的解释是："中国乡民过去把英国兵称为 A' say 或 I say，因为英国兵经常说这话。"（1892 年德国版，第 87 页）而曾经深入中国进行考察的苏格兰植物学家罗伯特·福琼（Robert Fortune，1812—1880）的记载更为详细。他在《中国北方省份三年闯荡记》(*Three Years' Wanderings in the Northern Provinces of China*，1849）一书中写道："中国人划分岛国洋人（按：英国人）的方式有些滑稽。他们把这些洋人大致分成三个等级——Mandalee（他们对 Mandarin 一词的读法）、Sien-sang、A-say。Mandalee 包括所有拥有政府官衔的人以及陆军和海军的军官；……商人则被尊称为 Sien-sang，而普通的士兵、水手以及其他低阶人员则全部归入 A-say。……A-say 一词是个全新的称谓，是我国的士兵和水手非常常用的话；战争期间北方的城市被我方占领时，中国人总能听到我们的人相互喊这个词，就自然觉得这个词就表示这些低端人员所属的阶层。经常能听到中国人互相打听，某某人是 Mandarin，是 Sien-sang，还是 A-say。"（1849 年版，第 62–63 页）Sien-sang 的词源很明显是汉语本族词"先生"。译者尚未查到 A-say 一词是否有汉字写法，虽然这个词让译者联想起闽南语的"阿西"（傻瓜）一词，但《台湾闽南语常用词辞典》标注"阿西"一词的词源是西拉雅族平埔原住民语言，由此来看二者可能仅是巧合。——译者注

在美洲被称作 ding-dong，拿破仑战争期间在西班牙被称作 didones，皆源自 dis-donc①，该民族的另一个称呼是 wi-wi（见于澳大利亚）、man-a-wiwi（见于海参英语）、oui-men（见于新喀里多尼亚）。在艾莉奥诺·克利斯提娜（Eleonore Christine）②的《哀叹的记忆》（*Jammersminde*）第 83 页我读到了这句话："Ich habe zwei **parle mi franço** gefangen."（我关了两个法国佬。）与之类似，戈尔德史密斯写道（环球版 [Globe] 第 624 页）："Damn the French, the **parle vous**, and all that belongs to them. What makes the bread rising? The **parle vous** that devour us."（诅咒这些法国混账，诅咒所有跟他们有关的东西。是什么让面包涨价？就是这群吃我们肉的法国混账。）在罗维尼③，周边地区的斯拉夫人被称为 čuje，源于他们的感叹词 čuje（听我说！）；在匈牙利，德国访客们被叫作 vigéc（源于 Wie geht's?），海关官员们被叫作 vartapiszli（源于 Wart' a bissl）。④巴拿马各地，所有跟当地人相关的东西都称为 spiggoty，因为早年跟巴拿马人说话时，他们会回答说 "No spiggoty [speak] Inglis."（我不会讲

---

① dis-donc，法语口头禅，字面意思是"我说哦"，但口语中无太多实际语义。下文的 oui 意为"是"，parle 意为"说"，也都属于这类口头禅。——译者注

② 艾莉奥诺·克利斯提娜（Eleonore Christine，1621—1698）是丹麦国王克里斯琴四世之女，因其夫科尔菲茨·乌尔菲特伯爵（Count Corfits Ulfeldt, 1606—1664）勾结瑞典叛乱而受株连被捕，囚禁于哥本哈根王宫内的地牢蓝塔（Blåtårn），幽禁中以自传体写下狱中见闻，即题为《哀叹的记忆》（*Jammersminde*）的手稿。该手稿由丹麦历史学家索夫斯·比尔克特·史密斯（Sophus Birket Smith, 1838—1919）编辑整理，于 1869 年首次出版，被视为 17 世纪丹麦文学的杰作。虽然该书以丹麦语书写，但人物之间的对话常以德语、法语原文出现，此处叶斯柏森引用的这个德语句子即是如此。——译者注

③ 罗维尼（Rovigno），亚得里亚海海滨城市，曾属奥匈帝国，一战后划归意大利，叶斯柏森此处的描述反映的即是这一时期的情形。该城市二战后划归南斯拉夫，多数意大利人迁出，克罗地亚族斯拉夫人成为该城人口的主体。罗维尼今属克罗地亚，城市名称按克罗地亚语拼写为 Rovinj。——译者注

④ "Wie geht's?" 是德语最常见的寒暄话，意为"你好吗？"；Wart' a bissl 是德语 "Warte ein bisschen." 的讹读，意为"稍等一下"。——译者注

英语。) 在横滨，英美海员被叫作 Damuraīsu H'to，源于 Damn your eyes（干你的眼！）加日语 h'to（人）。①

5. 运动

其三，因为语音永远通过某一运动而产生，且无非就是该运动对耳朵产生的效应，所以，这样的运动自身即可由反映其声音的词来表达，也是非常自然的事情。这二者其实是不可分的。例如，这样的动词有 bubble（冒泡）、splash（溅水）、clash（碰撞）、crack（砸碎）、peck（啄）。因此，人的行为也可由这样的词来表示，如 **bang** the door（狠摔门），或是声音较小的 tap at a door（敲门）及 rap at a door（敲门），故而又形成了表示敲门动作的名词 tap 和 rap。而名词还可以用来表示工具，例如动词 hack 表示"切掉、砍掉、砸开坚硬地面"，而由这个动词而产生的名词 hack，表示的是锄头或大镐。

表示这类运动的词，声音不一定像前面那些词这么大；因而有大量以 1 类组合为词首的词，例如以 fl- 开头的词有 flow（流动）、flag（旗帜，丹麦语 flagre）、flake（雪片）、flutter（振翅）、flicker（弹）、fling（抛）、flit（略过）、flurry（搅乱）、flirt（挑逗），以 sl- 开头的词有 slide（滑动）、slip（滑倒）、slive（切开），以 gl- 开头的词有 glide（滑动）。形容词有 fleet（快速的）、slippery（滑的）、glib（油腔滑调的）。totter、dodder 以及方言词 teeter、titter、dither 表示走路不稳，最早很可能声像并茂，虽然在这些词

---

① 舒哈特《克里奥尔语研究》(*Kreolische Studien*) 5.12,《罗曼语语文学学报》(*Zeitschrift für romanische Philologie*) 第 33 卷第 458 页；丘吉尔 (Churchill)《海参英语》(*Beach-la-Mar*) 第 53 页；桑菲尔德－延森 (Sandfeld-Jensen)《民族感与语言》(*Nationalfølelsen og sproget*) 第 14 页；伦茨纳《殖民英语》第 87 页；西莫尼 (Simonyi)《匈牙利语》(*Die ungarische Sprache*) 第 157 页；《展望》(*The Outlook*), 1910 年 1 月号；《新季刊》(*New Quarterly Magazine*), 1879 年 7 月号。——原注

里的听到的音不那么让人满意，但人们却渐渐接受了用这样的词象征这样的运动。许多表示突然而迅速地抓住某个东西的词，也是如此。突然被塞音截断的短元音，可以表达出由迅速击打动作而造成的声音（如 pat [拍打]、tap [击打]、knock [敲] 等），所以类似的音组也经常用来表示没那么大声地抓住东西（可以用手抓住，也可以用牙咬住），如 snap（抓住）、snack（咬住）、snatch（夺过）、catch（捉住），法语 happer（抓住）、attraper（接住）、gripper（捉住），英语另有 grip（握住）；丹麦语有 hapse（抓住）、nappe（夺走），拉丁语有 capio（抓住），希腊语有 kaptō（抓住），亚美尼亚语有 kap（我抓住），土耳其语有 kapmak（抓住，mak 是不定式词尾），等等。（我只想提一个可能由这类词衍生出的意义：英语 snack 表示"匆忙吃的一顿饭"。斯威夫特的年代，表示这一意义的词是 snap，见《写给斯黛拉的信札》[Journal to Stella] 第 270 页，参见德语 Schnapps [烈酒]，丹麦语 snaps [烈酒]。）英语的 chase 和 catch 本是来自法语不同方言的两个形式，源于晚期拉丁语的同一个动词 captiare（伸手去抓），但是，获得了"抓住"这层法语中并没有的意思的是 catch 这个形式，这可不是偶然的，这是因为 catch 自然而然地跟 snatch 关联了起来，尤其还跟今已废弃的动词 latch（抓住）关联了起来。

动作和语音之间的自然联系，还存在于下列词里：表示"挠胳肢窝"的 tickle，德语 kitzeln，古北欧语 kitla，丹麦语 kilde（d 不发音）。努比亚语表示此义的 killi-killi 以及类似形式也是如此（舒哈特《努比亚语与巴斯克语》[Nubisch und Baskisch]，第 9 页），拉丁语则为 titillare；还应参见表示因挠胳肢窝而产生的笑声的词：英语 titter，德语 kichern。

6. 事物和外表

此外，对事物的象征性称呼还得到了扩展；这类情况中，仅在视觉上可见的东西，跟某个音（或某一组音）之间存在着明显程度各不相同的联系。这一点已得到了希尔默（Hilmer）的特别研究，读者在他的《声音模仿、词的产生和语义演变》(*Schallnachahmung, Wortschöpfung und Bedeutungswandel*) 一书中可找到数量庞大的例子，例如第 237 页及后，有 knap "粗棍子、木头结、一点食物、凸起、小山"; knop "肿块、螺柱、按钮、旋转把手、疣、丘疹、花蕾、海角"; knob 还有 knup 等变体形式。希尔默为德语和英语列出的词表竟达 170 页！

天然的联系还存在于高声调（即震动较快的声音）和光明之间、低声调和黑暗之间，人们经常用"亮""暗"之类的形容词来谈论音符，即可看出这一点。故而，大家觉得 [i] 更适合表示"亮"，而 [u] 更适合表示"暗"，最明显的例子就是 gleam（闪光）、glimmer（发出微光）、glitter（闪烁）为一方，gloom（黯淡，忧郁）为另一方，二者之间的对比。（赞格维尔 [Zangwill] 在某处写过："The **gloom** of night, relieved only by the **gleam** from the street-lamp."[幽暗的夜，仅有街灯的微光带来一丝光明。]）① 而表示"亮光"的 light 一词本身，虽然如今的双元音已无力表达这一意义，但却曾经拥有过像德语 Licht（光）那样的元音 [i];② 而表达与之相反的"黑暗"概念，则有德语 dunkel，丹麦语 mulm，希腊语 amolgós、skótos，拉丁语 obscurus；另一个表示"暗"的元音，见于英语 murky（阴暗），即丹麦语 mörk（黑暗）。

---

① 以色列·赞格维尔（Israel Zangwill，1864—1926），英国作家，犹太复国主义者，其剧作《大熔炉》(*The Melting Pot*, 1908) 对移民在新环境中面临的文化同化问题表现出忧虑，该剧推动了曾盛行一时的美国文化"大熔炉"概念的形成。叶斯柏森引用的这句话见于短篇小说《只是玛丽·安》(Merely Mary Ann)，收录于短篇小说集《灰色的假发》(*The Grey Wig*, 1903)（见 1903 年纽约版第 349 页）。——译者注

② 英语 light 一词在古英语和中古英语中的发音为 /liçt/，与今德语的发音基本相同。随着辅音 /ç/ 消失，其前面的短音 /i/ 发生补偿性延长（compensatory lengthening），此后又经历了元音大转移，/iː/ 变为 /ai/，形成了今天的读音。——译者注

7. 心理状况

由此出发，离相对应的表示心理状况的词就不远了：某种程度上，要用到的其实是同一些词（道登写过："The good news was needed to cast a gleam on the gloom that encompassed Shelley."［得有点儿好消息，向笼罩雪莱的忧郁投来一丝光明。]）①；因此这类词还包括 glum（忧郁）、glumpy（忧郁的）、glumpish（带有几分忧郁的）、grumpy（暴躁的）、the dumps（忧伤）、sulky（闷闷不乐的）。如果说英语 moody（喜怒无常的）和 sullen（闷闷不乐的）语义已发生了改变（古英语 modig［兴致勃勃的］；中古英语 solein［孤独的］），那么我要是没搞错的话，语音象征在这一变化中发挥了一定作用；这两个形容词今天的意义与丹麦语的 mut（闷闷不乐）和 but（钝）也完全相同。

如果 grumble（抱怨）② 一词逐渐用来表示一种不满意的心理状态，那么这个词音义之间的联系就变得比以前还要直接了，因为这个动词模仿了此心情下所发出的声音，参见 mumble（喃喃自语）以及 grunt（咕哝）、gruntle（咕哝）。选 Mrs. Grundy（格隆迪夫人）③ 这个名字来做心胸狭隘的传统道德之代表人物，选得非常不错。

表示厌恶、恶心、蔑视之义的象征性词语可以列出一张很长的单子，这里只要说几点即可。首先，这些词里有和上一段提到的例词相同的钝而粗重的元音（后元音），如：blunder（失误）、bungle（搞糟）、bung（青

---

① 爱德华·道登（Edward Dowden，1843—1913），爱尔兰文学评论家、诗人。此处引文引自其著《雪莱传》（*The Life of Percy Bysshe Shelley*，1886）。——译者注

② 这个词源于古法语 grumeler，最初具有象声词特征，表示"咕噜、嘟囔"之义。——译者注

③ 格隆迪夫人是英国剧作家托马斯·莫顿（Thomas Morton，1764—1838）的喜剧《加速耕犁》（*Speed the Plough*，1798）里未出场的人物，其言行经常被剧中人物拿来夸口，被后世视为刻薄、守旧的象征。——译者注

肿)、clumsy(笨拙)、humdrum(单调)、humbug(骗子)、strum(胡乱拨琴)、slum(贫民窟)、slush(雪泥)、slubber(笨)、sloven(粗人)、muck(烂泥)、mud(烂泥)、muddle(混乱)、mug(蠢人、抢劫；好几个同形词，皆带蔑视义)、juggins(傻子)、numskull(蠢货，旧时也作 numps、nup、nupson)、dunderhead(笨蛋)、gull(海鸥)、scug(伊顿公学用语，指肮脏邋遢的男生)……许多 sl- 开头的词也是如此(我们已经见过一些了)：slight(渺小)、slim(细)、slack(松松垮垮)、sly(狡诈)、sloppy(乱糟糟)、slipslop(胡说八道)、slubby(脏)、slattern(荡妇)、slut(荡妇)、slosh(泥泞路)……唇音开头也很常见。① 位于元音之后的辅音，经常见到的是 [ʃ] 或 [tʃ]，如 trash(垃圾)、tosh(胡说)、slosh(泥泞路)、botch(糟蹋)、patch(补丁)，参考德语 kitsch(乱画)、patsch(e)(泥潭，困境)、quatsch(胡说八道)、putsch(叛乱分子)。英语 bosh(胡说八道)一词据说是源自土耳其语的借词，但是之所以能够流行开，原因跟世界大战时法语用 boche 来作德国人外号同理。我最后还要提到意大利语的派生后缀 -accio，如 poveraccio(悲惨的)、acquaccia(不好的水)②，还有 -uccio，如 cavalluccio(顽劣的马)。

8. 大小和距离

元音 [i]，尤其是窄元音、细元音版的 [i]，特别适合拿来表达小、弱、不重要的事物，或是表示细致、精巧的事物。这个音在各种语言的大量形容词中都能见到，如英语 little，法语 petit，意大利语 piccolo、piccino，匈牙利语 kis，英语 wee、tiny(小孩子经常把它读成 teeny [ti·ni])、slim，拉丁语 minor、minimus，希腊语 mikros；此外还有许多表示小孩、动物

---

① 例如以 f 开头，如 fop、foozy、fogy、fogram(已陈旧)，这些词基本上都是 fool(傻子)一词的变体。——原注

② 由于 acqua(水)是阴性名词，所以后缀也相应使用了阴性的形式 -accia。——译者注

幼崽的词，如英语 child（元音曾为 [i·] 音），德语 Kind，丹麦语 pilt，英语 kid、chit、imp、slip、pigmy、midge、西班牙语 chico；还可表示较小事物：如英语 bit、chip、whit，拉丁语 quisquiliæ、mica，英语 tip、pin、chink、slit。……同样的元音还见于许多语言的指小后缀里，如英语 y、-ie（如 Bobby、baby、auntie、birdie），荷兰语 -ie、-je（如 koppie [小山]），希腊语 -i-（如 paid-i-on [小男孩]），哥特语 -ein（发音为 [i·n]，如 gumein [较矮小的人]），英语 -kin、-ling，瑞士德语 -li，意大利语 -ino，西班牙语 -ico、-ito、-illo。……

因为娇小柔弱经常被视为女性的特征，所以我怀疑雅利安语①阴性后缀 -i（如梵语 vṛkī [母狼]、naptī [侄女]）最初指的是"小"（"母狼"原为"小狼"之义）；同理，我们在许多表示女性的后缀里都见到了元音 i，因此有晚期拉丁语的 -itta（如 Julitta 等名字，由此还衍生出法语的 -ette，如 Henriette 等）以及 -ina（如 Carolina），此外还有德语 -in（如 königin [王后]），希腊语 -issa（如 basilissa [王后]），后者衍生出法语 -esse 和英语 -ess。

同样的元音 [i] 还是较短时间之象征，如英语 in a jiff/jiffy，苏格兰语 in a clink，丹麦语 i en svip 等短语；与之相应的形容词如 quick、swift、vivid 等。因此，难怪德国人认为德语表示"闪电"的 blitz 一词，对于闪电的效应以及持续时间之短来说是非常贴切的。②

还经常有人指出，③在成组的代词和副词里，元音 i 常指较近的，而其

---

① 雅利安语系是印欧语系的旧称。二战期间，"雅利安"一词遭到纳粹势力的滥用，因此在战后彻底退出了学术话语。此外，德语文献中还常把印欧语称为"印度-日耳曼语系"（Indogermanische Sprachen）。——译者注

② 前面这几段是《语文学论集》第 1 卷即将刊出的论 i 的象征价值的文章的摘要。——原注

③ 见本菲（Benfey）《历史》第 791 页，密斯泰利（Misteli）第 539 页，冯特（Wundt）《论语言》第 1 卷第 331 页（但是他从偏门语种里引的那些例子必须小心使用，非常奇怪的是，他认为这一现象仅局限于原始语言，闪米特语言和雅利安语言里没有），《日耳曼语-罗曼语月刊》第 1 卷第 638 页，西莫尼《匈牙利语》第 255 页，麦因霍夫《含米特语言》第 20 页。——原注

他元音，尤其是 a 和 u，指较远的；因此有法语 ci（这）、là（那），英语 here（这里）、there（那里），德语 dies（这）、das（那），低地德语 dit（这）、dat（那），匈牙利语 ez/emez（这）、az/amaz（那）、itt（这里）、ott（那里），马来语 iki（这）、ika（那，略远）、iku（那，非常远）。① 含米特语言② 中，i 象征近，u 象征远。我们在此还应想到 zigzag（蜿蜒）一词指的是不断变换方向的运动。而英语的 this 和 that 这两个代词，如果说只有古时候的中性形式占了上风（古英语阳性为 þes、se，阴性为 þeos、seo，中性为 þis、þæt），那么原因（或者说原因之一）很可能是，只有这样才能让这两个对立的代词里的典型元音区别得到保证。

9. 词和音的长度与强度

比较短、比较具有爆发性的形式更适用于某些心理状态，而比较长的形式则适用于另一些心理状态。命令式（imperative）可以用于命令，也可以用于略带谦卑的请求或恳求；匈牙利语的一些方言里，存在短形式表示命令、长形式表示恳求之例，前者如 írj（写）、dolgozz（工作），后者如 írjál（请写）、dolgozzál（请工作）（西莫尼《匈牙利语语法》359 页、214 页）。拉丁语的 dic（说）、duc（带路）、fac（做）、fer（带着）用于下命令，是否多于其他词的命令式？偏偏这几个词失去了词尾 -e，这一

---

① 这三个例子其实是爪哇语的词，19 世纪的西方学者常把马来-波利尼西亚语族的多种语言统称为"马来语"。例如，英国驻该地区殖民官员约翰·克劳福（John Crawfurd, 1783—1868）撰写的《马来语语法与词典》（*A Grammar and Dictionary of the Malay Language*, 1852）收录的词，不仅包括马来语词，还包括爪哇语、巽他语、楠榜语（Lampung）、勒戎语（Rejang）等语言的词（词典中分别做了标注）。今马来西亚国语马来语中与 iki 和 iku 对应的词是 ini（这）、itu（那）。——译者注

② 亚非语系（Afroasiatic Language Family）旧时称"闪米特-含米特语系"，闪米特语指该语系位于中东地区的阿拉伯语、希伯来语等语言，含米特语指位于北非地区的柏柏尔语、索马里语、科普特语等。在今天的语言学家看来这一划分未必科学。——译者注

事实或许表明问题的答案是肯定的。而另一方面，es（是）、este（吃）、i（走）这样的命令式让位给了更完整（也更礼貌）的 esto（是）、estote（吃）、vade（走），而"知道、了解"的命令式永远是 scito，不说 sci（见瓦克纳格尔 [Wackernagel]①《哥廷根皇家科学学会学报》[*Nachrichten von der königlichen Gesellschaft der Wissenschaften zu Göttingen*] 1906 年卷第 182 页关于避免使用过短形式的普遍现象所做的论述）。其他语言，如果只有一个形式用于祈使，则会通过加上某个词来软化命令意味，如英语的 please（请），德语的 bitte（请）。

情感效应有时可通过增加词的长度来达到，其途径是添加本身并无语义的派生性音节，丹麦语表示"冗长""乏味"之义的词即是如此，如 langsommelig（冗长）、kedsommelig（乏味）、evindelig（永远）就是以此方式由 lang(som)（长，慢）、kedelig（无趣）、evig（永远）变来的。（参见易卜生《咱们死人醒来的时候》[*Når vi døde vågner*]，98："Du er kanske ble't ked af dette **evige** samliv med mig. —**Evige**? Sig lige så godt: **evindelige**."[你跟我过一辈子不会后悔的。——一辈子？是受一辈子罪好吧。]）同理，splendid（妙）的效果，在俚语中也被强化为 splendiferous、splendidous、splendidious、splendacious。表示"烦扰"，aggravate 这样的词会让人觉得力度比 vex 更大（柯尔曼）②——这一点，可能就是这个长词获得了其词源里原本没有的意思的原因。③"为了宣泄蔑视之义，用类似 platitudinous 这样的词来做火力全开的强烈炮轰，无疑比那些一两个音节

---

① 雅各布·瓦克纳格尔（Jacob Wackernagel，1853—1938），瑞士语言学家，印欧语学者。——译者注

② 此观点引自 H. O. 柯尔曼（H. O. Coleman）著《语调与强调》（Intonation and Emphasis）一文，载于国际语音学会《语音学杂锦》（*Miscellanea phonetica*）1914 年卷。——译者注

③ 英语 aggravate（烦扰）源于拉丁语 aggravare（烦扰、增添负担），后者由表方向的前缀 ad- 加 gravare 构成，而 gravare 意为"增加重量"，原始词义里没有"烦扰"之义。——译者注

组成的无关痛痒的小词更加有力"（菲茨爱德华·霍尔）[①]，另可参见表示"众多"之义的 multitudinous、multifarious。

由此，我们发现了某些用来"把嘴填满"的词（"mouth-filling" word）的情感价值，这样的词有些是对已有词的象征式扩展（H. 施罗德称之为"扩展形式"[Streckform]）[②]，另有一些则很难这样解释；常有些时候，长度效应跟前面提到过的一些语音效应相结合。这类词如 slubberdegullion（肮脏的人）、rumbustious（粗野的）、rumgumption（粗野）、rumfustian（朗姆酒）、rumbullion（朗姆酒，参见 rumpuncheon [朗姆酒桶]，斯蒂文森《金银岛》48 页用作骂人话："the cowardly son of a rum-puncheon"[这个朗姆酒桶里出来的胆小鬼]）、rampallion（恶棍）、rapscallion（恶棍）、ragamuffin（衣衫褴褛的小孩）；sculduddery（肮脏）、cantankerous（爱吵架的，美国英语亦作 rantankerous，参考 cankerous、rancorous [溃烂的]）；skilligalee（可怜的糊糊）、flabbergast（大吃一惊）、catawampous（凶猛的，亦作 catawamptious，《牛津 NED》称之为"一个尖声却无确切意义的词"）；法语 hurluberlu（疯狂的），与丹麦语 tummelumsk、挪威语 tullerusk 意义相同。

与之相关的还应提到一种自然倾向，即人们在受到强烈情绪影响时会把某些音拉长、加强，从而强化这个口语词的效应。因此，it's very cold（真冷啊）这句话里的双元音 [ou] 以及 [l] 音都可以发得非常长；在 terribly dull（无聊到家）里面，[l] 也会拉长；而在 extremely long（非常长）

---

① 菲茨爱德华·霍尔（Fitzedward Hall, 1825—1901），美国语文学家、东方学家，《牛津英语词典》（OED）早期编纂者之一。此处叶斯柏森引用的观点见于霍尔的《现代英语》（*Modern English*）一书（1873 年版，第 310 页）。——译者注

② 海因里希·施罗德（Heinrich Schröder，生卒年不详），德国语言学家。《扩展形式》（Streckform, 1904）一文载《德语语言文学史学报》第 29 卷。美国语言学家阿纳托利·利伯曼（Anatoly Liberman）在《词源及我们如何获悉词源》（*Word Origins and How We Know Them*, 2009）一书中指出，施罗德所列的扩展形式并都不是增加无意义音节之例，有些扩展形式的语义已与原词有显著差别，这类词其实已不属于"扩展形式"。不过，虽有此瑕疵存在，但施罗德成功让"扩展形式"这个术语得到了广泛认可。（第 68-69 页）——译者注

里面，元音 [ɔ] 或者 [ŋ] 都可以拉长（二者全都拉长亦可）。法语 c'était horrible（太可怕了）里面，颤音 [r] 变得非常长、非常强烈（这样的效应在其对应的英语词里通常无法做到，因为英语的 [r] 并不是颤音，而是由舌尖击打一次发出）。有些时候，这类心理原因引发的延长可在词里永久化，如拉丁语的 totus（都）在意大利语里变成了 tutto①（法语的 tout/toute 词源与之相同，而西班牙语 todo 则保留了与拉丁语相同的单辅音形式）。罗曼语族这方面的例子，A. J. 卡诺依做了很有意义的收集，已发表于《现代语文学》[Modern Philology] 第 15 卷 1917 年 7 月 31 日那一期，② 他正确地强调了这一变化的象征价值以及发生此类变化的词有何特殊特征（如，昵称、儿童用语、讽刺用语或嘲弄用语、模仿词……）。他指出："虽然这类现象在语音学家看来是变幻莫测的，但是将其用于词汇之中，在心理学家看来却是十分自然的。事实上，在各种语言中，重叠都具有这样的特征，无论是音节的重叠还是辅音的重叠。这样的重叠见于完成时中、加强动词（intensive verb）中、反复动词（frequentative verb）中、复数形式中、集合形式中。多数情况下是音节的重叠，但元音的延长也不罕见，辅音的强化也可见到。例如奇努克语中，带有感情色彩的词，无论是指小形式还是指大形式，都通过提高辅音力度来表现出来。当然，更知名的是，闪米特语言中的动词加强语干（intensive radical）③ 经常通过辅音重叠来构成。例如词干 qatal 构成加强形式时，埃塞俄比亚语为 qattala，希伯来语为 qittel。参见希伯来语 shibbar（切成小块）、hillech

---

① 意大利语辅音有长短之别，长辅音在其正字法中拼写为双写，如本例中的 tutto 发音为 /ˈtutːo/。——译者注

② 该文标题为《民间拉丁语中辅音的重叠》(The reduplication of consonants in Vulgar Latin)。阿尔伯特·约瑟夫·卡诺依（Albert Joseph Carnoy, 1878—1961），比利时语文学家。——译者注

③ 加强语干是闪米特语动词的屈折形式之一。例如，希伯来语动词有简单式、加强式、使役式之分，加强式可与主动、被动、中动三种语态相结合，形成希伯来语传统语法所说的"动词七干"中的三种，即加强主动干、加强被动干、加强反身干。详见徐向群《希伯来语语法》（北京大学出版社，2006），第 228-234 页。——译者注

（散步）、qibber（埋葬许多），等等。另参见布洛克曼《简明闪米特语比较语法》(*Kurzgefasste vergleichende Grammatik der semitischen Sprachen*) 第 244 页。"

我还想从密斯泰利（Misteli，第 428 页及后）[①]那里再引几个关于闪米特语言加强形式的例子：第一个元音延长，表示趋势或尝试，如 qatala、jaqtulu 表示"杀"（二者都是第三人称单数阳性，前者是过去完成体 [prefect-aorist]，后者是未完成过去进行体 [imperfect-durative]，后者以 ja、ju 为第三人称阳性之标志），而 qātala、juqātilu 表示"试图杀、试图斗争"；faXara、jufXaru 表示"出名"，fāXara、jufāXiru 表示"力争出名、争夺"。辅音的延长（即辅音的重叠），表示的是动作的加强，例如希伯来语 šāβar、jišbōr 表示"拆开"，šibbēr、ješabbēr 表示"砸碎"；阿拉伯语 ḍaraba、jaḍrubu 表示"打"，ḍarraba、juḍarribu 表示"痛打、反复打"；有时候，这一变化还可把动词变为使役式或及物式等。

丹麦语有些动词，pp、tt、kk 的形式与 b、d、g（已擦音化）的形式并存，我觉得是出于完全相同的心理（象征）原因而进行的加强，如：pippe（发出哔哔声）—pibe（发出微弱声），[②] stritte（消灭）—stride（冲突），snitte（用利器削）—snide（切），[③] skøtte（照料，保护）—skøde（转

[①] 指《语言结构的主要类型》(*Charakteristik der Hauptsächlichsten Typen des Sprachbaues*, 1893) 一书，该书曾作为施泰恩塔尔和密斯泰利合著的 2 卷本《语言学概论》(*Abriss der Sprachwissenschaft*) 第 2 卷出版，1893 年出版了修订单行本。弗兰茨·密斯泰利（Franz Misteli, 1841—1903），德国语言学家、古典语文学者。海曼·施泰恩塔尔（Heymann Steinthal, 1823—1899），德国语文学家、哲学家。——译者注

[②] DDO 的注音和释义如下：pippe[ˈpibə]: frembringe korte, høje lyde med stemmen（发出短促而响亮的声音）；pibe [ˈpiwə]: udsende en lys og spinkel lyd om fx en mus eller en maskine（发出轻而弱的声音，如老鼠或机器）。——译者注

[③] snide 一词今已废弃，故未收于 DDO。此处释义据丹麦语文学会 28 卷本《丹麦语大词典》(*Ordbog over det danske Sprog*，以下简称 ODS)，下文 snide、splide、skrikke、kikke 的释义均依据该词典。DDO 的收词侧重现代丹麦语，ODS 的收词侧重 1700—1950 年间的丹麦语。——译者注

让所有权），splitte（砸碎）—splide（切割），skrikke（尖叫）—skrige（喊叫），lukke（关闭）—luge（祛除），hikke（呃逆）—hige（渴求），sikke（胡说）①—sige（说），kikke（窥探）—kige（看），prikke（刺入）—prige（戳洞）②（另参见 sprække [裂开]—sprænge [爆炸]）。这些形式里，有些是废弃词，也有些是方言词，但是在这里详细阐释这些词会使我们离题太远。这种叠音通常被归因于古时候一种带有 n 的派生（见布鲁格曼《比较语法基础》第 1 卷第 390 页，斯特莱特堡③《原始日耳曼语语法》[Urgermanische Grammatik] 第 135、138 页，诺伦《原始日耳曼语语音学基础》[Abriss der urgermanischen Lautlehre] 第 154 页）。但是，把一个 n 从已死的形式中招魂回来，随后让它立即再次消失，这似乎并无必要，因为简单地对辅音加以强化，让它象征性地表达强化了的动作，这没有什么不自然之处。参见德语与 plagen（受苦）并存的 placken（操劳）。与之相反的，是一种弱化，可能在英语 flag（源于古法语 flaquir [变软]）一词里发生过，此外，flabby（松弛）原为 flappy，drib（少量）原为 drip，slab（石板）如果确实源于古法语 esclape 的话也算，clod（土块）跟 clot（凝块）并存，似乎还应包括 cadge（养鹰架）、bodge（粗笨活）、grudge（怨恨）、smudge（污渍），这几个词里的 dg 最初都曾是 tch。不过，这些词作为表强调之例，其语义上经历的共同变化并不好解释。

有趣的是，我这里可以提到一种由两个英国小孩创造的"语言"（两

---

① DDO 仅以固定短语 sikke noget snak 形式收录。该短语用于否定、反驳对方，类似汉语"胡说！"或英语"Nonsense!"。——译者注

② prige 是废弃词，DDO 和 ODS 均未收录，此处释义据《卡尔卡词典》（Kalkars ordbog），该词典由丹麦学者奥托·卡尔卡（Otto Kalkar, 1837—1926）编纂，收词范围为 1300—1700 年间的丹麦语。——译者注

③ 威廉·斯特莱特堡（Wilhelm Streitberg, 1864—1925），德国语言学家，印欧语学者，哥特语专家。除《原始日耳曼语语法》（1896）之外，斯特莱特堡还著有《哥特语基础》（Gotisches Elementarbuch, 1897），编辑整理了《哥特语圣经》（Die gotische Bibel, 1908—1910），编写了《哥特语-希腊语-德语词典》（Gotisch-Griechisch-Deutsches Wörterbuch, 1910）。——译者注

位"发明者"中的一位经伦敦大学学院语音学系 I. C. 沃德小姐 [I. C. Ward] ① "翻译",用这种"语言"的词汇跟我交际)。这种"语言"里有 bal 这个词,意思是"地方",地方越大,元音就越长。因此,通过三种不同的音长,bal 分别表示"村庄""小镇"和"城市"。表示"走"的词是 dudu,"走的速度越快,这个词说得就越快,如果说 [dœ·dœ·],就是走得非常慢"。参见施泰恩塔尔编辑的洪堡特著作选第 82 页:② "瓜拉尼语的南部方言里表示完成的后缀 -yma,其表示的过去时间有多远,音就要发得多慢。"

10. 一般性思考

如我们在本章中所见,语音象征的运用极为广泛,从对想象中的自然声音的直接模仿,到已有非象征性词汇中出于纯语法目的的细微音长变化。但是,为了对语言生命中的这个因素做出真实评价,牢记下列问题倒是非常重要的:

(1)没有哪种语言会把语音象征用至极致,反而有许多词对象征惘然,甚至与象征相冲突。要表达"小",[i] 是最合格的,但是,认为这个元音永远暗含"小"之义则是荒谬的,认为"小"永远要用带这个元音的词来表达同样是荒谬的:只要提及英语 big(大)和 small(小),或是指出英语 thick(粗)和 thin(细)元音相同之事实,就足以否定这样的想法了。

(2)表现出象征性的词,可因历史发展而不再表现出象征性,无论这

---

① 艾达·卡罗琳·沃德(Ida Caroline Ward, 1880—1949),英国语音学家,非洲语言专家,著有关于非洲西海岸埃菲克语(Efik)、伊博语(Ibo)、特维语(Twi)、约鲁巴语(Yoruba)的著作多部。——译者注

② 施泰恩塔尔编《洪堡特的语言哲学著作》(*Die sprachphilosophischen Werke Wilhelm's von Humboldt*, 1883—1884),这篇文章题为《论语法形式的产生及其对思想演化的影响》(*Über das Entstehen der grammatischen Formen, und ihren Einfluß auf die Ideenentwicklung*),1822 年 1 月 17 日宣读于普鲁士皇家科学院。——译者注

样的发展是语音变化、语义变化，还是二者兼而有之。故而，今 crow（乌鸦）这个鸟名对声音的模仿，不如古英语 crawe（丹麦语 krage，荷兰语 kraai）。同样，动词 whine（哭哭啼啼）和 pipe（吹奏管乐器）以前元音是 [iː] 的时候（丹麦语这两个词 hvine 和 pibe 今仍是这个音），对声音模仿得更好。但是，表示体型小的鸟的叫声时，后一个词的发音仍带有或长或短的 [i] 音（今拼写成 peep 或 pip），这个词因而不断得到续命，仿佛因新一轮模仿而得以重构；这一点可参见我举过的爱尔兰 wheen 之例以及方言性的 peep 之例。① 拉丁语 pipio 最初指任何"叽叽叫的鸟"，但是，随着这个词逐渐指代某一种具体的鸟，这个词就开始自由地遵循常规的音变潮流了，由此变成了法语 pigeon [piʒɔ̃]（鸽子）和英语 pigeon [pidʒin]（鸽子）。英语的 cuckoo（布谷鸟）抵抗住了如 cut（切开）一词中的那种由 [u] 到 [ʌ] 的变化，因为人们总能听到这声音，并且乐于用这样的声音来称呼这种鸟。有一次我听到一位苏格兰女士说 [kʌkuˑ]，就向她打听，她告诉我她生活的地方没有布谷鸟。因此，这个词在那里的处理方式跟其他任何带有短 [u] 音词并无不同。这个词另有一点非常有意思：它抵制住了古老的哥特辅音音变，因此跟梵语 kōkiláḥ、希腊语 kókkux、拉丁语 cuculus 拥有相同的辅音。②

（3）另一方面，有些词在历史发展中变得比起初更具表达力了，我们不妨称之为"二代回声词"或"二代象征词"。英语动词 patter 源于 pater（父）（= paternoster [主祷文]），起初的意思是重复主祷文、念叨祈祷词；但是随后，这个词跟与之同音的表示"发出一连串快速拍打声"的 patter

---

① 叶斯柏森在《语言论》中指出（第 288 页），元音大转移使英语 [iː] 系统转变为 [ai] 之后，pipe 一词不再具有语音象征特征，但部分方言中仍以 [piːp] 表"抱怨"之义（拼作 peep），正是因为原有的语音更具表达力故而生存了下来；而爱尔兰英语至今仍有 wheen 一词表示"哭泣"，亦是 whine 一词古音的孑遗。——译者注

② 哥特辅音音变即格林定律，其中 *k > h 的变化，典型例子如希腊语 κύων（狗）、拉丁语 canis（狗）对应原始日耳曼语 *hundaz（狗），今日英语 hound、德语 Hund 皆以 /h/ 为首音，对应希腊语和拉丁语中的 /k/。而 cuckoo 一词显然未遵循这一规则。——译者注

关联了起来,且受到 prattle(说颠三倒四的话)、chatter(闲扯)、jabber(说些谁也不懂的话)等词的影响,如今也跟这些词一样,有"说话快"或"说些无聊话"之义了,不折不扣地成了真正的象征词;还可参见名词 patter,指"秘语黑话、滔滔不绝的话"。而 husky 一词,起初可能只是指"带壳的、跟壳相关的"(牛津《NED》),但是,假如不是这形容词的读音让人想到沙哑嗓子发出的声音,恐怕无法形成今天流行的"嗓子干、沙哑"之义。丹麦语 pöjt(劣质酒、劣质品)一词如今被认为是表达蔑视的词,但是却源于 Poitou(普瓦图)这种由无辜的地名表示的酒,跟 Bordeaux(波尔多)同理;这个词如今却跟 spröjt(飞溅、喝劣质酒)、döjt(一丁点)之类表示蔑视的词联系在了一起。

英语 little(小、少)一词里的象征性元音 i,由古英语 lytel 一词中的 y 规则地演变而来,y 是 u 的变元音,如古萨克森语 luttil 所示;u 在其他亲属语言中也有,① 因此这个词最初并无象征性。但是,哥特语中这个词是 leitils(ei 发 [i·] 音),古北欧语中是 lítinn,这个元音很难用常规的原则来解释,于是《牛津 NED》绝望地认为,这两个词"绝无关联"。我会毫不犹豫地认为,这个元音 i 是语音象征的产物,这正如现代英语 leetle 一词里出现的更细微的变化,用窄音 [i] 取代了宽音 [i]。而表示相反意义的 much(多),其语音发展历程很可能也受到了获取胜任的元音之趋势影响,因为这个词源于古英语 micel,按理说出现的元音本该是像苏格兰语 mickle(多、大)那样的 [i]。英语 quick(快)一词里,生存下来了的是最适应其思想的元音,而不是古英语主格 cwucu、cucu 里的元音(二者源于 cwicu,有 cwicne、cwices 等屈折形式),而 widu、wudu 虽然在语音上具有可比性,但却不存在这样的诱因,元音 [u] 因而得到了保留,成为今 wood(木头)。这种象征性 [i] 得以生存之例亦见于丹麦语形容词 kvik 及中古低地德语 quik,其名词形式演变为丹麦语

---

① 例如,古高地德语 luzzil,法兰克语 *lutil。——译者注

kvæg 及中古低地德语 quek，这个形式逐渐用来表示牲畜，里面没有语音象征在运作；我甚至看到，象征作用还对这个丹麦语形容词里的 k 发挥了保护作用（使之不同于 kvæg 里的擦音），[①] 因为"快"之义的最佳表达，正是短音 [i] 后面接上打断它的塞音；难道同样的力量早先就无法对该形容词中发挥作用吗？古英语 cwicu、古北欧语 kvikr 里不同于哥特语 qius 和拉丁语 vivus 的第二个 k，迄今未得到充分的研究。象征"小"的 [i] 已出现于一些相对较晚产生的英语词里，如 tip（尖）源于 top（顶），trip（小群牲口）源于 troop（军队），sip（小口喝）源于 sup（小口喝）和 sop（浸透）。

有些词通过语义变化，也变得比先前更具象征式表达力。miniature 一词的最新变化就属于这一情况；这个词起初表示"用铅丹和朱砂绘制的画"，但是由于 i 的关系，今已渐指"小尺幅的画"。还有 pittance 一词，旧时指任何虔诚的捐助，无关乎数额大小，而今指"极微薄的津贴"。参见上文对 sullen、moody、catch 之论述。

11. 意会之重要性

我们若要理解语言之现实，就必须把当今说话者从某些词里感受到的意会（suggestiveness）考虑进来。有些例子中，这种意会可能从最一开始就存在了：这类词投入使用，是因为其外形立刻就表达出了说话者想要交流的思想。而另一些例子中，意会成分就不那么原始：这类词的产生，跟那些语音从未带过任何意会的大量其他词并无两样。但是，后面这类词的语音如果在一定程度上暗示出（或逐渐暗示出）其语义，例如，某个显著位置上含有 [i] 音的词表示"小"或较小事物，那么这个音就会发挥出强大的影响力，为该词赢得大众的偏爱；这一点就成了一种诱因，让人们

---

① 这两个词的读音分别是：kvik（快）['kvig]；kvæg（牲口）['kvɛˀj]。——译者注

选择这个词、偏向这个词，并且不再使用那些语义虽相同却未赢得这类偏爱的词。我们可以说，语音象征让有些词变得更适于生存，并在这些词的生存斗争中赋予其相当大的帮助。我们如果想用一个词来指小孩，就会用 kid（小羊）、chick（小鸡）、kitten（小猫）之类的词，而不是 bat（蝙蝠）、pug（狗崽）、slug（虫子）之类的词，虽然后者本身可能比我们所选择的前一类动物体型更小。

法语 rouler 和英语 roll 都源自拉丁语 rota（轮子）+ 指小词尾 -ul- 之派生，这一点千真万确。但是，假如其语音没能显著地暗示出其语义，这个词就绝不会受到如此热烈的欢迎，从英语、荷兰语、德语到斯堪的纳维亚各语言皆如此，它的意会性强大到让我们觉得，这个词似乎是该概念唯一自然的表达方式，让我们很难意识到它并不是个语言之肇始就已存在的词。我还可以举出另一个例子，这个例子里音和义之间的联系甚至更加"偶然"些。大约 100 年前，美国有位出身北卡罗来纳州本卡姆县（Buncombe）的国会议员，名叫费利克斯·沃克（Felix Walker），他发表了一篇冗长乏味的演讲。"许多人起身离开了大厅，而他则非常轻率地告诉那些没走的人，他们也可以走；而他要再讲一会，但'他只为本卡姆县而讲'，从而取悦于他的选区。"如今，buncombe 一词（亦作 buncome、bunkum）已成为一个广为使用的词，不仅美国在用，整个英语世界都在用，指政治演说或政治行动不以政见为基础，而是力求博得选民之好感，亦泛指一切内容空洞却能哗众取宠的言辞。不过，假如沃克先生出身安纳波利斯或是费城，或是其他任何其地名不像 Buncombe 那样能够挑动公众想象力的地方，大家觉得他的选区地名仍能同样被当作普通名词用吗？（参见上文第 7 节论述的短音 u 所带来的意会）与之类似，hullaballoo（嘈杂吵闹）一词似乎源自爱尔兰的村庄巴利胡里（Ballyhooly）（见 P. W. 乔伊斯《我们在爱尔兰所讲的英语》），也是由于地名里的意会性语音而流行了起来。

借词中我们常发现，有些借词之所以被吸收，是因为其语音在一定程度上具有暗示性，文化上的必要性反倒不明显。故而，阿尔贡金语言（纳提克语 [Natick]①）里表示"首领"的 mugquomp 一词，在美国英语里以 mugwump 的形式使用着，表示"大人物"或"老板"，尤其在政治生活中指独立于党派之外，认为自己高于政党的人。假如不是因为这个印第安词里有个不好听的音，恰好可供人拿来取笑，谁也不会想去一种印第安人语言里找词表达这个概念吧。其他因其语音而受到青睐并被吸纳了的词，我还想提的是 jungle（丛林）（源于印地语 jangal，跟 jumble [混乱]、tumble [翻滚]、bundle [捆]、bungle [搞糟] 多多少少都有些联系）；bobbery，俚语中表示"噪声、争吵"，这个词是"在印度的英国人口语里的词，原为印度人表惊讶或悲伤时的一个常用的感叹词——Bap-rē! 或 Bap-rē Bap! 意为'哦，神啊！'"（见于《霍布森-乔布森》[Hobson-Jobson]②）；amuck（恶毒暴怒）；③ 还有美国英语 bunco，意为"诈赌，欺骗"，该词源于意大利语 banco④。

---

① 纳提克语（Natick），亦称马萨诸塞语（Massachusett），美国东北部印第安原住民语言，19 世纪末消亡。——译者注

② 全称《霍布森-乔布森——印度英语词汇、短语、亲属词、词源、历史、地理及杂锦词典》（Hobson-Jobson: A Glossary of Colloquial Anglo-Indian Words and Phrases, and of Kindred Terms, Etymological, Historical, Geographical and Discursive），由英国东方学家、梵语学者亨利·尤尔（Henry Yule，1820—1889）和亚瑟·本奈尔（Arthur Burnell，1840—1882）编写，1869 年初版，后于 1903 年出版了威廉·克鲁克（William Crooke，1848—1923）的修订增补本。Hobson-Jobson 不是专有名词，而是指被英语吸纳的印度特有词汇（据该词典 1903 年版，第 419 页）。——译者注

③ 叶斯柏森未对此词做任何解释。本释义据斯基特《简明英语词源词典》，词典标注该词源于马来语。（1980 年重印本，第 338 页）——译者注

④ 意大利语原义为"银行"。据 19 世纪末波士顿警界官员本杰明·埃尔德里奇（Benjamin Eldridge）和威廉·沃茨（William Watts）撰写的《我们的对手——恶徒》（Our Rival, the Rascal，1897）一书介绍，banco/bunco 是当时十分猖獗的一种基于纸牌、骰子的地下赌博活动，该词由"银行"引申为"地下赌场"，继而衍生出 banco man 一称，指开赌场者、设局坐庄者（第 188 页）。——译者注

12. 古代与现代

我们会发现，对回声词以及相关现象的看法并不会把我们带回想象中的原始时代；如我们日复一日观察到的，这些力量在各种语言中都是生机盎然。然而，语言学家们常常以为，语音象征即使存在，也必然要回溯至最古远的时代，故而在当今并无现实意义。因此，本菲（Benfey，《历史》，第288页）①援引了持"在法语rude（粗野）一词里可找到粗野、doux（柔和）一词里可找到柔和"之说的德·布罗斯②，并指出德·布罗斯的看法"说得好像这些词在语言产生之时的那无限久远的音，能够对解释最初的事物命名有那么一丁点用似的"。（不过，本菲认为这两个法语词带来的印象恐怕是臆想出来的，这个看法是正确的；这两个词作为例子显然选得不好。）苏特林（《语言的发展与本质》，第14页）③认为："在我们今天的语言里大规模寻找这样的关系是鲁莽的，因为无论是liebe（爱）、süss（甜）这样的词，还是zorn（生气）、hass（恨）、hart（艰难）这样的词，虽然经常被一知半解的人拿来说事，但对学者来说却证明不出什么，因为这些词这样的形式是新近才有的，在语言被创造之初时的语音必然是完全不同的。"

与之类似，索绪尔（《普通语言学教程》，第104页）给出的语言

---

① 提奥多·本菲（Theodor Benfey，1809—1881），德国语文学家、梵语学者。该书全称:《19世纪初以来语言学及东方语文学在德国的历史》（Geschichte der Sprachwissenschaft und orientalischen Philologie in Deutschland: Seit dem Anfange des 19. Jahrhunderts mit einem Rückblick auf die früheren Zeiten，1869）。——译者注

② 夏尔·德·布罗斯（Charles de Brosses，1709—1777），法国学者。他对音义关系的论述，见于其著2卷本《论语言的机械构成与词源的物理原则》（Traité de la formation méchanique des langues et des principes physiques de l'étymologie，1765）。——译者注

③ 路德维希·苏特林（Ludwig Sütterlin，1863—1934），德国语言学家。除了《语言的发展与本质》（Werden und Wesen der Sprache，1913）之外，还著有《语言结构之本质——威廉·冯特语言心理学批判》（Das Wesen der sprachlichen Gebilde: Kritische Bemerkungen zu Wilhelm Wundts Sprachpsychologie，1902）。——译者注

学基本原则之一,也是音义关系是任意的,或者更确切说,是无动机的（immotivé）；如果有人反驳说,象声词就不是任意的,他会说："它们从来不是语言系统的有机组成部分。并且,它们的数量比人们通常设想的要少得多。像法语 fouet（鞭子）、glas（丧钟）这样的词,可能会对部分人的耳朵产生意会声效,①但是,这样的词并不是从一开始就具有这样的特征的,只要回溯它们在拉丁语中的形式（fouet 源于 fagus,指"山毛榉",glas = classicum［信号］）,就足以证明这一点了；当今其语音所拥有的特质,或者更确切说,所被赋予的特质,是语音发展带来的偶然结果。"

由此我们看到了现代语言科学的一个特点：太注重词源学了,也就是太注重词的源头了,以致对于词由何而来的关注,远远超过了词向何而去。一旦词无法永远因其音而具有意会性,就把真实存在的意会性也刨除在外,甚至可能将其宣布为纯粹的臆想。我希望这一章从头到尾所涵盖的,都是心理学角度更真实、语言学角度更有效的看法。

尽管有些回声词可能非常古老,但大多数并没有那么古老；无论如何,我从《牛津 NED》里为相当一部分这样的词查了可确定的最早使用年份,惊讶地发现许多这样的词产生得非常晚,仅有几百年历史而已,有些甚至连几百年都不到。这些词在书面上出现得较晚,一定程度上是因为旧时文献有些基本特征与我们当今的文献不同。旧时的文献不那么中规中矩,在很多方面更为自由,变化无限,因而更忠实于生活,也更忠实于日

---

① 我必须坦言,我在 glas 里没见到任何象征性成分,fouet 里也基本上没有（虽然动词 fouetter［鞭打］确实有一点类似英语 whip［鞭打］的力度）。总的来说,我觉得人们从某个词里"听到的"大部分东西,似乎都属臆想,这些东西很容易让探究语音象征之实质的合理尝试遭到贬低；故而才会有 E. 莱尔赫在《日耳曼语－罗曼语月刊》（*Germanisch-romanische Monatsschrift*）第 7 卷第 101 页关于德语 Loch（洞）一词的嘲讽性评述："Loch 一词描绘出一种运动：人们一看见 Loch,就刺激起语言器官做出与洞相对应的动作,以表示圆形状的流音 l 为开始,以深入喉后部的喉音 ch 为结束。"——原注

尤金·莱尔赫（Eugen Lerch,1888—1952）,德国语言学家,罗曼语学者,著有 3 卷本《法语历史句法》（*Historische Französische Syntax*）。——译者注

常口语。但这不是全部原因，非常有可能的一点是，这类词在较近时期的口语里使用得比那之前更为频繁，因为此时的人们说话的方式比其几百年前、几千年前的祖先更生动、更鲜活。心理反应时间比以前短了，生活节奏比以前快了，人们不像以前那样恪守传统了，于是，人们更愿意按照这样的方式来创造新词、接受新词，因为大家会立刻觉得这样的方式更能体现意义、更具表达力。在所有的语言中，创造并使用的回声词和象征词似乎都随着历史的发展而增多。除了这一点之外，选择过程（selective process）也是原因之一：获得了本不重要的象征价值的词，通过选择过程，取代了那些象征价值不足的词，或是取代了同一个词的那些象征价值不足的形式，从而生存了下来。因此我们可以说，语言随着时间的推移，象征性词汇会越来越丰富。我们绝不相信什么远古黄金时代，绝不相信那时候语言中的一切都极具表达力，都十分聪慧地做到了每一组语音都拥有语义价值。正相反，我们跟其他领域一样，相信一种慢速前行式发展（slow progressive development）之概念，这一发展的方向，意味着简易而充分的表达法的数量会不断增加——这样的表达法里面，音和义之间形成的婚姻般的联合，远比我们的远古祖先所知道的情况更加紧密。

第三编

论英语语音学

Part Three: On English Phonetics

Nightingale 等词里的鼻音
The Nasal in *Nightingale*, etc.
（1902）

厄尔特尔①那本出色的《语言研究讲义》(*Lectures on the Study of Language*) 里有句话（纽约、伦敦，1901 年，第 162 页），让我觉得写下这篇札记并不完全多余。厄尔特尔赞同斯威特的想法（《新英语语法》§1551），认为 nightingale（夜莺，古英语 nihtegale）一词中的 n（确切说，是 ŋ）可能源于与 evening（傍晚）一词的关联交互影响（associative interference）。他画出图示来表明，说话人的思维行至该词中间时，突然转向 evening 一词的词末音，发出 -ing 音之后，又重新回到 nihtegale 的正常轨道上。但我认为，本例中这样的过程是非常不可靠的。英国人念这种鸟的名称时，为什么要去想 evening 这个词呢？丹麦人念 nattergal（夜莺）一词时，当然不会去想 aften（傍晚）；我猜德国人念 Nachtigall（夜莺）时，也不会去想 Abend（傍晚）。厄尔特尔给出的其他例子（大多引自梅林格和麦耶）则不是这样，因为当一个人在 Abschnitt（部分）和 Absatz（段落）之间犹豫不定时，瞬时的混淆会导致出现 Abschnatt 这个形式，如果说出的既非 avoid（避免）也非 evade（避免）而是 evoid，也是同理。语义

---

① 汉斯·厄尔特尔（Hanns Oertel，1868—1952），德国语文学者，早年移居美国，在耶鲁大学师从辉特尼，进行古代语文学研究及印度学研究。《语言研究讲义》是其执教于耶鲁大学时出版的著作，由五讲组成，题目分别是"十九世纪语言科学的前沿思想""论相似方言和语言的归类及其始祖语的本质""语言演变（Ⅰ）模仿变化与类推变化""语言演变（Ⅱ）语音变化""语言演变（Ⅲ）语义变化"。——译者注

相似性和语音相似性并行,从而造成了"感染错合"(contamination)。而 nightingale 之例,绝对不存在语音相似性;evening 和 night(夜)之间固然存在语义相似性,但是和这种鸟之间,这相似性似乎就相当牵强了。此外,当 nihtingale 一词出现时,①eve(n) 才是普遍使用的形式,evening 仅是偶尔出现,用来指"傍晚(even)的到来,进入黄昏之过程或事实"(《牛津 NED》)。evening 作为 even 的同义词,最早的引证见于 1440 年。因此,我们必然需要另行寻找解释,若暂时找不出解释,至少要找些与之平行的例子。

1. 位于 g 之前的闯入性 [ŋ],见于下列各词:②
nihtegale > nightingale:夜莺③
Portugal > Portyngale:葡萄牙

见于卡克斯顿《列纳狐》(*Reynard*),第 13 页;马洛《帖木儿》(*Tamburlaine*)第 1351 行有 Portingale;埃利斯援引索尔兹伯里(Salisbury)④,提到了"把 Portugal 讹为 Portingal"(第 757 页);佩格(Pegge)《英语轶事》(*Anecdotes of the English Language*),1814 年第 2 版,第 62 页指出,"Portingal 即 Portugal。葡萄牙钱币流通于英格兰时(当时叫 Portugal-pieces),每个兜里揣着 Portingal-piece 的东伦敦人(Cockney)嘴里都说着这个词",他还在此处加了一条注释:"霍林谢德(Holinshed)、斯托(Stowe)以及大多数古代编年史,都写成 Portingale,……索尔兹伯

---

① 据斯特拉特曼、布莱德利,这个形式最早见于《猫头鹰与夜莺》(Owl and Nightingale,约 1225),与旧形式同时出现。——原注
② 此处给出的部分例子已收录于麦茨纳(Mätzner)的《英语语法》(*Englische Grammatik*,1860)第 174 页,以及埃利斯《论早期英语发音》第 757 页注释 3。——原注
③ 为方便读者,译者在词条上增加了对词条的汉译,下同。——译者注
④ 威廉·索尔兹伯里(约 1520—约 1584),文艺复兴时期威尔士人文主义学者、翻译家,编写过《英语-威尔士语词典》(*A Dictionary in Englyshe and Welshe*,1547),是《圣经·新约》以及《公祷书》威尔士语版的主要翻译者。埃利斯 5 卷本《论早期英语发音》第 3 卷关于 16 世纪英语发音的阐述中,索尔兹伯里记录的 16 世纪威尔士英语发音是重要的材料依据。——译者注

里伯爵①1607 年写的一封信里,葡萄牙人被称为 Portingalls。"

martigale > martingale:马领缰

哈茨菲尔德(Hatzfeld)等编《法语通用词典》(*Dictionnaire général de la langue française*)释:"借自现代普罗旺斯语 martegalo,源于 Martegue(法语称 Martigue),贝尔湖(L'étang de Berre)畔的一座小城"。

2. 位于 [dʒ] 前的闯入性 [n] 更为常见:

messager > messenger:信使

卡克斯顿的书里仍为 messager,如《列纳狐》第 18、30 页,佐默② (Sommer)版《亚瑟之死》(Morte Darthur)第 35 页等;乔叟的手稿里 messager 和 messenger 均出现过。

herbeger 等形式 > harbinger:先遣者

带 n 的形式最早见于 15 世纪。

passager > passenger:乘客、候鸟、渡船

passager 见于诺思版普鲁塔克(North's Plutarch)和伯纳斯版傅华萨(Berners' Froissart)③,参见《百科词典》(*The Encyclopaedic Dictionary*)④。

porrager(potager)> porringer:粥盘

埃利斯援引索尔兹伯里指出,"potanger(我觉得没人真这么写)必须写

---

① 指索尔兹伯里一世伯爵罗伯特·塞西尔(Robert Cecil,1563—1612),曾在伊丽莎白一世、詹姆斯一世两朝担任国务卿,是跨者铎、斯图亚特两个王朝的重要政客。1605 年,他及时发现并成功阻止了企图暗杀詹姆斯一世国王的"火药阴谋"(Gunpowder Plot)。——译者注

② 海因里希·奥斯卡·佐默(Heinrich Oskar Sommer,1861—?),德国学者,亚瑟王文学研究专家。佐默编辑的马洛礼《亚瑟王之死》由"文本"(1889)、"导读"(1890)、"资料来源研究"(1891)3 卷组成,此处引用例子见于第 1 卷"文本"中的早期现代英语原文。佐默还编辑整理关于圣杯传说的古法语手抄本,出版了 8 卷带有英文评注的法文本《亚瑟王传奇的民间版本》(*The Vulgate Version of the Arthurian Romances*,1908—1916)。——译者注

③ 让·傅华萨(Jean Froissart,约 1337—约 1405),法国诗人、历史学家,其撰写的《编年史》(*Chroniques*)是关于百年战争前期的重要史料。——译者注

④ 指苏格兰学者罗伯特·亨特(Robert Hunter,1823—1897)主编的《百科词典》,于 1879 至 1888 年陆续出齐 7 卷,并于 1903 年出版过一卷补编,另有单卷简编本。简明风格的百科词典兴起于 18 世纪末、19 世纪初,弥补了《不列颠百科全书》等大型百科全书卷数多、价格昂贵、更新速度慢等问题,成为 19 世纪颇受欢迎的工具书种类。——译者注

成 potager"（757 页）。埃利沙·柯尔斯①《英拉拉英词典》（*A Dictionary, English-Latin, and Latin-English*，1679）里有 "porrage（粥）— jus, uris；porrenger（粥盘）— scutella, gabata。pottage（粥）— jus, jusculum；pottinger（粥盘）— gabata, scutula"。关于以 r 代 t 的问题，见我的《语音学》，哥本哈根 1899 年版，444 页。

*wharfager > wharfinger

据《百科词典》，这个词指"拥有码头或负责管理码头的人"；wharfage 指"为使用码头而付的税费"。

scavager > scavenger：清扫街道的人，见斯基特。②

armiger > Arminger：（专有名词）③

法语 murager > murenger：负责城墙修建维护的官员

cottager > cottinger：农民

据《牛津 NED》，cottinger 的形式见于 16、17 世纪。

*partager > partinger

对伙伴的戏称、粗俗称（穆莱 [Muret]④、布吕尼尔德森 [Brynildsen]⑤）。

---

① 埃利沙·柯尔斯（Elisha Coles，约 1640—1680），英国词典编纂家，除了本文中提到的拉丁语词典之外，还编写过一部《英语词典——神学、资产管理、物理、哲学、法律、航海、数学及其他人文与自然科学难词诠释》（*An English Dictionary: Explaining the Difficult Terms That Are Used in Divinity, Husbandry, Physick, Pholosophy, Law, Navigation, Mathematicks, and Other Arts and Sciences*，1676）。——译者注

② 斯基特在《简明英语词源词典》scavenger 词条（第 467 页）里指出："scavenger 原为 scavager，n 是闯入性的。"——译者注

③ 中世纪骑士盾牌、战旗、战袍等上面象征家族、王室等的纹章称为 coat of arms，拥有纹章使用权的人故称为 armiger，由此演化出 Arminger 这个姓氏。——译者注

④ 指德国学者爱德华·穆莱（Eduard Muret，1833—1904）编纂的《英德德英百科词典》（*Encyklopädisches englisch-deutsches und deutsch-englisches Wörterbuch*，1897）第 1 卷（英德卷）。该词典的第 2 卷（德英卷）由丹尼尔·桑德斯（Daniel Sanders，1819—1897）编纂。这部 2 卷本《英德德英百科词典》用图桑-朗根沙伊特体系注音，兼收语文词汇和百科词汇，是朗根沙伊特出版公司早年出版的最重要工具书之一，被后世简称为"大穆莱-桑德斯"（Der Große Muret Sanders）。——译者注

⑤ 约翰·布吕尼尔德森（John Brynildsen，1852—1926），挪威语文学家、词典编纂家，编有《英挪词典》（*Engelsk-norsk ordbog*，1886）和《挪英词典》（*Norsk-engelsk ordbog*，1892）。布吕尼尔德森后来还编纂了 2 卷本《英语-丹挪语词典》（*Engelsk-dansk-norsk ordbog*，1902—1907），该词典英语词条的注音是由叶斯柏森承担的。partinger 一词有收录。——译者注

*pollager > pollenger

指"修剪过的树；灌木"；《百科词典》援引图瑟（Tusser）的《资产管理》（*Husbandrie*）。

papejay（见于乔叟，B 组 1957）> popinjay：鹦鹉

我认为，这样我们就能解释为什么 St. Leger（圣雷杰）要读成 /silindʒə/ 了。或许 Birmingham（伯明翰）这个名称也是同理。斯托姆（《英语语文学》562 页）给出的原始形式是古英语 Bromwich-ham，这解释了 Brummagem 为何依然是这座城市的俗名，[①] 且该词有"伪造、虚假、不真实"之义（《牛津 NED》）。把 n 插入，就得到了 *Brummingham 或 Brummingeham；或者通过"换位"（metathesis），真正导致了以 [ə:] 代替 [ra]，口语形式就成了 [bə:mindʒəm]，拼写为 Birmingham。今天的读音，是以这个形式为基础而"望文生音"。不过遗憾的是，《牛津 NED》（见 Brummagem 词条）引述的古体形式是 Bermingeham 和 Birmyngeham，这与我的解释相悖，也与斯托姆的 Bromwichham 相悖。我目前无法解决这一难题，只能将其留给其他人来解决。

但是，无论对 Birmingham 的哪种解释是对的，我们现在都可以构建出下面这条规则了：

首音节重读的三音节词，鼻音经常插在力度较弱的中间音节里的 [g] 或 [dʒ] 之前；这个插入过程发生于中古英语时期（大体上是在该时期的末期）。最后一个音节非常可能带有次重音；而在 manager（经理）一词里，很可能是 n 音阻止了这种插入。

荷兰语中也有些类似的例子，但不限于同样的条件。例如，S. 德·格拉夫（S. de Grave）[②] 在《罗曼语》（*Romania*）第 30 卷（1901）第 119 页

[①] 从 [tʃ] 到 [dʒ] 的变化，见我的《英语格研究》（1891），第 178 页及后，尤其是第 189 页。——原注

[②] 让-雅克·萨尔弗达·德·格拉夫（Jean-Jacques Salverda de Grave，1863—1947），荷兰语文学家、罗曼语学者，对中世纪及文艺复兴时期的法语、意大利语文学有深入研究。关于法语对荷兰语的影响，格拉夫著有《荷兰语里的法语词》（*De Franse woorden in het Nederlands*，1906）、《法语在荷兰的影响》（*L'influence de la langue française en Hollande*，1913）等。——译者注

引述了 visenteere（拜访）< Fr. visiter，messengier（信使）< Fr. messager，fansoen（时尚）< Fr. façon，pampier（纸）< Fr. papier，komfoor（炉子）< Fr. chauffoir 等。①

这可否为 nightingale 里的 n 提供一种解释呢？揭示这样的事实，正如语文学著作和刊物阐释所研究的演变时给出的大多数"语音定律"一样，解释力有时很强，有时很弱。

---

① 这些例词出自格拉夫的《源于法语的中古荷兰语方言词》（Les mots dialectaux du français en moyen-néerlandais）一文。这些词并不是今天标准荷兰语里的词。孔泉编《现代荷汉词典》（1995）里收录的上述例词的同源词如 visiteren（检查）、visitatie（拜访）、fatsoen（风度）、papier（纸），可见这类闯入性的鼻音未必总能生存下来，这一点与英语例子中的 porringer（今为 porridge）、Portyngale（今为 Portugal）同理。——译者注

语音与拼写·绪论
Sounds and Spellings: Introduction
（1909）

[1.1] 人们如今说着的英语和写着的英语之间，也就是语音和拼写之间，存在着举不胜举的不一致之处，其原因主要如下：

（1）拉丁字母的不完善。拉丁字母自身就不系统。没有任何东西能够展示出，p∶b 之关系等同于 t∶d 之关系、k∶g 之关系。而虽然 m 和 n 之间形似，似乎表明二者代表的是同一类音，但在其他音之间，却没有什么能展示出这种相似性。许多很基本的音，没有单独的字母，因而必须用笨重的方式来表示，如英语中 she 中的 [ʃ]、measure 中的 [ʒ]、sink 中的 [ŋ] 即是如此。元音系统的缺陷尤为突出，没有任何符号能够表明音长、重音或声调。而另一方面，字母表在某些方面又有羡余，尤其可参考 c 和 q 的问题；字母表里有个表示音组 [ks] 的 x，却没有相应的符号表示其他类似的音组。这种羡余性随着历史的发展而加大，因为同一字母演化出了若干种字形，如 A a *A a*，G g *G g*，等等。

（2）这份字母表虽有各种缺陷，但是，假如能有训练有素的语音学家，明确知道要表示的是什么样的音，继而对已有途径加以改造以实现该目标，那么，这份字母表或许有可能以相对准确的方式来表现某一具体语言的语音。然而事实并非如此，所有欧洲语言的早期作者们都不太懂这方面的道理，只是竭尽自己之所能，用混乱的方式书写着自己的语言，而他们的这些错误，却被一代又一代的后人们永久化了。

（3）字母表和书写之术由一国传入另一国，受者从师者那里模仿的拼写习惯，反映的往往是迥异于自己语言的语音系统。英格兰人最初从爱尔兰人那里学来了书写之术，爱尔兰人影响了古英语时期字母的形式和用法。后来，诺曼书吏们带来了若干法语拼写特色，不仅用于书写法语借词，而且也用于书写英语本族词。从其他国家借入的词，常依照那些语言的用法来拼写；而古典语言（拉丁语以及用拉丁字母书写的希腊语）的影响尤为强烈。但是，这之中并无统一性，或是几近于无统一性，并且，那些因错误的词源观念而造成的拼写形式，在具体某一语言中往往是根深蒂固的。

（4）比上述几点影响更有力的，是传统之影响。起初，人们除了自己的耳朵（或者是幻觉）之外并无其他向导可遵循，但是不久之后，就开始模仿所誊抄的手抄卷里的拼写法，模仿其老师及长者的拼写法。词的口头形式往往不断变化，这就意味着词已消亡的旧形式即使在耳边消失已久，也仍会被继续书写。印刷术发明以来，传统拼写变得格外强大；因此，现代英语的拼写在很多方面反映的是印刷术引入之时的发音。印刷术引入之后拼写仍继续发生变化，但是跟印刷术引入之前相比微不足道，印刷术引入之后出现的拼写变化主要反映的不是音变，而是其他考量，比如有时是出于臆想，有时则纯粹出于排版上的便捷。总的来说，专有名词与其他词汇相比，不那么容易发生变化。

由此可构建起拼写发展中的一条重要特征：中世纪时的主要趋势是，无论一个音出现于何处，都要以相同的方式来表示；同一个词未必永远以同一方式来拼写。而今天，人们更强调要永远以同一方式表示同一个词；而同一个音在不同的词里可能有不同的写法。

[1.2] 本书的目的就是详细研究这样的发展，其途径是追踪英语语音随时间发展而历经的变化，同时展示哪些变化导致了英语拼写的变化，哪些则没有导致这样的变化，又有哪些独立于音变之外的正字法变化被引进

来。我将把 1400 年左右的英语作为本书的起点。1400 年是乔叟去世的那一年，也是印刷传入之前 80 年。这一时期的语音系统首先要跟其语源加以对比，即跟古英语、斯堪的纳维亚语、古法语的语音进行对比。为方便起见，大多数古英语、斯堪的纳维亚语、古法语的词将以"标准化"形式给出，因为我们不打算详细论述这些语言；古英语的形式主要用西撒克逊方言的形式，斯堪的纳维亚语的形式主要用由挪威文学和冰岛文学而知的形式（即所谓"古北欧语"[Old Norse]）。对这一起点的描写将占据前四章，即一、辅音，二、元音，三、音长，四、重音。本书其余各章描写从该时期起至 20 世纪初所发生的变化。

[1.3] 确认某一历史时期的发音有若干种方法，但必须始终记住，我们相对明确知晓的唯一情况就是当今我们所听到的语言。其他的一切，都只是推理和近似情况；为历史上某词发某音下结论时，我们必须始终以对今日之语音的了解为指导，以今日之语音在我们眼前、耳边出现的变化为指导。必须始终让语音学，即关于语音的科学，来协助我们；我们还要不时跟其他语言的发展变化做比较，无论这些语言是亲属语言还是非亲属语言，这样的比较都能够为英语的变化提供参考。

[1.31] 我们确定旧时发音的首要方式，就是拼写。所研究的文献越古老，其词的拼写方式通常就越能充当可靠的证据。对于较近的时期来说，与传统上的固定正字法有出入之处格外具有价值。如果我们发现 rustle 一词在某一时期经常拼写成 russle（莎士比亚 1623 年的第一对开本就是这样写的），那么很清楚，t 在这一时期是不发音的。那些或多或少不太识字的人的拼写，也经常很有启示性。16、17 世纪，印刷书籍中的拼写已相对固定，但在私人信件和文件中，人们仍然会任凭想象而拼写。例如，伊丽莎白女王本人就曾把 deep 写成 dipe，把 hearsay 写成 hiresay，把 need 写成 nid、nide、nidful，把 speech 写成 spiche，把

sweet 写成 swit，等等，这说明通常拼写成 e 或 ee 的 /e·/ 这个音，向 /i·/ 的转变已经开始了。我们还可以从"逆向拼写"（inverse spelling）中获悉很多东西。"逆向拼写"，是指反映正规正字法和实际发音之间不一致处的拼写形式传播到了其他词里，这样的拼写从词源来看是错误的。例如，在 light 里的 gh 不再发音之前，谁也不会把原先的 delit 或 delyt（源于古法语 delit）写成 delight。莎士比亚对开本里的 solembe 这一拼写，体现出的则是 comb 等词里的 b 以及 solemn、damn 里面的 n，此时都已从实际发音中消失了。

[1.32] 其二，诗人的用韵，通过节奏展示出重音模式，通过韵脚展示出音（尤其是元音），这亦可让我们获悉许多信息。利用这一点来了解前几个世纪，比了解现在更为可靠。因为现代诗人安排押韵词，很大程度上会参考旧时诗人用过的韵脚，而旧时诗人能够遵循的，无疑只有自己的耳朵。谁也不会因为丁尼生的韵脚里有 scant : pant : want，或是今在世的许多诗人的韵脚里有 move : love，就推断说这些词里的元音相同。但是，这样的"视觉韵脚"（eye-rime）出现得相对较晚，许多这样的词，其原有形式曾有相同或相近的发音，而今早已分道扬镳，如 war 和 far 即是如此。许多时候，那些未被先前的诗人用过，而是在某一特定时期才开始使用的新韵脚，正是音变的标志。乔叟的韵脚通常非常可信。例如，他经常用 deef（今拼作 deaf）跟 leef（今 leaf）押韵，但却从未见他用这两个词跟 leef（lief"亲爱的"）、theef（今 thief）、mescheef（今 mischief）、preef（即"proof"）中的任何一个词押韵。deef 和 leef 都曾含有古英语 ēa，而其他词要么曾含有古英语 ēo，要么曾含有法语 ie 或 e。因此，meene（mean，古英语 mǣnan）跟 clene（clean，古英语 clǣne）押韵，但是不跟 keene（古英语 cēne）、queene（古英语 cwēne）、bitweene（古英语 betwēonan）、grene（古英语 grēne）、weene（古英语 wēnan），或是 seene、sheene 等词押韵。由此可得出一条可靠的推论：曾在古英语中是开音的音，跟曾在古英语中是闭音的音，在乔叟的时代仍有区别，尽管

拼写已不再对此加以区别。①

[1.33] 关于旧时发音的第三种信息来源，是戏剧作家及其他作者所使用的双关语或文字游戏，还有对听错了的话（mishearing）之类所做的解释。不过显然，以这一方式获取的信息一定要小心使用。

[1.34] 最具价值的，是旧时的语音学家、语法学家、拼写改革倡导者的著作中直接给出的信息。这些人有的是英国人，有的则是向自己国家的人描述英语发音并对英语语音和其本国语语音加以对比的外国人。通常，母语作者给我们的信息比外国作者更具价值。外国人的观察中常有错误，有时是由于对英语熟悉程度不够，有时是由于每个人在正确理解外语语音时都会遇到的困难，这种困难只有通过悉心的语音学训练才能够克服（或者说是减轻）。

下面列出的是这类权威学者的最重要著作，本书中将以缩略语形式出现（作者姓缩写，加年份）。我觉得这些著作的标题不必写全称，因为大多数著作的名称已经可以在埃利斯的《论早期英语语音》（第 31 页及后）和斯威特的《英语语音史》（*History of English Sounds*）（第 204 页）中轻松查到了。②我把埃利斯没有用到的那些著作格外标注出来了。

---

① 乔叟的韵脚已十分方便地收录并列表于下列书中：H. 科姆瑞（H. Comrie）的《乔叟坎特伯雷故事集韵脚索引》（*Ryme-Index to Chaucer's Canterbury Tales*），伦敦，1875；I. 马歇尔（I. Marshall）和 L. 波特（L. Porter）的《乔叟短篇诗作韵脚索引》（*Ryme-Index to Chaucer's Minor Poems*），伦敦，1889；W. W. 斯基特（W. W. Skeat）的《乔叟〈特洛依勒斯与克莉西达〉韵脚索引》（*Ryme-Index to Chaucer's Troilus and Criseyde*），伦敦，1891（上述三著均由乔叟学会 [Chaucer Society] 出版）。莎士比亚的韵脚（仅诗作，不含剧作）已由 W. 菲埃托（W. Viëtor）悉心整理并研究，见其著《莎士比亚的发音》（*Shakespeare's Pronunciation*），马尔堡，1906。埃利斯的巨著（见下文）里也有很大篇幅论述诸多诗人的用韵情况。——原注

② 根据我国当今读者的阅读习惯，酌情对部分过于简略的书名缩略语进行了补全。——译者注

P 1530 = 帕尔斯格雷夫（Palsgrave），《法语的阐释》（*Lesclaircissmen de la Langue Francoyse*）。

G 1532（？）= 吉尔·杜·维斯（Gile du Guez 亦作 Gile du Wes），《导论》（*Introductorie*）。

S 1547 = 索尔兹伯里（Salisbury），《词典》（*Dictionary*）。

C 1555 = 切克（Cheke），《论希腊语等的发音》（*De pronunciatione Graecae, etc.*）。

S 1567 = 索尔兹伯里，《导论》（*Introduction*）（同 1547）。

S 1568 = T. 史密斯（T. Smith），《论修正补充书面英语的对话录》（*De recta et emendata linguae anglicae scriptione dialogus*）。

H 1569 = 哈特（Hart），《正字法》（*Orthographie*）。

H 1570 = 哈特，《方法》（*Methode*）。（埃利斯未列）哈特两部著作的完整词表等已在我的《约翰·哈特的英语发音》（*John Hart's English Pronunciation*）（海德堡，1907，英语学研究丛书 [Anglistische Forschungen]）一书中给出。

L 1570 = 利文斯（Levins），《词汇集》（*Manipulus*）。

B 1573 = 巴莱（Baret），《多语词库》（*Alvearie*）。

B 1580 = 布洛卡（Bullokar），《随意书》（*Booke at large*）。另见豪克（Hauck），《布洛卡的系统语言学说（元音）》（*Systematische lautlehre Bullokars[vokalismus]*）（马尔堡，1906）。

M 1582 = 穆尔卡斯特（Mulcaster），《基础·第一部分》（*First Part of the Elementarie*）。

B 1586 = 布洛卡，《简明英语语法》（*Bref Grammar for English*）。

B 1588 = 贝洛（Bellot），《法语的方法》（*The French Methode*）。（埃利斯未列）

G 1594 = P. G.（全名不详），《英语语法》（*Grammatica Anglicana*）。（埃利斯未列）

C 1596，见 C 1627。

E 1605 = 埃隆代尔（Erondell），《法语花园》(The French Garden)。

H 1609 = 奥利邦（Holyband），《法语利特尔顿》(The French Littelton)。

C 1611 = 考特格拉夫（Cotgrave），《词典》(Dictionarie)。

F 1611 = 弗洛里奥（Florio），《词的世界》(World of Words)。

G 1621 = A. 吉尔（A. Gill），《逻各诺米亚》(Logonomia) 伊利切克（Jiriczek）重新编辑版，1903（材料与研究丛书 [Quellen und Forschungen]）。1619 年原版也将使用。

O 1622 = 奥丁（Oudin），《西班牙语与英语语法》(Grammair Spanish and English)。（埃利斯未列）

M 1622 = 梅森（Mason），《英语语法》(Grammaire Angloise)。布罗塔奈克（Brotanek）重新编辑版（哈勒，1905）。（埃利斯未列）

M 1623 = 明修（Minsheu），《西班牙语语法》(Spanish Grammar)。（埃利斯未列）

A 1625 =《英语字母》(Alphabet Anglois)，无名氏。（埃利斯未列）

G 1625 =《英语语法》(Grammaire Angloise)，无名氏。（埃利斯未列）

C 1627 = 库特（Coote），《英语教师》(English Schoole-Master)，第 17 版；第 1 版显然可追溯至 1596 年。（埃利斯未列）

B 1633 = 巴特勒（Butler），《英语语法》(English Grammar)。

B 1634 = 巴特勒（与上一条为同一作者），《女性君主》(Feminine Monarchy)。

J 1640 = 本·琼森（Ben Jonson），《语法》(Grammar)。（嗣后作，他逝世于 1639 年）

D 1640 = 戴恩斯（Daines），《英语正音法》(Orthoepia Anglicana)。（埃利斯未列）布罗塔奈克 1908 年重印本出版太晚，本书未能用上，但我研读了 1894 年原本。

W 1653 = 沃利斯（Wallis），《英语语法》（Grammatica Lingvuae Anglicanae）。

B 1653 = 布克斯托夫（Buxtorf），《希伯来语语法》（Grammaticae Hebraeae）。（埃利斯未列）

H 1662 = 豪威尔（Howell），《新英语语法》（A New English Grammar）。（埃利斯未列）

W 1668 = 威尔金斯（Wilkins），《论真正的文字》（Essay Towards a Real Character）。

P 1668 = 普莱斯（Price），《英语正字法》（English Orthographie）。

H 1669 = 霍尔德（Holder），《语言成分》（Elements of Speech）。

C 1679 = 柯尔斯（Coles），《词典》（Dictionary）。

C 1685 = 库珀（Cooper），《英语语法》（Grammatica Linguæ Anglicanæ）。

M 1688 = 米耶日（Miège），《法语大词典》（Great French Dictionary）。

S 1699 = 斯特朗（Strong），《英格兰完美教师》（Englands Perfect School-Master），第 8 版。（埃利斯未列，我未看到 1674 年 [?] 和 1676 年的最初两版）

J 1701 = 琼斯（Jones），《实用语音文字》（Practical Phonography）E. 埃克瓦尔（E. Ekwall）重新编辑版，1907（早期现代英语语法重印本丛书 [Neudrucke frühneuengl. Gramm. II] 第 2 卷）。1704 年版《新拼写法》（The New Art of Spelling）。

E 1704 =《正字法专家》（Expert Orthographist）。

P 1710 =《帕拉丁人学英语的简捷之路》（Short and Easy Way for the Palatine）。

D 1710 = 迪奇（Dyche），《指南》（Guide）。

L 1725 = 莱迪亚德（Lediard），《英语语法》（Grammatica Anglicana）。

J 1764 = 约翰斯顿（Johnston），《发音与拼写词典》（Pronouncing and Spelling Dictionary）。（埃利斯未列）

E 1765 = 埃尔芬斯顿（Elphinston），《英语语法的原则》(*Principles of English Grammar*)。(埃利斯未列)

B 1766 = 布坎南（Buchanan），《论为英语建立高贵而统一的发音标准》(*An Essay Towards Establishing a Standard for an Elegant and Uniform Pronunciation of the English Language*)。

F 1768 = B. 富兰克林（B. Franklin），《新字母方案》(*Scheme for a New Alphabet*)。

W 1775 = 沃克尔（Walker），《英语押韵、拼写、发音词典》(*A Rhyming, Spelling, and Pronouncing Dictionary of the English Language*)。

S 1780 = 谢里丹（Sheridan），《词典》(*Dictionary*)。

N 1784 = 奈尔斯（Nares），《正音法的成分》(*Elements of Orthoepy*)。(埃利斯未列)

E 1787 = 埃尔芬斯顿（与 E 1765 为同一作者），《资产已确定》(*Propriety Ascertained*)。(埃利斯未列)

E 1790 = 恩菲尔德（Enfield），《发音词典》(*Pronouncing Dictionary*)。

W 1791 = 沃克尔（Walker），《发音词典》(*Pronouncing Dictionary*)。

P 1803 = 派格（Pegge），《英语轶闻》(*Anecdotes of the English Language*)。

O 1806 = 欧代尔（Odell），《论英语的成分、重音、韵律》(*Essay on the Elements, Accents & Prosody of the English Language*)。

B 1809 = 巴彻勒（Batchelor），《正音法分析》(*Orthoëpical Analysis*)。(埃利斯未列)

H 1821 = 希尔（Hill），《语音发音等讲义》(*Lecture on the Articulations of Speech, etc.*)，收于已故的 T. W. 希尔的论文选（1860）。(埃利斯未列)

没有必要把这份列表继续列到我们今天；如果真要列，主要应包括几部知名的发音词典（如斯马特①词典，等等），更具价值的是语音学家们的著作（贝尔、埃利斯、斯威特、索米斯小姐、吉弗里森与博恩塞尔[Jeaffreson & Boensel]、罗依德[Lloyd]、利普曼[Rippmann]、爱德华兹[Edwards]、琼斯[Jones]②、富尔肯[Fuhrken]，以及美国的格兰金特[Grandgent]、汉普尔[Hempl]，等等）。我不想声称自己的列表完整，这里面涵盖的外国语法学家非常少（关于他们，更完整列表可见菲埃托的《英语-德语语法书的英语发音》[Aussprache des Englischen nach englisch-deutschen Grammatiken，1886]以及霍尔特豪森[Holthausen]的《丹麦和瑞典见证的1750年以前的英语发音》[Die englische Aussprache bis zum Jahre 1750 nach dänischen und schwedischen Zeugnissen]；参见《语音学研究》[Phonetische Studien]第2卷、第3卷）。

[1.41] 从这些著作中得来的信息，价值各不相同。16世纪最富价值的作者是史密斯和哈特，17世纪是吉尔、巴特勒、沃利斯、威尔金斯、库珀，18世纪是琼斯、埃尔芬斯顿、奈尔斯、沃克尔。

[1.42] 对所有这些证据进行筛选是项非常艰难的任务。如果认为任意一本旧时的语法书里关于某某词的发音的论述都是精确的真理，将是极其严重的错误；但是，在近期的著作和文章中，这种事情屡见不鲜。我们必须不时考虑到听错、写错、印错以及归纳不完善而造成规则表述错误之可能。这些旧时的作者，大多数几乎完全不懂语音学，很容易误把字母当作

---

① 本杰明·汉弗利·斯马特（Benjamin Humphrey Smart，约1786—1872），英国学者，撰写过多部英语发音、演说术、修辞学等方面的著作。他依照19世纪的词典编纂新思路对沃克尔的《英语批判发音词典》做了修订增补，使之成为《新英语批判发音词典》(A New Critical Pronuncing Dictionary of the English Language，1836)，该版本被称为"斯马特词典"（Smart's Dictionary）。——译者注

② 此处指的是丹尼尔·琼斯（Daniel Jones，1881—1967）。——译者注

发音。他们中极少有人像哈特或威尔金斯那样，对语音的发音以及语音记录的正确原则有清楚的概念。模糊且具误导性的表达在他们的著作中随处可见。他们对不同语言的音进行比较时，我们大可不必对他们的严重跑偏大惊小怪，因为即使是今天的许多受过高等教育的人，虽有更好的学校、更好的教材，论述这类问题时也难免出现这类问题。这些旧时的语法学家无法用现代语音学的术语来表达自己，对此我们或许会感到些遗憾，但诚然不必去责怪他们。

此外，他们的目的各不相同：有些人是想教英语发音，有些人是想教已经懂得如何发英语音的人学会传统拼写，有些人想构建发音标准，最后还有些人想对英语拼写进行改革。最后这一类人当中也存在着巨大差别：哈特设计的是纯语音式拼写，完全不考虑词源；布洛卡设计的是一套繁琐的体系，对各类传统拼写和语法的考量常高于语音本身；吉尔的拼写极为深思熟虑，且得到了悉心贯彻，但却不是纯语音式的，因为他不时会偏离语音，转而接近词源，有时会对同音词加以区分；此外，他虽然以语音为导向，但在许多正字法问题上却呈现出保守（他的保守不是正音法问题上的保守，他并不偏爱老一代人的发音，尽管很多人这么以为），这些都让他那部极具价值的著作打了折扣（见我对哈特的专论19页及后①）。巴特勒《女性君主》中的拼写，虽被埃利斯视为语音式的体系，但其实不过是

---

① 该书题为《约翰·哈特的英语发音（1569与1570）》(*John Hart's pronunciation of English [1569 and 1570]*)，1907年出版于海德堡，是德国语文学家约翰·霍普（Johannes Hoops，1865—1949）主编的"英语学研究"（Anglistische Forschungen）丛书中的一种。该书实际上是对哈特两部著作的编辑整理与整合，一部是《正字法：规则与道理，用于书写、描绘人声之图像，使之最接近生活或自然》(*An Orthographie, conteyning the due order and reason, howe to write or paint thimage of mannes voice, most like to the life or nature*，1569），另一部是《方法，亦称舒适入门：教所有不识字的人快速而快乐地阅读英语》(*A Methode or comfortable beginning for all vnlearned, whereby they may bee taught to read English, in a very short time, with pleasure*，1570）。哈特著作展现的早期现代英语发音，是叶斯柏森《现代英语语法》重要的材料依据。——译者注

传统拼写通过增加几个新字母而被搞得稍稍带了一点语音性质，例如，用符号"'"来取代不发音的字母 e，或是把 see 里的两个 e 印得相互靠近些，等等。故而，无论他后来在其著《语法》里对语音的论述多么可贵，但他的拼写体系解决的发音问题（如，解决了 [þ] 和 [ð] 的区别问题）却寥寥无几。

[1.43] 大多数旧时的作者论及双元音时，把我们所说的双元音跟传统上用两个元音字母表示的单元音混淆了起来；而所谓的"单音"（single），常常也是指用单个字母来表示（因此，切克 [1555] 论述被他写成 υ 的双元音时，称之为"复杂单音"[simplex]）。关于长音和短音之类的术语，也充斥着类似的混乱状况。大多数作者，除了 ale 里的 ā、be 里的 ē、bite 里的 ī、so 里的 ō、due 里的 ū 这样的"字母表长音"（alphabetical long sound）之外，想象不出还有别的长音。20 世纪初印行的词典里，还有把 horse 里的 o 标为"短音 o"的，理由是这个音跟 so 里的长音 o 不一样。与之类似，许多作者无法认识到 ball、pass、cur 里面元音的音长。很明显，以这些语音学概念和语音式拼写皆不完善的作者为依据，对 ale 和 so 等词里的双元音的细微问题做非此即彼的论述，是无法站住脚的。

[1.44] 许多旧时的"语音学家"必须谨慎解读，我想举琼斯（1701）为例，因为他的书最近刚刚由埃克瓦尔①极其细心地编辑过。他为这本书写下了一篇 300 多页的导读，回答了与琼斯的发音相关的各类问题。琼斯的常规公式是："某某音在什么时候应写成某某？"而埃克瓦尔依此认为，

---

① 艾勒特·埃克瓦尔（Eilert Ekwall, 1877—1964），瑞典语文学家、英语学者。著有多部关于英语语音演变、语法演变、词汇演变的著作，对英语地名学研究也有重要贡献，编有《简明英语地名词典》（*Concise Oxford Dictionary of English Place-Names*，1936）。埃克瓦尔编辑整理的英语古籍，除了上文提到的约翰·琼斯的著作之外，还包括利德盖特的中古英语著作。——译者注

这些东西全都在表述 1701 年时的真实发音，由此让自己陷入了因该书不同部分之间的诸多矛盾而造成的大量难题之中。我对琼斯这本书一直很熟悉，1896 年时自己也曾淘到过一本，这让我想做出下面这些解读，来把问题好好地简化一下。

琼斯的首要身份并不是语音学家，而是位教拼写的教师；他想做的事情，是为词的正确拼写建立起一套简单易学的规则；正因为此，他才费尽心思地让同一个词出现于不同部分，为的是让他那些认不了多少字的读者们在不同的条目里都能找得到。但是，这绝不意味着存在读音上的差别，而埃克瓦尔太容易把琼斯想象成一位当今那种训练有素的语音学家了，这样的语音学家一定会仔细区分语音和字母。如果 chew 和 shew 在 o 部和 ow 部都能查到，这并不是说这两个词各有两种读音，而是琼斯认为这样能够告诫其读者，不能把二者拼写成这两种样子。

因此，琼斯在 51 页为 er 写的公式，我觉得意思很简单：你听着音，觉得想写 er 的地方，如果是 doctor、factor、proctor、rector 等词，必须写 or；如果是 hemorrhoids，必须写 orrh；如果是 arbour、ardour 等词，必须写 our；如果是 accoutre 等词，必须写 re；如果是 construe 等词，必须写 rue。同理，他在 117 页为 ur 写的规则，意思也一样简单：你觉得想写 ur 的地方，如果是 Barbara，必须写 ar；如果是 finger 等词，必须写 er；如果是 doctor、factor 等词，必须写 or；如果是 favour、labour 等词，必须写 our；有些词要写 re，"re 见 er，因为 re 同 er"；如果是 construe，要写 rue，……。而在 28 页，我们发现一部分归结在 ar 下的词还是这些词，如 anger、finger 等。这样的安排对于不了解拼写的人来说完全不是坏事，但是我们根据他这些词得出的唯一结论只能是，这些音当时正如现在一样，在自然发音中完全相同，绝不能认为一个词在琼斯的书里出现了两三次，就是有两三种读音。

埃克瓦尔由于大大高估了琼斯的话的价值，所以才花了大气力来为之做解释；他甚至认为（§380），[æ] 音很可能是 fagot 一词后一个音节里的 o 向 [e] 演变过程中的一个中间阶段，因为琼斯在 a 部、e 部、o 部都列了这个词——其实，把这个音解释成个性不鲜明的元音 [ə] 就简单多了：因为 [ə] 这个音有时候写成 a，有时候写成 e，所以琼斯就在 a 部和 e 部都告诫读者，fagot 这个词里只允许把 [ə] 写成 -ot。这当然等同于对琼斯的书的价值的怀疑，而我实在无法同意埃克瓦尔用不太地道的英语写下的那句话："Jones had a very nice ear to phonetic distinctions."（琼斯对语音差异的听觉非常敏锐。）（§638）

[1.51] 第一位用科学方式研究英语语音史的学者，是亚历山大·J. 埃利斯。他的巨著《论早期英语的发音》（第 1 卷至第 4 卷于 1869 年至 1874 年出版，出版于 1889 年的第 5 卷，是对现存各方言的论述）。不仅第一次收集了数量如此庞大的材料，而且还从语音视角和历史视角对种类繁多的问题做了探讨，这两点无论从哪一点来看，都极其值得称赞。大部分旧时的权威人物他都引述过，他还研究了拼写和韵脚等问题，并通过自己的观察向我们介绍了 19 世纪语音的很多情况。

他这部著作的缺点，有些很易察觉，有些则不那么明显。我觉得首要一点就是不成体系，尤其是后面几卷，经常让人觉得找不到想找的东西。埃利斯不断发现新的信息源，经常出人意料地对其加以评述和引用，其形式就是针对别的作者著作里的一些小细节之类，做大篇幅的注释。遗憾的是，作者还未完成许诺给大家的索引就去世了，其结果就是这部巨著可能永远不会有索引了，因此也就无法被大家便捷地使用至极致。

埃利斯著作中有些不那么明显的缺点，我是浏览了旧时语言学家们的著作原文才发现的。他的引述并不一定可靠，有时会在不提醒读者的情况下删节一些东西。他经常会忽视所引著作里的一些很有意义的信息，而他的引述看上去又很完整，这就很容易让人想当然地以为，这些著作里所有有意义的东西都已经给出来了。

更糟糕的是他引述旧时语音学家时采用的转写方式，是绝对不该原谅的：他引用的不是他们原有的体系，而是将其转写成了"古字符"（埃利斯自创的体系）；由此，埃利斯经常会引入一些旧时作者粗枝大叶的转写里根本未表述的语音细节。这一点在他按字母顺序排列的各世纪词表里尤为凸显（第 881 页及后、第 1001 页及后、第 1072 页及后），词表里的每个词，虽然旧时权威提及时只是用来阐释或例证某一个问题，比如元音中的某一个，或是某个辅音的省略，但他却对这些词做了全面的转写。词的其余部分完全是埃利斯自己的揣测。然而不幸的是，因为这几份词表是埃利斯的巨著里用着最便捷的部分，所以其他学者对其的使用远超过该书的其他部分。因此，大多数近年来出版的书，若是给出了什么代表早期语音学家发音的东西，大家一定不要相信。许多时候，这样的东西是从埃利斯的书中直接引来的，因此仅仅是埃利斯对旧时语音学家的发音做的揣测性重构而已。我发现这一点之后，通常就不再使用埃利斯的词表了，而基本上依靠我自己手里的原书，或是从这些语音学家、语法学家自己的著作里节选下来的材料，即使这么做有时要以忽视埃利斯著作里正确的东西为风险，也在所不惜。

[1.52] 这个判决似乎太重了，但是我觉得，任何人只要能劳烦浏览一下这些旧书，并将其跟埃利斯的词表做个对比，就一定会同意我的看法。举个例子来说明一下我的意思，我想从他第 1009 页的词表里引几个 h 类词。他把下列词作为琼斯（1701）的发音给了出来：

Hebrew	Hee·briu
hecatomb	нek·ætəm
Hektor	Ek·tər
hedge	edzh
Helen	El·en
hemorrhoids	em·ərɔdz
herb	erb, ɹerb
heriot	eriət
hermit	er·mit

首先必须说明，这些元音是埃利斯的元音，绝对不是琼斯的；我完全不懂为什么 hecatomb 和 heriot 的最后一个音节里有 [ə]，或为什么第一个音节里有 [e]，而 Helen 里却是个 [E]。其次，根本看不出为什么有的词给出了 h（埃利斯将其转写为 н），另一些词却没有。因为这些词全部取自琼斯词表的第 43 页，琼斯把这些词跟埃利斯没有引用的 Heber、Hebraism、hectical 列在一起，并总结为一条规则，大致是说"如果你犹豫不定词首是写 e 还是写 he，在它前面加个元音就清楚了"。换句话说，琼斯在此并没有给出两类词，一类带 [h] 音，一类不带 [h] 音，而是暗示：[h] 位于以辅音结尾的词之后时，不发音或者发听不出来的音。只要跟含有 a = ha, o = ho, u = hu 的例子的词表比较一下，这一点就很清楚了，琼斯的意思也就毫无疑义了，埃利斯莫不如给出些像 halleluiah、harbergeon、habiliment、haver-du-pois、hat、head 等带有不发音 h 的词（琼斯第 24 页）。而琼斯第 80 页的相关词表，埃利斯只拿来了一部分词（homage、holster、hosannah、host、Soho），还在"h 不发音"的说明里加了个"经常"（这个词琼斯的书里没有），略掉了 homo-、hostess、hostler、hostile、houlet、hour、inkhorn；而琼斯第 112 页的词表（humble 等词），埃利斯一个词也没有拿来用。所以，我们总能见到的不是原则和体系，而是变幻莫测以及埃利斯本人多少有些恃无恐的揣测。①

[1.53] 埃利斯之后，这一话题由亨利·斯威特在其著《英语语音史》（*History of English Sounds*，牛津，1888）一书中加以论述，这本书里除了对古英语、中古英语的极富价值的研究之外，还涵盖了对现代英语语音史的绝妙而系统的叙述。不过遗憾的是，他和我下面要提到的其他许多学者一样，太过依赖于埃利斯的著作，而不是亲自深入到旧时权威们本人的著作

---

① 本节提到的字母 h 不发音的情况，与当今的标准英语发音未必一致。不过，标准英语中 h 发音的词，方言中不发音的情况很常见，如考克尼方言、英格兰东北部方言等。——译者注

中去。斯威特论述的几乎毫无例外的是本族词（即日耳曼词），可是许多问题，如 au、l 等问题，如果不把法语成分考虑进来，根本无法正确论述。

保罗主编的《日耳曼语语文学概要》（*Grundriss der germanischen Philologie*，第 2 版，斯特拉斯堡，1899）里有 H. 克鲁格撰写的《英语史》（*Geschichite der englischen Sprache*）。这部《英语史》在诸多方面很有价值，不过论述到 1600 年前后就戛然而止了。

W. 菲埃托,《语音学基础》（第 5 版, 莱比锡, 1904）在评注里对英语语音史做了简要概述。

威尔德（Wyld），《母语历史研究》（*The Historical Study of the Mother Tongue*）（伦敦，1906）。

卡鲁热（Kaluza），《英语历史语法》（*Historische Grammatik der englischen Sprache*）（第 2 版，柏林，1906）。

霍恩（Horn），《现代英语历史语法》（*Historische neuenglische Grammatik*）第 1 卷（斯特拉斯堡，1908）。

除了上述全面论述这一主题的著作之外，还有许多其他著作以及短篇幅的文章，也为某一特定阶段或特定点提供了许多宝贵信息；这里我只打算提菲埃托的《莎士比亚音系学》（*Shakespeare Phonology*）（2 卷本，马尔堡，1906），弗兰茨（Franz）的《正字法——莎士比亚著作里的构音与构词》（*Orthographie, Lautgebung und Wortbildung in den Werken Shakespeares*）（海德堡，1905）以及吕克在《英语学》（*Anglia*）上发表的各种文章。

[1.61] 本书论述这一主题的结构跟前人有一定不同，因为我不打算追踪每一个音数个世纪以来的命运，而是尽可能地按照时间顺序，把语音系统所发生的变化作为一个整体来进行安排。此外，我会同时兼顾音系与正字法，并格外强调离我们最近的时代。虽然在方方面面都遵循严格的时间顺序并不容易，甚至并不可行，但是我这样安排的好处，在于能够把历史上同类的现象一起呈现出来，使之相互参照。例如，古英语 a 的变化，通

常在讲 e 等的变化之前就已论述完毕了；再如，长音 /e·/ 向 [i·] 的上升、长音 /o·/ 向 [u·] 的上升通常在完全不同的部分里论述，这就掩盖了一个事实：这两个变化其实是同一现象，即某一特定时期所有长中元音（long mid vowel）①全部上升，与之相关联的，是其他元音的普遍变化（高元音的双元音化、低元音上升至中部位置）。时间顺序在许多地方让我们能够把生理上同类的现象归结到一起；但在另一些地方可以很方便地把生理上类似的过程放在一起论述，即使这些过程不是同时发生的也无妨。这是不同的音变之间差别的必然结果，有一些可在任何时期发生于任何语言（如同化、辅音组里缺乏响度的辅音的省略，等等），另一些则仅限于某一特定语言的某一特定时期（如刚刚提到的 e、o 的上升）。

[1.62] 按时间顺序来安排，另一结果是不必把那些因发生了某一变化才相同、而其他时期并不相同的音拆散来看。例如，由 /i·/ 变成 [ai] 的双元音化，当然影响了所有的 /i·/，无论这个 /i·/ 从何而来；但是在大多数前人的著作中，这一过程是在各种名目下分散论述的，其标题包括古英语 ī、古英语延长了的短音 i（如 find 里的 i）、古英语 ȳ、古英语短音 y、斯堪的纳维亚语里各个相对应的音、法语的 i。法语或其他外语的词一经吸纳，其语音就会遵循与相对应的本族语音相同的发展道路，因此应跟本族语音放在同样的地方来论述。这样我们就能更好地看到发展变化的大线条，更好地追踪各过程之间的相互依赖，而这原本被视为孤立现象，未能得到完善的理解。故而，本卷书更恰当的标题，或许不应当像斯威特的书那样，叫"英语语音史"，而应当叫"英语音变史"才对。

[1.7] 关于音变是如何发生的，音变在多大程度上遵循"无例外的定

---

① 此处的"中元音"指开口度方向（纵向）的中部，包括既非高元音也非低元音的所有元音，也就是人们通常所说的"半闭"（mid-close）和"半开"（mid-open）位置上的一切元音。参见"元音大转移"这一话题。——译者注

律"，类推的效果有哪些，等等，本书不是为这些问题给出一般性理论的地方。读者想必对历史比较语言学和语音学的基本原则已有了一些基础知识。但是，由于我在有些地方已经谈到过"保守性"类推（"preservative" analogy）和"阻止性"类推（"preventative" analogy），并由此引入了一条未被普遍认可的新原则，所以对此做些简要的解释可能并不算离题。某音沿着某方向变化时，倘若存在某个跟这个音密切相关的形式（可以是同一个词的形式，也可以是别的词的形式）在同等环境下并未受到此变化的影响，那么这个音变总趋势可在一部分词里受到阻碍。例如，当 /r/ 前的短音 /e/ 在大部分词里变成 /a/ 时，/er/ 这个音组却在 earth 一词里保持不变，因为曾经存在两个并行的形式，一个带有短元音，另一个带有长元音，而长 /e·/ 音没有受到 /er/ > /ar/ 变化的影响。又如，当 /a·/ 发生前移，变成 /æ·/ 或 /ɛ·/ 时，有些词却保留了纯正的 [a·] 音，如 father，因为这样的词也有带短音 /a/ 的形式，依然是纯粹的后元音；这一点还可以参见各种与 /u/ 相关的例子。整个这样的过程都应该更详尽地加以研究；我暂时先请大家参考我对"保守性类推"的论述（见《语音学的基本问题》146 页），还可参考胡戈·皮平①的《论类推构成理论》(Zur Theorie der Analogiebildung)（载于《赫尔辛基新语文学学会文集》[*Mémoires de la société néophilologique à Helsingfors*]，第 4 卷，1906），他饶有兴趣地把这一理论运用到了词法现象中。

---

① 胡戈·皮平（Hugo Pipping, 1864—1944），芬兰语言学家，著有《论新发现的阿德莱石上的鲁纳碑铭》(*Om runinskrifterna på de nyfunna Ardrestenarna*, 1901)、《哥特兰研究》(*Gotländska studier*, 1901)、《北欧语言语音学研究导论》(*Inledning till studiet av de nordiska språkens ljudlära*, 1922) 等。——译者注

元音大转移
The Great Vowel Shift
（1909）

[8.11] 元音大转移涵盖了除 /iˑ/ 和 /uˑ/ 之外所有长元音的普遍上升，/iˑ/ 和 /uˑ/ 这两个高元音无法再升高了，否则就成了辅音，它们俩发生了双元音化，成为 /ei, ou/，后来又成了 [ai, au]。多数时候，拼写在大转移之前就已固定下来，这就成了英语拼写和语音不一致的主要原因之一。短元音的值（bit、bet、bat、full、folly）大体保持不变，而长元音的值（bite、beet、beat、abate、foul、fool、foal）变化了。其中，/uˑ/ 的变化被掩盖了，因为字符 ou（或 ow）看起来似乎更适合表示如今的双元音，而非中古英语的单元音 /uˑ/。

这一转移用图来表示，就是这样：

$$
\begin{array}{ccccc}
\text{ai} & \leftarrow & \text{iˑ} \quad \text{uˑ} & \rightarrow & \text{au} \\
& & \uparrow \quad \uparrow & & \\
& & \text{eˑ} \quad \text{oˑ} & & \\
& & \uparrow \quad \uparrow & & \\
& & \text{ɛˑ} \quad \text{ɔˑ} & & \\
& & \uparrow & & \\
& & \text{aˑ} & &
\end{array}
$$

虽然 /aˑ/ > /ɛˑ/ 的变化以向前移动为主，不像其他几个那样以向上移动为主，但为了方便起见，仍可将其视为跟其他变化相平行的变化；参见《语音学教程》§147 节第 162 页及后。

下表列出了一些典型词的变化：

中古英语拼写	现代英语拼写	乔叟时期读音	莎士比亚时期读音	今日读音
bite	bite	/biˑtə/	/beit/	[bait]
bete	beet	/beˑtə/	/biˑt/	[biˑt, bijt]
bete	beat	/bɛˑtə/	/beˑt/	[biˑt, bijt]
abate	abate	/aˈbaˑtə/	/əˈbæˑt/	[əˈbeit]
foul	foul	/fuˑl/	/foul/	[faul]
fol	fool	/foˑl/	/fuˑl/	[fuˑl, fuwl]
fole	foal	/fɔˑlə/	/foˑl/	[foul]

如此大规模的变化当然不可能在一朝一夕内完成，必定是以无法察觉的脚步逐渐发生的。并且，不能孤立考虑单个元音的变化，每个元音显然都是同一大规模语言变迁中的组成部分，这一变迁影响了中古英语里所有带有长元音的词。

[8.12] 这一变化是从该系列中的哪一端开始的呢？吕克（《英语语音史研究》第 78 页）[1]认为 /uˑ/ 的双元音化，仅发生于 /oˑ/ 变成了 /uˑ/ 的地区。他由此得出推论，认为 /uˑ/ 之所以双元音化，正是因为 /oˑ/ 变成了 /uˑ/，也就是挤走了 /uˑ/。因此，这两个音变之间存在因果关系。与之类似，他在第 79 页也把 /eˑ/ > /iˑ/ 之转变视为致使 /iˑ/ 双元音化的主导变化。但是，这个因果关系若是颠倒过来，亦同样成立：/iˑ/ 和 /uˑ/ 双元音化之后，就不存在阻止 /eˑ/ 和 /oˑ/ 上升并变成 /iˑ/ 和 /uˑ/ 的障碍了；而 /uˑ/ 生存下来之处，/oˑ/ 就无法上升。我觉得有些确凿证据表明，整套转移是从上部开始的。

---

[1] 卡尔·吕克（Karl Luick, 1865—1935），奥地利语言学家、英语学者，维也纳英语历史语言学学派创始人，著有《英语语音史研究》(*Untersuchungen zur englischen Lautgeschichte*, 1896) 以及两卷本《英语历史语法》(*Historische Grammatik der englischen Sprache*, 1921)。——译者注

[8.13] 在哈特（1569）的著作中，我们在 by、find 等词里发现了 /ei/，在 how 等词里发现了 /ou/，be 里有 /i·/，do 里有 /u·/。他的 deal 里的 /e·/ 和 go、note 里的 /o·/ 无法显示这两个元音上升了多大程度，因为这两个符号既可以标"开音"，也可以标"闭音"。但是他的 /a·/ 尚未受到这一变迁的影响，仍然是真正的后 /a·/ 音[①]，这一点可从他的描写中毫无异议地显现出来。（见《约翰·哈特的英语发音》第 30 页）

[8.14] 或许下面这条论据也有些分量。假如这一变迁是从低元音开始的，那么元音之间就一定要时刻保持着与变化开始时相同的差异，一旦不同，这差异就只能消失了。相反，如果这一变迁是从顶端开始的，那么在某一具体阶段有可能会出现空档，让两个相近的元音之间的差别大于其他时期。中古英语里，e 和 o 这两个字母各自表示两个长元音，即 /e·, ɛ·/ 和 /o·, ɔ·/。这一情况跟今天其他许多语言差不多[②]，当时人们也没有刻意从书面字符上对二者加以区别。但是到了 16 世纪中期，我们就发现了用 ie 表示闭音 e，用 ea 表示开音 e；同一时期，oa 也成了表示开音 o 的常用符号。我们知道在这个时期，e 前进成了 /i·/，o 前进成了 /u·/，语音学家们对开音所做的描写非常模糊，以致我们无法看清想要说的到底是 /e·, o·/ 还是 /ɛ·, ɔ·/。我们如果断定 field 中的 /i·/ 及 too 中的 /u·/，跟 beast 中的 /ɛ·/ 及 road 中的 /ɔ·/[③] 是共存的，就能轻松地搞懂人们此时为何要采用不同的符号，来表示这两组已有很大区别的音了。

[①] 当今的国际音标，前元音用 [a] 表示，后元音用 [ɑ] 表示，本文的符号从叶斯柏森原文，均写成 [a]，未做改动。——译者注

[②] 例如，意大利语的 e 和 o 两个字母，至今仍是既表示开音，也表示闭音。词典和语言教科书中可见到用附加符号对其加以区分，é 和 ó 为开音，è 和 ò 为闭音。但是与法语不同，意大利语的这两个附加符号通常并不写出来。——译者注

[③] 标准英语里，这两个长音的双元音化发生于元音大转移之后。而在英格兰北部的很多地方，这两个音至今仍保持为长单元音。——译者注

[8.21] 因此，我认为第一步是 /iː/ 和 /uː/ 的双元音化。大约 1500 年时，长音 /iː/ 一定已经途经 /ɪi/ 变成了 /ei/；在作于这一时期的威尔士赞美诗里，这个音被写成了 ei，如 S 1547 和 H 1569，而兰伯思 1528 年残片① 则指出这个音相当于法语的 ay。G 1621 认为这个音"几乎就是双元音 ei"，但是他并不喜欢哈特转写的 ei，而是倾向于他自己转写的 j，除了 ei（眼睛）和 ëi（对，是）之外。他为后两个词选用了更合理的双元音表示法，为的是让 I、eye、aye 保持拼写上的区别，尽管他明确表示，这三个音发音相同，仅在语义上相互区别（拉丁语原文是 solo sensu [仅意义上]，出现于 14 页至 15 页一个经常被忽略或误读的段落中；但在第 30 页，他又指出了 ëi [对，是] 的发音跟 thine、mine 里的音之间的细微区别）；吉尔指出，北部人发 ay 音，如 faier（火）；这说的可能是 /æi/，如戴恩斯所言，他们"把这个音错发得太宽了"，他们的 fire（火）听着像他的 faire（公平）。当然，这几位作者所写的 ei，既可能是 /ei/，也可能是更宽些的 /ɛi/；菲埃托转写莎士比亚的发音，用的是 /ɪi/，"也就是 [如今] 夸张了的伦敦英语里 be 中的 e 的发音（这一发音是考克尼英语的常态）"。他这样转写，把

---

① 兰伯思宫（Lambeth Palace）是 13 世纪初以来坎特伯雷大主教在伦敦的居所。1843 年，时任兰伯思宫图书馆手抄本部负责人的英国历史学家、皇家学会院士塞缪尔·罗菲·梅特兰（Samuel Roffey Maitland，1792—1866）编写了《兰伯思大主教图书馆藏部分早期印刷书籍名册》（*List of Some of the Early Printed Books in the Archiepiscopal Library at Lambeth*），书中（第 290-293 页）收录了一份印在 2 页四开纸上的法语语音著作残片，标注年份 1528 年，作者名已佚。这份"兰伯思 1528 年残片"后引起了埃利斯的注意，埃利斯将其纳入《论早期英语的发音》中对 16 世纪英语发音的论述（第 3 卷，1871，第 814-816 页）。1964 年，英国学者罗宾·奥斯通（Robin Alston，1933—2011）指出，这份佚名残片是 16 世纪法语教师皮埃尔·瓦朗斯（Pierre Valence）《法语导论》(*Introductions in French*，1528）一书的一部分（见奥斯通《皮埃尔·瓦朗斯的〈法语导论〉与兰伯思 1528 年残片》[*The introductions in frensshe of Pierre Valence and the Lambeth Fragment 1528*] 一文，载《新语文学研究》[*Studia Neophilologica*]，第 36 卷，第 101-110 页）。美国学者道格拉斯·A. 奇比（Douglas A. Kibbee）在《法语在英格兰的六百年史（1000—1600）》（*For to Speke Frenche Trewely: The French Language in England, 1000—1600*，1991）一书中肯定了这一结论（第 201 页，中译本第 255 页）。——译者注

by 和 bee 之间的差别空间压得太小了，bee 在当时的发音已是公认的 /i·/。

旧时的语音学家（如布洛卡等）的著作根本不必关注，因为他们对双元音的构成完全没有概念，因此（就像 19 世纪的一些正音学者那样）继续把这个音描写为"长音 i"。

从 /ei/ 或 /εi/ 出发，这个双元音很可能演变成了某种 /əi/，第一个成分是个"混音"（mixed）[①]，W 1653 把这个音认定为法语弱 e 音（即表示阴性的 e），C 1685 则将其认定为 cut 中的那个元音；斯威特把这些描述视为证据，证明这一发音在 17 世纪必定跟现在相同（《英语语音史》，1888，§811）；他当时认为自己发的这个双元音邻里含有"中-混-宽"[mid-mixed-wide] 元音[②]（跟 together 里的 o 相同）。（《英语语音史》§945）而今他认为，这个双元音前一部分是 cut 的元音（他现在称其为"中-后-宽-外"[mid-back-wide-out]，见《语音学入门》[A Primer of Phonetics]，第 2 版，§191），并指出这个音有时会向 [a]（即 father 里那个音，中-后-宽）的方向回缩，在考克尼英语里尤其如此，常常下降至低-后-宽（即法语 pâte [面团] 的元音）。爱尔兰英语中也是后一种发音，谢里丹

[①] "混音"是斯威特的术语，指介于前元音和后元音之间的音，详见下一条注释。——译者注

[②] 斯威特在《语音学手册》（第 11-12 页）中按舌的运动为元音分类：舌的水平运动，使元音分为前（front）、混（mixed）、后（back）三类，舌的竖直运动，使元音分为高（high）、中（mid）、低（low）三类，从而形成三横三纵格局的 9 个基本元音位置，每个元音又因舌的"紧张感"（feeling of tenseness，第 9 页）而有窄（narrow）和宽（wide）之分。因此，在他的元音命名体系中，每个元音的名称都由三节构成（圆唇音通过增加第四节"圆"[round] 来标明）。例如，他把德语 sieh（看）、法语 fini（完成）里的元音描写为"高-前-窄"，把英语 fin 里的元音描写为"高-前-宽"。"内"（inner）和"外"（outer）在《语音学手册》里已用于元音的描写，当实际舌位在 9 个基本位置中的某两点之间时，可用"内"和"外"来做微调，位置偏口腔后部方向时称"内"，偏牙齿方向时称"外"（第 2 页）。但是，"内"和"外"在《语音学手册》里未见于元音的命名体系。而在《语音学入门》（1890）中，"内"和"外"开始广泛运用于元音命名体系。例如，他把法语 patte（爪子）里的元音描写为"中-后-宽-外"，并解释这个元音位于英语 part 的元音和 pat 的元音之间（第 85 页）。——译者注

（1780）分析的 a^3（如 hall）+ e^3（如 beer），可能也是指这样的发音。希尔（1821）把这第一个成分认定为 cut 中的 u，这优于 J 1764 分析的"短 a [= æ] + 长 e"或 W 1791 分析的 father 里的 a 加 he 里的 e。这个音在音标转写中常写为 [ai]，如果我们记着这类双元音的分析有多困难（见《语音学教程》§212），就知道这个写法是基本准确的。

我觉得，这个双元音里的两个成分之间的差距，在弱音节里（如 my）小于带有强烈重音时（如 eye）。前者的第一个成分跟德语、丹麦语 alle（都）一词里的弱 e 音几乎没什么区别。

[8.22] 与这一变化几乎完全平行的，是 house、how 等词里 /uˑ/ 的变化。

大多数旧时的权威都把这个新的双元音书写并分析为 ou，应该是指 /ou/ 或 /ɔu/；因此，威尔士赞美诗（约 1500 年），以及 C 1555、S 1568、H 1569、G 1621 皆如此。这些作者中史密斯尤其值得注意，他把所谓"长音 i"描述为单元音，可见他多么拘泥于拼写，而吉尔的情况基本上也是如此。

1625 年《英语语法》将其描写为开口度更大的音，"ou 发音如 au，口要饱满，例如 thou，…a thousand，音如 thau，即 thausand 或 thaousand；foule 音如 faoule；goute 音如 gaoute"，因此，flower、bower、lower 亦如此。不过，由于这位作者也用 aou 来标注 old、gold、bolte、molte 里位于 l 前的 o 的发音，所以他的话不能绝对相信；他指的有可能是北部的发音，G 1621 就曾把 goun 写成 gaun 甚至 geaun。

而另一方面，也很难相信 P 1530 和 B 1588 是准确的观察者，他们似乎保留了单元音 /uˑ/。

跟 /iˑ/ 的问题同理，我认为菲埃托转写莎士比亚的语音时用的 /uw/ 或 /ʊu/，把两个成分的差距描写得过于小了。而 17 世纪后半叶，有些描写已经跟今日英语中这个双元音非常一致：如 W 1653 认为这个音是 come 里的 o 或 dull 里的 u + w，C 1685 认为这个音是喉音 u（指 dull、couple 里的元音）+ 德语 u 或英语 oo；J 1701 认为，这个音是"but、cut 等词里真正

的短 ǔ 音，跟 oo 音结合在一个音节里"。因此，H 1821 也写着：but 里的 u + bull 或 good 里的音。

斯威特把第一个成分分析为"低-混-宽"（因此比 [ai] 的第一个成分低一度），并认为考克尼英语里这个成分变成了像 hat 里那样的"中-前-宽"，而苏格兰英语这个音是"中-后-窄"（即 come 里的音），美国英语则是"中-后-宽"（即 father 里的音）。我倾向于把这第一个成分分析成介于 bird 的 [ə·] 和 cut 的 [ʌ] 之间，我觉得我听过苏格兰人把它发成像德语 Gott（神）里那样的"开音 [o]"（即"中-后-宽-圆"），参见谢里丹的（爱尔兰英语？）"这个双元音 = a^3（如 hall）+ o^3（如 noose）"。实用的语音记录里把这个音在标准语里的发音记作 [au] 基本准确。

[8.23] 唇辅音之前我们没有见到这个双元音：中古英语 coupe 今为 coup [ku·p]，cooper 作为专有名词今常拼作 Cowper，发音为 ['ku·pə]，但今亦常因其拼写而被发为 ['kaupə]。古北欧语 drūpa > droop；中古英语 loupe > loop；古英语 stūpian > stoop，在 1611 版圣经中仍拼作 stoupe；法语 troupe > troop；法语 croupe，英语 croup(e)，读 [kru·p]，后者亦拼作 croop；古英语 rūm，乔叟作 roum > room，foumart 中是 [u·]，但美国英语发成 [au]（这是个依拼写而发的音 [spelling-pronunciation]）；中古英语 toumbe > tomb [tu·m]，拼写极可能是从法语中重新引入的时尚拼写。Brougham [bru·m] 可能也应在这里提一下。

[8.24] 下列词里有唇音前缩短了的 /u/：如古英语 plūme 中古英语 ploume > plum [plʌm]（[ʌ] < [u]）；古英语 þūma 中古英语 thoume > thumb [þʌm]；斯堪的纳维亚语 scūm > scum；古英语 crūma > crumb，古英语 sūpan > sup；古英语 dūfe（各亲属语中亦有 ū）> dove [dʌv]；古英语 scūfan > shove [ʃʌv]。我们在下列法语词里看到的可能是相同的缩短：couple[kʌpl]、double、trouble、suffer、(n)umpire、number（参见其他词里

鼻音前的 ou /u·/ > [au]）。如果我们认定，双元音化仅发生于元音绝对是长音之处，而元音在唇辅音前的长度是飘摇不定的，就可以在处理唇辅音前的 /u·/ 的两种方式之间建立起联系。这种摇摆不定至今仍见于 room [ru(·)m] 一词中；stoop 通常读 [stu·p]，但有时也读 [stup]。/u·/ 在大多数词里变成双元音之时，存在诸如 [rum]、[kup] 之类的伴生形式（by-form），这些伴生形式通过"保存性类比"（preservative analogy），使 /u·/ 音保持完好。

[8.25] group 和 soup 里的 [u·]，可解释为同 coop。但更可行的解释是，这两个词是在 [u·] > /ou/ 的变化发生之后才被英语吸纳的；《牛津 NED》里 group 一词最早的引述是 1695 年的，soup 似乎也没有更早。参见 8.3.5 里其他借自法语的较晚期的 [u·]。

[8.26] 名词 wound 里的 [u·] 是由于前面的 [w]；G 1621 标为跟 fool 相同的 ü，但指出北部音是 /waund/；B 1633 里是长音 ω =/u·/；当今许多方言，包括一些南部方言里，这个音是双元音；见《英语方言词典》（*English Dialect Dictionary*），另见哈代《生活的小反讽》（*Life's Little Ironies*）第 212 页的 wownds 一词。动词 wound 里的这个双元音，可能是因为由 found 等词类推而来。

[8.27] /u·/ 的双元音化在北部各方言里没有发生过；苏格兰和诺森伯兰仍把 house 等词读成 [hu·s] 等；参见 dour [du·r]、souter [su·tər]（鞋匠）、Dougal(l) ['du·gəl]、Ouse [u·z]、Ouseley [u·zli]。因此，苏格兰语写 stour [stu·r] 而非 stoor（词源是古北欧语 stōr），stoup [stu·p] 一词里的 ou 或许也是如此，该词可能源于荷兰语 stoop，参见比约尔克曼第 78 页[①]。brook

---

[①] 艾里克·比约尔克曼（Erik Björkman, 1872—1919），瑞典语言学家。此处引用的是比约尔克曼著 2 卷本《中古英语里的斯堪的纳维亚借词》（*Scandinavian Loan-Words in Middle English*, 1900—1902）。——译者注

[bruk]（源于古英语 brūcan）和 uncouth [ˈʌnˈku·þ] 这两个词是从北部某方言里借来的。

[8.31] 下一步，就是闭音 /e·，o·/ 上升为 [i·，u·]。这个变化很可能是从弱音节开始的。词尾 -e 和 -ie（即 -y）在乔叟的韵脚中是相互区分的，二者似乎最早是在 14 世纪出现了偶尔的混同。i 出现于 carry、copy、energy、enemy、fury、gallery、glory、malady、marry、ordinary、party（中古英语有 parti 亦有 partie）、tyranny 等词的词源里，e 出现于与之相对应的法语 e 里（源于拉丁语 -atem、-ata 等），例如中古英语 cite 的拼写一直沿袭至 16 世纪，而 cety、citie、citey、city 等写法在 14 世纪相当罕见，在 15、16 世纪却变得越来越常见，直至 city 最终成为获得认可的拼写。与之类似的还有 beauty、bounty、cruelty、curiosity、honesty、pity 等。中古英语 countree 在歌谣风格中得到了保留，甚至到 19 世纪仍有人模仿（如柯尔律治），但是 countrey、-eie、-ai、-aye、-ye、-ie 见于 14 至 16 世纪，而 country 从 16 世纪起才出现；army、destiny 等词也是如此。当接词尾 -ous 时，拼写至今仍反映出旧时 e 类词和 i 类词的区别，如：duteous、piteous、bounteous，但 glorious、industrious、calumnious。

作形容词词尾的法语 é 因此跟英语 -y < 古英语 -ig 变得相同，risky 看上去仿佛是由 risk 构成的，跟 misty 由 mist 构成没什么区别，但实际上，risky 源于法语 risqué；因此，easy < 法语 aisé，tawny < 法语 tanné，puny < 法语 puis né 皆如此。而 query 今天看着像是个带 -y 的名词，但其实源于拉丁语命令式 quære。上述所有例子中，-y 的拼写都生存了下来；但是在 l 之后，-ey 较为普遍，如 alley、medley、motley、valley、volley；n 之后也是如此，如 journey、chimney、money，等等（参见 honey < 古英语 hunig；法语 estoree > story（楼层）经常写成 storey 是为了避免跟 story（故事）< historia 混淆。

上述所有例子里的音，无论源于 -e（含 -ee）还是源于 -i（含 -ie）（以

及源于 -ai，如 very），如今均相同，都是降低了的宽音 [ɪ]，大致位于纯 [i] 和纯 [e] 的正中间。此处的 /e·/ 或许从来也没有上升到非常高的那个位置上。注意 H 1569 虽然通常写 /i/，但却也有一定数量的 /e/：他把 /kuntre·/ 注为长音，把 /kuriozite，afinite/ 等词注为短音，而且既有 /komodite/，也有 /komoditi/。

学问词里，如 apostrophe [əˈpɔstrəfi]、catastrophe [kəˈtæstrəfi]，至今仍写 e；另见 anemone [əˈneməni]，这个词在 17 至 19 世纪一度也可以写成 amenomy。

[8.32] 强音节里 /e·/ > /i·/ 的变化，如 bee、be、meet、people 等，显然发生于 1550 年之前，尽管 S 1568 把这个音描述为"听着既不是 ē，也不是 ī，而是介于二者之间，但是个单音"，并且 D 1640 也不太敢把它认定为欧陆语言的那种 i 音；这两位作者很可能都是受了书写形式的影响。更有说服力的，是 1500 年前后的威尔士赞美诗里转写的 i，以及 H 1569 和此后其他作者著作里的 /i·/。field、fiend、belief 等词里 ie 的写法，以前是非常罕见的，但是在 1550 年以后变得常见了，这也是个表明该方向的标志；ei 的拼法或许也应该算进来，只是这个拼法后来废弃了。

这一变化发生之后，该元音在 breech(es) 一词里发生了缩短，成了 [britʃ(iz)]，J 1764 和大多数词典里都是这样注音的；近来，随着这个词实际上变成了废弃词，有些人把这个音读成了 [i·]。been 虽然有 [bi·n] 之读音，却经常读成缩短了的 [bin]，这显然是由缺乏重音所致；更古远时发生的缩短，带来了 /ben/ 的形式；这三个形式，E 1787 都给了出来。

[8.33] /e·/ > /i·/ 的变化发生之后从法语等语言中吸纳过来的带有 /i·/ 的词，保留该元音不变（由 /i·/ 到 [ɪi] 的变化除外）。这样的词有一部分，尤其是最早的那些，其拼写已改造成了英语习惯的样貌：如 redeem、esteem、canteen、guarantee、lateen、fusee（"轻型火枪"，法语 fusil）、 breeze（16 世纪时拼作 brise，西班牙语 briza）、veer（据斯基特，此词在锡德尼作品里写成 vire，在斯宾塞作品里写成 vere）。法语 gentil（高贵的）一词（此前曾被吸纳过，已成为 gentle 和 jaunty）在 1600 年前后被再度借用，当时拼写为 gentile，发音和当今一样，是 [dʒen'ti·l]，但是从 17 世纪起，genteel 的拼写形式占了上风，使之区别于从拉丁语借来的 gentile ['dʒentail]，表示"非犹太人的"。最后还有 veneer（镶饰）一词，源于德语 furnieren（上胶贴面）。

但是，ie 的拼写形式见于 frieze（条状装饰，源于法语 frise [条状装饰]）、mien [mi·n]（风度）、tier [tiə]（"一行"，源于法语 tire [拉直]）。而大量的词里，i 的拼写形式保留了下来：如 machine [mə'ʃi·n]、magazine [mægə'zi·n]、marine [mə'ri·n]、routine [ru'ti·n]、caprice [kə'pri·s]、police [pə'li·s]（18 世纪词，如斯威夫特"what the French call the police"[法国人称之为警方的]）、chemise [ʃi'mi·s]、fatigue [fə'ti·g]、intrigue [in'tri·g]、antique [æn'ti·k]（参见更早借入的 'antic）、physique [fi'zi·k]（参见更早的 'physic）、critique [kri'ti·k]（参见更早的 'critic）、unique [ju'ni·k]、pique [pi·k]、imbecile [imbi'si·l]、invalid [invə'li·d]、prestige [pre'sti·ʒ]（有时也读 ['prestiʒ]）、suite [swi·t]（参见更早的 suit [sju·t]）、naïve [na·'i·v]、mosquito [mə'ski·tou]、guige [gi·ʒ]、tige [ti·ʒ]。注意 machine、chemise 里的 ch 是 [ʃ] 不是 [tʃ]，guige、tige 里的 g 是 [ʒ] 不是 [dʒ]，这也是晚期借词的标志。

oblige 一词比较特殊；18 世纪时将其发成带有 [i·dʒ]（[i·ʒ] 亦可？）被视为文雅，一部分人把这个文雅读音延续到了 19 世纪，最后这样发音的人之一，是威尔基·柯林斯（Wilkie Collins）[1]（见《读书人》[*The Bookman*]，1907 年 5 月号，第 58 页）。而今，就只能听到当初的 /-i·dʒ/ 变来的 [-aidʒ] 了。沃克尔曾在 1775 年坚持 [i·]（1791，第 15 页），如果他

---

[1] 威尔基·柯林斯（Wilkie Collins，1824—1889），英国小说家，最知名的作品之一是《白衣女人》(*The Woman in White*，1860)。——译者注

说得对，那么 [ai] 音是由于切斯菲尔德伯爵①的影响，他多次在信中嘱咐他的儿子，要避免受人干扰而使用 [i·]。而 oblique 一词中与之相应的摇摆不定至今仍在，虽然 [i·] 比 [ai] 更普遍。

法语 chagrin 一词产出了 shagreen（一种皮革）和 chagrin（懊恼）两个词，后者读 [ʃə'gri·n]，又读 [-'grin]。与旧借词 artist（今读 ['a·tist]）并行的，还有新近借词 artiste [a·'ti·st]，后者意义有所不同，指"艺人"；与之类似，跟 pianist 并行的新近借词是 pianiste [piə'ni·st]，特指女钢琴师（其依据是法语阴性词尾 e，但事实上法语里这个词的阳性形式也带 -e），造成的奇特结果就是性别如今竟靠重音来区别了（见于《牛津 NED》，在有些人看来此例是有争议的）。

[8.34] 跟 /e·/ 的变化平行的，是 /o·/ > [u·] 的变化（[u·] 当今的发音其实是 [ʊu, uw]）。有了威尔士转写中的 w（1500, S 1530），有了 H 1569，有了所有那些指出这个音犹如德语 u 或法语 ou 并指出 fool、full 里的元音长短成对的作者，这个新音的身份充分地构建起来了。

拼写形式 ou 跟 ei 同理，16、17 世纪时在一些词里并不罕见（如 bloud、floud），但却因这个字符的常规值问题而未能普遍使用。唯一一个 ou 固定下来的词是 ouzel，亦作 ousel（黑鸫）；古英语 ōsel（*amsala）按规则变成了中古英语的 osel，现代英语的读音是 [u·zl]。

中古英语 /o·/ 位于 /j/ 音之后，见于 yol（源于古英语 geōl），后来拼写为 yule，因为 /ju·/ 被视为 /ju·/ < /iu·/。

---

① 菲利普·斯坦霍普，四世切斯菲尔德伯爵（Philip Stanhope, 4th Earl of Chesterfield, 1694—1773），英国政客。切斯菲尔德伯爵和其私生子菲利普之间有 30 多年的通信，400 多封信后结集出版，题为《写给儿子的信，论如何成为一名善于处世的绅士》(*Letters to His Son on the Art of Becoming a Man of the World and a Gentleman*, 1774)。18 世纪著名学者、词典编纂家塞缪尔·约翰逊（Samuel Johnson, 1709—1784）曾在著名的《致切斯菲尔德爵爷的信》(Letter to Lord Chesterfield, 1755) 中，因伯爵资助词典编纂工作不力而表达了强烈不满。——译者注

[8.35] 在 /uː/ 发生了转移之后被吸纳的那些含有 /uː/ 的借词，至今仍含有 /uː/，如 accoutre [ə'kuːtə]（最早的引述为 1596 年，苏格兰语 accoutrement 见于 1549 年）、route [ruːt]、routine [ru(ː)'tiːn]、rouge [ruːʒ]、coup [kuː]、goût [guː]、moustache [mu'staːʃ]（又音 [mə-]）、tour [tuə]。但是，blouse 除 [bluːz] 之外亦有并行的 [blauz] 音，后者属依拼写而产生的读音。关于 group 和 soup，见 8.25。

[8.36] 在许多源于法语的借词里，我们都见到了带有重音的 -oon [-uːn]，如 balloon、bassoon、batoon、boon、bridoon、buffoon、cartoon、cocoon、doubloon、dragoon（参见更早借入的 dragon ['drægən]）、festoon、galloon、gossoon、harpoon、lampoon、macaroon、maroon、pantaloon、platoon（法语 peloton）、poltroon、pontoon、saloon、typhoon。似乎可以认为，法语 -on 被吸纳为 /oːn/，后来变成了 [uːn]；但是，这个解释不可能正确。这些词中的绝大多数，都是在 16 世纪后半叶或是 17 世纪借入的，有些词甚至更晚些；此时 /oː/ 早已变成了 [uː]。有些早期的英语正音学者明确表示法语的 on 里面当时确有 /uː/（H 1569，B 1588，B 1633）；这是把法语的这个音（实际上极可能是个鼻化的闭音 o）理解成了与 crown、count 等早期借词层相同。事实上，后者是大转移之前被吸纳的，而前者却是大转移之后被吸纳的。有些例子里，我们见到了同源对生词（doublets），有的是早期吸纳的（如 dragon、pattern，注意重音的转移），也有的是较晚吸纳的（如 salon、?baton）。boon 有过早期形式，拼作 bone 或 bune。而 tone 借自拉丁语而不是法语；tune 显然是同一个词，但是借自法语，其反常的元音很模糊。

[8.37] 我们还在 who、whom、whose、womb [wuːm] 等词里见到了 [uː]；comb 一词源于古英语 camb，今音 [koum]，在 1700 年前后同样有含有 /uː/ 的伴生形式，参见埃克沃尔 §292，吕克《英语语音史研究》§66、68。

[8.411] 元音的普遍转移的下一步，是 /ɛ·/ 和 /ɔ·/ 的上升。二者在我们所研究的每一个小阶段里上升到了什么程度，我们并不确知。但是，meat 等词里的 /ɛ·/，跟 meet 等词里的元音自始至终都保持着区别，后者变成了 [i·]。S 1568（B 1633 与之类似）把 lead（铅）、bread（面包）、heal（治愈）里的元音，跟 led（引领，过去式）、bred（生育，过去式）、hell（地狱）里的元音配成对，将其解释为长音和短音之别，这似乎表明前者是 /ɛ·/、后者是 /ɛ/，尽管 W 1653 那里也出现了 met—meat、set—seat 之配对，此时这个长元音无疑早已变成了 /e·/：因为他指出英语 e 就是法语的阳性 é。

[8.412] 在此我们必须提及一些大约发生在这一时期的 /ɛ·/ 的缩短，这类缩短发生于塞音之前，且显然是 /ɛ·/ > /ɛ/ 的转变发生之前就已发生的。这类缩短大部分已被承认长音的 J 1701 在第 41 页提及过。在不定式 spread、dread 里，缩短可能是由过去式和过去分词类推的，双写的 dd 导致了缩短，这一点可参见 read [red] < rǣdde/rædd，以及 led < lǣdde/lædd。但这一点并不适用于其他例子。

S 1699 给出了 bread [bred] = bred；dead [ded] 在莎士比亚作品中与 bed 押韵；dread [dred]；head [hed] 或许是受到了屈折形式的影响，/vd/ 变成了 /dd/[①]，在莎士比亚作品中也与 bed 押韵，B 1633 认为这个音是短音，除了"翻译义"之外，还有如 head of mild 表示奶油；lead [led]，名词，表示"金属"；red [red]，形容词；shred [ʃred]；spread [spred]；thread [þred]；tread [tred]。但是，在下列看似类推形式的词里，我们却见到了长元音：

[①] head 源于古英语 hēafod，原本是个双音节词。非重读音节里元音 o 在其复数形式 hēafdu 中脱落，因此形成 f 和 d 直接相邻的 /vd/ 这一形式，继而又同化为 /dd/，最终形成今天的 head 一词。该词在其他日耳曼语里的同源词大多也经历了双音节演化为单音节的过程，尽管具体情况各异。例如，古北欧语 haufuð > 丹麦语 hoved[ˈhoːəð]，v 音今已不存，但在拼写上仍有保留；古高地德语 houbit > 现代德语 Haupt，古时第二个音节的首音今以 /p/ 的形式保留。而荷兰语 hoofd [hoft]，这个位置上的唇齿音保留至今。——译者注

bead [bi·d]、knead [ni·d]、动词 lead [li·d]、mead [mi·d]、plead [pli·d]、不定式 read [ri·d]。

因缩短而形成的同音词如：bread = bred，lead = led（bred 和 led 都在更早的时候发生过缩短）。

fret [fret]（狼吞虎咽）在伊丽莎白时期的英语中经常是含有长音 /ɛ·/ 的，菲埃托《莎士比亚的发音》(*Shakespeare's Pronunciation*) 第 38 页指出，fret 原本是由 eat 构成的一个复合词；[①] 而 eat 的过去式 ate [et]，源于古英语 lætan 的 let [let]，以及 sweat [swet]，元音的缩短或许都是源于过去式；threat [þret] 可参见 threaten [þretn]，很可能是 [tn] 导致了缩短。这一类缩短，还应把 get（中古英语 gēte）也归入。但是，我们在 beat [bi·t]、eat [i·t]、heat [hi·t]、meat [mi·t] 等词里没有见到缩短。

ten 和 thirteen 等词里的 teen 之间的差别，很难解释出原因。

缩短还发生于 s 之前，如 less，源于古英语 læs、læssa；连词 lest 直到 1800 年前后仍亦可写成 least，该词古英语为（þȳ）læs þe，中古英语为 læste，今读 [lest]。另见 breast [brest]，古英语为 brēost。

缩短也发生于 /þ/ 之前：breath [breþ]；death [deþ]，G 1621 注为长音，但 B 1580 注为短音。而 heath、sheath、underneath、wreath 里未见缩短。

deaf 一词里发生于 /f/ 之前的同类缩短，或可解释为源于 deafness 的类推（辅音群 fn），而 leaf 和 sheaf 里就仍是 /i·/。

18 世纪时，leap 经常读 [lep]，极有可能是基于 leaped、leapt [lept] 的类推；今为 [li·p]。爱尔兰英语至今仍说 to **lep** a horse（让马跃起）。

[8.42] 至于 oak、toe、hope 等词里的 /ɔ·/，显现出的是跟 8.411 里 /ɛ·/ 相同的困难。这个音在该时期基本上不是今 laud、lord 中的那种低元

[①] 据斯基特《简明英语词源词典》，fret < 古英语 fretan，其进一步的词源是原始日耳曼语 *fra-（完）+ etan（吃）；德语 fressen（狼吞虎咽）同理，= ver-（< *fra-）+ essen（吃）（1980 年重印版第 198 页）。——译者注

音 [ɔ·]，而极可能是个介于这种 [ɔ·] 和法语 rose（玫瑰）里的闭音 [o·] 之间的音。弗洛里奥（F 1611）将 bone、dog、flow、god、rod、stone、tone 里的元音认定为意大利语 vuole、动词 torre、名词 rosa 里的开元音 o，但遗憾的是，他选的这些英语词里的音当时无疑是有区别的：既有中古英语短音 /o/ 或 /ɔ/（dog、god、rod），又有中古英语长音 /ɔ·/（bone、stone、tone），还有中古英语双元音 /o·u/（flow）。S 1568 把 smock 和 smoke、horse 和 hoarse、hop 和 hope、sop 和 soap、rob 和 robe 等视为长短音词对，其他的早期正音学者似乎也仅仅在这些词之间看到了长度差别；B 1633 指出，cost 和 coast 之间、for 和 fore 之间，质相同，量相异。

brooch（胸针）和 broach（凿子）是词源和读音都相同的词，用拼写来加以区别的例子，二者今皆读 [broutʃ]。

在 yawn（古英语 gānian，中古英语 yone）里，很可能是对声音的模仿阻止了 /ɔ·/ 的上升。

[8.43] 我们见到一些新近从法语借来的含有 /o·/ 的词，今为 [ou]，拼作 au、eau：如 hautboy [houboi]；debauch [diˈboutʃ]，先前读 [ʃ]，今读 [tʃ]；bureau [bjuˈrou]；beau [bou]。这些词可参考此前的 beauty。还有 Beaumont [ˈboumənt]、Beauclerc [ˈbouklɛ·k, -klɛ·ə]（这些姓氏如果说在英格兰很古老，那么一定经历过"再法语化"）。

[8.51] 早期 /a·/ 的变化不同于 /e·/ 和 /ɛ·/，后二者主要是舌的上升，而前者则为舌的前移，从而使舌和硬腭之间达到了最大程度的靠近，也就是从今日英语 father 里的 /a·/，变成了一个前元音，这个前元音起初很可能是 /æ·/（即把今日 man 中的 a 拉长），随后成了 /ɛ·/（如法语 fête [节日] 里的元音），而今成为 [ei]。例如，ape、lade、same、able，等等。

[8.52] 这个后元音在 16 世纪的情况，H 1569 做了非常清晰的描写（见

443

我关于哈特的专著第 30 页及后），/a·/ 也是 P 1530 和 S 1547 记录的发音。但是与此同时，有个更靠前的发音一定也开始出现了，至少一部分人已如此，把它跟法语 e 做类比，见于兰伯思 1528 年残片，见于 G 1532（法语 e"几乎与英语 a……同样宽"），见于 B 1588（法语"maison [家]、iamais [从不]……似英语 A……念成 Mézon、Iamés"），还见于 E 1605（ale = 法语含不发音字母 s 的 esl，但 after 几乎 = 法语 Baptiste 里的 a）。

G 1621 没有对其 Mal 里的 a 和 male 里的 a 做质的区分，二者皆被称为"窄 a"（"a exile"），跟 mall 中的"宽 a"（"a latum"）相对；但是他也提到了，把 /laun, ka·mbrik, ka·pn/ 念成 /le·n, ke·mbrik, ke·pn（甚至 ki·pn）/，这样的前移（统统窄化）是女性做作的表现；他将其归入 meat 一词以 /mi·t/ 代 /me·t/ 这一类。

苏格兰人休谟（Hume 1617）对 ā 做过一条非常著名的比喻，认为其"如绵羊咩咩叫（bae），希腊字母标为 η"。

B 1633 承认 man 里的 a 和 mane 里的 a 存在质的差别，跟 shin 与 shine、tun 与 tune 之间的差别相平行，而 beck 和 beak 之间的差别仅为量的差别。

H 1662 认为，"英语的 A 有两种不同的音，一种是开放而饱满的，如 Abraham、Alabastre；另一种较有挤压感，嘴呈半饱满、较做作之势，如表示啤酒的 Ale 以及 Awake 等。这不同于西班牙语（以及其他语言）里，A 只有前一种开放的发音"。

C 1685 首次将 ken 和 cane 归在一起，将二者视为相对应的短音和长音，不同于其他人把 can（短音）和 cast（长音）归为一对。

这之后，所有的语法书都同意把英语 ā 比作法语 ai，把英语 e 比作德语 ä、e 等。

[8.53] 法语 crêpe（crespe）（绉纱）被借来作为 crespe（1633），但在 1685 年的书中，我们看到的英语拼写却是 crape；这个词如今跟 crêpe 是有区别的，后者指 crêpe de Chine（双绉）。

[8.61] 短元音通常不参与元音上升。但是却存在一些孤例，这里可以提提这些孤例，但它们跟大转移之间的因果关系是可疑的。

/e/ > /i/ 的变化，位于 /j/ 之后，如 yes、yesterday、yet 等，① 从 G 1621 到 B 1809 经常被提到，但是到 B 1809 就只剩下了 yes 这一个词。位于 /k/ 之后，如 chemist，今天的读音跟 E 1787 标注的一样，有 [e] 和 [i] 两个音；② 参见法语的 chimiste。位于 /g/ 之后，如 togither，从前经常用来表示 together，而 agin、aginst 同理（J 1764）；参见以 git 替代 get，C 1685 称之为通俗用法，今已被视为粗俗。位于 /dʒ/ 之后，如 Jemmy，今读 ['dʒimi]；Jenny，今读 ['dʒini] 或 ['dʒeni]。用 divel 替代 devil，或许是开音节中 /i·/ 的缩短，而 /e/ 则源于屈折的 devle- 形式。上述各例中，标准音重新树立了 [e] 的地位。

[8.62] 粗俗语里，/a/ > /æ/ > [e] 发生于 [k] 音周围，例如把 cab、catch、carriage、thanks、bank 读成 [keb、ketʃ、keridʒ、þeŋks、beŋk]。这样的发音历史有多久呢？N 1784 把 catch、thank 里的音发成 e，W 1791 则认可了 ketch，出处是斯沫莱特小说中的粗俗语（斯托姆引用过此例）。③ keg（啤酒桶）原为 cag，已得到了认可，《牛津 NED》里最早的引述见于 1632 年。以 gether 代 gather（见于 N 1784 等）可能是因为 [g] 的原因，也可能是受了 together 的影响。

---

① 《语音与拼写》1949 年版重印本里有一条关于本节的补遗："Yis（与 bliss、this 押韵），在乔叟作品中就已出现。"（1949 年版前置部分第 xi 页）——译者注

② 在叶斯柏森的年代，这个词确有两种读音。《牛津 NED》即注了 [e] 和 [i] 两个音（1893 年，第 2 卷，第 319 页）。带 [i] 音的形式显然没能生存下来，我们今天的词典中仅有 [e] 这一个音。——译者注

③ 托比亚斯·斯沫莱特（Tobias Smollett, 1721—1771），苏格兰小说家、诗人，因创作《蓝登传》(The Adventures of Roderick Random, 1748) 等流浪汉小说而著名。此例引自他的小说《汉弗里·克林克传》(The Expedition of Humphry Clinker, 1771)。斯托姆的引用见《英语语文学》1896 年第 2 版，第 2 卷。——译者注

[8.63] 我在这里想提一下早期 /a/ > [æ] 这个普遍变化，由于这一变化，短后元音 /a/ 从英语中消失了。关于此问题，经常有人反对人们普遍接受的中古英语存在 /a/ 音这一理论，认为断定古英语 sæt 中的元音由前元音 /æ/ 变为中古英语的后元音 /a/，再变回现代英语 sat 里的前元音 /æ/，是非常不自然的，他们认为更自然的解释是，这个古英语元音在各个时期保存完好，没有发生变化，只是被法语化的拼写 a 伪装了而已。但是，必须记着，我们面对的可不仅仅是这一个音，今天的 [æ]，可能源自古英语 a（如 crab）、古英语 ea（如 shadow、half）、古英语 ā（如 hallow）、古英语 ēa（chapman）、斯堪的纳维亚语 a（如 hap）、法语 a（如 act）。无论是中古英语、早期现代英语还是晚期现代英语，这些音之间都没有丝毫差异痕迹；如果我们认为 sat 在中古英语中是 /sæt/，那么就必须认为其他所有例词里也都含有 /æ/。这个 a 永远跟 name、able 等词里的长音 a 并驾齐驱。哈特 1569 年的细致分析表明，他的短 a 音具有后元音音质。

或许还可以引用 woman [wumən] 和 women [wimin] 之间的差异来支持后元音论。后者的前元音保护了原始的 /i/ 音，[①] 使之未变成像前者那样的 /u/；a 后来还在 w 之后变成了 [ɔ]（变成的是圆唇后元音，而不是圆唇前元音），在弱音节里还得到了不同的处理：短音 a 像其他后元音一样，变成了 [ə]，而长音 a 是要变成 [i] 的[②]。

大多数早期的权威，会认定短音 a 跟其他某种语言的 a 相同。而那

---

① woman 的词源是古英语 wīfmann，即 wīf（女）+ mann（人），词里的前元音 i 在中古英语中尚存，单复数形式分别为 wimman 和 wimmen，因此说 /i/ 是原始形式。单数 wimman 和复数 wimmen 仅因第二个音节里的元音而不同。复数形式里的 e 无疑是前元音，叶斯柏森认为它保护了第一个音节里的 i 音。如果这一论断成立，那么单数形式里的 a 是前元音还是后元音，必然会让单数形式第一个音节里的元音走向不同的未来。这种跨音节的远距离同化，很像突厥语言、乌拉尔语言里的"元音和谐"现象。——译者注

② 非重读音节中，长音 a 变成 i 的例子如 image、senate、furnace、decade 等（《语音与拼写》§9.14），短音 a 变成 ə 的例子如 equal、human、compass、island 等，woman 属于这一类（《语音与拼写》§9.21）。——译者注

些把英语 a 认定为跟法语 è 之类的音相同的人，其实是在说 a 在字母表里的音值，也就是长音 a。不过，17 世纪后半叶，我们见到了一些关于短音 a 发前元音的论述，因此，沃利斯（1653）把"窄 a"放在"腭元音"里，用 bat 等词里的音来描写"窄 a"。M 1688 认为，hat、cap、mad 里的 a "发 [法语] 短 ai 音（*ai* bref）或开 e 音（*e* ouvert）"。但是，像奈尔斯（1784）这样的可信权威却指出，短 a "在其他语言里和在我们的语言里是相同的"。他的"开音 a"，如 gasp、advance、alms 等词里，就是意大利语的 a 以及法语后缀 -age 里的 a；而他的"闭音 a"，如 author 等词里，就是普通的法语长音 a，意大利语里没有。这是否表明，man 里面的短音 a 这一时期在部分说话人那里的发音，跟至今可在英格兰北部经常听到的 [a] 音相同？

英语的单音节词
Monosyllabism in English
（1933）

1

从人们开始对各语言进行真正科学的研究之时起，也就是从19世纪初以来，大家就习惯了将一大类语言称为单音节语言，亦称作孤立语，使之与黏着语和屈折语相对立，并把汉语视为这类单音节语言的典型例子；此外还经常听到有人提出，英语经过各个历史时期的发展，在许多方面已经逐渐接近这一类型。以前，英语获得越来越多类似汉语的结构特征的渐进演变过程，被视为从发达类型变为原始类型的衰败过程，而汉语则被视为最原始类型的标本，也就是语言演化的童年时代之标本；如今，我们更倾向于把这样的发展视为朝向更完美结构的进步趋势；[①]除此之外，汉语原始论已被认定为是完全错误的，很大程度上是由于汉语独特的表意符号书写系统而造成的误解，这种书写系统向我们掩盖了使汉语成为今天的汉语的许多变化，昔日之汉语曾拥有全然不同于今日之汉语的语音结构和词法结构。

本文中，我的任务是比以往更加详细地审视英语单音节词和汉语单音节词之间的相同点与不同点，简要讨论产生单音节词的原因，从而尝试揭示单音节词在英语中的可行程度，并最终审视这一趋势的后果及其对语言

---

① 见《英语格研究》(*Studier over engelske Kasus*, 1891)；《语言的发展》(*Progress in Language*, 1894)；《语言论——语言的本质、发展与起源》(*Language, Its Nature, Development and Origin*, 1922)。——原注

整体结构的意义。

英语虽然单音节化趋势非常强烈，但依然包含大量双音节、三音节甚至更多音节的词，此类本族词明显的事实基本不必做大篇幅论述。这样的词有的是本族词，有的是外来词。前者从现代英语的角度来看，有词源上不可再分割的词，如 daughter（女儿）、little（小）、seldom（很少）、bitter（苦）、follow（跟随），也有许多是由更短的词加派生性或屈折性前缀、后缀而构成，如 handle（处理）、fasten（加固）、wooden（木制的）、sleepy（困倦的）、hatter（制帽商）、hotter（更热）、handed（经过……手）、horses（马[复数]）、below（在……之下）、along（一起），此外还有像 handful（一把）、postman（邮递员）等之类的复合词。此类外来词是各个时期从大量其他语言中引入的那不计其数的多音节词，相当一部分源于古典语言，如 music（音乐）、literature（文学）、philosophy（哲学），但也有些源于别的语言，如 chocolate（巧克力）、tomahawk（战斧）、caravan（商队），等等。由于这些词不仅在有文化、有学识的人的口语和笔语中使用得十分频繁，而且在最平常的语体中亦是如此，故而，这些词是英语非常核心的组成部分，把英语描述为全然单音节的语言或是基本上单音节的语言均不可行。不过，英语确实比其所有亲缘语都更加单音节化。

用英语造出完全由单音节词构成或基本上由单音节词构成的完整句子非常容易，例如：

> Last week John gave his young wife a smart, small, cheap, straw hat.
> （上星期，约翰给了他年轻的妻子一顶精致、小巧、便宜的草帽。）

我们有很多由单音节词构成的谚语以及类似的说辞，如：

> First come, first served.（先到先得。）
> Haste makes waste, and waste makes want.（欲速则不达。）
> Live and learn.（活到老，学到老。）

而《圣经》中也有：

> In the sweat of thy face shalt thou eat bread.（你必汗流满面才得糊口。）①
> Thou shalt not steal.（不可偷盗。）

诗人那里，我们可以引用：

> Love no man: trust no man: speak ill of no man to his face; nor well of any man behind his face.（不爱谁，不信谁，当面不说谁坏话，背后不说谁好话。）（本·琼生）
> And ten dull words oft creep in one dull line.（一行乏味的诗里，常有十个乏味的词在爬。）（蒲柏）
> Then none were for the party; Then all were for the state; Then the great man help'd the poor, and the poor man loved the great.（彼时无人结党营私；彼时人人心向国家；彼时权贵扶助贫者，贫者敬爱权贵。）（麦考利）
> The long day wanes: the slow moon climbs: the deep / Moans round with many voices.（长昼退，慢月升，海低吟，声纷杂。）（丁尼生）

I. W. W.（国际工人组织）②的歌里也有一句：

> Work and pray, live on hay; You'll get pie when you die.（干活儿吧，祈祷吧，睡在茅草上；保你死后吃到饼。）

单音节词是英语词汇中最不可或缺的组成部分，除了少数例外，都是小孩子最先学习的词。编写儿童读物，完全不使用超过一个音节的词被证

---

① 本文中的圣经引用语的中译文从和合本圣经，其他引用语由译者自译。——译者注

② 即"世界产业工人组织"（Industrial Workers of the World），1905年成立于芝加哥的国际工会组织，是20世纪10年代美国颇具影响力的左翼政治组织。"Work and pray, live on hay; You'll get pie when you die."语出《布道者与奴隶》（The Preacher and the Slave），词作者是当时极其活跃的瑞典裔美国工会活动家乔·希尔（Joe Hill, 1879—1915）。这句歌词衍生出了 pie in the sky 这一习语，用来指缥缈而无望的期待。——译者注

明是可行的。爱德华·L.桑代克①教授对英语中最常出现的词进行了细致的计算，这份含有 500 个使用最为频繁的词的清单里，有 400 个是单音节词，而双音节词、三音节词仅有 100 个。②

哪些原因导致英语单音节词占了绝对多数呢？首先我们必须提到的是，所有语言中皆存在一种趋势，即把非重读元音发得模糊，倘若这样的元音对于理解来说是冗余的，则最终会被完全删除。和大多数其他语言相比，英语的这一趋势更强。由此，尤其是经历了 14 世纪的弱 e 音的大规模脱落（mutescence）之后（这些 e 音早年曾是完整元音 [full vowel]），许多词被简化成了单音节词。这一简化的幅度，可从一个简单的事实中看出：一页古英语的叙事散文（伍尔夫斯坦写给阿尔弗雷德大帝的报告的第 1 页）中，有 69 个词今已由双音节词或三音节词简化为单音节词，仅有 16 个词依然保持为多音节词，而即便是这 16 个词，也已由三个音节或四个音节简化为两个音节。③

---

① 爱德华·李·桑代克（Edward Lee Thorndike，1874—1949），美国心理学家，行为主义心理学代表人物，著有《教育心理学》（Educational Psychology，1903）、《动物的智力》（Animal Intelligence，1911）、《人类的学习》（Human Learning，1931）、《需求、兴趣、态度之心理学》（The Psychology of Wants, Interests, and Attitudes，1935）等。——译者注
② 《教师词诠》（The Teacher's Word Book），纽约，哥伦比亚大学，1921。——原注
③ 斯威特编辑《阿尔弗雷德国王版奥罗修斯》（King Alfred's Orosius），第 17 页：sæde—said（说，出现 3 次），hlaforde—lord（主），cyninge—king（国王），earla—all（全部），lande—land（土地，出现 5 次），buton—but（但是，出现 4 次），feawum—few（少），þære—the（定冠词，出现 3 次），sumum—some（一些），wolde—would（要），longe—long（长），læge—lay（放下），oþþe—or（或者，出现 5 次），norðan—north（北，出现 2 次），ealne—all（全部，出现 2 次），dagas—days（天），meahte—might（能），dagum—day（天，出现 3 次），(ge)siglan—sail（航行，出现 4 次），siglde—sailed（航行，出现 2 次），feower—four（四），sceolde—should（应该），bidan—bide（等待），dorston—durst（敢，出现 2 次），healfe—half（一半），mette—met（遇见），siþþan—since（自从），agnum—own（自己，出现 2 次），wæron—were（是，出现 2 次），hæfdon—had（有），cuman—come（来），þara—the（定冠词），spella—spells（消息），sædon—said（说），landum—lands（土地），utan—out（向外），geseah—saw（看），þuhte—thought（想），spræcon—spoke（说），landes—land's（土地），habbað—have（有），‖ norþmest—northmost（最北边），wintra—winter（冬天），hwæðer—weather（天气，出现 3 次），ænig—any（任何），oþrum—other（另一个），oþre—other（另一个），ægþer—either（二者之一），ðider—thither（到那里），‖ norþweardum—northward（向北），sumera—summer（夏天），fiscerum—fishers（捕鱼人），fugelerum—fowlers（猎鸟人），fisceras—fishers（捕鱼人），fugeleras—fowlers（捕鸟人）。——原注

后进入英语的词（源于斯堪的纳维亚语或法语），相当多一部分本来就是单音节词，另一些则因弱 e 音消失而由双音节词变成了单音节词。因此，在《坎特伯雷故事集》的头 42 行里，我们发现有 50 个双音节词如今已变为单音节词，①而另有差不多同等数量的多音节词未发生这一变化。

还有一个现象也在制造单音节词，即默里博士所说的"截头"（aphesis），即首音节的脱落。涉及词首的 a- 和 e- 时，例子非常多：如 down（向下）源于 adown，live（活的）源于 alive，pert（雅致的）源于 apert，spy（间谍）源于 espy，squire（乡绅）源于 esquire；但也有些去掉的是别的首音节，如 fence（篱笆）源于 defence，sport（体育）源于 disport，vie（竞争）源于 envie。

许多单音节词出现，不是通过任何规则音变，而是通过对长词进行暴力截断（violent clipping）。这种"树桩词"（stump-word）在昵称中很常见，例如，古老的 Meg 源于 Margaret，新一些的如用 Di 称呼 Diana，用 Vic 称呼 Victoria，用 Mac 称呼 Macdonald，等等。在专有名词之外，我们发现了同样的过程，例如用 mob（乌合之众）表示 mobile②，用 fad（短暂风尚）表示 fadaise，用 brig（双桅杆帆船）表示 brigatine，这些词已不再让人觉得是缩略语了；此外，还有些较新出现的"树桩词"，如 pub 表示 public-house（酒吧），sov 表示 sovereign（英镑）③，gov 表示 government（政

---

① sote（甜美的）, swete（甜美的）, droghte（干旱）, Marche（三月）, perced（穿透）, rote（根）, bathed（沐浴）, croppes（新芽）, yonge（年轻的）, sonne（太阳，出现 2 次）, halfe（一半）, yronne（跑）, smale（小）, fowles（鸟）, maken（做）, slepen（睡）, ye（眼睛）, pricketh（刺透）, longen（长）, seken（寻找）, straunge（陌生的）, strondes（沙滩）, londes（土地）, shires（郡）, ende（尽头）, wende（走）, seke（寻找）, holpen（帮助）, seke（病弱的）, wenden（走）, yfalle（坠落）, alle（都）, wolden（将要）, ryde（骑马）, weren（是，出现 3 次）, wyde（宽）, esed（舒适的）, beste（最好的）, reste（休息）, made（做）, ryse（起床）, space（空间）, tale（故事）, pace（继续）, thinketh（似乎）, telle（告诉）, semed（看上去）, inne（里面）。——原注

② mobile 一词的这一义项已废弃，《牛津 NED》释为 "The common people; the populace, rabble, mob."（平民、暴民），并注为"古旧词"。——译者注

③ 19 世纪指等值于 20 先令的 1 英镑金币，今俚语中继续指英镑。——译者注

府），zep 表示 zeppelin（飞艇）；另有许多是学生、记者、印刷商的俚语，这类俚语很可能是经由书面缩略语而出现的，如 math 表示 mathematics（数学），gym 表示 gymnastics（体操）或 gymnasium（体育馆），prep 表示 preparation（筹备），ad 表示 advertisement（广告），para 表示 paragraph（段落），等等。①

与之相关的还包括用词的首字母名称构成的缩略语，如 A. M. 表示 ante meridiem（午前），M. A. 表示 magister artium（文学硕士），还有 M. P.（国会议员）等。这一方法在其他语言中也有，尽管不像英语用得那么频；近年来，这类缩略语随处可见，用得比以前频繁得多，不像以前那样主要用于战时（虽不仅限于战时），例如，战争让 O. T. C. 这一组合代表 Officer Training Corps（预备军官训练团），让 G. H. Q. 这一组合代表 General Head-Quarters（总司令部），还有很多，已广为公众所知。

不时出现的缩短长词之趋势，在英语中无疑比在其他语言中更强烈，因为英语的自然语音发展已让说英语的人习惯于把单音节词视为正常的语言材料。而更为典型的，是前面几个世纪中出现的那些并无确切词源的单音节词——这类词来自语言潜意识深处，谁也不知道它们是如何产生的，因为人们觉得这些词与英语词汇的基本结构相一致，并且经常因为这些词的音和义之间似乎存在某种自然关联，于是这些词就流行起来了。

最后这一点，对于回声词（echo-word）和拟声词（onomatopoeia）来说尤为如此，如 swish（唰唰响）、switch（转换）、swirl（旋转）、squirm（蠕动）、squeal（发出长而尖声）、squark（发出沙哑叫声）、squawk（发出响而粗叫声），等等，但是这一点也适用于许多其他类别的新词或相对新的词。我想到的有 hug（拥抱）、pun（双关）、jib（拒绝继续）、fuss（大惊小

---

① 丹麦语术语 stumpeord 首次使用，是在我的《当代儿童及成人的语言》（1916）一书中（1923 年第 2 版书名改为《儿童语言》[*Børnesprog*]），我在《语言论》（G. Allen & Unwin 版，1922，第 169 页及后）中斗胆把它译成了英语。这个术语竟然跻进了世界语之中（stump-vortoj，见柯林森 [W. E. Collinson]，《全人类的语言》[*La Homa Lingvo*]，1927）。——原注

怪）、blur（模糊）、hoax（骗局）、gloat（心满意足地看）、toss（扔）、dude（花花公子）、dud（没用的东西）、stunt（特技），等等。

因此，英语的单音节词不是产生于一个缘由，而是产生于多个缘由。①

英语中存在多少单音节词？尝试回答这个问题之前，不如说说英语中可能存在多少单音节词——这个数字可通过元音和辅音的数量而相对容易地计算出来，也就是通过音节里元音之前或之后允许出现的辅音及辅音组合的数量来做计算。

众所周知，各语言在后面这一点上差别显著。有些语言要求每个词都以元音结尾，有些语言则允许词末辅音，每个词可能只允许有一个这样的辅音，还普遍存在一些在这一位置上不允许出现的辅音。所以，意大利语只允许 n、r、l 出现在词末，古希腊语则只允许 n、r、s（含 ks、ps），还必须加上 ek、ouk 两个词里的 k（但仅依特定语音条件而出现于句子内部）。另一方面，古希腊语却允许一些在其他语言中较为罕见的词首组合，但是仅限于少量词，此处很明显是在较晚时期发生了元音脱落，如 tlēnai、tlētos、dmōs、thnēskō。因此，每种语言在这方面都有自己的个性。不过，在词首组合和词末组合这一点上，英语显然异常过分，很少有哪种语言会呈现出这样的单音节词：strength、helps、stretched、scratched、pledged。

赫伯特·斯宾塞的《自传》（第 1 卷，第 528 页）里有段很有意思的话，他计算了"最大限度利用良好辅音和良好元音可构成的良好单音节词"的数量（良好应该就是清晰易辨的意思），这些单音节词可用来构想基于纯先验基础上的"人类共同语言"。因此，这一思路与约翰·威尔金斯主教的《真正的字符与哲学的语言》（1668）相同，② 与当今许多人认为

---

① 纳拉甘塞特族印第安人的语言中表示一种瓜的名词 asquutasquash，以较短的 squash 之形式被英语所吸纳，应该说这也是英语单音节词趋势之典型。——原注

② 约翰·威尔金斯（John Wilkins，1614—1672），英国哲学家，皇家学会创始人之一，皇家学会院士，切斯特教区主教（1668—1672）。叶斯柏森对《真正的字符与哲学的语言》一书的评价，见《语音学的历史》（上），本书第 488-490 页。——译者注

英语的单音节词

适于国际交流、甚至可能已用于国际交流的那些基于现存语言而创制的辅助语方案迥异。想要看懂斯宾塞方案里的 8 个单元音和 18 个复合元音是什么，又允许什么样的单辅音和复合辅音存在，并不是件容易事，但他却得出了 108264 个良好而可行的单音节词这一数字。不过后来，他又怀疑单音节词的数量可能远远大于这个数字。

这个数字某种程度上和我自己的计算一致，我的计算基于：

> 当今的英语所允许的 21 个单辅音词首 [b, p, d, t, g, k, m, n, w, v, f, ð, þ, z, s, ʒ, ʃ, l, r, j, h]；
> 45 个辅音组合词首 [bl, br, bj, pl, pr, pj, dw, dʒ, dr, dj, tw, tʃ, tr, tj, gl, gr, gj, kw, kl, kr, kj, mj, nj, vj, fl, fr, fj, þr, þj, sp, spl, spr, spj, st, str, stj, sk, skw, skl, skr, skj, ʃr, lj, hw, hj]；
> 18 个单辅音词末 [b, p, d, t, g, k, m, n, ŋ, v, f, ð, þ, z, s, ʒ, ʃ, l]；
> 100 个[①] 辅音组合词末 [bd, bz, pt, pþ, pþs, ps, dz, dʒ, dʒd, dþ, dþs, dst, ts, tʃ, tʃt, gd, gz, ks, kst, ksþ, ksþs, kt, kts, mz, md, mp, mps, mpts, mþ, nz, nd, ndz, nt, nts, ntʃ, ntʃt, ns, nst, nþ, nþs, ndʒ, ndʒd, ŋz, ŋd, ŋk, ŋks, ŋkt, ŋþ, ŋþs, vz, vd, fs, ft, fþ, fþs, ðz, ðd, þs, þt, zd, st, sts, sk, sks, skt, sps, spt, ʃt, ld, ldz, lm, lmz, lmd, lf, lfs, lft, lfþ, ls, lst, lt, lts, lþ, lþs, lk, lks, lkt, lkts, lp, lps, lpt, ltʃ, lv, lvz, lvd, lb, lbz, ldʒ, ldʒd]；
> 21 个元音及双元音 [i, i·, e, ei, æ, ə·, ʌ, a·, u, u·, ou, ɔ, ɔ·, iə, ɛ·ə, uə, a·ə, ɔ·ə, ai, au, oi]。

我们不能只在这些数字之间做做简单相乘，这是因为，一方面，必须考虑到有些音节是以元音开头或结尾的，该位置上无任何辅音；另一方面，短元音不能脱离辅音单独结尾，如 bit 中的 [i]、let 中的 [e]、hat 中的 [æ]、hut 中的 [ʌ]、foot 中的 [u]、hot 中的 [ɔ]。我的计算结果

[①] 原文如此，下文实际只列举了 99 个。——译者注

是，我们当今所说的英语，其语音结构允许存在的单音节词数量超过了158,000个。[1]

在上述词首组合中，我们失去了一些古英语中曾有、但已经消失了或简化了的组合：kn、gn、wr 在书写中仍保存，如 know（知道）、gnaw（啃）、write（写）；还有 fn，主要见于回声词 fneosan（打喷嚏），如今已被同具表达力的 sneeze（打喷嚏）所取代，而斯堪的纳维亚语中则保留了 fnyse（打呼噜）和 fnysa（呼噜）；hl、hn、hr 很可能一度只是 l、n、r 的清音，而今已被相对应的浊音所取代，与如今写作 wh 的 hw 同理。hw 在英格兰南部以及美国部分地区也已被浊音 w 所取代。

词末组合发生的语音演化亦使英语先前各阶段出现过的某些组合得到了类似的简化，尤其是那些 -ght 拼写仍保留了这一记忆的组合，如 night（夜）、sought（寻找）等；我们还要提及 half（一半）、palm（手掌）等许多词里 l 的消失，[2] 以及 bird（鸟）、heart（心）等情形中 r 的元音化以及部分消失或全部消失。

另一方面，这份语音列表中也有些音，现代英语允许其位于词首或词末，但在古英语中却并非完全如此。这样的音较晚时才升至"音位"之尊位。"音位"这个术语，在现代语音学理论中表示用于区别目的的音，所谓区别，就是把其他音完全相同的两个词区分开。此类现代音位中的第一个，是 sing（唱歌）、long（长）等词里的 [ŋ]。有些语言，比如俄语，完

---

[1] 这样的计算必然会有一定随意性，which（哪一个）里的 [wh] 被视为与 with（与）里的 [w] 不同，而 hire（雇佣）和 higher（更高）里的 [aiə]、our（我们的）和 power（力量）以及 flour（面粉）、flower（花）里的 [auə] 之类的组合，却未算作单音节。但是，glimpse（一瞥）、inch（英寸）、lounge（休息室）等词里的 [mps, ntʃ, ndʒ] 之类的组合，位于中间的辅音无论发不发音，都不影响我的计算结果。因为存在 jeu（游戏）、tige（旧式步枪上的钢销）、rouge（绯红）等词，所以必须承认词首位置和词末位置的 [ʒ]，但是在正常的英语语音系统里，这个音只能出现于 [dʒ] 这个组合里，以及 measure（度量）等词里位于两元音之间的位置上。——原注

[2] 但是，lf 和 lm 在有些元音之后保留了下来，如 self（自己）、film（胶片）。——原注

全没有这个音；另一些语言，比如意大利语，这个音存在，但不具区别性，如见于 banco（板凳）、lungo（长）等词里，也见于相邻两词间，如 fin che（只要）、un gusto（一种味道）等，但是这个音从不独立存在。古英语中必然也是这样的情况，但很可能并不需要两词连接之规则；因此，þing（事物）当时的发音是 [þiŋg]，有些方言中至今如此（如兰开夏郡、柴郡等地）①。但是在标准英语中，词末的 [g] 在 [ŋ] 之后脱落了，[ŋ] 因而变成独立的音位，从而使 sing（唱歌）区别于 sin（罪孽），rang（敲钟）区别于 ran（跑），tongue（舌头）区别于 tun（大酒桶），等等。

英语中的 [v, ð, z] 三个浊擦音也是新音位，在古英语中并不是音位。这三个音在古英语的某个无法断定的时候开始出现，充当清音 [f, þ, s] 的浊音变体，但是仅见于受浊音环境（主要是元音）影响的中间位置。而在词首和词末，这三个浊擦音从未在古英语中出现过。如果说这三个音当今在词首、词末出现得非常频繁，主要是两种音变所致。其一是弱 e 音的脱落，如前所述，这一变化是改变英语整体语音面貌的重要因素之一：由此，choose（选择）、rise（上升）里的 [z]，give（给）、have（有）、love（爱）等词里的 [v]，bathe（洗澡）、clothe（穿衣）、tithe（什一税）等词里的 [ð]，都变成了词末。其二是弱元音后面的辅音发生浊化，英语中这种浊化发生于 15 世纪和 16 世纪，与史前著名的维尔纳定律惊人地相似。这导致了 with（与）（此词的古音 [þ] 至今尚未绝迹）、of（的）（试比较带有强重音的 off [向下]）、as（如）、is（是）、has（有）等词的末尾出现了 [ð, v, z] 音。上述浊音最初仅出现于这类词位于句子的弱位置之时，而今已扩展至强位置。②与这一音变相关的，还必须提到词首 th 在 that（那）、the（定冠词）、this（这）、thus（这样）等指代词（pronominal）里的浊化。通过上述途径，这三个浊擦音在英语本族词里变成了独立的音位；此外，[v] 和 [z] 还在外

---

① J. 赖特（J. Wright），《方言语法》（*Dialect Grammar*），§274。——原注
② 弱位置即无重音的位置，强位置即有重音的位置，重音既包括词本身的重音也包括句重音。——译者注

来词里位于词首或词末。① 这一简要的历史阐述，使我们明白了这三个音在单音节词里的出现为何远少于我们的先验预期。

词末的 [z] 在 hands（手，复数）、kings（国王，复数）等屈折形式中极其常见，这个音在中古英语 handes、kinges 等词里位于弱位置上，因此在 e 脱落前被浊化了。而 does（做，单数第三人称）、goes（走，单数第三人称）里的词末浊音必然是类推造成的。

如果说当今的英语拥有大量先前各阶段并不存在的词末辅音组合，那么首要原因就是弱 e 音的脱落，前面我已将其视为英语史最重要的因素之一。因此，我们看到辅音组合出现于名词复数（wolves [狼]、elms [榆树]、hands [手]、aunts [姨]）、动词单数第三人称形式（solves [解决]、helps [帮助]、tempts [诱惑]）、弱变化动词②过去式（solved、helped、lodged [住]、pinched [掐]）。不过值得注意的是，有一种出于清晰的考量对 e 音脱落的总趋势起了反制作用，因为如果 e 在这类词末出现于两个相同或极为相似的音之间，就会以 [i] 音的形式得以保留，如 noses（鼻子）、pieces（块）、passes（通过）、churches（教堂）、edges（边缘）、ended（结束）、hated（恨）。这类词末被允许变为单音节词，因为一旦变成单音节词，其词干和屈折词尾就焊合了。

我们必须提及两个 -est 词尾，一个是动词的第二人称单数，一个是形容词最高级。常规的语音演变原则或会让我们认为，与 -es 相同的规则亦会作用于此，使 e 在除咝音之外的其他音之后脱落：thou lead'st（你带领），但 thou losest（你失去）；the hot'st（最热），但 the wisest（最聪明）；等等。事实上，在 16 世纪、17 世纪（有时更早）的诗人那里，这样的形式相当常见，由此产生的辅音大杂烩即使很不好听也无妨。因此，马洛和莎士比亚笔下有 gotst（你得到了）、tookst（你拿走了）、thinkst（你想）、

---

① 这些词当中还必须考虑 vat 和 vane 等源于南部方言的词，这类方言的词首 [f, þ, s] 全部浊化。——原注

② 弱变化动词是日耳曼语研究领域的术语，即规则动词。不规则动词称为强变化动词。——译者注

struck'st（你打了）、foughtst（你斗争了）、dipd'st（你蘸了）、suck'st（你吸了）等第二人称形式（suck'st 见于《泰特斯·安特洛尼克斯》第二幕第 3 场第 144 行，现代版本作 suck'dst，因为这是个过去式），弥尔顿笔下也有类似的 thou wentst（你走了）、tellst（你告诉）、toldst（你告诉了）、thinkst（你想）、eatst（你吃）、drinkst（你喝）等，甚至还有 feigndst（你假装了）（见于《力士参孙》第 1135 行、stripp'dst（你剥下了）（同上第 1188 行）。当今的诗人通常把 -est 作为完整音节，除了少量助动词形式之外（如 didst、hadst、wouldst、couldst）。不过，代词 thou（你）和与之对应的动词形式从常规口语中消失已久，从其带有不发音的 e 的形式的废弃过程中无法得出什么启示。

与之相反，最高级始终属于日常生活中的自然话语。伊丽莎白时期的作家除了使用其完整形式之外，亦将其缩略为 kind'st、stern'st、sweet'st、strict'st、strong'st、young'st；但弥尔顿似乎只用双音节形式：sweetest、loudest、greatest 等，而这样的形式也是唯一生存至今的形式。这种偏离常规语音演变的现象，恐怕只能解释为较长的形式有更悦耳、更清晰之感，也就是更容易听懂，再加上 sweeter、stronger 等比较级所带来的类推，最高级自然就不可能简化为单音节了。

因此，虽然英语在构成单音节词这一点上能力超强，但是很明显，前面计算出的 15 万种理论可能当中只有较小一部分成为了英语中的真实词语。赫伯特·斯宾塞在其构建的哲学语言中可运用的简单而可行的音节结构，数量一定远大于英语或其他任何现存语言已实际使用的音节结构。

为什么这样的组合可以，那样的组合就不行？很多时候，根本无法阐明这之中的原因。对此我们通常只能说，语言跟制造语言的人一样，是变幻莫测的。以 b 为词首、以 d 为词末，我们几乎可以把所有的元音和双元音插入二者之间构成事实上存在的词：bid（请求），bead（珠子），bed（床），bade（请求，过去式）/ bayed（吼叫，过去式），bad（坏），bird（鸟），bud（花骨朵），bard（吟游诗人），booed（吓唬，过去式），bode（预兆），

bawd（鸨母）、beard（胡子）、bared（露出，过去式）、bored（枯燥）、bide（忍受）、bowed（鞠躬，过去式）；而以 b 开头、以 t 结尾，可得到的词的数量亦与之相仿（如 bit [一点点]、beat [打] 等）。但是，以 g 开头、以 p 结尾，却只有两个词 gape（张大嘴）和 gap（鸿沟）；以 [ʃ] 开头、[b] 结尾，则只有 sheath（剑鞘）一个词。而 switch（交换）和 stretch（抻拉）这两个词，也完全没有别的词开头和结尾的音组与之完全相同。

有些词末组合极为罕见，因此，lst 仅见于 pulsed（动词 pulse [脉冲]的屈折形式）和 whilst（当……之时）。清音 [b] 出现于辅音之后，成批的词仅有两类：一是序数词（fifth [第五]、sixth [第六]、eighth [第八]、ninth [第九]、tenth [第十]、twelfth [第十二]），二是表抽象的派生词 length（长度）、strength（力量）、width（宽度）、warmth（温暖）、depth（深度）、health（健康）、stealth（偷偷摸摸）、wealth（财富）、filth（肮脏）、spilth（溅出物）。这两类词数量都不大。此外还有个孤例 month（月份）。①

某一组合是有还是无，常见还是罕见，语言史有时可向我们揭示其背后的原因。因此，带有短音 [u] 的词比较少，是因为这个元音大多变成了 [ʌ]，如 cut。[u] 仅在某些组合中保存完好，这大多是因为受到前面的唇音的影响，常常还有 [l] 在后面，如 bull（牛）、pull（拽）、full（完整）、wolf（狼），而 bush（灌木）、push（推）、put（放）也类似；[u] 得以保留的其他情况，有时是因为先前的形式带有长元音，这一点至今仍可通过 oo 的拼写展现出来，如 good（好）、book（书）、took（拿），等等。

call（叫）、ball（球）等词里的短音 [a]，在 [l] 之前转变成 [ɔ·] 以后，我们会以为再也没有以 [æl] 结尾的词了，但事实上却有两个，一个是 pal

---

① 为了完整，我们还应提及沃波尔造的 greenth（绿）和 gloomth（忧郁），以及拉斯金造的 illth（病）。——原注

贺拉斯·沃波尔（Horace Walpole, 1717—1797），英国小说家，著有哥特式小说《奥特兰托城堡》（*The Castle of Otranto*, 1764），英国首任首相罗伯特·沃波尔（Robert Walpole, 1676—1745）之子。约翰·拉斯金（John Ruskin, 1819—1900），英国艺术评论家，著有 5 卷本《现代画家》（*Modern Painters*, 1843—1860）。——译者注

（伙伴），是个从吉卜赛语借入的较新外来词（源于后来在英语中变成 brother 的那个词的在印度语言里的形式），另一个是 shall（将要），这个词必然是因为在非重读位置上使用频繁，所以才未发生向 [ɔ·] 的转变。

专有名词方面，源于 Sarah、Harry（Henry）、Mary 的昵称 Sal、Hal、Mal 里面都有 [æl]。这几个昵称与 Doll 源于 Dorothy 以及 Mal 另有 Moll、Poll 之变体道理相同，都必须解释为：这些昵称形成之初，[r] 早已从可延长的颤音变成了现在的闪音；这个闪音预示后面要接元音，因此无法充当单音节词的词末，为了缩短这些名字，人们（小孩子们）就使用了与之最为接近的可延长的辅音，即 [l]。与之相反的是近年来记者行业把 paragraph 一词缩短为 par [pa·ə]，这个词的缩短显然先在书面上发生了，然后才有的读音。

许多辅音群仅见于屈折形式中：如 bz（herbs [药草，复数]），bd（sobbed [哭泣，过去式]），dz（bids [请求，单数第三人称]；孤例 adze [扁斧]）；dʒd（raged [生气，过去式]），ts（hats [帽子，复数]；但有 quartz [石英]），tʃt（fetched [拿来，过去式]），gz（bags [包，复数]），gd（flogged [鞭打，过去式]），kts（sects [派别，复数]），mz（lambs [羊羔，复数]；孤例 Thames [泰晤士河]；alms [施舍] 有含复数后缀 -s 之感），md（combed [梳，过去式]），m(p)t（dreamt [做梦，过去式]；stamped [盖章，过去式]；但是参考 tempt [引诱]、prompt [迅速]），m(p)ts（tempts [引诱，单数第三人称]），ndz（friends [朋友，复数]），n(t)ʃt（flinched [退缩，过去式]），nst（danced [跳舞，过去式]），n(d)ʒd（singed [燎，过去式]），ŋz（sings [唱歌，单数第三人称]），ŋd（hanged [绞死，过去式]），ŋkt（thanked [感谢，过去式]），vz（caves [洞穴，复数]），vd（lived [生活，过去式]），fs（cliffs [峭壁，复数]），fts（tufts [簇，复数]），ðz（bathes [洗澡，单数第三人称]），ðd（clothed [穿衣，复数]），þs（cloths [布，复数]），zd（eased [减轻，过去式]），ʃt（wished [希望，过去式]），sts（fists [拳头，复数]），sks（asks [问，单数第三人称]），skt（risked [冒险，过去式]），

sps(wasps[黄蜂，复数])、spt(lisped[口齿不清说话，过去式])、lz(falls[掉落，单数第三人称])、ldz(holds[握住，单数第三人称])、lms(films[胶片，复数])、lfs(sylphs[窈窕淑女，复数])、lts(tilts[倾斜]；另有waltz[华尔兹])、lks(sulks[闷闷不乐，单数第三人称])、lkt(skulked[躲藏，过去式])、lps(gulped[狼吞虎咽，过去式])、l(t)ʃt(belched[打饱嗝，过去式])、lvz(wolves[狼，复数])、lvd(shelved[搁置，过去式])、lbz(bulbs[球茎，复数])、l(d)ʒd(bulged[凸出，过去式])。

为了查清英语中有多少真实存在的单音节词，我数了 A. 洛林（A. Loring）的《押韵词库》(*The Rhymer's Lexicon*)[①]第一部分里列出的词，发现大约有 4700 个。但是这不是全部，因为作者只在极特殊情况才会把屈折形式列入，因此只有 name（名字）一个形式，而 names（名字，复数）、named（命名，过去式）也应该计入。其他许多词也是同理。我觉得我们给出的英语中实际使用的单音节词数量如果不是 4700 个，而是大约 8000 个，基本不会离事实太远。

如果我们再去思考一下经常被拿来和英语做比较，且经常被视为世界上最典型的单音节语言——汉语，会发现对于我们前面思考的许多问题来说，这两种语言简直是两个极端。汉语不允许出现除塞擦音之外的任何词首辅音群，并且每个词都是要么以元音结尾，要么以 n、ŋ 这两个鼻音之一结尾。因此，与英语音节结构的复杂性相比，汉语的音节结构无比简单。在官方委员会 1913 年设计的"国语字母表"里，我们看到了 24 个声母[②]、3 个介母、12 个韵母（部分韵母含有鼻音）。[③]

[①] 伦敦（卢德里奇），出版年不详。——原注

[②] 叶斯柏森显然没有考虑到，这 24 个声母中有 3 个是"备用的"，北京话（以及京派国语）中并没有，所以计算音节的可能数量时其实不应计入。这三个声母（[v, ɲ, ŋ]，注音符号分别写成"万、兀、广"，随着国音派在国语运动中失利，这三个声母从注音符号表后来的各个版本中消失了。直至近年来台湾在小学教育中增设闽南语、客家话等母语教学课程，拼写方言用的"广"和"万"才重新出现于公众视野中（闽南语有声母 /ŋ/；客家话既有声母 /ŋ/，又有声母 /v/）。——译者注

[③] 刘复，《中国的国语运动》(*Les mouvements de la langue nationale en Chine*)（巴黎，1925），第 24 页。——原注

由于一个词可由上述三种成分构成，也可由一种或两种成分构成（但"声母"不能单独构成词），所以理论上似乎可以存在 1191 个不同的音节。即使我们把这个数字乘以 4，因为北京的官话方言使用 4 种词声调来把其他成分完全相同的词区分开，也仅能得到 4764 个不同的音节。与英语的 15 万种可能的音节相比，这个数字非常小。但是，即使是如此少量的音节，在真正的汉语中也没有全部用上。汉语中仅有 420 个音节[①]——即使把这个数字乘以 4，也只是 1680 而已，比英语中实际使用的音节数量少了太多。

事实就是，英语的语音演变，主要朝使音节结构的可能性倍增的方向发展，尤其是由于 e 的脱落，造成诸多词末辅音组合；与此同时，最重要的屈折辅音保留了下来，即 s 和 d(t)。而法语近来的演变则是朝向完全相反的方向，大量词末辅音脱落，即使先前用作屈折词尾的辅音也不例外。因此，比较英语的 pot（罐子，单数）、pots（罐子，复数）和法语的 pot（罐子，单数）、pots（罐子，复数），后者单复数的发音都是 [po]。中古法语各不相同的动词形式 je di（我说）、tu dis（你说）、il dit（他说）被削平，今只剩下一个语音形式 [di]。还应注意到，chase、joy（法语为 chasse、joie）等词，英语保留了 ch [tʃ] 和 g、j [dʒ] 的原有读音，而这两个音在法语被简化成了 [ʃ, ʒ]。汉语的演变方向与法语相同，词末的 p、t、k 消失了，词首音群很大程度上变得比法语还要简单，[②] 其结果就是高本汉所说的，"外国人听北京人讲话，印象就是他在不断重复着仅有的几十个词汇。"[③] 外国人听英语，就不会有这样的感觉。

---

① 高本汉《汉语的音与字》（牛津，1923），第 29 页。诚然，粤语允许大约 720 种不同音节，其他一些方言还要略多些；但是即使如此，这数量还是非常小。——原注

② "该语言在 6 世纪还区分 ka（歌）、kap（蛤）、kat（割）、kak（各），但是随着词末音的消失，这些词首先全变成了 ka，之后随着 a 变成 o，又都成了 ko。于是 ko 的意思既是'歌'，又是'蛤''割''各'。词末的 m 变成了 n，因此古时候的 nam（南）和 nan（难）都成了 nan"，等等，高本汉《音与字》，第 28 页。——原注

高本汉举的这些例字的词末辅音（包括入声尾和鼻韵尾），在今闽、粤、客等南方方言中仍有区别，在文白异读的文读中尤其如此。以今闽南语的文读为例：歌 /ko/（白读为 /kua/），蛤 /kap/，割 /kat/（白读为 /kuah/），各 /kok/；南 /lam/，难 /lan/。——译者注

③ 同上，第 29 页。——原注

W. 施密特神甫①在其论述世界全部语系的那本最重要的新著中②，用了很长一章的篇幅探究各种词首组合和词末组合，并得出结论认为，这两个位置上的辅音群一方面呈现极地气候特征，另一方面呈现山地地貌特征，不允许出现辅音群且偏爱元音结尾的简单词结构，是温暖气候之属性。我必须让读者自行来判断，这一结论和我刚才一直在进行的对比是否相吻合？不过，我应该补充一句，施密特神甫并未把一切都归结于这些自然条件，而是同时表现出受到旧时"文明圈"概念的影响（文明圈 [spheres of civilization]，德语原文是 Kulturkreise，包括"父系图腾农耕文化"[vaterrechtlichtotemistisch Hackbaukultur]、"母系图腾农耕文化"[mutterrechtlich Hackbaukultur] 等），对此问题，想跟上他的思路可不那么容易。在我看来，他对语言事物的观察方式中的最大的弱点，是他没有对主要文明国家语言发展演变中有可靠历史依据的多样性做足够的观察。

2

我们一直在考虑的这些语言结构特征，具有深远的影响。我们首先来考虑一下同音词。英语的大部分同音词都是单音节词，尽管确实存在双音节甚至多音节的同音词，如 manner（方式）— manor（庄园），lessen（减轻）— lesson（课程），aloud（出声）— allowed（允许），complement（补充）— compliment（恭维）。据粗略计算，单音节同音词大约是多音节同音词的 4 倍；这不足为奇，因为词越短，就越有可能存在别的词碰巧与之同音。像 tobacco（烟草）、cigarette（香烟）或是 advantage（优点）这样的词，如果

---

① 威廉·施密特（Wilhelm Schmidt, 1868—1954），德国天主教圣言会（Societas Verbi Divini）神甫，民族学家。——译者注

② 《地球上的语系和语言圈》（Die Sprachfamilien und Sprachenkreise der Erde, 1926）。——原注

有别的词由于偶然因素而恰巧形成了与之相同的音节组合，就是很奇特的事了；但是，这样的事情却非常容易发生在较短的词身上。我们甚至可以说，具有复合式词首音组合或词末音组合的单音节词，其同音词比具有最简音节结构的单音节词少很多；后者参见 male（雄性）—mail（邮件），so（所以）—sew（缝纫）—sow（播种），doe（小鹿）—dough（面团），row（一行）—roe（鱼卵）；row（划船）—roe（狍子），no（不）—know（知道），buy（买）—by（在旁边），I（我）—eye（眼睛）—ay（是），you（你）—ewe（母羊）—yew（红豆杉）。

　　这样我们就明白了汉语为什么会有这么多同义词：该语言的所有音节，都是以这种极简方式构成的。这样的语音简化的结果就是，用这种极简的风格写下的古代文献在视觉上仍可看懂，但这是因为表意文字可对同音词做语义区分，如果按照当今的读音出声朗读，就根本听不懂了。虽然英语的拼写和发音之间有差别，但是汉语书面语和口语之间的鸿沟之深、其影响之大，英语根本无法与之相提并论。而最有意思的一点，就是看看面对音变带来的占压倒性多数的同音词，汉语的自然口语如何逐渐实现了反制；① 音变当然要历经数个世纪才能成熟；但是假如日常生活中的口语里没有某些保障机制来确保语义清晰可懂，这样的音变是无法取得优势的。第一个途径，经常是让两个同义词相搭配：如果二者各有若干个词义，但共同的词义则只有一个，那么二者相配而表达的就是这个词义。第二个途径，动词不按不及物的方式使用，而要把逻辑上内在的宾语加上去（如，不说"吃""读""骑"，而说"吃饭""读书""骑马"）。第三种途径，常常是增加量词，显示出所考虑的名词是哪一类别，例如 shan 可以是"山"，也可以是"衫"，分别加上表示处所的量词或是表示衣物的量词，语义就变清晰了。故而，汉语白话其实不应再定义为真正的单音节语言，因为大量的概念通常都是用双音节的复合词来表达，而年轻一代作家

---

　　① 　高本汉，第 32 页及后。——原注

正在激烈奋战，要让这样的"白话"得到认可，从而用来创作各种体裁的文学作品。

现在我们转向英语，会发现英语对这类保障机制的运用比汉语少得多。让有歧义的两个同音词构成复合词的情况极为罕见，我能想到的只有 courtyard（院子）这一例①。更常见的是介词性添加，如 a box in the ear（耳光）、the sole of her foot（脚底）、an ear of corn（玉米棒），② 但是这样的加强成分并不是必不可少的。类似 the left-handed corner（左手边的角落）、the right-handed trousers pocket（右手边的裤兜）等许多组合中，通常都会加上个 hand（手），因为 left（左边的 / 剩余的）和 right（右边的 / 正确的）可能引发误解；但是像 to right and left（向左右两侧）、turn to the left（向左转）这样的组合，就不需要加 hand，还有 his right eye（他的右眼）当然也同理。我觉得，man 和 wight（white）这两个词的歧义，决定了"马恩岛"和"怀特岛"总是说成 Isle of Man、Isle of Wight，而"泽西岛"（Jersey）以及其他岛屿，就不必加这个 Isle of。还需注意 let and hindrance（干涉）当中也是加了一个祛除歧义的同义词，之所以有必要加这个词，是因为 lettan（阻挠）和 lættan（允许）这两个截然不同的古英语动词，变成了同音词。

这让我们发现了避免同义词引发麻烦的又一种保障机制：歧义词当中的一个可退出使用，甚至两个全都退出使用。因此，表示"阻挠"之义的 let 成了废弃词。这类词应该还有 quean（妓女）、mead（蜜糖）、meed（奖赏）、mete（衡量）、lief（亲爱的）、weal（财富）、wheal（肿）、ween（认为）、

---

① court 除了"院子"之外，还可表示"宫廷""法庭"等意义，与另一个表示"院子"的词 yard 相复合，就只能表示"院子"了。——译者注

② 这里涉及同音词（含同形异义词）的不同义项的使用频率问题，box 和 ear 最常用的义项显然是"盒子"和"耳朵"，因此，表示使用率较低的义项"击打"和"谷穗"时，a box in the ear 和 an ear of corn 不失为一种有效途径，把语义引导至不那么常用的义项上。而 sole（脚底）和 soul（灵魂）虽然在书面上有区别，但口语中并没有这样的区别，所以 the sole of her foot 之例与前述两例在本质上是同理的。——译者注

reck（考虑）、wreak（报仇）。不过，这之中有一些词，很可能在使其跟别的词变成同音词的音变出现之前，就多少已经变得罕用或陈旧了。

若要解释英语运用保障机制来反制同音词的情况为何远远少于汉语，我觉得必须考虑到这样的环境：英语的同义词实在不像汉语那么多，也没有汉语那么大的风险。

很明显，如果同音词分属不同的词性，那么因同音而引发的误解风险，就比同属形容词或同属名词低了很多，表示重量"轻"的 light 和表示颜色"浅"的 light 同属形容词，但是同音的名词如果一个指有生命事物，另一个指无生命事物，相对来说也不太担心歧义，如 heir（继承人）和 air（空气）。而如果同音词一个词是名词，另一个词是动词，则误解的可能性几近于零。

看看 see（看）和 sea（海）这一对，巴特莱特①的《莎士比亚语词索引》（*Concordance to Shakespeare*）向我们展示了《暴风雨》《哈姆雷特》和《李尔王》中的 94 个 see（sees）的例子；这 94 个例子中只有 1 个算得上是歧义，仅因词义本身而造成，是对问题"Where is Polonius?"的回答："In heaven, send thither to see."。其他所有例子中，该词的动词身份皆由下列途径之一完美而清晰地体现出来：前面有主语（"I see"），后面有宾语（"I have no ambition / To see a goodlier man."），带有情态动词（"you shall see anon"），或是同时兼有上述两种或三种区别途径（"I see it." "I ne'er again shall see her." "Do you see yonder cloud？"）。同样是这三部剧，sea（seas）之例有 36 处：其中 27 处，冠词显示出其是名词，有 1 处通过形容词显示出其是名词，还有 3 处通过介词（of、in、at）显示出其是名词，其余 5 处，出现了 to sea 这个组合，严格来说有可能被误解为不定式。但是其中 2 处可从语法上排除这一可能性（"I shall no more to sea, to sea."），

---

① 约翰·巴特莱特（John Bartlett，1820—1905），美国出版商，其自编自印的畅销工具书除了《莎士比亚语词索引》之外，还有《巴特莱特常用引用语词典》（*Bartlett's Familiar Quotations*，1855）。——译者注

而余下 3 处则绝无这种可能（"set her [the ship] two courses off to sea again" "They hurried us aboard a bark, / Bore us some leagues to sea." "Then to sea, boys, and let her go hang!"）。

如果对这类形式出现的语境有足够重视，那么误解的可能性就非常小了。语境在有些例子中甚至比形式本身还要重要，这样的例子里，说话时的整个场景都应视为语境的一部分。因此，两个词虽然同音，却可以各司其职。我们虽然做了这样的论断，但却承认布里吉斯博士①的这句话是正确的："任何人真要想写出好听的英语，都须认识到我们的耳朵对于音之重复，感知得有多么微妙。"故而，像"I see the sea's untrampled floor"这样的一行字是无法成为诗的，而必须改为"I see the deep's untrampled floor"。但是，布里吉斯博士还认为，动词 know，除非其发音变回 law 中的那个元音，否则就没有前途可言。"现在时第三人称单数是'鼻子'（nose），过去时是'新'（new），造成了这么大的不便，实在太过分，永远也不会被全世界所接纳。"可是很明显，如果把这些形式放到英语世界日常口语句子的自然环境里审视，就能发现这样的风险实在是微乎其微的，例如：

> I know.（我知道。）
> My no is just as good as your yes.（我说的"不行"跟你说的"行"一样有效。）
> He knows.（他知道。）
> His nose bleeds.（他的鼻子流血了。）
> You knew it.（你知道这事了。）
> A new hat.（一顶新帽子。）

听到这样的组合，谁也不会在理解上有一丝丝的困难。这些组合就算完全

---

① 罗伯特·布里吉斯（Robert Bridges，1844—1930），英国诗人，1913 至 1930 年任英国桂冠诗人。——译者注

按照语音来拼写，也依旧全然清晰。差不多每次听到这个词时，听话者的头脑都已根据前面出现过的内容而做足了准备，所以，这个词立刻就会被置入其正确的鸽洞中，并不会因为该语言的其他位置上存在一个发音相同的词而犹犹豫豫。

双关语爱好者特别喜欢这样的故事：

> We went to the seaside for a change and rest, but the waiter got all the changes, and the landlord took all the rest.
> （我们去了海滨，想得到改变，想得到休息，可是，服务员得到了所有的零钱，其他钱则归了开客栈的。）①

这样的句子里，之所以哪个词也不会被误解，语境使之无比清晰，正是因为这些词被出乎意料地放到了一起，才让我们意识到 change（词源上是一个词）和 rest（词源上是两个词）此处在不同语境下用于不同意义。

亨利·布莱德利②写道（《文集》[Collected Papers]，第 175 页）："简明外语词典的编纂者处理 son（儿子）、sun（太阳）、knight（骑士）、night（夜）、oar（船桨）、ore（矿藏）、hair（头发）、hare（野兔）、to dye（染色）、to die（死）、to sow（播种）、to sew（缝纫）、to rain（下雨）、to reign（统治）这样的小词，并无误解之风险。假如英语按语音来拼写，他就必须增加些

---

① change 有"改变"和"零钱"之义项（一词多义），rest 有"休息"和"其余"之义项（同形异义，"休息"之义源于古英语 restan，"其余"之义源于古法语 rester），此处的幽默在于不同义项之间的混同。叶斯柏森在《英语的双关语》（Punning or Allusive Phrases in English, 1900）一文对英语中这类双关语进行过很好的总结。（见百年纪念版《叶斯柏森选集》第 479-486 页，世界图书出版公司北京公司 2016 年导读影印版。）——译者注

② 亨利·布莱德利（Henry Bradley, 1845—1923），英国语文学家，词典编纂家，英国国家学术院院士，是继詹姆斯·默里之后的《牛津英语词典》（OED）第 2 任主编（1888—1923）。著有《哥特人的故事》（The Story of the Goths, 1887）、《英语的形成》（The Making of English, 1904）等著作，为 1911 年版《不列颠百科全书》撰写了"贝奥武甫""琴涅武甫""凯德蒙""救世主"等关于古英语、古萨克森语文学的词条。——译者注

解释了。"这话没有说错，不过，普通人的需求和词典编纂者的需求并不相同。普通人通过连贯的句子进行思考，而不是通过孤立的词进行思考。

布莱德利的话，是他反对语音式拼写的激昂言辞的一部分，他高度强调对听觉上相同的词从拼写上加以区别的好处，而我觉得这样的强调并无必要。① 他没有充分考虑那些拼写上并无区别的同音词之例，人们可能会以为，这样的同音词很容易不时造成英语阅读上的错误。我们若以《莎士比亚语词索引》中的 sound 一词为例，会发现几十句乃至上百句这样的话：

（1）Where should this music be? I'the air or the earth? It **sounds** no more.
（哪里来的音乐？来自天堂还是人间？这音乐不再**响起**。）

（2）**Sounds** and sweet airs, that give delight and hurt not.
（**声音**和甜美的微风，带来的是快乐，不会伤害人。）

（3）And deeper than did ever plummet **sound** I'll drown my book.
（我将沉下这本书，深过铅坠**探入水**。）

（4）Sleep she as **sound** as careless infancy.
（她**深深**入眠，宛如无忧无虑的孩童。）

（5）Try your penitence if it be **sound**.
（若是 [罪孽] **深重**，就试着忏悔吧。）

听到或看到这些句子，谁也不会感到半点理解上的困难，他们会把

---

① 布莱德利赞同保留历史上的拼法，其论据中有这样一条："一位杰出的诗人写下了 my knightly task 这个短语，不发音的 k 让语义保持清晰，但如果是口头朗诵这句诗，听众误解了可不是听众的错。"不过，诗人本来就该把诗写得即使口头朗诵也能听得懂。假如英语是按语音来拼写的，那这诗人就不敢把这短语写成这样了，他一定会立刻认识到这会造成听者的误解。所以，这条论据其实是把双刃剑。——原注

（1）和（2）归为一个意义，（3）归为第二个，而（4）和（5）则归为第三个全然不同的词。①

我当然不想骗大家说歧义永远无须担心，我只是认为，英语中的歧义风险并非巨大无比。请允许我提几个我遇到过的作者未考虑读者方便之例。例如，史文朋②写过：

> Sound was none of their feet,
> Light was none of their faces.

（《日出之前的歌》[Songs before Sunrise]，102）

这两行诗，读者起初觉得意思是，人人都腿脚不便、皮肤暗黑，但很快又会觉得，应该是说这些人腿脚不出声响，面容不见光泽。同样是这位诗人，在另一处写道：

> ere my son
> Felt the light touch him coming forth,

（《阿塔兰忒》[Atalanta]，42）

---

① 还存在第4个sound，意为"狭窄水道"，这个词在莎士比亚著作中仅出现1次：《鲁克瑞丝受辱记》，第1329行。参照莎士比亚的一贯做法，此处很明显是想拿第一个sound来做双关语：Deep sounds make lesser noise than shallow fords.（深水道闹出的声音远不及浅渡口。）——原注

这4个sound属于"同形异义"，而非"一词多义"，因为这4个词虽然拼写形式相同，但词源各不相同。可参考霍德《牛津简明英语词源词典》的解释：sound（声音）< 法语son（声音）< 拉丁语 sonus（声音）；sound（用铅坠测水深）< 法语 sonder（用铅坠测水深）< 拉丁语 sub（向下）+ unda（波浪）；sound（健康、彻底）< 古英语 gesund（健康，与今德语 Gesund（健康）同源；sound（海峡）< 古英语 sund（游泳、海水）。——译者注

② 阿杰农·查尔斯·史文朋（Algernon Charles Swinburne，1837—1909），英国诗人。——译者注

我第一感觉是 light 是形容词（轻），touch 是名词；花了好一会时间我才发现，light 是名词（光），touch 是动词。假如我是听人朗诵这首诗，这一点立刻就澄清了：口语中的词，歧义性往往低于书面形式。

在一部现代小说里面，我们读到了这句话：

I feel that I am possessed of something that makes me **like** the other girls. ①

（杰克·伦敦，《月亮谷》[The Valley of the Moon]）

此句中的 like 是动词还是形容词呢？② 又继续读了一会，才发现：

And then, too, I know that I was not like them before.
（而此时，我也知道我以前跟她们并不像。）

至此，疑惑才消除。

赫胥黎在一篇文章中谈及《创世记》时，非常倒霉地写下了"Between these two lies the story of the Creation of man and woman, and their fall."③ 之类的话。这招致 W. T. 斯泰德④怒斥他竟敢把圣经中的两段故事称为 lies（谎言）。但是，假如斯泰德能够平心静气地看看这篇文章，或许就能从这串词里看出，these two 指"这两段叙述"，lies 是个非常无辜的动词第三人称单数。不过，吉卜林的诗《岛民》（The Islander）里也犯了

---

① 若将 like 理解为动词"喜欢"，此句意为："我觉得自己拥有某种东西，让我喜欢其他女孩。"若理解为形容词（亦可释为介词）"像"，则为："我觉得自己拥有某种东西，让我变得像其他女孩一样。"——译者注

② 如今我们更愿意把 like（像）视为介词。——译者注

③ 这句话意为："位于二者之间的，是神创造男人女人以及男人女人堕落的故事。" lies 在句中是动词"位于"，如果理解为名词"谎言"，此句就成了缺少谓语动词的病句，因而不成立。但是，two 和 lies 并置，非常容易被误判为"两条谎言"。——译者注

④ 威廉·托马斯·斯泰德（William Thomas Stead，1849—1912），英国报业人士、编辑、政治活动家。——译者注

同样的错误，他写道：

> On your own heads, in your own hands,
> The sin and the saving lies!①

与之类似，劳斯·迪金森②在《表象》(*Appearances*)第232页上也有一句：

> For behind and beyond all its fatuities, confusions, crimes, lies, as the justification of it all, that deep determination to secure a society more just and more humane which inspires all men.③

另一方面，人们可能读了数百页的英文书，也没有被上述类型的歧义之例磕绊过，这一点也是千真万确的。

上述思考让我们想到一个必然会被未来的语言心理学家大力关注的话题，这话题迄今为止基本未获注重：语言理解究竟是如何进行的？完整理解口笔语的词和句，需要什么样的心智条件或基础？怎样才算理解？怎样才算易于理解？又怎样才算未理解？我想从跟我的基本主题"英语的单音节词"相关的角度，为这话题提供些看法。

---

① 此句意为："罪孽和拯救都存在于自己的脑中手中。" lies 是全句的谓语动词。如果把 the saving lies 理解为"关于拯救的谎言"，全句就缺少了谓语中心语。但是，视觉上把 the saving lies 误判为偏正式名词短语的风险非常高。这句诗和上文引述的赫胥黎的句子共同的问题是：正确，但令人费解。——译者注

② 劳斯·迪金森（Lowes Dickinson, 1862—1932），英国政治学家、哲学家。《表象》一书集结了他曾在英美两国的报刊上发表的关于印度、中国、日本、美国的散文随笔。他在该书前言中表示："我所呈现的不是现实，而是我所看到的表象；随着时间的推移，现实或许可以从这些表象中构建出来。"文集因此题为《表象》。——译者注

③ 此句意为："所有这些昏庸、混乱、犯罪之背后，存在着超乎其之上的坚定决心，来充当这一切的纠正机制，从而确保社会更加正义、更具人性，使所有的人得到激励。"与上面两句一样，lies（存在）在句中充当谓语中心语，但是在文字视觉上，lies 非常容易被误判为与 fatuities（昏庸）、confusions（混乱）、crimes（犯罪）并列的第4个名词，因为从语义场来看，"谎言"显然具有与前3个名词共同的负面属性。——译者注

口头的每个音、每个音节都占据一定时间,很短,但却可感知、可度量。听话人有同样的时间(再加上些停顿)来消化自己所听到的东西。于是,构成某一概念单位的一长串音给予听话人充足时间来想出,自己听到的是什么。因此,较长的词很可能自身就是完整的,也常常确实是完整的,或可视为自主的词;这不同于较短的词,较短的词依赖于环境。我们听到 superstition(迷信)、astronomy(天文学)或是 materialistic(唯物主义的)时,在最后一个音发出来之前,就有了充足的时间来认识说话人想说的是什么,甚至能在说话人说到半路时就明白他想说的是什么了。正因为此,"树桩词"才成为可能——chocolate(巧克力)成了 choc,laboratory(实验室)成了 lab:原有的词,长度其实已经超过实际需要的长度了。

　　与之相反的是较短的词,或者说,短词中有许多属于这一类。依靠短词本身,我们有时无法即刻理解它们,而是要依靠它们和其他词之间的联系。我或许可以说,这样的理解成了"电影式"(kinematographic)的理解:我们没有时间去看单独的每一帧图,而只能从其与前后的图的组合中对其加以理解,因此就构成了连贯的动态画面。前面提到过的较短的语法功能词(即"虚词")——冠词、小品词、介词、助动词——发挥警察的职能,指引所有其他词在听话人的大脑中各就各位,从而促成有秩序的理解。

　　对短词的电影式理解有时让我们能够按照逻辑上无懈可击的方式对其加以使用,因为这样的理解阻断了每个词自身的确切语义;有些组合中,这样的语义完全不会进入听话人的意识之中。我们说 now and then(时不时)的时候,根本没有时间去想 now 平时的准确意义是"现在",紧接着,后面两个词就告诉我们,这三个词必须一起来理解,其意思是"有时候""时不时"。丹麦语的 nu og da(时不时)同理,德语亦有 dann und wann(时不时);但是法语中却找不到与之相应的用法,因为表示"现在"的词 maintenant 和 à présent 的长度都足以让人立刻得到确切的语义。另可参考 here and there（到处），法语中就有与之类似的 ça et là（到处）。

这样一来，我们就明白了为什么一词多义（polysemy）[①] 经常发生于较短的词，其频度是较长的词所无法达到的。这一现象尤为频繁地发生于较短的动词，有些这样的动词简直让词典编纂者们感到绝望：《牛津英语词典》中，put 被赋予 54 个不同义项，make 有 96 个，set 竟多达 154 个，其中有的义项还有很多分义项。这些动词频繁地与副词或介词连用，以至于这类组合的语义根本无法从组合里每个词自身的词义中判断出，如 put in（提交）、put off（推迟）、put out（灭火）、put up (with)（忍受）、make out（搞懂）、make for（做准备）、make up（弥补）、set down（记下）、set in（来临）、set out（出发）、set on（下决心）、set up（设置，仅这一个组合就有 40 多个义项）、give in（让步）、give out（瘫软）、give up（放弃），等等。这类习语性组合数量之大，是英语最突出的特色之一：它们跟双音节词的不同之处在于屈折词尾要加在第一个成分上（如 he puts up），有时允许在两部分之间插入其他词（如 he gives it up）。

值得一提的是，一词多义，即"同一个词"拥有多种意义，其带来心理效应与两三个不同源的词由于偶然因素而成为同音词的情况所带来的心理效应是完全相同的。

3

一词多义中有特殊一类，就是同一个形式分属不同词类的情况，如 drink 一词在有些组合中是名词，在另一些组合中是动词（饮料，喝）；loud 既是形容词也是副词（大声的，大声地）；round 可依不同环境而是名词、形容词、副词、介词、动词（圆形物，圆形的，围绕，在周边，拢

[①] 虽然《牛津英语词典》里没有 polysemy 这个词，但我斗胆使用了（表示"具有多种意义"）；这个词在欧陆语言学家的法文、德文、瑞典文著作里使用得很多。——原注

圆）。现代英语的这一结构特征，是其最接近于汉语的特征之一。其历史原因，是英语先前用来区分词性的词尾消失了。我们如果把这样的情况算作同音词（或许可以称为"语法同音词"[grammatical homophone]），这类词可使同音词数量大增，以至于基本无法计算英语中有多少同音词了。（布里吉斯博士没有把这类同音词算进来，他数出英语有"800组有歧义的音"，并认为这意味着"我们的日常词汇里必然有1600至2000个歧义词"。)①

而今，绝大多数这样的语法同音词都是单音节词。我们听到 consider（考虑）或 consideration（考虑）时，立刻明白前者是动词，后者是名词，但是听到 look（看）时却是二者皆有可能；conversation（对话）是名词，而 talk（谈话），前面有 a 或 the 等词时是名词，前面有 I 或 you 或 to 等词时是动词。在"He made love to her."（他向她求爱。）里面，love 是名词，而在"He made her love him."（他让她爱他。）里面，同样形式的 love 却是动词。不过，如果说英语把各种词性给混淆了，或者说英语已经放弃了名词和动词的区别，或者说英语把动词当作名词用、名词当作动词用，这些说法都是错误的，但是就连最杰出的语法学家也经常这样说。其实英语依然区分这些词类，只是区分词类的方式跟古英语及其亲属语言不同而已。②

4

词在表现力（expressiveness）方面各有千秋，人们会觉得有些词自然

---

① 见于布里吉斯《论英语同音词》（*On English Homophones*，1919）一书。他认为800个歧义音对应1600至2000个歧义词，理由是这800个歧义音"多为一音对两词，有许多还是一音对三词或四词"（第6页）。——译者注

② 参见我的《语法哲学》第52、61页；《英语的成长与结构》，第5版，第151页。——原注

适合于某些概念，另一些就不那么适合。词的这类不同价值取决于诸多不同类型的因素，其中一个因素就是词的相对长度，好的风格家很了解应如何利用这样的价值。关于单音节词，我们必须对较弱的虚词和较强的实义词加以区分，前者为英语句子带来柔韧性、灵活性、多样性，后者大量出现，则给英语句子带来阳刚力量。

在回声词当中，我们看到了由一个音节构成的词和由两个音节构成的词之间的显著差别，前者表现一次性声音及运动，后者表现持续性声音及运动，经常通过增加 -er、-le 等后缀而构成。这样的用法存于许多语言中，甚至存在于印欧语世界之外的语言中。我们一方面有类似 rap（敲）、tap（敲）、smash（砸碎）这样的动词，另一方面又有 rattle（发出连续碰撞声）、babble（喋喋不休）、tinkle（发出铃铛声）、clatter（发出连续清脆撞击声）等动词。我们经常遇到这样的成对词：nod（点头）— noddle（不断点头）、jog（突然一抖）— joggle（反复摇晃）、sniff（嗅）— sniffle（不断吸气）、drip（滴落）— dribble（一滴滴落下）、whiff（吹拂）— whiffle（刮起一阵阵风）、toot（发出嘟嘟声）— tootle（反复发出嘟嘟声），这些成对词当中，长词是短词的反复词（frequentative）。

除了回声词之外，我们在动作名词（action-noun）当中也见到了类似的情况，与动词不定式同形的单音节动作名词往往用来表示瞬间行为，action-noun 这个术语中的 action 就可拿来作第一个例子：action（行为）在一定程度上可视为 act（行动）的反复词，尽管这一区别并非永无例外。同样的例子还有 laugh（笑）和 laughter（笑声），move（移动）和 motion（运动，以及 movement [运动]）：棋子动是 move，引擎动是 motion；某人短暂而紧张一笑（laugh），是广义的笑声（laughter）之个案。

我们经常发现这类单音节动作名词和以 -ing 结尾的词之间存在区别，后者表示被延长的动作、持续性的动作，或是多少具有永久性的状态，如

a dream（一个梦）— dreaming（做梦），a dance（一支舞）— dancing（跳舞），a lie（一个谎）— lying（撒谎）：

> Then came the dancing—the one dance after another.
> （随后就是跳舞的部分，一支舞接着一支舞。）
>
> （特罗洛普①）

而 a sail（出一次航）、a ride（骑一趟马）、a swim（游一次泳）、a row（划一下船）、a talk（讲一次话）、a read（读一读）、a smoke（抽一次烟）、a kill（一次谋杀）、a try（试一试）、a cry（哭一场）与对应的 sailing（出航）、riding（骑马）等词相比较，也是同理。还须注意，a find（所发现的东西）、a meet（[运动]会）等词是有特殊含义的。

相关的两个词之间的类似效应还见于美国人（而非英国人）对 luncheon 和 lunch 的区分，前者是固定的中昼餐，后者是普通两餐之间的小型餐食。

与之具有可比性的例子还见于时间副词，较短的形式 now 更强调瞬时，而较长的形式 nowadays 表示的是较长的时间段（别的语言也有这样的现象，如丹麦语 nu [现在]—nutildags [如今]、德语 jetzt [现在]—heutzutage [如今]）。类似情况还有地点副词 here（这里）和 hereabouts（这周围）之间的关系。因此我们看到，词的长度和语义之间有时存在确切的联系。此处提提以 Ben 表 Benjamin、以 Em 表 Emmeline 或 Emily 之例也没有显得不妥，较短的昵称主要用于称呼孩子。最后还有 Mistress 及 Missis 的缩略形式 Miss，后者最初表示嘲讽、鄙视之义，如今与那更高贵、更完整的形式相比，却普遍暗示着年轻之义。因此，英语用形式之短表示出了其他语言靠增加指小后缀才能表达出的概念，后者如德语

---

① 安东尼·特罗洛普（Anthony Trollope, 1815—1882），英国作家，因《巴塞特郡记事》(Chronicles of Barsetshire) 系列小说而著名。——译者注

Fräulein、法语 demoiselle、意大利语 signorina，等等。①

我来总结一下本讲座的几个主要观点。英语发展变化中，单音节化趋势虽然很强，但是并未压倒一切：单音节化不仅受到大量涌入的外来因素的制约，而且受到英语内部结构的制约，有时还要受到清晰性的制约，最高级词尾 -est 就是个例子。与法语和汉语不同，英语的词末音消失主要局限于元音，而词末辅音保留了下来，其中不乏一些屈折上最重要的音，这使词尾位置的辅音频繁地堆砌起来。辅音的堆砌，以及某些新音位的发展，其结果使英语形成各不相同的单音节词的可能性远远超过汉语，同义词也因而远远少于汉语。正因为此，歧义之风险并不十分显著；大多数情况下，由较短的语法虚词构筑的语境足以让语义清晰，足以展示出某个词属于哪个词类。我们常对较短的词做电影式理解，可使若干单音节词作为习语而使用，较长的词就没有与之类似的情况。另外一些情况中，我们会看到词的长短被运用于不同的表达目的。关于这方面以及其他各方面，我希望我已经阐明，对英语这类语言的单音节趋势和多音节趋势加以研究，可绝不是没有意义的。

---

① 参见我在《语言论》第 403 页关于缩短词以及关于"把嘴填满的词"（mouth-filling epithet）的论述。——原注（译者按：见本书第 387 页）

这三个词的意思都是对年轻女性的敬称。其词法结构，德语 Fräulein = Fräu（贵妇）+ lein（指小后缀）；法语 demoiselle = 古法语 damois-（老爷）+ el（指小后缀）+ e（阴性后缀）；意大利语 signorina = signor（老爷）+ in（指小后缀）+ a（阴性后缀）。——译者注

第四编

论语音学史

Part Four: On the History of Phonetics

论语音学的历史（上）
Zur Geschichte der Phonetik (I)
（1905）

以下文字，目的不是对语音科学的历史做全面叙述，而只是想尝试刻画几位杰出的语音学家，从而审视他们关注的是这门科学的哪个方面，他们的研究方法又是什么。我的叙述并不均衡，我自己也有同感，所以必须明确告诫读者，若想衡量每位作者的科学价值，就不要忽略本文的叙述所留下的空白。我只想谈谈我自己研究过的那些学者和著作，但这并不是说其他语音学家不值得提及，尤其是古典时期的学者。首先必须表明，古典时期的学者那里可找到非常细致的语音分析——希腊和罗马的语法学家有时也会论及语音，不过从我目前了解的情况来看，①他们的研究并非上乘。此外，还存在一些古代阿拉伯的语音学家。

中世纪时，语音学并未得到推动——《斯诺里埃达》里面最古老的、对语言史也至关重要的那篇语法论中②，可以找到语音描写，却不足以给

---

① 例如，泽尔曼（Seelmann）《拉丁语的发音》（*Aussprache des Latein*）中的引述。——原注

② 斯诺里·斯图鲁松（Snorri Sturluson，1179—1241），冰岛历史学家、诗人、政客。斯诺里编辑的《埃达》，由北欧神话《欺骗吉尔菲》（Gylfaginning）、海神埃吉尔（Ægir）和诗神布拉吉（Bragi）的对话录《论诗的语言》（Skáldskaparmál）以及斯诺里原创的《格律概览》（Háttatal）三部分组成，后世称之为《斯诺里埃达》（*Snorri's Edda*）或《散文埃达》（*The Prose Edda*）。在该书现存的7种手抄本中，14世纪中期的"沃尔姆手抄本"（Codex Wormianus）格外引人注目，该手抄本在三部分之外附加了四份未署名的语法论，今日的研究者依次称之为"第一语法论""第二语法论""第三语法论"和"第四语法论"。

予其作者们语音学家之名；但是到了近代早期，却至少出现了一些语音学尝试，尤其见于那些激进程度各异的文字改革倡议之中，在法国和英国格外如此。这类著作里，我们经常会发现关于该语言当时的发音的非常有价值的信息，还会看到该语言与其他语言的比较，但是其探讨问题的方式通常非常浅薄，以至我们还不能把这些作者算作真正的语音学家。一个值得称颂的例外，是 1569 年出版了《正字法》一书的约翰·哈特（John Hart）。① 除了英语之外，哈特还懂许多其他语言，他的耳朵对语音关系异常敏锐；他对语音的生理构成方式的描写，尤其是他那套与同代研究相比堪称简洁与自然之典范的音标，都远远超越了他的时代。因此，他才能够摆脱传统正字法观念的束缚，在他的时代脱颖而出。哈特明确指出了浊音和清音之间的区别，甚至还迈向了句子语音学，他的整个视野十分前卫，因此，我毫不犹豫地称他为第一位现代语音学家。

若非如此，这个头衔也可授予雅各布·马德森·奥尔胡斯（Jakob Madsen Aarhus），或者用他著作书名页上的名字，雅各布斯·马提耶（Jacobus Matthiae，1538—1586）。他在哥本哈根大学起初担任古典语文学教授，后担任神学教授。他论述语音的著作在他逝世的同一年问世于巴塞尔，书名是《文字两论》（*De literis libri duo*）。他研究语音，试图理清语音的构成方式，并想借此得出涵盖辅音和元音在内的普遍性发音系统。不过他完全没能达到这一目的；他对鼻音的论断尤其错误。他看不到口腔内部，根本无法弄清里面发生了什么，这也是他书中的硬伤；例如，他

（接上页）其中，"第一语法论"（The First Grammatical Treatise）的撰写可追溯至 12 世纪，因其对语音系统和正字法的精辟分析而受到当代音系学者的格外关注。英国语言学家罗宾斯（R. H. Robins）认为，第一语法论"指出了冰岛语当时通行的字母的不足之处，提前约 800 年预言了布拉格学派的部分理论，对音位概念的运用达到了令人称奇的程度"（《语言学简史》，第 1 版第 73 页，第 4 版第 86 页）。——译者注

① 书名页上，他称自己为"柴郡传令官 J. H."（J. H. Chester Heralt），但是书中他给出了自己的全名："关于那满是问题的英语正字法，柴郡传令官约翰·哈特（Iohn Hart）祝愿它健康昌盛。"——原注

Iohn Hart 拼写无误，古时"I"通"J"。——译者注

对 u 和 y 之间的区别，就做了错误的论断。但是，必须高度评价他所取得的成就。他作为一名系统主义者（Systematiker），已超过了他的同代人。[①]这本书对研究丹麦语史有很高价值，尤其因为书中有许多日德兰发音的精确细节；也正是他这部著作在双元音方面取得的突破，影响了拉斯克以来的丹麦语正字法。

几乎在同一时代，在西班牙有人开始用语音手段教聋哑人，这之中必然暗含语音生理学研究；第一位为聋哑人授课的教师，是一位于1584年逝世的本笃会修士，名叫皮埃得罗·庞瑟（Pietro Ponce），据与他同时代的见证者说，他取得了重大成就。他写过一部论述其方法的著作，但是已佚失。而另外一部超前的著作，也是由一位西班牙的聋哑教师所写，这本书题为《字母的分解与教哑人说话的方法》(*Reduction de las letras y arte para enseñar a hablar los mudos*)，作者是胡安·帕布洛·波奈特（Juan Pablo Bonet）（马德里，1620）；书中有些语音观察，在当时很有价值。不过，波奈特并没有在字母的一般性学说方面深入太多，书中的内容安排遵循旧字母表，没有尝试更具理性的系统性排列。该书最好的部分或许是第二部分，里面有些对聋哑教学的实用提示；这部分之所以重要，还因为他从最初的 ABC 教学开始，就反对传统的字母名称，而是推荐使用我们今天在母语教学中所称的语音法（Lautirmethode）。奇怪的是，波奈特认为通用拉丁语字母表中的字母形状，是根据发相对应的音的口腔位置而测算出来的；为了附会这一想法——他并不是那个时代唯一有这种想法的人——他不仅希望修改某些字母的形状，比如让字母躺下，或是头脚颠倒，而且更遗憾的是，这些想法导致他搞错了语音构成中的重点。

荷兰人安曼（Amman，1669—1724），似乎在未受上述西班牙人影响的情况下独立得出了教聋哑人说话的想法；他所著的《聋人说话》(*Surdus loquens*)（阿姆斯特丹，1692）受到了很高评价。聋哑教师本来

[①] 见泰希默对其的肯定评述，《普通语言学国际学报》第5卷第84页，马德森著作的主要部分也在这一卷里重印。关于他的生平，见布里卡（Bricka）《传记词典》(*Biografisk Lexikon*)里的 Aarhus 词条。——原注

有充分的机会,从实践角度深入探究语音的奥秘,但是总的来说,他们对语音学的发展所做的贡献,远远不及我们的预期。

1645年前后,"英国两所大学的学术活动受到内战严重影响"之际,许多对科学感兴趣的人开始每周在伦敦聚会,讨论各种学术话题;那个年代的人不是单学科的,因此,"医学、解剖、几何、天文、航海、统计、电磁、化学、机械、实验物理"都得到了十分热烈的探讨。他们起初在参与者之一的居所聚会,因为他那里住了一位磨制望远镜、显微镜镜片的行家;随后又在许多别的地方举行。他们中有些人后来在牛津安了家,于是就在一位居住在药剂师家中的朋友那里继续聚会,因为在那里有很多机会研究药品。这些研究者对当时方兴未艾的自然科学充满热情,"把这些学问变成了牛津的时尚",他们构成了不久后成立的皇家学会(Royal Society)的核心,这一知名机构对英国的科学研究贡献巨大。语音学是否也属于这群人所讨论的范围,我并不确知;但很可能属于,因为在这群人当中,我们发现了两个因把自然科学视角运用于语音研究而至关重要的人:约翰·沃里斯(John Wallis)和约翰·威尔金斯(John Wilkins)。前者后来成为牛津大学的几何学教授;但是对我们来说,他的重要重要性在于《英语语法——基于话语,又名语法物理初探》(*Grammatica linguae Anglicanae, cui praefigitur de loquela sive sonorum formatione tractatus grammatico-physicus*)这本书,该书1658年出版于牛津,此后重印过多次,第6版(1765)[①]里面还收录了一封写给T.比弗利的信,论述聋哑人教育问题。他的普通语言学观非常合理,[②]

---

① 上文关于科学聚会的信息也引自这本书。——原注

② 他很可能第一次让人们注意到,英语用ox(公牛)、cow(母牛)、calf(小牛)、sheep(羊)、hog(猪)、boar(野猪)、deer(鹿)等本族词表示活体牲畜,却用beef(牛肉)、veal(小牛肉)、mutton(羊肉)、pork(猪肉)、brawn(野猪肉)、venison(鹿肉)等诺曼词表示该牲畜的肉这一事实,是因为诺曼贵族对田野和棚厩里的牲畜的关注度,远不及摆在餐桌上的牲畜。他还发现,英语中许多e不发音,是因为以前曾发过音,对此他引证了古代诗人的诗作。——原注

对语音发音方式的观察也极具匠心。他描述了常规语言声音和耳语之间的区别,虽然不完全正确,但却非常正确地指出,p、t、k 不受耳语影响,在耳语中和出声说的话中保持相同。元音被分成三纵列、三横行,共九个;但是沃里斯已认识到,这之中可存在更多细节,未来可能需对更多细节加以区分("对开口度的衡量,数量是持续的,可无限细分")。对元音加以认定时,他始终从发音器官的角度出发,并给出英语、法语、德语、威尔士语的例子。有时不太容易看出他所指的是哪些元音,但很有可能是下面这些:

		喉部 gutturales	腭部 palatinae	唇部 labiales
	大 majori	ɔ	æ	o
开口度 oris apertura	中 mediocri	œ	e	u
	小 minori	ʌ ʔ ə	i	y

这张元音表既不完美,也不穷尽,但是作为一个开端,却让人高度敬佩。而关于辅音,他提出的最骇人听闻的一点,用我们今天的话来说,是他认为浊辅音的气流一部分要穿过鼻腔("气流穿过鼻与喉,流量相等",以及其他类似表述)。沃里斯预言了关于 s 和英语 th 之间的最重要差别在于后者发音时开口度更大些的理论。[①] 他把英语的 j、ch、sh 以及法语 jeu 的首音,视为 d、t、s、z 跟 j(他写成 y)的组合——他的这一理论有许多追随者。关于音长,他已完全懂得,不仅元音可以发

---

① "字母 T 的发音,让厚重的气从开口(foramen)中出来,就发出了……英语 thigh(大腿)中的 TH 音,如果再细些,让气从缝隙(rimula)(抬高舌的侧面至极限,气流通道压扁到像树叶或薄片那样窄)中通过,就发出了…… s 音"。后文对 thy 中的 th 和 z 之间的区别也做了类似的表述。——原注

长音，辅音也可以发长音；但他认为 p、t、k 三个音除外，因为"这几个音是绝对的哑音（mutae），本身发不出音，而只能靠别的音（前面或后面的音）为其做修饰"；由此，他已基本明白了这类音的性质，这一观点虽然遭受过严重诟病，但如今的看法并未与之有太大不同。研读这部旧作时，最让我感到惊讶的一点是，该书对我们今天所说的发音基础已有了相当清晰的论述，这一术语因弗兰克而得到推广，最早对其加以强调的是济弗斯：每个民族都具有自己独特的发音方式，与其他民族的发音方式相比，具有某种共有特质。① 虽然沃里斯的论断未必完全正确，但他的观点与当时其他旧语音学者截然不同，能够提出如此现代的观点，是难能可贵的。②

沃里斯的朋友约翰·威尔金斯是这一时期最具才华的系统主义者之一，他既有哲学头脑，又有广博的知识和无限的热情，能够把一切都置于其极为广阔的视野中。他在所著的《论真正的字符和哲学的语言》(*An Essay towards a Real Character, and a Philosophical Language*, 1668)③ 一书中试图构建的，无异于一种全能的世界通用语，来对抗巴别塔的魔咒——

---

① （沃里斯：）"但应当注意，不同民族在发音上可见到一定程度的差别，并非每个字母都如此，但总体来看，共同语会受此影响。英国人发音似乎整体较靠前，倾向于口腔、喉咙等语言器官的前部，由此发出的音很有特点。而德国人发音则向口腔后部、喉咙下部拖拽，由此发出的音强劲有力。法国人几乎把所有的音都贴着上面发，下颌动作不大，由此发出的音不够清晰分明，就像是些很易混淆的嘟囔声。意大利人、西班牙人说话发出的是高音，法国人则有急匆匆的感觉，英国人是中等高音。这类特征以及其他特征都可用来区分不同国家的人。观察到了，记于此。"——原注

② 这方面，弥尔顿（1644，《论教育》[*Education*]）有段有趣的论述很值得引述："冻得冰冷的英国人，住在遥远的北方，在寒风中无法把嘴张大到让南欧人的舌头体面地容下，其他所有国家的人都看得到，英国人说起话来嘴张得小，在里边使劲；所以，用英国人的嘴来似是而非地说拉丁语，就像用法律法语来聆讯一样病态。"（《弥尔顿英语散文选》[*English Prose Writings of John Milton*]，莫尔利 [H. Morley] 编，1889，第 301 页。）——原注

③ 威尔金斯所说的"真正的字符"，是他自创的表意文字，用字符表示概念，以求构建一种超越各国口语差异的文字体系。欧洲近代早期的学者对这类表意字符的尝试，一定程度上反映了汉字带来的影响，虽然他们对汉字性质的理解未必完全正确。——译者注

这跟沃拉普克语或世界语性质类似，尽管是构建在不同的基础上。① 威尔金斯试图依据事物和概念在大哲学系统中的地位来为之命名，由此，相关的词的语义可立刻转为语音。词的首要分类，首先由 ba、be、bi 等音节来表明；其次通过这些音节后面的辅音；再之后是表示方式和品种的元音；例如，de 表示元素，deb 就表示第一元素，也就是火；deba 表示火的第一种存在方式，即火焰；其他例子如，da 表示神，dab 表示灵魂，dad 表示天堂；这些词的反义词，通过前缀 o 来表示：如 odab 表示肉体，odad 表示地狱；派生词的例子如：saba 表示国王，sava 表示王权，salba 表示政府，samba 表示统治。②

为了构建与这类哲学话语相匹配的语音，威尔金斯被引入了对语音本质的研究中，他带进这一领域的，同样是对系统化的强调，以及对精确而完整地看穿事物之真正本质的强调，其结果就是构建起了全面且大致正确的系统，远远超过了雅各布·马德森等人所建立的系统。辅音按照发音方式做了非常精确的归类；值得强调的一点是，他对清鼻音的划分和描写是非常正确的，德国的语音学家直到 200 年后才得出同样的看法。他对元音的处理则没有那么让人印象深刻，但是元音属于语音学中最难的问题之

---

① 除了威尔金斯之外，笛卡尔、莱布尼茨等近代学者也尝试过制作过这类以纯哲学虚构为基础的"国际通用语"。这样的人工语言不以任何真实存在的语言为基础，自然难学难记，所以仅可停留在思辨构想层面上，无法付诸交际实践。法国学者路易·库蒂拉（Louis Couturat，1868—1914）和列奥波利德·洛（Léopold Leau，1868—1943）在其所编的《通用语史简编》（*Extraits de l'histoire de la langue universelle*，1904）一书中把这类早期尝试归为"先验型体系"（système a priori），与世界语、无屈折拉丁语等以真实语言为基础而设计的"后验型体系"（système a posteriori）相对，而沃拉普克语虽然以真实语言为基础，但与真实语言之间的联系并不直观，因此被划为"混合型体系"（système mixte）。依照这一分类原则，后来出现的"伊多语"（Ido）以及叶斯柏森设计的"诺维亚语"（Novial），也属于"后验型体系"。（参见拙著《从百年纪念版选集看叶斯柏森的语言学思想》，第 5 章，清华大学出版社，2019）——译者注

② 参见马克斯·缪勒（Max Müller）《语言科学讲义》（*Lectures on the Science of Language*）第 6 版，第 2 卷，第 50 页及后。——原注

一，我们并不指望谁在所有方面都高高超过他的同代人。威尔金斯对语音发音的解释，还附了解剖图（他可能是第一个这么做的吧？），他还设计过一套语音式速记符号。①

这类学者当中的第三位，是 W. 霍尔德（W. Holder），他的《话语的成分》（*Elements of Speech*，1669）一书十分清晰，至今值得一读。他发现，辅音和元音之间的区别，不仅仅在于元音可独立存在，因为有些辅音也能做到这一点，比如 people 中的 l；② 他认为根本区别在于，"所有的元音发音时，口腔通道都是开放的、自由的，不存在一个言语器官与另一个言语器官的撞击"。他对典型辅音的描写和归类也很有道理，不过没有提出太多新见解；例如，他论述过鼻化 s、威尔士语 ll 的"气流 l"（breath l）、希腊语 ṗ 的"气流 r"（breath r）等音的可能性。关于元音，他强调了对元音做发音生理描写的困难程度："谁能准确对其加以描写，谁就是伟大的阿波罗"；他的描写非常详细，但是从中却不太容易看出他自己是怎么发这些英语元音的。他似乎已经领悟到了后世所说的"强分割重音"（starkgeschnittene Akzent）和"弱分割重音"（schwachgeschnittene Akzent）（更好的名称或许是"紧密结合"和"松散结合"，见我的《语音学教程》第 198 页），他称之为"两重重音（twofold emphasis），也就是既可位于元音上，也可位于辅音上"，他指出："外国人大多把元音发得很软，比如（按：把拉丁语 altera [其他] 一词）发成 aaltera 或 aultera，元音拖得长，很轻很柔地与辅音撞击；而我们习惯将其发成 altera，元音发得短，把重音放在辅音上。"霍尔德也参与了聋哑人教学，随后在这一领域与以沃里斯为代表的皇家学院展开论战。

奥地利的沃尔夫刚·冯·肯佩伦（Wolfgang von Kempelen，1734—

---

① 威尔金斯著作的语音学部分，已重印于泰希默主编的《普通语言学国际学报》第 4 卷第 350 页及后。——原注

② 成节辅音此前被 Th. 史密斯（Th. Smith）（1668）讨论过，参见我的《语音学教程》第 189 页。——原注

1804）① 早年是律师，后来被科学研究吸引，无师自通，在多个领域掌握了全面的知识。值得一提的是，他是位伟大的技术天才，设计过用来引水、喷水的机器。在同代人眼里，他就是那位发明了能自动下象棋的机器的著名发明家，这台机器引发了多国宫廷的瞩目。肯佩伦是为数不多的几个可以夸口说打败过拿破仑的人之一，尽管只是在棋盘上打败的。这台机器其实是个骗局，肯佩伦在机器上设计了很多道门，观众会形成门里安装的都是齿轮和液压缸的印象，觉得里面根本藏不下人——但是，这里面藏的正是位出色的棋手，他控制着棋局的每一步。这台机器带来的好运并没有冲昏肯佩伦的头脑；他带着这台机器四处游走，既是为了维持生计，也是为了发掘机遇、提高学识，尤其在巴黎，他见到了物理学等领域的多位杰出学者，这之中包括著名的聋哑教师雷贝神甫（Abbé l'Épée）②。这一时期，他萌发了一个想法，要设计出一台机器，能够用纯机械的方式产出他眼中的自然界最奇妙之事：像人那样说话；而这次的机器，不应再是骗局！不过起初，他野心不大，只想发明出模仿某些元音的途径；此时，他认为辅音太过困难，通过与元音的组合来形成连贯话语在他看来是完全不可能的。他首先研究了各种乐器，来确定哪些乐器最接近人声，但是研究了很久却觉得哪种都不行，直到有一天，他去森林中远足，在附近一座村庄听到有声音远远向他飘来，宛如一个无法靠上前来的小孩子在唱歌，这声音还在持续变换两种不同的调子。于是，他循声而去，那到底是什么声音呢？原来是位乡野乐手在吹风笛（Sackpfeife）。他说："我一直苦苦寻找的东西，竟在这里意外发现了，这是何等之大幸，就是这个调子……模仿人声模仿得最好。我坦言，这辈子没有哪种音乐能像这低微的风笛发出

---

① 参见斯沃博达（Swoboda）对他的精彩论述：《语音学研究》第 4 卷（1891）第 1 页及后。——原注

② 夏尔-米歇尔·德·雷贝神甫（Abbé Charles-Michel de l'Épée，1712—1789），法国泛爱主义教育家，被誉为法国聋哑教育之父，著有《教聋哑人的正确方法》(La véritable manière d'instruire les sourds et muets, 1784)。——译者注

的凄惨哀鸣这样让我欣喜若狂。"

他想当场买下这风笛,可是对方却不愿意卖:"他想等下次赶大集时,带我去见制作这风笛的人。可是热衷于探索发现的人,可没有那冷静的心去等上一周又一周、一月又一月。"最终,对方从刚才吹的风笛中拔出一个小哨管,送给了他。得此宝物,肯佩伦匆忙回城,当晚就用从厨房里取下的风箱以及手头的各种乐器做了实验;他发现有个双簧管的嘴格外有用,第二天早上,他成功了,妻子和儿女们隔着两间房跑了过来,不解地问他到底发生了什么,他们似乎听到了急切而大声的祷告,却又辨不清是些什么话。就这样,他迈出了第一步;但离自己的目标尚有相当距离。

他说:"我继续尝试之耐心是难于形容的,直至今日,我仍搞不懂自己为何会在不见半点进展的情况下坚持数月。"过了好久,他才成功找到一件设备,首先发出了 a 音,又发出 o 音和 u 音,以及不清楚的 e 音,而 i 音和 ü 音却一直不见成功;随后,他转向辅音,仿出的第一批音是 p、m 和 l,但这三个音花了一年多的时间;他尝试把这些音跟元音结合成词时,却无法取得成功,因为他需要给每个音都准备一个特别的管道;从一个音到另一个音之间的过渡中,出现了各种杂音,aula 听着就像是 ka-ku-kl-ka。这表明他其实应该用同一喉咙和同一张嘴来模仿自然,也意味着此前两年所做的尝试完全付诸东流。"我此时想说:够了!在这机器上耗掉的时间加在一起实在太多,就像是骑着一匹壮马却跑不出多远。"

多年的努力之后,这台机器终于做了出来,风箱用来当作肺,发出所需的气流;用来代替声带的,是一个非常精致的象牙盘,用做手套的皮革包裹着,再通过钢丝条来控制象牙盘的某一部分震动,从而控制音高;但是,肯佩伦没能将其排列好,音高因此在说话过程中不会变,由此产生的是一种单调乏味的发音。气流通过象牙盘做的人工声门之后,到达相当于嘴、但又与嘴有明显不同的共鸣腔,这里没有舌,没有齿,也没有柔软而有韧性的腭。但是这里有许多特别的设备,设计成每按下一个机关,就会有东西跳起来,由此使气流冲出,产生像 sch 中那种咝咝声;另有一个机关可发出 s 音，还有第三个机关发出 r 音。上方则有两个孔，来充当鼻孔；发非鼻音时，从外面用两个手指把这两个孔堵住（而人的发音器官，这一闭合是由软腭在内部完成）；发 m 时，两个孔都打开；发 n 时，只打开一个孔（因此，这两个音之间的区别，跟真正的话语中的发音方式是不同的）。为了操作这一设备，人需把右臂伸过去，以便能够用手柄操纵风箱，中间两指堵住那两个孔，其余三指分别控制 s、sch 和 r 的按键。左手扶在相当于嘴的开口前，作用重大，需要变换位置，其实就是既充当唇又充当舌；如果发的是 l 这个音，就把拇指横在开口上，气流就可以分叉了；如果发的是元音，手必须放在"嘴"的前面，为每个元音摆出不同的开口；如果发的是 a 音，就要把手完全拿开。对多数辅音来说，开口必须完全堵住，上述有特殊机关的音如此，p、t、k 等塞音亦如此；此时我们遇到一个奇怪的现象：虽然这几个塞音在自然语言中的区别取决于阻塞产生的位置（如唇部、口腔前部或后部），但肯佩伦模仿这些音时，堵住的是同一个位置，只是除阻的力度和速度不同。这就达不到完美的模仿；产出的其实一直是 p，但是经过一定练习之后，能模仿出假冒的 t 和 k。"尤其当你知道机器要说哪个词时，它发音时你就很容易被引导到那个词上，以为自己听到的是对的。可是如果仔细听，就会发现机器发出的始终是种幼稚的声音，孩子说话有点出入大人们是允许的，有时会口齿不清，还有时会把一个字母发成另一个字母；但大人一旦听懂了他想说什么，仍会觉得满意。"

事实上，这台机器并不完美——肯佩伦自己也知道——某种程度上来看，整个实验严格说来只是一场猎奇，华而不实；① 但是语音学界必然会对肯佩伦的工作心存感激，有了这项工作，才有了他那令人钦佩的著作《人类语言的机制》（*Mechanismus der menschlichen Sprache*，1791），生理

---

① 后来解决同一问题的其他努力也都是如此，如法伯尔（Faber）的"会说话的风琴"（Sprechorgel）。（见泰希默，《普通语言学国际学报》第 1 卷第 94 页）——原注

学家布吕克称赞该书是自己所读过的最好的生理学著作之一（见《语音生理学原理》[Grundzüge der Physiologie der Sprachlaute]第 7 页），而我也觉得该书是我所知的最精细、最具启发的著作之一。为了制造这台机器，肯佩伦必须详细研究语言器官的运动方式，机器的制造和此类研究始终齐头并进。正如威尔金斯是与生俱来的系统主义者，肯佩伦生来就是位观察家；他思考自己所见到的一切，在他的书中，他分享了不少对各种不同事物的观察。读他的书，一个懂得如何用眼去观察，如何用最友善的方式与他人交流思想的人的形象跃然纸上；他就属于你读了他的书就会喜欢上他的那种人。他所揭示的东西，未必总和自己的主题紧密相关，例如，他会花上数页长的篇幅，去谈论动物因不同的口腔、鼻腔构造而导致的不同喝水方式。他细致地研究了打鼾、清嗓、咳嗽、打喷嚏、抽鼻子等现象，且不惜拿出大量篇幅详细描述亲吻时的生理动作以及由此产生的音；他把亲吻分成三类，并把其中第三类描述为："这一种与其说是亲吻，不如说是种让人生厌的拍打，其声音令人不快，而且枯燥乏味，还湿漉漉的。"（第 173 页）

关于真正的语音，他的著作中有大量细节描写和很好的评述，例如，发 g 音，尤其是发 h 音时，嘴是如何做好准备发其后面的元音的；他不仅描写发音的模式，而且描写发音时可能出现的错误，此外还给出了应对各种语言错误的最佳方法。他那风趣而清新的表述，加上他对具体的语言事实的强烈感触，让他和诸多前辈们所设计的枯燥而干瘪的系统相比，形成了令人欣喜的反差。①

1781 年，一部有意思的小篇幅著作在图宾根问世，很长时间未引起太多注意，例如肯佩伦就不知此著作的存在，尽管该著作比他自己的书早十年；这本书就是用拉丁语撰写的《论语言的形成——生理医学就职论文》(Dissertatio inauguralis physiologico-medica de formatione loquelae)，

---

① 见上文提及的斯沃博达的著作中类似的看法。——原注

作者是 C. F. 赫尔瓦格（C. F. Hellwag）。① 用今天的观点来看，人们不会看好这部职业启动之作；例如，他论述了化身为蛇的魔鬼是如何对夏娃说话的，而蛇根本没有人的言语器官，巴兰的驴子② 必然也是如此，但作者对这些问题却未做明确解释。而关于语言差异的形成问题，他也是把关于巴别塔的叙述当作无须论证的问题。论述非圣经话题时，他才显得像个具有洞察力的观察家，他这部著作的重要性，尤其在于对元音的构成方式所做的详细研究。赫尔瓦格是元音系统之父，他的元音系统直到前些年，还一直在语言学实践中居于主导地位。不过，近些年这个头衔往往被归于另一个人名下，此人就是克拉德尼（Chladni）③。虽然赫尔瓦格的系统其实构建得更好，论证得也更好，并且更多是从发音角度论述，而不像克拉德尼那样从声学角度论述，但这是因为克拉德尼的其他著作比赫尔瓦格的著作更出名；研究者因此更容易注意到克拉德尼对元音系统的论述，故而让他享有了不该享有的荣誉。

---

① 该书已出版 W. 菲埃托编辑的重印本，海尔布隆（Heilbronn），1886。——原注

② 《旧约·民数记》22 : 28 中记述，神让驴开口说话，抗议驴主人巴兰对驴的不公正责打。——译者注

③ 恩斯特·克拉德尼（Ernst Chladni，1756—1827），德国物理学家、音乐家，著有《声音理论之发现》(Entdeckungen über die Theorie des Klanges，1787)、《声学》(Akustik，1802)、《论人类语音之产生》(Über die Hervorbringung der menschlichen Sprachlaute，1824)、《噪声学与乐声学概论》(Kurze Uebersicht der Schall- und Klanglehre，1827) 等，被视为声学之父。——译者注

论语音学的历史（中）
Zur Geschichte der Phonetik (II)
（1905）

19世纪初，丹麦有两个人，不仅让所谓的"克拉德尼元音表"（Chladnische Vokalaufstellung）广为人知，还通过其他途径将语言学置于语音视角下。两人中更有名的是拉斯慕斯·拉斯克，但是对于语音学来说，他的贡献不如另一位——布莱斯多夫。虽然拉斯克之伟大，主要在于其他领域，但是他也曾对语言的纯语音层面投入过热心关注与敏锐目光，这就意味着，与同样为语言学研究开辟新道路的同代德国学者葆朴和格林相比，拉斯克的贡献更大些。拉斯克的论述向来以清晰而著称，他又有能力从不起眼的事物中抽象出本质，即使他那一系列语法著作要为彼此差异极大的语言刻画语音关系，这两点依然明确无疑；[①] 不过，他对这类问题的最集中论述，在其巨著《正字法》

---

① 拉斯克撰写的语法著作涉及的语种非常广泛多样，包括古代日耳曼语言，如《冰岛语（古北欧语）导论》（*Vejledning til det islandske eller gamle nordiske sprog*, 1811）、《古英语语法，附简明读本》（*Angelsaksisk sproglære tilligemed en kort læsebog*, 1817）；现代日耳曼语言，如《弗里西亚语语法》（*Frisisk sproglære*, 1825）、《英国人用丹麦语语法》（*A Grammar of the Danish Language for the Use of Englishmen*, 1830）、《英语词法》（*Engelsk Formlære*, 1832）；现代罗曼语言，如《西班牙语语法》（*Spansk sproglære*, 1824）、《意大利语词法》（*Italiænsk formlære*, 1827）；还包括北欧的非印欧语系原住民语言（乌拉尔语系），如《理性化的拉普语语法》（*Ræsonneret lappisk sproglære*, 1832）；甚至还包括非洲语言，如《几内亚沿海阿克拉语导论》（*Vejledning til Akra-sproget på kysten Ginea*, 1828）。这些语言之间的结构差异自然十分显著。——译者注

（Retskrivingslære，1826）之中。这部著作中，他对语言本质的理解比前人更加深入，他对正字法改革问题的论述即是以此为基础。他所构建的最高原则，是把真正的发音表现出来，这必然要依靠对丹麦语语音的系统探讨，并将其跟其他语言的语音做大量对比。今天，想证明出拉斯克总结的规则中存在错误并不难，例如，他不承认丹麦语中有双元音；但是，这部著作的重要意义在于，它是最早将语音生理学引入语言历史与语言比较问题的著作之一。①

雅各布·霍恩曼·布莱斯多夫（Jakob Hornemann Bredsdorff，1790—1841）很少专门论述语言学话题，但他写下的许多基本不被同代人所注意的细节，却是极有价值的，因为他处理这些语言学问题时，既运用了语言学家的观察力和知识，又运用了哲学家的深邃眼光。1817年，他出版了《试论依照发音而修正的正字法》（Prøve af en efter udtalen indrettet retskrivning）一书，书中附有第一份按照语音转写的丹麦语文本，篇幅很长。他已全面认识到，这样的语音转写对于向方言区的人和外国人传授正确发音具有重大意义，继而指出："对于后世来说，发音不太可能保持我们今天的样子，他们会对我们如何发每个词的音感兴趣，正如我们想知道古希腊人、古罗马人的真实发音。这不仅是在满足好奇心，而且可用来澄清诸多词源问题。除此之外，这项工作还可展现出，正字法已经开始依据发音做了哪些这样那样的修改？距其目标尚有多大距离？若想全面贯彻这类原则，还必须再做出哪些变化？"在这部小型著作中，布莱斯多夫展示了不同的风格以及因发音差异而呈现出语言差别的人，这样的听觉对那个年代来说可谓极其灵敏。他对语音学还有其他贡献；例如，他翻译了克拉德尼的著作，还在注释中纠正了克拉德尼的很多片面看法和错误看法，其中包括对e音在不同环境中的各种音值的细致阐述。布莱斯多夫的

---

① 这一领域的另一先驱者，是延斯·裴德森·海斯加，他是丹麦语"斯特德"的发现者，所著的丹麦语语法书（1747）中论述了正字法著作中并未论述的许多语音特征。——原注

语言哲学思想①在当时可谓敏锐而清晰，而在语音研究领域，他同样不虚此名。

19世纪较为重要的语音学者当中，我想首先提两位英国人，他们的著作看似无关紧要，但其实本该有更好的命运。第一位是T. 巴彻勒（T. Batchelor），他于1809年出版了《英语的正音分析》（*An Orthoëpical Analysis of the English Language*）一书。作者很可能是位教师；②书名页上他称自己为"《乡村景象、农业进步及其他诗歌》（*Village Scenes, the Progress of Agriculture, and Other Poems*）的作者"，他还写过一些关于贝德福德郡农业的其他著作。从我掌握的情况来看，他是为了纠正农村口音才涉入语音领域的，而这也恰恰是他撰写此书的目的；他对贝德福德郡的方言最为了解，但是也提到了其他地区的发音，还把这些发音跟英国的"国语"（Reichssprache）做了比较。他独立地发现，通过精确描写语言器官的位置，"错误"可得到最大程度的改善，正因为如此，他才对此进行了深入研究，并通过画图对其加以解释。此外，他还设计了一份字母表，这份字母表让他能够像记录"国语"那样，把方言中有价值的语音例子也记录下来。这部著作最重要的价值，或许就在于对英语方言研究及英语史研究的意义。巴彻勒的观察力非常敏锐，例如，他第一个觉察到英语长元音具有双元音化的总趋势；他不仅把所谓的长音a（如ale中的a）和长音o（如hole中的o）描写为双元音（人们通常把这一发现归功于斯马特[1838]或拉什[Rush 1827]），③而且还把长音e（如feel中的ee）和长音

---

① 尤其参见《论语言变化的原因》（*Om Aarsagerne til Sprogenes Forandringer*，1821，威廉·汤姆生于1886年编辑再版），我认为，这本书或许是保罗的《语言史原理》问世之前关于这一话题最重要著作。——原注

② T. 巴彻勒的全名是托马斯·巴彻勒（Thomas Batchelor，1775—1838），但他不是教师。他是贝德福德郡的农民，他的农业著作是《贝德福德郡农业全景》（*General View of the Agriculture of the County of Bedford*，1808）。——译者注

③ 见斯托姆《英语语文学》第2版，第373页；埃利斯《早期英语的发音》，第1109页。——原注

oo（如 fool 中的 oo）也分析成 ij 和 uw，这预言了斯威特（1877）的论断。但另一方面，他把 j 视为 ʃ 和 ʒ 中的一个成分，则是错误的。①

现代邮政系统的缔造者罗兰·希尔（Rowland Hill）的父亲托马斯·赖特·希尔（Thomas Wright Hill，1763—1852），曾于 1821 年 1 月在伯明翰哲学学会（Birmingham Philosophical Society）发表演讲，题为《论话语的发音》（On the Articulations of Speech）②。希尔是个多才多艺的人，研究过天文、数学等，还设计过一套 16 进制的数字系统；但是他并未发表这些成果，他虽然尽力让自己以及孩子们对许多事情保持科学头脑，但却愿意过着一种平静的生活；他的一本私家印刷的自传非常有趣，里面交织着大量对教育的思索以及对宗教自由的思索。语音学领域，他完全是靠自学，他在对之前的文献一无所知的情况下，得出了很多正确结论。他所做的观察有多么细致，可从下列事实中看出：例如，他察觉到，pamphlet（小册子）和 comfort（舒适）中的 m，跟一般的 m 不一样，前者是用下唇和上齿发出来的；anthem（赞美诗）、panther（豹子）等词中的 n，也跟英语中一般的 n 发音位置不同（前者比较靠前）；他还注意到，英语 straight 中的 a 是像双元音那样滑动的，并以 i 音收尾，但他没有把这一点延伸到其他被巴彻勒划为双元音的音中。不过，希尔最了不起的天才之处，却是在语音符号领域，他设计了一套非常简单明了的系统，用数学上的分数来表示发音值。假如我当初写《用非字母符号表示的语音发音》（1889）一书时知道有这个系统，我一定会把它写在我的非字母符号的先驱者部分的第一行。不同的发音器官用数字标注如下：1 = 唇，2 = 齿，3 = 舌尖，4 = 稍靠后，这样一直排到 7。每个音依此用分数表示，例如：

---

① 我想在此对杰出的英语《方言词典》（*Dialect Dictionary*）的编者约瑟夫·赖特教授表示感谢，是他指引我注意到了巴彻勒的这本小书。——原注
② 他去世后，该作在《T. W. 希尔文选》（*Selections from the Papers of T. W. Hill*）中出版（伦敦，1860）。——原注

$\frac{1}{1}$ 唇与唇，即 p，$\frac{2}{1}$ f，$\frac{2}{3}$ 英语 thing 中的 th，$\frac{3}{3}$ t，$\frac{6}{6}$ k；

如果是浊音，分数线就写成另一种形状，因此：

$\frac{1}{1}>$ b，$\frac{2}{1}>$ v，$\frac{2}{3}>$ 英语 the 中的 th；

通过其他形状的分数线，还可表示其他变化，如：

$\frac{4}{3}$ r，$\frac{5}{5}$ sh，$\frac{3}{3}$ l；

鼻音通过在正上方标一个小等号表示；元音通过两条分数线来表示，两线之间的距离表示开口度的大小；上文提到的 straight 一词，由更开放的 e 向更闭合的 i 滑动，因此写成：

$\frac{6}{6}\quad\frac{6}{6}$

这个系统使用的是最简单的手段，因此很了不起；但是，需要体现更精细的语音细节时，就不太够用了。这套发音标写系统只能用于科学研究目的，除此之外，希尔还利用普通字母表和新加进去的字母，设计了一套音标；这套音标是以语音拼写原则为基础的，适用于更实用的目的。

19 世纪初的德国，语音学较为萧条；主流语言学派对这一领域并无兴趣，大多热衷于所谓语音比较和语音史之类，仅有些纯粹的字母学说（Buchstabenlehre），成为更深入、更正确的思想之前奏。第一位真正力求深入研究语音的本质及其历史的德国语言学家是 K. M. 拉普（K. M. Rapp）[①]，他出版了四卷本的巨著《语言生理学研究——附论

[①] 卡尔·莫里茨·拉普（Karl Moritz Rapp，1803—1883），德国语言学家、文学评论家、翻译家。除了语言学著作之外，还撰写过 2 卷本《德国诗歌的黄金时代》（Das goldene Alter der deutschen Poesie，1861）、《英国戏剧研究》（Studien über das englische Theater，1862）、《西班牙戏剧》（Spanisches Theater，1868）等著作，并将普劳图斯（Plautus）、莎士比亚等作家的剧作翻译成德语。——译者注

以生理学为基础的西方语言历史演化》(*Versuch einer Physiologie der Sprache, Nebst historischer Entwickelung der abendländischen Idiome nach physiologischen Grundsätzen*, 1836, 1839, 1840, 1841)。该书关于语音结构与演化的生理学论述（第 1 卷第 15-219 页）只是充当其历史部分的基础；整部著作的构想，是探究希腊语、拉丁语、哥特语如何进一步演变出中世纪的语音系统（拜占庭希腊语、古普罗旺斯语、古法语、古北欧语、古萨克森语、古高地德语），继而又演变为今日之现状（现代希腊语、意大利语、西班牙语、葡萄牙语、法语、英语、丹麦语、瑞典语、荷兰语、低地德语、高地德语及各方言）。为了完成这一构想，拉普运用了其关于语言史的渊博知识以及对活语言之间语音关系的深入研究。如他本人所述，他从小就拥有一双灵敏得简直病态的耳朵，能够听出一切听觉上的反常之处，很小的时候就已观察到自己的本地方言和学校教育中的书面语言之间的差别；他因文学而对现代语言着迷，对现代语言的兴趣超过了古代语言。"年轻时，我诗歌方面的天赋把我引向了戏剧领域，我找不到中世纪的戏剧文学作品；这就是我为什么觉得只有欧洲的活语言才更适合我"，他学过法语、意大利语、英语，最后还有西班牙语。后来，他前往北欧旅行，在哥本哈根结识了拉斯克，在他门下学习（学习是通过丹麦语进行的？）；他带着极大的敬意，多次提及了拉斯克及其著作。回国后，他读到了雅各布·格林的著作，这些著作对他产生了深刻的影响。关于除语音之外的部分，他一直盛赞格林的伟大才智，但是关于语音部分，他则持有不同看法："我已仔细读过格林的字母学说，一方面我对许多必学的新内容充满热情，另一方面我对他的许多说法却不敢苟同，这些说法与我此前对语音本质的研究相矛盾，而这些东西我是非常有把握的。所以，他的这一学说虽然深深吸引过我，但我读过之后却觉得无法相信、无法兴奋。"他在法国居住了两年，这让他有机会深入思考语音结构，甚至更进一步思考那些并不相关的学科中较为主流的普遍性自然定律；他回国时，施梅勒①对巴伐利亚方言的调查为很多问题带来了意外的启示，而拉普此前从未见过这样的框架。于是他带着极大热情开始了这项庞大的研究，并且相信，"历史材料只能提供知识的一个侧面，而活语言的那些从未得到描述的方面，则是另一个同等重要的侧面，这一侧面虽然长期以来没有纳入研究，但却可能被认为已有定论"（第4卷，第261页）。不过很明显，他自幼就敏锐地观察着传统书写方式中的不完善之处和误导之处，这在学术路线上必然会与格林等人的以正字法形式为基础的字母学说相冲突，用他自己的话说，他是在以"暴风骤雨、专横跋扈的语调"来阐释自己的不同观点。这就不难理解，他这部书在德国主流学界得到的评价为何如此之低，人们的目光为何大多聚焦于书中那些有时很明显的错误，而不去评价书中诸多新颖而正确的思想。拉普在世时没有得到太多肯定，不过，他虽然身患严重疾病，却仍完成了著作。他对自己感到满意，有时是因为他对自己的研究感到自豪，如他所言，"感谢被疾病搞得断断续续的人生中能有这最幸福时光"，也有时是因为他期待"后世的语法研究者仍会觉得我的著作不完全没用，且值得遵循"。他的期待尚未实现，因为他的著作至今仍然罕为人知，很少有人读。但是，当今的确在读他的书的人，会从书中发现许多不正确之处和荒诞之处。例如，他把歌德的颜色理论（Farbentheorie）运用于元音，他搞混了送气音（Aspirat）和咝音（Spirant）（他对这两个术语的运用，不同于现在广为接受的用法），他还想出了许多奇谈怪论，例如他解释英语清浊s音的区别要取决于其前面的音的特性这一点时提出："屈折标记，如复数及动词的s，竟按照前一个音的特性而随机变化，这实在有违日耳曼语言的高贵。"②不过，书中也可以找到不少可贵之处；我只想谈谈

---

① 约翰·施梅勒（Johann Schmeller，1785—1852），德国语文学家，德国方言学研究创始人，编有4卷本《巴伐利亚语词典》（*Bayerisches Wörterbuch*）。——译者注

② 第3卷，第185页；参见他在其他地方对英语语音规则所做的其他论断，如"一种拥有不光彩细节的日耳曼语"（第180页）、"特别吹毛求疵"、"这条极其狡猾的理论"（第189页）。——原注

他的几处细节观察：丹麦语（瑞典语更明显）god（好）中的 o 更接近于德语 europäische（欧洲的）中的 u，而不是 o；而德语的 o 与其他语言中相对应的音相比，更接近于丹麦语的 å（瑞典语更明显），这一观察很久以后才被斯威特重新发现，成为科学常识。拉普还强调，德语和英语里有很多不带元音的音节（见第 1 卷，第 155、160 页等），如德语 Mittel（中间）、Schmeicheln（奉承），英语 heaven（天堂）、little（小）等词的第二个音节。这一情况的完整图景直到 1877 年才被济弗斯和布鲁格曼重新发现，并被比较语言学家们普遍接受。① 而该著作的整体框架更值得称颂，完全按照语音史的视角展开，并且严格区分了语音和字符；这一区别前后一致地运用于音标中，尤其值得一提的是，这套音标还运用到了更长篇幅的样本的转写中，活语言和死语言皆如此；只有这样，才能对语言的语音条件得出真正具有总结性的观点，也能清楚知悉我们对哪些尚无了解，对这一事实的认识，至今鲜有人能够超越。假如格林及其追随者能够把拉普的前瞻性观点吸纳进来，语言学当时一定会取得更快、更稳健的进步。

此后的语言学研究者，对语音学的认识没有前进太多，对已有知识所做的运用也没有太大进步，虽然 R. 劳默（R. Raumer）② 在正字法领域的著述可算作例外。但是我们却发现，医生兼生理学家恩斯特·布吕克（Ernst Brücke，1819—1892）竟是位杰出而独立的语音学者。早在 1848 年，他就已经在研究这一领域，但是他的杰作《语音生理与语音系统之原理》（*Grundzüge der Physiologie und Systematik der Sprachlaute*）直至 1856 年

---

① 他还提到了大众话语中的 gòd blèsh（而非 bless）ju（神保佑你）。——原注

② 鲁道夫·冯·劳默（Rudolf von Raumer, 1815—1876），德国语文学家，著有《格林兄弟的德语词典与德语书面语的演化》（*Das deutsche Wörterbuch der Gebrüder Grimm und die Entwickelung der deutschen Schriftsprache*，1858）、《日耳曼语语文学史》（*Geschichte der Germanischen Philologie*，1870）等。1875 年，经普鲁士王国文化部任命，劳默开始负责德语正字法改革工作。——译者注

才出版（第二版于1876年出版，改动不大）。这部书带来了重大科学进步，很长一段时间里，不仅为生理学家，也为语言学家充当了主要的知识来源，后者遇到一切与语音相关的问题，都会到这部书中寻找答案。布吕克对这一领域的研究，是从纯生理学角度出发，并借助了近现代生理学的帮助；他几乎完全聚焦于这一领域的遗传层面；在他看来，语音不在于所听到的东西，而在于器官本身的活动——他认为听到的语音是次要的，不过是器官活动所呈现出的结果而已。但是布吕克认为，器官的运动并不是重点，因为"无论对于辅音还是元音，除了某些双元音之外，字母绝不能理解为表示语言器官积极运动的符号，而应理解为表示具体运动条件的符号，也就是表示口腔器官和声门在呼吸肌竭力排出气流时所位于的具体位置的符号"（第44页）。这就是其理论的基础；之后，很重要的一点就是以此为基础，为语音构建起系统，"这可不是把碰巧熟悉的辅音随便放上几个，横横竖竖地排起来，而是要按一定方式把所有可能出现的辅音全部做好分类。假如明天发现了一种新语言，像印欧语或闪米特语那样，完全以呼气音为基础，那么这些音要全部都能够归纳进我们的系统里，绝无必要创立新的类别，更不需要推翻已经创立的类别"（第40页）。这对语言学家来说是好事，因为"通过生理学思考，语言学家首先能够完全掌握该语言；只要忽视了这些东西，他对该语言的了解就只能局限于耳之所听、手之所写；语流的奇妙机制对他来说依然是自动机器内部隐藏着的运转机关，因而无法发现从前因悦耳性而引发的定律法则，更无法理解器官的机械本能所带来的悦耳性之考量。每个音都是这样发音的，也只有在具体的组合中，才能轻松而准确地发出来"（第1版前言）。不过，不要以为布吕克只考虑生理学，并且只单方面强调语言学从生理学中获得的好处（比如聋哑教学）；正相反，他非常希望得到语言学方面的训练，只是很遗憾，那个时代对活语言的观察中所须恪守的最重要准则，无法激起他足够的兴趣。布吕克研究了梵语语法学家的体系，热切地观察了阿拉伯语的语音，利用各种机会听外国生的人讲话；但是，从他的书中的内容来看，他并没有以任何一种外语的发音为基础。他的系统还会让人担忧，他的材料不够全面具体，所构建的系统很难具有普遍性。他还忽视了许多因素，有些因素又非常重要，由于他采用的是先验视角，有些在多种语言中真实存在并扮演重要角色的音，都被忽视掉了。不过更糟糕的一点，或许是他并未贯彻他自己所提的基本原则：他没有把生理考量运用于元音，因此对元音十分迷茫。他为元音构建起的系统最为单薄，实际上连口腔位置都没有进行阐述，而是搞成了纯粹的声学阐述，其基础之一是英国生理学家威利斯（Willis）所做的一些实验。所以，他认为共鸣空间的长度是最关键的因素；同时，他也受到了威利斯的误导，错误地夸大了咽腔的上下运动。他跟大多数研究者一样，把元音构建成三角：

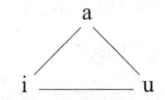

$$\begin{matrix} & a & \\ i & \text{———} & u \end{matrix}$$

不过，他要大家当心这个三角的各个顶点之间存在的诸多中间成分（Zwischenglied）："有些细微差别，无论以什么名称出现，对于语音学来说都毫无意义，更多是出于臆想，而非事物之本质。"因此，对于数量庞大的中间音（Zwischenlaut），他认为只需承认那些"普通人的耳朵无须经过特别训练就能区分开的音"即可（第26页）——对于科学的发展来说，这条原则实在太危险了。由此，他只认可了一小部分元音，而且即使这一小部分他也没有做好；他在 i 和 u 之间安插了 i" 和 u' 这两个元音是非常错误的，跟前人按照 a—i 序列、a—u 序列以及介于二者之间的 a—y 序列而得出的结论相比，这显然是一种退步。他的元音观的缺陷还表现为，他把元音分为完美元音（vollkommene Vokale）和不完美元音（unvollkommene Vokale）（英语的大多数元音都被划为了后一类）；这毫无疑问是错误的解释，只能证明布吕克对上述元音之本质的理解是不完善的。布吕克的重要性，必然在于他那异常正确而有效力的辅音理论；该著作整体上值得大力褒奖，因为该著作清晰易懂，呈现方式十分平实，读者始终都能明白作者想要做何论述。

布吕克还设计了一套生理学音标（《论语音转写的新方法》[*Über eine neue Methode der phonetischen Transkription*，维也纳，1863]）；他在书中提供了取自诸多语言的例子；但是，他对这些不同发音的分析很不可靠。这个音标系统从未得到过重视，很快就被贝尔的《可视言语》所超越。

另一位著名的生理学家，布吕克的朋友 J. N. 切尔马克（J. N. Czermak），① 几乎在布吕克进行最初研究的同时研究了一些与之相关的内容。他通过大量有趣的实验，研究了软腭在语音形成中的生理作用（尤其是纯口元音和鼻元音之间的差别）；他还热切地投身于借助当时刚刚发明出来的咽腔镜（Kehlkopfspiegel，也叫 Laryngoskop）而进行的研究，由此得出了关于声带在说话时所扮演的角色的重要结论。②

这一领域与之同时的德国研究者还有莱比锡大学医学教授 C. L. 默克尔（C. L. Merkel）。1857 年，他出版了《人类声音器官、语言器官的解剖与生理（生理语音学）》(*Anatomie und Physiologie des menschlichen Stimm- und Sprach-Organs [Anthropophonik]*)，1863 年出了第 2 版。1866 年，他对该书重新编排，对论述进行了提升，新命名为《人类语言的生理学（生理说话学）》(*Physiologie der menschlichen Sprache [Physiologische Laletik]*)。③ 默克尔和布吕克一样，从生理学角度研究语音，但是，由于他在生理学其他领域的名气远不如他那位著名的维也纳同行，所以对语音学未能形成布吕克著作那样的影响。他很大程度上缺乏布吕克那种抓住本

---

① 约翰·内普穆克·切尔马克（Johann Nepomuk Czermak，1828—1873），捷克裔奥地利生理学家，对西班牙歌手、音乐教育家曼努埃尔·加西亚（Manuel García，1805—1906）发明的原本用于声乐教学的咽腔镜加以改进，使之用于医学领域。——译者注

② 关于布吕克和切尔马克在语音学史上的地位，见斯沃博达在《语音学研究》第 4 卷第 147 页及后的论述。——原注

③ 我只读过这一个版本。——原注

质、摒弃非本质的能力；清晰明了不是他的强项：他的书中，语音堕落成了数不尽的解剖学与生理学细节，这些细节或许没有错，但常常与语言研究者并不相关。所以，读者费尽力气通读全书，却很容易忽视零散分布于各处的有价值细节。他经常强烈质疑布吕克，却总是抓不住布吕克的最薄弱要害。与布吕克相比，默克尔论述语音关系问题时更严重地受到了自己家乡话的影响和束缚，很不幸，他的家乡话是上萨克森方言，在很多重要问题上，这种方言恐怕不适合充当研究语音细节的基础。因此，他根本无法正确领会普遍存在且异常重要的清浊辅音之差别。他在论战中经常表现过头，竟然连辅音口腔位置可以与浊声音相结合这样明显的事实都要否定（见246页，另见177页关于德语 ach 音的论述）。由此出发，他提出了一个名为"软 g"（g molle）的奇怪概念，但却始终没有对其进行明确定义。此外，他还否认爆破音可以跟 j（以及"软 g"）在同一个位置上发音。他在该书中没有对外语语音做太深入的论述，结论部分提供了一份关于各种语言中语音和文字关系的清单，但是做得让人实在无法满意；他自己几乎不会讲任何像样的外语，或者也不屑于费那力气：看看他对法语 dans（在里面）和德语 sprang（弹跳）最后一个音的区别所做的那番嘲讽[①] 即可明了（见第288页）。没学过外语的人，甚至存在对本国语中的重要问题误听误判的风险；默克尔恰是这一点的写照，例如（第94页），他声称，entgegengesetzte（相反的）[②] 这个词的所有音节里的 e 发音都是相同的！但另一方面必须强调，默克尔的优点在于，关于音节的构成，尤其是语言的乐性成分（musikalische Element）等布吕克等人几乎没有触及的重要方

---

① 这两个音当然有本质区别。法语 dans 读 /dã/，元音鼻化，辅音字母 n 和 s 不发音；德语 sprang 读 /ʃpraŋ/，元音后面接软腭鼻辅音（虽然严格来说，这个位置上的元音 a 不可能不发生后移和鼻化）。默克尔认为这两个词的最后一个音没有区别，因而得出结论："整个'鼻化'元音系列都是多余的。"（1866年版，第288页）他把"鼻化元音"指责为布吕克滥用术语的表现。——译者注

② 这个词的读音是 /ɛntˌgeːgənəˈzɛtstə/，可见，即使按照宽式注音，字母 e 的发音也有3种之多：开音 /ɛ/、闭音 /e/、央音 /ə/。——译者注

面，他显现出了超乎灵敏的耳朵；他对德语句调（Satzmelodie）的分析，至今仍有很大意义。而默克尔设计的生理学字母表，一出世即告亡，比布吕克的音标还要惨，这一点与陶兴①的音标（Thausing, 1863）非常类似。

亥姆霍兹虽然是伟大的生理学家，但他感兴趣的是语音学的物理层面，而不是生理层面；在他那部音乐理论奠基巨著《音的感知》（*Lehre von den Tonempfindunge*，1862年第1版，1896年第5版）中，他论述了元音之学说，大体上也是把音当作声学现象来处理。他对元音的主音（Hauptton）的研究、对根音（Grundton）之间关系及其泛音（Oberton）的研究，是该领域后来的物理学研究的先锋。不过，这些研究对语言学层面的语音学并无太大影响。②

这一时期在丹麦出现了一篇著作，显现出对语音学基本原则的清晰理解，并将该原则运用于语言学问题。该著作就是埃德温·耶森（Edvin Jessen）③发表于《北欧语文学与教育学学报》（*Tidsskrift for filologi og pædagogik*）第2卷上的《论音标中音节和音高的呈现》（Om stavelsemåls og toneholds gengivelse i lydskrift）一文。这篇文章所涵盖的内容远远超出了其标题之所示，事实上是对普通语音学的简明呈现，且特别将其运用于丹麦语（可见到对丹麦语语音关系的许多很有价值的观察）以及日耳曼、罗曼语族的其他主要语言，非常简洁，也非常尖锐。

---

① 莫利茨·陶兴（Moritz Thausing, 1838—1884），奥地利文化艺术史学者，维也纳艺术史学派创始人之一，著有2卷本《丢勒——生平与艺术之历史》（*Dürer. Geschichte seines Lebens und seiner Kunst*, 1876）。语音学方面，他于1863年在莱比锡出版了《人类语言的自然语音系统》（*Das natürliche Lautsystem der menschlichen Sprache*）一书。肯普（Kemp）在《莱普西厄斯〈标准字母表〉导读》（Introduction to Lepsius's *Standard Alphabet*, 1981）中指出，19世纪中期，德语各国出现了一个尝试以精确的生理学描写为基础来构建普遍性字母表的学者群体，这个群体中最著名的是莱普西厄斯，其他学者包括拉普、布吕克、默克尔、陶兴等（第40页）。——译者注

② 可将其跟我《语音学的基本问题》一书中的"声学还是生理？"（Akustisch oder genetisch?）一章做比较（莱比锡，1904，第65页及后）。——原注

③ 埃德温·耶森（Edvin Jessen, 1833—1921），丹麦语言学家。——译者注

而在德语的语言学文献中，仍然没有语音学视角萌发出来，至少在 W. 舍雷尔（W. Scherer）[1]那部名气大、角度新（含正确角度和不正确角度）、内容丰富的《论德语的历史》（*Zur Geschichte der deutschen Sprache*，1868 年第 1 版，1878 年第 2 版）来看的确如此。该书特别提及并赞美了布吕克。丹麦学者尤里乌斯·霍弗利（Julius Hoffory，1897 年去世）也以布吕克为基础，于 1876 年在《库恩学报》第 23 卷上发表了《语音学的争议问题》（Phonetische Streitfragen）一文。他极为准确地指出了布吕克辅音系统的若干缺陷，并指出之所以会出现这些缺陷，是因为布吕克未能坚守自己的原则；尤其是清鼻音和腭化辅音，霍弗利无疑把这两类辅音放到了系统中的正确位置上。不过，霍弗利对语音所做的，是重新进行直接的观察，这一方法是典型的自然科学家的方法，科学家对现象进行观察，而自己则退居二线。如果居于一线，他就会从理性出发，以本国语法学家和语言史数据为基础，把语言语音结构的规则性建立在先验论构想上；这样一来，大部分学问就做成了对不同语种领域的论述，如匈牙利语、冰岛语、威尔士语、梵语。霍弗利的另一个重要特征还在于，他即使在批判布吕克时，也仍然带着最大的崇敬之情进行批判，他把布吕克视为构建起涵盖了各类语音的详尽系统的第一人。

---

[1] 威廉·舍雷尔（Wilhelm Scherer，1841—1886），奥地利语文学家。除了《论德语的历史》之外，还著有《雅克布·格林传》（*Jacob Grimm*，1865）、《11、12 世纪德语诗歌史》（*Geschichte der deutschen Dichtung im elften und zwölften Jahrhundert*，1875）、《歌德论集》（*Aufsätze über Goethe*，1886）、《诗学》（*Poetik*，1888）等。——译者注

论语音学的历史（下）
Zur Geschichte der Phonetik (III)
（1906）

同一时期，在德国，一场反对布吕克原则的战斗在语言学界打响了，尤以 1876 年出版的两部著作为标志，一部是《克伦茨方言》(*Die kerenzer Mundart*)，另一部是《语音生理学原理》(*Grundzüge der Lautphysiologie*)。作者分别是 J. 温特勒和爱德华·济弗斯，两人都是全身心地投入研究的观察家，都对具体的语言生命以及语言中出现的各种微妙细节极为敏感；他们都不满足于"普通人的耳朵无须经过特别训练就能区分开的音"，而是希望尽可能地把常规观察中遗漏掉的一切细节都考虑进来。温特勒因而研究了他自幼就很熟悉的一种瑞士德语方言，对其进行了非常细致的描写。济弗斯与之类似，除了高地德语之外还精通一种低地德语方言；并且他从小就很喜欢模仿各种精妙细节。两人都熟知语言史研究，因此都不满足于布吕克的理论，因为这样的理论对他们来说太像个空泛的框架，极不相同的音可以硬塞进同一种类型中；这就模糊了音与音的区别，也忽视了对语言演化非常重要的过渡形式。基于此，济弗斯必然会反对布吕克那"僵硬的模式"，并且摒弃"构建自身即很重要的纯语音系统，永远是语音学家的最基本任务"之类的提法，他感觉这样的任务太过简单。在他看来，最基本的任务是为躯壳赋予血与肉；他把布吕克完全放手的部分全部接了过来，尤其是关于语音组合的研究（Kombinationslehre）。布吕克只考虑器官位置，不考虑器官运动，因此未能研究语音组合成音节的方式，未能研究音节之间的相互关系，也未能研究重音、声调等。而济弗斯研究得格外出色的恰是这一部分；此外，他书中的最后一部分题为"语音与音变变化"（Lautwechsel und Lautwandel），从全新的现代语言学角度论述了语音作用导致的结果，这一话题已在布吕克的能力和任务之外。（关于济弗斯的更多内容，另见下文。）

不过，济弗斯的这些思想直到与源于英国的另一思潮相遇时，才全面显现彰显其效应。早在 1849 年，亚历山大·约翰·埃利斯（Alexander John Ellis）就已出版了一部十分翔实的著作——《语音学基础》（Essentials of Phonetics），里面既有对旧文献的积极运用，又有许多见解独到的内容；① 作者不仅熟知自己的母语，而且悉心研究了其他若干种语言，通过亲自聆听，对这些语言非常了解。埃利斯对正字法问题以及真实语音与传统正字法之间的关系特别感兴趣；他在与皮特曼合作的时期，多次尝试设计一份实用的字母表，里面增加一些能让英语语音与拼写相一致的新字符，希望能够推广这份字母表并取代英国的传统书写方式。虽然用这种新字母编写教科书、读本以及重印经典著作等尝试花掉了不少钱，但这一体系却未能推广开，主要原因当然是人们大多不愿意接受如此激进的改革，但是这一体系本身也存在缺陷。这一体系中的新字母太多，因而需要全新的印刷设备；有些字符选得不好，视觉上太相似；此外，这一体系基于"英语基础"，元音参照在英语中的值来设计（例如 a 表示的是 pane [窗格]、care [关心] 当中的元音②），每个英语双元音都被赋予一个专用的新字母，而不是按照构成双元音的单元音来写；最后一点原因，虽然埃

---

① 总的来说，这本书的影响力并不强，其中很重要的原因必然在于，这本书不是按常规的英语正字法来印刷的，而是采用了埃利斯设计的新正字法（见下文）。这样的拼写虽然实现了语音与字符一一对应，但是与人们的阅读习惯显然格格不入。——译者注

② 确切说，在埃利斯的新字母体系里，pane 里的元音用 a 表示，care 里的元音用 ɑ 表示。详见埃利斯《语音拼写请愿书》（A Plea for Phonetic Spelling, 1848）扉页上的总表。——译者注

利斯能力很强，但为语音符号设计充当基础的语音分析却做得并不让人满意。他没能成为以全新思想使语音科学得到充实的人。

和他不同的是苏格兰人亚历山大·梅尔维尔·贝尔（Alexander Melville Bell），贝尔从 40 年代初开始居住于伦敦，以传授正确而艺术的说话方式（即演说术 [elocution]）为生。他的授课，有面向外国人的，有面向口吃者和口齿不清者的，有面向外乡人的，等等。① 他还出版了多种关于朗读、朗诵等的书籍。所以，他有很多机会获悉正确和不正确的发音方式以及外语语音和英语语音的对比，并对此提出可行建议。② 于是，他想构建一个覆盖面广泛的大体系，能够把所有这些音都囊括进来，并让这个体系与语言学家普遍使用的体系有所不同：这个体系力求一并处理各种语言的特有语音，力求构建一份可以统一记录所有语言的字母表；但是这一努力并未成功。（参见1854年伦敦会议③）于是贝尔转向以生理学而非语言学作基础；为此，他绘制了一幅把口腔区域分出经纬度的地图，尝试在地图上标注出自己能发出或能区分出的每一个音，无论这个音在自己的语言中是否使用。④ 他将这项富有创意的研究之成果置入了《可视言语——普遍性字母表之科学，又名用一份字母表印刷和书写所有语言的可自我

---

① 他继承了他父亲的职业；他父亲实际上是拒绝使用秘术（the occult）方法治疗口吃并公开使用自创体系的第一人。（见《人声生理学普及手册》[*Popular Manual of Vocal Physiology*] 第 8 页）——原注

② 盖尔语、威尔士语、苏格兰和爱尔兰方言、外地城市和农村的英语、美国英语、法语、德语等等当中的特殊成分，以及口吃者、口齿不清者、腭裂者、聋哑人等等发出的不正常的音，对我的耳朵和发音器官来说都很熟悉。（同上，第 9 页）——原注

③ 关于这次会议，英国学者玛格丽特·A. 温兹纳（Margret A. Winzer）在《特殊教育史》(*The History of Special Education*, 1993) 一书中叙述: "普遍性字母表（universal alphabet）之想法，已吸引语音学家数世纪之久，梅尔维尔·贝尔对此很着迷。然而1854年，欧洲最重要的语文学家和语音学家在伦敦召开会议，寻求这样的普遍性字母表，却宣告休会，结论是'为每个可能的音找到一个不同的书面符号的努力，既没有用，也不可行'。但梅尔维尔·贝尔没有被吓倒，继续对此做探究，……1864年，他宣布发明出了一份普遍性字母表，他称之为'可视言语'。"（第 192 页）——译者注

④ 据贝尔本人的叙述。（出处同本页注释①②）——原注

解读的生理学字母》(*Visible Speech, The Science of Universal Alphabetics, or Self-Interpreting Physiological Letters for the Printing and Writing of All Languages in One Alphabet*，伦敦，1867）一书。该书的标题即表明了贝尔的目的：他想设计一份与通行的字母表极为不同的字母表，每个符号各表示一种器官位置，由此让话语实现可视。如前所述，贝尔不是第一个尝试此事的人；但是，他却超越了前人，这不仅是因为他的符号外形优美，并巧妙运用了对称位置，而且更重要的一点在于，他对语音及其发音方式做了更为深入的研究。他由此宣布，通过他的研究以及他这套符号，"人类言语中所有那些至今未得到定义的'做作而又无法言传的东西'（airy nothings）都能得到'归宿和名称'"（《可视言语》，第19页）；或者用埃利斯的话说（第25页），"每个符号及每个符号的组成部分，都有自身的意义，都含有对说话所做的指示，犹如军中口令，让每名士兵都能够服从这样的指示"。埃利斯提到过，贝尔的一名"士兵"，即贝尔的儿子，在贝尔不在场的情况下，依照埃利斯的发音把陌生而难发的音准确地发了出来，他对此感到惊奇。贝尔指出，他的体系具有普遍性，也就是说，这一体系涵盖了所有可能发出的音和音组，或者用他自己的话说："事实上，对于所有熟练掌握了这个体系的人来说，话语中的音，没有一个是《可视言语》中的普遍性符号所无法再现的。"①

那么，贝尔旨在将这整套"可视言语"做何用途呢？这至少是一场教学方式的全面改革；儿童学习他的体系，远比学习那含混的英语正字法容易得多；他指出："常规的拼写，不花上大把时间是无法学会的，这就让那些为了生计而挣扎着的人们对掌握阅读技能望尘莫及。"在英国，这一状况比其他大多数国家糟糕得多，从这一点来看，他无疑是对的。相反，每个人都能够毫不费力地学会"可视言语"；"仅需少量教师来从事

---

① 贝尔，《语音及其关系》（*Sounds and Their Relations*，1882），第93页；这一说辞明显针对的是斯威特。斯威特此时对该体系做了修改和扩充，而贝尔并不喜欢。——原注

这一体系的推广,短时间内,所有文明国家里不会读写的成年人就会变得罕见。"不仅如此,他们还都将学会用相同的发音来朗读,地方口音将会消亡。最终,这一体系还将"铺平国与国之间的语言公路"(《可视言语》,第 ix 页);英国人可以用这一体系来学习外语,即使没有听过外国人说话,也能恰到好处地达到母语者的精确性;同理,外国人也能够学会像土生土长的英国人那样说英语。有句话贝尔从未说过,但人们却有种印象,觉得他认为自己的符号在与拉丁字母并行一段时间之后,可以完全取代拉丁字母。他上书英国政府,呈上了自己的这一划时代发明;不过,他可能很快就放弃了期待。他的字母看着就像希伯来字母,让人感到非常陌生——不熟悉这些字符所代表的意义,就根本无法体会到这些字符的实际优势。而贝尔也未能用积极而易懂的方式向读者推销这一体系;正相反,他很少有哪本书写得像《可视言语》第一版那样严密、系统、简明,后来的著作往往语焉不详,简直就像对数表,除非是此前已对语音及其构成方式有相当了解的人,除非有高水平教师为其口头讲解此书,否则基本无法弄懂这些东西。由于上述原因,贝尔的著作出版时几乎无人关注,他所有的美好梦想都未能实现也就不足为奇了。他感到失望而沮丧,于是移民美洲(1870),他在那里继续著书,也继续从事演说术教学活动。他的儿子格雷厄姆·贝尔(Graham Bell)继往开来,对美洲的聋哑人教学贡献巨大,"可视言语"符号在其中发挥了重要作用;不过,格雷厄姆·贝尔最主要还是作为电话的发明者而被世人知晓的。

贝尔作为科学的语音学家,其名望和他的元音表密不可分,他的元音表不仅比先前的元音表更加全面,因而可把握住更多的元音梯度,而且标志着与旧有体系在原则上的决裂。这一决裂并不像人们有时说的那样,仅仅在于贝尔思考了问题的生理层面,即依据发音器官位置来组织元音——他在这方面的想法未必超过同样考虑器官位置的赫尔瓦格很多;这一决裂在于,贝尔把舌和唇的不同位置确定得更加精准,从而对共同构成元音特征的不同成分做了严格区分;他研究了唇的情况、舌与口腔上壁的距离情况、舌的前伸与后缩情况，最后还有舌的"紧张程度"。因此，以英语词 bit（一点点）里的元音里为例，这个音是"高-前-宽-不圆唇"（high-front-wide-not round）的元音，如果这四条判定标准能够通过"可视言语符号"简单而确切地解读出来，那么元音在坐标系中的位置就固定了；这虽然只涉及元音这一半，但这第一次有人明确向我们阐述了一条极为重要的原则：从发音来看，所有的语音都是复合的（zusammengesetzt）。[①]透过这一重要的知识进步不难看到，贝尔发现的许多规则都没有得到足够的诠释，因此让后来追随这一体系的人遇到了麻烦，让反对这一体系的人捡到了枪（"混音"[mixed]和"宽音"[wide]这两个术语尤其如此）。贝尔把好几个元音放在了错误的位置上，这一点同样无伤大雅；第一次用比前人精确得多的方式来研究语音的人，意外出点小错不足为奇。贝尔的辅音理论中，也有不少新东西、好东西，虽然超越前人的程度不如他的元音理论那么高；此处我们再次遇到了"混音"这一类别，他同样还是没有解释清楚；对个别音的分析中，我们再次遇到了些明显的错误，例如，英语词 felt（感觉，过去式）、hint（暗示）、ink（墨水）、lamp（灯）的倒数第二个辅音被视为清音（斯威特纠正了这个错误，他可能是听了冰岛语类似结构中确定无疑的清音之后，才做出了这一纠正）。贝尔在语音组合理论方面并不特别出彩；例如，他已认识到 l 和 n 等音可以在没有元音协助的情况下构成音节，但是却错误地将其归结为音的长度。另一方面，他那简短而贴切地对语音问题加以表述的才华必须得到强调，这才华当然与他发明完善的"可视言语"符号的才华密不可分。最后一点，他著作中有许多地方都有关于实用"演说术"的可贵观察和评述，但是很遗憾，对于声调之类的问题，他只做了点格言警句式的评注而已，没有提出系统的呈现方式。

假如贝尔没有遇到那一小圈与他来往密切并将他的体系运用于语言研究的语言学家，他的理论可能永远无法像今天这样为语音学家所熟知；这

[①] 参见我的《语音学教程》§112、《语音学的基本问题》第 5 章。——原注

些人当中最有名的是 J. A. H. 默里（J. A. H. Murray）（他写过一部高质量的苏格兰方言论著，是迄今为止最好的词典的主编）①、H. 尼克尔②、斯威特，以及前面提到过的埃利斯。由于《可视言语》的出版，埃利斯成了这

---

① 詹姆斯·默里爵士（Sir James Murray，1837—1915），苏格兰语文学家，词典编纂家，英国国家学术院院士，1879 年起出任《牛津英语词典》主编，自此为该词典的编纂事业奉献终生。他论述苏格兰方言的著作全称为：《苏格兰南部各郡的方言——其发音、语法及历史关系，附论盖尔语与低地苏格兰语今日的界线、低地苏格兰语的方言差别，附苏格兰语言地图》(*The Dialect of the Southern Counties of Scotland: Its Pronunciation, Grammar, and Historical Relations; with an Appendix on the Present Limits of the Gaelic and Lowland Scotch, and the Dialectical Divisions of the Lowland Tongue; and a Linguistical Map of Scotland*，1873）。默里是通晓几十种古代及现代语言的奇才。英国资深媒体人西蒙·温彻斯特（Simon Winchester）在《万物之要义——〈牛津英语词典〉编纂记》(*The Meaning of Everything: The Story of the Oxford English Dictionary*，2003) 一书中引述了默里 1866 年致大英博物馆图书馆的求职信："我对雅利安语言和叙利亚-阿拉伯语言的语言文学基本熟悉……对意大利语、法语、加泰罗尼亚语、西班牙语、拉丁语等罗曼语言更为熟悉，葡萄牙语、沃语（Vaudois）、普罗旺斯语以及一些方言次之。条顿语言方面，我基本熟悉荷兰语、弗莱芒语、德语和丹麦语。我的研究比较接近古英语和中古哥特语，我正准备出版一些关于这两种语言的著作。我懂一点凯尔特语，目前正学习斯拉夫语言，已掌握了一定的俄语。我为了研究比较语文学而懂一些波斯语、阿契美尼德王朝楔形文字（Achaemenian Cuneiform）以及梵语支的语言。我对希伯来语和古叙利亚语的掌握程度可阅读《旧约圣经》和《别西大圣经》（*Peshito*），对阿拉米语、阿拉伯语、科普特语和腓尼基语的掌握程度次之，程度达到可读格塞尼厄斯（Gesenius）的著作。"（第 72-73 页）——译者注

② 亨利·尼克尔（Henry Nicol，1845—1880），英国语文学家，法语学者，牛津语文学会理事，英年早逝，发表过《论古法语的唇元音》(*On the Old French Labial Vowels*，1873)、《论加斯通·帕里先生编辑〈圣阿莱克西斯传〉的方法》(*An Account of M. Gaston Paris's Method of Editing his Vie de Saint Alexis*，1874) 等文章，被帕里誉为"或许是英国唯一使盎格鲁诺曼语成为一门真正的科学研究的人"（《法语古文本学会学报》[*Bulletin de la Société des anciens textes français*]，1881 年卷，第 82 页）。尼克尔与法国语文学家保罗·迈耶（Paul Meyer，1840—1917）共同为 1911 年版《不列颠百科全书》撰写了"法语"（French Language）词条。温彻斯特的《万物之要义——〈牛津英语词典〉编纂记》（第 69 页）以及英语史学者林达·马格尔斯通（Lynda Mugglestone）的《词典编纂学与牛津英语词典（OED）——未涉足的森林中的先驱者们》(*Lexicography and the OED: Pioneers in the Untrodden Forest*，2000)（第 245 页）均提到，《牛津英语词典》的发起人之一弗里德里克·詹姆斯·富尼瓦尔（Frederick James Furnivall，1825—1910）曾诚邀尼克尔加入词典的主编团队，但尼克尔因健康等原因未能承担此职。——译者注

一科学新体系的重要仰慕者，这之后他修改了自己早年的很多观点，尽管他从未完全遵循贝尔的体系。他的主要著作是《论早期英语的发音》（*On Early English Pronunciation*），前四卷论述了英语标准语发展至今的语音演化，共计 1432 页，于 1869 年至 1874 年间陆续出版。第 5 卷约 900 页，论述现代英语方言的语音，出版于 1889 年，即作者去世的前一年。这部著作不仅是写给想研究英语语音史和英语方言的人看的，而且对一般意义上的语音学家来说，也成为几乎取之不尽的宝库；埃利斯无疑是他那个时代最博学的语音研究者，毫无疑问，他的书里经常包含他和其他学者对各种不同语言中的语音关系所做的极富价值的观察。[1] 这部著作的主要缺点，是读者置身其中很难不迷失方向，涉及真实的语音观察材料时尤其如此；这之中非常缺乏尺度。人们见他对波拿巴亲王[2]论述的语音规则如此重视，难免会对他选择权威时不够严谨而感到遗憾。因此，他宣称自己发 same（相同）一词的元音时发的是单元音，而我和韦斯滕在 1887 年有机会听他讲话时，听到他发的毫无疑问是个双元音，跟我们自己的语言以及其他语言中的单元音截然不同，由此我们完全验证了此前其他英国语音学家（默里、斯威特等）对埃利斯的发音所做的论断。[3] 埃利斯的著作之所以很难读懂，书中大量出色而正确的观察之所以未能引起应有的关注，另一条原因，在于其不切实际的音标。[4]

除了这部大型著作之外，埃利斯还写过几部小书，其中 1877 年出版的《为歌手编写的发音书》（*Pronunciation for Singers*）格外值得一提，因

---

[1] 关于现代希腊语，见第 II 卷 517 页；现代冰岛语，第 540 页；荷兰语，第 IV 卷第 1292 页；印地语，第 1096、1101 以及 1120 页前后；意大利语，第 1118 页；德语和弗里西亚语的各方言，第 1358–1431 页。——原注

[2] 波拿巴亲王指拿破仑一世的侄子路易·吕锡安·波拿巴（Louis Lucien Bonaparte, 1813—1891），他生于英国并长期居住于此，是位语文学家，著有多部关于巴斯克语的著作。他是路易·波拿巴（拿破仑三世）的堂弟。——译者注

[3] 参见约瑟夫·赖特对埃利斯对其方言中的 w 音的阐释所做的尖利论断，《温德希尔方言》（*Dialect of Windhill*, 1892），第 174 页。——原注

[4] 参见我的《语音学的基本问题》第 20 页。——原注

为这本书以匀称而简洁的形式，对其漫长的语音研究生涯中取得的主要成果做了简单易懂的呈现。

贝尔的追随者中最具才华的一位，无疑是亨利·斯威特，他或许也是目前在世的语音学家中最伟大的一位，在语言学其他领域也是最杰出者之一。他的语音学生涯始于《论丹麦语的发音》（On Danish Pronunciation）这篇论文（载于《语文学学会论文集》[Transactions of the Philological Society]，1873—1874年卷），几年后，他推出了全面论述语音学的短篇幅经典著作《语音学手册》（Handbook of Phonetics，1877）。这本书展现了他的招牌特征：清晰，观察敏锐，以及抓住每一事物之关键并忽略其他方面的能力；因此，他的论述才会精准。的确，他有时太惜字如金；深思熟虑之后，他选好自己的观点，并将其尽可能简短地表述出来，却不给出使他得出此观点的理由，而且几乎从不提及还存在或可能存在的其他观点。他的书中的每一部分，都像是法典中的段落。这很容易让人们得出一种印象，觉得他比较自我中心、教条，拒绝不同的观点，虽然仔细审视会发现他并非如此。事实上，看似完美确切的阐述背后，经常隐藏着不小的疑问。若比较他不同时期撰写的两部论著，会看到两种截然相反的观点，二者皆无错误之迹象，因此很容易会认为这是反复无常；而熟悉研究的中间环节的人，却常可证明出是哪位研究者的什么样的研究，成为了造成转变的动力。事实就是，即使是在科学著作中，斯威特也总是在做教科书式的论述；他总像是在跟没有基础的人讲话，而不是跟已基本能理解庞杂的科学论述的人讲话，他觉得不应该用大量绕来绕去的讨论把初学者搞糊涂。他特别描述了一种他所反对的论述方式，此方式在德国非常普遍，并且常被视为唯一科学的论述方式。用这一方式论述每个小问题时，读者都须回顾先前所有学者对此问题的看法，即使对最不称职的学者的看法也不例外，而作者的消化能力和引用数量之间的比例经常严重失衡；前些年德国有人因使用了"学术垃圾"（Gelehrtenmakulatur）一词而激起其国人反感，不过，就算赞同斯威特对此事的看法，也仍无须搞得那么极端。即使是初学者，了解哪些事情确定无疑、哪些事情尚存疑问也是值得的；即使结果是确定无疑的，了解该结果是如何得来的也是有益无害的。

作为语音学家，斯威特并不属于听觉灵敏而细致的那种；不过，他却通过著作的确切性与缜密性弥补了这一点。他不像许多语音学家那样满足于偶尔揪住某个音，而是深入到所接触、所学习的每种语言之中；他通常会请人来教他，直到能够模仿出自己在此人话语中分析出来的所有小细节时，才会善罢甘休。他在其专著以及《语文学学会论文集》里，对许多语言的语音系统做过简短而鲜明的概括，包括英语、德语、荷兰语、冰岛语、丹麦语、瑞典语（对瑞典语的分析最完整，很可能也是最好的一份）、俄语、威尔士语（北威尔士方言）、葡萄牙语；对于这些语言，他不局限于词典词（Wort des Lexikons）的发音（即吕特肯斯、伍尔夫所说的"词名"[ordets navn]），而是进一步探究流畅而自然的语言中出现的一种或多种变体形式，因此，他所列出的连贯话语之例远超过先前的语音学家。此外，他还利用各种语音注音系统进行实验，详细研究了什么是最可行的音标这一问题。例如，在《手册》的最后一部分中，以及在最详细、最完善的《语音的记录》（Sound Notation）一文中（《语文学学会论文集》，1880—1881年卷），他除了讨论对拉丁字母进行增补的最佳方式之外，还对贝尔的"可视言语"（文中称之为"修订版有机字母"[Revised Organic]①）做了一系列有价值的修改，最终，通过对语音所做的若干单独注解，斯威特表达了自己一直以来想对《手册》中已分析过的东西加以改善和深化之渴望。不过他没有出版《手册》的新版本，而是推出了一部篇幅更短、内容有一定差别的新书：《语音学入门》（Primer of Phonetics，

---

① 斯威特把基于发音器官活动之生理分析的字母表称为"有机字母表"（organic alphabet），与并非基于这类生理分析的常规拉丁字母表相对（见《语音的记录》第177页），由此出发，他把用"有机字母"做的语音记录称为"有机记录"（organic notation），把用拉丁字母做的语音记录称为"罗马字记录"（Romanic notation）。——译者注

1890；1902 年出版第 2 版）。①

斯威特的《语音学手册》是应挪威的约翰·斯托姆之邀而编写的，斯托姆是和斯威特齐名的语音学家，但是在研究方法和表述上却与斯威特截然不同。斯托姆是位敏锐的观察者，熟知应如何运用他那音乐家般的耳朵，极其清晰地捕捉转瞬之间的外语发音，并用牢靠的记忆力将其记下。例如，他最典型的经历是，1892 年，他竟然写下了 20 年前在庞贝听到的一个句子的乐重音（"20 年过去了，那语调依旧在我耳边"）——这实为壮举，尽管我并不建议大家效仿。这一切，加之他拥有很多听到各种语言的机会，让他在具体观察方面经验丰富。他不像斯威特那样，认为必须仔细写下音标文本才能够把握住语言，他给人的印象是，学会并模仿某些音并不费劲，但对他来说这却是把双刃剑。他从没写过论述普通语音学的系统著作；他的精力完全没有投向系统性问题，来为每个个别因素赋予具体而长远的位置；他的论述中占主导的，是些显得很随意的想法之类。他在其代表作（《英语语文学》[Engelsk filologi / Englische Philologie]，挪威语版 1879 年，德语版 1881 年、1892—1986 年）里综述了现代语音学文献中最重要的著作，以评述细节为主，未做太多整体特征总结；无论他论及的作者所做的观察是对还是错，斯托姆都会将其作为语音学知识的来源引述进来，我们常会觉得这是严重跑题。然而读者却无法记住，斯托姆对意大利语 a 的看法，或是对挪威语上齿音的看法，究竟是受了布吕克的影响，还是受了济弗斯的影响，抑或是受了其他什么人的影响。要想正确理解斯托姆，读者需要问自己太多问题，需要把他随手写在各处的东西费力地拼凑到一起。在一部篇幅不大的著作中，这样的论述或许还说得过去；读者会感到耳目一新，而且这样的论

---

① 参见他在《英语语音史》(History of English Sounds, 1888)、《新英语语法》(New English Grammar, 1892)，以及著名的精悍小书《英语口语基础》(Elementarbuch des gesprochenen Englisch, 1885 及更常见的后来各版) 和《英语口语入门》(Primer of Spoken English, 1890) 等著作中的简短论述。——原注

述个性鲜明，问题处理得易于理解，有跳跃性、灵活性，或许能够鼓励部分读者系统地探究那些他没有耐心探究的问题。这部《英语语文学》初版时，对语言整体描写类著作的撰写方向产生了很大影响，或许跟这样的编排有不小关系。不过，从德语第1版到第2版，该书的内容大幅增加了（普通语音学部分从88页增加到了352页），此时，这种随心所欲的方法已变得让人畏惧而疲倦；大家开始觉得应该把这本书当作工具书来用，时不时拿来查查，而不是通读全文；于是，书中很多细致微妙的语音分析，就很可能被忽视掉了。

由于这本书1881年出版了德语版，斯托姆的语音学思想开始被更大的圈子所了解，同一年，济弗斯的书（见上文）出了第2版，书名改为《语音学原理》（Grundzüge der Phonetik），内容也有了显著变化。两版之间的这几年，济弗斯对英国的语音研究以及对斯托姆都已有所了解，已加入了他们的学说，他指出，谁也无须回到贝尔之前的时代。他们的元音体系已被整体接受，书中大部分章节也都增添了许多新观察，这些变化很大程度上都要归功于英国语音学派的影响。①

1881年可以说是现代语音学开辟出自己的道路的一年，自此，这一学科在人数不断增长的语言学家和语言教师的圈子里获得了自己的地位。与早年那些孤立的研究成果相比，此时语音学的本质特征在于其国际性。正如斯威特和斯托姆的后继者们所说，"英国-北欧学派"（Die englisch-skandinavische Schule）强力支持了德国的济弗斯，并且很快就开始影响了其他国家的研究。此外，由于上述学者，理论知识和实践知识之间出现了前所未有的融合，从而使人们对语言教学的兴趣增强了。早在《语音学手册》一书中，斯威特就已明确说过后来常被人们引用的这段话：

---

① 不过，这本书并不属于棱角分明那种；济弗斯在很多基本问题上态度有些暧昧，霍夫利因而在其尖刻的（其实是过于尖刻的）小册子《济弗斯教授与语言生理学原则》（Professor Sievers und die prinzipien der Sprachphysiologie, 1884）中对他做了很多攻击。——原注

"如果要改革我们当前那糟糕的现代语言学习机制,这改革就必须要基于普通语音学基础训练,普通语音学既可以为全面而实用的发音学习打下基础,又能够为我们母语的演说术打下基础——这两个方面在当前的教学体制中是完全被忽视的。"斯托姆和济弗斯对基于语音学的语言教学改革拥有相同的志趣,19世纪80年代初,他们对此的论述[①]犹如一道强烈的闪电,影响了一个群体,这些人通过各种形式,积极地尝试把语音学融入语言教科书的编写以及语言教学的实践(关于这个群体,我只想提醒大家记住英年早逝的费利克斯·弗兰克[②])。如今,语音学对于语言学家和语言教师来说,已经越来越成为一种共同财富;不过,尝试为近几十年来的研究成果写史,倒更像是在写当代述评;[③]因此,我关于历史的论述到此为止。

我们回顾语音学的历史不难发现,这一科学领域拥有多元的开端,受到多元目的的推动;有些人旨在构建哲学语言,有些人希望制造说话机器;研习语音学,有许多人是为了改革母语的正字法,也有许多人是为了习得良好的外语发音;有些人利用语音学来教聋哑儿童说话,另一些人则利用语音学来研究语言的历史;有人把语音视为唇、舌等的活

[①] 这之中最著名的著作,是菲埃托的《语言教学必须彻底改革了!》(Der Sprachunterricht muss umkehren!,1882)一书,而比较济弗斯各版《语音学原理》,也可发现关于语言教学方面的内容在不断增加。——译者注

[②] 弗兰克的《实用外语学习——基于语言心理学与语言生理学》一书正是撰写并出版于这一背景下,该书今被霍华德(A. P. R. Howatt)和史密斯(Richard C. Smith)列为19世纪末欧洲外语教学改革运动(The Reform Movement)早期的9种最具代表性的著作之一(见《现代语言教学》[Modern Language Teaching,2002],第2卷)。此外,弗兰克还编写了一本题为《日常句子》(Phrases de tous les jours,1886)的法语口语教材,该书采用常规正字法与音标转写对页对照的形式出版,弗兰克的语音转写做得十分细致,突显了他深厚的语音学基本功以及语音学在当时的外语教学中的重要新地位。——译者注

[③] 参见我的《语音学的基本问题》一书第6章"研究方法"(Untersuchungsmethoden),那一章论述的是所谓的"实验语音学"(Experimentalphonetik)(称为"工具语言学"[Instrumentalphonetik]更确切)。——原注

动,也有人则只求追踪声音在空气中的形式与运动。早年,这些迥异的人各自从事自己的研究,对于其他学科中与自己有着相同兴趣对象的人并无太多了解;而今,他们似乎正在融合与合作,因此,这个领域中的每一个人,都已对其他人的工作有所了解,并且真切地感悟到,若要建造起可容纳人类语音科学的那座大厦,就必须把石料从多个不同方向运送过来。

主题索引

"把嘴填满"的词 359, 387
伴随形式 150, 372
保障机制 465-467
边界 20, 158, 160-163, 166, 177
波动域 74, 159, 166
传统拼写 321, 410, 419, 420
传统重音 83, 290, 301, 302, 306, 312
闯入 27, 94, 129, 150, 151, 161, 404-406, 408
纯语音类推 150
词名 519
词末定律 187
词频 19, 136
次要变体 257
次要语义 138
德国体 326
电影式理解 95, 474, 479
叠音 173, 282, 390
独立语音 21, 257
对比重音 140, 292, 293, 297, 301, 307
鄂尔浑碑铭 44, 86, 135, 331, 332, 336, 337
腭化 100, 146, 148, 167, 193, 264, 311, 509
儿童语言 122, 129, 130, 132, 137, 148, 163, 341, 362, 453
发音部位 149, 199, 206, 209, 215, 223, 239, 257-259, 261, 311
发音基础 164, 165, 177, 178, 309, 488
非字母 23, 59, 67, 75-77, 101, 161, 192, 199-201, 210, 211, 215, 223, 226, 230, 261, 268, 270, 273, 298, 338, 499
格律 78, 99, 146, 238, 272, 274, 483
个人语言特征 247
固定重音 289
关联交互影响 403
国语 79, 80, 241, 248, 251, 252, 255, 324, 385, 462, 498
合并 161, 162, 328
横膈膜 141, 221
滑离 264, 266, 267, 270, 272
滑入 264, 266, 267, 270-272
换位 150, 191, 407, 493
回声词 341, 371, 375-377, 392, 397-399, 453, 456, 477
基础性联系 362
加强形式 295, 388, 389
价值 1, 2, 7, 11, 14, 19, 23, 24, 27, 36, 47, 55, 73, 74, 82, 83, 85-89, 91, 92, 95, 97, 122, 123, 135, 136, 141, 157, 179, 184-186, 188, 190, 193, 240, 241, 243, 245, 247, 249, 290-292, 295, 297, 301, 302, 306, 307, 312, 315, 320, 324, 338, 339, 341, 354, 359, 360, 362, 373, 384, 387, 388, 399, 411, 413, 418, 419, 421, 422, 424, 425, 477, 483-485, 497, 498, 507, 508, 517, 519
价值原则 19, 74, 184, 186, 190, 193

524

价值重音 19, 55, 83, 184, 290, 291, 295, 297, 301, 302, 306, 307, 312

简易音标 329

疆域 20, 158, 163, 233

节奏 30, 83, 109, 183, 299–305, 307, 312, 412

节奏重音 83, 300, 301, 312

截头 452

借词 44, 118, 119, 128–130, 132, 383, 395, 410, 435, 438–440

紧密结合 5, 6, 26, 303, 311, 312, 490

精确性 20, 158, 159, 514

句重音 140, 285, 291, 292, 457

可理解度 19, 132, 184

可视言语 35, 36, 101, 197, 199, 205–207, 209, 210, 219, 506, 512–516, 519

宽元音 183, 217, 218, 260, 338

扩展形式 359, 360, 387

拉丁体 326

兰伯思 1528 年残片 431, 444

类推 71, 73, 90, 116, 118–123, 125, 126, 128, 129, 135, 136, 138, 139, 146, 150, 151, 153, 157, 170, 171, 190, 191, 193, 209, 214, 217, 219, 328, 346, 347, 362, 403, 427, 435, 441, 442, 458, 459

类推构成 119–123, 125, 126, 128, 136, 150, 153, 427

力度重音 55, 221, 288

连接音变 186, 188

聋哑教育 329, 491

面相 84, 143, 308

模仿 23, 129, 130, 143, 147, 165, 170, 193, 220, 238, 241–243, 246, 249, 252, 255, 262, 290, 307, 309, 315, 317, 337, 341, 359, 363, 370, 374, 376, 381, 382, 388, 391, 392, 403, 410, 436, 443, 491–493, 510, 519, 520

模仿驱动力 252

磨损 135

母语教学 34, 78, 86, 240, 241, 323, 339, 462, 485

内部决定 59, 82, 83, 177, 181, 277–279, 289

拟声词 88, 185, 375, 376, 453

昵称 25, 129, 130, 137, 147, 347, 349, 351, 356, 361–363, 388, 452, 461, 478

拼写改革 27, 35, 86, 95, 96, 101, 155, 203, 319–323, 329, 369, 413

强调 5, 15, 18, 21, 31, 32, 42, 48, 54, 62, 77, 80, 88–91, 100, 112, 117, 123, 136, 146, 148, 150, 152, 163, 177, 179, 182, 183, 201, 203, 213, 221, 235–237, 247, 257, 263, 264, 288, 290, 291, 293, 294, 296, 306, 307, 316, 320, 321, 323, 324, 330, 370, 386, 388, 390, 410, 425, 470, 478, 488–490, 503, 504, 507, 515

情感 12, 45, 111, 130, 148, 149, 182, 183, 285, 291, 386, 387

区别性标记 181

声调 21, 22, 29, 45, 46, 49, 54–58, 62, 71, 72, 78, 80, 82, 83, 89, 97, 110–112, 160, 173, 177, 181–183, 222, 234, 235, 264, 274, 288, 299, 306, 309, 312, 313, 330, 340, 381, 409, 463, 511, 515

声调重音 54, 110, 173

识字教学 68, 74, 241

视觉韵脚 412

树桩词 184, 193, 452, 474

双辅音 127, 226, 269, 286

双形词 19, 118, 132, 150

思想峰 291, 292

斯特德 41, 42, 45, 50, 52–58, 62, 97, 127, 151, 174, 310, 497

松散结合 285, 303, 312, 313, 490

速度 20, 123, 154, 186, 211, 273–275, 277, 308,

329, 391, 405, 493
速记 211, 241, 329, 490
缩短 17, 19, 87, 113, 134, 183, 185, 186, 230, 275, 277, 278, 280, 282, 353, 434, 437, 441, 442, 445, 453, 461, 479
缩略语 413, 452, 453
停顿 58, 62, 123, 160, 224, 269, 270, 275, 286, 474
同音词 29, 30, 95, 161, 178, 419, 442, 464–467, 470, 475, 476
统一体 4, 55, 83, 295–298, 301–303, 306, 312, 313
统一体重音 55, 83, 295–298, 301–303, 306, 312
突显 182, 207, 299, 522
图桑-朗根沙伊特体系 202, 406
外部决定 59, 82, 83, 177, 181, 277, 284, 289
完整元音 192, 312, 313, 451
舞台语言 80, 249
吸气音 17, 109, 209, 262
响度 47, 111, 225, 299, 426
新概念重音 292, 301
新语法学派 15, 18, 19, 21, 22, 28, 67, 71, 73, 116–118, 120, 122, 125, 128, 136, 141, 145, 148, 149, 151, 155, 179, 358
形式语义 306
修饰符 199, 206, 207, 227
演说术 35, 241, 418, 512, 514, 515, 522
扬抑格 272
一词多义 469, 471, 475
异化 121, 143, 174, 185, 191, 194
抑扬格 272
意识混合 126
音节峰 312, 313
音近省音 113, 191
音类 28, 47, 176, 178, 264, 265, 271

音位 21, 22, 45, 49, 60, 77, 81, 82, 84, 98, 100, 101, 139, 140, 147, 178–181, 183, 184, 199, 207, 215, 223, 226, 280, 283, 285, 286, 289, 291, 295, 296, 302, 307, 432, 456, 457, 479, 484, 499
音系学 16, 21, 22, 40, 41, 53, 57, 59, 60, 62, 68–70, 74, 82–84, 96–98, 101, 140, 148, 176–180, 237, 242, 257, 288, 323, 425, 484
印刷 131, 155, 175, 176, 198, 200, 203, 209, 210, 227, 269, 321, 326, 330, 410, 411, 431, 453, 499, 511, 512
英国-北欧学派 96, 521
语感 140
语言共同体 142, 144, 163–166, 191
语言化 21, 74, 77, 81, 101, 180–184, 188
语言混合 148, 164, 187, 188, 193, 253
语言接触 163
语言生命 19, 20, 22, 34, 71, 117, 120, 121, 133, 134, 136, 145, 155, 162, 166, 168, 171, 190, 191, 194, 237, 242, 292, 391, 510
语义边缘 74, 158
语音成分 59, 77, 78, 83, 93, 192, 210
语音定律 15, 18, 20, 21, 67, 70–74, 77, 81, 90, 101, 102, 113, 116–120, 126, 128, 129, 134, 136–139, 141, 143–145, 147, 151–157, 159, 163, 165, 166, 168–171, 178, 185, 190, 193, 194, 268, 336, 370, 408
语音法 86, 130, 241, 327, 328, 485
语音格式塔 186
语音经济 82, 83, 160, 164, 177, 309
语音生理学 21, 96, 159, 164, 179, 234–237, 257, 485, 494, 497, 510
语音史 23, 31, 41, 91, 93, 94, 97, 147, 161, 177, 178, 186, 191, 193, 194, 211, 237, 238, 413, 422, 424–426, 429, 432, 440, 500, 503, 517, 520

语音象征 18, 23, 25, 26, 32, 87-93, 193, 216, 338, 340-342, 360, 364, 369, 370, 372-375, 382, 391-395, 397, 398

语音转写 35, 42, 44, 46, 67, 76, 98, 99, 171, 211, 317, 318, 322, 323, 497, 506, 522

元音大转移 15, 93, 94, 381, 392, 426, 428, 430

元音和谐 334, 446

元音三角 179

圆唇 51, 149, 160, 199, 206, 208, 218, 227, 231, 258, 260, 261, 263, 264, 311-313, 338, 372, 432, 446

乐重音 17, 54, 97, 110, 221, 222, 288, 520

越界 74, 144, 158, 167

韵脚 151, 412, 413, 422, 436

韵律 17, 22, 41, 42, 45, 46, 52, 54, 57, 62, 110, 159, 182, 241, 369, 417

再法语化 443

窄元音 24, 183, 217, 218, 260, 338, 383

正确性 123, 136, 168, 193, 245, 249, 251, 281, 336, 374

正字法 34, 35, 42-44, 46, 49, 100, 130, 131, 134, 139, 149, 166, 181, 198, 202, 234, 241, 247, 248, 250, 256, 279, 280, 291, 295, 296, 298, 303, 321, 324, 327, 329, 388, 411, 412, 414, 416, 419, 425, 484, 485, 497, 502, 503, 511, 513, 522

直觉 23, 360, 375

纸之语音学 172, 173

指小后缀 351, 356, 357, 359, 360, 361, 363, 384, 478, 479

重音 17, 19, 21, 22, 45, 46, 49, 52-56, 58, 59, 62, 72, 78, 82-84, 97, 99, 110, 111, 122, 139-141, 144, 149, 157, 160, 165, 166, 172, 173, 177, 181-184, 187, 193, 198, 221, 222, 224, 226, 227, 238, 239, 256, 264, 272, 277, 280, 284, 285, 288-307, 309, 312, 313, 330, 359, 407, 409, 411, 412, 417, 433, 437, 439, 440, 457, 490, 511, 520

重音度 141

字母法 325-328

字母学说 35, 500-502

自由重音 289, 290

人物索引

埃克瓦尔 416, 420-422
埃利斯 32, 34-36, 94, 155, 203, 205, 218, 234, 320, 323, 404, 405, 413-419, 422-424, 431, 498, 511-513, 516, 517
埃文斯 217, 220, 320
安曼 35, 485
奥利维耶 327
巴彻勒 35, 417, 498, 499
巴斯道 325
巴依 21, 170
拜耶 202, 203
保罗 73, 117, 119, 121, 125, 134, 138, 141, 144-146, 150, 152, 162, 187, 425, 498
贝尔, A.G. 199, 207, 514
贝尔, A.M. 32, 34-36, 101, 199, 205, 209, 213, 216, 217, 219, 260, 261, 418, 506, 512-515, 517-519, 521
贝依 126
本菲 356, 384, 397
比勒 84, 85, 190
波奈特 327, 485
伯顿 112
柏拉图 373
勃哈盖尔 128
布莱斯多夫 35, 43, 44, 198, 496, 497
布雷克 71, 109
布雷曼 202

布雷默 267, 268
布雷亚尔 126, 359
布鲁格曼 73, 141, 150, 390, 503
布罗克尔曼 189
布罗斯 397
布吕克 32, 234, 235, 257, 265, 314, 494, 503, 504-511, 520
布瓦萨克 172
达尔文 155, 227
德尔布吕克 73, 129, 137, 138, 144, 145, 376
狄德罗 120
迪茨 124, 358, 360
厄尔特尔 403
菲埃托 150, 171, 202, 213, 219, 220, 279, 292, 307, 324, 413, 418, 425, 431, 433, 442, 495, 522
冯特 376, 384, 397
弗兰克 16, 56, 139, 164, 202, 291, 301, 309, 488, 522
弗洛施特罗姆 265, 270
福赫哈默 329
福斯特 71, 112
福歇 173, 174
盖多 204
高本汉 29, 190, 463, 465
戈迪克 327
戈提欧 189
歌德 169, 251, 502, 509

格拉夫，S. 407, 408
格拉夫，W. L. 170
格拉蒙 57, 194
格拉斯通 329
格雷格瓦 274, 275, 277
格林 35, 42, 45, 46, 145, 230, 235, 356, 392, 496, 501－503, 509
格罗伯 148, 175
古德温 278, 301
古尔替乌斯 73, 129, 137
哈特 34, 36, 98, 414, 418, 419, 430, 431, 444, 446, 484
海尼克 326
亥姆霍兹 155, 234, 314, 508
汉普尔 296, 300, 303, 418
赫尔曼 170, 171
赫尔瓦格 32, 495, 514
亨利 120, 134
洪堡特 7, 87, 373, 374, 391
胡炯堂 346
辉特尼 114, 115, 211, 217, 264, 375, 403
霍夫利 211, 235, 257, 264, 265, 270, 521
吉尔 369, 415, 418, 419, 431, 433
济弗斯 34, 96, 148, 159, 164, 202, 213, 220, 224, 226, 235, 257－261, 274, 300, 314, 488, 503, 510, 511, 520－522
甲柏连孜 87, 159, 311, 338, 340
卡莱尔 111, 213
柯尔曼 182, 386
克拉德尼 44, 495－497
克鲁格 299, 356, 364, 425
克鲁舍夫斯基 146
克努德森 248
肯佩伦 95, 490－494
孔狄亚克 204
拉德洛夫 130, 336, 337

拉普 33, 35, 500－503, 508
拉斯克 35, 41－46, 57, 58, 64, 95, 97, 246, 274, 485, 496, 497, 501
莱尔赫 398
莱普西厄斯 198, 508
赖恩 324, 330
赖特 343, 435, 457, 517
兰茨 358, 359
劳默 503
雷门西克 330
刘复 462
鲁代 275, 307
伦代尔 101, 149, 197, 198, 202, 260, 261, 320
罗厄曼 230
罗马尼斯 302
吕京 119
吕克 192, 425, 429, 440
吕特肯斯 203, 216, 221, 269, 328, 519
马德森 32, 484, 485, 489
马泰修斯 84, 179
马维 374
迈耶-吕普克 358, 360, 361, 364
麦耶，K. 166, 403
麦因霍夫 340, 363, 384
梅林格 166, 403
米亚尔代 174
密斯泰利 384, 389
缪勒，F. 363
缪勒，M. 114, 246, 489
莫尔 175
莫勒 172
默克尔 235, 506－508
默里 93, 452, 469, 516, 517
尼克尔 516
纽洛普 116－118, 127－130, 132, 136－138, 141, 142, 144, 145, 150, 152, 374

诺伦 122, 123, 203, 251, 270, 275, 320, 390
帕西,J. 306
帕西,P. 202, 203, 229, 284, 306, 307, 324
庞瑟 35, 485
裴德森,A. 173
佩恩 343, 344, 365, 370
皮特曼 329, 511
乔伊斯 344, 357, 395
切尔马克 212, 506
琼斯,D. 36, 47, 81, 98, 183, 323, 346, 418
琼斯,J. 416, 420-424
萨劳 169
塞斯 133
桑代克 451
舍雷尔 509
施莱纳 84, 178
施罗德 359, 387
施密特 464
施皮泽 324
施泰因塔尔 126
史蒂芬尼 327
舒哈特 116, 117, 125, 135, 136, 144, 148-151, 163, 169, 362, 379, 380
斯宾塞 111, 112, 155, 156, 438, 454, 455, 459
斯基特 320, 342, 368, 396, 406, 413, 438, 442
斯马特 418, 498
斯特莱特堡 390
斯特蒂文特 169
斯托姆 32, 34, 55, 56, 150, 202, 219, 220, 265, 270, 284, 285, 287, 306, 309, 314, 407, 445, 498, 520-522
斯威特 32-34, 36, 48, 54-56, 58, 94, 124, 147, 198, 199, 201, 203, 204, 206, 207, 209, 210, 212, 213, 218-221, 224, 227, 234, 258, 260-262, 264, 274, 281, 287, 303, 304, 314, 320, 322, 340, 403, 413, 418, 424- 426, 432, 434, 451, 499, 503, 513, 515-521
苏特林 376, 397
索米斯 323, 418
索绪尔 6, 21-23, 39, 57, 59, 63, 65, 70, 87, 88, 114, 170, 176, 180, 191, 237, 338, 397
泰格奈尔 127, 320
泰希默 73, 142, 169, 209, 213, 220, 224, 264, 485, 490, 493
汤姆生 15, 43-45, 49, 56, 64, 86, 87, 95, 116, 135, 169, 198, 265, 331-337, 498
特劳特曼 202, 212, 213, 236, 258, 265, 268
特鲁别茨柯依 59, 60, 74, 81, 178-180, 182, 237, 360
瓦海克 178, 179
瓦克纳格尔 386
威尔金斯 32, 416, 418, 419, 454, 486, 488-490, 494
韦斯滕 150, 212, 324, 329, 517
维克 178
维勒 163
维里耶 274
维希斯勒 163-166
魏格纳 133
温特勒 34, 148, 510
沃德 391
伍尔夫 203, 216, 221, 269, 306, 320, 519
西莫尼 357, 379, 384, 385
希伯 71, 112
希尔 35, 417, 433, 450, 499, 500
希尔默 376, 381
希尔特 163
希尼肯 298
虚伯纳 187
耶森 508
伊克尔萨默 326
伊利切克 369, 370, 415

附录

Otto Jespersen: A Great Phonetician and Linguist in His Danish Context

Hans Basbøll
(University of Southern Denmark)

1. Introduction: Jespersen's importance in many different fields

It is a great pleasure for me to write a preface to this important selection of my great countryman Otto Jespersen's linguistic writings, focusing on his work in phonetics and phonology. Jespersen was incredibly broad in his scientific (and also more applied) work, and his influence is enormous. Thus the standard work on the history of linguistics in the Nordic countries, Hovdhaugen et al. 2000, state that "The most influential, and by far the most productive, general linguist in the Nordic countries in this period [1900-1965] was Otto Jespersen [...] Jespersen was one of the most widely read and most frequently quoted general linguists of the first half of the twentieth century" (p. 344). His works on English are equally influential, and he also contributed significantly to auxiliary/constructed languages for international communication, [1] to practical

---

[1] Jespersen is the creator of *Novial*, and was involved also in *Ido* and *Interlingua*, see Larsen 1989.

works on the teaching of pronunciation and grammar in schools, to language acquisition, to sound history and comparative linguistics, etc.

In this preface, I shall focus upon his contributions to phonetics and phonology, and see them in a context of Danish linguistics.[①] I shall consider Otto Jespersen's evaluation of five of his Danish forerunners, in particular Jens Høysgaard (cf. Basbøll 2018a, 2018b), and point out some of Jespersen's great contributions, but also mention what some linguists have seen as his limitations – compared to our understanding today. It is my hope that an international audience, and not least a Chinese audience, in my preface will find something interesting and not too familiar.

2. Høysgaard and four other great Danish forerunners to Jespersen

Jens Høysgaard (1698–1773) is the great Danish linguist of the Enlightenment. He was a caretaker – the third out of three – at Copenhagen University in 1737–1759 and subsequently a sacristan and bell-ringer at Trinity University Church. Only little is known about his life, and no picture of him exists, even though today he is considered the greatest Danish linguist before Rasmus Rask. His works on the Danish language were published anonymously, whereas two works on mathematics – on algebraic quadrature and integral calculus – were in his own name.

In 1743 (*Concordia res parvae crescunt*) he presented an important original analysis of the Danish vowel system (section 5), together with his main contribution to Danish linguistics, viz. the first linguistic analysis ever of the Danish *stød* (section 6). He developed this analysis further in (1747) and (1769)

[①] I refer in general to the volume edited by Juul & Nielsen (1989), and mostly to Rischel's (1989) article in it on Jespersen's contribution to General and Danish Phonetics.

where he also presented a coherent – and utterly original – analysis of Danish Prosody in general (section 7). These two latter works, together with his 500-page treatise on syntax (1752), constitute a comprehensive integrated analysis (of almost 800 pages) of the Danish language – far superior to anything prior to it – organised in 2,022 consecutively numbered paragraphs.

Jespersen says (1938: 32 [1995: 39]) that as a student he got hold of Høysgaard's books and prepared himself for a work on the evolution of the pronunciation in Denmark since the 18th century, based upon Høysgaard's writings. Jespersen (*Fonetik* p. 24) emphasizes the importance of Høysgaard's discovery of the Danish *stød* (section 6) and his characterization of it as being like a very little hiccup, but adds that he gives no physiological description of it, nor of the vowels or consonants. We shall return to Jespersen's characterization of Høysgaard in sections 5, 6 and 7. [1]

Rasmus Rask (1787–1832) is generally considered the Greatest Danish linguist ever. He was admired for his work on comparative linguistics, and he wrote important grammars including descriptions of languages that were virtually undescribed. He founded the study of Nordic languages and was also a pioneer in describing numerous other language systems (cf. Basbøll & Jensen 2015).

Right from his school-days in Odense on Funen he studied languages intensely, e.g., he learnt Icelandic himself and then taught it to his schoolmates. [2] Already in Odense, Rask knew and studied several of Høysgaard's works, and he was influenced both by Høysgaard's grammatical system and by his analyses of Prosody. Thus in an early description of his own Funish dialect,

---

[1] On Høysgaard, see further Basbøll 2018a, Bertelsen 1926.
[2] By the way, also Jespersen (1938: 16 [1995 : 18]) learnt Icelandic himself as a schoolboy, from Rask's Icelandic grammar.

Rask employed a Høysgaard-like prosodic notation and a radical constructed orthography/phonetic transcription.

In 1814 Rask gave a pioneering analysis (published in 1818) of the relationship between the main Indo-European languages, founded upon a system of *sound correspondences*, e.g. Latin *p(ater)* corresponding to Germanic (e.g. Danish) *f(ader)*. In 1822 Jacob Grimm (1785–1863) described all this in more detail (after having read Rask), and the law can fairly be called *Rask-Grimm's Law*. Jespersen gave important contributions to this complex of sound changes.

In his largest published work (1826), on Danish orthography, Rask praised Høysgaard highly and in important respects followed his system[1] – but, like Høysgaard, Rask was controversial: The Royal Danish Academy rejected his offer to write an etymological dictionary if he insisted on publishing it in his own orthography, which he did!

Jespersen knew Rask's work very well and learnt from it, and he even wrote a biography (1918) of Rask for a general audience that became very popular, in the series *Folkets Førere* [Leaders of the People]. Both Høysgaard and Rask are analysed in Jespersen's article "L'étude de la langue maternelle en Danemark" [Study of the mother tongue in Denmark] (1928), reprinted in *Linguistica* (1933).

Whereas Rasmus Rask is internationally famous, his Funish friend **Jacob Hornemann Bredsdorff (1790–1841)** is only little known, much less than he deserves. Bredsdorff and Rask were friends already from Funen; in their time as students at Copenhagen University – whereto Rask came in 1807 – they were

---

[1] For example, Rask – like Høysgaard – did not write *aa* but a single letter (because the vowel was not double in pronunciation), and he – unlike Høysgaard – introduced the symbol we use today, viz. *å*, for the single vowel sound in e.g. *sål* "sole".

close and discussed matters linguistic intensely. They worked together on the dictionary of the Royal Danish Academy, Rask in vain asked (1819) Bredsdorff to accompany him on his great voyage to India, and he wanted Bredsdorff to take care of his linguistic heritage.

Bredsdorff wrote an important and most original paper *Om Aarsagerne til Sprogenes Forandringer* [On the causes of linguistic change] (1821). Otto Jespersen says (1938: 41 [1995: 51]) that he found this booklet, which was published in a school program, at a "book Jew" – the term then used for a second-hand bookseller; a friend at the university library told Jespersen that their copy of the booklet had never been lent! Half a year later, Jespersen says, Vilhelm Thomsen republished Bredsdorff's work (in 1886), [1] and Henning Andersen published a translation with an introduction in 1982. Bredsdorff later wrote an important work on the relation between Germanic languages; he experimented with orthographies; he gave fine phonetic transcriptions of everyday speech, and explained and modified Chladni's phonetic notations. [2] Bredsdorff's phonetic transcriptions of different forms of Danish are valued highly by Jespersen (*Fonetik* p. 30–32) who states that – although Rask is more famous by far than Bredsdorff – the latter is clearly superior concerning pronunciation and "real phonetics" : Bredsdorff transcribed Danish dialogues using a system he had constructed, transcriptions highly praised by Jespersen.

Vilhelm Thomsen (1842–1927) was one of the most famous Danish linguists, universally admired for his solution of a real riddle, viz. the decipherment of the Orkhon inscriptions (see Jespersen's paper on this in the

---

[1] Jespersen (ibid.) was not sure whether he had told Thomsen about Bredsdorff's booklet and his admiration for it.

[2] Ernst Chladni (1756–1827) was an important German physicist and musician. He is seen as one of the founders of acoustics, contributing to the acoustic analysis of vowels (cf. Jespersen *Fonetik* 30, 32, 448f).

present book). Thomsen, who was President of the Royal Danish Academy, was rewarded the highest Danish order "of the Elephant", brought to him by the King himself at Thomsen's 70th birthday (Jespersen 1938: 182 [1995: 210]), a truly exceptional event. Thomsen's achievements in linguistics were numerous and great, including his demonstration of the earliest connections between Germanic and Finno-Ugric languages (Germanic loanwords in Finnish), his studies of the importance of the Scandinavian Vikings for the formation of Russia, of contacts between the Finnic and the Baltic (Lithuanian-Latvian) languages, and of the extinct Anatolic language Lycian. He continued to publish decisive new studies until his death at an old age.

His publications (collected in Thomsen 1919−1931) were extremely careful and convincing in all details, and he influenced several generations of younger linguists, also by his university courses in comparative studies of Indo-European, Finno-Ugric and Turkic (among other language families), and in phonetics.[1] For Otto Jespersen, Vilhelm Thomsen was the most important scientific influence, and he was decisive for Jespersen's whole career, e.g. he made Jespersen take up English as his main subject – to prepare Jespersen for a chair of English – and followed and supported him throughout his career in a number of ways. Jespersen summarizes this influence by saying that Thomsen played a larger role for his scientific evolution than any other scholar (1938: 182 [1995: 210]). Jespersen adds (ibid.), in his speech in the Royal Academy after Thomsen's death, that Thomsen was uninterested in questions of scientific priority and did not like that his name was put forward in such questions. I might add here that this attitude of Thomsen's is different from Jespersen's own: he really cared for priority issues, also personally, in such matters (cf.

---

[1] Thomsen had a great influence on Karl Verner, and took care that Verner's most important contribution to linguistics – Verner's Law – was properly written out in full and published.

sections 8 and 10).

As is well known, **Karl Verner (1846–1896)** was heavily influenced by Rask, but he also owed a lot to Høysgaard, in particular with respect to Prosody, a key competence of Verner's. **Verner's Law** is the universally accepted name for a set of exceptions to Rask-Grimm's Law that were explained by Karl Verner in 1875/1877: As an example, Indo-European *t* in general corresponds to Germanic θ (the sound in English *thick*), but if the stress had been on the preceding syllable – which could be seen from Sanskrit – the voiced variant occurs instead (e.g. in German *Bruder* "brother" vs. *Vater* "father").

Already as a teenager, Verner had interesting reflections on the relation between spoken language – in different dialects with e.g. tonal differences – and the writing taught in school. In his twenties, he did important fieldwork on Slavonic dialects, in particular on their Prosody in relation to their evolution, an area that occupied Verner throughout his career.

Through his letters we can follow how he studied Høysgaard's works intensely, and he registered the very many accentuated words – with accents for Danish *stød* and vowel length – that Høysgaard indicated in his writing (cf. section 6). Unfortunately, Verner did not publish anything from his planned studies on Danish stød and Scandinavian tones, except for an important review (1881) of the Swedish scholar Axel Kock's studies of Swedish accent (1878). Karl Verner was fascinated by accents and tones (Prosody) throughout his career; he made important observations on speech, [1] and he even built an instrument for phonometric investigations (cf. section 4).

Otto Jespersen's obituary of Verner (1897) is a very insightful and loyal contribution to Verner's greatness. It bears witness (as does Verner 1903) to Jespersen's key role in preserving Verner's heritage, and Jespersen has

---

[1] This is documented in the posthumous collection (1903) of Verner's articles and letters.

scrutinized Verner's Law, as well as Rask-Grimm's Law, at many occasions. [1]

3. Jespersen and phonetic transcription: *Dania*

"Jespersen has also written about the phonetics of Danish, for the study of which he prepared a special system of notation, and Danish phonetic terminology is largely his invention", says Paul Christophersen (1989: 2), a close collaborator of Jespersen's in the 1930's (Juul 2002: 32). I totally agree, and this is true both for segmental phonetics (vowels and consonants), and for prosody (cf. sections 6, 7 and 9).

Otto Jespersen has constructed a system for the phonetic transcription of Danish: *Dania*, presented in Jespersen (1890). This system has been used ever since in most of the works written within the Danish philological tradition, that is, in the history of language, in dialect descriptions, in dictionaries, and so forth (cf. section 11). Transcriptions in *Dania* are relatively easy to read if you know Danish orthography well – therefore particularly for Danes. However, this is also a weakness, in relation to an international audience, in terms of comparison between languages, et cetera. *Dania* is used in much of the relevant literature on Danish phonetics, including important dictionaries, textbooks and handbooks written in Danish. [2]

The importance of Otto Jespersen for the study of Danish phonetics in general, and for phonology in particular, is both theoretical and descriptive. Theoretically, his analysis of the syllable as representing a mountain with peaks

---

[1] See Nielsen 1989 on Jespersen's view of language evolution.

[2] However, *Dania* is not used in studies written within an international linguistic and phonetic tradition, e.g. by Eli Fischer-Jørgensen, Jørgen Rischel, Nina Grønnum and myself. We have been using the *IPA*-system (which Jespersen also has influenced).

and valleys of sonority, metaphorically speaking, where different sound types exhibit different degrees of sonority thereby forming a sonority hierarchy, is an important background for later models of Sonority Syllables (cf. Basbøll 2005: 173–175). Descriptively, his detailed analyses of pronunciations of Standard Danish from the early part of the twentieth century[1] have contributed to defining the norm of what may now be called Conservative Standard Danish, even though it was in no way conservative when it was proposed by Jespersen. I refer in general to Brink 2011 who gives a number of detailed examples where Jespersen has made observations on Danish pronunciation that had never been noticed before, even though they had been in Danish for a longer time.

And Paul Christophersen (1989: 10) also says: "Another work in the field of English which is seldom mentioned but deserves attention is the indication of pronunciation which Jespersen supplied to Brynildsen's English and Dano-Norwegian Dictionary (1902–1907). This is probably the first pronouncing dictionary of the century, and it uses a type of notation which in all essentials is identical with that which Daniel Jones was to use later on. The speech that Jespersen recorded was of course that of a generation which has now all but disappeared, the grandparents of present-day Englishmen. This gives the dictionary some historical interest, preceding as it does by quite a few years the first edition of Daniel Jones's dictionary in 1917."

J. Brynildsen in his preface to (t)his large – and fine – dictionary says that Professor Otto Jespersen's phonetic notation is probably one of the strongest assets of the book. Jespersen in his introduction[2] states that his transcription

---

[1] This is true for the very influential *Modersmålets fonetik* = Jespersen 1906, 3rd edn. 1934 (see section 4), which is followed in the large dictionary *Ordbog over det Danske Sprog* [Dictionary of the Danish Language] (1919–1956, 28 vols.).

[2] "Om udtalebetegnelsen" [On the phonetic notation] (1902: XII–XIII) – see also his "Oversigt over udtalebetegnelsen" [Survey of the phonetic notation] (p. XIV).

is only little different from the one used in *Le Maître Phonétique* – which later became the IPA-system – but that he has made it more readable for Danish and Norwegian readers. Interesting conventions introduced by Jespersen is the use of *italics* for sound segments that can be pronounced either "clear" or more "reduced", and superscript vowels for the second part of falling diphthongs, e.g. [me^i n, bo^u n] *mane, bone*. He emphasizes that the pronunciations should be natural, and points out that native speakers often think they have a much more distinct pronunciation than they actually have.

4. What in Jespersen's *Fonetik* is relevant still today?

Otto Jespersen's main contribution to phonetics is his great work *Fonetik* (1897–1899), [1] a book of more than 600 pages. The main parts of it were translated into German, and brought up-to-date, in two books that both appeared in 1904. [2] The parts of *Fonetik* about Danish were not included in the two books in German, but used for Jespersen's *Modersmålets fonetik* (see note 1 on p. 540); it became the standard textbook on Danish phonetics for several generations of students.

The grand old lady of phonetics – in Denmark as well as internationally – Eli Fischer-Jørgensen (1911–2010), gave (1979: 409–410) a concise evaluation of Jespersen's classic *Fonetik*, which agrees well with Rischel's later and more detailed account (1989). She points out that Jespersen has not introduced completely new aspects or methods in phonetics but that, basically, he followed his immediate predecessors, viz. mainly Sweet (cf. section 8).

---

[1] *Fonetik. En systematisk fremstilling af læren om sproglyd* [Phonetics. A systematic presentation of the theory of language sounds] (1897–1899).

[2] *Phonetische Grundfragen* [Basic Issues of Phonetics] (1904a) and *Lehrbuch der Phonetik* [Textbook of Phonetics, cf. section 10] (1904b and later).

But Jespersen can be said to represent the culmination of what can be called "classical phonetics", i.e. the description of the articulation of sounds based mainly upon what can be seen (by regarding the mouth) and be felt by a careful speaker, and from our knowledge of the relation between the articulation and what can be heard (p. 410). Jespersen – being an eminent observer and listener – presents a wealth of good analyses of sounds that he could pronounce to the complete satisfaction of native speakers. Jespersen was always aware of the contrastive function of sound differences, and must thus be said to have a clear phonological understanding (cf. section 10).

What is outdated today in *Fonetik* is in particular the sections on acoustics (under "Syntese" [Synthesis], pp. 361ff). This comes as no surprise, of course, since there has been, in the 20th century, an enormous progress in the technical possibilities in studying acoustics. But Jespersen was, in fact (according to Fischer-Jørgensen), sceptical towards the use of instruments, more than some other phoneticians at this time. In this respect, he can be contrasted with Karl Verner who designed instruments for measuring different aspects of speech sounds. [1]

5. The Danish vowel system: Høysgaard and Jespersen

Concordia res parvæ crescunt ([Høysgaard] 1743, anonymous)[2] is a scientific sensation. There are two main topics: on "tones" or "written accents"

---

[1] See Verner 1903: LXXIII–LXXX and 365–372, and two detailed letters on instrumental phonetics and the theory and practice of acoustics from Karl Verner to the important Finnish phonetician Hugo Pipping, published (1912, with a translation into French) by Vilhelm Thomsen and the mathematician J. P. Gram.

[2] *Concordia res parvæ crescunt*, eller Anden Prøve af Dansk *Orthographie*, Som viser skrevne *Accenters* Nytte, og *Vocalernes* rætte Brug [Unity makes strength, or Second Attempt/ Specimen of Danish orthography, showing the use of written Accents and the rightful use of the Vowels] ([Høysgaard] 1743, anonymous).

(see section 6), and on the vowels which will be discussed now. Høysgaard sees as the very first (in print) that e.g. the vowel in *list* is the same as in *et* – both pronounced with [e] – and similarly for *bukke* and *knopper* – both pronounced with [o] –, etc. This is a new and correct phoneme analysis (cf. Bjerrum 1958), and it represents an important step away from the mixing up of pronunciation and orthography which was the rule of the day. And in 1747[1] he is the first to propose a complete Danish vowel system, given in Fig. 1 here which shows "Vocâlernes nærmeste Slægtskab" [the closest relation between the vowels]:

Høysgaards vokalsystem 1747

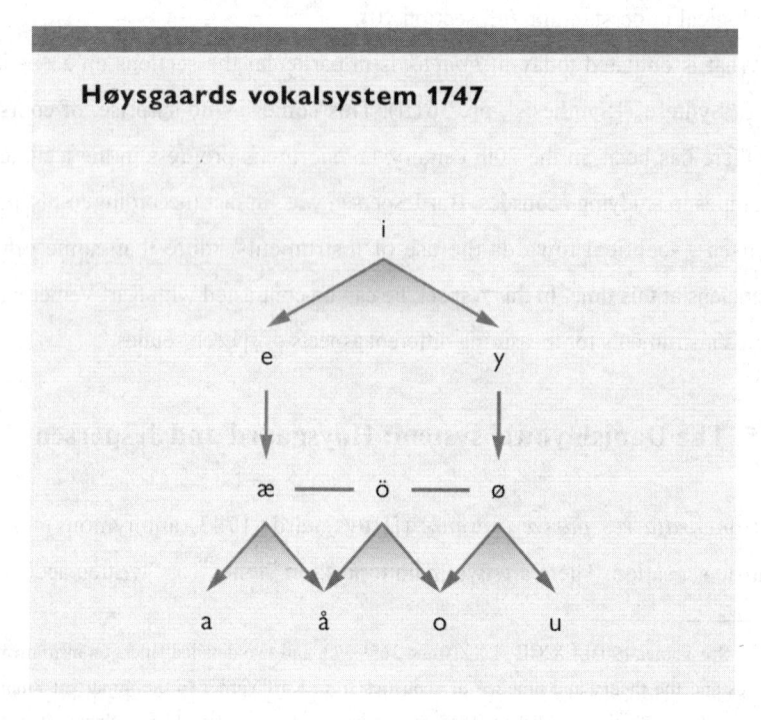

```
                    i
                   ╱ ╲
                  ╱   ╲
                 e     y
                 ↓     ↓
                 æ ─── ö ─── ø
                ╱ ╲   ╱ ╲   ╱ ╲
               ↓   ↓ ↓   ↓ ↓   ↓
               a   å     o     u
```

Fig. 1. Høysgaard's vowel scheme (based on 1747/1920: 264). (Reproduced from *Dansk Sproghistorie* 1: 283, with permission granted by *Det Danske Sprog- og Litteraturselskab* and *Aarhus Universitetsforlag*)

---

[1] 1747/1920 § 14, p. 264.

However, it is, with the editor of Høysgaard's work, viz. Henrik Bertelsen's words (1926: 119) his ear more than observation of the articulation of the sounds which leads him to the system. Both Bertelsen, and not least Otto Jespersen (see section 4) thought that *the real phonetics was the articulatory one*; and Jespersen (1897−1899: 24) even concludes that Høysgaard despite his always fine ear and his clear feeling that language description should be based upon observations of the heard language, *nevertheless must be called a grammarian rather than a phonetician*.

Eli Fischer-Jørgensen (2001: 188) remarks that the vertical dimension has a striking similarity to the dominant auditory dimension she found with her auditory experiments with Danish vowels (Fischer-Jørgensen 1967). With Eli Fischer-Jørgensen we can thus conclude that Høysgaard's vowel system to an important degree is founded upon auditory similarity, and that his point of departure – both concerning the vowel system and the analysis of the stød – is basically phonological, not phonetic (2001: 189). But it is also interesting that the vowel system itself can be interpreted as being in accordance with general phonetic dimensions, see Fig. 2 below where I have replaced Høysgaard's lines with my own, but where the placement of all Høysgaard's vowels has been retained.

The horizontal line distinguishes between front vowels (above) and back vowels (below) (Høysgaard's /a/ was a back vowel, as opposed to Modern Danish /a/). The line which is more vertical than horizontal distinguishes between unrounded (to the left) and rounded vowels (to the right). To the left of this line the vowels are placed with increasing openness (lowness) downwards. *This interpretation shows that Høysgaard's vowel scheme can be brought more in agreement with general phonetic dimensions than previously seen by the greatest of Danish phoneticians: Otto Jespersen.*

Høysgaards vokalsystem – i moderne fortolkning

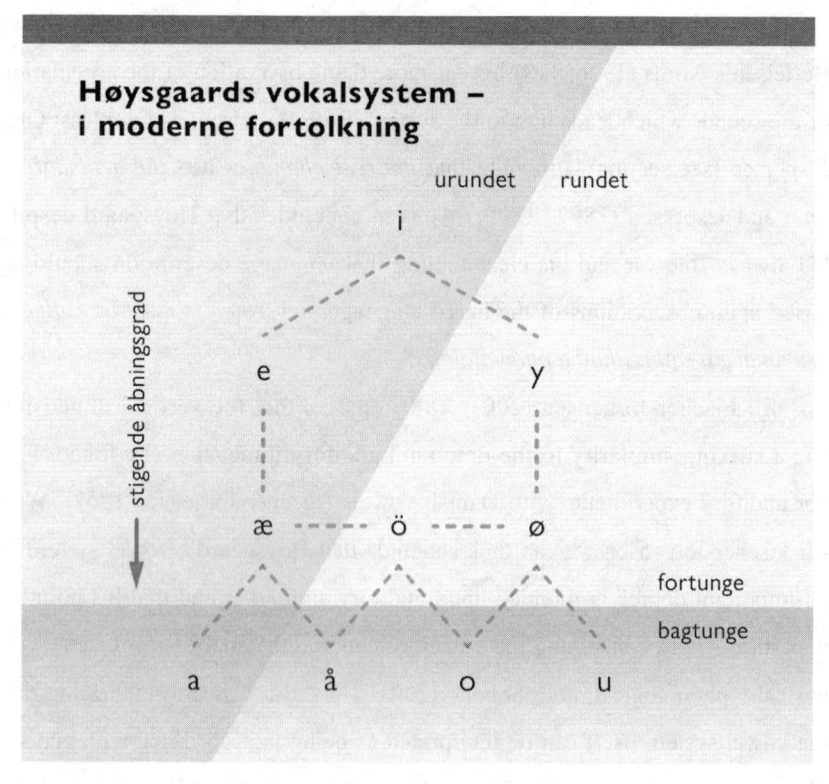

urundet   rundet

stigende åbningsgrad →

i

e   y

æ ---- ö ---- ø

fortunge
bagtunge

a   å   o   u

Fig. 2. A modification of Høysgaard's vowel scheme (based on 1747/1920: 264; cf. Fig. 1) in which Høysgaard's lines have been replaced by mine. (Reproduced from *Dansk Sproghistorie* 1: 283, with permission granted by *Det Danske Sprog- og Litteraturselskab* and *Aarhus Universitetsforlag*)

6. The Danish *stød*: Høysgaard and Jespersen

According to Louis Hjelmslev (1899–1965, cf. section 10), every language has a particularly difficult descriptive problem around which the whole linguistic analysis must center, e.g. for French: the interpretation of schwa, h, and the latent and optional consonants; for English: diphthongs and quantity. For Danish, the central structural problem is the stød (1948/1951).

Danish *stød* is a particular kind of laryngealisation (creaky voice) characterizing some Danish syllables. Only syllables with a long vowel or with a short vowel followed by a sonorant consonant, e.g. [n, l], and with stress (cf. section 7) can have *stød*. *Stød* – linguistically speaking: a laryngeal syllable rhyme prosody – is, according to Høysgaard, pronounced with a "push" like "et meget lidet hik" , i.e. "(like) a very little hiccup" . The absence or presence of this "little hiccup" -like phenomenon can be the only difference distinguishing words having otherwise identical pronunciations, e.g. *ven, vend!* "friend" , "turn!" [vɛn vɛnˀ]; *musen, musen* "the muse" , "the mouse" [ˈmuːsən ˈmuːˀsən]; *vandet, vandet* "watery" , "the water" [ˈvanəð ˈvanˀəð]. In the traditional Danish pronunciation of Latin, *stød* occurs (according to Danish rules). ①

When Høysgaard (1743, see section 5) gave the – sensational – first linguistic (phonological) description of the *stød*, he said that Danish would need four "written accents" to indicate different syllable types (my term) – whereas e.g. German which only had two (long and short vowel), would not need them in writing. In [Høysgaard] (1747)② he introduced the term "Aandelav" – a term he constructed in parallel to "Haandelag" [ways to position the hands, from *Haand* "hand"], "Aandelav" thus meaning "ways to position the breath" , from *Aande* "breath" – for the four accents. Høysgaard saw his four Aandelav as combining vowel length and *stød*, ③ which can be schematised as follows,

---

① Examples are: *ˈinˀsula, insuˈlarum* (without *stød*), *ˈamanˀt*, meaning 'island (nom. sg.)', 'of islands, gen. pl. ', 'they love, pres. 3d ps. pl. ', respectively. " ˀ " in orthographic forms here represents *stød*, " ˈ " stands for primary stress; thus the syllable with ˀ has primary stress in the first example, secondary in the last.

② *Accentuered og Raisonnered Grammatica* [Accentuated and Reasoned grammar].

③ I.e. ± stød, ± long vowel, in modern understanding. This is a system followed in the 20th century Danish dialectology.

see Table 1:

Table 1. A cross-classification of Høysgaard's four "Aandelav" in the two binary dimensions *Stød* : No *stød*, and Short vowel : Long vowel. From Basbøll 2018a: 26, in Danish from Basbøll 2016: 287.

	Stød (in the syllable)	No stød
Short vowel	*vend!* (stød "on [n]")	*ven*
Long vowel	*væn* 'fair, sg. indef.' (stød "on [ɛ:]")	*væne* 'fair, pl. /def.' (1st syllable)

Jespersen distinguished sharply between *stød* and vowel length (see sections 7 and 9). His contribution to the study of *stød* is important in two respects in particular: (1) Jespersen described *stød* synchronically in great detail, both phonetically and phonologically, and he also provided lots of minimally contrastive pairs of words, with and without *stød*, respectively, and he specified the morphological functions of *stød*; on these points, he can be seen as a great successor to Høysgaard. (2) Jespersen discussed in depth the relation between the Norwegian and Swedish tonal ("musical") accents and the Danish *stød*, and contributed significantly to the understanding of the early development of tonal and laryngeal distinctions in Scandinavia; in these respects (which Høysgaard did not cover at all), Jespersen is a grand name, concurrent with Karl Verner, and building on Sweet (see section 8). Brink 2018 gives detailed analyses of Danish *stød* and other aspects of prosody in a historical context, emphasizing the importance of Jespersen's contributions.

7. Danish prosody: Høysgaard and Jespersen

Prosody is a term for properties of the sound chain characterizing longer stretches than the individual segments (vowels and consonants), viz. (dynamic) *accents* (stress) – which are properties of syllables – and *tonal* phenomena, e.g. word tones in Swedish or Norwegian, and intonation. Also Danish *stød* is a prosody.

In his last work on the Danish language (1769), Høysgaard had realized that his project – from 1743 onwards – to have Danes writing symbols for Aandelav in running texts[①] was never to be realized: Danes would never do that! Then he proposed that the four accents should be used in dictionaries instead, and gave examples of such dictionary entries. But he then presented a table of Danish prosody that is far ahead of its time, see Table 2:

Table 2. Høysgaard's system of Danish prosody, based upon his table (1769/1923: 514). From Basbøll 2018a: 29, in Danish from Basbøll 2016: 285.

Aandelav ("Breath-position"): Standsende ("Stopping"), like á, Dobbelt ("Double"), like â [with stød]	characteristic of certain Danish words, particularly in Copenhagen
Aandelav ("Breath-position"): Kortjævn ("Short-equal"), like à, Lang-jævn ("Long-equal"), like à [without stød]	found in all languages, but not each of them in every word
Tidslængde ("Time-length"): *absolute*, as in the vowel's own time [i.e. vowel quantity]	Korttoned ("Short-toned"), like á and à [short vowel]
	Langtoned ("Long-toned"), like â and à [long vowel]
Tidslængde ("Time-length"): *respective*, between syllables [i.e. stress]	with Ophold ("Interruption"), are called long, like á, à, â, à [stressed]
	without Ophold ("Interruption"), are called short, like ă in *Ăgènt* [unstressed]

---

① Høysgaard proposed to indicate the Aandelav in the form of four different accents, like (as in French) accent aigu " ´ ", accent grave " ` ", accent circonflexe " ˆ ", and a fourth accent with a particular symbol. Høysgaard changed the actual accents, but the logic was clear and constant throughout.

Table 2 only includes the linguistic system, whereas there are aspects of intonation, for example, that are outside the linguistic system proper, according to Høysgaard. The system of Table 2 includes three binary oppositions: *stød*, vowel length, and stress (in modern terminology), cf. section 9.

Jespersen was a true pioneer in his analysis of stress: he developed a whole system of types of stress and described it in detail: both syntactic principles of stress reduction (unitary stress, or unit accentuation), of compound stress, of value stress (different types of emphatic stress), and so on.

8. Jespersen and two other great phoneticians: Sweet and Storm

Otto Jespersen (1897–1899: 50) calls Sweet "måske overhodet den största nulevende fonetiker" [perhaps after all the greatest phonetician alive]. Jespersen had close relations with Sweet, he visited him in Oxford and London, and after Sweet's death, when Jespersen visited his widow in London, she called him "min mands kæreste og dygtigste elev" [the dearest and most able/clever pupil of my husband] (Jespersen 1938: 156 [1995: 180f]). He had known and admired Sweet's work from his early days as a student of linguistics (1881).

Henry Sweet (1845–1912) in his very first work analyzed Danish phonetics. His treatment of the Danish "Tonelag" (a term here covering both Danish *stød* and Scandinavian tonal word accents, cf. section 9) is *generally very insightful for its time.* [1] Sweet's *Handbook of Phonetics* (1877) was probably the most important single work on phonetics of its time (cf. Jespersen 1897–1899: 50–53, 146–148, Juul 2002).

---

[1] Sweet is sometimes unfair to earlier phoneticians, e.g. he says that "[the stød] was discovered by the Danish grammarian Høysgaard, who, however, contented himself with merely giving a number of examples" (1873/1913: 348); this is not at all a fair evaluation of the great Høysgaard, see sections 2 and 6, and cf. Basbøll 2018a.

One of the greatest influences on the young Otto Jespersen, even though they never met, was the German Felix Franke (1860–1886), and the influence went both ways as documented by their correspondence from 1884 until Franke's premature death (see Kabell 2000); Jespersen translated and edited several of Franke's works, and they both saw Sweet as their great idol.

Jespersen first became aware (1938: 28 [1995: 33f]) of Sweet's works in 1881 by reading the Norwegian Johan Storm (1879). Storm (1836–1920), who was professor of Romance and English philology (1873–1912) at Oslo University, was a personal friend of Vilhelm Thomsen throughout his life, from the time they had travelled together in Italy in 1870 (Juul 2002: 24). Arne Juul has given a fascinating and well-documented account of *Den levende fonograf: nordmændenes professor Higgins* [The Living Phonograph: the Professor Higgins of the Norwegians] (2002), including comprehensive correspondences between Storm on the one hand, and Jespersen, Thomsen and Sweet (among others) on the other hand. Juul (2002) demonstrates that Jespersen and Storm were both easy to offend, [1] and several times Thomsen had to function as a mediator between them. In particular, Storm was hurt by Jespersen's frequent claims that Storm was basically unsystematic (e.g. *Fonetik* § 46, p. 53–55, cf. Juul 2002: 111–114).

9. Jespersen represents the culmination of Danish prosodic terminology (19th century)

In Table 3, we can follow the evolution in the terminology of "tones" and *stød* in the 19th century, starting with Rask[2] and ending with Jespersen's

---

[1] This applies to Sweet as well, as far as his relation to Storm is concerned.

[2] Rask tries to follow Høysgaard, but with an infelicitous addition of two superfluous "Aandelav", called "Tonehold" in Rask's terminology.

Fonetik that represents the culmination, i.e. now the system is clear and will be maintained in all essential respects in the following century. In between there have been many other attempts (for details see Basbøll 2018a). It is not just a question of terminology (even though the terminology is extremely shifting and often vague), but it is also clear that the concept itself becomes sharper throughout the century until Jespersen ends the game, so to speak.

Table 3. Terminology of "tones" and *stød* in the 19th century. From Basbøll 2018a: 39–40 (only parts), based upon Basbøll 2016 (online material, in Danish).

Modern term	Stød (vs. No stød)	Vowel quantity: long (vs. short) vowels	Stød+vowel quantity (Høysgaard's Aandelav) (number)	Stress (dynamic accent)
Rask 1826	[Treated under "Tonehold" : standsende [stopping] or langstødende, stødende]	[Treated under "Tonehold" : [without stød] skridende [striding] or langjævne [long-equal] (vs. løbende [running] or kortjævne [short-equal])]	Tonehold (6) [The two superfluous are: slæbende [dragging] = langtrukne [protracted], rullende [rolling] = nynnende [humming]]	Tonefald: Syllables with and without "Tonehold" (furthermore: Hovedtone [head-tone, i.e. primary] vs. Bitone [bi-tone, i.e. secondary], e.g. in [the 2nd syllable of] *Trefod*)
Verner 1874/1903	Tonestød (a binary category, does not apply to e.g. *kat*)	long (vs. short) vowels		Tone
Sweet 1877	glottal catch (x) or "stödtone" (vs. its absence)	long vowels are rendered with two vowel symbols		stress
Jespersen 1897–1899	stød (vs. absence of stød)	long (vs. short) vowels		tryk [stress]

10. Jespersen and "structuralism"

After the death of Otto Jespersen, Louis Hjelmslev was the most important general linguist in Denmark, and he wrote an interesting obituary in *Acta Linguistica* III (1945). He characterized Jespersen as a truly revolutionary spirit, and called him the Jacobin[1] among the linguists (1973: 52). He ends the obituary (1973: 53f) by expressing some surprise that Jespersen almost never adopted the points of view of others even when they seemed to be very close to his own,[2] perhaps for psychological reasons, Hjelmslev suggests.[3] Hjelmslev probably here also has in mind his own theory of *Glossematics*, developed 1934–1937 in close collaboration with the young Danish phonetician and linguist Hans Jørgen Uldall (1907–1957).[4]

Jørgen Rischel (1989: 56) has called attention to a hitherto scarcely noticed connection between Jespersen and Uldall: "It was planned that Uldall […] should revise the *Lehrbuch* (1904b) with English-speaking readers in mind. […] In 1935 they discussed various points (modifications of the an(t)alphabetic system, degrees of stress, and other topics). In the late thirties Jespersen (with reference to his own advanced age) expressed some jealousy over Uldall's collaboration with Louis Hjelmslev: 'Hjelmslev is young and he can wait better

---

[1] The Jacobins were members of an extremely radical movement in the French revolution in the most bloody period (i.e. the early 1790s).

[2] Hjelmslev here mentions Prague phonology, Ferdinand de Saussure, Maurice Grammont and Edward Sapir.

[3] Paul Christophersen (1995) gives a very interesting analysis of Hjelmslev (1945) and his relation to Jespersen.

[4] Glossematics focussed upon the immanent structure of linguistic elements, analysed for each of the two sides of the (Saussurian) sign in parallel fashion (see Basbøll 2021a).

than I can.' In 1938 or 1939 the plan was changed; now it was to be a joint venture: 'Essentials of Phonetics and Phonology [altered from: with remarks on phonology] by Otto Jespersen and Hans Jørgen Uldall.' [...] Anyway, the war broke out and the work was never completed."

The leading Prague phonologist, the Russian prince N. S. Trubetzkoy (1890-1939), said (2001: 44) that "The distinction between languages with externally determined quantity and those with internally determined quantity was introduced into the study of sounds by our esteemed president, Otto Jespersen, and is now common knowledge"; and he adds (2001: 50) that "Phonology is interested only in languages with internally determined (or, as we would say today, phonologically relevant) quantity [...] [serving] the differentiation of meaning". This is a clear recognition of Jespersen's relevance for phonology, and in 1930 he (OJ) received a telegram stating that "La réunion phonologique internationale" [1] "recognizes you as one of the pioneers of the new methods in linguistics" (*Linguistica* [1933: 212]). Another Prague phonologist André Martinet[2] said (1993: 337), à propos *speech acts* and *shifters*, that much of this scarcely surpassed what Jespersen had said sixty years ago. I think this is typical for the respect paid by later linguists to Jespersen's pioneering works.

The directness and pertinence, but sometimes also sharpness, in Jespersen's formulations towards other researchers (cf. section 8) can be seen in

---

[1] It was a conference "Réunion Phonologique Internationale Tenue à Prague [held in Prague] 18-21/XII 1930", the proceedings of which are published as *Travaux du Cercle Linguistique de Prague* IV (1931).

[2] André Martinet (1908-1999), who later founded his own school of "functionalism", had translated Jespersen's *Language* (1922) into French and knew Jespersen personally (see Basbøll 2021b).

the postcards sent by Jespersen to a leading member of the Prague School, viz. Bohumil Trnka (1895-1984), who was professor of English and author of the comprehensive *A Phonological Analysis of Present-Day English* (1935). The first postcard (19. 6. 1928) was written in Jespersen's invention: the auxiliary language *Novial*, the others in English. 11. 2. 1930 Jespersen thanks Trnka for his paper on the phonological structure of English, and points out a couple of points where he disagrees with it; and he refers, as in other postcards, to many places in his own publications that Trnka should have paid attention to. Of general importance is the following: "I have [...] e.g. in my *Fonetik* [...] paid much attention to what you now call phonology, what I generally termed 'economy of speech' ". 17. 5. 1931 Jespersen thanks Trnka for his Syntax of English Verbs, mentions a number of disagreement, but ends by "But on the whole I consider your book a valuable contribution to Engl. Syntax". 2. 2. 1936 Jespersen thanks Trnka for having sent him Trubetzkoy's book, [1] but adds that it is not easy reading, that he does not like his phonetic transcription, and Jespersen asks "What does he mean by capital letters?[2] Perhaps he explains it somewhere: I have not found it yet." Here and in the following postcards there are numerous precise points of criticism of Trnka's claims. And the last one in the correspondance (1. 3. 1938) simply was "Dear Professor Trnka, Thank you very much. But you will forgive me for saying that I do not think you have cleared up the matter. Yours sincerely (sign.) Otto Jespersen". [3]

---

[1] This book must be *Anleitung zu phonologischen Beschreibungen* (1935).

[2] This must be Archiphonemes, a crucial notion in Prague phonology.

[3] Postcards from Jespersen to Trnka, Inventář Filozofické Fakulty Univerzity Karlovy, nr. 2132; thanks to A. Andronov. (I have not seen Trnka's reactions.)

11. Jespersen's followers: the New Jespersen School (of phonetics)

What I have termed the *New Jespersen School*[1] is a group consisting of the main editors of the *SDU* [2], namely, Lars Brink, Jørn Lund and Steffen Heger, and their collaborators and pupils. Jørn Lund says, in his status report on the study of the Danish language (1993: 31) that the term *Ny-Jespersenianerne* make the authors, i.e. Brink and Lund, proud, and that they consider Jespersen as a much greater inspiration than Hjelmslev. Lars Brink (1981: 17) even called Jespersen *"fonetikkens store ledestjerne"* [the Great Lodestar of Phonetics].

The main work of the *New Jespersen School*, apart from the *SDU*, is Brink & Lund (1975), a comprehensive history of the pronunciation of the Danish Standard language as spoken by people born between 1840 and 1955, based upon sound recordings from radio archives, their own tape recordings, and so on. This work is an important basis of the *SDU*, in methodology and not least with respect to factual knowledge. The *SDU* is one of the largest pronunciation dictionaries published for any language, with respect to information provided – in the dictionary part and the systematic part combined – as to pronunciation variants (regional, stylistic, etc.), information on pronunciation in inflections, and pronunciations varying with respect to stylistic reduction phenomena and ongoing sound change. It is not documented with respect to informants and social stratification, however, and the extremely detailed information in the *SDU* cannot always be verified systematically by others.

---

[1] In Danish *Ny-Jespersenianerne*, Basbøll 1989: 93–97.

[2] *SDU* stands for *Den Store Danske Udtaleordbog* [The Large Danish Pronunciation Dictionary] (1991), by Lars Brink, Jørn Lund, Steffen Heger and J. Normann Jørgensen.

In the works of the New Jespersen School, an important definition of dansk *rigsmål*, i.e. Danish standard speech, has been introduced/used, and it has been adopted by other scholars as well. Essentially, *rigsmål* is not defined here as a "whole language (variant)", spoken by particular people, in particular institutions, or the like. Brink & Lund define as a *rigsmål-form* a pronunciation of *a specific word form* that can be heard with some people – not necessarily a majority – raised in all major regions of Denmark. This is more operational than definitions like "spoken at the Royal Theater", "spoken by well educated people", etc. etc., and that is methodologically sound. However, this definition presupposes that the pronunciation is rendered in a – in the mathematical-logical sense – discrete notation system since two different concrete pronunciations are never 100% identical, if measured in the finest details. This means, in practice, that e.g. differences of intonation are not incorporated in this definition (e.g. Basbøll 1989, 2016). Thus two pronunciations of a given word form can both be *rigsmål-forms* in this definition, even though they can be clearly different with respect to e.g. intonation and easily identifiable as, for example, Jutlandish vs. Copenhagen speech.

12. Jespersen's controversial role in Danish grammar: around Wivel

I have just (in section 11) used the term the *New Jespersen School* for a specific group of Danish phoneticians. But Otto Jespersen, as would be expected, has had many other followers (also) in Denmark, within the study of English, of applied linguistics, of grammar, etc. I shall not discuss this vast field here, but only single out a study of Danish grammar strongly inspired by Jespersen, which includes also phonetic and phonological aspects, viz.

Wivel (1901)[1]. Wivel emphasizes in the preface the extraordinary importance Jespersen has had for this book. Wivel mentions four "positive grammatical marks", i.e. (i) inflectional forms, (ii) word order, (iii) prosody (tone, stress, *stød*) and (iv) pauses/interruptions. As an example, this approach leads to his enumeration of 30 different plural formations of nouns, including also phonetic/phonological criteria, both segmental and prosodic (p. 98–100).

Jespersen himself mentions Wivel's book briefly[2] where he says that Wivel (1901) does not pretend to be a complete grammar, but that he criticizes traditional grammar with sagacity, and often presents new observations that are both fine and just; however, Jespersen adds, Wivel can be blamed for overemphasizing the formal view and neglecting the logic of language. Louis Hjelmslev (cf. section 10) praised Wivel (1901) highly, characterizing it (1928: 109f) as a work of the uttermost importance for the principles of grammar. The truth is (according to Hjelmslev) that in all of Europe, Wivel is the first to have argued, in a consequential, clear and rigorous way, for a pure linguistic synchronic standpoint (similar to, but antedating Saussure).

Wivel (1901) led to a strong controversy with "traditionalists". The leading expert of Danish grammar of the time, and a primary object of Wivel's harsh criticism, was Kr. Mikkelsen[3]. In the generation following Wivel and

---

[1] H. G. Wivel (1851–1910), the author of *Synspunkter for dansk sproglære* [Viewpoints for Danish grammar] (1901), was a teacher at a college in the Northern Jutlandish city of Aalborg.

[2] This is in Jespersen 1928 (1933: 27); Wivel is not mentioned in Jespersen's memoirs (1938).

[3] Kr. Mikkelsen (1845–1924) was a teacher at the college ("Latin school") of Roskilde. He was raised in the latinate tradition, but his most important works (scientifically) were his grammars of Danish (1894, and the much expanded syntax 1911) with very detailed new observations.

Mikkelsen, the two most important grammarians of Danish were Aage Hansen[1] and Paul Diderichsen.[2] When the latter gave his final, very detailed, evaluation of Danish grammar in the 20th century (1965), he found that basically, Wivel's criticism of Mikkelsen was unfair, and that Mikkelsen had contributed much more to our knowledge of Danish grammar than did Wivel. Diderichsen also said that the most decisive difference between Aage Hansen and himself, was their relation to Otto Jespersen (1965: 191): Aage Hansen was deeply influenced by Jespersen's scientific optimism, e.g. that basically grammatical problems could be solved by using common sense and forgetting about the artificial traditional systems; Diderichsen, on the other hand, was more sceptical of Jespersen and found more inspiration in the structuralism of e.g. Hjelmslev and in earlier traditions. It is interesting to see how the new large scientific grammar of Danish, viz. Hansen & Heltoft (2011), treats the tradition: Høysgaard, Mikkelsen, Wivel and Diderichsen (and to a lesser extent Aage Hansen) all play a significant role, and thus Jespersen indirectly – via Wivel – still has a heavy share of today's tradition of Danish grammar.

13. Concluding remark

I hope that I have shown in this preface that Otto Jespersen, who is recognized internationally – and justly so – as an outstanding phonetician,

---

[1] Aage Hansen (1893–1983) edited more columns than anyone else of the largest Danish dictionary ever, viz. *Ordbog over det Danske Sprog* [Dictionary of the Danish Language] (1919–1956, 28 vols.). He is also the author of several large philological works on Danish, culminating with (1967).

[2] Paul Diderichsen (1905–1964) was the most important professor of Scandinavian Studies at Copenhagen University, and he dominated the study of Danish grammar, e.g. with his textbook (1946).

general linguist, English philologist, language historian, and applied linguist, is an integral part of a Danish scientific tradition in linguistics dating back at least to the eighteenth century and involving other great linguists, such as Jens Høysgaard, Rasmus Rask, Vilhelm Thomsen and Karl Verner.

Acknowledgement

Parts of this preface come from earlier publications of mine (in revised form), e.g. Basbøll 2005, 2016, 2018b and 2021a, but most of all from 2018a. I am indebted to Nina Grønnum for numerous (mostly stylistic) comments on the ms.

References

Basbøll, Hans. 1989. Dansk talesprog, systembeskrivelser [Danish spoken language, structural descriptions]. *Forskningsprofiler udgivet af Selskab for Nordisk Filologi* [Research profiles, published by the Society for Nordic Philology] (eds. Bente Holmberg, Britta Olrik Frederiksen & Hanne Ruus). København: Gyldendal. 91–134.

Basbøll, Hans. 2005. *The Phonology of Danish* [Series The Phonology of the World's Languages]. Oxford: Oxford University Press.

Basbøll, Hans. 2016. Fonetikker (sprogbeskrivelser) [Descriptions of phonetics (and phonology)]. *Dansk Sproghistorie* [Danish language history] vol. 1 (eds. Ebba Hjorth, Henrik Galberg Jacobsen, Bent Jørgensen, Birgitte Jacobsen & Laurids Kristian Fahl). Det Danske Sprog- og Litteraturselskab. Aarhus Universitetsforlag. 279–297 (extra material on *dansksproghistorie.dk*).

Basbøll, Hans. 2018a. Chapter Two. The discovery of Danish phonology and prosodic morphology: from the third university caretaker Jens P. Høysgaard (1743) to the 19th century. *The Meaning of Language* (ed. Hans Götzsche). Newcastle upon Tyne: Cambridge Scholars Publishing. 17–45.

Basbøll, Hans. 2018b. Four Great Danish Linguists: how they influenced each other and the world. *Carlsbergfondets web-site*:
<http://www.carlsbergfondet.dk/da/Forskningsaktiviteter/Forskningsprojekter/An-

dre-forskningsprojekter/Hans-Basboell-Four-Great-Danish-Linguists>

Basbøll, Hans. 2021a. Chapter 16. Phonology in Glossematics in Northern and Western Europe [in the middle of the 20th century]. *The Oxford History of Phonology* (eds. B. Elan Dresher & Harry van der Hulst). Oxford: Oxford University Press. 331–355.

Basbøll, Hans. 2021b. Phonology and Phonetics, a recurrent theme in European structuralisms: the case of Otto Jespersen and André Martinet. In Lorenzo Cigana & Frans Gregersen (eds.). *StructuralismS*. The Royal Danish Academy of Sciences and Letters, Scientia Danica, Series H. Humanistica. Copenhagen: Videnskabernes Selskabs Forlag.

Basbøll, Hans & Viggo Bank Jensen. 2015. Rask – a linguistic giant between the 18th and 20th century. *Historiographia Linguistica* 42: 153–167.

Bertelsen, Henrik (ed.). 1915–1929. *Danske Grammatikere fra Midten af det syttende til Midten af det attende Aarhundrede* [Danish Grammarians from the middle of the seventeenth to the middle of the eighteenth century]. København: Gyldendal. [Reprinted by Det danske Sprog- og Litteraturselskab [The Danish Society for Language and Literature], København: C. A. Reitzel, 1979.

Bertelsen, Henrik. 1926. *Jens Pedersen Høysgaard og hans Forfatterskab* [Jens Pedersen Høysgaard and his works]. København: Gyldendal.

Bjerrum, Anders. 1958. Høysgaards anden ortografiske prøve. *Sprog og Kultur* XX. 1–13. [In English as Jens Pedersen Høysgaard's second orthographical specimen, in Anders Bjerrum (1973), *Linguistic Papers*. Copenhagen: Akademisk Forlag. 35–50.]

Bredsdorff, Jacob Hornemann. 1821. *Om Aarsagerne til Sprogenes Forandringer* [On the causes of linguistic change]. In Bredsdorff 1933: 1–27.

Bredsdorff, Jacob Hornemann. 1933. *Udvalgte Afhandlinger* [Selected works] (ed. Jørgen Glahder). København: Levin & Munksgaard.

Bredsdorff, Jacob Hornemann. 1982 [1821]. On the causes of linguistic change. Translation with commentary, by Henning Andersen, with an essay on J. H. Bredsdorff. *Historiographia Linguistica* IX: 1–41.

Brink, Lars. 1981. Sammenligningstryk [Stress for comparison]. *Selskab for Nordisk Filologi. Årsberetning for 1979–80* [The Society for Nordic Philology. Annual report for 1979–80]. København. 17–30.

Brink, Lars. 2011. Otto Jespersen som fonetiker [Otto Jespersen as phonetician]. *RASK Internationalt tidsskrift for sprog og kommunikation* [International journal of language and communication] 33. 77–87.

Brink, Lars. 2018. Stød, tryk og tonegang [Stød, stress and intonation]. *Dansk Sproghis-*

torie [Danish language history] vol. 2 (eds. Ebba Hjorth, Henrik Galberg Jacobsen, Bent Jørgensen, Birgitte Jacobsen, Merete Korvenius Jørgensen & Laurids Kristian Fahl). Det Danske Sprog- og Litteraturselskab. Aarhus Universitetsforlag. 229−254.

Brink, Lars & Jørn Lund. 1975. *Dansk Rigsmål. Lydudviklingen siden 1840 med særligt henblik på sociolekterne i København* [Spoken standard Danish. The phonetic evolution since 1840 with particular reference to the sociolects in Copenhagen] vol. 1−2. København: Gyldendal.

Brink, Lars, Jørn Lund, Steffen Heger & Jens Normann Jørgensen. 1991. *Den Store Danske Udtaleordbog* [The comprehensive pronouncing dictionary of Danish]. København: Munksgaard.

Brynildsen, John. 1902−1907. *Engelsk-Dansk-Norsk Ordbog = A Dictionary of the English and Dano-Norwegian Languages*. English pronunciation by Otto Jespersen. Copenhagen: Gyldendal.

Christophersen, Paul. 1989. Otto Jespersen. In Juul & Nielsen (1989), 1−12.

Christophersen, Paul. 1995. Foreword. In Juul, Nielsen & Nielsen (1995), xiii-xx.

Diderichsen, Paul. 1946. *Elementær dansk Grammatik* [Elementary Danish grammar]. København: Gyldendal.

Diderichsen, Paul. 1965. Synspunkter for dansk sproglære i det 20. århundrede [Points of view for Danish grammar in the 20th century]. *Det danske sprogs udforskning i det 20. århundrede* [Research on the Danish language in the 20th century] (eds. Jørgen Larsen, Christian Lisse & Karl Martin Nielsen). Udgivet af Selskab for nordisk Filologi, København [Published by the Society for Nordic Philology, Copenhagen]. København: Gyldendal. 142−211.

Fischer-Jørgensen, Eli. 1967. Perceptual dimensions of vowels. *To Honor Roman Jakobson. Essays on the occasion of his 70th birthday*, 667−671; and *Zeitschrift für Phonetik* 21 (1968), 94−98.

Fischer-Jørgensen, Eli. 1979. Fonetik [Phonetics]. *Københavns Universitet 1479−1979* [(History of the) University of Copenhagen 1479−1979] vol. IX. *Det Filosofiske Fakultet* [The faculty of philosophy] vol. 2. 401−420.

Fischer-Jørgensen, Eli. 2001. *Tryk i ældre dansk. Sammensætninger og Afledninger* [Stress (accent) in older Danish. Compounds and derivatives]. *Det Kongelige Danske Videnskabernes Selskab* [The Royal Danish Academy of Sciences and Letters]. *Historisk-filosofiske Meddelelser* 84. København: C. A. Reitzel.

Grimm, Jacob. 1822. *Deutsche Grammatik* [German grammar]. Part I, 2nd edn. Göttingen: Dieterich.

Hansen, Erik & Lars Heltoft. 2011. *Grammatik over det Danske Sprog* [Grammar of the Danish language]. Det Danske Sprog- og Litteraturselskab [The Danish Society of Language and Literature]. Odense: Syddansk Universitetsforlag. 3 vols.

Hansen, Aage. 1967. *Moderne Dansk* [Modern Danish]. Det Danske Sprog- og Litteraturselskab [The Danish Society of Language and Literature]. København: Grafisk. 3 vols.

Hjelmslev, Louis. 1928. *Principes de grammaire générale* [Principles of a General Grammar]. Det Kongelige Danske Videnskabernes Selskab [The Royal Danish Academy of Sciences and Letters]. Hist. -Fil. Medd. XVI, 1. Copenhague: Munksgaard.

Hjelmslev, Louis. 1945. Otto Jespersen. Nécrologie [Otto Jespersen. Obituary]. *Acta linguistica* III, 119–130. Reprinted in Hjelmslev 1973, 41–54.

Hjelmslev, Louis. 1948/51. Grundtræk af det danske udtrykssystem med særligt henblik på stødet [Outline of the Danish expression system with particular reference to the stød]. *Selskab for nordisk filologi, årsberetning for 1948–49–50* [The Society for Nordic Philology. Annual report for 1948–49–50][summary of two lectures given November 23 and 30, 1948]: 12–24 [in English (with notes by the translator and the editors) In Hjelmslev 1973: 247–66].

Hjelmslev, Louis. 1973. *Essais linguistiques* [Linguistic essays] II. Travaux du Cercle linguistique de Copenhague [Works of the Copenhagen Linguistic Cercle] XIV. Copenhague: Nordisk Sprog- og Kulturforlag.

Hovdhaugen, Even, Fred Karlsson, Carol Henriksen & Bengt Sigurd. 2000. *The History of Linguistics in the Nordic Countries*. Jyväskylä: Societas Scientiarum Fennica.

Høysgaard, Jens. 1743. *Concordia res parvæ crescunt*, eller Anden Prøve af Dansk Orthographie, Som viser skrevne *Accenters* Nytte, og *Vocalernes* rætte Brug [Unity makes strength, or Second Attempt/Specimen of Danish orthography, showing the use of written Accents and the rightful use of the Vowels]. Kiøbenhavn. In Bertelsen 1915–1929, vol. IV (1920). 217–248.

Høysgaard, Jens. 1747. *Accentuered og Raisonnered Grammatica* [Accentuated and Reasoned Grammar]. Kiøbenhavn. In Bertelsen 1915–1929, vol. IV (1920). 249–488.

Høysgaard, Jens. 1752. *Methodisk Forsøg til en Fuldstændig Dansk Syntax* [Methodical Attempt at a Complete Danish Syntax]. Kiøbenhavn. In Bertelsen 1915–1929, vol. V (1923). 1–506.

Høysgaard, Jens. 1769. *Første Anhang til den Accentuerede Grammatika* [First Appendix to the Accentuated Grammar]. Kiøbenhavn. In Bertelsen 1915–1929, vol. V

(1923). 507-550.

Jespersen, Otto. 1890. Danias lydskrift [The phonetic transcription *Dania*]. *Dania* I. 33-79.

Jespersen, Otto. 1897. Karl Verner. *Tilskueren* (in Danish, reprinted in Jespersen 1932: 12-23). In English in *Linguistica* 1933: 12-23.

Jespersen, Otto. 1897-1899. *Fonetik. En systematisk fremstilling af læren om sproglyd* [Phonetics. A systematic presentation of the theory of language sounds]. København: Schubotheske (= *Fonetik*).

Jespersen, Otto. 1902(-07). Om udtalebetegnelsen [On the phonetic notation], In Brynildsen 1902-1907: XII-XIII.

Jespersen, Otto. 1904a. *Phonetische Grundfragen* [Basic Issues of Phonetics]. Leipzig: Teubner.

Jespersen, Otto. 1904b. *Lehrbuch der Phonetik* [Textbook of Phonetics]. Leipzig: Teubner.

Jespersen, Otto. 1906. *Modersmålets fonetik* [Phonetics of the mother tongue]. København: Schubotheske (3rd edn. 1934).

Jespersen, Otto. 1918. *Rasmus Rask i Hundredåret efter hans hovedværk* [Rasmus Rask at the centenary after his major work]. København: Gyldendal.

Jespersen, Otto. 1922. *Language. Its Nature, Development and Origin*. London: Allen & Unwin.

Jespersen, Otto. 1928. L'étude de la langue maternelle en Danemark [Study of the mother tongue in Denmark]. *Acta Philologica Scandinavica* III, 63-76; reprinted in Jerspersen 1933, 24-39.

Jespersen, Otto. 1932. *Tanker og Studier* [Thoughts and Studies]. København: Gyldendal.

Jespersen, Otto. 1933. *Linguistica. Selected Papers in English, French and German*. Copenhagen: Levin & Munksgaard.

Jespersen, Otto. 1938. *En sprogmands levned* [A linguist's Life]. København: Gyldendal. [English translation *A Linguist's Life* (eds. Arne Juul, Hans Frede Nielsen & Jørgen Erik Nielsen), translated by David Stoner and annotated by Jørgen Erik Nielsen, with a detailed bibliography. Foreword by Paul Christophersen. Odense University Press 1995.]

Juul, Arne. 2002. *Den levende fonograf: Nordmændenes Professor Higgins* [The living phonograph: the Profesor Higgins of the Norwegians]. *RASK* [International journal of language and communication] Supplement vol. 13. Odense: Syddansk Universitetsforlag.

Juul, Arne & Hans Frede Nielsen (eds.). 1989. *Otto Jespersen: Facets of His Life and Work.* Amsterdam: John Benjamins.

Juul, Arne, Hans Frede Nielsen & Jørgen Erik Nielsen (eds.). 1995. *Otto Jespersen: A Linguist's Life*, translated [from Jespersen 1938] by David Stoner and annotated by Jørgen Erik Nielsen, with a detailed bibliography. Odense University Press.

Kabell, Inge. 2000. Jespersen and Franke – an academic friendship by correspondence. *Language & History. Journal of the Henry Sweet Society for the History of Linguistic Ideas. Bulletin* vol. 35, issue 1, 27−37 (online 2016).

Kock, Axel. 1878. *Språkhistoriska undersökningar om svensk akcent* [Diachronic investigations of Swedish accent]. Lund: Gleerup.

Larsen, Fritz. 1989. Jespersen's New International Auxiliary Language. In Juul & Nielsen (1989), 101−122.

Lund, Jørn. 1993. Hovedstrømninger i dansk sprogforskning [1968−1992] [Main currents in the research on the Danish language (1968−1992)]. *Dansk Sprog- og Litteraturforskning* [Research on Danish language and literature]. Statens humanistiske forskningsråd [The Danish research council for the humanities]. København.

Martinet, André. 1993. *Mémoires d'un linguiste. Vivre les langues.* [A Linguist's Memoirs. Long live the languages]. Paris: Quai Voltaire.

Mikkelsen, Kr. 1894. *Dansk Sproglære med sproghistoriske Tillæg. Haandbog for Lærere og Viderekomne* [Danish grammar with diachronic appendices. Handbook for teachers and advanced learners]. København: Lehmann & Stage.

Mikkelsen, Kr. 1911. *Dansk Ordföjningslære med sproghistoriske Tillæg. Haandbog for Viderekomne og Lærere* [Danish syntax with diachronic appendices. Handbook for advanced learners and teachers]. København: Lehmann & Stage. [Republished 1975 with an index. København: Reitzel.]

Nielsen, Hans Frede. 1989. On Otto Jespersen's view of language evolution. In Juul & Nielsen (1989), 61−78.

Ordbog over det Danske Sprog [Dictionary of the Danish Language]. Udgivet af Det Danske Sprog- og Litteraturselskab [Published by the Danish Society for Language and Literature]. 1919−1956. 28 vol. s. København: Gyldendal.

Rask, Rasmus. 1814/1818. *Undersögelse om det gamle Nordiske eller Islandske Sprogs Oprindelse* [Investigation of the Origin of the Old Norse or Icelandic Language]. Copenhagen: Gyldendal. [New edition of the 1993 English translation by Niels Ege, with an introduction by Frans Gregersen, Amsterdam Classics in Linguistics 1800−1925

(Amsterdam Studies in the Theory and History of Linguistic Science, Series I), vol. 18, Amsterdam: Benjamins 2013.]

Rask, Rasmus. 1826. *Forsøg til en videnskabelig dansk Retskrivningslære* [Attempt at a scientific Danish [system of] orthography]. Copenhagen: Popp [also *Tidsskrift for Nordisk Oldkyndighed* [Journal of Nordic Antiquity] I, 1−340].

Rischel, Jørgen. 1989. Otto Jespersen's contribution to Danish and General Phonetics. In Juul & Nielsen (1989), 43−60.

Storm, Johan. 1879. *Engelsk Filologi, I. Det levende Sprog. Anvisning til et videnskabeligt Studium af det engelske Sprog for Studerende, Lærere og Viderekomne* [English Philology, I. The living Language. Instructions to a scientific study of the English language for students, teachers and advanced learners]. Kristiania [= Oslo]. [Translated into German by the author, revised and expanded, under the title *Englische Philologie* [English Philology], 1881 and 1892−1896.]

Sweet, Henry. 1873/1913. On Danish Pronunciation. *Transactions of the Philological Society* 1873−1874, 94−112 [here after Wyld, H. C. (ed.). 1913. *Collected Papers of Henry Sweet,* Oxford: Clarendon, 344−361].

Sweet, Henry. 1877. *A Handbook of Phonetics.* Oxford: Clarendon.

Thomsen, Vilhelm. 1919−1931. *Samlede Afhandlinger* [Collected works]. 4 vols. København: Gyldendal.

Thomsen, Vilhelm & J. P. Gram. 1912. To Breve fra Karl Verner [Two letters from Karl Verner] [with a translation into French]. *Oversigt over Det Kgl. Danske Videnskabernes Selskabs Forhandlinger* [Transactions of The Royal Danish Academy of Sciences and Letters] 1913, No. 3, 161−211. Also *Danske Folkeminder* no. 55. 1−51.

Trnka, Bohumil. 1935. *A Phonological Analysis of Present-Day English.* Praha: Universita Karlova.

Trubetzkoy, N. S. 1935. *Anleitung zu phonologischen Beschreibungen* [Introduction to the Principles of Phonological Descriptions (translated by L. A. Murray, The Hague: Nijhoff, 1968)]. Brno: Édition du Cercle linguistique de Prague [Edition of the Prague Linguistic Circle].

Trubetzkoy, N. S. 2001. *Studies in General Linguistics and Language Structure.* Edited, and with an introduction by Anatoly Liberman; translated by Marvin Taylor and Anatoly Liberman. Durham and London: Duke University Press.

Verner, Karl. 1875/77. Eine ausnahme der ersten lautverschiebung [An exception to the first sound change]. *Kuhns Zeitschrift für vergleichende Sprachforschung* XXIII: 97−130. Reprinted in Verner 1903: 1−45.

Verner, Karl. 1881. [Review of Kock 1878]. *Zeitschrift für deutsches Altertum* VII: 1–18. Reprinted in Verner 1903: 84–104.

Verner, Karl. 1903. *Afhandlinger og Breve udgivne af Selskab for germansk Filologi med en Biografi af Marius Vibæk* [Papers and letters published by the Society for Germanic Philology with a biography by Marius Vibæk]. København: Frimodt.

Wivel, H. G. 1901. *Synspunkter for dansk sproglære* [Viewpoints for Danish grammar]. København: Det Nordiske Forlag.

编后、译后记

人文领域，若要认真研究一位重要学者的思想，最基础的事情就是认真研读他的原著，对他的思想加以思考和评判。二十多年前初读叶斯柏森的著作时，我没有想过要翻译他的著作，更没有想过要为他的著作编一部选集，因为翻译知名学者的经典名作从来都不是一件易事。

首先需要面对的，就是语言上的复杂性。叶斯柏森的许多著作不是用英语撰写的，而著作中涉及的例词、例句，更是涉及几十种古今语言；他作为从事英语研究的丹麦学者，撰写著作时最常使用的两种语言无疑是丹麦语和英语。但是，他早期的许多著作是用德语发表、出版的（包括直接用德语撰写的著作，也包括由他本人或其他学者从丹麦语译成德语的著作），另有少量著作，是用法语撰写的。叶斯柏森著作的多语种性，与他所处的年代的学术写作惯例密切相关。19世纪末、20世纪初，国际学术通用语主要有德、法、英三种，尤其是德、奥语言学家长期控制理论语言学话语权以来，德语在欧洲（尤其是欧陆）语言学界的地位远高于英语和法语，这就是为何叶斯柏森以及他所引用的众多未必以德语为母语的学者，用德语来撰写著作才能够产生广泛的国际影响。与之不同的是法国、比利时以及瑞士法语区的学者，他们更习惯用法语来撰写著作，法语在当时的学界虽然影响力稍逊于德语，但却俨然形成了欧陆语言学的另一重世界。英吉利海峡对面，英国学者虽然偶尔也会通过用德语撰写著作来参与国际交流（例如斯威特的《英语口语基础》[*Elementarbuch des gesprochenen Englisch*, 1885] 一书，以德语出版于牛津），但总体上看还是以用英语撰写著作为主流，英国学者对德国语言学界的"霸权"始终持谨慎态度，竭力避免英语学研究被广义的日耳曼学研究吸收同化。此外，北欧各国这一时期的语言学研究也非常发达，虽然丹麦语和瑞典语从未在欧陆取得过国际学术通用语地位，北欧语言学家的著作在国际上常以德语发表，但是在北欧内部，尤其是在北欧语言与方言研究领域，以丹麦语或瑞典语撰写的语言学著作无论质量上还是数量上都不容小觑。

因此，才会出现叶斯柏森使用多种语言发表、出版著作的盛况。这之中，第一次世界大战是个非常重要的转折点。一战带来的诸多因素严重动摇了德语在语言学界的地位。一战前，德语经常充当叶斯柏森面向国际学界发表其普通语言学新见解时的首选语言，如《论语音定律问题》（1886）、《新型语言教学》（1887）、《语音学教程》（1904）、《语音学的基本问题》（1904）、《语言能量学》（1914）等文章和著作都是用德语写的，因为此时德语的传播力最强；只有那些以英语本身为研究对象的著作，才用英语撰写，如《从英语看语言的发展》（1894）、《英语的成长与结构》（1905）、《约翰·哈特的英语发音》（1907）、《现代英语语法·第 1 卷·语音与拼写》（1909）等。一战后，叶斯柏森的德语著作明显减少，他此时出版的那些最著名的语法学及普通语言学著作，大多数已改用英语来撰写了，如《语言论》（1922）、《语法哲学》（1924）、《从语言学角度看人类、民族与个人》（1925）、《国际通用语》（1928）、《分析句法》（1937）、《语言变化中的效用》（1941）等。他仅有少量著作用法语写成，主要是些与法语国家的学者探讨和争鸣的著作，如《个人与语言共同体》（1927）、《丹麦的母语研究》（1928）等。而那些面向丹麦本国及北欧世界的著作，通常则用丹麦语撰写，如《丹麦音标》（1890）、《斯特德与乐重音》（1897）、《语音学》（1899）、《丹麦语斯特德与原始北欧语的词中省音》（1913）、《拉斯慕斯·拉斯克——写于巨著发表 100 年后》（Rasmus Rask, i hundredåret efter hans hovedværk, 1918）、《大写与小写》（Små og store bogstaver, 1923）等。其实他还有第五种写作语言，我们不要忘记他是国际人工辅助语界的活跃人物之一，他经常使用伊多语来撰写这方面的著作，如《我们语言的历史》（1912）以及发表于伊多语学会会刊《进步》上的大量文章。从这张大致的时间表来看，既然他的语音学著作主要撰写于他学术生涯的早期，那么这方面的著作往往用德语而非英语来撰写也就不难理解了。

　　叶斯柏森的著作，不仅呈现他本人的独到见解，更充满了他对前人的引用与评述，文艺复兴以来人文科学各领域的作者，纷纷在他的著作中现身；当他对19世纪德语国家、北欧国家的语言学著作如数家珍时，当他从浩瀚如海的文学作品中旁征博引来阐释语言结构时，读者颇有畅快淋漓、受益匪浅之感，对他深厚的学术功底深感钦佩，但是对译者来说，这之中的压力可想而知。正因为此，对于翻译过叶斯柏森著作的方光焘、吕叔湘、熊寅谷、张兆星、夏宁生、何勇、司辉、党凤德、任绍曾等各个时代的学术前辈们，我始终满怀最深的敬意。

　　无论从叶斯柏森的语言学思想本身来看，还是从他对我国的影响来看，他的著作都值得我们继续研究与译介。历史已悄然驶入21世纪20年代，信息资源的查阅与检索变得比以往任何时期都更加便捷，交通与通信技术的进步也使我们与国内外同行学者的交流变得频繁而高效。过去一些极其艰难的任务，如今未必变得非常简单，但至少已从几近不可能变成了可能且可行，技术进步使工作效率得到了较为明显的提高。在这样的背景下，编写并翻译这本《叶斯柏森论语音》的时机成熟了。

　　译者很庆幸自己成长于改革开放蓬勃发展、国人以开阔胸怀放眼望世界的80年代、90年代，少年时已接触到了英语、法语、德语，求学时代选择了英语专业，又在二外法语、德语课堂上得到了顾嘉琛教授、赵蓉恒教授等名师的指导，才获得了相对全面地把握叶斯柏森著作的能力。钱军教授一直鼓励我深入研读叶斯柏森在语音方面的著述，从而加深我们对语言学的这一本体领域的认识。高一虹教授支持我把一些力所能及的非英语语言学经典名篇翻译出来。而翻译旧时欧陆学者用德语撰写的语言学经典著作，姚小平教授为我们树立了杰出的典范。我这才壮起胆，把那篇篇幅很长的《论语音定律问题》从德语完整地翻译出来，投给了《语言学研究》的语言学经典译文栏目（已刊载于该刊第 27 辑）。2018 年初开始，我又陆陆续续译出了语音定律问题的其他两论、《论语音学的历史》上中下三篇、《语言能量学》、《个人与语言共同体》以及《语音学教程》、《语音学的基本问题》两书的部分章节，并尝试翻译了几个《萨尔蒙森百科全书》词条；今年初，我又译出了百年纪念版《叶斯柏森选集》里的几篇英语文章，至此，这本《叶斯柏森论语音》的大体轮廓基本形成了（《语言能量学》和《个人与语言共同体》论述的不是语音问题，未收于本书中）。

既然学界当时的主要通用语言有三种，而学者们又经常是三语皆通（至少是阅读层面上的"通"），那么以一种语言进行写作时，引用到以其他两种语言撰写的著作是难免的；所以，用一种语言撰写的著作中出现另一种语言的引文，也是这一时期学术写作中的常态。以《三论语音定律问题》为例，文章开头处，叶斯柏森引用的巴依《普通语言学与法语语言学》里的话，就是以法语原文的形式出现的，虽然叶斯柏森的文章以德语写成，但他未将这段引文翻译成德语；至于在同一段话中多语混杂的情况，在叶斯柏森的论述中并不罕见，该文中的下面这段可谓这一时期的语言学著作的话语典型：

> A. Pedersen (Arkiv f nord. fil. 28) sieht im *p* des schwed. eine bezeichnung des stimmbänderverschlusses und findet darin eine bestätigung seiner hypothese von der skandinavischen verbreitung des dänischen stosses – eine annahme, die ich in Arkiv 29 und „Tanker og studier" (København 1932) 249f. zurückgewiesen habe. Millardet (Lingu. et Dialectologie rom. 1923, 291) meint, dass diese formen in den romanischen sprachen nicht rein graphisch sein können „car les faits romans sont parallèles aux faits scandinaves par exemple dont le caractere phonétique semble assuré". Dazu wäre doch zu bemerken, dass schon die ältesten schwedischen grammatiker nachdrücklich bestätigen, das geschriebene *p* sei in diesen verbindungen stumm.

编后、译后记

> A. 裴德森(《北欧语文学档案》,第 28 卷)认为,瑞典语的 p 是声带闭合的产物,认为这验证了他的丹麦语斯特德向斯堪的纳维亚传播之假说,我已在《北欧语文学档案》第 29 卷以及《思考与研究》(哥本哈根,1932,第 249 页及后)里否定了这个猜想。米亚尔代(《罗曼语语言学与方言学》,1923,第 291 页)认为,罗曼语中的这些形式不可能是个纯书面形式,"因为罗曼语的这类现象在斯堪的纳维亚等语言中存在平行的现象,其语音特征似乎是可靠的"。但是须注意,最早的瑞典语语法学家就已经明确表示,这个书面上的 p 在上述结构中是不发音的。

文章以德语叙述,叶斯柏森首先对比的是丹麦本国同行 A. 裴德森的观点和自己的不同之处,因为丹麦语并不是国际学术通用语,所以他没有直接引用丹麦语原文,而是用德语做了转述,仅按惯例把刊名"Arkiv f nord. fil"(《北欧语文学档案》)保持为瑞典语(缩略语形式),把书名"Tanker og studier"(《思考与研究》)及出版地信息 København(哥本哈根)保持为丹麦语。但是紧接着引述法国学者米亚尔代的观点时,保持为法语的可就不仅是书名了,整个引文直接引用法语原文,未翻译成德语,也未用德语转述。直至引文结束,才恢复用德语加以评论。(德语名词首字母未大写,叶斯柏森、菲埃托等正字法改革派一直推动废除德语、丹麦语名词词首大写规定。)那个年代的学者认为读者是懂这些语言的,所以不会像今天的学者那样耐心地为非英语的材料附上英译文。往昔的这一学术写作惯例,的确给今人研读这类著作带来不小的麻烦。如果这样的写作方式让希望深入了解叶斯柏森语音学思想的我国读者感到疲劳,那么汉译这类著作就成了译者责无旁贷的责任。

语种问题并不是编写、翻译这部选集的唯一困难。叶斯柏森喜欢旁征博引,翻译他的著作自然包含了大量考证工作。本书选用的材料上至 19 世纪 80 年代,下至 20 世纪 30 年代,时过境迁,昔日的常识已不再为今人所熟知;书中的内容,大到社会思潮背景及语言学理论本身,小到所涉及的人物、流派、著作、刊物,常常需要得到足够的解释,才能够重现当时的语境。为此,译者同时发挥起校注者的职责,为今人研读昔日的著作扫清障碍,这项工作在我国有着深厚悠久的传统,其重要意义自然无须格外强调。本书因而在作者原注之外增加了大量"译者注"。一方面,人物、著作、语言等大量背景信息需要做百科式的注释;另一方面,许多叶斯柏森"点到为止"的地方,今天的读者未必能够"心领神会",甚至可能产生误解;此外,原文中个别地方难免存在纰漏,有以讹传讹之风险。凡此种种,都需要译者通过脚注的形式向读者有所交代。编写译者注的过程中,译者查阅了各个时期的学者用英、法、德等语言编纂的各类纸质及电子百科资源无数,在此一并表示衷心感谢。

不过,由于叶斯柏森的著作大多已有百年历史,而被他引述的著作历史则更为久远,所以,利用今天的百科资源对其中的信息加以诠释时,仍需小心谨慎,以免造成时代误植。例如,叶斯柏森论述语音象征问题时曾转引过甲柏连孜的著作里 Batta 语的例子。谷歌搜索及维基百科均将其指向今尼日利亚的巴塔语(Bata,亦作 Gbwata)。然而,甲柏连孜是亚洲语言专家,引用这一非洲语言之例显得有些可疑。翻开叶斯柏森所引用的甲柏连孜《语言学》第 222 页原文,果然发现此位置上除了 Batta 语之外,还出现了马来语和越南语(书中称"安南语"[Annamitisch])的例词,而未引证任何非洲语言。查阅与甲柏连孜同代的其他学者的著作可发现,Batta 这一名称当时的确是指苏门答腊岛上的马来-波利尼西亚语族语言,许多著作中还提到了该语言拥有独特的文字书写体系。把英国铸字印刷业者埃德蒙·弗莱(Edmund Fry,1754—1835)出版的世界各国文字字模样本集 *Pantographia*(1799)里收录的苏门答腊 Batta 语文字样本和今天各类百科资源里的 Batak 语文字样本做比较,发现二者完全相同,至此可以断定,Batta 确为 Batak 的旧称。分属不同语系的东南亚语言(如马来语、泰语、越南语等)以及与之邻近的我国汉语粤、闽、客等方言,位于音节尾的塞音普遍为不爆破音(我国传统上称之为"入声尾"),成为这一区域内语言联盟(sprachbund)的显著音系特征,与欧洲语言同一位置上的爆破塞音迥异,早期的西方航海家和传教士注意不到这个 -k 音并不意外。

故而，译者在翻译过程中，尽可能地核对了叶斯柏森引用过的著作和工具书的原文，以免出现这样的理解偏差或时代误植。《Nightingale 等词里的鼻音》虽然原文仅有 3 页多，但是需要核对出处的地方却非常多。例如，他对 scavager > scavenger 的解释仅两个字：See Skeat。倘若仅机械性地将其译为"见斯基特"，译者仅需几秒钟的时间即可完成任务，但读者是很难从这样的翻译中获益的，因为叶斯柏森写下这篇文章的时候，斯基特的《简明英语词源词典》是学习和研究英语的人的"标配"，而今天的情况显然已不是这样了。译者因而在此处增加了脚注，把斯基特的词典中的原话引用了过来："scavenger 原为 scaveger，n 是闯入性的。"再如，passager > passenger 这个例证转引自亨特的《百科词典》。但是，叶斯柏森没有给出例句，仅标注出原始出处是古罗马传记作家普鲁塔克和中世纪编年史作家傅华萨的英译本，这就让译者不敢贸然按常规方式翻译这个 passager；在商业化客运交通并不成气候的年代，passenger 是否真的指"乘客"？找来这部百余年前的《百科词典》果然发现，普鲁塔克著作中的句子充当的是 a bird of passage（候鸟）这一义项的例句，傅华萨著作中的句子充当的是 a passage-boat（渡船）这一义项的例句。虽然在亨特编写《百科词典》的 19 世纪末，公共马车、马拉铁道甚至有轨电车已穿梭于城市的大街小巷，"乘客"这层意义固然是最常用的意义（因而被列在该词典的第 1 个义项），但此处引用的两部古代作品里，该词指的都不是"乘客"。于是，译者在"乘客"后面加上了"候鸟"和"渡船"的释义。

该文中的 cottager > cottinger 这个例子也是如此。字面上看，不难理解 cottager 是居住在 cottage 里的人，但是，若要准确翻译这个词，就必须回答一个问题：在 cottager > cottinger 这一变化有据可查的 16、17 世纪，这种 cottage 究竟是哪个阶层的人的家？是农民的简陋屋舍？还是富人在乡间的安逸居所？19 世纪显然二者兼而有之：狄更斯《双城记》里的 cottage 是被压迫的农民的居所，被乡绅恶少侮作 dog-hut（狗窝）；但华兹华斯在格拉斯米尔镇郊外的湖区别墅，却也取名为 Dove Cottage。陆谷孙教授主编的《英汉大辞典》对 cottager 一词的释义，两个阶层皆已涵盖："1. 住乡间小屋者，村民；2. <美> 别墅住户，避暑胜地的别墅度假客。"即使从英美差异出发可排除第 2 个义项，第 1 个义项中的"住乡间小屋者"也仍显模棱两可。此时，译者必须求助于叶斯柏森反复引用的《牛津 NED》（即《牛津英语词典》[OED] 的首版）。《牛津 NED》给出的 cottager 的首个义项，恰是我们此处之所需："One who lives in a cottage; used esp. of the labouring population in rural districts."（居住在 cottage 里的人；尤其用于农业地区从事体力劳动的人口。）（第 2 卷，1893 年版，C 部第 1042 页）这样一来，这个问题已基本解决，不过查看一下该词典中的例句会让人更加放心：众例句中这层词义最早见于 1590 年，而有条引自 1622 年培根《亨利七世的治理史》的例句，将这个词的词义体现得无比清晰："The yeomanry, or middle people, of a condition between gentlemen and cottagers."（自耕农即中产者，地位介于绅士和农民之间。）至于美国英语里的"别墅住户"这个义项，该词典给出的例句最早见于 1882 年，从时间上可确定与叶斯柏森的这个例子完全无关。至此，译者才放心地把此处的 cottager 译为"农民"。

从上述过程中不难感悟出，《牛津英语词典》《英汉大辞典》等高质量的词典永远是学术著作翻译工作中必不可少的工具。即使在互联网便捷型翻译工具随手可得的时代，权威工具书的严谨性和可靠性，仍是任何简易工具都无法替代的。例如，叶斯柏森用丹麦语撰写的《识字方法》一文中介绍了人们为了让孩子熟悉字母而采取的各种办法，其中提到一种办法是 at give Børnene Bogstaverne udskaarne i Elfenben（送给孩子们用 elfenben 制成的字母）。我国似乎从未出版过"丹汉词典"，而各种在线翻译工具无一例外地把 elfenben 自信地译成英语的 ivory（象牙）。这个基本词义固然没有错（丹麦语 ben 的本义是"骨头"，与英语 bone、德语 Bein 同源），但却难免让译者怀疑，用这么贵重的材质制作儿童玩具（而且是极易遗失的那类玩具）合理吗？今天的儿童也在玩的这样的字母玩具，如今这类玩具通常是塑料制成的。19世纪制作此类玩具的elfenben究竟是何材质，恐怕只有高质量的工具书才可正确揭示。好在如今许多国家（尤其是欧洲国家）都发布了本国语言的在线版权威词典，作为弘扬文化、彰显国力的一种有效手段。丹麦语言文学学会（Det Danske Sprog- og Litteraturselskab，DSL）的在线版《丹麦语词典》（Den Danske Ordbog，DDO）就是这类依托新介质的权威工具书之一。该词典中，"象牙"仅为elfenben的第1个义项："hårdt, hvidt eller cremefarvet benmateriale som elefantens stødtænder er lavet af"（象的獠牙制成的白色或乳白色坚硬骨质材料）；其下还有一个非常重要的分义项："benmateriale af tænder eller stødtænder fra andre dyr, fx flodhest, narhval eller hvalros"（其他动物的牙齿或獠牙骨质材料，如河马、独角鲸或海象）。当时拥有冰岛（1944年独立）、法罗群岛（1948年自治）、格陵兰（2009年自治）的丹麦可谓是名副其实的北极帝国，独角鲸或海象制品的成本想必远低于象牙。但即便如此，这材料仍太贵重，译成"海象牙"仍不妥当。既然权威词典已表示这elfenben也可以fra andre dyr（来自其他动物），我们更有理由相信这benmateriale（骨质材料）取自牛、马等更常见的家畜，译者因此只将其模糊译为"骨制"。后来为此发邮件向丹麦语言学家弗兰斯·格莱格森教授求证，得到的是肯定的答复，格莱格森教授认为我的想法"非常正确"，并指出当时这类玩具采用的"一定是牛角一类的与象牙貌似但却量大充足"的材料。若是没有权威工具书做参考，翻译过程中很多类似的疑惑都无法解开。数字化时代可使承载信息的介质实现多样化，但是，何为翻译工作者可以信赖的高质量资源，其标准并未随之降低。

与丹麦语言文学学会在线版《丹麦语词典》同类的产品还包括德国柏林-勃兰登堡科学院（Berlin-Brandenburgische Akademie der Wissenschaften）的《数字德语词典》（Digitales Wörterbuch der deutschen Sprache，DWDS），以及法国、瑞典、挪威的国家科学院各自为本国语言创建的在线版《法兰西科学院词典》（Dictionnaire de l'Académie *française*）、《瑞典科学院词典》（*Svenska Akademiens ordbok*，SAOB）、《挪威科学院词典》（*Det Norske Akademis ordbok*，NAOB）等，这些资源皆具有与英语的"牛津 NED/OED"同等的权威性，在本书的翻译过程中发挥了重要作用，译者对这些工具书的编纂者表示衷心感谢。

　　译者在翻译过程遇到的难题能够顺利解决，时常要依靠在相关各领域各有专攻的学界好友们。例如，《元音 i 的象征价值》一文中，叶斯柏森从智利语言学家兰茨的书中引用了一首智利当地的诗："Tienes una boquirria / tan chiquitirria, / que me la comerirria / con tomatirria."。文中不仅没有将其译为英语，甚至连兰茨原书对此诗的评论也保持为西班牙语未译："Todo esto es evidentemente mímica fonética ... Los suffijos con *i* designan lo chico y bonito."。不过，对这两处原文的处理却有本质区别：后者是句满是国际通用的语言学术语的技术性话语，借助词典将其译为汉语毫无困难。真正困难的是前者，因为诗的翻译依靠的是对诗的意境的把握，而把握诗的意境必然需要真实的语感，我对西班牙语当然没有这样的语感。所以，虽然也能依照叶斯柏森对后缀 -irra 的阐释而领悟 boquirria（原为 boca）和 tomatirria（原为 tomate）体现出的"小"，但脑中却很难联想出一幅连贯的图景来实现准确的翻译。为此，我请教了执教于台湾大学西班牙语语言文学专业的张雯媛博士。她在回信中提醒我：tienes 不是"你拿着"而是"你有"，chiquitirria 由 chica（小）变来，comerirria 本应是 comer 的条件式 comería，con tomatirria 不是手里拿着西红柿，而是要把上文的 boquirria 就着西红柿吃掉！听了这番解读我才恍然大悟，这原来是一首浪荡公子的调情诗啊，反复出现的后缀 -irria 把整个诗节的氛围渲染得越来越嗲，这活脱脱的"七仔亏"（/tshit^{5}-la^{51}-khue^{55}/，本字为"姼仔诙"，闽南语指喜欢用言语挑逗女子的花心萝卜）的形象也就跃然纸上了！这个例子不由让译者感慨，即使是在人工智能大规模挑战传统外语教学（尤其是翻译教学）的新时代，扎实的语言基本功和深厚的文学素养依然可贵，制式化话语的翻译正在被机器翻译替代，唯有细腻而丰富的情感是冷冰冰的机器所无法复制的。而纵观叶斯柏森一生的语音著作会发现，这些著作字里行间最为可贵的，正是对人的关怀。正如我们在三篇《论语音定律问题》中所看到的，"语音定律无例外"这条一度所向披靡的公式无法发挥解释力之处，把人的韧性与灵活性考虑进来就解释得通了。

译者翻译过程中遇到的德语和法语方面的疑难问题，分别请教了我校德语学院付天海教授和法语学院柳玉刚教授，特此致谢。

本书能够与读者见面，离不开语言学史及相关研究领域的专家和同行的鼎力相助，特别感谢下列教授与学者的恩惠：任绍曾（浙江大学）、Hans Basbøll（南丹麦大学）、Peter Steiner（宾夕法尼亚大学）、Douglas A. Kibbee（伊利诺伊大学）、John E. Joseph（爱丁堡大学）、高一虹（北京大学）、钱军（北京大学）、Frans Gregersen（哥本哈根大学）、赖盈铨（政治大学）、Mark Gamsa（特拉维夫大学）、张雯媛（台湾大学）、郭威（陕西师范大学）。

本书的编写尤其要感谢本领域资深学者任绍曾教授和 Hans Basbøll 教授的无私支持。特别感谢两位教授从不同角度为本书撰写了长篇序言，让叶斯柏森语音学著作的语境更加清晰地呈现于读者面前。

新世纪伊始，任绍曾教授已在全面阐述叶斯柏森的语言观、语用观、语言演化观，突破了国人对叶氏的认识囿于"语法学家"的定式思维。不久后，我就读到了任教授的《叶斯柏森语言学选集》，视野得到了很大开阔。后来经钱军教授推荐，我参与了世界图书出版公司北京公司的"西方语言学经典书系影印导读版"出版项目，先后为《现代英语语法·第1卷·语音与拼写》和百年纪念版《叶斯柏森选集》撰写了导读，因而与任教授有了直接接触，成为任教授的严谨、和善以及对后辈的提携鼓励的受益者。后来我将编写《叶斯柏森论语音》的想法与先生切磋时，先生不仅热心赞成，而且对选集的选材和体例提了很多中肯而宝贵的建议。

Hans Basbøll 教授 1991 年以来，先后当选丹麦皇家科学院（Det Kongelige Danske Videnskabernes Selskab）院士、奥地利科学院（Österreichische Akademie der Wissenschaften）通讯院士、欧洲学院（Academia

Europaea）院士，并担任丹麦语国家级规范化机构丹麦语委员会（Dansk Sprognævn）委员，是北欧语言学界的权威学者。我们对丹麦语语音结构的深入了解，往往都是从 Basbøll 教授的《丹麦语音系学》(*The Phonology of Danish*, 牛津大学出版社，2005）一书开始的。80 年代末，Basbøll 教授为美国著名学者 Frederick J. Newmeyer 主编的 4 卷本《剑桥语言学综览》(*Linguistics: The Cambridge Survey*）撰写了《音系学理论》(Phonological Theory）一章，该章曾被王嘉龄教授译成中文（1990），成为我国学者了解后 SPE 时期音系学理论的重要资料。2019 年，我带着一篇关于叶斯柏森对民国初年我国语言学界的影响的文章参加了英国亨利·斯威特语言学思想史研究会（Henry Sweet Society for the History of Linguistic Ideas）在爱丁堡大学举行的年会，第一次有机会与 Basbøll 教授面对面交流。Basbøll 教授对我带来的这一题目很感兴趣，虽然分组发言有若干平行会场，但是轮到我发言时，Basbøll 教授竟然真的步入我所在的分会场，在第一排坐下，仔细听我的报告，会后还为我提出了一些建议，并嘱咐我一定要把研究继续做好，平易近人让我感动之至。

谨以本书，向两位可亲可敬的学界资深前辈致以最高敬意。

本书为国家社科基金项目"叶斯柏森音系演化研究（1886—1941）"（16BYY007）阶段成果、大连外国语大学学科方向带头人研究成果。感谢大连外国语大学校领导、学科发展规划处、科研处、语言学研究基地对本项研究的大力支持。

最后，感谢商务印书馆英语编辑室马浩岚主任对本书的充分肯定，感谢责任编辑向程为本书的辛勤付出。

曲长亮
叶斯柏森诞辰 160 周年之际
写于大连外国语大学

图书在版编目(CIP)数据

叶斯柏森论语音/(丹)奥托·叶斯柏森著;曲长亮选编译注.—北京:商务印书馆,2021
(语言学及应用语言学名著译丛)
ISBN 978-7-100-20292-3

Ⅰ.①叶⋯ Ⅱ.①奥⋯ ②曲⋯ Ⅲ.①叶斯柏森—语音学—文集 Ⅳ.①H01-53

中国版本图书馆 CIP 数据核字(2021)第 173778 号

权利保留,侵权必究。

语言学及应用语言学名著译丛
叶斯柏森论语音
〔丹〕奥托·叶斯柏森 著
曲长亮 选编 译注

商 务 印 书 馆 出 版
(北京王府井大街36号 邮政编码100710)
商 务 印 书 馆 发 行
北 京 冠 中 印 刷 厂 印 刷
ISBN 978-7-100-20292-3

2021年12月第1版　　开本 880×1230　1/32
2021年12月北京第1次印刷　印张 18½
定价:98.00元